최신 외식산업개론

원융희 | 윤기열 | 전영직 지음

도서출판 두남

● 책머리에 ●

우리나라 외식문화 발전의 초석이 되기를……

우선, 외식산업이란 음식을 소비자에게 제공하는 사업이다. 외식산업이 식품 또는 요리를 제공하는 것만이라고 한다면, 그것은 재화의 제공만을 의미하지만 여기에 소비자가 식사를 하는 행위가 수반되는 것으로 식사환경과 분위기, 종업원, 접객 등 서비스라는 상품이 그것이다.

흔히 경제학에서 사용하는 개념에 재화와 서비스가 있다. 재화란 구체적인 물품으로서 유형의 상품이고, 서비스는 무형의 상품이다.

소비자에게 새롭고 유익한(부가가치가 있는) 재화를 만드는 업종이 제조업이고, 이미 있는 재화를 소비자에게 공급하는 것이 유통업이다.

보통 서비스업은 무형의 상품(재화가 아닌 서비스)을 소비자에게 판매한다. 따라서 서비스는 무형의 상품으로 소비자의 욕구를 충족시킨다. 예를 들면 영화, 교육업, 숙박업 등이 그것이다.

우리는 외식산업을 영어로는 'food service industry'라고 하는 'food'와 'service'가 and로 결합되지 않고 한 단어로 표현되어 있음에도 유의할 필요가 있다.

다시 말해 외식산업은 재화(財貨=요리, 메뉴, 식품)와 서비스(점포인테리어, 분위기, 접객)를 동시에 소비자에게 제공하는 사업임을 알아야 한다는 것이다. 이렇듯이 외식산업은 복합적인 성격을 띄우고 있다는 것이다.

시대가 변함에 따라 인간이 먹는다는 것 그 자체도 삶의 일부분으로 자리매김을 하다못해 행복과 건강의 지름길이라고 가지 일컬어지고 있다.

더욱이 외식의 변화와 발전은 가족구성원의 변화, 소득수준의 향상, 교육수준의 향상 그리고 여성의 사회활동 등으로 인하여 식생활 이용패턴에 많은 변화를 가져왔다.

이미 외국의 경우는 외식산업과 관련하여 실용적으로나 학문적으로도 오랫동안 체계적으로 연구가 착실하게 다져져 그 기반을 굳건히 한 가운데 국가경제에도 큰 도움이 되고 있으나 우리나라의 경우는 고객을 맞이할 필요·충분조건을 갖추지 못하고 있음은 물론 학문적으로도 위치확보를 못하고 있는 터에 기초이론서이지만 보다 더 체계적이고 진일보한 본 책자의 발간으로 인하여 조그마한 보탬이 되었으면 하는 바램이다.

이 책의 내용은 구조적인 현실하에서 경영환경의 열악한 현실과 고객의 다양한 욕구를 충족시키기 위해서는 단순지식의 소개가 아닌 국·내외에서 의미있게 다루어졌던 내용들을 적절히 응용하여 접목시키려고 노력하였다.

특히, 최근 새로운 영역으로 분류되어 그 뿌리를 찾아야 한다는 목소리가 높아지고 있는 '食文化'와 관련한 내용들을 폭넓게 짚어 보려고 노력하였으며, 이 분야에 대한 투자관심과 연구를 하려는 분들에게 올바른 지침서 역할을 할 수 있도록 구성하였다.

구체적인 목차는 아래와 같이 설정하였다. 제1부 외식산업 입문편에서는 외식산업에 대한 기초이해·역사·현황·당면과제 그리고 전망에 대하여 논하였다.

제2부 음식문화편에서는 음식문화의 기초이해를 시작으로 하여 식생활문화의 변화 그리고 나라별 음식문화를 소개하였다.

제3부 경영관리편에서는 인적자원관리·마케팅관리·회계정보관리 그리고 레스토랑 설계 디자인에 관한 기본적인 내용들을 제시하였다.

마지막 제4부 영업관리편에서는 접객서비스관리·메뉴관리·식자재관리 그리고 위생안전관리에까지 상세하게 내용을 소개하여 현장영업 관리에 실제적으로 도움이 되고자 하였다.

이 개론서를 통해 외식과 관련한 사업도 연구하면서 사업에 임하는 풍토가 조성되어 무분별한 창업과 도산이 연속되는 현상이 아닌, 나날이 번창하기를 기대하는 바이다. 또한 외식산업을 연구하려는 학생들에게는 기존의 관련서적들이 실무사례중심의 책자가 주류를 이루었던 연유로 보다 질 높은 연구에 많은 제약이 되었으나 이 책을 통하여 새로운 연구의 틀을 형성시키는데 도움이 되고자 노력하였다.

끝으로 출판업계의 어려운 상황속에서도 출판을 기꺼이 승낙해 주신 도서출판 두남의 전두표 사장님과 편집부 직원분들께도 감사를 드린다.

서울올림픽공원이 바라다 보이는 잠실 寓居에서

2009년 1월 9일

대표저자 원 융 희

• 차 례 •

제1부 외식산업 입문

제2부 음식문화

제3부 경영관리

제4부 영업관리

제1부 외식산업 입문

Ⅰ. 외식산업의 기초이해

Ⅱ. 외식산업의 역사

Ⅲ. 외식산업의 현황

Ⅳ. 외식산업의 당면과제

Ⅴ. 외식산업의 전망

Ⅰ 외식산업의 기초이해

1 개 요

외식산업이라는 말이 우리에게는 생소하게 느껴지고 있으나 이미 1940~1950년대에 미국에서는 산업화단계로 접어들어 'Dining-out industry' 또는 'Food service industry'라고 불리어졌으며, 일본에서는 1970년대 후반부터 일반화된 용어이다.

우리나라에서 외식산업이라는 용어는 식당업 · 요식업 · 음식업 등으로 불리웠다. 업(業)이란 용어에서 산업이란 용어로 바꾸어 사용한다는 것은 규모면에서 확대됨과 경영면에서 체계를 갖춘다는 것을 의미한다고 할 수 있다.

산업체계측면에서 고찰하여 볼 때 1984년 개정된 한국표준산업연관분석에 따르면 대분류상으로는 도 · 소매 및 숙박업에 속하고, 다시 중분류상으로는 도 · 소매 및 숙박업에 속하며, 소분류상으로는 음식업이다. 그러나 외식업은 식사를 만든다는 측면에서 보면 창조업에 속하지만 최종소비자에게 직접 판매한다는 측면에서 보면 소매업이며, 인적 서비스가 포함되고 이를 매우 중요시한다는 측면에서 보면 용역업이라 할 수 있다. 따라서 외식산업은 복합산업이라 할 수 있다(김의근, 1992).

우리나라에서는 1950년대 후반에 들어와서 경제성장과 사회구조의 변화로 가정 밖에서 식사의 빈도가 증가하면서 관심을 끌게 되었다. 외식산업을 넓게 정의하면 음식을 만들어 제공하는 산업전체를 뜻하며, 식사의 제공,

인적 서비스의 제공, 분위기의 연출, 식사와 관련한 편익제공 등의 모든 것을 상품으로 한다.

즉, 식사를 조리해서 제공한다는 측면에서는 식품창조업에 가까우며, 최종소비자와 직결되어 판매한다는 측면에서는 소매업의 특성도 갖추고 있는 것이다. 따라서 이 산업의 특성을 밝히는 것이 이 산업의 본질을 설명하는 내용이 될 것이다. 바꾸어 말하면 외식서비스산업은 식품창조업, 소매업, 서비스업의 세 가지 산업적 성격을 합한 산업이라고 정의할 수 있겠다.

그러나 외식산업을 협의로 정의하면 식품 또는 원·부재료를 중앙공급식에 의하여 공급받아 신속하고 저렴한 가격으로 음식을 제공하고, 셀프서비스 시스템(self-service system)의 도입으로 운영의 간소화를 기하고, 메뉴의 통일(unify of menu), 대규모의 체인(chain)전개 등을 특징으로 한 식품서비스산업(food service industry)을 뜻한다.

국내의 경우 1979년 10월 국내 롯데리아가 일본 롯데리아의 기술지원을 통해 국내에 도입되었고, 이후 외식기업들의 업종 및 업체가 다양화되고 대규모화·전문화되면서 외식산업이라는 용어가 널리 쓰이게 되었다. 특히 1980년대 초 MBC방송과 각종 언론매체에서 외식산업이란 용어를 사용하기 시작하였다. 이후 유명한 외국브랜드의 도입이 활발해지면서 기존의 요식업·식당업·음식업의 명칭이 외식산업이란 단어로 통일되어 전사회적으로 자연스럽게 인지되진 것이라 볼 수 있겠다.

오늘날에는 외식산업의 용어를 판매방식 및 성격에 따라 크게 다음과 같이 분류하고 있다.

① 외식산업 : 상업적(commercial) 의미가 강하고, 영업급식 등을 포함

② 급식산업(foodservice indudstry, contract foodservice) : 비상업적(non-commercial)(최상철, 2008 ; 17).

한편 외식을 내식(內食)에 대칭 되는 의미로서 도식화하여 구분하면 다음 [그림 Ⅰ-1]과 같이 설명하기도 한다.

[그림 Ⅰ-1] 외식과 내식

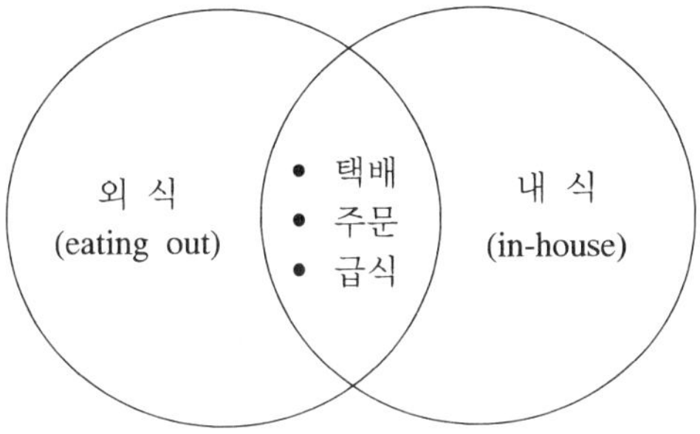

Tips 외식업에서의 경쟁력이란?

다른 업종도 마찬가지겠지만 외식업은 특히 기본에 충실해야 한다. 최근 국내 외식업계는 경쟁기를 넘어 경쟁격화기로 접어들었다 해도 과언이 아닐 정도로 외식기업과 기업간, 점포와 점포간의 경쟁이 치열해 마치 전쟁터를 연상케 한다. 동시에 장기침체로 인해 내수경기가 침몰, 소비심리가 위축되어 어려운 시기를 경험하고 있다. 특히 종부세는 물론이고 무섭게 오른 금리는 가계대출이자부담으로 인해 전 국민의 소비지출을 옥죄고 있다.

이런 어려운 상황에서도 영업이 잘 되는 점포가 없었던 것은 결코 아니다. 외식업경영에 있어서 경쟁력만 있다면 아무리 경기가 침체되고 업체 수가 많아지고 소비심리가 위축되었다 해도 지속적으로 상종가를 치는 것이 어려운 일은 아니다. 경기상황에 따른 외식업 경영의 일반적인 방법은 있다. 경기가 침체되고 장기불황이 시작되면 외식업경영은 '객수를 늘리고 객단가를 낮춰야 하는 것'이 일반적인 경영기법이다. 그러나 분명한 것은 결코 정도(正道)는 없다는 것이다. 지금과 같이 장기불황이 오래 지속되고 사회전체가 양극화로 치닫고 있다면 이제는 '객수를 늘리는 방법보다는 객단가를 높이는 방법'을 선택하는 것이 좋은 방법 중 하나다. 이 경우 기존의 메뉴가격을 높이는 것보다는 새로운 메뉴를 개발하거나 세트메뉴를 만들어 가격대를 높이는 방법을 사용해야 하는 것을 잊지 말아야 한다. 경기가 회복되는 경우에도 마찬가지다. 경기가 회복되면 객수는 자연히 늘어나기에 이때 역시 '객단가를 높이는 방법'을 찾는 것이 좋은 경영기법이라 할 수 있다. 반면에 경기가 호황일 경우에는 '객수도 늘리고 객단가도 높이는 경영기법'이 합리적이라 할 수 있다.

외식업경영에서 '경쟁력'이라는 표현은 쉽게 하지만 이를 한마디로 정의하기는 매우 어려운 일이다. 물론 외식업의 기본이라는 맛과 서비스 그리고 청결과 분위기를 경쟁력이라 할 수 있지만 이보다 좀 더 깊이 들어간다면 경쟁력은 매우 포괄적이고 광범위한 면을 가지고 있다.

업종과 업태에 따라 달라질 수 있으며 지역은 물론이고 타깃고객에 따라 달라질 수도 있다. 또 시대에 따라 크게 달라질 수 있는 것이 바로 외식업에서의 경쟁력이라 할 수 있다. 특히 외식업은 수없는 변수를 가지고 있기에 경쟁력은 끝없는 변화를 요구하게 된다. 미국과 일본 등 외식선진국에서는 외식업의 경쟁력을 다음과 같이 정의를 하고 있다.

경쟁력 = Q + S + C + P + T + V + F + A + L + Sc + E + Sa

- Q = Quality(품질)
- S = Service(서비스)
- C = Cleanliness(청결)
- P = Price(가격)
- T = Timing(타이밍, 시간조절)
- V = Value(가치)
- F = Feeling(감각, 느낌)
- A = Atmosphere(분위기)
- L = Location(위치)
- Sc = Speed & Convenience(속도, 편리성)
- E = Entertainment(즐거움, 오락)
- Sa = Safety & Sound & Healthy(안전성, 음악, 건강)

이를 모두 합한 것이 경쟁이라는 말을 한다. 그러나 콘셉에 따라 경쟁력이 달라질 수 있으며 업체에 따라 경쟁력은 변화할 수 있다.

예를 들어 햄버거를 주 메뉴로 하는 점포, 즉 패스트푸드 점포를 개업하기 위해서는 무엇보다 중요한 것이 입지라 하겠다. 그리고 다음이 가격이다. 물론 외식업의 기본이라 할 수 있는 맛과 서비스 그리고 청결은 당연한 일이다. 그러나 가격대가 높은 콘셉일수록, 고급 레스토랑일수록 고객의 요구는 많아질 수 밖에 없다. 도로변에 있는 테이크 아웃 커피전문점에서는 커피맛과 편안한 서비스 그리고 가격대만 싸면 충분하다.

그러나 고급 커피점에서는 맛과 서비스는 물론이도 시설과 분위기와 함께 커피잔을 비롯한 기물 그리고 음악에 이르기까지 많은 조건이 하모니를 이뤄야 하는 것이 당연하다. 따라서 콘셉에 따라 경쟁력은 달라질 수 밖에 없다. 콘셉에 따른 경쟁력을 일본의 외식 컨설턴트인 시미즈 히토시(淸水均) 선생은 컨셉별 경쟁력의 조건을 다음과 같이 정의하고 있다.

공통 →Q, S, C
공통 →Q, S, C, V
패스트푸드(F.F) → Q, S, C, L, T, P
패스트 캐주얼레스토랑(F.C), 퀵 캐주얼레스토랑 → Q, S, C, T, P, Sc
패밀리레스토랑(F.R) → Q, S, C, L, T, P, Sc, F
다이닝레스토랑(D.R) → Q, S, C, F, A, E, Sa

[자료 ; 월간식당, 2008, 1월호]

2 외식경영의 목적

레스토랑 경영은 왜 하는가? 라는 명제에 대해 모든 레스토랑 경영자는 나름대로의 개념정립이 필요하다.

사업 경영의 기본 인식이 낮은 수준에서 착수되는 사업은 사업의 착수와 운영, 그리고 발전 등에 있어 성취 동기의 부족으로 소기의 성과를 얻기가 매우 어려워지기 때문이다.

(1) 재산의 증식

외식업은 무엇보다도 개인이나 회사의 자금을 축적시키는 데 있어 가장 효율적인 사업임에 틀림이 없다.

(2) 높은 권리금

현실적으로 보면 사업 경영이 정상 궤도에 오른 외식업체는 영업권을 포함한 권리금이 전국적으로 활발히 양도·양수되고 있으며, 일단 인근 지역에서 영업이 잘되는 업소를 부각만 되면 상당한 금액의 영업권(권리금) 매매가 가능하다.

(3) 사회 발전에 기여

현대 사회는 다양한 사람들과 직종으로 구성되어 있고, 이러한 사람들간의 인간 관계는 사업이나 친교 또는 휴식 등을 통해 거래가 이루어지기도 하고, 사교적 모임을 갖기도 하며, 피곤하고 지친 심신을 달래기도 한다.

(4) 자기 계발

어떠한 사업이건 간에 경쟁력을 가진 사업자에게는 나름대로의 자기 계발이 중요한 역할을 한다.

(5) 습관

인간이 살아가는 데 있어 현실에 적응하기 위한 사람의 행동 반경을 결정하는 것에는 일반적으로 습관이 많이 작용한다.

(6) 즐거운 생활

최근의 경향은 사람들의 문화 생활 중 중요한 부문 중의 하나가 외식 생활로 이어지고 있다.

3 외식산업의 분류

외식산업은 외식을 대상으로 한다. 그러나 유럽의 식생활 습관을 살펴보면 지인(知人)이나 친구의 가정에 초대되어 함께 식사하는 경우가 많은데, 이것도 초대받는 입장에서 생각하면 분명히 외식의 범위에 속한다고 볼 수 있다. 이렇게 볼 때 상업적인 성격을 띤 시설만을 이용하는 것만이 반드시 외식이라고 볼 수도 없다.

동양권의 생활관습에서는 유럽 등에서 보는 바와 같이 초대 등의 경우는 많지 않다고 보지만, 최근 우리나라의 젊은 가족세대들을 보면 가족동반 생일잔치초대 등이 흔히 성행하고 있으므로 식생활의 서구화가 진행되고 있다고 볼 수 있다.

외식화의 진행은 상업시설을 이용하든, 초대받아 행해지든간에 문자 그대로 가정 밖에서 외식시설을 이용하는 빈도가 높아지고 내식비율이 상대적으로 낮아진다는 의미라고 보아야 할 것이다.

우선, 미국의 표준산업분류와 레스토랑협회(National Restaurant Association : NRA) 등에서는 외식산업을 다음 [표 I-1]과 같이 분류하고 있다.

[표 I－1] 미국의 외식산업분류 해설

	분 류	해 설
표준산업분류	(1) Food Service and Drinking Place	음식과 음료를 제공하는 모든 형태의 외식산업
	① Full Service Restaurant	종업원에 위해 모든 서비스가 제공되는 형태로 좌석에서 주문하고 식사후 대금 지불하는 방식
	② Limited Service Restaurant	고객이 카운터에서 주문하고 식사 전 대금 지불하는 셀프 서비스 방식으로 한정된 인적서비스 제공받는 방식

	분 류	해 설
표준산업분류	a. Cafeterias	설비에 식음료가 갖춰져 있고 고객이 직접 식음료 선택하여 식사하는 방식, 뷔페 등
	b. Snack & Nonalcoholic	스낵 및 비알코올 음료 제공하는 시설물로 관련상품(머그잔, 커피원두 등)을 함께 판매하는 형태
	③ Special Food Service	
	a. Food Service contractors	정해진 기간 계약에 의한 위탁급식 형태로 전문화된 급식 또는 외식서비스를 제공하는 시설
	b. Caterers	개별 이벤트 단위로 제공되는 출장연회 형태로 준비된 음식과 스낵을 이벤트 장소에서 제공해주는 방식
	c. Mobile Service Restaurant	자동화된 차량 또는 수동 이동운반차에서 요리와 스낵을 준비하여 제공하는 시설물
	(2) Drinking Places	알코올음료를 제공하는 바, 선술집, 나이트클럽 등 제한된 음식서비스 제공할 수 있음
NRA 분류	(1) Commercial Restaurant Service-Group Ⅰ	영리를 목적으로 하는 레스토랑 서비스
	① Full Service(table service) Restaurant	종업원에 의해 모든 서비스가 제공되는 형태로 식사후 대금 지불 방식, 알코올음료 취급하며 무알콜음료보다 알코올음료 매출이 높은 경우 ⑥으로 분류됨
	② Limited Service(quick service) Restaurant	한정된 가벼운 음식 취급, 그 자리에서 먹거나 테이크아웃이 가능함. 고객이 카운터, 자동차에서 주문하고 식사 전 대금 지불하는 방식
	③ Cafeterias, grill-buiffets and buffets	배식대에 모든 음식과 음료 진열 후 고객이 직접 선택하고 계산 후 식사하는 형태로 제한된 인적서비스 제공됨.
	④ Social Cateres	고정된 장소가 아닌 고객이 원하는 장소에서 제공되는 출장연회
	⑤ Ice Cream, Frozen Custard and Yogurt Stands	아이스크림, 냉동 커스터드, 요쿠르트 등 냉동음료 등을 판매하는 시설물
	⑥ Bars and Taverns (Drinking Places)	맥주, 와인 같은 알코올음료 판매 업소

	분 류	해 설
NRA 분류	⑦ Managed Service	위탁 계약을 맺고 영리를 목적으로 급식 서비스를 제공하는 곳
	(2) Noncommercial Restaurant Services-Group Ⅱ	위탁이 아닌 직영으로 운영되는 단체급식 서비스로 조직 구성원에 대한 복리후생 차원의 보조적 서비스 형태
	(3) Military Restaurant Service-Group Ⅲ	군부대 내에서 군인들에게 제공되는 식음료서비스, 임대계약에 의한 경우 그룹 Ⅰ로 분류
	① Quick Service Restaurant	기존의 패스트푸드와 동일개념, 저단가, 신속성, 셀프서비스, 표준화 등이 특징
	② Midscale Restaurant	저단가 테이블서비스(인적서비스 제공) 레스토랑으로서 다양성, 편안함, 표준운영시스템 구축 등이 특징
학계 분류	① Quick Service Restaurant	기존의 패스트푸드와 동일개념, 저단가, 신속성, 셀프서비스, 표준화 등이 특징
	② Midscale Restaurant	저단가 테이블서비스(인적서비스 제공) 레스토랑으로서 다양성, 편안함, 표준운영시스템 구축 등이 특징
	③ Moderate Upscale Restaurant	세련된 컨셉과 분위기가 중요하며 식사 외에도 사업, 이벤트 등 다목적장소로 활용됨. 전문 조상원을 고용, 차별화된 서비스 제공이 특징
	④ Upscale Restaurant	최고급 메뉴와 서비스 · 분위기 창출, 평균 객단가가 매우 높으며 차별화된 제품과 이미지가 특징
	⑤ Business & Industry Dining	단체급식, 위탁급식과 동일한 개념

그러나 일본 통산성의 산업분류표에서는 외식서비스산업을 다음 [표 Ⅰ-2]와 같이 분류하고 있다.

[표 Ⅰ-2] 일본표준산업분류에 의한 음식업 분류

분 야	정 의	구체적인 예
식당, 레스토랑	주로 주식을 그 장소에서 먹을 수 있도록 하는 영업소(서양요리점, 일식 및 중화요리점은 제외한다)	식당, 대중식당, 기호음식점, 美飯食堂
일본요리점	특정한 일본요리(초밥 제외, 소바(국수)), 유흥음식(예, 요정 등)을 제공하는 영업소	댄뿌라, 장어, 산천어, 淸進(육식이 아닌 주로 채식을 제공하는 점포), 돌솥밥, 주먹밥, 茶菜屋
서양요리점	주로 서양요리를 제공하는 영업소	그릴, 레스토랑, 러시아·이태리·프랑스 등 서양요리집
중화요리점, 기타 동양요리점	중화요리 및 동양제국의 민속요리를 제공하는 영업소	중화요리, 상해·북경·대만·사천요리, 한국요리, 중화국수, 만두집 등
소바(국수), 우동점	일본식 국수, 우동을 제공하는 영업소	소바(국수)집, 우동집
요정	주로 일본요리를 제공하고, 접대하는 고객에게 유흥음식을 제공하는 영업소	요정 등, 割烹店, 기생집(게이샤)
빠, 카바레, 나이트클럽	주로 주류 내지 요리를 제공해서 접대하는 고객에게 유흥음식을 제공하는 점포	까페, 사롱, 카바레, 나이트 클럽, 바, 스낵바
주장, 비어홀	대중적 설비를 갖추고 주로 주류 내지 요리를 제공하는 영업소	대중주장, 새구이집(조류구이집), 오뎅집, 주장, 비어홀
喫茶店	주로 커피, 홍차, 청량음료 내지 간단한 식사를 제공하는 영업소	喫茶店, Fruit Bon, 음악다실, 純喫茶, 스낵
기타 음식점	주로 大幅, 今川燒, 우뭇가사리, 된장분, 渴茶 등 분류되지 않은 식료품을 제공하는 영업소	휴게소, 大幅屋, 氷水屋, 甘酒屋, drive in 기호식당

한국음식업중앙회에서는 외식산업을 [표 Ⅰ-3]과 같이 업태별로 구분하기도 한다.

한편 우리나라의 경우를 보면 2000년 정부에서 발행한 한국표준산업분류(Korea Standard Industrial Classification)에서는 다음 [표 Ⅰ-4]와 같이 분류하고 있다.

[표 I -3] 외식산업의 업태별 분류

구분	커피숍	패스트푸드	훼밀리레스토랑	스페샬레스토랑
서비스 형태	Self-Service Table-Service	Self-Service Cash & Carry	Table-Service	Table-Service
제공시간	1분 - 3분내	1분내	5분내~20분내	10분~30분내
가격	싼편(저렴)	싼편(보통)	비싼편(고가)	비싼편(특수고가)
객단가	₩2,000~₩3,000	₩3,000~₩5,000	₩15,000~₩25,000	₩30,000 이상
식사형태	기호식, 후식	간식, 대응식	식사	식사
주메뉴	커피, 음료, 차	햄버거, 치킨, 도넛	스테이크, 커틀렛	고급전문성음식
메뉴수	10종~30종	20종~40종	60종~200종	전문메뉴 혹은 60종
메뉴구성	Drink & Sanck 메뉴수한계	Light Menu 메뉴수한계	Heavy Menu Course Menu	Special Menu Course Menu
주차장	불가	불가	가능	가능
이용시간	상시	아침, 점심, (저녁)	점심, 저녁	점심, 저녁
주대상객	대중성, 남녀노소	젊은층, OM, OL	가족단위, 단체	가족, 모임, 단체
방문빈도	수회/주	수회/주	1회/주	1~2회/월
실예	나이스테이 쟈뎅 도토루	롯데리아 맥도날드 KFC	코코스 시즐러 스카이락	뉴욕뉴욕 베니하나 삼원가든

이상과 같이 동일한 '외식'을 분류하는 과정에서도 다양하게 분류되어져 있다. 그러나 가정 밖에서의 식생활에 대하여 음식을 제공하는 영업활동은 다양하지만 식사제공을 중심으로 한 식사주체와 음료제공을 중심으로 한 음료주체로 분류할 수가 있겠다.

상기와 같이 주체별로 외식산업을 구분하면 다음 [표 I-5]와 같이 표현할 수 있다.

[표 Ⅰ-4] 2000년 개정 한국표준산업분류

산업 분류코드	산업 분류명	세세분류	설 명	대표적 사례
552	음식점업		접객시설을 갖추고 직접 소비할 수 있도록 주문한 음식을 조리하여 제공하는 음식점 및 계약급식 구내식당을 운영하거나 별도의 독립된 식당차를 운영하는 산업활동을 말함. 접객시설 없이 개별 행사장에서 직접 조리하여 즉시 소비할 수 있는 상태로 제공하는 산업활동이 포함됨. (제외) 자동판매기, 숙박업에 결합하여 운영하는 식사, 철도운수업에서 통합 운영하는 경우, 조리사만 공급하는 경우, 별도장소에서 다량집단식용식사를 조리하여 운송·공급하는 산업활동	
5521	일반 음식점업		각종 정식을 제공하는 한식당, 일식당, 중식당, 서양식당 등의 음식점 및 기관구내식당을 운영하거나 행사장 단위를 출장급식서비스를 제공하는 산업활동을 말함.	
55211	일반음식 점업	한식점업	한국음식을 제공하는 산업활동을 말함.	설렁탕집, 보쌈집, 해물탕집, 냉면
55212		중국 음식점업	중국식을 제공하는 산업활동을 말함 (제외) 자장면 전문점	
55213		일본 음식점업	전통 일본식을 제공하는 산업활동을 말함 (제외) 한국식으로 운영되는 회센터, 복집	로바다야끼, 초밥집, 일식회집, 일식우동집
55214		서양 음식점업	서양음식을 제공하는 산업활동을 말함.	레스토랑(서양식)
55215		기관구내 식당업	회사, 학교, 공공기관 등의 기관과 계약에 의해 구내식당을 설치하고 음식을 조리하여 제공하는 산업활동을 말함. (제외) 별도장소에서 다량집단급식용식사를 조리하여 운송공급하는 산업활동	회사구내식당, 학교구내식당
55219		기타일반 음식점업	정식류를 제공하는 기타 일반 음식점업으로 개별, 행사 단위의 연회와 음식을 조리, 제공하는 산업활동이 포함됨. (제외) 라면이나 김밥 등과 같은 간이식당	연회장 출장, 요리 제공업, 행사장 단체급식 제공

산업 분류코드	산업 분류명	세세분류	설 명	대표적 사례
5522	기타음식점업		분식류, 피자, 스낵품 및 기타 조리 식품 등 정식 이외의 각종식사류를 조리하여 소비자에게 제공하는 간이 음식점을 운영하는 산업활동을 말함.	
55221	기타음식점업	피자, 햄버거 및 치킨전문점	피자, 햄버거 및 치킨을 전문적으로 제공하는 사업활동을 말함	
55222		분식 및 김밥전문점	김밥, 국수, 만두, 찐빵 등을 제공하는 간이식당을 말함.	
55223		이동 음식점업	특정장소에 고정된 식당을 개설하지 않은 이동식 음식점을 운영하는 산업활동을 말함.	
55229		그 외 기타 음식점업	기타 달리 분류되지 않은 간이식당을 운영하는 산업활동을 말함.	간이휴게 식당운영
5523	주점업		요정, 바, 나이트클럽, 비어홀, 디스코클럽, 카바레, 대포집 등과 같이 술과 이에 따른 요리를 판매하는 산업활동	
55231	주점업	일반유흥 주점업	접객요원을 두고 술을 판매하는 유흥주점업	요정, 룸싸롱, 접객주점, 비어홀
55232		무도유흥 주점업	무도시설을 갖추고 술을 판매하는 무도유흥주점 (제외) 무도장, 콜라텍 및 댄스교습소 운영	무도유흥주점, 카바레, 극장식주점(식당) 클럽, 나이트클럽
55233		간이 주점업	대폿집, 선술집 등과 같이 접객시설을 갖추고 대중에게 술을 판매하는 산업활동	소주방, 호프집, 막걸리집, 토속주점
5524	다과점			
55241	다과점	제과점업	접객시설을 갖추고 즉석식 빵, 생과자, 아이스크림 등을 일반 소비자에게 제공하는 산업활동을 말함. 접객시설을 갖추고 떡을 제공하는 경우도 여기에 포함됨.	제과점, 떡집(음식점 형태)
55241		찻집	접객시설을 갖추고 커피, 홍차, 생강차, 쌍화차 등을 만들어 제공하는 사업체를 말함	다방, 커피숍

[표 Ⅰ-5] 외식산업분류도

- 식생활
  - 가정 내 식생활
  - 가정 외식생활 (광의의 외식산업)
    - 식사주체
      - 영업일반음식
        - 일반식당 (협의의 외식산업)
          - 식당 · 레스토랑
          - 국수 · 분식센터
          - 기타 음식점
        - 특수형 식당
          - 열차식당
          - 항공기 내 식당
          - 선박 내 식당
          - 요리품소매업
        - 호텔 · 여관
      - 집단급식
        - 학원
        - 사업소
        - 군대 · 방위시설
        - 병원
        - 복지시설
    - 음료주체
      - 찻집 · 맥주홀 등
        - 찻집
        - 술집, 맥주홀
      - 요정, 바
        - 요정
        - 바, 카바레 나이트클럽

[자료 : 모수미, "우리나라 외식산업 발전방향," 식품산업, 1987. 6.]

이상의 내용을 요약하면 외식산업의 분류형태는 다음과 같은 기준을 토대로 변화되어 왔음을 알 수 있다.

① 국가별 · 개인별로 그 종류가 계층별 · 내용별로 다양하게 분류되어 왔다.

② 외식산업의 종류는 시대별로 변화를 가져 왔다.

③ 외식산업의 종류는 개성의 변화에 따라 상품력을 가지고 산업으로서 변화를 해 왔다.

④ 식 · 음료별로 구분을 하고 있으나 고객을 대상으로 실제 이용시에는 명확한 구분이 어렵다.

⑤ 업태유형에 따라 차별화의 성격을 강하게 띄고 있다.

⑥ 고객의 욕구변화에 능동적으로 대처해 나가고 있는 추세이다.

4 외식산업의 기능

외식산업의 본질적인 기능은 밖에서 생활하는 사람을 대상으로 하며, 장소적인 측면에서는 도시적인 성격이 강하며, 사람이 많이 밀집되어 있는 주변에 점포를 설치하여 그들의 수요에 맞추어 식음료서비스라는 상품을 제공하는 곳이다.

그러나 외식산업이 상품으로서 그 가치를 유지하려면 최소한 원자재의 조달기능, 식사 · 조리를 제공하는 조리 · 가공 기능, 판매 · 서비스가 적절히 조화를 이루어야 그 기능을 발휘할 수가 있는 것이다.

이 때 조화된 기능을 발휘하려면 먼저 다음과 같은 소비자의 욕구(needs)를 파악하여야 한다.

1) 충전

충전(充塡)은 텅빈 배를 채우는 것을 뜻한다. 말하자면 외식산업의 가장 기본적 욕구라고 할 수 있다. 최근 식생활이 풍요하게 되었으나, 이러한 기능을 판매하는 업태는 건재하다고 할 수 있다. 역 구내의 국수체인점 등이 전형적인 업태이다.

2) 에너지 및 시간절약

충전과 잘 어울리는 기능으로 충전과 에너지 및 시간절약의 기능은 세트(set)로 되고 있으며, 패스트푸드라는 것이 대체로 그러한 타입이지만, 에너지 및 시간절약의 부분을 특히 강조한 도시락 등이 전형적인 업태이다.

3) 단란함

훼밀리 레스토랑의 성장을 지탱해 주는 욕구로 “밖에서 식사하는 것이 아깝지 않다”고 주장하는 사람들이 늘어가고 있다. 핵가족의 대량발생, 열악한 주거환경, 마이카 등이 이러한 욕구를 현재화시켰다.

4) 군거(群居)

과거의 학생들은 생활이 어려웠었다. 생활의 근거지는 학교·주택·하숙 주변에 한정되었으나 최근에는 도심지의 번화가의 대부분은 젊은 세대가 점거하고 있는 것이다. 전형적인 업태는 술집체인, 까페바, 심야레스토랑 등이다.

5) 허영(虛榮)

외식산업에서 추구되는 기능으로서는 가장 새로운 것으로, 즉 자기 자신은 음식의 맛을 안다거나 새롭게 변한 음식을 제공하는 점포를 알고 있다. 말하자면 최근 '통(通)'이라는 것을 자기 주위에 인식시키고 싶은 사람들이 늘어나고 있다는 것이다. 프랑스요리점, 민족(ethnic)요리점 등이 그 전형이다. 이렇듯 외식산업은 다양화하는 소비자의 욕구에 대응하여야만 한다. 이를 위해서 업태 또는 점포의 컨셉(concept)를 부각시키는 방법으로 커뮤니케이션과 연결시켜 보면 상기 5가지 외식산업의 기능은 3가지 그룹으로 대별이 가능하다.

(1) 매스콤(Mass-Comm)형

가족, 친구 등 3~4인 이상의 복수고객을 주대상으로 하는 업태로, 판매기능은 단란함, 군거이다.

(2) 미니콤(Mini-Comm)형

연인, 아주 친한 친구, 동료 등 2인 동반을 주대상으로 하는 업태로, 메인디쉬(Main Dish)는 허영이다.

(3) 디스콤(Dis-Comm)형

고객끼리의 커뮤니케이션을 필요로 하지 않은 형태로, 오히려 커뮤니케이션 자체가 방해가 되는 업태이며, 메인 디쉬는 충전, 에너지 및 시간절약이다. 이러한 외식산업의 기능, 즉 고객의 욕구와 커뮤니케이션과의 관계를 정리하면 [표 Ⅰ-6]과 같다.

[표 Ⅰ-6] 외식산업의 기능과 커뮤니케이션

분 류	기 능	업 태	비 고
매스콤형 (mass-comm)	단란함 군거	훼밀리 레스토랑 술집체인	음식의 가격이 승부로 작용함.
미니콤형 (mini-comm)	허영	프랑스요리점 민속요리점	진귀하고 고급스러운 음식이 요구됨.
디스콤형 (dis-comm)	충전 에너지 및 시간절약	국수점 도시락전문점	공복을 채우는 최저한의 기능을 효율 좋게 파는 것이 중요함

향후 외식산업은 이러한 기능을 매일 갈고 닦아 하나의 고정화한 이미지 정보로 만들기 위한 노하우(know-how), 소프트(soft) 개발을 중요시해야 할 것이다.

외식산업이 제조기능, 소매업기능을 갖고 있는 것 외에 중요한 또 하나의 기능은 서비스 가능이다. 서비스의 제공은 어디까지나 사람이 행하는 것이다. 그래서 서비스산업의 저생산성·서비스 내용의 저하원인은 처음부터 이러한 서비스가 갖고 있는 기본특성에서 연유하고 있는 것이다. 외식산업은 노동집약적 산업이고 저 생산성을 특징으로 한다. 그 이유는 사람중심 서비스가 제공되는 산업이기 때문이다.

물론 오늘날 패스트 푸드 산업이나 커피숍, 레스토랑 체인 등에서 표준화된 서비스 매뉴얼(service manual)에 의해 사원이나 아르바이트 종사원을 철저히 훈련시킴으로써 서비스 질을 향상시키고 서비스 생산성을 증진시키고 있으나 이것은 어디까지나 한계성이 있다. 역설적인 얘기가 될지 모르나 매뉴얼에 의한 서비스교육과 그 교육에 의해 실행되는 서비스제공은 고도의 훈련된 서비스맨의 그것과는 근본적인 차이가 있음은 부정할 수는 없는 것이기 때문이다.

오늘날 외식산업이 안고 있는 서비스질의 향상과 서비스 생산성향상의 과제는 표준화·기계화란 방향과 자연스럽고 자발적이어야 하는 서비스 본질을 어떻게 조화시켜 가느냐에 있다고 할 수 있다.

외식산업이 합리화 · 현대화하기 어려운 것은 이러한 제조업 기능, 소매업 기능, 서비스 기능을 조화시켜 동시에 대량화, 표준화 · 전문화 · 기계화함으로써 최대로 능률을 향상시키기가 어렵다는 문제와 맥을 같이하기 때문이다(김헌희, 1990).

이러한 기능을 만족시키기 위하여 더욱이 식사라는 그 자체에 다양성이 있어야 하기 때문에 개인적인 창의의 세계라고도 하는 것이다.

5 외식산업의 특성

외식산업은 타산업군과 비교분석하면 공통점보다는 차이점을 많이 가지고 있는 산업이다.

먼저 식품산업에 관한 내용을 살펴봄으로서 외식산업을 이해하는 데 도움이 될 것이다. 따라서 식품산업의 특징을 소개하면 다음과 같다.

식품산업의 산업구조는 그 원료가 기본적으로 농수산물이고, 또 생(生)것이라는 점, 식(食)에 대한 소비자 요구가 다양한 점, 수시 구입품이라는 점 등의 특성 때문에 대형기업과 중소기업의 공존업종의 다양성, 높은 원재료비의 비율, 유통 · 서비스 부문이 가지는 의미가 특히 크다는 등의 특징이 있다. 즉, 원료는 기본적으로 농수산물인데다 생(生) 것이기 때문에 ① 변질하기 쉽고, ② 공급이 불안정하며, ③ 농업정책과는 밀접한 관련이 있다는 특징을 가지며, 그 생산물인 식품은 ① 안정적인 공급과 안정성이 절대적이고, ② 근본적으로 필수품이지만 기호에 따라 소비자 요구가 다양하며, ③ 수시 구입품이라는 성격을 지니고 있다.

이와 같은 식품의 성격을 반영하듯 식품산업에는 다음과 같은 구조적인 특징이 있다.

① 중소기업의 비중이 여타 산업에 비해 특히 높고, 또 대기업 생산물이 중소기업이 제조하는 최종제품에 투입이 되는 경우가 많은 등의 특징이 중소기업과 대형기업과를 공존시킨다.

② 업종이 다양하다.

③ 원재료비의 비율, 특히 농산물 원료비의 비율이 높고, 부가가치비율이 낮은 것이 특징인데, 최근에 이르러 원료원산물 가격의 '저하, 식품기업의 부가가치 향상에 대한 노력을 반영해 원재료비 비율의 저하와 부가가치비율의 상향이 보인다.

④ 과거에는 광고선전비의 비율이 높고 연구개발비 비율이 낮았으나 최근에는 연구개발비 비율이 높아져 가고 있다.

⑤ 수요가 경기에 크게 영향 받지 않음을 반영, 수익이 안정적이다.

⑥ 물적 유통이 중요하기 때문에 유통·서비스 부문이 지니는 의미가 크다.

[표 I －7] 외식산업과 식품산업의 특성비교

구 분	외식산업	식품산업
산업상 형태	서비스업	제조업, 도소매업
투자규모	소규모 자본분산(다점포현)	대규모 자본집약(공장형)
생산(제조)	기능중시 요리업 노동집약적인 전문성 요구(숙련성) 점포내 요리(일부 central kitchen) 다품목 개체별 생산(개체화지향)	기술중시 가공업 기계화, 자동화의 수율 및 생력화 요구 공장 내의 장치산업화 소품목 대량생산(대량화지향)
판매(영업)	점포 내로 제한(입지의존적 특성 및 상권중심) 생산·판매·소비의 동시성 순간적·일시적·지역적인 소비특성	유통경로의 전문화 및 광범위(상품의존적) 생산·판매·소비의 분리성 장기적·지속적인 소비특성
상품(메뉴)	저장수명이 짧다 모방적이며 단순한 메뉴기능 (R & D 기능 약함)	저장수명이 길다 차별적이며 독창적인 상품기능 (R & D 기능 강함)
경영형태	개인 및 중소기업형, 대기업형	법인 및 중대기업형, 그룹형
업종특성	식사와 음료주체로 인적·물적·분위기·가치·편익성 중심의 토탈 고감도 서비스	상품중심의 단순한 서비스

[자료 : 홍기운, 최신외식산업개론, 대왕사, 2006. p.153]

이같은 내용을 근거로 외식산업과 식품산업의 특성을 요약하면 [표 Ⅰ-7]과 같이 비교하여 볼 수 있겠다.

외식이라는 측면에서 산업상의 구조적인 특징을 설명하면 다음과 같다(김의근, 1992).

① 노동집약성 : 최근의 타산업은 기술 · 자본집약적인 데 비하여, 외식산업은 생산부문자동화의 한계와 서비스부문의 인적 의존성으로 인하여 노동집약적이다. 따라서 1인당 매출액이 타산업에 비하여 낮다.

② 유통 제조산업은 일정한 유통경로에 의하여 상품을 고객에게 판매하는 데 비하여, 최근에는 배달을 위주로 하는 음식점이 생기기는 하였으나 유통경로없이 상품의 구매를 위해서는 고객이 직접 방문하여 소비해야 한다는 문제점이 있다.

③ 다품종소량의 주문판매 : 한두 가지의 음식만 전문적으로 취급하는 곳도 있지만, 대부분은 여러 종류의 음식을 주문에 의하여 그때그때 생산하여 판매한다.

④ 시간적 예약 : 인간이 식사하는 시간은 아침 · 점심 · 저녁 시간으로 한정되어 있어 이 한정된 시간에 대부분의 매출이 일어나므로 인력관리 · 공간이용에 큰 문제가 있다.

⑤ 낮은 자재원가 레스토랑의 원자재 원가는 타산업의 자재원가보다 많이 낮다.

⑥ 식자재의 부패 타상품의 자재는 어느 정도 보존가능하나 판매를 위하여 준비하여 놓은 식자재는 보존기간이 매우 짧다.

⑦ 입지의존성 : 레스토랑은 음식을 생산하는 곳이기도 하지만 판매하는 곳이기도 하기 때문에 입지에 따라 영업실적이 크게 차이가 난다.

한편 광의의 사업적인 특성과 협의의 사업적인 특성을 비교 · 분석했을 경우에도 다음 [표 Ⅰ-8]과 [표 Ⅰ-9]와 같은 차이점을 발견할 수 있다.

[표 1－8] 외식산업의 광의의 사업적인 특성

Key Word	Core Competencies	Content
입지사업	점포위치를 최우선	출점입지=매출 • 입지 및 상권 = 경쟁력 • 입지전략 = 마케팅전략 • 외식사업 = 입지사업
People 사업	노동집약적인 사람사업	고감성+고기능의 요구 • 삼위일체(고객=종업원=오너) • 고도의 인적 숙련도 필요 • 사람사업 = 인재사업(교육훈련)
Manual 사업	시스템위주의 전문성	생산과 소비의 동시성지향 • 3S시스템(단순화, 전문화, 표준화) • 생산기능 ▶주방과 C/K • 소비기능 ▶홀
Franchise 사업	다점포전개 원칙	전문성+Know-how의 요구 • 대량구매, 대량생산, 대량공급 • 경영전문성과 Know-How요구 • 차별적 · 획일적인 시스템
종합예술성첨단사업	복합산업의 산물	경영다각화(연계사업화)가능 • 식품 · 식재 · 급식산업과 연계화 • 호텔 · 관광 · 레저산업과 연계화 • 유통 · 물류 · 부동산 · 건축산업과 연계화

[자료 ; 홍기운, 최신외식산업개론, 대왕사, 2006. p.146]

그 외에 일본의 미야 에이지(三家英治, 1992년)는 외식산업의 특징을 다음과 같이 논하고 있다.

① 자본력이 별로 필요하지 않은 산업이다.
② 독점적 기업이 탄생하지 않은 기업이다.
③ 기업의 신진대사가 심한 산업이다
④ 고객의 기호가 강하게 영향을 미치는 산업이다.

[표 1－9] 외식산업의 협의의 사업적인 특성

Key Word	Core Competencies	Content
입지력	접객력의 제고	소비적인 상권 및 장소구비 • 통행인구의 집결지 및 분산지 • 미래지향적 및 잠재상권 • 고객유인 및 흡입가능성
상품력	차별적 유리성 확보	차별적 고품질 상품구비 • 맛의 시대성과 소비취향성 • 메뉴구성 및 셋팅기법 • 차별적 전문성 및 Speed화
서비스력	고객의 창출	접객 서비스의 향상 • 기능적인 숙련도(테크닉) • 정신적인 가치창출 • 환대와 영접의 창출
점포력	명확한 점포 컨셉(테마)	Identity의 확보 • 컨셉의 독창성 · 차별성 • 고감성 인테리어 연출 • 경영이념과 방침의 명확화
종합균형력	브랜드 인지도 제고	종합예술성 추구 • 질과 가치의 지향 • 입지력 · 상품력 · 서비스력 · 점포력의 환상적인 조화

[자료 ; 홍기운, 전게서. p.148]

이상과 같이 식품산업의 구조적인 특징, 소비재 관련산업과의 비교, 광의의 요식업과의 비교 등에서 외식산업이라는 그 자체의 특징들을 비교하면서 설명하였다.

상기에서와 같이 외식산업의 특징을 단순하게 규명하기가 어렵다는 것과 외식산업의 특징이 곧 장점도 되고 단점도 될 수 있기 때문에 운영의 묘를 살리고 지침과 방향을 설정하는 데 기본이 될 수 있을 것이다.

6 식음료상품의 관능적 평가

식료와 음료는 상품으로서 고객의 기호에 부합되어야 한다는 품질관념이 과거 어느 때보다도 강조되고 있다. 그래서 기호에 적합한 품질로서 상품을 어떻게 평가하고 측정할 것인가에 대하여 많은 사람들에 의해 회자되어 왔던 것이다.

일반적으로 사용되어 왔던 하나의 평가방법이 관능검사라고 할 수 있겠다. 관능검사는 사람의 감각과 심리작용을 사용하여 품질을 평가검사하는 것이다. 고객의 기호성을 관능검사에 의해 평가하는 품목 중에는 식품 · 음료 · 향료 등 이외에 각 분야에 걸쳐 있다. 그러나 관능검사는 주관적 방법이기 때문에 관능검사용 패널이 잘 선발 · 훈련되고, 실험계획이 과학적으로 잘 설계되고, 결과가 통계적으로 처리 · 분석되어 져야 정확한 결과를 얻을 수 있음과 동시에 신빙성이 있다.

여기에서는 품질평가의 중요성과 관능적 요소를 중심으로 살펴보고자 한다.

1) 관능적 품질평가의 중요성

식음료의 품질요소로서 위생안전성 · 편리성 · 저장성 이용성 또는 가격 등도 고려되지만, 크게 그 품목의 영양가와 기호성의 두 가지가 가장 중요시된다고 볼 수 있다. 여기에서 식음료 제품의 품질특성 중에서 영양이 중요하느냐, 기호성(관능적 특성)이 더 중요하느냐 하는 문제를 생각하여 볼 수 있을 것이다. 식품 중에는 영양이 강조되는 것과 기호성이 중요시되는 것이 있다. 환자용 식사나 베이비 푸드(baby food) 같은 것은 영양가치가 중요하다. 그러나 영양식이 많더라도 환자나 어린이들이 먹지 않으면 영양이 되지 않는다.

이러한 식품에도 기호성은 역시 중요하다. 이에 대하여 주류, 음료, 커피, 아이스크림 같은 것은 기호식품이라고도 불리우며, 영양을 섭취하려는 것보다는 맛을 즐기려는 경향이 있다. 식품은 각 품목마다 고유의 영양가를 갖고 있으며, 우리들이 식사를 섭취할 때에는 각 영양소가 균형이 되도록 여러 가지 종류를 배합하여 먹어야 한다.

그러므로 식품의 영양, 곡류, 육류, 채소류와 같이 군별(群別) 또는 종류별로 고려할 때에는 중요하지만 동일품종의 개개단위의 질을 구별할 때, 즉 개별 품질에는 그리 중요하지 않다. 예를 들어 사과라는 품목 내에서 질 좋은 사과를 선택할 때 어느 것이 영양가치가 많으냐는 별로 문제가 안 되고 색깔과 모양과 크기 또는 맛으로 우세를 가리게 된다.

소득이 높고 가계비 지출 중에 식료품비가 차지하는 비율, 즉 엥겔지수가 낮아지게 되면 식음을 선택하는 데 기호성을 중요시하게 된다. 소득이 높아질수록 식사를 하는 것이 영양섭취라는 관념보다도 맛있는 식사를 즐기게 된다.

우리나라도 평균국민소득이 1만달러를 넘고 있다. 이제부터의 식품선택은 맛있고 편리한 것에 비중이 높아지게 될 것이다. 그래서 제품을 개발하거나 영양관리를 위하여 품질을 평가할 때는 화학적 분석도 중요하지만 그에 못지 않게 관능검사에 의한 기호성 평가도 중요하게 될 것이다. 화학적 분석은 결국 기호성을 위한 관능적 평가의 간접적인 수단이라고 할 수 있다.

특히 고객의 입장에서는 주관에 의한 심리적 관능검사를 통하여 식음료에 대한 상품의 품질을 평가할 수밖에 없는 구조적인 한계 때문에 이같은 관능적 품질평가가 갖는 의미는 대단히 크다고 할 수 있다.

2) 품질의 관능적 요소

식음료에 대한 기호성을 나타내는 것이 관능적 품질특성(요소)이며, 맛·냄새·색깔·텍스츄어 등이 이에 속한다. 이들 요소를 설명하면 다음과 같다.

(1) 맛(taste)

음식물의 맛은 미각을 통해서 느끼게 된다. 우리들의 혀(舌)의 표면에는 많은 돌기부, 즉 유두(乳頭)로 쌓여 있는데, 유두에는 무수의 미뢰(味雷)라는 미각기관이 분포되어 있다. 음식물을 먹으면 정미물질(呈味物質)이 용해되어 용액이 미뢰 속으로 들어가서 미각세포를 자극하여 이것이 미각신경을 거쳐 대뇌의 미각중심에 전달되어 맛을 지각하게 된다.

음식의 맛은 여러 가지로 복잡하게 느껴지지만 맛의 기본이 되는 것은 단맛(甘美), 짠맛(鹽美), 신맛(酸美) 및 쓴맛의 네 가지로서, 이것을 4대기본미라고 한다. 우리들이 즐겨 먹는 매운 맛(辛美)은 미각이라기보다는 피부를 자극하여 느껴지는 통증(通覺)이라고 할 수 있다. 그 외에도 기본맛으로만 설명하기 힘든 몇 가지 맛이 있다.

이와 같이 생리적으로 지각된 여러 가지의 맛에 대하여 생리적으로 느껴지는 쾌감도가 음식의 기호를 결정하게 된다. 여기에는 각 맛의 종류, 농도 또는 강도, 맛의 상호작용 등과 더불어 먹는 사람에 관련된 민족성, 지역성, 연령, 성별, 사회경제적인 입지, 생리적 또는 심리적인 여건 등이 복잡하게 작용된다.

(2) 냄새(smell)

냄새물질은 기체상태로 비공을 거쳐 후각세포를 자극하여 후각반응으로 냄새로 지각된다. 냄새는 감각 중에서도 가장 원시적인 것으로 알려지고 있으나 음식류의 기호에는 중요한 역할을 한다. 냄새의 종류는 너무 많고 복잡하여 분류하기도 힘들며, 맛의 기본미와 같이 기본되는 냄새도 아직 확인되지 못하고 있다. 보통 사람은 2천 가지 정도, 훈련된 전문가는 1만 가지 이상의 냄새를 식별할 수 있다고 한다. 화향(花香), 과향(果香), 약향(藥香), 수지(樹脂)냄새, 썩은 냄새, 탄 냄새 등으로 분류된다.

후각은 미각보다 대단히 예민하다. 후각반응을 냄새라고 하지만, 보통 좋은 냄새를 향기라고 하고, 좋지 못한 것을 냄새라고 부를 때가 많다. 후각기관과 미각기관은 서로 통하여 양감각(兩感覺)은 먹었을 때 통상 동시에 작용하여 냄새와 맛을 합하여 풍미(favor)라고 부른다.

(3) 색깔(color)

우리는 음식물을 눈으로 보고 그 외양과 색깔에 의하여 질을 판단하는 경우가 많다. 과실의 성숙도, 육어류의 신선도, 변질 여부, 조리가공 정도 등은 주로 색으로 판단한다 시각은 인간의 문명생활에 가장 중요한 감각이므로 시각작용과 색에 관한 과학은 비교적 상세하게 연구되어 왔다.

우리들이 볼 수 있는 여러 가지 색은 적, 녹, 청의 삼원색의 적당한 혼합량으로 표시할 수 있으며, 이것을 3자극치(三刺戟値/tristimulus value)라고 한다. 이 원리를 음용하는 측정방법이 국제조명위원회(CIE)의 법 XYZ색계이며, 그 외에도 Munsell색권계, Hunter색도계 등의 방법이 있다.

이와 같이 색의 표현과 측정은 이화학적 방법으로 계기에 의하여 이루어질 수 있으나 고객이 어떤 식품색을 좋아하느냐 하는 것은 결국 사람의 관능검사로 평가할 수밖에 없다.

(4) 텍스츄어(texture)

텍스츄어라는 말은 식품의 기호요소로서 대단히 중요하다. 초여름에 먹는 사과는 부석부석하여 맛이 없으며, 불고기나 갈비가 질기다, 연하다하는 것과 같은 것이 바로 텍스츄어이다.

그래서 텍스츄어를 정의하면 사람이 입에 넣었을 배의 느낌과 음식을 삼킬 때 느낌을 종합하여 텍스츄어라고 한다. 이에 관련되는 감각으로서는 온도감각, 통각, 근육운동감, 청각, 마찰감각 등이다 텍스츄어의 본질은 기계적 성질과 기하적 성질로 분류할 수 있다.

기계적 성질로서는 식품의 응집성, 점성(粘性), 탄력성, 부착성, 고무성질 등이 있다. 기하학적 성질에는 구성입자에 따라서 거칠다, 보드럽다 등 구성성분의 배열상태에 따라 수질 · 펄프질 등으로 또는 수분 · 유분함유량에 따른 성질 등이 있다. 식품의 텍스츄어를 기계적으로 측정하는 texture-ment가 여러 가지로 개발되어 있으나 결국은 관능적 측정치와 비교하여 상관성이 있을 때 계기측정이 가능하게 된다.

이와 같은 요소를 중심으로 관능검사는 생리학적 · 심리학적 · 식품학적 · 경제사회학적 및 통계학적인 제요소가 관련되어 있음을 알 수 있다.

따라서 관능검사는 경험있는 관련분야의 전문가들의 협력하에 실시되어야 효율적이고 정확한 결과를 얻을 수 있다. 관능검사가 합리적이고 효과적으로 실시되어 정확한 판정을 얻기 위하여는 다음의 문제가 처리되어야 한다.

① 가장 적절한 시료(試料)의 조제방법
② 합리적인 조사내용의 구성과 훈련
③ 효과적이고 합리적인 실험계획
④ 가장 적합한 통계처리

그 다음 단계는 고객을 상대로 하는 상품으로서 그 가치와 효용성을 더욱 일반화시키려는 노력이 필요하다.

7 외식산업의 관리형태

외식의 존재는 오래 전부터 고객을 상대로 영업활동이 전개되어 왔으나 우리나라에서의 산업으로서 발전은 1980년대 후반부터라고 할 수 있다.

즉, 수요측면에서 가처분소득의 증가, 여가시간의 확대, 여성의 사회 활동 증가, 국제교류의 증가 등으로 인하여 고객의 욕구가 양과 질에 있어 증대 및 다양화를 추구함에 따라 대두된 것이다.

공급측면에서도 이에 상응한 인식의 변화가 외식산업에 경험이 있는 기업가들이 창업을 하게 된 것이다. 이같은 시대적 요청에 부응하기 위해 영업에 임하고 있는 외식산업의 관리형태는 크게 두 가지로 구분된다.

첫째, 외식점포를 단독으로 투자하여 운영에 이르기까지 독자적인 책임과 권한을 갖고 영업활동을 하는 단독경영형태 둘째, 다른 서비스업종에서 볼 수 있는 것과 같이 투자에서 영업에 이르기까지 2개 이상의 점포를 상대로 체인화되어 운영관리하는 형태이다.

그러나 오늘날 외식산업의 추세를 보면 [표 I -10]에서 보는 바와 같이 여러 가지의 이점으로 인하여 체인화의 경향으로 변화되고 있다.

이같은 배경 속에서 외식산업의 관리형태를 체인화에 초점을 두고 설명하고자 한다.

[표 Ⅰ-10] 관리형태상 외식점포의 차이점

구 분	단독경영점포	체인경영점포
교육훈련시스템	거의 없음	있음
원 자 재 개 발	거의 없음	있음
상품개발	신속	신중
물적유통	경시	중시
판매촉진	거의 없음	중시
정보제공	없음	있음
시설배치	개성적	획일적
메뉴수	비교적 다양	비교적 제한
조리기술	필요함	거의 필요없음
표 준 원 가 관 리	거의 안함	중시
서비스	다양화	통일화

1) 소유직영방식(Independent)

어느 체인화를 시도하는 주체(본사)가 직접 투자하여 직영점을 개설하고 본사직원을 배속하여 영업을 하는 방법이다. 외식체인기업들은 최소한 하나 이상의 직영점을 두고 이를 바탕으로 하여 프렌차이징, 경영대리계약 등의 방법으로 체인화를 시도하고 있다. 직영방식에 따른 장 · 단점을 살펴 보면 다음과 같다.

(1) 장점

① 수익성이 높으며 통제가 용이하다.

② 판매전략의 변화로 잠재시장을 경험할 수 있고, 어떤 방향으로든지 정책변화가 가능하며 피드백이 쉽다.

③ 직영점 운영시 시장조사, 전산화, 중앙회계와 같은 전서비스 체제가 요구되는 것은 공통되는 것이지만, 이에 소요되는 비용은 보다 적으며 효과적이다.

④ 법적인 문제에 있어서 통합체인은 법률제한 사항에 크게 해당되지 않는다.

(2) 단점

(가) 재무적인 위험

직접적 투자를 하여야 하므로 재무적인 어려움과 위험을 겪는다.

(나) 느린 체인화

본사의 힘으로 자본력과 필요한 인력을 마련해야 하므로 체인 전개속도가 느리다.

(다) 낮은 효율성

이론적으로 보면 직영방식은 효율성을 얻게 되어 있지만, 실제로 보면 다른 방식보다 효율이 낮은 경우가 많다. 그 이유는 직영점의 종사원은 주인이 아니기 때문에 최소한의 의무만 이행하지 더 이상의 노력을 하는 데에는 게을리 하기 때문이다.

Tips 직영점을 운영해야 하는 이유는?

1) 안테나숍의 기능

직영점은 가맹점 사업 전개를 위한 모델숍이다. 브랜드를 알리는 가교 역할을 하고 있으며 가장 실질적인 홍보수단이기도 하다. 식당에서 새로운 메뉴를 출시할 때 오너나 직원들이 먹어보지도 않고 출시하는 경우는 없다. 하물며 창업이라는 것은 한 사람의 인생이 걸린 문제다. 가맹사업에 앞선 직영점 운영은 메뉴와 인테리어 등 하드웨어가 트렌드에 부합하는지 알아볼 수 있는 바로미터다. 동시에 서비스 매뉴얼, 판매 구성비, 적정 원가율(인건비 포함), 수익률 등에 대한 보다 정교한 시뮬레이션을 구축할 수 있는 경로다.

아시향, 욕심담은 놀부 설농탕, 차룽 등을 잇따라 론칭하며 브랜드 다각화에 나선 놀부NBG. 20년이라는 연륜을 쌓아왔지만 가맹점부터 시작한 브랜드는 단 한건도 없다.

최근 주점업계의 다크호스로 주목받고 있는 와라와라는 지난 2002년에 론칭한 브랜드지만 직영점을 7호점까지 운영한 이후 가맹사업을 본격 시작했다. 와라와라의 후속브랜드인 생활와인 & 두부요리전문점 '토드' 역시 직영 운영을 통해 시장성을 타진중이다.

2) 아카데미의 역할

고객과 직접 만나는 외식사업은 교육의 중요성을 아무리 강조해도 지나치지 않는다. 가맹점 오픈에 앞서 중요한 것은 실전감각. 각 업체마다 예비교육과 정기 교육에 대한 투자를 아끼지 않는 이유이기도 하다.

직영점은 예비 점주뿐만 아니라 기존 점주를 위한 교육장소로도 활용도가 높다. 매출이 저조한 매장의 경우 직영점 교육을 통해 매장 내 문제점을 검토하는 통로가 되고 있으며 다시 한 번 초심을 되찾고 영업 의지를 높이는 기회의 장으로도 활용된다.

현장과 이론을 동시에 겸비해야 하는 외식산업의 특성상 항상 인재에 목말라 있는 외식업계. 직영점은 본부 인재양성 측면에서도 효과적이다. 직영점 직원은 실전감각 및 현장 파악 능력이 빨라 슈퍼바이저, 서비스 강사 등 관리자로의 육성이 가능하기 때문이다. 특히 현장 출신의 직원은 브랜드에 대한 이해도와 충성도가 높다는 특징이 있다. 피쉬앤그릴은 직영점과 본사간 인력 이동이 유동적이다. 근무 성과가 좋은 직영점 파트타이머나 직원을 본사 관리직으로 채용하는가 하면 신규 브랜드 론칭시에는 슈퍼바이저를 직영점 점장으로 파견, 신규 업장의 영업안정화 측면에서 소기의 성과를 발휘하고 있다.

3) 데스트 마케팅 장소

신메뉴, 프로모션 등은 적지 않는 비용이 투자되는 작업이다 직영점을 활용하면 새로운 시도에 대한 실패 확률을 줄이는 한편 수정 및 재검토가 용이하다.

업계 관계자들은 테스트 마케팅의 장소로서의 기능을 직영점의 핵심역할로 강조하고 있다. 각기 사업자가 다른 프랜차이즈 사업에서 변화를 시도하기란 쉽지 않다. 더구나 그 결과가 불투명할 경우에는 점주들의 참여율을 이끌어 낼 수가 없다.

이에 직영점은 새로운 마케팅에 대한 성공 가능성을 타진하는 것은 물론 점주들의 참여율과 지지율까지 이끌어낼 수 있는 가장 확실한 방법이다.

"○○브랜드의 신메뉴가 궁금하다면 직영점에 가보면 안다"라고 할 정도로 직영점에서의 끊임없는 테스트는 가맹점 영업활성화와 밀접한 관계가 있다.

매장수에 비해 브랜드 인지도가 높은 명인만두도 7개의 직영점이 그 비결이다. 대학로, 센트럴시티, 경원대, 송추 등에 고급 콘셉의 대형 규모로 영업 중인 직영점은 기존 만두전문점의 이미지를 업그레이드하는 한편 브랜드력제고에도 효과적으로 작용하고 있다. 아울러 가맹사업의 새로운 모델을 구축하는데도 고무적이라는 평가다.

4) 본사 수익구조에 일조

본사 수익구조 확보에도 적잖은 기여를 한다. 프랜차이즈 본사의 수익은 크게 가맹점 개설수익, 물류유통 수익, 로열티로 구분할 수 있다. 대부분은 가맹점 개설수익이 수익의 대부분을 차지하고 있는 상황이며 가맹점 개설이 중단될 경우 현금 흐름에 타격을 입기 십상이다. 직영점을 운영하면 본부의 수익기반을 안정적으로 구축할 수 있다. 안정적인 수익 기반을 확보할 경우에는 무분별한 가맹점 개설을 사전에 방지할 수 있기도 하다.

가르텐비어는 최근 방배직영점을 오픈하며 수익구조 확보에 나섰고 포유프랜차이즈 역시 신규 브랜드인 꼬치&그릴 전문점 호가호가를 론칭하면서 직영점을 먼저 오픈, 본부 수익구조 개선 의지를 암시하고 있다.

[자료 : 월간식당, 2008년 5월호]

2) 프랜차이즈 경영(Franchise management)

프랜차이징의 정의 중 Stern과 El-Ansary는 "프랜차이징은 프랜차이저(frachlsor)가 프랜차이지(franchisee)에게 프랜차이저의 상호, 상표, 서비스마크(service mark), 노하우(know-how), 그리고 기타의 기업운영 방식을 사용하여 제품이나 서비스를 판매할 수 있도록 포괄적인 기업방식을 허가하는 것(the licensing of an entire business format)을 말한다"라고 하고 있다.

Vaughn은 "프랜차이징이란 특정지역 내에서 일정기간 이상 모기업(a parent company)이 개인이나 혹은 비교적 작은 기업에게 규정된 방법대로 사업을 할 수 있는 권한이나 특권을 허가해 주는 마케팅, 혹은 분배의 형태이다"라고 하였다. 또한 IFA(International Franchise Association)의 정의는 "프랜차이저가 프랜차이지로부터 받는 대가와 교환으로 조직, 훈련, 머천다이징, 경영지원 등을 포함한 거래를 하기 위해 특허권리(licensed privilege)를 제공하는 지속적인 관계"로 정의하고 있으며, 미국 상무성 등 정부기관의 개념정의는 "제조업자 또는 보급자가 자사의 상호 '명성' 판매기법 등을 사용하여 제품이나 서비스를 판매 · 유통 · 마케팅할 수 있는 권한을 부여하는 것이다"라고 정의를 내리고 있다.

한편 프랜차이즈 시스템은 프랜차이저가 제품과 용역의 배급 · 확장 · 통제수단으로서 생성 · 관리되는 마케팅과 생산공급제, 혹은 연구 유니트(study unit)로 정의될 수 있다. 이를 좀더 관찰한다면 구성에서 4가지 측면을 중심으로 엮어지고 있다.

① 각 회원은 법적으로는 독립되어 있으며, 경제적으로는 프랜차이저에게 의존하며, ② 회원의 사업은 프랜차이저의 상호와 표준화의 이점하에서 운영되고, ③ 회원의 사업은 계약에 명시된 프랜차이저의 제품과 서비스에 대한 마케팅 목적상 대체적으로 모양에 있어 양식(form)을 따르며, ④ 프랜차이즈 시스템은 관련당사자간의 업무관계에 기준한 것이므로 프랜차이즈 "agreement나 contract"에 의해 지속적으로 관계를 맺고 있다.

그러나 독립된 프랜차이징경영과 연쇄경영을 구별하기는 매우 어렵다. 왜냐하면 건물의 외부모양이나 구조시설, 시설, 객실, 설비, 장식, 비품, 메뉴까지도 두 종류의 경영형태에 소속된 기업들이 거의 동일성을 갖고 운영되기 때문이다. 실제적인 차이는 재무구조에서 찾아 볼 수 있다.

지금까지 논의된 프랜차이저(franchiser)와 프랜차이지(franchisee)와의 관계를 요약·도식화하면 [그림 Ⅰ-2]와 같이 표현할 수 있겠다.

[그림 Ⅰ-2]와 같은 상황하에서 현실적으로 장점만을 가지고 있는 것은 아니다. 개개의 입장에서 장점과 단점을 동시에 내포하고 있기 때문에 운영과정에서 다음과 같은 세심한 주의를 필요로 한다.

[그림 Ⅰ-2] 프랜차이즈 시스템의 기본구조

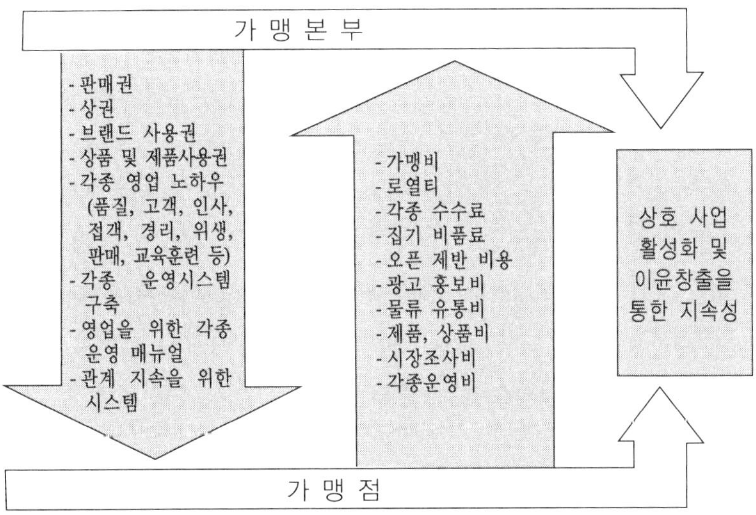

[자료 : 이준재, 외식산업 프랜차이즈시스템 평가지표 개발에 관한 연구, 2006, p.1]

(1) 체인본부 측면에서의 효과

(가) 프랜차이저에게 유리한 점

① 분점·개점 비용이 들지 않는다(재무적인 위험회피).

② 단시일 내에 다점포 전개가 가능하다.

③ 가맹점이 증가되는 만큼 본부의 이익이 가속도적으로 증가한다(높은 이익발생).

④ 단기간 내에 지명도가 높아진다(빠른 체인화).

⑤ 점포 내에서의 인건비가 들지 않고 노사문제를 회피할 수 있다.

⑥ 회사 내에 근무하는 종사원보다도 가맹점의 종사원이 성실히 근무해 주고 있다(반도급업자이기 때문이다).

⑦ 재고부담이 거의 없다.

(나) 프랜차이저의 불리한 점

① 독점금지법과 관련된 재판이 많다.

② 가맹점 중 단 하나라도 과실을 범하게 되면 전가맹점에 영향을 준다(상표손상 가능성).

③ 매뉴얼에 따르지 않는 가맹점이 있다(경영정책 변화의 어려움).

④ 가맹점주는 기본적으로 본부측의 사원이 아니기 때문에 일방적으로 명령을 내릴 수가 없다.

⑤ 가맹점이 집단탈퇴 등 압력단체가 되는 일이 많다(법적 분쟁 가능성).

⑥ 가맹점이 탈퇴하여 동일한 영업을 하는 경우가 있다.

이와 같이 항상 유리한 점 이 있는 것이 아니고 불리한 점도 병존하고 있기 때문에 체인본부에서는 다음과 같은 사항에 유의하여 시스템을 개발하고 실행하여 가맹점의 이익도모는 물론 체인본부로서의 위치를 보다 더 구축할 수 있을 것이다.

① 체인본부에서 갖추어야 할 여러 기능을 어떻게 분배해야 하는지, 그리고 각 기능과의 관계를 어떻게 구분할 것인지를 결정해야 한다.

② 모든 상황에 따라 각 기능이 잘 발휘될 수 있도록 조직이 정비되어야 한다.

③ 가맹점을 지원할 때 개개의 기능을 어떠한 순서로, 어떠한 방법으로 제시할 것인가를 결정해야 한다.

④ 시장환경의 변화, 체인본부 내부의 변화 등 상황변화에 따라 시스템 전체가 어떻게 대응하고 개개의 기능은 어떻게 변화시킬 것인지를 명확히 해두어야 한다.

⑤ 체인본부에서는 시스템이 목표로 한 효과를 올리고 있는지를 평가하고,

만약 효과를 못올리고 있다면 원인을 발견해서 올바르게 개선해 나가야 한다.

(2) 가맹점 측면에서의 효과

김태근(1992)의 점포경영에서 소개하고 있는 효과를 설명하면 다음과 같다.

(가) 프랜차이지에게 유리한 점

① 체인본부에서 시스템을 갖추어 고객에게 구매력있는 상품을 개발하여 공급하기 때문에 실패의 위험성이 적다.

② 체인본부에서 개발한 우수상품 · 상품포장 · 상표 등을 점포경영에 관한 교육 및 지도를 실시하고 있기 때문에 사업경험 또는 특별한 경영능력이 없어도 점포운영이 가능하다.

③ 체인본부에서 일괄적으로 영업 · 광고 · 판촉면에서 지원하므로 개별적인 활동보다 훨씬 큰 판촉활동의 효과를 기대할 수 있다.

④ 가맹점 운영에 필요한 설비와 도구 등을 체인본부로부터 유리한 조건으로 알선받을 수 있으며, 대량구입에 따른 경비절감의 효과를 얻을 수 있다.

⑤ 상품, 소모품 등을 체인본부로부터 공급받으므로 개업 초기의 재고 투자에 대한 부담이 적어진다.

⑥ 체인본부에서 대량구매를 통해 자재를 공급받으므로 가맹점에서는 싼 가격에 상품판매가 가능하며, 안정된 품질의 상품을 공급받을 수 있다.

⑦ 시장변화, 고객행동의 변화에 따라 체인본부에서 기존상품을 개선하거나 새로운 상품을 개발하여 계속적으로 가맹점에 제공해 주기 때문에 시장의 변화에 능동적으로 대처할 수 있다.

⑧ 판매활동 이외의 사무처리 · 노무관리 등의 많은 부분을 체인본부에서 대행해 주기 때문에 판매에만 전념할 수 있다.

⑨ 체인본부에서는 법규, 매장 디스플레이, 경영 등 여러 분야에 전문가를 두고 있기 때문에 이들 전문가의 지도와 도움을 받을 수가 있다.

⑩ 가맹점으로서 성공하여 자금여유가 생기면 새로운 가맹점을 만드는 등 여러 개의 가맹점을 소유함으로써 사업확대가 가능하다.

(나) 프랜차이지에게 불리한 점

① 체인본부에서 상품을 개발하고 지도·원조를 하기 때문에 의타심이 생겨서 가맹점경영자 스스로 문제해결이나 경영개선의 노력을 게을리 할 우려가 있다.

② 구입상품의 원재료·판매방법·가격·점포장식 등이 표준화되어 있고 통일적인 운영을 원칙으로 하기 때문에 가맹점경영자가 보다 좋은 방법을 개발하더라도 바로 그것을 이용할 수 없는 경우가 있다.

③ 체인본부에서는 전체적으로 효과를 생각해서 경영정책을 입안하고 실시하기 때문에 특정가맹점에서는 그 지역특성에 맞지 않을 수도 있다.

④ 체인본부와 가맹점의 이해가 상반되는 경우 쌍방 모두 독립된 사업자이기 때문에 체인본부가 자기의 이익을 위해서 가맹점의 의사를 무시하는 경우가 있다.

⑤ 타가맹점이 실패할 경우 가맹점은 그 의사결정에 참여할 수 없다.

⑥ 가맹점과 본부간의 계약이 체인본부의 의사를 따라야 하는 계약이기 때문에 계약내용에 대하여 가맹점 희망자가 자기의 요구사항이나 조건 등을 요구할 여지가 없다.

⑦ 체인본부의 사세가 약화되거나 판매정책의 변화에 따라 체인본부로부터의 지도와 지원을 충분히 받을 수 없게 될 우려가 있다.

⑧ 불리한 조건의 가맹계약을 체결하여 계약해지시 손해를 입는 경우가 발생할 수 있다.

이와 같이 프랜차이지에게 유리한 점이 있는가 하면 불리한 점이 병존하고 있기 때문에 가맹점의 입장에서는 자신에 맞는 적합한 업종을 선택하기 위해서는 다음과 같은 사항을 충분히 고려한 뒤 결정하여야 한다.

① 먼저 자신을 충분히 파악하여야 한다.

자신의 능력, 취미, 과거의 경험 등을 고려하여 업종을 선택함으로써 사업에 대한 실증과 회의를 느끼지 않고 자기 인생의 보람과 긍지를 갖고 열심히 사업에 임할 수 있다.

② 자신의 주변여건을 고려한다.

업종선택에 친척 · 친구 등 아는 사람들로부터 도움을 받을 수 있는지, 또는 자녀의 교육, 가정생활을 유지하는 데 문제발생의 염려가 없는지 등이 중요한 판단기준이 된다.

③ 업종의 성장성을 판단한다.

이것은 관심을 갖고 있는 업종이 현재 성장하고 있는 단계인지, 아니면 쇠퇴기에 접어든 것인지, 또는 몇 년 지나야만 유망해질 수 있는 업종인지를 파악하는 것으로, 이에 대하여 여러 방면으로 알아보고 판단해야 한다.

(3) 고객측면에서의 효과

프랜차이저와 프랜차이지간의 관계 속에서 영업활동상 궁극적인 대상은 고객이다. 그러면 고객측면에서 그 효과를 살펴보면 다음과 같은 내용으로 설명될 수 있다.

(가) 고객측면에서 유리한 점

① 서비스 제공의 수준이 상승된다.

② 본부에 의해 연구되고 표준화된 서비스와 품질을 언제 어디에서도 공급받을 수 있다.

③ 유통과정에서 요구되는 비용이 낮게 산정되어 염가의 상품서비스를 제공받을 수 있다.

(나) 고객측면에서 불리한 점

① 본부의 힘이 강력하게 작동하면 거래상 가맹점은 불리한 입장에 놓이게 되어 결과적으로 가격 · 서비스면에서 고객에게 불이익을 가져다 줄 수 있다.

② 프랜차이징을 악용하는 자가 생김으로써 거래상 부정이 일어나 서비스를 받는 고객에게도 나쁜 영향을 줄 수 있다.

③ 영업상 책임의 소재가 불분명하여 고객들이 불만을 처리할 수 있는 창구가 불분명하다.

이상에서 살펴 본 프랜차이징의 제반효과가 모든 프랜차이징의 유형에 그대로 적용되는 것은 아니며, 환경과 업종 등에 따라 그 효과는 달리 나타날 수 있다. 프랜차이즈 시스템을 운영할 때, 관계자들은 내용의 질을 이해하고 자기의 입장을 인식하여 효과적인 업무수행을 위해 상호협조하에서 운용할 필요가 있다.

그러면 프랜차이징을 세부적인 협정내용에 따라 분류하면 다음과 같다.

가) 지역 프랜차이징(territorial franchising) : 다수의 국가나 지역 등을 점거할 수 있는 프랜차이즈로서 지역 프랜차이즈의 본부는 그 지역 내의 개발가맹점에 대한 교육과 영업개시에 대한 책임을 지며, 지역 내 전매출액에 대한 처분권한을 갖는다.

나) 운영 프랜차이징(operating franchising) : 각각의 독립 가맹점이 그의 프랜차이즈를 사용하여 영업을 하는 경우로 모기업 또는 지역 프랜차이즈 본부와 직접 거래한다.

다) 이동 프랜차이징(mobile franchising) : 이동차를 이용하여 상품을 처분할 수 있는 프랜차이즈로서 가맹점이 소유하거나 본부로부터 임차를 받을 수 있다.

라) 분배에 따른 프랜차이징(distributionship) : 가맹점이 상품의 여러 종목을 획득하여 상위가맹점에 분배하는 것으로서 분배자는 넓은 지역을 담당하여 하위가맹점을 위한 공급처로서 활동한다.

마) 공동경영 프랜차이징(co-management franchising) : 본부가 투자의 대부분을 통제하며, 공동경영 당사자간에 이익을 미리 산정 된 비율로 배분한다. 예로서 모텔분야의 Travelodge와 Holiday Inn 등이 있다.

바) 공동소유 프랜차이징(co-ownership franchising) : 본부와 가맹점이 함께 투자하여 운영하며, 발생하는 수익을 서로 분배하는 형태이다. 예로는 Aunt Jemima's Pancake House와 Denny's Restaurants이 있다.

사) 임대(leasing) : 본부가 토지 · 건물 · 장비 을 가맹점에 임대한다. 임대 프랜차이징은 일반적인 프랜차이즈 계약의 기타 조항과 혼합되어 사용된다.

아) 라이센싱(licensing) : 본부가 가맹점에 그의 상품 · 경영기술을 사용할 수 있도록 허가하는 것으로 자사의 상품이나 인정된 제품을 공급하는 방법이며, 동시에 공급자 명단도 가맹점에 제공된다.

자) 제조권 프랜차이징(manufacturing franchising) : 본부는 자사의 특수재료와 제조기술을 사용하여 제품을 생산할 수 있는 프랜차이즈를 제공한다. 가맹점은 본부의 기술을 활용하여 제품을 유통한다. 이 방법은 전국규모의 제조업자가 본부 공장으로부터 유통비용이 매우 높을때 지방으로 효과적으로 분배할 수 있게 된다.

차) 서비스 프랜차이징(service franchising) : 가맹점이 전문적인 서비스를 제공할 수 있도록 본부는 서비스 패턴을 미리 정한다. 다음에는 프랜차이징을 본부가 채용할 목적에 따라 분류한다면 다음의 2가지로 분류된다. 첫째는 상품 상호특약 프랜차이징의 형태로, 이는 특약점이 제조업자의 판매창구로서 역할을 하는 판매유통체제이다.

이 형태의 업종은 자동차 · 주유소 및 식음료 계통이다. 미국에서 이 형태는 차츰 감소되고 있는 추세이며, 그 원인은 주유소의 감소와 식료품업계의 합병 때문이다. 둘째는 기업형 프랜차이즈(business format fran- chising)로써 비매품소매업, 하숙업, 용역 서비스업, 임대업, 그리고 부동산업까지 포함하고 있다. 여기서 본사는 상품 · 용역 · 상호뿐 아니라 시장전략을 위한 커뮤니케이션 체제까지 포함하는 완전히 통합된 체제를 확립하고 있다.

3) 경영계약(management contract)

점포경영능력이 부족하거나 없는 사람 또는 많은 부동산을 가지고 있는 사람 또는 기업(이하 소유주)이 외식체인기업에 대리경영케 하는 방식이다. 소유주는 경연에 필요한 토지 · 건물 · 시설 · 집기 등은 물론이고 운영자금까지 제공하고, 외식체인기업은 경영에 필요한 모든 권한을 소유주로부터 위임받아 경영하는 것이다.

즉, 완전한 소유주와 경영의 분리현상이 나타난다. 법적으로 외식체인 기업은 소유주에게 고용당하여 점포를 경영하는 대리인의 입장이기 때문에 일어나는 문제 중 고의성이 있는 것을 제외하고는 소유주가 모든 책임을 져야 한다.

예를 들면, 외식체인기업이 잘못된 판단으로 재무적인 피해가 발생하였다든지, 법적 소송이 야기되어 패소당했다든지 하는 갖가지 모든 책임은 궁극적으로 소유주에게 귀결된다.

외식체인본부와 소유주와의 경영계약에 따른 그 장·단점을 살펴보면 다음과 같다(김의근, 1992).

(1) 외식체인본부

(가) 외식체인기업에 유리한 점

가) 높은 수익발생과 재무위험회피 : 경영대리계약하에서 발생하는 수익은 프랜차이즈 계약하에서 발생하는 수익보다 보통 높다. 경영대리비는 총매출액의 일정비율이고, 이외에도 경영성과급이 있다. 대부분의 경우 직접 투자를 하지 않고 투자를 하는 경우도 적은 비율로 하기 때문에 재무적으로 별 문제되지 않는다.

나) 경영권 장악 : 외식체인기업은 직접 자사의 직원을 파견하여 영업부문부터 인사·구매·판매 등에 있어 모든 권한을 가지고 자기 소유식당처럼 운영하기 때문에 자사의 경영방침을 그대로 적용하여 상표(brand) 손상의 위험은 거의 없다.

(나) 외식체인기업에 불리한 점

가) 소유주의 반발 : 경영권이 없는 소유주는 경영실태를 하나하나 감시하며 외식체인기업이 실책을 범했을 시 항의로 경영활동이 거의 중단될 때도 있고, 심한 경우 법적 분쟁까지 몰고 간다.

나) 소유주의 운영자금에 대한 의존 : 레스토랑 경영자금 부족시 소유주로부터 운영자금을 지원받아야 하기 때문에 소신있고 과감한 경영을 할 수 없다.

(2) 소 유 주

(가) 소유주에 유리한 면

외식체인기업이 가지고 있는 모든 경영 노하우와 기존의 시스템을 레스토랑 소유주는 쉽게 향유할 수 있다.

전술한 바 있는 프랜차이지가 누리고 있는 장점 이외에도 외식체인업체 소속의 경험있고 유능한 직원들의 직접적인 경영활동이 있다.

(나) 소유주에게 불리한 점

① 소유주는 계약에 의하여 식당의 모든 경영권을 외식체인기업에 위임하였기 때문에 계약만료시까지 경영에 직접 참여할 수 없고, 일정기간 단위로 재무보고만 받는다.

② 레스토랑 영업의 부진으로 인하여 손해를 볼 때라도 총매출액의 일정 비율을 지불해야 하고, 레스토랑 경영진의 대부분이 외식체인업체 소속의 직원이므로 많은 지출이 뒤따른다.

위에 언급한 3가지 방법 이외에도 동맹(affiliated) · 지원(voluntary)시스템이 있는데, 이는 체인화로 가기 전단계로 식자재는 공동으로 구입하지만 상호 · 메뉴 · 경영방식은 각 소유주의 생각에 의하여 경영하는 방식이다.

Tips 프랜차이즈 가입 및 점포개설 절차(예)

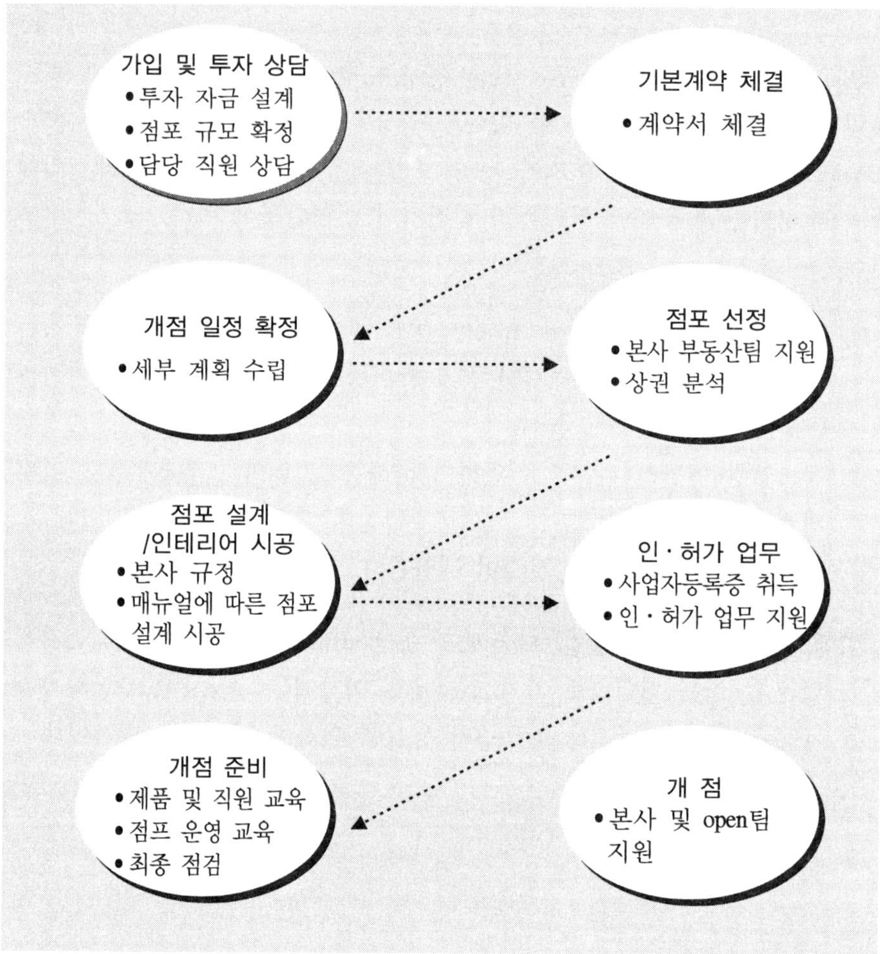

Ⅱ 외식산업의 역사

외식산업의 역사적 고찰은 미래를 예측할 수 있는 지름길이기도 하다. 본장에서는 지구상에서 외식이 산업으로까지 변화를 일으키게 하였던 중요한 계기들을 중심으로 시대별로 그 발달사를 생각해 볼 수 있다.

여기에서는 미국과 일본 등 선진국의 외식산업을 중심으로 소개한 뒤 우리나라 외식산업을 시대별로 엮었다.

1 미국 외식산업의 역사

미국 외식산업의 시발점은 1827년 델모닉(Delmonics)으로부터하고 볼 수 있다. 하지만 이 시기는 단지 음식을 제공하는 단순한 판매기능만을 수행하였다. 제2차 세계대전이 끝나면서 사회 · 경제 · 문화 등 사회 전반적인 변화추세에 따라 외식산업은 근대화의 전환기적인 시점에 이르게 되었고, 1950년에 들어 본격적인 외식산업으로서 성장을 거쳐 공업화단계를 밟게 된다. 특히 QSC를 근간으로 하는 맥도널드의 출현은 외식산업 전부분에 걸쳐 혁신적인 경영관리체계를 이룩하면서 1960년대의 다점포전개를 시발로 하여 상장기업의 등장과 프랜차이즈산업이 급성장하게 되었다.

미국의 외식산업은 일본과 한국 등의 외식산업발전에 많은 영향을 미쳤다. 특히 지난 1970년대의 급성장과 프랜차이즈의 확산이 미국 외식산업 발전의 원동력이 되었다는 데 주목할 필요가 있다. 1980년대 이후에는 미국의 외식기업이 해외로 진출하기 시작하면서 외식의 산업화라는 면에서 세계를 선도하는 계기가 되었다(최상철, 2008 ; 139).

최근 미국의 젊은 세대들은 배고픔을 해소하려는 욕망에서가 아니라 즐거움을 추구하는 목적에서 외식을 즐기고 있다. 그 결과 외식산업의 발상도 과거의 업태발상으로부터 고객발상으로 전환되었다.

그러나 미국에서 외식산업으로서 자리를 굳히게 된 데에는 패스트 푸드업이 중추를 이루어 가면서 견인차 역할을 했다는 데 모두가 동감을 나타내고 있다.

패스트 푸드업이 발전한 배경은 다음과 같다.

첫째, 다양한 인종으로 구성된 복합국가인 미국은 통제와 규범 속에서 높은 능률향상을 통한 국가발전을 할 수 있었는데, 이러한 통제와 규범을 레스토랑 경영에 도입·개발했다는 점이다.

둘째, 미국인들은 식습관상 즐기는 식사, 관용성이 중시되는 식사를 요구하고 있어 패스트 푸드의 기본요소의 저가주의에 알맞는 환경을 가지고 있었다.

셋째, 특히 쇠고기·돼지고기·빵 등의 양식은 패스트 푸드화하기에 알맞은 식품소재이다.

넷째, 여성의 사회참여와 사회적 현상으로서 핵가족과 전후의 젊은 세대 증가가 외식·편의식을 요구하게 되었다.

이와 같은 발전배경을 가진 미국의 외식산업은 1920년대에 태동되었고, 1930년대는 요식업의 외식산업 전환기였고, 1940년대는 제2차 세계대전으로 인하여 외식산업은 기내식·군대식과 같은 대중현상으로 마케팅의 초점이 맞추어졌으며, 1950년대에는 패스트 푸드업이 take-out의 도입, quick service 등의 새로운 식사서비스 방법으로 미국사회에 정착된 것이다. 이 시기에는 켄터키 후라이드 치킨, 맥도날드, 데니즈, 미스타 도너츠, 피자헛, ARA서비스, 쉐이키스, 빅보이, 버거킹 등이 영업을 개시한 시대였다.

1960년대는 일종의 계약으로 이루어진 프랜차이즈 시스템의 도입으로 체인기업경영이 확립된 시대로 외식산업이 전국적인 프랜차이즈 체인을 형성하는 등 외식산업이 사회적으로 인정받는 시기였다.

그러나 외식산업에서 일대전환기였다고 할 수 있는 일례를 들면, 1950년대는 미국 외식서비스산업의 하나의 신기원을 이루는 사건으로서 세계 최대의 햄버거 체인인 맥도날드사의 출현이다. 또한 치킨업계의 톱인 '켄터키 치킨'도 이 때에 나타났고, '홀리데이 인' 체인점도 동시에 나타나기 시작한 시기였다.

맥도날드의 창업자 레이 크녹크씨는 피아노 · 현악기 · 종이컵의 세일즈맨과 밀크쉐이크 기계의 세일즈맨을 하던 중 자기 거래선에 좋은 맛의 햄버거집이 있는 것에 착안하여 햄버거사업을 시작하였다. 당시 자동화 · 과학화 산업인 자동차산업의 기술을 외식업에 도입하여 오늘날 햄버거패스트 푸드 시스템의 효시가 되었던 것이다.

레이 크녹크씨 자신은 햄버거 사업에 자동차의 헨리 포드가 취한 방법과 동일한 기법을 도입하려고 생각했다. 즉, 외식업에 과학적 관리기법을 도입하려고 시도했고, 누가 만들어도 일정한 맛이 나올 수 있도록 하였던 것이다. 즉, 제조 후 15분 정도는 맛을 그대로 유지할 수 있도록 하였다.

셀프 서비스 형태로 기다리게 하지 않고 언제든지 빠른 시간(1분 이내)내에 고객을 접대할 수 있도록 하였고, 대량으로 판매할 수 있게 함으로써 제조원가를 낮추기 위해 대량출점이 가능한 프랜차이즈 체인 기법도 도입하였다.

출점입지의 선정도 시가지 중심상가 및 신흥인구 집중지를 선택하여 출점했다. 오늘날 이 분야의 기업이 채택하고 있는 기법의 모태가 이 때부터 시작되었다고 할 수 있겠다. 또 전문조리인이 아닌 기계에 의한 조리를 가능케 함으로써 누구라도 얼마간의 교육만 받으면 맛있는 햄버거를 제조할 수 있는 요리제조의 신기원도 이룩하였던 것이다.

경영학자 레오도르 레비트는 그의 저서 「발전의 마케팅」에서 맥도날드의 창조적 업무기능을 이렇게 평하고 있다.

"맥도날드는 패스트 푸드 업뿐만 아니라 전미국 외식산업 전반의 비약적 발전에 영향을 주었다. 이 기업이 채택한 Q(Quality), S(Service), C(Clearliness)라는 전략적 요소는 음식업계에서는 누구나 취하는 3대원칙이 되고 있다. 크로크씨는 24시간동안 햄버거만을 생각했으며, 완전주의자인 크로크씨가 최고경영자가 됨으로써 이 3대원칙은 생성될 수 있었고, 이 3원칙이 맥도날드 발전을 가능하게 한 것이다.

[표 Ⅱ－1] 미국 외식산업의 역사적 변천

- **1800년대** (GNP 0)
  - 외식 비즈니스 제1기(태동기)
  - 셀프서비스제 및 센츄럴 치킨 도입('93)
- 델드닉사('27)가 시효, 프레드 하베이사('76), 톰슨사('93)
- **1900년대** (GNP 0)
  - 실질적인 외식산업의 태동(1920년대)
  - 프렌차이즈 및 급식사업 개시
- **1930년대** (GNP $440)
  - 외식 비즈니스 제2기(요식업－외식산업)
  - 생산자 지향 및 외식산업 시스템 출현
- **1940년대** (GNP $770)
  - 외식의 기내식 : 군대식 개시(발전기)
  - 개인판매 지향 및 부분적인 합리화 추진
- **1950년대** (GNP $ 1870)
  - 외식 비즈니스 제3기(도약기)
  - 개인판매 지향에서 대량판매 지향
  - 외식산업의 공업화, Take Out 태동, QSC부각
- KFC('52), 대니스('53), 버거킹('54), 맥도날드('55), 피자헛('58)
- **1950년대** (GNP $ 28000)
  - 외식 비즈니스 제4기(성장기)
  - 프랜차이즈 급성장 및 외식 전부를 시스템화
  - 상장기업 속출, 대기업에서 매수, 다점포 전개
- 미스타 스테이크('62), 아비스('64), 소니('68), 웬디스('69)
- '69년 430억 달러
- **1970년대** (GNP $ 4952)
  - 외식 비즈니스 제5기(성숙기)
  - 신컨셉, 신업태 발생, 리조트, 해외진출
  - 2회 오일스크르 대변혁, 건강, 미용, 저칼로리추구
- 프랜차이지의 직영화, Drive Through유형, Down Town진출
- '77년 950억 달러
- **1980년대** (GNP $ 15,000)
  - 외식 비즈니스 제6기(저성장, 성숙기)
  - 신업태, 신감각형 외식 가속화(패션어블)
  - 소비자 대응의 Soft화 및 고감도화 추세
  - 내식과 외식의 경쟁가열 및 동남아 진출
  - 외식의 국제화 다양화, 기업매수 및 합병
  - 세계적인 다국적기업 탄생, 계열화, 민속민족요리 태동
- '86년 2500억 달러
- **1990년대이후** (GNP $27000)
  - 가치 및 자기만족적인 패션 추구
  - 창의적인 아이디어 가미한 고감성 외식출현

[자료 : 국내외식산업 현황분석, 한국음식업중앙회, 1996]

이 시기에 켄터키 후라이드 치킨도 성장하였다. 창업자 커넬 센더스씨는 처음부터 어떤 전문적인 기술이나 식품관계의 종사자도 아니었으며, 다만 모친의 독특한 비전(秘轉)의 후라이드 치킨을 메뉴로 하는 소형음식점을 경영하던 중 점포근처로 큰 도로가 개통됨으로써 큰 변화가 일어났고, 당사가 타종류의 레스토랑과 경쟁하여 살아 남기 위해 타사가 취하고 있는 프랜차이즈 시스템을 도입하였던 것이 행운을 가져다 준 것이다.

25년간의 연구결과 향신료를 효과 있게 사용하고, 또 압력솥을 사용하는 독특한 후라이드 치킨이 탄생하게 된 것이다. 이렇게 하여 맥도날드사와 켄터키 후라이드 치킨이 프랜차이즈로 성공함에 따라 여타의 기업도 이 시스템을 도입하여 신규로 패스트 푸드업을 시작하려는 경향을 낳게 하였던 것이다(김헌희, 1990).

그 주요한 내용들을 요약정리한 것이 [표 Ⅱ-1]에서 보여 주는 바와 같이 1900년대 이전부터 2000년대 후반 초까지 변화와 성장을 거듭해 왔다.

이와같은 역사적인 배경아래 미국 외식시장의 몇가지 특성을 살펴보면 다음과 같다(최상철, 2008 ; 141~144).

① 식단 · 식당의 고급화

미국 외식업계가 가장 많은 관심을 갖고 있는 분야는 '인구고령화'이다. 전세계적인 인구고령화로 식당을 찾는 고객들의 연령은 점점 높아지고 있으며, 이들의 입맛은 더욱 까다로워지고 있는 실정이다.

이러한 트레이딩업(trading-up)의 시점에서 고객들의 이해와 타협은 더 이상 설자리가 없어졌다. 과거에 고객들이 퀵 서비스 레스토랑에서 직면하는 '타협'은 속도와 품질간의 타협이었다. 빠른 시간 내에 음식을 먹기 위해서는 개개인의 취향에 맞게 차별화된 재료의 사용은 포기해야 한다고 생각했다. 그러나 각자가 원하는 취향의 샌드위치를 신속하게 먹을 수 있는 파네라 브랜드와 같은 업체들이 등장하면서 과거에 당연시되었던 타협이 와해되고 있다.

돈 많은 고객들을 유치하기 위해 레스토랑 패스트푸드 체인들이 고급이미지를 심는 데 안간힘을 쏟고 있는 점도 특징이다. 미국식당들은 음식점만의 독특한 문화를 만들겠다는 노력을 많이 하고 있다. 예를 들어 도시의 전문직종 사람들이 주로 애용하는 식당이라는 이미지를 심는다면 일반인들도 몰려들 것이고, 이는 매출신장에도 도움이 되기 때문이다.

② 과감한 시설투자

투자를 더 한 만큼 업체의 이익은 더 증가하게 된다는 이야기이다. 비용을 절감하여 운영손익을 내는데는 한계가 있어 인테리어를 포함해 적극적인 투자로 장기적으로 이익을 올리는 데 관심을 갖고 있다. 예를 들어 미국내 성공적인 패스트푸드로 성장하고 있는 파네라 브랜드의 경우도 재료비를 맥도날드보다 40%나 더 많이 투자하지만, 이익률은 맥도날드의 2배라고 한다.

③ 노령층 대상 메뉴개발

노인층 고객들은 음식맛에 매우 민감하며, 서비스만 좋다면 비용을 더 지불하더라도 고급 레스토랑을 찾아다니는 경향이 강하다. 미국 외식업계는 이러한 변화에 어떻게 적응하느냐가 승부의 관건이라는 사실을 잘 알고 있다. 최근 버거킹은 노인층을 공략하기 위해 이른바 '프리미엄 햄버거'를 잇달아 출시했다. 고기맛이 부드러운 고급 스테이크와 신선한 야채를 듬뿍 담은 프리미엄 햄버거는 기존제품보다 2~3달러가 더 비싸지만 오히려 수요는 늘었다. 식당을 찾은 노인층 고객이 가능한 많은 돈을 쓰고 가도록 한 전략이 맞아 떨어진 셈이다.

우리나라에 아직 진출을 하지 안했지만 '롱존실버'라고 하는 외식점포는 생선튀김을 아이템으로 기존의 육류 ·소고기 등 육류 위주의 햄버거류에 식상한 고객층이 즐겨 찾는 곳으로, 우리나라에도 진출하면 관심을 받을 수 있는 아이템일 것이다.

2 일본 외식산업의 역사

우선, 일본의 외식산업을 거대하게 성장시킨 요인을 크게 분류하면 5가지 정도로 생각할 수 있겠다(藤井俊之, 1991).

첫째, 과거 사회불안요인으로 큰 불안요소가 있다고 해도 전반적인 경기의 흐름은 호조를 보여 호경기이다. 호조를 보이는 개인소비는 외식산업도 크게 성장시켰고, 소득증대의 향상은 기초적인 '먹을 것'에서 보다 고급스럽고 개성적인 선택적 소비로 사람들을 이끌어 가고 있다.

둘째, 도시화와 주 2일 휴무제가 관공서나 은행에까지 확대되어 외출기회를 증대시켰고, 레저나 쇼핑과 함께 외식인구수요도 확대시켰다.

셋째, 도시화와 인구의 교외이동, 인구의 교외이동은 도로변이나 교외변번화가에 새로운 입지를 수 없이 출현시켰고, 도시화로 인해 도시로의 인구유입은 새 사업기회를 창출하게 되었다. 이와 함께 독신자의 증가로 인해 외식기회가 더욱 증대되었으며, 생활의 다양화나 장시간화로 인해 새로운 형태의 음식점을 탄생시켰다.

넷째, 맞벌이 부부의 증가, 그 중에서도 일하는 주부의 증가는 식사를 준비하는 가사시간을 단축시켰고, 식사의 외식화, 즉 외식기회를 더욱 증대시킨 결과를 낳았다.

다섯째, 고객의 식생활욕구의 변화를 들 수 있다 생활의 서구화 · 고급화 · 간편화 · 개성화가 진행되어 새로운 사업기회를 더욱 창출했다. 생활스타일의 변화도 간과할 수 없다. 종전의 1일 3식에서 개성화시대가 되면서 1일 5식으로……, 그리고 생일을 비롯한 각종 기념일행사의 증대 · 정례화로 해마다 증가하는 추세이다.

이런 각종 요인이 상승효과를 발휘해서 일본 외식산업시장을 더욱 거대하게 성장시켰으며, 경기동향의 불안정성을 제외하면 이런 외식산업경향은 당분간 계속될 전망이다.

지금까지 일본에서도 음식점이란 우리나라와 마찬가지로 소규모의 산업적 직업으로써 하나의 불안정한 직업이었다. 일본어로 소매상이라고 불리어져 왔다. 이것이 일본 산업구조의 변화와 일본 경제성장의 성장에 따라 그 자체적 변화를 가져오지 않을 수 없었던 것이다.

이미 성장단계에서 성숙의 단계로 접어든 일본경제는 여러 가지 성숙에 따르는 사회현상이 일어나게 된 것이다. 경제가 성숙단계에 이르면 뛰어나게 성장하는 기업군이 있게 된다. 이것이 소위 '도시형 첨단산업'이란 것이다. 예를 들면, 패션성 제품특성의 상품, 디스카운트 가정용품센터 등과 식품에 관련된 것으로써는 패스트 푸드 레스토랑이나 훼밀리 레스토랑 등의 외식산업 등이다.

식생활의 다양화, 외식의 대중화현상이 두드러진 사회여건 속에서 외식기업도 새로운 시대감각에 맞추지 않으면 살아 남지 못하게 된 것이다. 즉, 새로운 시스템으로서 센트럴 키친에 의한 중앙집중식 조리방법의 채택과 서비스방법의 메뉴얼화, 파트 타임 아르바이트를 채택해서 인건비 절감을 기도하고, 리스방식을 취해서 출점(出店)에 따르는 자금조달을 쉽게 하고, 다점포화를 조기에 실현할 수 있는 프랜차이즈의 기법을 도입하는 등 새로운 국면을 맞이하게 된 것이다. 이것이 1960년대 후반기부터이며, 이 때가 제1차 석유파동 이후 인플레이션과 경기침체기에 들어간 때였다. 이 불황시대에 저렴한 메뉴로 패스트 푸드나 교외형 훼미리 레스토랑이 크게 성장하기 시작했다. 외식 패스트 푸드가 불황기에 성장하는 것은 미국의 경우도 마찬가지이다.

예를 들면, 1969년 3월 외식업에 관한 자본자유화가 법률상 인정됨으로써 구미의 선진외식 서비스기업이 일본에 상륙하였다. 이 때가 일본 패스트 푸드 태동기라고 보겠다. 그러나 곧 이어 불어닥친 석유파동관계로 처음부터 출점상황은 원활하게 이루어지지 못하였다. 이후 1970년대 후반기, 1980년대 전반기에 들어와서 점포수가 증가되고 확산속도가 빨라짐으로써 패스트 푸드의 최성수기를 맞이하게 된다. 스케일 메리트(scale merit)에 의한 대량판매 · 저원가의 실현, 저가격의 실현 등으로 오히려 석유파동 이후의 불황기에 성장국면을 맞이하게 된 것이다(김현희, 1990).

여기에서 년대별 역사와 발전의 행태를 좀 더 구체적으로 살펴보면 다음과 같다(최상철, 2008 ; 150～153).

1) 1960년대 이전

일본의 외식산업의 원점은 에도시대부터 시작되며, 당시의 서민들은 외식으로 스시와 덴뿌라를 가볍게 즐겼다고 한다. 일본에 있어서 서양음식점의 탄생은 메이지시대에 문명개화의 상징으로 이용되었고, 단순히 신기한 것으로 받아들인 서양식품은 다이쇼시대의 생활개선운동 속에서 가정의 식생활 개선에 많은 영향을 주었다. 특히 다이쇼에 양식과 일식으로 구별되던 업태가 쇼와시대에 들어 와서는 음식점으로 불렀으며, 일식과 양식을 병행하는 점포가 등장하였다.

또한 1923년 관동대지진 이후 소규모 국수집 · 우동집 · 식당들과 포장마차가 생겨났다. 1937년 중 · 일 전쟁 개시 이후 동경의 식당과 요리점 등에서는 주식으로 쌀사용이 금지되고 메밀과 밀가루 등을 사용한 대용식의 시대를 맞이하였으며, 1945년 8월 15일 패전으로 인한 연합군의 일본점령은 일본인으로 하여금 양식선호가 현저히 나타난 시기였다. 이후 학교급식으로 빵을 사용하는 등 젊은 세대에게 빵이 식사대용으로 확산되었고, 인스턴트 식품과 냉동식품 및 통조림 등의 보급이 확산되면서 일본인의 쌀중심의 식습관에 큰 변화가 생겼다. 또한 백화점의 등장과 백화점 내의 식당가 설치 및 고급레스토랑 등이 출현하였다.

2) 1960년대

1960년대는 한국전쟁 발발로 인한 경제적 특수와 다양한 외식업소의 출현으로 일본 외식산업의 태동기라 할 수 있다. 또한 일본외식산업이 사회로부터 하나의 산업으로 급성장하기 위한발판이 된 시기로, 고도성장에 따른 산업구조의 변화와 인구의 대도시 집중화현상 및 핵가족화에 따른 식생활개선은 외식사업의 대중화에 크게 기여하였다. 1960년대 초반에는 경영합리화를 내세운 세이부백화점에 처음으로 서구형 카페데리아가 개점하였고, 1964년 후반기에서 1969년 전반기에 이르는 사이에는 새로운 신업태로 패스트푸드와 커피숍 및 교외형 패밀리 레스토랑이 음식업 가운데 산업화를 지향하는 선두주자로 등장하게 되었다.

또한 동경올림픽과 같은 국제적인 대규모 행사가 개최되어 외식업계 발전의 기틀이 마련되었고, 1969년 3월 제2차 음식업에 대한 자본자율화가 법률적으로 인정됨으로써 외국자본과 일본기업의 제휴 · 합병을 통해 본격적인 외식산업의 발전을 맞이하게 되었다. 이를 통해서 일본외식업소들은 해외 브랜드업계로부터 프랜차이즈를 통한 다점포전개와 점포운영의 매뉴얼화 등의 새로운 경영기술과 노하우를 얻게 됨으로써 외식기업으로 성장하는 계기가 되었다.

1965년 2월 오테(大手) 양과자 메이커로 외식산업의 후지야(不二家)가문이 동경·오사카·나고야의 증권거래처에 일제히 상장해 외식산업의 상장 제1호가 되었다. 3월에는 삿포로라면(홋카이도라면)의 '삿포로가게'(札幌や) 제1호점이 동경 시부야에서 오픈했고, 이것이 라면붐의 개막이 된 것이다. 12월에는 대중주점의 '요로노타키'(養老の瀧)가 한 업종으로서는 최초로 100점포의 개점을 달성했다.

1966년에는 일본의 인구가 1억명을 넘어 '이자나기 경기'가 본격화를 향했고, 고도성장의 시작이 되었다. 가계소비지출의 외식화 경향은 청년세대층이 많은 도시에서부터 외식비 지출의 성장이 시작되었다. 1967년은 서서 먹는 국수(스탠드 식당)가 유행되었다, 일반 샐러리맨에게 있어 외식은 사교의 장이 되었고, 밤늦게까지 길에 사람이 넘쳤다. 삿포로라면의 '도산코'(どさん子) 제1호점이 도쿄 야스쿠니에 오픈한 것은 그 해 6월이다.

3) 1970년대

1970년대의 일본외식산업은 1969년 3월의 제2차 자본자율화를 통해 발전도약기를 맞이하면서 식생활의 서구화와 가치관의 변화, 레저문화의 유입 등 국민소득의 증가로 인한 소비생활양식의 변화와 대기업의 외식시장 참여, 해외 브랜드의 상륙등으로 외식산업역사의 혁명적인 전환기가 되었다. 특히 1970년 3월 14일부터 9월 13일까지 열린 일본만국박람회의 개최를 계기로 스카이락을 시작으로 패밀리 레스토랑 체인과 미국의 외식 브랜드(맥도날드·웬디스·미스터도너츠·KFD) 등을 필두로 하는 패스트푸드 체인이 도입되었다. 이 중 스카이락은 1977년 센트럴 키친(CK: Central Kitchen)을 도입하면서 상품의 질과 맛 및 가공도를 높이고 작업의 단순화와 품질의 균일화·매뉴얼화를 실시하여 다점포화시대를 열었다.

또한 외국 브랜드의 진출에 이어 일본에서 유명한 패밀리 레스토랑의 하나인 로얄호스트가 1971년 로드사이드에 제1호점을 개점하면서 일본 외식기업들의 출점이 이어졌다. 전체적으로 1970년대의 외식산업은 외국계 기업의 진출과 국내시의 확대 등 국내 · 외적인 요인이 복합적으로 작용하여 외식산업의 발전에 크게여하였다.

4) 1980년대

1980년대 초는 일본경제의 경기후퇴기를 맞아 저성장기였으며, 제2차 오일쇼크후의 소비불황이 이어진 시기였다. 그러나 경제발전에 힘입어 1970년대 등장한 패밀리 레스토랑과 패스트푸드점의 체인은 계속 성장하였으며, 한편에서는 다양신흥업체가 등장하였다. 또한 외식기업은 더욱 대기업화 · 시스템화되는 모습을 갖추어 일본지역뿐 아니라 해외로 사업진출을 확대하면서 스카이락 · 로얄 · 셰이세존 · 다이에이 등의 외식 그룹이 등장하였다.

1980년대 후반에는 패스트푸드업계에서 대규모 디스카운트 경쟁이 일어났고, 버블경제의 영향은 외식업계에 심각한 영향을 가져왔다. 1987년부터 격화된 지가상외식점의 신규출점을 어렵게 하고, 대형 체인의 출점을 둔화시켰다.

그러나 일본유통경제신문의 "일본음식점조사"에 의하면 1980년의 외식매상고100사의 합계 매상고는 전체외식산업의 매상고의 10.5%에 이르고, 시장점유율을 합쳐서 10%를 넘었으며, 1989년에는 16.5%까지 상승하였다.

5) 1990년대

1990년대는 거품경제가 붕괴되면서 부동산 오피스 불황이 한층 심해져 외식업계는 도심으로의 출점이 용이하게 되고, 지금까지 교외에서 활동해 온 패밀리 레스토랑 체인도 도심으로 출점이 증가하였다.

버블경제 붕괴 이후 외식산업은 불황을 타개하기 위해 다양한 가격대와 컨셉을 가진 점포를 개발하여 시련에 대처해 나갔으며, 대표적인 패밀리 레스토랑 스카이락은 음식의 품질은 그대로 유지하되, 상품가격을 대담하게 낮춘 저가격업태인 가스트(Gast)를 개발하였다. 그리고 안정성과 건강을 배려하는 식자재의 사용과 저무농약으로 재배된 농산물과 항생물질이 포함되지 않은 육류를 사용하는 가게도 등장하였다.

이와 같이 1990년대 일본 외식산업은 고객의 안전과 건강을 위해 노력하였으며, 성장기와 침체 · 회복기를 맞이하면서 끊임없이 새로운 업태와 컨셉을 가진 외식업소의 개발로 꾸준히 성장해 왔다.

6) 2000년대 초반

신규점포의 출범으로 시장규모는 확대되었지만 고객의 분산과 과열경쟁 등으로 각 점포들의 운영은 갈수록 어려워졌다. 일본푸드서비스협회(JF)의 조사에 의하면, 2000년 시장동향은 신규점포를 포함해 전체매출액은 전년대비 2.5% 증가, 점포수는 3.1% 증가해 시장이 확대되고 있으나, 상반기는 신장률이 높고, 하반기는 저조상이 나타나는 등 월별 변동이 커서 시장동향이 불투명하였다.

그 주요한 내용들을 정리한 것이 [표 Ⅱ-2]에서 보여주는 바와 같이 1960년대 이전부터 2000년대 초까지 변화와 성장을 거듭해 왔다.

[표 Ⅱ－2] 일본 외식산업의 역사적 변천

1940년대 — GNP 0
- 요식업으로 전개(우동, 국수, 덴뿌라 김밥)
- 백화점내 식당가 등장
- 레스토랑 출현

로얄('50) : 공항내 베이커리, 고급 레스토랑

1960년대 — GNP $ 1400
- 요식업 → 외식산업(태동기)
- 음식업 자유화(제2차 자본자유화)를 근간으로 발전('69)

'65년 5조엔

1970년대 — GNP $ 5000
- 서구식 외식의 도입(도약 발전기)
- 현대적인 산업으로 성장 가능성을 시사
- 센추럴 키친 시스템화, 매뉴얼화 확립
- 외식혁명('78 : GNP $8500)

스카이락('70), KFC('70), 맥도날드('71), 롯데리아('72), 데니스제펜('73), 로얄호스트('71), 카사('78), 웬디스('78)

'76년 10조엔

1980년대(初) — GNP $10000
- 외식산업의 전환기(고도성장기)
- 고도성장 및 활성화(대기업 참여)
- 프랜차이즈 가속화 및 다점포 전개

스카이락, 데니스 제팬 등 상장회사 속출

'82년 17.3조엔

1980년대(末) — GNP $20000
- 외식산업의 중성장기(안정 성장기)
- 종합정부 Net Work 및 정보 종합관리시스템구축 (RA, AI, POS＋퍼스컴, On Line)
- 식재공장(C/K), 물류센타 건립품(자동화)
- 고감도 외식산업으로 진입

외식그룹 등장 : 스카이락, 로얄, 세이부세즌, 다이에이 등

'87년 21조엔

1990년대(初) — GNP $ 28000
- 외식산업의 중성장기 및 침체회복기
- 민속민족요리점의 출현 및 해외진출
- 복합점포, 공동출점
- 종합 생활기업 추구 및 경량적인 경영혁신

[자료 : 국내외식산업 현황분석, 한국음식업중앙회, 1996]

3 우리나라 외식산업의 역사

1945년 해방 이후 현재까지 우리나라 외식산업은 비약적인 발전을 가져왔으나 해방을 전후한 당시에는 어려운 경제 하에서 먹고살기 바쁜 시기였으므로 식당이라는 개념은 단지 식사를 할 수 있는 곳으로서의 역할을 해왔을 뿐이다.

식당이 외식산업이라는 차원에 이르기까지에는 그동안 과거에 지나쳐온 식당들이 있었기 때문인 것이다. 우리가 과거를 알 때 현재를 파악할 수 있는 하나의 기초가 된다. 오늘날 외식산업은 단지 먹는다는 것으로써의 의미보다는 휴식과 레저의 공간으로까지 확대되고 있다. 우리나라 외식산업의 본격적인 태동을 '88서울올림픽 이후로 보지만, 기업의 첫 출현은 1979년 롯데그룹이 모회사인 일본의 롯데리아와 합작, 국내 최초의 패스트 푸드점인 롯데리아 체인점을 개설한 것이 그 시초라고 할 수 있다.

제3의 패스트 푸드로 불리는 멕시코음식인 타코의 출현도 업계의 많은 관심을 모았었다. 피자와 비슷한 매콤하면서도 감칠 맛 나는 음식인 타코가 첫 선을 보인 것은 1990년 7월의 델타코 충무로점의 출발이었다.

기존의 패스트 푸드와는 색다른 메뉴가 국내에 소개되어 관심의 대상이 된 까닭도 있지만, 고칼로리식품에 식상한 고객들이 싱싱한 야채와 샐러드가 보충된 타코음식을 접하게 됨으로써 건강식을 지향하는 식생활과 부합된 데서 인기를 얻었던 것이다.

그동안 외식산업에 참여한 업체도 이루 열거할 수 없을 정도로 많은 기업이 참여를 하였다. 이러한 체인점의 경우 몇 년 사이에 신세대와 기성세대 등 누구에게나 친근한 메뉴로 넓은 시장을 확보하였지만, 일단 지금은 초창기보다는 성장의 둔화를 보이고 있다고 할 수 있다.

이와 함께 몇 년 사이에 큰 호조를 보이며 급속히 늘어났던 체인점도 지금부터는 자체 정화가 될 것이라고 전망하고 있다. 외식업계의 또 하나의 변화는 차문화의 상징이던 다방이 유니토랑 형식의 레스토랑에 의해 밀려나게 되자 점차 그 수가 줄어들고 있다. 위생적인 시설, 건전한 차문화 형성 등에 있어서 기존의 다방이 부합되지 않는 면도 결코 부인할 수 없는 이유 때문이기도 하다.

커피전문점의 경우 1979년 커피전문점 난다랑 등이 체인화사업을 시작한 것이 국내 커피전문점의 시초라고 할 수 있다. 생활수준의 향상으로 여유있는 생활에 부합함으로써 고객의 좋은 반응을 얻고 있는 커피전문점의 또 다른 특색은 커피판매 외에도 간단한 식사류나 스낵류를 곁들여 판매함으로써 객단가 상승효과도 함께 거두고 있다는 점이다. 이와 같은 외식산업에 대한 변화와 성장을 거듭할 것으로 관련업계는 전망하고 있다. 그 이유는 식생활 패턴의 서구화와 마이카시대의 확대현상, 핵가족화 내지는 독신자의 증가, 소득의 증대와 가계소비지출의 증대가 영향을 주기 때문이다. 이런 이유로 해서 외식산업에 참여하는 대기업이 늘고 있다는 것도 우리나라 외식산업의 전망을 밝게 하는 한 요인이다.

훼밀리 레스토랑의 시초는 논노그룹의 이사들이 주주가 되어 설립한 (주)청원익스프레스의 투모로우 타이거가 시초라 할 수 있다. 투모로우 타이거에 이어 문을 연 훼밀리 레스토랑은 대농그룹의 코코스(Coco's)가 있다. 서울 일원에 매장을 운영하는 코코스는 그룹차원의 막강한 지원과 함께 사업계획도 대단하다. 2천년대 훼밀리 레스토랑업계를 선도한다는 목표 아래 중앙공급식(CK) 시설을 갖추는 한편, 앞으로 심각하게 대두될 종사원 문제에 대비하여 전체인원의 90%를 파트타임으로 전환시킬 계획도 수립해 놓고 있다.

한국 데니스코리아(주)는 미국 프랜차이즈 시장점유율 10위를 차지하는 미국 데니스와 제휴, 이태원에 매장을 오픈·운영하고 있다. 일본이나 미국의 경우 패스트 푸드 전문점의 성숙기가 사양화되면 그 뒤를 잇는 업종은 훼밀리 레스토랑이었던 점을 감안할 때 역시 패스트 푸드업이 사양화될 1990년대 말에는 훼밀리 레스토랑의 전성시대가 올 것이라고 예상하고 있다.

일례로 식품회사로 유명한 풀무원을 비롯해 현재 외식업에 참여 중인 여러 대기업체에서도 훼밀리 레스토랑을 구상 중인 것으로 알려지고 있다.

이와 같이 패스트 푸드의 놀라운 성장 가능성이나 훼밀리 레스토랑의 밝은 전망 등 주로 프랜차이즈 시스템이 가능한 업종이 큰 폭으로 성장할 것은 틀림없는 사실이다.

그러나 우리나라의 외식산업구조상 현재 70% 이상은 한국전통음식인 한식의 판매외형으로 볼 때 이 산업의 성장과 더불어 한식분야 역시 꾸준한 성장을 보여 줄 것으로 전망된다. 패스트 푸드나 훼밀리 레스토랑이 전성기를 맞고 있는 일본의 외식산업시장에서도 초밥 등 일본전통음식 매출외형이 총시장점유율의 60%를 차지하고 있다는 점에서 이를 잘 입증해 주고 있다.

국내에서도 전통음식을 패스트 푸드화하여 성공한 사례는 여러 곳이 있다. 대표적인 예가 (주)농원식품의 놀부보쌈이다. 전통음식인 보쌈을 주된 메뉴로 불과 3년이란 기간동안 80개에 달하는 체인점을 개설해 외식업계에 새로운 가능성을 제시해 주었다.

또한 국수나 치킨 체인점 등과 같이 소형규모가 아닌 47평 이상의 대형규모에서 충분한 영업목적을 달성하고 있다는 점도 주목할 만한 사실이다.

바꾸어 말하면, 새로운 생활패턴을 가진 신세대를 위한 패스트 푸드뿐만 아니라 기성세대를 포함한 폭넓은 고객층을 확보하고서 원래의 우리 입맛을 재발견해 보자는 전통음식의 개발도 충분한 가능성의 사업임을 잘 증명해 주고 있는 것이다.

어쨌든 우리나라의 외식산업시장의 앞날은 매우 밝은 것은 사실이다. 그러나 고객의 소득증대와 문화수준의 높은 성장 그리고 청결과 서비스를 요구하는 현대인들에게 충분한 만족을 줄 수 있는 부단한 노력만이 성공의 실패를 좌우하게 될 것이다.

그 주요한 내용들을 정리한 것이 [표 II－3]에서 보여주는 바와 같이 1960년대 이전부터 2000년대 초까지 변화와 성장을 거듭해 왔다.

[표 Ⅱ－3] 한국 외식산업의 역사적 변천

1900년대(初) — GNP 0
- 전통 음식점 중심의 요식업 태동
- 식량자원 부족으로 침체('45년 166점포)
- 식생활 및 식습관의 가내 주도형

이문설렁탕(1907), 용금옥('30), 금보추어탕('30), 한일관('34), 조선옥('37), 안동장('40), 고려당('45), 남포면옥('48), 하동관('48)

1960년대 — GNP $100~210
- 식생활의 공급 및 침체기(6.25 전쟁 후)
- 밀가루 위주의 식생활 유입(미국 원조 등)
- 분식의 확산 및 식생활 개선문제 부상

뉴욕제과('67), 개인업소 및 노상 잡상인 대량 출현

1970년대 — GNP $248~1644
- 영세성 요식업의 우후죽순 출현
- 경제개발 계획에 따른 식생활 향상
- 해외브랜드 도입 및 프랜차이즈의 태동

난다랑('79.7) : 국내 프랜차이즈의 효시, 가나안제과('76), 롯데리아('79.10) : 서구식 외식 시스템의 효시 및 시발점

1980년대(初) — GNP $1592~2158
- 외식산업의 태동기(요식업－외식산업)
- 영세난립형 체인속출(햄버거, 국수, 치킨, 생맥주)
- 해외, 유명브랜드 진출 가속화

아메리카나('80), 웬첼('82), 다림방('82), 찡구짱구('82), 웬디스('34), 피자헛('34), KFC('84), 장터국수('84), 신라명과('84), 하이델베르크('84), 투모루타이거('84)

'82년 2.6조

1980년대(末) — GNP $2194~4127
- 외식사업의 적응 성장기(중소기업, 영세업체 난립)
- 식생활의 외식화, 레저화, 가공식품화 추세
- 패스트푸드 및 프랜차이즈 중심이 시장 선도
- 훼밀리레스토랑, 커피숍, 호프점, 베이커리, 양념치킨 약진

맥도날드('86), 피자인('88), 코코스('88), 도트루('89), 쟈뎅('89), 나이스데이('89), 크라운베이커리('88), 31('86), 만리장성('86)

'88년 6.5조

1990년대(初) — GNP $5569~10000
- 외식산업의 전환기(산업으로서의 정착:'95)
- 중대기업의 신규진출 러시 및 유명브랜드 도입
- 프랜차이즈의 급성장 및 도래, 시스템의 출현(의식근대화)

나이스데이(캐주얼), 시즐러(훼밀리), 스카이락(훼밀리), TGI

'92년 15조

[자료 : 국내외식산업 현황분석, 한국음식업중앙회, 1996]

III 외식산업의 현황

1 개 요

한 나라의 식생활 패턴은 그 나라의 풍토·관습의 소산이며, 그 나라의 식생활수준은 소득수준에 의해서 결정된다. 즉, 소득의 향상은 1차적으로 식생활향상에 나타나게 되는 것이다.

우리나라는 1980년대의 연속적인 소득향상의 경제적 여건 속에서 외식산업의 외적 환경은 도시화 및 도시형 생활의 광역화, 핵가족화, 여가이용의 증가, 부녀자 사회진출의 증가, 청소년층이 사회주역으로의 등장과 개방사회를 지향하는 데 따른 생활의 가치관이 변질됨에 따라 외식에 대한 인식이 달라진 것이다.

식품위생에 대한 관심도 높아지고, 보편화된 식생활에서 개성적인 식생활로, 단순한 식생활에서 다양한 식생활을 추구하며, 생활가치관 향상에 따른 식품의 질선택 등으로 외식산업은 다양하게 변화된 것이다.

더욱이 '86아시안게임, '88서울올림픽 등을 배경으로 하여 1980년대의 외식산업에 미친 특징은 식료품지출의 증가, 가공식품 및 외식비의 증가를 가져 왔다. 또 각 메이커들은 외국의 기술·상표 도입과 함께 고객욕구에 따라 다양화·편의화에 부응하는 제품개발에 박차를 가해 왔다.

위와 같은 상황 속에서 외식산업은 가공·유통을 포함한 대산업군을 형성, 1990년대에 예측되는 체질개선 진전과 내부구조의 개선이 활발히 전개되고 있다.

우리나라는 협소한 토지자원을 가지고 있고, 지형적으로는 Snow-belt에 속해 있는 불리한 여건이 복합되어 식량의 자급력이 약하다. 식생활의 향상은 생산우회도가 높은 식품의 소비를 의미한다. 즉, 원형식품 소비에서 전처리 또는 가공식품 소비의 증가를 뜻한다.

1980년대의 식생활수준 향상에 따라 식품재료의 소비형태에 대해서도 원형식품과 가공식품의 구분이 더욱 불명확해질 것이다. 따라서 저장·유통·외식업 등 각 부문의 종합적 육성이 필요한 때이다. 외식산업계와 식품메이커와의 연결로 수평적 기능분담도 지향되어야 한다.

식생활은 그 나라의 국민건강과 직결되므로 국력신장의 근원이라 할 수 있다. 그러므로 식생활개선이란 경제적(편의성·간편성)이고 영양가의 식품이어야 하며, 위생적으로 발전되어야 한다. 이제 시작에 불과한 우리의 외식산업은 우리 체질에 맞는 새로운 상품을 개발하고 기술 노하우를 축적하여 새로운 산업으로써 식생활개선의 중추적 역할을 하여야 한다.

미국의 경우 외식산업이 탄생한 것은 1960년대로 지금까지 경기의 호황이나 불황에 관계없이 줄곧 연 20~30%의 성장을 보여 왔으며, 가까운 일본의 경우도 1970년대 초반에 탄생한 후 현재까지 연 20~30% 이상의 고도성장을 지속하고 있다. 선진국의 예를 보면 대개 국민소득이 1,000달러를 넘기 시작할 무렵부터 외식산업이 보급된다고 한다.

특히 외식산업은 즉석식품(fast food)으로 바쁜 생활에 쫓기는 현대인들에게 신속한(2~3분) 서비스로 신선하고 위생적인 영양가 높은 음식을 제공한다는 점에서 많은 호응을 얻었던 것이다.

식량자급도가 낮은 우리나라에서는 보다 폭 넓은 영양을 섭취한다는 점에서 외식산업은 각광받는 새로운 산업이라 하겠다. 인구의 증가는 식량의 소비를 증가시키고 있으며, 농토는 주택 및 공장지대로 침식되어 식량문제는 심각하게 대두되고 있다.

식량산업과 식생활개선만이 이 문제를 해결할 수 있다면 우리 입맛에 맞고, 고영양가의 식품을 개발하는 데 더욱 힘써야 할 것이다. 산업구조가 고도화할수록 생산부문의 지속성장은 유통부문개발로서 유인된다.

그래서 모든 산업 및 문화발달의 도입도 중요하겠지만, 어떻게 그 나라 실정에 맞게 발전시키느냐가 더욱 중요한 것이다. 외식산업이 우리나라에 진출한 것은 여러 면으로 볼 때 바람직한 일이라 하겠으나, 오랜 기간 전가(轉嫁)되는 동안 변질되거나 난립되어 본래의 모습을 저버린다면 앞으로 외국손님에게 우리를 소개할 좋은 기회를 놓칠 뿐만 아니라 국가시책에도 역행하는 오점을 남길 것이다.

식생활개선은 일부업계의 힘만으로는 어려운 일이다. 국민, 업계, 정부가 오랜 동안 꾸준히 노력할 때 좋은 결과를 얻을 수 있는 것이다. 우리나라 외식산업은 거의가 영세기업으로서 이로 인한 생산성의 저조와 식품공해 등 여러 가지가 사회문제화 되어왔다. 이제 고객들의 상품지식이 향상되어 과거와 같은 눈속임의 상품으로는 곧 고객에게 외면당하고 말 것이며, 반면에 진정한 기업정신으로 고객욕구를 충족시켜 준다면 외식산업의 앞날은 밝다고 하겠다([표 Ⅲ－1] 참조).

지금까지의 설명을 토대로 한국의 외식산업 발전배경을 요약하면 다음 [표 Ⅲ-1]과 같다.

최근 한국유통조사연구소는 국내 외식산업에 관련된 연구 · 조사 자료를 발표한 적이 있다. 이 보고서는 우리나라의 전체적인 음식점 증가율이 1990년대까지 꾸준하게 증가할 것이지만, 그 이후는 정체현상을 빚을 것이라고 전망하고 있다. 다만 양식레스토랑의 증가만 2000년 이후에도 지속될 것이며, 이러한 근거로 문화 · 지리적 여건이 유사한 일본의 성장단계를 예로 들고 있다.

현재 우리나라의 외식시장 성장률은 일본에 비해 약 10배 이상으로 증가하고 있으며, 전문가들도 외식산업에 대한 비젼을 대단히 밝은 분야로 예견하고 있다. 이러한 전망은 통계청이 발표한 소매업 및 음식 · 숙박업 통계조사에서도 증명되고 있고, 대기업을 비롯한 많은 유통회사들이 직접 외식사업에 뛰어드는 현실이 이를 뒷받침해 주고 있다.

그러나 좀더 거시적인 시각으로 국내 외식시장을 들여다 볼 때 갖가지 문제점들이 노출되고 있는가 하면, 이 분야에 대한 새로운 정비가 시급하다는 지적도 있다.

[표 Ⅲ-1] 한국의 외식산업 발전배경

경제성장과 소득증대	식생활의 국제화 지향	가공식품의 발전
GDP와 GNP의 증가	**생활영역의 확대**	**식품산업의 발전**
• 전후경제개발 5개년 계획 성공 • 새마을운동의 성공 • 해외자본침투의 확대 • 가계소비지출의 증가 • 노령화·과학화의 진전 • 소득원천과 가처분 소득의 증가	• 전통고유음식→서구식 음식 대체 • 곡류·서류→육류·빵·면 대체 • 된장·간장·고추장→케찹·마요네즈 대체 • 농촌의 도시형 생활확대 • 전통고유음식+서구식 음식	• 인스턴트식품, 냉동식품, 편의식품, 레토르트식품의 출현 • 가전제품의 보급(전자렌지, 냉동·냉장고 등)으로 저장성 증대 • 가공식품의 다양화
레저화의 추구	**식사의 외부화 현상**	**서구식 음식의 침투**
여가의 증대	**다양한 업종 및 업태의 출현**	**해외 유명브랜드의 확산**
• 정기휴가제의 정착 • 복리후생의 제도적 장치화 • 여가문화의 활성화 • 생활영역확대에 따른 레저화의 급부상	• 소비자행동의 다변화 요구 • 욕구충동의 다양화 추이 • 새로운 업태의 등장 • 레저화기회의 확대 • 과소비풍토 지향	• 기술도입(합작, 제휴) • 선진 Know-How 침투 • 외식의 확대 • 식생활의 서구화 추세 • 신세대 사고 및 유행성 변화

➡

전략적 시사점
여가생활의 확대 + 서구식 음식의 일상화 + 다양한 소비 패턴 추이 ↓ 선진국형 외식형태 패턴

[참고 ; 홍기운, 전게서. p.110]

예를 들어 1980년대 후반 국수 및 만두류를 주력메뉴로 한 면류체인점이 신선한 돌풍을 일으키면서 서민적인 패스트 푸드문화를 조성시켰고, 연이어 통닭메뉴를 앞세운 다양한 브랜드가 가세, 외식시장이 마치 온통 체인점화 되는 느낌을 갖게 했던 것이다.

물론 면류나 통닭류 이전에 잘 짜여진 매뉴얼을 가지고 롯데리아의 햄버거와 두산의 켄터키 후라이드 치킨 등이 패스트 푸드화 분위기를 창출해냈지만, 면류나 통닭류만큼의 붐을 따라 잡기엔 역부족이었던 것이 사실이다.

결국 패스트 푸드점으로 일약 국내 외식시장을 석권한 메뉴를 꼽는다면 면류와 통닭류를 제외시킬 수 없을 것이다. 이와 같이 외식사업에 대한 붐이 조성되자 기존의 햄버거와 피자 브랜드를 앞세운 프랜차이즈 기업들도 점포수 확장에 박차를 가하기 시작했고, 단일점포에 만족해하던 경영주들도 동시다발적으로 몇 개씩의 음식점을 분점화하기 시작하였다.

최근 중·소·대 기업을 막론하고 신규사업부 기획실팀들은 외식사업이 단연 전망있는 사업이기 때문에 이미 사업에 진출하여 영업중이거나 프로젝트로 기획을 한다고 알려져 있다.

그런가 하면 상당수의 단일점포 경영주들이 사업확장에 관심을 갖고 있어 국내 외식시장은 제2라운드 경쟁에 돌입했다고 볼 수 있다.

이들의 주브랜드는 대부분 외국에서 들여온 햄버거나 피자 등이 주류를 이루고 있으며, 일부는 도시락과 출장파티, 훼밀리 레스토랑 케이터링 서비스에 비젼을 갖고 있는 기업도 있다. 그러나 사업전개팀의 실정은 분위기만큼 그렇게 현란하지 못한 것이 지금의 실정이다.

Tips 국내 대기업 외식업체 진출 현황

그룹명	법인명	업종 : 브랜드명
롯데	(주)롯데리아, (주) 푸드스타, 롯데호텔, 롯데제과, 롯데쇼핑(주), (주)롯데삼강	에스프레소 커피 : 자바커피, 리치빌, 햄버거(F.F) : 롯데리아, 패밀리레스토랑 : TGI프라이데이스, 일식 : 모모야마, 뷔페 : 라세느, 아이스크림 : 나뚜루, 도넛 : 크리스피크림도넛
진로	진로, 진로저팬	중식(브라질) : 서경, 한식(동경) : 진로가든
두산	SRS코리아(주) 백화양조	치킨(F.F) : KFC, 햄버거(F.F) : 버거킹 주류, 민속주점 : 백화주점
해태	큰길식품	햄버거 : 빅웨이
신세계	신세계푸드시스템 스타벅스커피코리아	단체급식, 뷔페 : 까르네스테이션, 돼지고기 튀김 : 돈카츠 칸소, 스카이라운지(부산) : 오션부, 골프장 내 식음료 : 클럽하우스, 에스프레소 커피 : 스타벅스
현대	(주)현대 푸드시스템, (주)현대백화점 현대 종합상사	단체급식, 외식사업부 : 웰푸드 롤&스시 : 미요젠 하우스 맥주 : 미요센
LG	아워홈 (주)아시안스타	카페레스토랑, 한식, 일식, 중식, 펍레스토랑, 오리엔탈레스토랑, 아이리쉬 펍, 바, 쌀요리전문점, 일식돈가스전문점, 이탈리안 레스토랑
삼성	신라호텔, 삼성에버랜드	전문식당가, 단체급식
태인 샤니	(주)파리크라상, (주)삼립식품, 비알코리아(주)	베이커리 : 파리바케트 등, 우동 : 사누끼보레 에스프레소커피전문점 : 파스쿠치, 도넛 : 던킨도너츠
동양그룹	롸이온즈(주)	패밀리 에스토랑 : 베니건스, 중식 : 미스타차우
CJ	CJ푸드빌(주) CJ푸드시스템(주)	패밀리 레스토랑 : 스카이락, 스테이크전문점 : 빕스, 한식패밀리레스토랑 : 한국, 테이크아웃전문점 : 델쿠차나, 비빔밥전문점 : 카페소반, 면요리 : 시젠, 태국음식점 : 에프터 더 레인, 단체 · 영업급식, 네이버후드레스토랑
TS그룹	TS해마로 해마로푸드서비스(주) (주)바론즈인터내셔날	치킨(F.F) : 파파이스, 치킨&파스타 : 맘스터치 스테이크&샐러드 : 씨즐러, 에스프레소 커피전문점 : 카페네스카페
이랜드그룹	(주)이엘인터내셔날	피자 : 피자몰, 패밀리 레스토랑, 파스타
대상	(주)로즈버드	에스프레소 커피전문점

2 패스트 푸드

외식산업의 한 부분으로 제조와 판매가 분리되어 고객을 상대로 하고 있는 패스트 푸드업이 우리나라에 도입된 것은 1979년 일본 롯데리아와 합작 설립한 롯데리아가 그 효시임을 이미 제시하였다.

그 후 국내 외식업계의 주목 속에 세계최대의 패스트 푸드업체인 맥도날가 1987년에 문을 열었다. 다국적기업으로 러시아 · 중국을 포함한 세계 50개국에 1만개가 넘는 점포를 가지고 있으며, 매출액이 대략 200억달러에 달하는 맥도날드가 우리나라에서도 성공할 수 있을 것인가를 관심있게 지켜보던 사람들은 개정 첫날 무려 1만 5천여명의 인파가 줄을 서며 몰려들어 뜻밖의 대성공을 하고 있는 광경을 보았을 것이다.

햄버거 하나를 먹으려고 수많은 사람들이 줄을 서서 20~30분씩 기다려야 했던 그 날의 해프닝은 사회실상의 한 단면을 상징적으로 표출했다는 점에서 단순한 해프닝의 수준을 넘어선 것이다.

햄버거, 후라이드 치킨, 도너츠 등 이른바 즉석식품으로 번역되는 패스트 푸드가 국내에 자리잡기 시작한 것은 1980년대에 들어서면서부터 맥도날드가 지난 번 소리도 요란하게 상륙하기 이전부터 이미 국내에는 맥도날드와 함께 미국 햄버거업계의 3대 거인으로 불리는 웬디스와 버거킹, 일본계의 롯데리아, 그리고 켄터키 후라이드 치킨과 미국의 3대 도너츠 메이커인 던킨 · 윈첼 · 미스터 · 도너츠 등이 진출해 내부적으로 치열 업체들은 외식시장의 잠재력이 크다고 보고 한국진출을 계속 모색 중인 것으로 알려지고 있다. 특히 의류소매점 등 외식업과 입지가 경합되는 다른 업종의 영업부진이 만연되어 상대적으로 점포입지확보가 용이해진데다 대기업들이 외국업체와 손잡고 외식업 참여를 추진 중이어서 외산 브랜드는 급격히 늘어날 전망이다.

이처럼 품질(quality), 위생(cleanliness), 친절(service)을 특징으로 내세워 시간에 쫓기는 현대인들의 생활에 깊숙이 파고든 패스트 푸드의 국내 선발업체는 롯데리아로서 일본 롯데리아와 50 : 50의 합작으로 명동에 첫 점포가 문을 연 이래 지금까지 각종 패스트 푸드업체들이 우후죽순처럼 생겨나고 있다.

여기에는 물론 패스트 푸드의 발전기반, 즉 서구식 식생활패턴의 확산, 편의와 기능을 찾는 젊은 세대의 증가, 식사시간의 단축을 요구하는 라이프 스타일, 외식문화의 발전, 여성의 사회진출확대, 레저인구 증가, 경제 성장에 따른 가처분소득의 증가 등이 사회구조적으로 뒷받침되었던 것이다.

특히 식사에서도 멋과 편의를 찾는 젊은 층들에게 세련된 감각과 청결한 분위기를 갖추고 음식 자체뿐만이 아니라 시간과 서비스를 함께 판매하는 서구식 패스트 푸드는 큰 매력을 가질 수밖에 없었다.

또 하나 특기할 점은 패스트 푸드업계가 형성되기 시작한 1980년대는 중산층 논의가 활발히 전개되기 시작한 시기이기도 하다는 점이다. 세계적 패스트 푸드기업이 외국진출 여부를 결정할 때 가장 우선적으로 고려하는 것이 바로 그 나라의 1인당 국민소득이 2,500달러가 그 기준선이라는 것이다. 최소한 1인당 국민소득이 2,500달러는 되어야 가족외식문화도 생겨나고, 어린이나 청소년층이 부담없이 햄버거를 사먹을 정도의 용돈을 쓸 수 있다는 것이다.

[그림 Ⅲ－2] 패스트 푸드가 성공한 이유

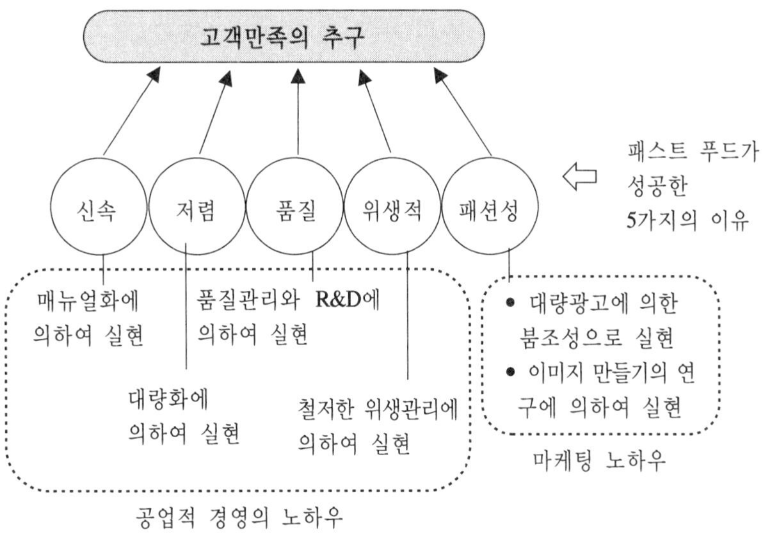

[자료 : 미야 에이지, 외식비지니스, 한국산업훈련연구소, p. 20.]

우리나라의 경우 1인당 국민소득이 그 수준을 넘어 중산층세력이 확대되어 가던 1985년을 전후한 시기에 집중적으로 외국의 유명 외식산업이 진출했던 것을 보면 이와 같은 논리와 일치하고 있다. 미국에서 가장 조심성 있는 기업 중의 하나로 평가받고 있는 맥도날드가 우리의 시장에 자신을 갖고 진출한 데서도 짐작할 수 있듯이 패스트 푸드시장의 전망은 매우 밝은 편이다.

이렇게 패스트 푸드가 성장한 또 하나의 배경에는 패스트 푸드의 기본적인 요소라고 할 수 있는 상품의 공업화, 점포의 prototype화, 업무의 매뉴얼화를 적극 추진한 데 연유하고 있다.

상기와 같은 기본적인 요소의 틀 속에서 고객만족을 위하여 추진하였던 내용을 도식화하면 [그림 Ⅲ－2]과 같다.

3 훼밀리 레스토랑(family restaurant)

훼밀리 레스토랑이란 패스트 푸드(fast food)보다 가격이 높은 대신 여유 있는 테이블 서비스와 함께 식사를 즐길 수 있는 것이 특징이라고 할 수 있는데, 이처럼 성장 컨셉으로 평가를 받는 것은 베이붐세대가 중년층이 되는 시기가 곧 1990년대라는 근거에서 비롯되고 있다.

그러나 프랜차이즈 기법을 도입한 체인형식의 훼밀리 레스토랑 중 일부만이 고객으로부터 좋은 이미지를 구축하고 있을 뿐이다.

오히려 새로운 스타일의 레스토랑이라는 점에서 화제만 무성할 뿐이다.훼밀리 레스토랑 형식의 음식점이 무성한 화제에 비해서 아직까지 실속이 없다는 근거는 건물 일부에 부속되어 있는 기존의 경양식점에 비해 공간을 많이 필요로 하기 때문에 임대료의 부담이 크며, 국내 수요객층이 훼밀리 레스토랑을 이용하기에는 아직 대중성이 적다는 이유 때문으로 전문가들은 분석하고 있다.

결국 이용할 수 있는 고객층이 차별화 될 수밖에 없기 때문에 현재의 고객층은 대부분 중상류층이거나 고학력층의 문화적 의식을 지닌 사람들이라 할 수 있다. 그러나 소득수준이 증가하고 도시가구의 외식비 비율이 매년 늘어나는가 하면 고학력의 문화계층이 증가하고 있다는 사실을 감안할 때 국내 외식시장에서의 고객이용률은 급격하게 증가할 것으로 전망하고 있다.

훼밀리 레스토랑의 음식점이 국내에서 가장 활황을 보일 것으로 예상하는 시기는 1990년 이후로 보는 견해가 지배적이다. 이러한 판단은 도시가구를 대상으로 한 문화적·경제적인 측면을 근거로 하여 1990년대에 들어와 경쟁업체들이 본격적으로 등장하였기 때문이다.

훼밀리 레스토랑의 장점이라면 일단 객단가(客單價)가 높고 고객들의 내점동기(來店動機)가 '외식다운 외식'을 하기 위해 찾아 온 고객층이기 때문에 테이블당의 객단가가 높아 매상극대화 역시 용이하다는 점을 들 수 있겠다.

반면 개점비용이 많이 소요되고 조직력이나 자본력이 취약한 개인업체에서는 사업전개가 어렵다는 조건 때문에 대부분 대기업측에서 높은 관심을 보이고 있는 실정이다. 프랜차이즈 기법을 도입한 체인형식의 음식점들이 국내 외식업계를 한바탕 뒤흔든 1990년대 초반 이후 단일점포의 자극을 받아 영업활동이나 경영측면에서 큰 변화를 일으켜 왔다.

'오직 이 곳'이란 개념에서 벗어나 분점형태로 영업확장을 꾀하거나 유망한 업종을 골라 몇 개씩의 점포를 경영하는 사례가 늘어나고 있다. 일부 전문점들은 지방마다 상호사용권료를 받고서 분점을 개설하는가 하면, 유통단지마다 점포를 개설하면서 유명세를 과시하고 있다.

[그림 Ⅲ-2] 훼밀리 레스토랑의 발자취

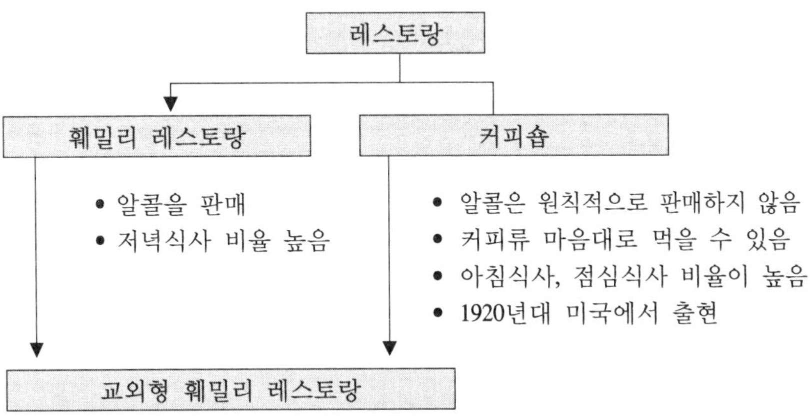

[자료 : 미야 에이지, 전게서, p. 30.]

Tips 해외 브랜드 국내 진출 현황

	브랜드명	국내업체	제휴업체	도입연도	점포수		2004 매출액(억원)
					직영	가맹점	
햄버거	롯데리아	롯데리아(주)	日롯데리아	79.10	839		4,500
	버거킹	SRS코리아(주)	美맥도날드	82(93)	95		760
	맥도날드	신맥(서울) 맥킹(부산)	美맥도날드	88 91	335		2,860
	후레쉬니스버거	베넥스인터내셔널(주)	日(주)후레쉬니스버거	2003	8		
치킨	KFC	SRS코리아(주)	美트라이콘레스토랑	84(94)	195		1,700
	파파이스	T.S해마로	美AFC파파이스	94	180		1,000
피자	피자헛	한국피자헛(주)	美트라이콘레스토랑	84(93)	320		3,900
	시카고피자	(주)토로나코리아	日토로나	88	1	100	
	도미노피자	D.P.K 인터내셔날	美도미노피자	89	36	211	1,500
	미스터피자	(주)한국미스터피자	日미스터피자	90	9	211	1,500
	파파존스피자	(주)PJI Korea	美파파존스피자	2003	18		50
패밀리레스토랑	코코스	(주)코코스	美코코스	88	23		파산(2004)
	T.G.I.F	(주)푸드스타	美T.G.I.F	92	33		1,000
	스카이락	CJ푸드빌(주)	日스카이락	93	43		390
	씨즐러	(주)비론즈인터내셔날	美씨즐러	95	6		180
	토니로만스	(주)썬앳푸드	日토니로만스	95	7		180
	베니건스	롸이즈온(주)	美베니건스	95	20		826
	칠리스	그로웰홀딩스	美칠리스	96	1		
	마르쉐	(주)아모제	스위스뫼벤픽	96	9		300
	우노	동전개발(주)	美우노	97	2		
	아웃백스테이크하우스	(주)오지정	美아웃백스테이크	97	50		1,600
	이뽀뽀따뮤스	(주)에프아이디엔터프라이즈	프랑스그룹ELO	2002.8	3		
	카후나빌	(주)사보이F&B	美카후나빌	2002	3		38
	루비튜스테이	(주)마제스틱코리스	美마제스틱그룹	2002.5	1		
	블랙앵거스스테이크하우스	(주)블랙엥거스코리아	美ARG	2005.8	1		

	브랜드명	국내업체	제휴업체	도입연도	점포수		2004 매출액(억원)
					직영	가맹점	
아이스크림	베스킨라빈스	(주)비알코리아	美베스킨라빈스	85	60	628	370
	하겐다즈	한국하겐다즈	美하겐다즈	91	6	14	200
	데어리퀸	한국데어리퀸(주)	美데어리퀸	94			04재도입
	뉴질랜드내츄럴	뉴질랜드내추럴 아이스크림(주)	호주뉴질랜드내츄럴	02.3	1	7	
	밴&제리	(주)스쿠퍼스	美밴&제리	02.10	1	5	54
단체급식	OUR HOME	LG유통	日그린하우스	92	600		5,400
	신세계푸드시스템	신세계푸드시스템	메포스사	00.11	595		7,240
	아라코	아라코	美아라마크사	93. 2	320		901
	CJ푸드시스템	CJ푸드시스템	日시닥스사	94.12	595		7,240
	에버랜드FS	삼성에버랜드	日니콧크트러스트사	95	480		5,000
	아벨라고매	고매푸드시스템	영국아벨라	99			
면류	기소야	(주)공영식품	日하마사토그룹	90			
	기조암	고송식품	日大和제작소	91			
	삐에뜨로	(주)불스원	日삐에뜨로, 中난시앙	04.10	4,1		
샌드위치	퀴즈노소서브	(주)퀴즈노스코리아	美퀴즈노스	02. 5	3		
	꽁데스뒤바리	제이제이인터내셔날	프랑스쎌떼스뒤바리	01. 1	7		
	리나스	(주)파리크라상	프랑스리나스	02. 1	1		
동남아	포호아	한국포호아(주)	美포호아	98. 7	18		
커피	자바커피	(주)롯데리아	美자바트레이닝	00. 8	21		94
	스타벅스	(주)스타벅스코리아	美스타벅스	99. 7	109		721
	씨애틀즈베스트	(주)CFC코리아	美CFC	00.12	84	14	25
	커피빈앤티라이프	(주)커피빈코리아	美인터내셔널커피&티	01. 5	14		312
	자바씨티	(주)자바씨티코리아	美자바씨티		8		
	글로리아진스	(주)레번	美글로리아진스	96	16		
도넛	크리스피크림도넛	롯데쇼핑(주)	美크리스피크림	04.12	1		
	던킨도너츠	(주)비알코리아	美던킨도너츠	86			
도시락	한솥	(주)한솥도시락	日혼께가마도야	87			
이자가야	아사히플레저	(주)피엘프알	日아사히맥주		2		
	기린비어페스타		日기린		1		
기타	페퍼런치	(주)썬앳푸드	日페퍼런치	2003	4		
	오므라이스테이	(주)코믹스다이나코리아	日오므라이스테이	2005	1		
	포무노키	포무노키	日포무노키	2005	1		
	난사앙	(주)볼스원	中난시앙	2004			
	단타이핑	단타이펑코리아	대만 단타이펑	2005			

[그림 Ⅲ－3] 훼밀리 레스토랑이 출현할 당시의 성공이유

훼밀리 고객을 목표	양식 중심	교외 도로변 입지
비교적 저렴한 가격		주차장 부설
친절한 접객		젊은 종사원 확보
밝은 분위기 조화	순수한 미국식 건물	메뉴나 맛이 표준화 되어 있어 안심

[자료 : 미야 에이지, 전게서, p. 30.]

또한 시야가 넓은 경영주들이라면 이미 몇 개씩의 단일형 전문점을 경영하고 있는 것이 관례처럼 되어 있다. 이들의 운영방식은 점장형식을 이용하고 있는데, 경영주들은 컴퓨터 정산기를 통해 주별·월별 등의 영업분석을 하는가 하면, 본점과 동일한 맛을 고객에게 제공한다는 목표 아래 식자재를 공동구매해서 공급하기도 한다.

경영주들이나 종사원들의 의식성향도 과거에 비해 변화가 일어나고 있다. 그러나 외식업의 발전단계상 부작용도 없진 않다. 지나치게 눈 앞의 이익에만 급급한 나머지 노하우의 축적없이 체인사업에 뛰어든 업체들이 도산을 하였고, 지나친 경쟁의식으로 대형화·고급화로 치닫는 신규업소들이 과소비라는 여론의 비난을 받고 있음은 간과할 수 없는 상황이다.

현재 국내 외식산업의 흐름은 잠시 '시계 제로상태'로 볼 수 있다 제2의 황금기를 구가할 수 있는 메뉴나 아이템에 대해서도 막연한 추측만 하고 있을 뿐 어느 누구도 명확하게 전망할 수가 없다.

이다만 해외전문가들의 의견을 빌리면 일본의 외식산업이 20년간 미국외식산업의 이론과 수법을 도입하고 시행하여 오늘의 성장을 이루었다고 전제하면서 성장과정상 우리나라의 외식산업도 일본의 궤도를 거의 그대로 답습해 나가거나 비슷한 과정을 거칠 것으로 전망하고 있다.

따라서 2000년대는 서울을 벗어나 지방화시대를 대비하라고 권장하고도 있다. 이른바 서울의 외식성향이 지방으로 확산되면서 외식시장의 열기도 함께 뜨거워질 것이라는 것이 일반적인 전망이다.

규모의 양상도 중 · 소형 점포가 분해되고 대형과 소형 점포로 양극화 될 것이라고 전망하고 있다. 한국유통조사연구소에서도 비슷한 전망을 하고 있는데, 중형의 한식점과 양식점은 차후 국내시장에서 매력도가 점차 떨어질 것이며, 중형 음식점과 모든 소형점의 매력도는 거의 제로(zero) 상태로 판단하고 있다. 단, 경영능력에 따라 영업성과는 달라질 것이라는 전제를 달고 있다.

반면 대형 일식점을 최고의 매력도로 꼽고 있으며, 대형 양식점포와 중형 일식점도 장기적으로 상당한 매력도를 지닐 것이라고 전망하고 있다. 국내 레스토랑에 대한 업태별 · 규모별 현황 및 추세를 분석한 결과 우리나라 외식산업이 성장기에 진입하고 있으며, GNP에 비교한 외식비지출수준은 오히려 일본인보다 높은 것으로 나타나고 있다.

즉, 1992년부터 외식비지출액이 1986년 일본의 수준과 유사하며, 레스토랑의 규모가 대형화 추세로 급속하게 진행되어 2000년대에는 일본과 유사한 고급화 · 근대화 현상이 뚜렷하게 나타날 것으로 예상하고 있다.

또 훼밀리 레스토랑의 전망에 대해서 대단히 밝은 것으로 평가하여 임대료의 부담이 비교적 낮고 주차시설 확보 및 차량진입이 용이한 교외형 훼밀리 레스토랑이 인기를 끌 것으로 예상하고 있다.

Tips 국내 음식점에 관한 실태조사

한국외식연감편찬위원회와 (사)한국음식업중앙회는 국내 외식산업의 현황을 알아보고 이에 대한 개선방향 마련을 위한 기초 조사자료의 일환으로 '전국 음식점에 관한 실태조사'를 실시했다. 16개 시 · 도에 소재한 1173개 음식점을 대상으로 실시한 이번조사는 업소 경영환경, 식자재 구매, 식단제공 실태, 외식업 관련 정책의 4개 항목에 대해 진행한 것이다.

이 중 경영환경과 식단제공 실태, 그리고 외식업 관련 정책에 대한 설문조사 결과를 살펴보고자 한다.

조사 대상 : 전국 16개 시·도에 소재한 1173개 음식점
조사 기간 : 2008. 7. 7~7. 18까지 12일간
조사 방법 : 각 시 · 도 (사)한국음식업중앙회 지부를 통한 서면조사
통계/분석 : 이화여대 식품영양학과 서선희 교수

1) 경영환경

외식업 경기 불황의 가장 큰 원인은 역시 내수경기 침체로 인한 소비심리 위축으로 나타났다. 이에 대부분의 음식점 경영주들은 현재의 불황을 타개하기 위해 인건비 및 식재비 등의 원가 절감에 총력을 기울이고 있으며 향후에도 원가절감을 위한 업종 및 업태 개발을 성공을 위한 조건으로 점치고 있다. 한편 불황이 장기화되고 있는 가운데 한식 고깃집과 전통음식점이 향후 전망있는 업종으로 굳건히 자리 잡고 있다.

① 내수경기 침체에 따른 소비심리 위축으로 외식업 운영 갈수록 어려워

최근 2년여 전과 비교했을 때 현재의 업소 운영 상태를 묻는 질문에 83.0%(나빠졌다 48.3%, 매우 나빠졌다 34.7%)가 나빠졌다고 응답한 반면 2.6%만이 좋아졌다(좋아졌다 2.5%, 매우 좋아졌다 0.1%)고 응답해 갈수록불황이 심각해지고 있음을 여실히 증명했다.

또한 2009년 역시 올해보다 더 어려워 질 것(70.7%)이라고 전망해 외식업계의 경기불황이 한동안 지속될 것으로 보인다. 그렇다면 현재 외식업계의 불황이 지속되는 이유는 무엇일까. 이에 대해 국내 외식업 경영주들은 내수 경기침체(61.5%)를 외식업 불황의 가장 큰 요인으로 꼽았으며 그 다음으로 소비자 물가 상승(15.2%), 경제정책 불안정(11 6%), 음식점 수 폭증(5.6%), 광우병 · AI 등 음식 위생 및 안전의 문제(4.1%), 개인 신용도 악화(1.0%), 경쟁력 약화(0.9%) 순으로 나타났다. 이어 외식업 운영을 어렵게 하는 요인에 대해 물은 결과 가장 많은 수가 소비심리 위축(47.7%)이라고 응답했으며 원재료비 상승(37.8%)이라는 응답도 높은 수치를 차지, 내수경기 침체에 따른 소비심리 위축으로 전반적인 외식업 운영의 어려움을 겪고 있는 것으로 나타났다. 이 밖에 불합리한 관련 정책 및 세제(7.2%), 인력난(3.3%), 음식점간 과다 경쟁(3.0%), 높은 임대료(0.8%), 조리 및 운영기술 부족(0.2%) 등도 외식업 운영을 어렵게 하는 요인으로 지적됐다.

② 장기화되는 불황으로 폐점 심각하게 고려

외식업 불황이 장기화되자 대부분의 경영주들은 폐점이나 업종전환, 이직 등을 생각해 봤거나(32.5%)나 현재 심각하게 고민중(28.3%)인 것으로 나타났다. 조만간 할 계획(8.8%)이거나 이미 업종전환이나 이직을 했다(3.2%)는 응답도 12.0%로 나타났으며 불황이 장기화되면 고려할 것이라는 응답도 17.3%를 차지하는 등 전체 응답자중 90.2%가 불황으로 인해 폐점이나 업종전환, 이직을 검토중이며 9.8%만이 전혈 계획이 없는 것으로 나타났다. 실제로 (사)한국음식업중앙회에 따르면 지난 2007년 음식점 폐접수는 총 6만 6944개소로 2006년 6만 6684개소보다 0.4% 정도 증가했다. 또한 2008년 6월 회원 업소 상황을 보면 1~6월까지의 신규 업소수는 3만 3902개소인 반면 휴업은 8만 9144개소, 폐업은 3만 609개소, 명의변경은 5만 1979개소로 나타나 그 심각성을 보여주고 있다.

③ 불황타개, 원가절감만이 살길

외식업 경영주들은 현재의 불황을 타개할 수 있는 대책은 무엇이라 생각할까. 이에 대한 질문에 42.1%가 인건비절감, 26.6%가 원재료데 축소라고 응답해 경영주들은 불황타개책으로 비용 절감을 가장 우선적으로 고려하는 것으로 나타났다. 이와 함께 메뉴가격을 인하 · 할인(2.3%)하거나 인상(4.3%)하는 등 메뉴 가격의 조정도 불황 타개책으로 제시했으며 메뉴개발(8.7%), 철저한 단골고객 관리(8.3%), 서비스 보강(2.6%), 업무 효율화를 위한 시설 및 운영안 보완(3.6%), 사업규모 축소(1.0%), 각종 판촉행사(0.4%) 등 외식업 운영의 기본을 지키는 방법도 거론됐다. 한편 향후 성공적인 외식업 운영을 위해 노력해야 할 사항에 대해 29.9%가 원가를 절감할 수 있는 업종 및 업태 개발이라고 답해 불황 타개책과 마찬가지로 원가절감에 대한 경영주들의 높은 관심도를 알 수 있었다 이 밖에 효율적인 운영 시스템 구축(19.0%), 건강 지향의 메뉴 운영(18.5%), 유행을 선도할 수 있는 아이디어 개발(12.2%), 대고객 서비스 강화(11.6%), 고객의 휴식과 오락을 위한 시설 강화(6.2%), 프랜차이즈 시스템 확립(2.3%), 해외 진출(0.3%) 등의 응답률을 나타냈다.

④ 향후 유망업 종은 역시 한식

외식업 경영주들의 변함없는 관심사 중 하나가 바로 '어떤 메뉴가 뜰까'이다. 이에 향후 국내 외식업계에서 가장 전망있는 업종/업태는 무엇인지 물었다. 이에 가장 많은 수인 26.2%가 한식-고깃집이라 응답했으며 한식-전통음식전문점이 20.1%로 뒤를 이었다. 한식-전통음식전문점(24.38%), 유기농전문점(13.34%) 퓨전요리레스토랑(12.76%), 패밀리레스토랑(12.28%)에 이어 한식-고깃집이 5위(12.19%)를 차지했던 지난 2006년과 비교할 때 광우병, 육류 원산지 표시제 등에도 불구하고 한식-고깃집에 대한 전망이 5.4은 것으로 나타났다. 또한 2006년과 2008년 모두 한식이 상위에 랭크돼 한식에 대한 밝은 전밍을 확인할 수 있었다.

한식-전통음식전문점에 이어 유기농전문점(10.4%), 패밀리레스토랑(9.3%), 퓨전요리 레스토랑(8.3%), 배달전문점(4.5%), 샐러드바(3.5%), 테마레스토랑(2.4%), 초밥전문점(2.3%), 면요리전문점(1.9%), 차이니즈레스토랑(1.7%), 분식점(1 7%), 스테이크전문점(1.4%), 씨푸드 뷔페(1.4%), 건강음료전문점(1.2%), 커피음료전문점(1 1%), HMR(0.7%), 베이커리카페(0.6%), 유러피안레스토랑(0.4%), 선술집(이자카야)(0.4%), 에스닉요리전문점(0.3%), 이탈리안레스토랑(0.1%) 순으로 나타났다.

⑤ 서비스 및 위생교육 심각

외식업 운영의 3대 기본 요소는 QSC, 즉 맛(Quality)과 서비스(Service), 청결(Cleanliness)이다. 그러나 본 조사결과 국내 외식업 경영주들은 직원들에 대한 서비스 및 위생교육을 등한시 하는 것으로 나타났다.

우선 종업원 서비스 교육은 얼마나 자주하는지에 대해 물었다. 이에 1173명 중 42.8%만이 수시로 혹은 매일 실시한다고 답했으며 나머지는 1주일에 한 번(11.3%),

한달에 한 번(16.7%), 3개월에 한 번(5.7%), 6개월에 한 번(7.0%) 하거나 아예 하지 않는다는 응답도 16.4%나 차지했다. 위생교육 역시 마찬가지다. 매일 혹은 수시로 위생교육을 실시한다는 응답은 전체의 48.5%에 불과한 반면 전혀 실시하지 않는다는 응답은 13.3%로 나타났다. 또한 6개월에 한 번 실시 7.7%, 3개월에 한 번 실시 4.4%, 한달에 한 번 실시 16.2%, 일주일에 한번 실시 9.9%로 응답해 현 국내 외식업소 위생교육의 심각성을 여실히 증명하고 있다.

2) 외식업관련정책

외식업 경영 환경에 대한 설문 중 외식업 운영을 어렵게 하는 요인으로 불합리한 외식업 관련 정책 및 제도가 지적됐듯이 보다 현실적으로 개선돼야 할 정책 및 제도들이 많다. 현금영수증 및 신용카드 사용 비율이 90% 이상을 차지하는 시점에서 신용카드 가맹점 수수료율은 인하돼야 하며, 2012년 한시적으로 적용되고 있는 의제매입세액공제율도 법제화해야 한다. 음식점 원산지 표시제에 대한 현실성 있는 법 개정 역시 시급히 개선되어야 할 부분이다.

① 신용카드 가맹점 수수료 인하 절실

외식업 경영주들은 외식업 관련 정책 및 제도 중 가장 시급히 개선해야 할 것으로 신용카드 수수료 관련 제도(37.3%)를 꼽았다. 그 다음으로 의제매입세액 공제율 관련(23.4%), 신용카드 매출 세액 공제율 관련(18.9%), 원산지 표시제 관련(8.6%), 외국인 근로자 고용 등 근로자 관련(6.0%), 음식물 쓰레기 등 환경정책 관련(3.6%), 임대차 보호법 등 부동산 관련(1.0%), 기타(1.2%) 순으로 나타났다.

금융감독원은 2007년 11월부터 신용카드 수수료율을 인하함으로써 국내 160만개 가맹점 중 92%인 147만개 가맹점이 혜택을 받게 될 것이라고 했지만 혜택을 받는 신용카드가맹점 대다수가 영세사업자로 그중에서도 간이과세자(연간 매출 4800만원 이하)로 한정되어 있다는 것이 문제로 지적되고 있다. 일반가맹점의 수수료율도 하향조정되었다고는 하지만 이 역시 현재 가맹점 수수료율의 평균치인 2.5%가 넘는 업종 가운데 중·소형점포로 제한했다.

이에 따라 신용카드 가맹점 수수료율이 평균 2.7%인 외식업체는 이번 대상에서 철저히 제외된 상태로 전체 매출에서 차지하는 신용카드 매출은 대형 외식업체의 경우 90%를 넘어서고 있는 현 시점에서 신용카드 가맹점 수수료율 적용은 반드시 전면 재검토 되어야 한다는 것이 업계의 중론이다.

실제로 본 설문조사에서 역시 현재 음식점업에 적용되고 있는 2.7~3.0%의 신용카드 수수료에 대한 의견을 물은 결과 전체 응답자의 95.2%가 높다고 답했으며 낮다(1.8%), 적당하다(2.4%)는 응답은 4.2%로 나타나 신용카드가맹점 수수료율 인하의 필요성을 뒷받침하고 있다(전체 응답자 중 일반과세자는 64.1%, 간이과세자는 35.9%). 한편 중소기업청이 조사한 소상공인 업종의 카드 수수료율 인하 후 실태조사(08. 4. 7~5. 23) 결과 수수료율 인하폭이 0.19%('07.11 이전 3.34% → 현행

3.15%)로 미미, 당초 공시 수수료율 보다 높게 적용되고 있는 것으로 나났으며 다수의 소상공인들이 인하조치가 경영개선에 도움이 되지 못한다(75.7%)고 응답한 것으로 나타났다.

② 부가가치세 적용 힘들어, 5%로 인하 필요

음식점에서 결제시에는 총 결제 금액의 10%가 부가가치세로 적용된다. 그러나 중소음식점의 경우 메뉴 가격에 부가가치세를 적용하지 못하거나 적용하더라도 일부에 불과한 실정이다.

음식점 경영주들은 메뉴 가격 산정시 부가가치세를 어느 정도 고려하는지에 대해 물은 결과 전체 응답자의 절반에 가까운 43.8%가 부가세를 전혀 고려하지 않는다고 답했다. 또한 고려하는 경우에도 39.4%가 25%(15.3%) 혹은 50%(24.1%)만 적용하며 부가가치세 전액을 모두 적용하는 곳은 16.7%에 불과한 것으로 나타났다.

부가가치세에 대한 별도 부과에 대해서는 63.4%가 별도 부과해야 한다고 답했으며 별도 부과하지 않아야 한다는 응답은 25.5%에 불과했다.

다음으로 현행 부가가치세 10%에 대한 적정성 여부를 물었다. 이에 86.6%가 매우 높거나(46.9%) 높다(39.7%)고 응답했으며 2.5%만이 낮다고 응답해 부가가치세율에 대한 조정이 필요한 것으로 나타났다. 부가가치세 10%가 부적절하다고 답한 응답자들을 대상으로 어느 정도의 세율이 적당하다고 생각하느냐고 물은 결과 50.3%가 5%로 인하해야 한다고 답했으며 그 다음으로 7%(10%), 3%(9.5%), 6%(6.2%) 등으로 인하해야 한다고 응답했다.

③ 의제 매입 세액공제율 · 신용카드 매출세액공제율 조정 필요

현행 음식점의 의제매입세액 공제율은 2012년 말까지 한시적으로 10/110(2008년 말까지 6/106)이다. 이에 대해 54.9%가 공제율이 낮으므로 인상이 필요하다고 답했으며 높다는 응답은 13.6% 적절하다는 답은 26.0%로 나타났다. 업계 관계자들은 2012년 말까지 한시적으로 적용되는 공제액을 향후 음식점업의 수익구조 개선을 위해 상향조정해 한시적이 아닌 법적으로 설정하는 방안이 검토되어야 할 것이라고 말한다.

신용카드 매출세액 공제율에 대해서도 개선이 필요하다는 의견이다. 현재 실시하고 있는 신용카드 매출세액 공제율은 일반과세 시 1%, 간이과세 시 2%로 한도액은 500만원이다. 이에 대해 64.7%가 현행 공제율이 낮다고 답했으며 13.0%만이 높다. 15.9%가 적절하다고 응답했다.

그러나 외식업계의 경우 연 매출 4800만원 미만인 업소는 전체의 20% 미만에 불과한 상황으로 2%의 공제혜택은 업계의 현실을 제대로 파악하지 못한 선심성 정책에 지나지 않는다는 의견이 지배적이다. 게다가 지난 2008년 7월 1일부터 현금영수증 제도가 기존 5000원 이상에서 1000원 이상으로 확대(단, 5000원 미만 거래는 발급거부대상에서 제외)됨에 따라 사실상 음식점의 매출이 100% 노출, 규모를 막론하고 외식업소 수익구조에 어려움이 초래되고 있다.

외식업계의 실정을 보다 제대로 파악한 후 이에 따른 신용카드 매출세액 공제율의 인상 및 적용 대상의 확대, 한도액의 인상을 통해 수익구조 개선 및 자발적인 납세 문화를 유도해야 할 것이다.

④ 음식점 원산지표시제 현실적인 개정 필요

농림수산식품부는 2008년 7월부터 원산지 표시 대상 음식점을 대폭 확대하는 내용의 농산물품질관리 개정안을 발표했다. 이에 따라 그동안 식품위생법에 따라 구이용 쇠고기에 한해 300m^2 이상의 일반음식점에 대해서만 의무화하던 원산지 표시를 면적에 관계없이 식품접객업 중 휴게음식점영업, 일반음식점영업, 위탁급식영업자와 집단급식소로 확대했다.

표시 대상 역시 쇠고기를 비롯한 돼지고기, 닭고기, 축산물가공품의 축산물과 쌀(찐쌀 포함), 김치류(배추김치)를 조리해 판매하거나 제공하는 음식으로 확대했으며 구이류 뿐 아니라 탕용, 찜용, 튀김용, 생식용 등으로 확대했다.

이에 음식점 원산지 표시제에 대한 경영주들의 의견을 물은 결과 원산지 표시제를 실시할 필요가 없다는 응답은 17.7%에 불과한 반면 26.0%가 실시할 필요가 있다, 53.8%가 실시할 필요성은 있으나 수정 및 보완이 필요하다고 응답해 대다수의 음식점 경영주들이 현실적인 법 개정을 통한 원산지 표시제의 실시가 필요하다는 데 의견을 같이 했다.

다음으로 원산지 표시제에 대한 수정 및 보완 내용에 대해 물었다. 이에 대해 과반수에 가까운 48.4%가 주 메뉴에 대해서만, 그리고 41.3%는 육류에 한해서만 실시해야 한다고 응답했다. 쌀 및 김치류, 찬류에 한해서만 표시해야 한다는 의견도 각각 3.8%, 0.9%를 차지했다.

3) 식단제공실태

음식점 운영시 나타나는 문제점 중 하나가 바로 음식물 쓰레기에 대한 부분이다. 주메뉴 외에 기본적인 찬이 나오는 식단과 1인이 먹기에는 다소 많은 양 제공을 미덕으로 삼는 관행 상 음식물 쓰레기 문제는 오랫동안 계속돼 오는 문제점으로 지적되고 있다.

43%, 5가지 이상 찬 제공한다. 일반적으로 반찬은 고객수에 맞춰 나오는 것이 바람직하지만 사실은 그렇지 못한 것이 현실이다. 특히 바쁜 점심시간대에는 고객수에 상관없이 미리 4인 테이블에 맞게 반찬을 차려놓는 업소들을 심심치 않게 볼 수 있다.

이번 조사 대상 경영주들에게 찬 제공 시 테이블당 고객수를 고려하는지 물었더니 86.2%가 고려한다고 답했으며 13.8%는 고려하지 않는다고 응답했다.

또한 찬을 마련할 때는 주 메뉴와의 조화(52.4%)에 가장 중점을 두며 이어 맛(29.6%), 가짓수(9.2%), 영양가(3.9%), 양(3.4%)을 고려해 찬을 마련하는 것으로 나타났다. 현재 업소에서 제공하는 찬은 5가지(22.9%)를 제공한다는 응답이 가장 많았으며 이어 7종 이상(20.1%), 4종(18.1%), 6종(16.8%), 3종(11.7%), 1~2종

(10.5%) 순으로 응답했다. 그렇다면 현재 제공하는 찬의 가짓수가 적당하다고 생각할까. 이에 대해 가장 많은 수인 72.1%가 보통이라고 했으며 22.8%가 많다. 5.2%는 적다고 응답했다.

마지막으로 찬류 제공 시 계절식품을 얼마나 활용하는지 물었다 찬류 중 1~2가지 정도만 계절식품을 활용한다는 응답이 58.4%로 가장 높았으며 3가지 이상을 이용한다는 응답도 20.5%를 차지했다. 또한 계절 식이용하지 않거나(14.7%), 전 찬류를 계절식품을 이용해 만든다(6.4%)는 응답도 있었다.

[자료 : 월간식당, 2008년 10월호]

Ⅳ 외식산업의 당면과제

우선 주요 국가별 외식업체수 비교 현황에서 보듯이 국내 외식업체수는 총 75만 개로 인구 64명당 1개의 업체가 운영, 일본의 157명당, 미국의 334명당, 중국 342명당 1개의 업소에 비해 비교조차 하기 어려울 정도로 많은 외식업체를 보유하고 있다. 외환위기 이후 일자리 창출을 위해 소자본창업을 독려·지원한 정책으로 인해 수많은 자영업자들이 외식업에 참여한 바 있다.

1 경영자의 인식부족

우리나라의 외식업체를 경영하고 있는 투자자는 투자자본에 대한 빠른 회수욕구, 보다 좋은 조건제시로 영업보다는 프리미엄을 많이 받고 제3자에게 인도하려는 투기심리 등이 작용하여 외식업에 자부심을 갖지 못하고 미래지향적인 산업으로서 위치를 다져 놓지 못하였으며, 또한 전문가도 양성하지 못하였다.

그 결과 우리나라의 경우 경영자의 대부분이 뚜렷한 직업관을 갖고 있지 못하다. 예를 들어 불고기집을 경영하는 경우 몇 년이고 맛이 개선, 운영방법의 개선 등 국내최고의 음식점을 만들겠다는 의욕을 찾아보기가 어렵다는 것이다.

음식을 고객에게 제공한다는 것은 여타제품의 판매와는 달리 해야 한다. 인간의 건강과 생명의 유지라는 차원에서 점포운영을 해야 하는 것이 경영자의 기본정신이어야 한다. 그러나 대부분의 경영자는 음식점 경영이란 자본과 기술이 없이도 우선 개업만 해 놓으면 영업이 되지 않겠느냐는 안이한 생각에서 개업하는 것이 일반적인 경향이다. 왜 자기가 국수집, 라면집, 설렁탕집을 경영해야 하는가, 이 영업을 경영함으로써 고객에게 어떤 형식의 서비스로 대응하겠다는 의식이 부족한 것이다.

여러 사업을 해 보았으나 마땅한 실적을 올리지 못하였거나 실패한 끝에 마지막에 먹는 장사라도 해 보자는 의식에서 출발한 경우가 많다는 것이다. 이러한 의식구조 속에서 출발한 영업이기 때문에 동일한 영업주가 3년 이상을 운영하는 경우가 그리 많지 않다고 한다.

대부분이 자기가 운영하는 레스토랑에 만족하지 않고 있고, 언제나 돈을 좀 벌면 타고급직종으로 직업을 바꾸겠다는 의식이 깔려 있다는 것이며, 더욱이 내 자식은 어떤 경우도 이런 음식점은 시키지 않겠다는 것이다. 이러한 의식구조를 처음부터 갖고 있기 때문에 점포의 환경개선이나 깨끗한 시설유지, 주방기구의 개선 등은 생각할 수 없었던 것이다(김헌희, 1990).

오늘날 우리나라의 레스토랑 중에서 50여년 이상의 역사를 갖고 동일장소에서 동일메뉴를 판매하고 있는 곳은 한군데도 없을 것이다. 그만큼 음식점을 경영하고 있는 경영자의 기본의식구조와 사회적으로 천시경향이 아직도 잠재의식 속에 내재해 있기 때문이다.

이같은 인식과 직업관의 결여는 또 다른 문제를 파생시킨 결과를 초래하였다. 즉, 경영지식의 부족인 것이다. 오늘날 충분한 자본금과 요리업무의 경험을 가지고 있는 사람이라 할지라도 그 기업을 경영하는 방법을 알지 못한다면 그의 자본금은 곧 탕진될 것이고, 그의 경험도 또한 쓸모가 없게 될 것이다.

과거에 기업을 경영한 경험이 값진 자본이 될 수 있기는 하지만, 외식산업의 경영에는 대부분의 다른 기업에서는 필요치 않은 지식의 특수한 면이 요구된다. 한 가지 예로써 외식산업은 제조업과 판매업의 기능을 결합시킨 것이다. 그러나 다행히도 기업경영의 원리가 같은 식당이나 다른 기업을 성공적으로 경영한 사람들의 경험을 통해서 배울 수도 있는 것이다.

위와 같은 지식과 관련하여 일본의 레스토랑 전문가 도이토시오(土井利雄) 연구원은 훌륭한 사상의 조건으로서 다음 [표 Ⅳ-1]과 같은 자질을 겸비하고 있어야 한다고 지적하고 있다.

[표 Ⅳ-1] 훌륭한 상사의 조건

① 회사의 방침을 이해하고, 부하를 잘 통솔할 수 있는 자	⑧ 부하에게 공평하게 하는 자
② 지식과 경험이 풍부한 자	⑨ 판단력과 실행력이 있는 자
③ 업무에 밝은 자	⑩ 건강한 자
④ 상황판단을 잘 하는 자	⑪ 책임력이 있는 자
⑤ 타부문과의 조정능력이 있는 자	⑫ 지도력이 있는 자
⑥ 권한의 위양을 잘 하는 자	⑬ 포용력이 있는 자
⑦ 객관적으로 사항을 볼 줄 아는 자	⑭ 사교성이 있는 자
	⑮ 성실한 자

2 종사원의 직업윤리관과 자질문제

외식산업에 근무하고 있는 대부분의 종사원은 직업관이 결여되어 있다고 흔히들 말하고 있다. 아마 그 이유 중의 하나는 우리나라 국민의 의식을 오랫동안 지배해 왔던 사농공상(士農工商)의 잔재가 아닐까 한다.

즉 유교적 사고에 젖은 우리 국민은 남에게 직접적으로 봉사하는 직종에 대하여 천민시하였다. 또한 최근의 경제적인 여유와 고학력자 양산으로 인하여 3D업종 기피현상까지 겹쳐 외식업을 경하는 데 있어서 더욱 인력난에 허덕이고 있는 것이다.

이는 종사원의 자질문제와 노동생산성을 못따르는 인건비를 상승시켰고, 결과적으로 원가요인의 상승을 초래하게 되어 고객유치에 더 한층 어려움을 겪고 있는 것이다. 과거에는 조직에 대한 귀속의식, 조직이 개인에게 주는 의미는 대단하였다. 따라서 자신이 속한 조직의 성장 · 발전은 곧 자신의 그것과 동일시하였기 때문에 애착과 관심이 컸다고 볼 수 있다.

그러나 오늘날에는 개인을 우선 생각하고 개인의 성장 · 발전 이해에 대한 관심이 상대적으로 높아지고 있다. 경영진에서는 종사원에게 단순취직이 아니라 이 분야에 입문을 하게 되는 것은 개인과 사회발전에 기여하는 길이라는 것을 구체적으로 제시해 주지 못하면 악순환은 계속될 것이다.

아직도 외식산업은 사회적으로 정착단계에 있지 않으므로 대졸·전문대졸의 신입사원 배치를 꺼리는 경향이 많다. 이것은 사회적 인식이 '종사원'에게 대한 종래의 고정관념에서 벗어나지 못하고 있어 우수인재의 확보가 곤란한 상태이다.

반대로 외식체인기업 중에는 대기업의 계열회사로 있는 경우도 있고, 전문교육을 받은 우수인재를 다수 확보하여 점포개발·메뉴개발·시스템개발 등 장·단기 전학을 수립하여 수행하는 기업도 있다. 이런 우수기업 이외에 부실한 본부를 갖고 있는 외식기업이 문제가 되는 것이다.

어떤 기업의 경우 불과 5~6인의 스텝이 기능적 업무수행을 하지 못하고 그때 그때의 형편에 따라 업무를 집행하고 있다. 일상적 업무의 집행은 가능할지 모르나 개발과 혁신을 계속해야 기업의 존립이 가능한 외식시장에서는 이러한 기업의 도태는 당연한 문제이다.

오늘날 외식업체에 근무하고 있는 대부분의 종사원은 아침부터 밤늦게까지 노동을 하고 있다. 몸의 피로에서 오는 지친 표정과 교육이 안된 상태의 서비스는 굳이 어떤 결과로 고객에게 비추어질 것인가 설명할 필요가 없다. 더러워진 옷차림에서부터 두발·손톱·신발류 등에 이르기까지 거의 깔끔한 모습을 찾아보기 어렵다. 고객에게 음식을 제공하는 경우도 거의 무표정에 가깝다.

사람이 서비스 분위기를 가장 잘 표현하는 데는 4~5시간 노동이 가장 적합하다고 한다. 그런데 아침부터 저녁 늦게까지 중노동에 시달림으로써 육체적 피로는 가중될 것이며, 영업주의 레스토랑운영에 대한 기본소양의 부족에서 오는 인간적 학대, 고객의 종사원에 대한 인격적 모독 등 정신적 고통도 뒤따르고 있어 윤리관과 자질문제가 계속해서 제기되고 있는 것이다.

특히 외식업체수 75만 개, 연간총매출액 45조원 등 국내 외식산업은 지속적인 양적 성장은 가져왔지만 이러한 외형에 비해 전문 인력은 매우 빈약한 실정이다. 이는 대다수 외식업체들이 영세업체로 전문 인력 양성에 매우 인색한 결과이다. 국내 외식업체가 해결해야 할 시급한 과제 중 손꼽을 수 있는 것이 바로 외식전문가의 육성이다.

3 음식에 관한 지식의 부족

흔히 조리업무에 전혀 경험이 없는 사람에 의해 개점되는 경우가 있다. 그들은 주방장을 고용해서 음식부문을 그에게 일임하게 된다. 조리사가 유능하고 정직하다면 사업이 성공할 수도 있을 것이다. 그러나 대부분의 종사원에게는 지도와 감독이 필요하다. 음식에 관한 지식이 전혀 없는 사람이라면 조리사에게 설득력 있는 지시를 할 수 없을 것이다.

음식에 관한 지식은 경험과 연구로 얻어지는 것이다. 어떠한 책으로도 요리의 기술을 터득할 수는 없다. 다른 기술과 마찬가지로 실제 만들어 봄으로써만이 터득할 수 있는 것이다. 이것은 교육의 근본원리이다.

예를 들어 어떤 사람이 자동차 운전하는 방법을 책에서 읽었다 하더라도 직접 운전석에 앉아서 악세레이터(accelerator)를 밟고 차를 몰아 도로로 나갔을 때 비로소 그는 운전하는 방법을 알게 되는 것이다. 물론 도로교통법과 같은 부수적인 지식이 필요하며, 그것은 인쇄된 책에서 읽어 알 수 있는 것이다. 마찬가지로 음식에 관해서도 좋은 책을 통해 연구함으로써 많은 지식을 얻을 수 있을 것이다.

4 운영자금의 부족

대부분의 외식체인기업이 중소기업의 범주에 있고 자금력의 한계를 갖고 있어 체계적이고 과학적인 체인화 전개를 못하고 있다. 불행히도 많은 레스토랑들이 운영이나 예산에 관하여 사전계획이 없거나, 개업에 필요한 자본금이 부족한 가운데 시작하고 있다. 따라서 그들은 레스토랑을 새로 꾸미고 설비하는 데 준비된 현금을 써버리게 된다. 위급한 사태가 발생할 경우 거기에 대처할 예비비가 남지 않게 되는 것이다.

유능한 경영자도 때로는 그의 예비자본을 고갈시켜 가면서 까지 사업의 확장계획에 착수하는 경우가 있다. 확장시킨 사업이 그가 계획했던 대로 곧 이루어지지 않을 경우 그는 재정적 곤란에 처하게 될 것이다. 사업의 개조나 확장을 고려하는 경영자라면 먼저 다음과 같이 자문해 보아야 한다.

"내가 이 일을 하려는 이유는 진정 사업의 발전을 위해서인가, 아니면 단지 내 이기심을 만족시키기 위해서인가?" 어떠한 경우가 되었던 지간에 미리 사업확장의 계획과 예상되는 현금의 유통에 관한 예산을 수립해야 한다.

5 원가의식의 결여

우리나라의 원재료 가격은 국제가격에 비해 높은 편이다. 더구나 외식업체에서 사용하는 가장 중요한 원자재인 쇠고기는 수입의존도가 높다. 쇠고기 가격이 다른 나라에 비해 월등히 높은 수준이며, 수출국가격보다 4~5배 높다. 그 결과 구조적으로 외식업의 원가가 높게 나타나고 있는 것이다.

지금까지는 원료가격의 등귀시 에스컬레이터식으로 메뉴단가 인상이라는 극히 초보적인 대응능력밖에 갖추지 못해 왔다. 이같이 기본적으로 원가의식이 결여되어 있기 때문에 식단의 개선이나 위생시설 등의 확대는 생각할 수 없었다.

옛날부터 전해 오는 이야기를 예를 들면, "저 식당은 처음에는 맛있는 요리를 내놓더니 돈을 좀 버니까 음식 맛이 형편없어졌다"는 고객의 불평이다. 이것은 분명한 사실이다. 원가의식이 없기 때문에 처음에는 고객이 영업장에 내점하기만 하면 되었고, 어느 정도 영업실적이 향상되면 그 다음엔 투자된 자본과 단기간에 영업을 중단하겠다는 생각에서 투하된 자금회수에 급급하게 된다.

따라서 음식의 질에 문제가 생기는 것이다. 이것은 물론 음식점 경영주 자체의 의식도 문제가 되겠지만, 고객에게도 전혀 문제가 없는 것은 아니다. 우리나라의 고객접대는 비록 가난해도 자기 부인의 검은머리를 짤라 팔아서라도 상다리가 휘어지게 차려야 한다는 습관이 있다. 최근에는 외국인에게 지나친 접대가 문제가 되기도 하였지만, 우리의 식생활 패턴은 다 먹지도 못할 요리를 가지수를 많게 차려야 주인이 손님에게 대한 예의를 차리는 것으로 인식되어 왔다. 외식업도 예외는 아니어서 깔끔하고 중심적인 메뉴의 제공이 아니고 먹든 안먹든 기본적인 부식을 제공하여 왔다.

고객의 기호나 식사패턴의 변화와는 관계없이 타점포에서 제공하니까 우리도 제공한다는 식이다. 이것은 기본적으로 원가의식의 결여에서 오는 현상이다. 자체점포의 운영상태가 지금 어느 상태에 와 있으며, 고객이 어떤 수준의 요리를 선호하는가를 분석할 수 있는 것은 원가개념이 수립됨으로써 가능하다.

자기점포의 원가를 파악함으로써 메뉴의 개선에서 오는 이익률을 파악할 수 있고, 원자재 구매 등에 신중을 기할 수 있는 바, 레스토랑경영의 기초문제가 해결되지 않으므로 기술의 개발과 맛의 개선은 생각할 수 없는 것이다. 현상유지 내지 폐업이 속출하는 이유는 이러한 연유에서이다(김헌희, 1990).

특히 장기불황으로 인해 국내 외식업계는 매출추락을 지속하고 있다. 이와 함께 외식업소를 운영하는데 들어가는 각종 경비, 즉 원재로비, 인건비, 재경비 등 원가 역시 무섭게 상승하고 있어 외식업체의 경영 상태가 심각해지고 있다. 최근 중소기업특별위원회가 발표한 '자영업체 경영 실태 조사'에 따르면 이익을 내는 업체는 8.4%에 불과했으며 겨우 생계를 유지하는 업체가 64%, 임대료 및 관리비조차 내지 못하는 업체가 26.4%로 나타나 자영업체의 경영심각성을 잘 입증해 주고 있다.

6 외식시장의 미성숙

우리나라의 외식의 종류에서 햄버거, 도너츠, 치킨 등이 일부계층에게는 아직도 간식으로 인식되고 있다는 점과 영세성과 노동집약성으로 대표되던 레스토랑이 이제는 발전 · 성장된 각종 사회적 배경요인에 의해 외식산업이란 이름으로 등장하면서 매력적인 신규사업으로 인식되고 있으나 세밀한 시장분석이 중요한 문제로 대두되고 있다.

우리의 식문화나 식습관은 국물위주로 되어 있어 푸짐하고 포만감을 주는 음식선호경향이 짙어 패스트 푸드 등은 주식보다는 간식으로 이용되고 있는 실정이다. 현재 우리나라의 외식산업시장에서 패스트 푸드 등은 주식의 개념보다는 간식으로 생각하는 이용객들이 많기 때문에 아직 시장이 활성화되지 못하고 있다.

그러므로 패스트 푸드 등의 외식이 간식의 개념이 아닌 주식으로 정착되었을 때 국민의 건강증진에 기여하기 위해 영양·위생면에서도 계속 연구·노력하는 기업가정신이 절실히 필요하다고 하겠다.

현재 우리나라의 외식시장은 도입기를 지나 성장기에 들어가고 있다고 볼 수 있다. 그래서 어떤 업종을 하든 모두 성공할 수 있는 확률은 그 어느 때보다도 크다고 할 수 있다. 그러나 앞으로는 지금과 같이 가벼운 마음으로 투자를 하면 실패할 것이다.

결과적으로 성장·발전하려면 지금부터 고객의 인식을 전환시켜 줄 대안의 수립과 상품의 특화로 시장을 세분화시켜 가면서 전체시장을 성숙단계로 끌어 올려야 할 것이다.

7 프랜차이즈 본부의 능력부족

프랜차이즈 체인본부의 관리능력 및 기능부실로 인하여 프랜차이즈 본부의 고유역할인 노하우나 인력확보, 매뉴얼의 축적도 없이 무작정 확장함에 따라 시장기능이 저하되고 있다.

프랜차이즈 체인 시스템은 가맹점 운영시 특별한 경영기술이 없어도 본부의 지도에 따라 점포를 운영할 수 있는 장점이 있는 반면, 본부의 관리가 부실할 경우 피해는 다른 업태에 비해 상당히 크다고 할 수 있다.

국내 자생브랜드를 가진 일부 체인본부들은 본부의 능력이 제대로 갖추어져 있지 않은 상태에서 가맹점을 모집하여 가맹비만 챙기고 가맹점의 경영·매출 등에는 전혀 관심을 기울이지 않고 있어 실제로는 동일한 브랜드만 쓰고 있을 뿐 통일된 이미지를 형성·유지하며 점포를 운영하고 있지 못하고, 위생·서비스 등의 수준도 떨어지고 있는 실정이다.

개인이 영세적인 레스토랑의 경영과 기업간의 근본적인 차이는 여러 가지가 있겠지만, 규모의 대소에 앞서 새로운 시장변화에 대한 대응능력의 차이라고 말할 수 있을 것이다. 예를 들면, 야채류나 소고기 가격이 급격히 상승했을 때, 인건비가 상승했을 때, 대형기업은 이 충격을 단기간에는 해결하기 어렵더라도 장기간에 걸쳐 해결할 수 있는 방법을 모색하여야 한다.

절약형 주방기기의 개발, 대체원재료의 개발, 신제품의 개발, 종사원의 원가의식 교육 등으로 문제점을 하나씩 해결함으로써 어느 정도 충격에서 이길 수 있는 능력을 항상 배양해야 한다. 또 다른 점포운영일 경우에는 때때로 적자점포가 발생해도 기업존립은 가능하다고 생각된다.

그러나 개인의 생업적인 점포는 이 충격의 해결방법을 갖지 못하고 있다. 원재료의 가격인상은 그대로 메뉴가격의 인상에 직결되거나 종사원수 축소라는 극히 원시적인 대응전략만 가능하다고 생각된다(김헌희, 1990).

본부는 최소한 체인점을 운영하는 데 몇 개의 기능을 갖추어야 한다. 예를 들면, 시스템개발기능, 교육훈련기능, 판매촉진, 상품개발기능, 금융기능, 정보기능 등이다. 이러한 기본기능을 제대로 갖추지 못하고 일확천금을 얻으려는 부실한 기업이 아직도 상당수 있음은 부인할 수 없다.

특히 신생 외식체인기업이 경영에 필요한 조직도 갖추지 못한 채 몇 사람이 모여 창업하고 있다. 더구나 체인화에 필요한 교육 · 훈련기능, 마케팅기능, 중앙조리공급기능, 물적 유통기능, 상품개발기능 등을 갖추지 못한 채 체인점 모집에만 신경을 쏟고 있는 곳도 있다.

그래서 외식 서비스기업의 체인가맹점으로 점포를 운영하려는 자는 그나름대로 면밀한 시장분석과 체인본부의 능력을 체크해야 한다. 우선 자기가 남과 더불어 협동으로 영업을 할 수 있는 마음의 준비를 갖고 있느냐 하는 문제에서부터 시작하여, 체인본부가 영업상 요청하는 여러 가지 제한사항에 대하여 기분좋게 납득하면서 동업을 할 수 있느냐 하는 문제까지도 냉철히 생각해야 할 것이다. 그 다음에 본부의 여러 기능, 예를 들어 본부의 자금사정, 기업의 역사, 계열기업의 실적의 파악, 본부가 발행한 안내서의 분석, 본사의 가맹점에 대한 지원형태, 지역적 보호에 관한 사항, 본부의 수지계산 및 재무제표 등 현점포운영자와 전문가에 의한 자문, 상품이나 용역의 질적 수준 등 체인본부의 기본능력에 대한 면밀한 분석을 한 뒤 점포개정 여부를 결정해야 할 것이다. 그런데 이러한 분석은 차치하고 단순히 점포를 개점한 뒤 얼마동안 영업을 해 본 뒤 전매해서 프리미엄을 얻겠다는 생각을 하면서 투자하는 경우가 많다. 체인본부는 이러한 점을 감안해 본부의 승인없이 전매를 못하도록 규제하고 있으나 이러한 심리를 교묘히 이용하는 부실 체인본부도 있다는 데 사회적 문제를 야기시킬 가능성이 있다.

전매를 목적으로 투자하는 사람들은 부동산투기 등의 사회풍조가 그대로 이 외식업 점포에도 통용되는 것으로 착각하여 본부가 무턱대고 지역적 안배없이 점포개설을 하고 있음에도 크게 신경을 쓰지 못하다가 점포의 영업실적이 기대대로 달성하지 못하는 경우 타인에게 전매하는 것이 일반적인데, 이 양상은 연간 수회씩 되풀이 되고 있고, 그 중에는 누군가가 재산상 큰 손실을 보게 된다는 데 문제점이 있다.

결과적으로 건전하고 체계가 잡힌 체인본부와의 가명은 자기업소의 이윤과도 직결된다는 점을 인식하고 본부의 종합적인 능력을 먼저 살펴보아야 할 것이다

8 로열티(Royalty) 지출과다

도약단계에 있는 우리나라 외식체인업계가 체계를 갖추고 외식시장에 뿌리를 내리기 전 최신경영기법을 갖춘 외국 외식체인기업의 국내진출은 많은 장애요인으로 제기되고 있다. 또한 이에 따른 많은 외화가 유출되고 있다는 데 문제가 있는 것이다. 제조업의 경우는 외국기술의 도입에 따른 외화유출이 있어도 수출 등을 통하여 다시 외화유입이 가능하지만 외식산업에 있어서 소비층은 거의가 내국인이기 때문에 외식산업에서의 로얄터 지급은 그대로 순수유출이라고 볼 수 있다.

보통 기술제휴의 경우 License Fee, Service Fee, 로얄티 등의 명목으로 연간 매출액의 3~5%에 해당하는 금액이 외국으로 유출되고 있으나 현재는 이에 대한 금액이 적을지라도 외국기술업체의 점포수 증가에 따른 매출액 증가에 따라 그 금액은 무시할 수 없는 수준까지 이르고 있다.

앞에서도 지적한 바와 같이 외식산업의 주도권을 잡고 있는 업체들이 하나 같이 모두 외국(주로 미국)과의 기술제휴라는 명목으로 꼬박꼬박 로열티

를 물고 있다는 점이다. 그렇다면 이러한 외식산업에 대한 우리의 기술수준이 꼭 비싼 로열티를 주면서까지 기술제휴를 해야만 할 만큼 고도의 기술을 요하는 식품인가 하는 점이다. 고작해야 아이스크림 · 햄버거 · 후라이드 치킨 · 도너츠 정도의 식품들이라면 특별한 기술이나 노하우가 있을리 만무이고, 이 정도의 기술수준에도 이르지 못할 정도로 우리의 식품산업기술이 낙후된 것은 결코 아니다. 뿐만 아니라 이런 외식산업에 손쉽게 구할 수 있고 품질면에서도 외국산과 비교하여 전혀 손색이 없다.

그럼에도 불구하고 외국과의 기술제휴는 물론 원료까지 도입하고 있는 이유는 무엇 때문인가? 그것은 소비대중의 외국상품에 대한 선호사상이 절대적인 이유라고 할 수 있을 것이다.

외국 것이라면 상품의 종류 · 품질 · 가격에 관계없이 무조건 좋아하는, 또 그것을 자랑으로 생각하거나 인정하는 세태이고 보면 업자들만을 나쁘다고 몰아부치기에는 소비대중의 외국상품에 대한 선호도가 더욱 큰 문제라고 아니할 수 없다.

식습관이란 그 민족의 고유한 전통적 내지 유전적인 것으로서 하루아침에 바꾸어진다는 것은 거의 불가능한 일이다. 그럼에도 불구하고 식품에 있어서까지 외국 것이라면 다 좋다는 식의 무비판적 수용자세를 갖는 소비대중이 있기 때문에 업자들 입장에서도 어쩔 수 없이 필요 이상의 로열티를 주어 가면서 외국기술의 도입보다는 그 상표를 사용하기 위하여 부득이 기술제휴를 할 수밖에 없는 것이다. 따라서 이 때 지불되는 로열티는 생산비에 포함되어 결국 그 식품을 사먹는 고객이 부담하게 되는 것이다.

최근 일부 기업에서는 실질적인 노하우(know-how)의 도입은 거의 없이 브랜드만 도입하는 경우도 있고, 국내에서 생산가능한 품목까지도 수입을 하려는 경향이 있어 국민경제적인 측면에서도 간과할 수 없는 문제로 제기되고 있다.

따라서 우리의 외식기업체들은 외국의 브랜드만을 도입하려고 할 것이 아니라 외국제휴업체의 선진 노하우를 완벽하고도 조속하게 습득하여 우리의 진정한 외식산업발전에 일익을 담당하겠다는 의식을 갖고 사업에 임해야 할 것이다.

9 법률·행정적 문제

우리나라의 외식산업은 양적으로는 선진국 수준에 진입하고 있다. 그러나 이에 대한 정부 차원의 정책은 10~20여 년간 변함이 없으며 주무부서가 있기는 하나 제 역할을 못하고 있는 실정이다. 수년 전부터 정부가 서비스산업을 육성한다는 정책 아래 외식산업을 육성하기 위한 방안을 마련하고 있으나 소리만 요란할 뿐 효율성에서는 매우 미약하다. 현실에 맞는 정책과 일관성 있는 정책을 수립하여 업계를 리드하고 업계의 어려움을 해소시켜 업계의 발전을 위한 정책이 마련되어야 하겠다.

1) 영업허가상의 문제

식픔위생법 시행령에 의하면 식품관련산업의 세부종류와 범위가 규정되어 있다. 세부종류와 범위가 새로운 개념의 레스토랑의 출현에 대처하지 못하여 햄버거류를 판매하는 레스토랑은 특정범주에 포함시키지 못하고 있어 매우 애매하다.

이더구나 프랑스요리, 이태리요리, 멕시칸요리, 일본요리 등 그 나라 국민에게만 통용되는 메뉴 뿐만이 아니라 세계적인 추세에 따라 메뉴도 국제화되고 있다. 따라서 영업상의 허가법규는 이러한 새로운 시대의 변회에 맞추어져야 하겠다.

예를 들어 햄버거 체인기업의 경우 어느 나라에서도 존재하는 업태이며, 이미 대중식당화되어 있다. 그러나 우리나라의 경우 현행 식품위생법상 영업허가기준이 극히 애매하다. 과자점영업, 혹은 부분적으로 휴게실영업으로 허가되고 있으나 업종의 성격상 현실과 부합되지 않는 내용이다. 이러한 결과 나타난 것이 다류판매업과의 상충문제이다.

햄버거는 커피류와 같이 식사하는 것이 표준적인 식사방법이며, 실제 외국상표를 갖고 영업하는 대다수 햄버거 체인점에서는 커피를 판매하고 있다. 그런데 실제 식품위생법상에는 다류판매는 다방영업에만 가능하게 되어 있어 이 햄버거점포와 다방영업간에는 마찰을 빚고 있다. 이러한 모순은 당국이나 외식업체 · 다방업체 모두에게 당면한 문제이며, 어떤 경우든 해결되어야 할 것으로 인식되고 있지만, 여러 가지 사회적 문제와 연결되어 아직도 해결되지 못하고 있는 실정이다.

그래서 우리나라도 음식점 허가에 대한 법률조항을 미국이나 일본의 경우처럼 좀더 세분화하여 두고 그 세분화된 기준 하에서 자유로운 영업행위를 할 수 있도록 하여야 할 것이다. 다만, 주점영업 등과 같이 국민의 풍속관계와 직결되는 부분은 어떤 규제가 필요하겠으나 이런 제품은 되고, 저런 제품은 안된다고 묶어 놓고 그것이 1년단위, 3년단위로 쉽게 변경되지 않는 법규를 고집한다는 것은 곤란한 일이다.

2) 프랜차이즈 계약과 공정거래법상의 문제

우리나라에서 체인기업 형태로 운영되는 유수한 기업은 대부분 외국과의 합작 내지 기술제휴에 의해 국내에 도입되었다. 일부 선발기업이 상륙하여 영업성과가 가시적으로 좋게 나타나자 너도나도 외국기업과 합작, 혹은 기술제휴에 의해 업종 · 업태 구분없이 일시에 상륙하게 됨으로써 계약내용에 큰 문제가 발생하고 있다.

국내 기존업체의 영업실적이나 국내 경제여건을 생각하지 않고 외국의 법률에 맞춘 계약을 하게 됨으로써 능력 이상의 로얄티를 지급하거나 점포개발의 선택에 있어서 제한을 받게 되는 경우가 있다. 앞으로 출점하는 기업은 외국의 상표를 무조건 도입할 것이 아니라 우리의 시장에 맞춘 계약을 할 수 있도록 시장조사를 해야 한다. 운영면에서 프랜차이즈계약에 의한 경우가 많은데, 이것도 공정거래법이나 독과점규제 관계법령과 상치하는 부문이 있는지에 대하여 충분한 사전검토가 필요하다.

기업별로 외국과 약정한 계약내용이 상이하겠지만, 외국기업이 발전하고 있는 건전한 풍토에서 도입되었다기보다는 기존업체의 영업실적이 실상 이상으로 과장되어 선전되었거나 한두 업체의 실적이 좋은 것을 보고 너도나도 이 사업에 뛰어든 결과 세밀한 검토없이 외식기업에 손을 댄 경우가 없지 않다. 그 결과 계약상의 제한 때문에 고통을 당하고 있는 업체가 많다.

기본적으로 프랜차이즈 시스템은 우리 경제여건상 전개과정이 복잡하다.

미국식 경영방법을 그대로 적용하는 데는 우리의 의식구조 · 사고방식 · 사회여건 등으로 보아 무리한 경우가 많다.

민주사회는 어느 한 일면만의 발전에 의해서는 성장될 수 없는 것이며, 다양한 분야가 골고루 발전되어야 할 것이다. 외식산업도 분명히 국가발전에 기여할 수 있으며, 더구나 외식의 기회가 증가하고 있는 현대생활의 패턴으로 보아 국민보건 향상에 크게 이바지할 존재로서 그 역할이 크게 기대되므로 외식산업의 발전이나 기술수준의 향상은 절대로 바람직하다고 본다. 앞으로 이러한 산업을 외국으로부터 도입하려는 기업은 우리의 실정과 우리의 외식 기존업체의 현황을 잘 이해한 뒤, 그에 상응하는 계약조건으로 기술도입을 하여야만 실패가 없을 것이다.

흔히 식품제조업이 외국으로부터 기술도입을 하는 경우와 같은 시각에서 외식서비스 기술을 도입하려는 경향을 보는데, 이것은 크게 위험한 생각이다. 외식기업은 그 메뉴개발이나 식품원재료 제조기술보다는 운영에 따르는 시스템의 관리가 중요한 요소가 되므로 이들 운영시스템이 자기기업의 기본이념과 부합될 수 있는 것인가, 우리나라 경제실정에 알맞는 내용인가를 검토하는 것은 대단히 중요한 문제라고 판단된다(김헌희, 1990).

따라서 이 법률의 제정이나 규제조치에 대해서는 관주도의 일방통행보다는 업계의 입장과 현황을 분석하여 현실에 맞는 규제나 통제를 해 나가는 것이 좋을 것이다.

10 품질수준의 문제

1970년대 이전 우리나라의 경제적 측면에서 설명하면 레스토랑의 메뉴는 주린 배를 채우기 위한 수단으로 짜여져 있었다고 볼 수 있다. 그러나 21세기에는 고객 모두가 좀 더 맛있는 요리에 아늑하고 밝은 분위기의 점포를 찾고 있다. 이와 같은 세대적 요구에 부응하려는 듯 나타난 것이 소위 패스트 푸드 점포 등이다.

깨끗한 주방분위기와 안락한 객석, 비교적 밝은 얼굴의 서비스, 그리고 외국에서 개발되어 도입된 영양가가 높고 맛있는 메뉴를 선보이고 있는 것이다. 고객들도 이러한 점포를 선호하고 있다. 문제는 음식의 품질이다.

그런데 외국의 품질수준은 종류별·기업별로 많은 차이를 나타내고 있다. 미국·일본 등 선진국 본부와 계약에 의거, 합작기업 내지 기술협약에 의해 로열티를 지불하는 경우는 본사의 품질검사원이 파견되어 엄격한 품질검사를 하고, 점포운영에 있어서도 기본시스템에 의해 운영을 행하므로 이들 업체들은 약간의 차이는 있겠지만 선진국수준에 도달하는 제품을 고객에게 선보이고 있다.

그러나 여기에도 문제가 전혀 없는 것은 아니다. 흔히 미국을 다녀온 사람들이나 일본의 외식 패스트 푸드점에서 그 곳의 메뉴를 시식한 경험이 있는 고객은 왜 햄버거 맛이 본사의 그것과 다르다고 항의하는 경우가 종종 있는데, 이것은 아무리 변명해도 엄연한 사실이다. 우리나라에서 사용하는 외식기업의 식품원자재는 극히 중요한 일부를 제외하고는 거의 국내생산품이다.

따라서 하나의 실례로써 햄버거에 사용하는 빵(buns)도 미국의 기준, 일본의 기준에 의해 만들었지만, 사용되는 원자재와 외국의 기술수준에는 이르지 못한다. 따라서 일반소비자의 경우 지나친 욕심을 낸다는 것은 무리이며, 제반 관련제품 제조업체의 생산기술수준이 점점 향상되고 있으므로 어느 정도 시간은 지나야 한다고 생각된다. 그러나 현재 우수한 레스토랑에서 고객에게 제공하는 각종 메뉴가 선진국수준에 크게 떨어져 있다고는 보지 않으나, 소위 국제수준의 제품은 아니라는 것만은 인식해야 하며, 끝없는 개선노력이 필요하다고 하겠다.

우리나라 고객들은 아직도 내실보다 외형적 유사성, 저가에 의한 외식 선호가 강하다. 유사한 간판이나 점포를 개설하고 유사한 업체의 제품과 유사한 제품을 판매하는 체인음식점의 메뉴선택에 별로 신경을 쓰지 않고 있다. 왜냐하면 우수기업체의 제품과 일부 자생업체의 제품에는 상당한 수준차가 있는 데도 잘 모르는 상태에서 선택하는 경우가 있기 때문이다(김헌희, 1990).

한편 젊은 층과 고령층의 외식구성과 선호도 변화, 그리고 일반적 식품에 대한 선호도가 다양화되고 있다는 것이다. 그 결과 다품종소량생산지향이 요구되고 있다.

고객은 음식의 수량보다도 품질에 대한 수요를 바라고 있다. 즉, 칼로리·단백질·지질·당질·식염에서 보듯이 고객은 칼로리는 적게, 단백질은 양질의 동물성을, 지질은 양질의 식물성을, 당질은 적게, 식염의 함량은 철저히 적게 들어간 품질을 구하려고 하고 있으며, 이것을 만족시키고 있는 것이 성분표시이다.

물론 한 품종으로 이를 만족시킬 수 있는 음식은 하나도 없다. 많은 것은 콤비네이션에 의한 결과로 외식구성을 요구하고 있다. 현대에 있어서는 하나 하나의 음식에 대하여 미각을 요구하고 있다. 기업도 이에 대응하는 주식적 식품, 부식적 식품으로 다종다양한 것을 독립시켜 내놓아야 한다.

11 점포확보에 따른 투자비과다

우리나라의 외식산업 경영에 따른 여러 가지 문제점이 있겠으나 외식산업의 성패를 좌우하는 큰 요인 중의 하나는 점포의 위치이다. 우선 소득수준이 높거나 유동인구가 많은 지역이라야 하는데, 이 때 문제가 되는 것이 고가의 보증금·권리금·임대료 등으로 개점비용이 엄청나다는 점이다.

우리나라에서는 보통 점포계약기간이 1~2년으로 되어 있어 임대료를 둘러싼 경쟁이 많이 발생하고 있으며, 장기적인 임대가 불가능하다는 점이 문제로 대두되고 있다. 따라서 법적인 보호장치가 마련되어야 하며, 부동산임대에 따르는 현실적 문제로 보증금에 대한 명확한 근저당설정을 해 줄 의무, 월세지급에 있어 사실 그대로 세무보고를 해야 할 의무, 일방적 퇴거를 주장할 수 없는 내용이 입법화되어야 하겠다.

더구나 납세의무가 있고 건물임대에 대한 불법행위가 집행되는 것을 세무관서나 일반인들이 다 알고 있는데, 이에 대한 보완책이나 개선이 안되는 것은 납세풍토의 국민적 수준이라고만 책임을 돌릴 수는 없을 것이다.

12 메뉴개발의 문제

우리의 식생활은 전통적으로 농축수산물을 각 가정에서 조리하여 먹는 것을 기본으로 삼아 왔었다. 그러나 물질문명의 발달과 소득수준의 향상으로 전통적인 식생활방식의 복잡성과 번거로움은 자연히 식습관 자체의 변화를 강요하게 되었으며, 주택구조의 합리화와 여성들의 사회진출로 부엌일에 잡혀 있는 시간을 단축할 수밖에 없는 지경에 이르게 되었다.

따라서 음식을 만드는 일을 최대한으로 단축하려면 최소한 1차적인 가공처리가 된 식품을 이용할 수 밖에 없을 것이다. 뿐만 아니라 식사시간의 단축, 다양한 식생활, 간편한 식사를 찾게 되고, 여기에 각 메이커들의 적극적인 광고세례가 가미되어 특히 젊은 층에게는 외식식품이 생리에 맞고, 이들 젊은 세대의 기호성이 외식산업을 번창하게 만들고 있는 것이다.

외식산업의 주종을 이루고 있는 아이스크림 · 햄버거 · 후라이드 치킨 · 도너츠 등이 모두 서구적인 식품이라는 점이다. 청년문화의 대명사라 할 통키타와 청바지에 이제는 서구적 외식식품이 가미되어 어쩌면 우리나라의 외식산업을 주도해 나가게 될 것이라는 점에서 우리의 전통적인 식생활의 습관이 일대 전환점 내지는 위기를 맞고 있다. 이러한 조류는 자연스럽게 그리고 외관상으로는 확산되어 가고 있음은 어쩔 수 없는 단계에 이르고 있다.

이같은 시대조류 때문에 외식업체에서 새로운 메뉴를 개발하는 데 어려움이 있다. 그리고 신제품개발시 새로운 기계의 도입을 필요로 하기 때문에 원가상승요인이 되고 있다. 그렇다고 종종 다른 업체를 모방하게 되면 다양한 다른 품목의 판매로 인해 업체가 내세우는 각 전문점 고유의 이미지를 흐리게 함으로써 매출신장을 위한 시도가 오히려 장기적인 측면에서는 매출저하 결과를 초래하고 있다. 따라서 외식업체들은 새로운 메뉴를 개발할 때 신중한 검토가 요구되고 있다.

13 주방기기의 취약성

고품질의 상품가치를 유지하려면 양질의 재료도 중요하나 보관·가공 처리과정에서 필요로 하는 주방기기의 성능 또한 큰 문제점으로 제기되고 있다. 우리나라 패스트 푸드 기업의 출현과 함께 주방기기 제조업체도 기술개발을 계속해 기기의 성능이나 내열관리(耐熱管理)등에 장족의 발전을 기한 것은 사실이다. 그러나 이들 업체의 기술수준은 아직도 확실히 미약하다.

일부 기업은 거의 전품목의 주방기기를 고율관세를 지급하고라도 수입하여 사용 중인데, 이는 국산주방기기가 성능상 많은 문제점이 있기 때문에 메뉴의 균일한 품질관리를 위해 부득이한 조치로 볼 수 있다.

현재의 주방기기 기업의 자금능력이나 기술수준으로는 당장 우수한 주방기기 제작은 기대할 수 없으며, 그렇다고 대기업 등이 좁은 시장수요에 응해서 이러한 기업경영에 참가할 수도 없으며, 비싼 외국의 주방기기를 수입에만 의존할 수 없는 안타까운 입장이다.

또한 주방기기가 부실하기 때문에 발생하는 문제는 사후관리문제이다. 계속되는 고장수리로 비용이 과다하게 소요됨은 물론, 영업을 하지 못함으로 입는 손실도 막대하다. 최근 이러한 난관을 타개하기 위해서 일부 외식기업이 주축이 되어 외국의 우수주방기기 메이커와 직결하여 우수주방기기 제작의 기술을 도입, 거꾸로 주방기기 메이커에게 기술전달을 하거나 공통으로 새로운 성능의 주방기기를 개발하는 경향도 있으나 아직은 만족스런 상태는 아니다(김헌희, 1990).

더욱 큰 문제는 주방기기를 생산하고 있는 일부 기업체에서 연구개발에 투자를 하려는 경향보다 값비싼 외국제품을 수입하여 판매하려는 의식, 즉 대리판매업소로 전락하고 있는 실상을 개탄하지 않을 수 없다.

Tips 성공한 레스토랑의 철학

최근 일본의 주간지 '다이아몬드'는 '성공하는 벤처기업의 10가지 철칙'이라는 제목으로 창업자들이 명심해야 할 10계명을 제시하고 있다.

이 10계명에 근거하여 성공한 외식사업체의 창업 경영 철학을 살펴보면 다음과 같다.

첫째, 최고가 될 만한 기술과 노하우를 갖추라.

창업자는 후발 주자라는 핸디캡을 갖고 있다. 그러나 기존 영업자들의 허점도 꿰뚫어볼 수 있다. 기존업소와 차별화를 꾀할 수 있는 전략과 메뉴, 판촉 방법을 추구하라.

둘째, 틈새 시장이나 새로운 개념을 도입하라.

전국의 레스토랑수가 50만여 개에 이르지만 틈새 시장은 있게 마련이다. 진공 상태에 있는 시장을 찾아 나서라. 갈비집만 즐비하게 늘어서 있는 곳에 들어가 전문 설렁탕집으로 차별화시킬 수도 있고, 전혀 색다른 메뉴로 허를 찌를 수도 있다.

셋째, 양질의 한정된 상품을 우선하라.

처음부터 백화점식으로 20~30가지 메뉴를 늘어놓지 말고 주변 상권에 맞는 특정 메뉴를 집중적으로 홍보하라. 적은 종류이지만 집중적으로 투자하면 원가도 줄이고 맛도 낼 수 있으며, 고객도 만족할 것이다. 전문화시킬 수 있는 아이템을 개발하라.

넷째, 시장 동향과 라이벌 경쟁 조건을 명확히 하라.

창업은 기존 시장에 침투하여 살아남든지, 신규 참여를 배제할 수 있는 특성을 살려야 한다. 되도록 장사는 잘되는 곳에서 하는 게 낫다. 시장을 개척한다고 엉뚱한 곳에 문을 열면 실패하기 십상이다. 먹는 일이란 일상 생활과 분리될 수 없는 삶의 연속선상에 있음을 기억하라.

다섯째, 새로운 비즈니스 모델을 구축하라

독특한 경영비법은 없다. 기존 업소의 허점에서 오히려 경영비법을 발견할 수 있어야 한다. 구태의연한 서비스나 운영 방식에 함께 끌려간다면 기존 영업주를 도와주는 꼴이 된다. 창업은 늦었지만 신기술, 새로운 노하우를 펼 수 있는 아이디어가 필요하다.

여섯째, 기술 및 상품 개발에서 독불장군은 실패한다.

혼자 힘으로 이룰 수 있는 것은 아무 것도 없다. 컨설팅 회사를 방문하지 않더라도 주위에 자문을 구할 수 있는 사람은 많다. 주방기기는 어떤 메이커가 좋은지, 식재료는 어디에서 구입하는 것이 유리한지, 종업원은 어떻게 관리해야 하는지 등 기존 영업주와 상담하는 것이 최상책이다.

일곱째, 기회 이익의 최대화보다 기회 손실 최소화에 주력하라.

창업자에게 과욕은 금물이다. 많이 투자하면 많이 번다는 생각을 버려라. 손익분기점에 쉽게 이르는 비결은 초기 투자를 최소화하는 방법에 있다. 무리가 따르면 투자금액의 회수도 늦어지고 빛 좋은 개살구꼴이 된다. 손실 발생을 줄일 수 있는 방법, 금전적으로 안정을 찾을 수 있는 길을 찾아라.

여덟째, 빠른 속도로 사업 전개가 가능하도록 하라.

일단 마음먹었으면 과감하게 실행에 옮겨야 한다. 우수한 주방장부터 섭외하여 처음부터 같이 논의하는 것이 좋다. 주방장 출신에 비해 일반인들이 쉽게 망하는 이유는 점포경영의 핵심 부서인 백사이드, 즉 식재료 구입에서부터 조리, 생산, 재고 관리 등 주방실무에 약하기 때문이다. 믿을 수 있고, 생사고락을 같이할 수 있는 주방 책임자만 확실하다면 사업의 성공은 90% 보장된 것이다.

아홉째, 불투명한 시장 상황에 순발력과 통제력으로 대처하라.

외식업계는 현금 업종이므로 소비자들의 씀씀이가 결정적으로 영향을 미친다. 모든 사업이 마찬가지이지만 외식업도 사이클이 있다. 일식업소의 경우는 여름철에 비브리오 패혈증이나 콜레라 균 식중독과 관련되기도 한다. 문제는 사이클의 주기를 최소화하고 대체할 수 있는 새로운 아이템의 메뉴를 개발하는 것이다. 메뉴만으로 고객을 끌어들일 수 있는 유연성과 전략이 요구된다.

열번째, 과감한 의사 결정. 결코 포기하지 않는 힘을 가지라.

사업에는 승부 근성이 뒷받침되어야 한다. 불가항력인 경우를 제외한 중도 포기는 자살 행위이다. 외식업과 같은 소매업은 상권의 흐름을 잘 파악해야 하며, 유연하게 대처할 수 있는 기술이 필요하다. 또한 경영주의 철학이 곧 성패를 결정하는 요인임을 잊어서는 안된다.

V 외식산업의 전망

1 개 요

음식업은 서비스업이다. 영어의 서비스라는 어원은 라틴어의 서부스(servus, 노예)란 뜻이므로 레스토랑은 노예업이라 할 수 있다. 그러므로 궂은 일을 마다 않고 고객을 왕처럼 받들어 봉사한다는 사고가 정립되었을 때 음식업의 진수(眞髓)를 터득할 수 있을 것이다.

원래 레스토랑의 어원은 레스타우라레(restaurare)로서 인간회복을 뜻하는 말이며, 음식업이란 뜻은 없다. 인간회복은 가정에서부터 시작되었으므로 인간회복을 위한 최초의 장소는 가정이라고 할 수 있다. 가족끼리 식탁에 앉아 공식(共食, co-eating), 공음(共飮, co-drinking), 공화(共話, co-speaking)하면서 건강을 회복하고 서로 공생(共生, co-living)해 왔다.

음식을 매개체로 하여 서로 이야기하고, 마시고, 먹고, 그야말로 공생의 장(場)과 인간회복의 장이 레스토랑(식당-점포)인 것이다. 그러므로 식당은 인간회복업으로서 앞으로 인기산업으로 각광을 받아 가면서 기간산업의 위치를 굳혀 갈 것이다. 즉, 레스토랑은 양적인 면과 질적인 면에서 많은 발전을 할 것이다. 그런 가운데 현대의 경제적 · 사회적 발전과 기여도에 있어 긴밀한 관계에 있는 레스토랑은 점점 그 수요와 이용률이 증가하는 경향을 나타낼 것이다.

왜냐하면 현대인들의 위락심리에 있어 여가는 인간활동에 있어 중요한 기능을 담당하게 되었다. 여가는 심신의 피로를 회복함은 물론, 기분전환과 자기개발적 기능을 갖고 있기 때문에 레스토랑은 현대인들에게 위락과 자아발견의 공간을 제공하기 때문이다. 결과적으로 미래의 레스토랑에 있어서는 다양한 경영기법의 도입과 시설, 규모, 그리고 서비스에 있어서 고객의 취향과 고객대상에 맞는 안락한 분위기를 연출해내어 가까이 가족단위에서부터 멀게는 연회에 이르기까지 민간사교장으로서의 역할을 수행해야 하며, 또한 지역사회의 발전과 지역문화 창달의 구심점으로서 역할을 수행해 나가게 될 것이다. 우리나라에 있어서 외식시장의 매출규모는 대략 30조원에 이를 것으로 추측하고 있다.

이것은 현재 식생활의 변화패턴에서 알 수 있듯이 1987년 이후부터 급격한 외식비지출 상승률로 보아 21세기초에는 예측한 시장 규모를 넘을 수 있을 것이며, 우리의 전래음식 외에 프랑스요리, 스테이크전문점, 훼밀리 레스토랑, 디너 레스토랑, 멕시칸요리, 이태리요리 등 전문점 형태, 즉 에스닉(민족특성요리점) 외식업체도 다수 출현할 것으로 전망되고 있다.

그러면 식생활의 일반적 경향은 어떠한가를 살펴보면 국가간 식생활 관습에 따라 물론 차이는 있으나, 대략 다음과 같은 경향을 보일 것이다.

① 식생활의 글로벌화(globalization) 추세
② 식생활의 가공식품화 경향
③ 외식화의 증가(가족단위, 개인, 단체)
④ 보편화(간편화)과 고급성(hand made)의 양면성 존재
⑤ 사치성과 실용성의 혼성

앞으로의 가정식과 외식의 동향, 환경적 측면과 이노베이션이라는 측면에서 분석한 결과는 외식에 유리하고, 가정식에 불리하게 작용할 것이며, 따라서 외식비는 증가할 것으로 전망하고 있다. 가정에서 번잡한 요리를 안해도 되며, 그럴 시간조차 없는 현대인은 더욱 외식쪽으로 기울어질 것이며, 이때의 선택 가능한 메뉴는 패스트 푸드가 될 것이다.

따라서 외식업체는 새로운 메뉴의 고안과 질적 수준의 유지를 위한 노력이 강구되어야 할 것이다. 주부의 요리기술이 날로 저하하는 현재의 추이로 보아 맛을 추구하는 행위 이외에도 그 분위기까지 바라는 입장에서 본다면 이것은 당연한 결과이다.

인간의 요구수준은 늘 자신의 경험수준 이상의 것을 원하는 동시에, 동일 수준의 것에는 곧 싫증을 느끼는 성질을 가지고 있다. 그 때문에 현상에 만족하지 않고 현상을 타파하는 이노베이션의 도입으로 늘 새로운 상태를 창출함으로써 욕구의 고도화와 불안정화에의 대응을 도모해야 한다.

그러면 어떠한 이유에서 오늘날까지 외식의 패턴이 변화를 거듭해 왔으며, 앞으로도 변화할 것이라고 하는 그 근본요인이 무엇인가에 대하여 의문을 제기하지 않을 수가 없다. 그 이유는 크게다음과 같이 3가지의 변화요인 때문이다(김헌희, 1990).

즉, 외식산업은 외식수요의 변화, 사회문화환경의 변화, 공급측의 기술적인 조건변화에 의해 그 패턴이 변화된다는 것이다. 이것을 항목별로 요약 · 정리하면 다음과 같다.

1) 수요측의 조건변화

① 가처분소득의 증대
② 자유시간의 증대
③ 여성 및 직업을 갖는 주부층의 증가
④ 마이카의 보급확대
⑤ 레저 패턴의 변화
⑥ 건강식과 장수식에 대한 관심의 고조
⑦ 고객의 욕구 자체의 고급화
⑧ 고객의 생활관 · 가치관의 변화 등

2) 사회적 여건의 변화

① 대중소비사회의 정착
② 모터리제이션(motorization)
③ 도시화(도시화집중)와 교외화 현상
④ 교통수단의 발전으로 1일생활권의 확대
⑤ 빈곤을 모르는 젊은 세대의 인구분포상 비율증대
⑥ 핵가족화 내지 독신자의 증가
⑦ 가정개념의 변화(이혼율의 증가, 어린이 출산기피현상) 등

3) 공급측의 조건변화

① 다양한 서비스의 창출
② 입지형태의 변화
③ 기술혁신
④ 첨단산업과의 기술적 접목가능
⑤ 극도의 경쟁에 의한 군소업체의 몰락과 대중기업의 경쟁력 향상
⑥ 외식서비스 종사자들의 직업에 대한 의식구조의 변화
⑦ 자동화된 주방기기의 개발 등

그 결과 식생활문화의 변화는 외식행태의 변화를 크게 가져 오게 되면서 소비자의 외식행태가 개성과 취향, 그리고 감성에 따라 다양한 형태로 전문화·세분화되어 가게 될 것이다. 특히 사회·경제적 변화를 토대로 한 X세대, Y세대, N세대, 미시(missy)족, 뉴패밀리(new family)족, 실버세대(silver age), 그린세대(green age) 등 신조어(新造語)의 유행적 탄생 등 신개념중심의 외식시장이 세분화되면서 외식행태의 변화가 [표 Ⅴ-1] 과 같이 새로운 유형으로 출현하고 있다(홍기운, 2006 ; 161~162).

[표 Ⅴ-1] 외식행태의 새로운 유형

외식유형	외식행태의 내용
사교형	• 식사 목적성보다는 대화, 만남, 여가의 장소 활용 • 사교와 친교의 장소로 변화
건강추구형	• 환자식·노인식·소아식 등 대상에 따른 메뉴 및 업태를 선택 • 기능성·건강성·다이어트성 외식선호 추이
식도락형	• 미식가형으로 식사목적 자체를 만끽하거나 예술적으로 수용 • 시간적·경제적 여유에 의한 즐기는 식사가 중심
민속민족요리 지향형	• 일명 에스닉요리로 전통음식을 선호 • 국가별·민족별·지역별로 특색있는 식사를 선호
레저추구형	• 식사의 개식화(個食化) 추이 • 식사자체를 즐기는 레저차원에서 접근하여 교외, 관광지형태의 의식추구

외식유형	외식행태의 내용
고급화지향형	• 중산층의 다량발생으로 인해 고급전문음식을 지향(식도락) • 요리를 포함한 토탈서비스의 기대심리로 고품격업태를 선호
서비스 및 분위기 지향형	• 음식의 맛보다는 분위기, 접객서비스, 위생 및 청결 등의 업태를 지향 • 특히 편의시설과 인적 서비스가 우수한 업태를 선호
테마형	• 특정 테마스타일의 업태를 선호 • 유행적·패션적인 감각으로 새로움을 추구
절충지향형	• 음식의 절충(한식+양식+중식+일식 등) 및 접객서비스의 차별 • 건축양식의 절충(고전+현대, 목재+철근+시멘트, 동양+서양)
자연 및 천연지향형	• 기능성 음식, 지역별 향토음식, 자연 및 천연음식지향 • 교외의 전원스타일의 업태를 선호

Tips 미래를 내다보는 외식산업의 포맷

[도미노에게 100점 입지는 리틀 시저에게는 0점 입지]

포맷은 고객의 요구에서 시작된다. 물론 모든 고객의 요구에 응할 수 없기 때문에 고객의 요구에 용해야 하는가를 정해야 한다. 이것이 기업의 방침이다. 기업의 방침은 구체적으로 ① 메뉴 구성 ② 상품(품질, 가격) ③ 상권 규모(입지), 점포배치 ④ 어프로치 등의 선정으로 실현된다.

어프로치는 가령 점포에서 판매하는가, 케이터링인가, 테이크아웃(Take out)인가의 문제다. 이 요인은 리틀시저, 스바로, 피자헛, 도미노 등의 기업에 따라 전부 다르다. 이 4가지 요인에 의해 ① 상품관리, 배송 ② 머천다이징 ③ 제공방법이 달라진다. 이 기술을 어떻게 상호 보완하며 조합하고 관련시키면 고객의 요구 실현에 가장 효과적인가, 그것을 구체화시킨 것이 조직이다. 그리고 그 조직을 실현한 것이 교육이며 훈련이다.

이상이 포맷을 만드는 주요 요인이다.

기본적인 포맷의 구조를 살펴보면 다음과 같다.

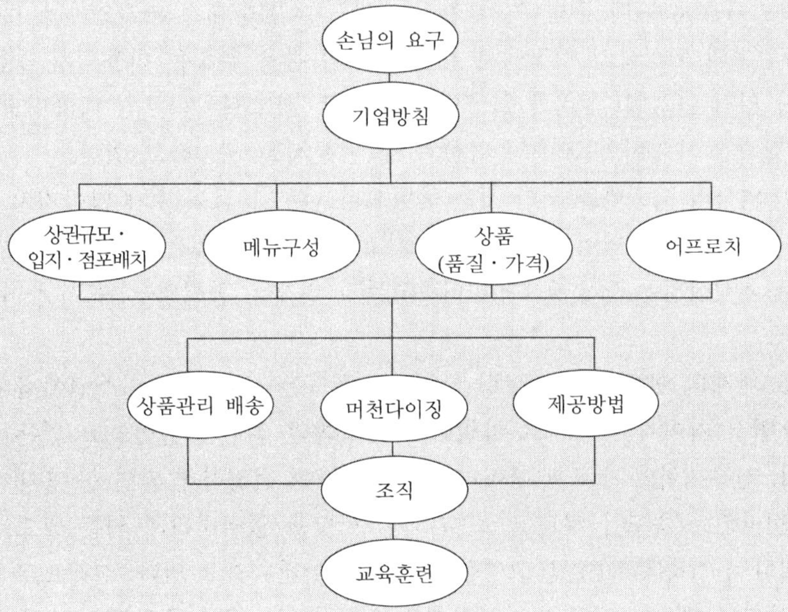

[자료 : 월간식당, 1994. 9월호]

2 미국 외식산업의 전망

과거 미국의 외식산업은 일본에 대하여 외식서비스를 시스템으로서 제공하는 경영방식으로 1970년 이후 선도적인 역할을 해 왔다 즉, 매뉴얼 · 시스템경영 · 레시피 · 업종형태 등의 구분이 그것이며, 근 20년동안 패스트 푸드나 훼밀리 레스토랑의 성장을 촉진시켜 주었다고 볼 수 있다.

특히 외식의 대중화노선에 주목할 만한 것으로서 외식의 주요한 이용층의 선도적 역할 때문에 급속도로 신장해 온 것이 사실이다. 두번의 석유파동을 비롯하여 여러 가지 불황을 뛰어 넘고, 미국과 일본의 외식산업은 과거 20년간 약 20배 이상의 매상고 신장을 보였다. 그래서 상위랭킹 4개사가 외식산업계 전체에서 차지하는 시장점유율이 50%를 넘어섰으며, 기업도 대기업으로서의 위치를 지켜 가고 있다.

그러나 1980년대 후반 여러 가지 마케팅상 제문제가 미국업계에 나타나고, 일본의 외식산업 입장에서 보면 종래와 같은 추종은 허용되지 않는 현상이 일어나고 있다. 미국의 코넬대학 호텔 · 레스토랑학부의 마케팅담당교수 윌리암 케이비인 교수는 다음과 같은 문제를 제기하고 있다.

① 외식의 대중화를 꾀한 것은 좋았으나 너무나 점포 수가 많아지고 경쟁이 심화되면서 경영이 어렵게 되어 가고 있다. 과연 높은 수익을 올리기 위해서 외식산업은 어떻게 하여 이룩되는지 현재는 탐색의 시대로 들어가고 있다.

② 현재의 훼밀리 레스토랑 · 패스트 푸드는 메뉴나 서비스면에서 아주 닮으면서 차이가 없어지고 차별화와 개성화의 추구가 줄어들고 있는 현상이다. 신흥세력이 새로운 아이디어를 발표하여 번성하게 되면 곧 흉내를 내어 전파되는 속도가 빠르고, 드디어는 새 맛을 잃어버리게 되는 것으로 신선미나 신기축(新機軸)을 고양한다는 것이 어려워지고 있다. 그러므로 이같은 상황에 대응한 새로운 경영전략을 수립한다는 것이 중요시되고 있다. 단지 점포경영만을 위한 체인으로는 새로운 창조성의 발견은 어렵다. 나름대로 싱싱한 창업마인드를 다시 한번 생각해야 할 것이다.

③ 대기업이 거대화되고 시장점유율의 집중화가 새로운 문제를 낳고 있

다. 즉, 외식에 익숙하고 싼 것을 추구하는 것은 훌륭해졌으나 고객에 대한 신기성(新奇性)과 전문성의 제안이 줄어졌다는 것이다. 대기업들은 지금이야말로 자본력과 자금력 입지획득의 능력을 과시할 뿐 아니라 외식서비스의 즐거움이나 쾌적성의 제언이 줄어들고 있다. 가볍게 외식하는 기회가 많이 부여되고 있으나, 레스토랑 선택의 즐거움, 외식서비스에 의한 가정에서 맛볼 수 없는 분위기의 제공은 점점 잃어 가고 있으며, 그에 대한 대기업의 반성이 적지 않다는 것이다.

④ 미국의 외식산업 전체의 매상고성장률은 0이하의 수준으로 앞으로 커다란 성장률은 크게 기대할 수 없게 되었다. 일하는 종사원에 있어서는 나름대로의 매력을 외식산업으로부터 잃어 가고 있다. 이와 같은 일은 새로운 종사원의 고용을 어렵게 하여 노동력 부족을 초래하고, 노동력의 질적 저하에도 이어지고 있다. 장래 노동력 부족으로 인하여 위협을 느끼는 산업으로 변해 가고 있다.

⑤ 외식체인본부의 경영지도면에서 하자가 많이 발견되고 있다. 햄버거 체인의 웬디가 프랜차이즈에 대한 지도력 판단미스로 주력 프랜차이즈를 이탈시킨 던킨도너츠의 외판 및 외식 타업종에의 진출은 수익성과 장래성에 불안을 안겨 주고, 드디어 영국 라이온에 매수당하고 산하에 들어가지 않으면 안 되었던 실수 등 많은 대기업의 경영이 반드시 순조롭지 않을 것으로 나타난 것이다.

⑥ 고객이 외식에 익숙해지고 취향이 다양화되면서 변화속도가 빨라지고 있다. 정확한 고객취향을 파악하려 해도 파악할 수 없게 되고, 그래서 현장이나 본부에 있어서 시책의 실수가 눈에 띠게 되었다. 예를 들면, 값싼 패스트 푸드는 고객을 끌어들였으나 싸다는 것이 일시적이라는 것을 안 고객들은 두 번 다시 패스트 푸드를 찾지 않게 되었다는 것이다.

그래서 우리들이 먹는 음식물의 종류, 조리에 드는 비용, 대가를 지불하고 받는 서비스의 양이 앞으로 어떻게 변화되는가는 이용가능한 대체적 방법이나 수중에 있는 수입금액을 어떻게 활용하느냐에 달려 있다. 패스트 푸드산업이 이 정도 발전할 수 있었던 것은 발달된 기술을 충분히 이용할 수 있었다는 점이며, 수많은 성인취업인구를 확보하고, 높은 유동성을 가진 우리들의 사회가 패스트 푸드 서비스에 댓가를 지불할 수 있는 능력을 가지고 있었다는 점 때문이라고 보고 있다.

한마디로 미국의 외식체인은 여러 가지 문제에 직면하고 있어 그 해결책을 다양하게 모색하고 있는 것이 현실이다. 현재 전문점이나 대형 번성점들은 더욱 고객을 차별하고 있다. 상점의 고객과 그 밖의 사람들을 차별화하는 새 서비스방법을 쓰고 있는 것이다. 뉴욕의 하드록 · 레인보 · 21그룹 · 다반 온 러 그린 · 포시즌 등은 오랜 기업역사를 과시하면서 전문성을 잃지 않고 항상 새로운 메뉴로써 레스토랑의 분위기를 조성, 프리스테이지를 갖겠다는 고객을 유인하고 있다.

젊은 고객들을 유인하고 있는 점포로서는 뉴욕에 있어서 이미 더 세이요겐 · 더 터널 · 더 아메리카 · 카페 소사이어티 · 파라디윰 등이 새로운 유행을 제안하고 있으며, 식사와 음료의 다양성을 추구하여 번창하고 있다. 그러나 유행의 변화는 빨라 고객층이 넓어져 일반화되는 반면, 지지 고객이 줄어들면서 쇠퇴하고 있다. 이같은 와중에서도 변화없이 번창하고 있는 것이 카페 이구노왕 · 멘퍼스 · 죠니 로켓트 카페 등이며, 고객의 유치에 노력한 결실이 맺어진 것으로 보고 있다.

이와 같이 미국 외식산업계는 경영면에서는 종합적 마케팅능력이 필요하게 되었고, 고객에 대한 레스토랑측의 개성 확립이 강하게 요구되고 있다. 전문성의 추구는 이국요리나 향토요리, 그리고 유럽의 새로운 업태의 미국식 재현 등의 방향으로 변해 가고 있는 것이다.

특히 앞으로 동구권의 페레스트로이카나 민주화의 진전이 미국의 소비자 관심을 동구나 러시아의 식사개성이나 EC제국의 전통적 레스토랑으로 향하게 할 것으로 생각된다. 이 같은 분야의 새 취향추구는 한편으로 미식을 중심으로 동양요리에도 눈을 돌리게 될 것이다 또 스낵상품의 대중화나 전문화의 노선에도 많은 관심이 모아질 것으로 전망되고 있다.

3 일본 외식산업의 전망

우리나라에서는 외식산업에 대한 컨설팅이라는 용어 자체가 생소하게 여겨지고 있으나 일본에서는 많은 기업에서 컨설팅활동을 벌이고 있다. 최근 미래의 외식산업 흐름을 이끌어 나갈 일류급 컨설턴트들이 2000년대 외식산업의 전망을 예견하고 있는 내용을 위주로 소개하고자 한다.

1) 유행과 거시적인 동향을 파악하는 안목중시

(1) 2000년대는 격변시대의 시작

금후 20년간 시대방향을 다음 [표 Ⅴ-2]과 같이 생각할 수 있겠다. 이미 1990년대에 정치 · 경제나 유통 · 서비스업에 이르기까지 큰 변화가 일어나고 있음을 누구나 아는 사실이다. 유통개방이라는 외부적인 압력으로서 고객의 의식변화나 수준향상, 자금수당이나 인력확보의 어려움 등 레스토랑업계의 영향을 끼치는 요인도 분명히 나타나고 있다.

이같은 격변의 시대에는 거시적인 방향을 이해하고 원리 · 원칙에 따른 경영이나 대응을 하는 것이 중요하다. 먼저 2000년대의 큰 변화는 거시경제에 의하면 산업혁명 이후의 근대공업화사회의 끝단계와 다음 사회로 이행되는 첫단계가 교차하는 시대라고 볼 수 있다. 따라서 신구세력의 사상과 행동양식이 교차하면서 혼미를 거듭하게 될 것이다. 근대공업사회를 상징화된 것은 상품제조이며, 재력중심으로 모든 것이 이뤄졌다 해도 과언이 아니다. 그런데 이런 사고방식과 행동을 계속 밀고 나가면, 가령 환경이나 생태계 파괴, 자원낭비, 식량위기 등 지구나 인류가 파멸로 향한다는 위기감이 팽배해질 것이다. 따라서 에콜로지 붐이나 자연지향 · 건강지향 등 음식업계에 끼치는 영향도 적지 않을 것이다.

그러나 세상은 한 순간에 변하지 않는다. 그 이유는 낡은 사고방식이나 체질 · 행동을 계속 유지해 나가면서 한편으로 불투명하고 복잡기괴한 행동이 계속되기 때문이다.

[표 Ⅴ-1] 명확한 시대방향(□안은 현재, 오른쪽 끝은 2020년 무렵)

구 분	현재까지 지금부터 1997년까지 1997~2020년 2020년 이후
중심산업	농업 → 공업 → 정보 → 허공에너지 → 의식
중심사고방식	분석한다 → 종합으로 생각한다 → 창조적으로 생각한다.
과학형태	부분화 → 홀리스틱 →홀로 그래픽
생존방식	경쟁 → 협조 →호혜
부	노예 → 토지 → 글 → 정보 → 의식
기업의 존재	권력으로 부를 → 목표로 부를 → 우주의지에 따라 부를
관리스타일	설탕과 채찍 → 상식에 따른 통제 → 신뢰에 의한 융합

(2) 선진국의 동향과 사업기회

일본은 이미 경제적 · 기술적인 우위성을 인정받고 동 · 서양을 모두 이해할 수 있는 입장이 되었다. 양쪽의 장점을 충분히 활용할 수 있고, 생활수준도 상당히 높아졌다.

앞에서 설명한 시대변화는 먼저 고객의 생활에서 나타난다. 그리고 생활과 가장 밀착된 유통 · 서비스업이 변하고 있다. 즉, 유통과 생활에 관해 최첨단을 걷고 있다고 볼 수 있다. 2000년대 선진국은 4개의 키워드가 있다. 첫째는 확실히 지식 정보화사회를 맞이하는 것으로, 시간과 사는 보람이 소중해진다. 결론만 말하자면 정보화사회는 상품이 충분히 공급되고 사람들은 상품에 대한 흥미보다 시간을 더 요구한다. 물질생활은 풍요해지고 지식이 많아지면서 사람들은 좀더 다양한 것을 하고 싶다고 생각한다. 그래서 시간을 더욱 소중히 여기게 될 것이다. 어느 레스토랑에서는 VIP손님은 회원제로 해서 그 손님은 전화 한 통화로 아무리 좌석이 만원 상태라도 자리를 확보할 수 있게 하는 특권을 부여한다. 단골 고객중심의 고급요리점이라면 이런 서비스가 당연하겠는데, 훼밀리 레스토랑 역시 이같은 시간 서비스를 해서 호평을 얻는 것도 괜찮을 것이다.

여러 가지 지식을 얻게 되면 그만큼 도전하고 싶은 일도 많아진다. 그러나 거기에 보람이 없다면 행동으로 연결되지 않는다. 일이든 오락이든 모든 것에서 보람을 찾으려는 사회가 된다. 사람들은 각기 살아가는 목적과 보람이 있어야 한다고 생각한다. 앞으로의 세상은 과거와 달라서 '이를 악물고 열심히 일하거나', '나를 회생하겠다'는 것보다 즐겁고 기분 전환이 되는 일에 보람을 느끼는 사람이 많아질 것이다. 그러면 생존하기 위해 먹는다거나 양 많은 것에 만족을 느끼는 것이 아니고, 보기에 아름답고 감각으로 먹을 수 있는 것으로 식(食)의 형태가 바뀔 것이다.

두 번째 키워드는 '자유'이다. 현대는 선진국이 아니라도 자유를 요구하는 시대이다. 제약을 받거나 규제 받는 것을 인간은 싫어한다. 규제완화가 그 대표적인 현상이다. 즉, 자유롭게 장사를 할 수 있고, 고객도 자유롭게 늘릴 수 있는 것이 가장 자연스럽다. 그렇다고 매너를 무시하고 제멋대로 행동해도 좋다는 것은 아니다. 고객의 입장에서 자유롭게 와서 자유롭게 먹고 즐길 수 있는 점포가 필요하다는 의미이다.

세 번째 키워드는 [표 Ⅴ-2]과 같이 세분화시켜 사물을 보는 부분화주의에서 전체의 균형으로 시대흐름이 바뀐다. 부분만 보고 나쁜 점을 고친다거나 내용이 아닌 외면만 개조를 하는 것은 앞으로 전혀 통용되지 않을 것이다. 전체의 균형이 중요해질 것이다.

네 번째 키워드는 일본적인 조직운영법이다. 이미 세계의 우수한 엘리트는 이것을 알기 시작했다. 일본적인 조직운영법은 전원이 전체를 알고 조직체를 사랑함으로써 개선이나 활성화를 꾀하는 것이다.

세 번째와 네 번째 키워드는 경영관이나 경영방침에 관한 것으로 본 테마의 취지와 다소 다른 차원의 이야기일지도 모른다. 앞에서 설명한 것처럼 눈앞의 마케트 변화를 필사적으로 좇는 것보다 이처럼 근원적인 동향을 파악해서 경영이나 사업기회를 구상하는 것이 경영자의 사명이 될 것이다.

(3) 2000년대 소비경향 예측에 따른 사업기회

현재의 소비자 요구경향을 통해 볼 때 사업의 키워드를 다음과 같이 정리할 수 있다. ① 쾌적성, ② 합리화, ③ 자연화, ④ 취미실현 · 마음의 충족, ⑤

보다 건강하고 보다 아름답게, ⑥보다 풍요한 연출, ⑦ 더욱 개성화, ③ 감동을 준다, ⑨ 위치가 있다, ⑩ 커뮤니케이션이나 교류의 장을 형성해 둔다.

레스토랑업계에서도 이상과 같은 키워드를 사업에 활용하는 예를 많이 볼 수 있다. 그러나 이같은 키워드를 바탕으로 업태개발에 힘쓰거나, 메뉴개발을 하거나, 끊임없이 시류에 대응노력하거나 등의 일은 뛰어난 인간능력이나 마케팅력이 없으면 불가능하다.

2000년대의 소비추세는 크게 ① 건강과 아름다움, ② 전면적인 개별 대응요구, ③ 시간의 효율적인 이용, ④ 불안제거, ⑤ 정신적 만족 등 5가지를 중심으로 전개될 것이다.

현명한 사람들은 자신들의 사업에 이 경향을 어떤 식으로 응용하면 좋을까 이미 구상을 할 수 있을 것이다. 한 가지만 더 제언한다면 결코 앞에서 이야기한 추세나 포인트의 껍데기만 흉내내서는 안된다는 점이다.

오늘날의 고객은 진짜가 무엇인가를 식별하는 능력이 있기 때문이다. 마케트의 변모를 사업기회로 삼으려고 우선 시대흐름의 본질이나 거시적인 동향을 파악하는 눈과 직감력을 키워나가야 할 것이다.

2) 구조전환의 시대에 대비한 시스템 개혁

(1) 2000년대는 구조전환의 시대

2000년대는 어느 때보다도 가장 큰 변화가 일어날 것이다. 그 의미는 기반붕괴 · 구조변화을 뜻한다. 즉, 지금까지의 레스토랑업을 뒷받침했던 기존요소가 모두 붕괴된다. 이것은 앞으로의 마케트를 예견하는 데 반드시 기억해야 할 대전제가 될 것이다.

물론 노동력 부족이나 인재난과 같은 문제도 있지만, 문제의 본질은 여기에 있지 않다. 앞으로 어떤 기업체질이 요구되는가 하는 문제인 것이다. 먼저 인식해야 할 것은 앞으로는 진짜 가격경쟁시대에 돌입한다는 점이다. 고객은 가격에 대해 매우 민감해진다. 가격에 대한 정단한 인식, 이것이 고객의 상식이 된다는 것이다. 이것에 대비해 가격혁명을 일으키는 것이 경영전략상의 대명제가 될 것이다.

현재 소매업의 세계에서는 본격적인 가격경쟁시대에 돌입했다. 레스토랑도 역시 그런 현실을 인식해야 한다. 왜냐하면 현재도 레스토랑의 진짜 적(敵)은 같은 레스토랑이 아니라 슈퍼마켓이나 컨비니언스 스토어의 식품매장이기 때문이다.

그러나 가격정책을 고려할 때 먼저 밝혀야 할 문제가 있다. 그것은 예를 들어 현재 레스토랑에서 노동생산성이 지나치게 낮다는 점이다. 현재 종사원 1인당 연간 1000만엔이어야 함에도 불구하고 현실은 일부 상장기업이라도 500만엔대가 과반수를 차지하는 실정이다. 게다가 이것은 연한 총노동시간 2,000시간이라는 전제하의 숫자가 아니다. 즉, 노동기본법만을 해서 나온 숫자인 것이다.

이렇게 볼 때 레스토랑은 도저히 수익력이 없다. 가령 매상 대 경상이익률로 보면 상장기업이라도 그 수치는 5% 전후이다. 불과 10년 전만 해도 10%가 넘었다. 총자본회전율을 보면 현재 2회전을 하고 있는 곳은 거의 없다. 과거는 2.5~3.5% 회전이 상식이었다. 총자본 대 경상이익률이라는 가장 중요한 자본의 수익성은 현재 상장기업은 과거에 20~25%도 냈던 숫자다. 그런데 현재 상장기업이라도 2자리 숫자를 내고 있는 곳은 불과 몇몇뿐이다.

이것은 모두 노동생산성, 즉 인시생산성(人時生産性)이 지나치게 낮기 때문에 발생하는 문제인 것이다. 레스토랑은 지금 어느 곳이든 이익률이 60%를 넘는다. 그러니 한편 매싱 대 경상이익률은 낮아졌다. 왜냐하면 하이 코스트 오퍼레이션(high cost operation)이 되고 있기 때문이다.

앞에서 설명한 총자본회전율이 악화된 것은 평당 투자액이 지나치게 많다는 것을 의미한다. 부동산분배율로 보면 이상적인 수치는 15~18%인데, 그러나 30%를 넘는 사례까지 나오고 있다. 이것은 금후 반드시 결정해야 할 기술문제로 부상했다. 현재 일본 레스토랑은 신규로 점포를 개설할 때 평당 50만엔 이하로 하면 그 개발담당자는 매우 수완이 좋다는 평을 듣고 있다.

(2) 생활혁명이 레스토랑의 사명

앞으로 레스토랑에는 무엇이 요구되는가를 밝히려면 모든 면에서 수익력이 높고 경비가 적게 드는 경영시스템이 절대조건이 될 것이다. 이것은 체인 스토어로서의 경쟁대책인 동시에 가격전쟁에서 이기기 위한 필수조건인 것이다. 추정으로 보아 현재 오퍼레이션 코스트의 30%는 절감시켜야 한다. 이것이 달성되어야 살아남을 수 있다.

그 다음단계에 비로소 전술·기술 문제에 신경을 써야 한다. 역으로 말하면 가장 중요한 노동생산성 대책과 기술문제는 표리일체의 관계이며, 레스토랑이 앞으로 성장을 하려면 현재의 작업 시스템과 판매형식을 근본적으로 변혁시켜야 한다.

현재 대행체제를 갖춘 200여개의 레스토랑이 10년 후에는 반 정도가 모습을 감추고, 20년 후에는 3분의 2 그 이상이 소멸할 것이다. 이것은 신흥세력에게 절호의 기회가 될 것이다. 현재의 대형점포도 설립당시는 모두 영세기업이었으며, 뜻이 있고 정확한 방법과 수단을 동원해 크게 성공할 수 있었다. 이것은 즉 경영시스템으로서 그때그때 시류에 맞게 변신을 하면서 고객의 식생활을 풍요하게 만들었기 때문이다.

그러나 앞으로 레스토랑은 종전의 대형점포에서 체인 스토어로 비약을 하면서 사회에 공헌하기 위해 무엇을 해야 하는가 하면, 즉 '생활혁명'을 해야 한다. 생활혁명을 위해 필요한 것은 절대적으로 가격인하인 것이다. 본격적인 가격경쟁에 돌입하려면 그렇게 해야 한다.

판매가격을 내리려면 식자재 대책을 잘 세워야 한다. 그것뿐만이 아니다. 본격적인 생활면적을 가능케 하는 획기적인 경영시스템은 자금대책, 인재조직대책, 그리고 이노베이션=기술혁신대책 이 3가지 기둥이 있어야 비로소 가능해진다. 현재 레스토랑에 관한 한 그 같은 경영시스템을 확립한 기업은 한 곳도 없다. 그런 의미에서 현재 레스토랑의 세력판도가 굳어진다는 것은 큰 착오이다. 종전과 전혀 다른 경영시스템이 필요하다는 인식이 있어야 한다.

따라서 기존기업체는 자기 변혁과 패러다임 교체가 필요하다. 이것을 위해 많은 시간이 소요될 것이다. 평가척도나 환경에 대한 반응방식, 기업문화를 변화시켜야 하기 때문이다. 그런 점에서 오히려 신흥세력이 유리하다. 세려판도가 일시에 바뀔 가능성이 있는 것은 이 때문이다. 레스토랑의 진정한 과점화는 대략 10년 후에 도래할 것이다. 생활혁명을 진행하며 현재 대형점포 속의 경영시스템 변혁을 완성시키는 것은 그 과점화의 담당자가 될 것이다.

이것은 극히 소수 과점형태가 될 것이다. 프랜차이즈 체인은 그 무렵이 되어야 비로소 도덕적으로 이상적인 형태가 되지 않을까 싶다. 지금까지 레스토랑은 동일토양 위에서 동질간 경합을 한 데 지나지 않았다.

과거 20년간 레스토랑 랭킹을 보면 그것을 알 수 있다. 기존의 낡은 세력은 순위가 떨어지고 있는데, 신흥세력측의 순위는 거의 변하지 않는 것은 동질간 경쟁으로 시종 한 결과이다. 그만큼 경영효율이 떨어진다고도 할 수 있다.

규모를 확장하거나 점포수를 늘리는 데만 급급한 것이 현실이다. 레스토랑을 위협하는 슈퍼마켓이나 컨비니언스 스토어와의 경쟁을 고려하면, 전혀 다른 관점에서 회사의 특징을 살려내지 않으면 안된다. 이것은 디너 레스토랑이나 레저랜드를 새롭게 만드는 것이 아니고, 기존업태에 엔터테인먼트(오락성)를 첨가시키는 것이 아니고, 본래 레스토랑의 목표인 고객의 식욕을 겨냥한 경영이 필요하다.

물론 그것을 위한 포맷(format)은 다양하게 생각할 수 있다. 쇼핑센터안의 레스토랑, 슈퍼마켓 안의 컨섭셔너리 체인, 푸드 프로세싱같은 것이 대표적인 사례가 될 수 있다.

과거 20년간 우후죽순처럼 생겼다가 소멸된 그런 것과는 방향이 전혀 달라야 한다. 즉, 모든 사람과 일상상품을 대상으로 해야 한다. 왜냐하면 그런 생활밀착형이 아니면 생활혁명을 일으킬 수 없기 때문이다.

3) 개인에게 초점을 맞춘 시스템구축

2000년대는 외식시장이 질적으로 현저한 변모를 보일 것으로 여겨진다. 외식산업의 시장규모는 21세기 초에는 50조엔 정도 증가할 것으로 예측된다.

그 이유는 다음과 같다.

첫째, 개인의 외식기회가 증가하고, 외식을 이용하는 연령층이 고령자에서 젊은 층까지 확대되었다는 점이다. 소득증가를 기대할 수 있으므로 앞으로 고소득자층을 대상으로 한 고급 전문레스토랑이 등장할 것이다.

둘째, 지식 정보화 · 국제화가 진행되어 범세계적인 비즈니스가 전개되는 시대가 될 것이다. 24시간 경제가 활성화됨에 따라서 더욱 세분화된 외식의 타임 마케팅(time marketing)이 필요해진다.

셋째, 통신의 고도화 · 즉시화(卽時化)가 인간교류를 더욱 필요로 하는데, 거기에는 항상 외식이 중간역할을 한다. 한 예를 들면, 각지에 국제적인 컨벤션 홀이 세워지고 있는데, 통신위성에 의한 TV의 동시방송이 활발해지면 질수록 이 컨벤션 홀의 필요성이 통감된다. 이것은 사람이 TV를 보면 볼수록 TV 속의 인물과 직접 만나 이야기를 나누고 의견을 교환하고 싶다는 욕구가 강해지기 때문이다. 여기에도 역시 항상 외식이 큰 역할을 한다.

넷째, 여가시간이 더욱 늘어날 것이다. 지금은 2,000~2,100시간 노동이지만 보통 1,800노동시간이다. 주휴 3일제를 채택하는 기업도 탄생할 것이다. 또한 장래에는 고용자에게 장기휴가를 의무적으로 주는 기업이 많이 생길 것이다. 여가증가에 따라 파트 타이머(part timer)도 늘어날 것이며, 생활의 다양화가 진행되는 시대이다.

생활의 다양화는 의식주와 놀이의 4가지 분야에서 다양한 형태로 표출된다. 거기서도 먹는 일이 생활장면마다 중요한 역할과 의미부여를 하게 될 것이다. 가령 의(衣)생활분야를 보면, 패션쇼에서의 음식, 식생활분야는 말할 것도 없고 생활유형에 따라 업태와 메뉴 개발이 진행된다. 주(住)생활 분야는 일상생활, 리조트의 생활, 기타 관혼상제의 생활 등 각 장면에 어울리도록 식생활이 전문화된다.

놀이(유희)는 리조트를 포함해 사계절마다의 오락이나 장소에 따라 온도차도 있고 노는 방법도 다르다. 그 중에서 먹는 일이 어떤 역할을 하는가 추구해 보아야 한다.

인간의 생활이 다양해짐에 따라서 그것에 맞는 업태개발이 활발하고 복합형태를 만들어내므로 복합점포가 더욱 늘어날 것이다. 프로모션의 변화도 더욱 빨라진다. 상품전략, 즉 기호 · 취향은 사회 · 문화의 변천과 관계되기 때문이다. 문화수준이 높아질수록 라이트 감각이 되며, 저알코올 음료소비가 증가한다. 서비스전략에서도 가정배달 · 예약판매가 레스토랑 비즈니스에서도 증가할 것이다.

앞으로의 경쟁은 중층경쟁(重層競爭)이 될 것이다. 컨비니언스와 같은 물품판매 기업이 외식시장에 참여하는 경우가 많아지게 된다. 이미 세븐 일레븐, 로숀, 훼밀리 마트 등 컨비니언스 스토어에서 연말부터 정월까지의 매상 넘버원은 거의 매년 도시락 · 샌드위치 · 햄버거 등이며, 음료수와 아이스크림은 큰 시장을 형성하고 있다.

이같은 치열한 경쟁 속에서 살아 남으려면 첫째, 맛의 차별화가 중요하다. 주방장이 자부심을 가지고 맛을 고객에게 판매해야 한다. 이것은 패스트 푸드도 마찬가지다. 간편하고 빨리 먹을 수 있다는 장점 때문에 맛이 떨어져도 호평을 받았지만, 앞으로는 맛이 없으면 팔리지 않는다. 그 맛도 대상고객에 따라 달리 해야 한다. 예를 들어 육체 노동자가 많은 지역은 양념맛을 진하게 해야 하며, 두뇌노동자가 많은 지역, 혹은 자유노동자가 많은 지역은 연한 맛에 라이트 감각을 줘야 한다.

둘째 방법은 기계화를 추진시켜 기계와 인간의 능력을 철저히 구분하는 시스템구축이 필요하다. 단순작업은 로봇에게 시키는 시대가 될 것이다. 센트럴 키친의 여러 작업, 각 점포의 단순작업, 가령 접시씻기나 청소 등은 로봇이 하게 된다.

셋째 방법은 고객을 감동시키는 서비스에 호스피텔리티를 더욱 추구한다. 예전의 대량생산 · 대량판매 시대는 대중이 기본이며, 평균적인 일본인을 대상으로 효율을 고려해서 시스템을 만들고 그 결과 효과를 보았다. 그러나 앞으로 맞이 하는 시대는 그 반대가 될 것이다. 철저히 개인에게 퍼스널 마케팅(personal marketing)을 실천할 필요가 있다. 고객의 개인적인 기본정보와 속성정보를 데이타 베이스화하면 고객 한명 한명을 대상으로 하는 개별 서비스가 가능해진다. 그토록 세심하게 만족을 주는 서비스가 앞으로 각광받는다는 것이다.

2000년대는 네트워크사회가 확립된다. 그 점에서 외식업계 매니지먼트의 큰 과제는 체인점 사이는 물론이고 도매 · 제조업자를 포함한 네트워크를 작성해서, 그 네트워크 속에서 온 타임(on time)으로 필요한 아이템을 필요한 수량만큼 각 점포에 배송하는 시스템을 만들어야 한다.

그렇게 하려면 먼저 점포단계에서 각 고객의 주문과 메뉴 아이템과 식자재 항목과 수량을 정확히 매일 체크하는 시스템이 필요하며, 다음에 각 항목의 식자재를 필요한 수량만큼 필요한 시기에 공급하는 신축성있는 로지스틱 시스템(logistic system)이 중요하다. 정보의 네트워크를 구축함으로써 철저히 재고를 줄이고 항상 신선한 식재를 공급할 수 있는 시스템, 고객에게 생산지나 메이커를 연결하는 총체적인 시각이 필요하다.

다음 자본의 공개문제가 있다. 외식산업의 주식상장은 1960년대는 2사, 1970년대는 1사, 그리고 1980년대는 14사가 되며, 1990년대는 상장기업이 속속 등장하였다. 주로 연매상이 80억~100억 정도의 기업이다. 상장을 하면 사기업에서 공기업으로 되며, 경영방식이나 경쟁력, 사회적 정비가 갖춰졌다고 할 수 있다. 소위 산업화가 한 단계 진전된 것이다.

그러나 주의해야 할 점은 2000년대 자본공개에 의한 산업화에는 사기업에서 공기업으로 가는 유형이 많이 생기면 생길수록 고객에 대해 호스피탤리티산업으로서의 마음가짐이 요망된다. 인력이 부족하고 질과 양의 문제가 더욱 심각해지고 있지만, 미국과 같이 단순노동은 기계에 맡기고 대신 유휴인력으로 서비스를 강화시켜 경쟁력을 높여야 한다.

마지막으로 고려해야 할 점은 해외활동 문제이다. 식자재 수입이 증가하고 해외출점을 현지에 확대하는 기업이 늘어나 결과적으로 복수본사제가 될 것이다. 인재투자의 증가, 연구개발투자도 증대한다. 따라서 외식산업을 둘러싼 기타 관련기업도 한 단계 발전하게 된다.

결론적으로 말해 21세기는 다양한 비즈니스 기회가 있는 시대이다. 그 기회를 붙잡으려는 노력은 모든 사람의 질의 문제와 관계된다. 돈이 있기 때문에, 조직이 있기 때문에 가능한 것은 아니다. 새로운 시점과 발상이 필요하다. 예전에 지금의 대기업으로 성장시킨 경영자가 대담한 용기와 결단으로 기업을 키운 것과 마찬가지로 앞으로 경영자는 전혀 새로운 관점에서 다양한 요구를 분석하고 판단하고 결단하고 실행해야 하는 시대가 오고 있다.

4) 미국형 조직에서 네트워크 조직형으로 변화

(1) 손님과 경영환경 변화

2000년대 마케트 변모는 크게 ① 고객의 변화, ② 경영환경의 변화, ③ 업계경영사정의 변화로 나눌 수 있다. 고객의 변화는 크게 ① 시간의식, ② 가격의식, ③ 라이프 스타일 의식으로 나뉘어진다.

경영환경의 변화는 크게 ① 쇼핑센터(점포집합체), 시대에 따른 입지 이동, ② 수급균형에 따른 인력 · 인재 부족으로 전환, ③ 업무개혁의 필요가 있다. 업계 경영사정의 변화는 이상 두 가지 변화요건을 반영해서 ① 채널형 · 미국형 체인에서 네트워크형 체인으로 전환, ② 쇼핑센터 대응의 신외식기업 개척, ③ 신어소스먼트, 신점포 포맷, 신상품 캐릭터 개발이다.

(2) 집단행동에서 레저 · DIY(개별 행동)

먼저 고객의 변화는 시간의식의 증가이다. 실제노동시간은 줄어들고 휴일은 늘어나고 있다. 과거의 레저는 단체가 주류를 이루어 왔으나 앞으로의 레저는 DIY가 등장할 것이다. 지금까지의 레스토랑은 단체급식형 대중식당이었으나 앞으로는 개인이나 가족, 혹은 동호인끼리 하게 된다. 여기에 대응하는 식당은 개인기호대응형의 외식업이다.

둘째는 가격의식이다. 오늘날 많은 젊은이들의 가치기준은 돈이다. 그러나 나이든 사람처럼 무조건 돈을 모으기만 하는 저금통장 애호형은 아니다. 오히려 그 반대이다. 젊은이의 가격의식은 결핍시대를 살아 온 기성세대와는 전혀 다르다는 것을 알아야 한다.

(3) 변모되는 가격가치관에 주목

젊은이들은 원하는 것이라면 천금도 아깝지 않으며, 마음에 들지 않으면 아무리 싸도 사지 않는다는 가격의식이 있다. 기성세대의 결핍시대적 가격의식과 혼동하지 말아야 한다. 기성세대의 가격의식을 먼저 버려야 한다. 그런 다음 매력이 있는 상품을 싸게 팔면 대량으로 팔 수 있다. 탐나는 것이면 천금도 아깝지 않은 젊은이에게 싼 물건도 좋다는 인식을 심어 줄 수 있기 때문이다.

(4) 앞으로 유망한 점포집합체 유형

경영환경의 변화 중에서 쇼핑센터라는 점포집합체가 급증할 것이고, 외식업계는 그들과 공존을 해야 한다. 쇼핑센터에 관해 설명하면 첫째, 도로변은 결코 좋은 입지가 되지 못한다. 둘째, 쇼핑센터에서의 원스톱쇼핑(one stop shopping)이 급증할 것이다. 셋째, 쇼핑센터간의 명암이 분명히 나타난다. 넷째, VSC, CSC와 같은 낡은 쇼핑센터 유형은 쇠퇴의 길을 걷게 될 것이다. 다섯째, 금후 유망한 것은 보증금을 내지 않는 할인매장 전문점이 집합된 파워 센터나 신형슈퍼, 드럭, 패스트 푸드 시스템을 포함한 서비스업이 출점한 생활 컨비너언스형 쇼핑센터나 일부 번화가를 포함한 라이프 스타일 제안형 쇼핑센터뿐이다. 앞으로 시작되는 쇼핑센터시대는 외식업의 입지를 근본부터 바꿀 것이다.

(5) 미국형 조직은 인력·인재난을 가중

인력·인재 부족이다. 착각이 있다. 첫째는 수요불균형이 원인이라는 착각, 둘째는 인건비 절감을 위해 일손을 줄인다는 착각이다. 그것에 대응할 대책은 단 한 가지뿐이다. 외식업의 일을 인재가 쇄도하도록 매력인 상품으로 만드는 것이다. 그 방법 밖에는 없는 것이다.

미국형 조직을 맹목적으로 받아들인 외식업은 바겐세일을 하지 않으면 팔리지 않는 상품만 있다. 그래서 그것을 미리부터 예측하고 미국 체인스토어 조직을 그대로 배워서는 안된다고 계속 주장하는 것이다. 사원들이 고객의 회생, 기업규모의 희생이 되고 싶지 않다고 자각하는 것은 시간 문제이다.

(6) 판매점 체인에서 개별 점포로 변화

점포를 매점으로 파악하는 미국의 외식업 체인은 포드 자동차공장 시스템의 응용판이다. 미국에 일본 이상으로 라이프 스타일 비즈니스가 꽃피는 것은 그 때문이다. 어쩔 수 없이 주 4일간 참고 매뉴얼엄수 인간기계가 되어 시간과 돈을 번다. 벌어들인 돈과 시간으로 나머지 주 3일간은 철저하게 자기충실·라이프 스타일 실현을 하기 때문이다. 일본 외식업은 그 정도까지 되지 않을 것이다. 공업이든 유통업이든 그렇게 되지 않도록 미리 조직전략대책을 세우기 때문에 그 정도는 변할 수 있다는 것이다. 외식업 역시 미리 대책을 세우지 않으면 톱니바퀴 노동력을 인내하는 가난한 외국인 노동력만으로 경영을 하지 않을 수 없으며, 그렇게 되면 점포는 더욱 매점화될 것이다. 그러나 세븐 일레븐이 입증하듯이 이 점포는 앞으로 외식업에서도 개별 점포가 되어야 한다. 매점이 되면 안된다.

결론적으로 말해 1990년대까지의 마케트 변화대응으로 기회를 잡은 패스트 푸드, 훼밀리 레스토랑은 메뉴 · 점포 · 상품 모두 전혀 다른 전환이 필요하다. 그것은 1990년대 전략이기 때문이다. 당신의 기업도 지난 시대의 유산을 계속 울궈 먹지 말고 새로운 시대에 대응할 태세를 갖춰야 한다.

4 기능성 식품선호사상

식품에 관한 기능은 영양기능과 맛있게 먹는 기능인 미각기능의 두 가지로 생각되어 왔다. 그러나 최근 제3의 기능으로서 생체조절기능을 생각하게 되었고, 이런 작용이 있는 식품, 즉 기능성 식품을 선호하게 될 것이다.

이런 기능성 식품을 개발하려는 움직임이 최근에 활발해지는 추세에 있으며, 일본의 경우 후생성에서는 전문위원회를 설치하고 기능성 식품의 제조기준 · 효능효과의 상품의 표시내용, 법률면에서의 정비 등을 김도하기로 계획하고 있다. 기능성 식품은 한 마디로 식품과 의약품을 합한 성질이 있기 때문에 21세기의 식품이라고 할 수 있다.

이 기능성 식품의 범주에 속하는 것으로 생각되는 것은 암이나 성인병 예방, 신경소화기의 조절작용 등 많은 효과가 있는 것을 들 수 있고, 이들은 의약품과는 달리 부작용을 수반하지 않으므로 체제만 정비되면 치료식품이나 예방식품으로서 앞으로 일반가정까지 널리 보급될 수 있을 것으로 보여진다. 옛부터 의식동원(醫食同源)이니 식즉약(食卽藥)이라는 말이 있었고, 생리활성기능을 가진 식품이나 요리가 소개되고 애용되어 왔는데, 이제야 인정되고 있는 것이다.

1) 식품의 기능

앞에서 기술한 바와 같이 식품의 기능은 종래에는 두 가지로 생각되었었다. 그 첫째 기능은 영양특성에서 평가했었다. 원래 식품은 인체에의 영양계 공급원으로 보고 그 가치를 먼저 영양이라는 면에서 생각하게 된 것은 당연한 일이고, 제2차 세계대전 전후부터 식품의 영양특성에 대한 연구가 활발히 진행되었는데, 이것은 당시의 식량문제 해결에 크게 공헌했다.

그러나 경제적 고도성장 이후로 포식시대를 맞이 하면서 음식을 맛있게 먹으려는 경향이 강해지고, 이에 따라 식품의 기호특성이 중요시되기 시작한 것이다. 즉, 식품의 색 · 맛 · 향 · 텍스츄어 등 감각에 호소하는 연구가 시작되었다 위에서와 같은 식품의 조직이나 성분이 감각에 호소하는 기능을 2차 기능이라고 한다.

특히 최근의 연구를 통해 식품에는 생체방어(주로 면역) · 생체리듬 조절(홀몬) · 정신앙양(각성)과 심정(誘眠) 등 많은 생체조절기능이 있는 성분을 가지고 있음이 밝혀지고 있다. 뿐만 아니라 질병의 예방 · 치료, 병후의 회복 등에서 식품은 단순한 영양면에서만이 아니라 생리활성이라는 면에서도 크게 공헌하고 있음도 밝혀지고 있다. 이런 기능을 생리활성 기능이라고 하며, 이 기능을 세일즈 포인트(sales point)로 하는 식품을 기능성 식품이라고 하게 되었다.

2) 기능성 식품

현재까지 알려진 식품의 3차 기능을 다시 기능별로 분류하면 생체방어, 생체리듬조절, 질병의 예방과 회복, 노화억제의 4가지로 나눠진다. 옛부터 있던 식품에는 위와 같은 생리활성 성분함유량이 낮아서 유용한 성분이 있으면서도 충분히 그 효과를 발휘하지 못한 경우가 많았다.

따라서 농축물의 물리적 조작이나 효소반응 등에 의한 생화학적 조작, 나아가서는 바이오테크놀러지를 이용한 생물공학적인 조작을 통해 옛부터 있던 식품의 품질을 높여 3차 기능이 세일즈 포인트로 충분히 부각될 수 있는 식품이 개발되고 있다. 기능성 식품의 섭취로 특히 당뇨병 · 심질환 · 신질환 등의 성인병이나 노인병 등의 예방과 치료에 효과를 발휘할 수 있다는 것도 이미 잘 알려져 있다.

3) 기능성 식품의 위치

일본에서도 현재 시행되는 법령은 식품에 의약품과 같은 효능·효과가 있다고 해도 그 표시는 인정되지 않는다. 그러나 법령개정 등을 통해 효능·효과의 적당한 표시가 인정된다면 기능성 식품은 [그림 Ⅴ-1]처럼 위치부여는 할 수 있다. 이 그림에서 가로는 형상, 세로는 효능·효과를 말한다. 먼저 형상은 통상의 형태에서 우측으로 이행함에 따라 분말·과립·정제·캡슐 형태로 의약품에 가까와진다고 보아야 한다.

[표 Ⅴ-2] 기능성 식품의 기능별 분류

	기 능 종 류	
기능성 식품	생 체 방 어	앨러지-低感化 식품
		면역활성제품
		임파계 刺激食品
	질병의 방지	고혈압 방지식품
		당뇨병 방지식품
		선천성 대사 이상 장애방지식품
		항종양 식품
	질병의 회복	콜레스테롤 제어식품
		혈소판응고 방지식품
		조혈기능 조절식품
	생체리듬의 조절	중추신경계 조절식품
		말초신경계 조절식품
		섭취기능 조절식품
		흡수기능 조절식품
	노 화 억 제	과산화지질 생성억제식품

[그림 V－1]　기능성 식품의 위치부여

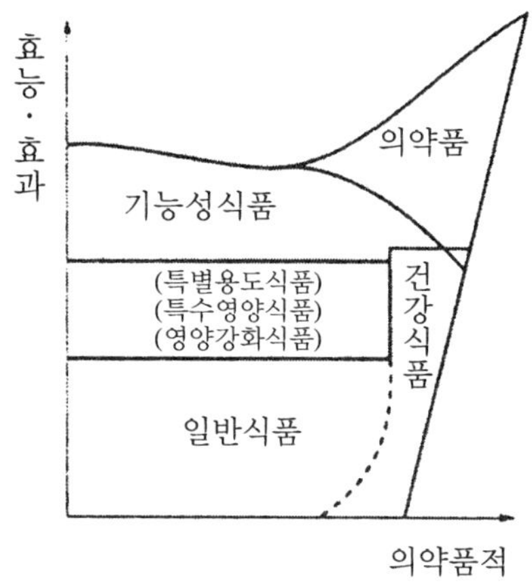

한편 세로는 기능특성이나 효능·효과인데, 위로 올라 감에 따라 효능·효과가 강화되어 간다. 이로써 짐작이 가듯 기능성 식품은 특수영양식품보다 효능·효과면에서 높이 평가된다는 점이 주목을 끈다. 또 형상적으로 분말·과립·정제·캡슐과 같은 의약품에 가까운 것이라면 기능성 식품으로 인정될 가능성이 높다는 것도 동시에 보여 주고 있다.

4) 현 상

일본 후생성은 식품의 3차 기능성분을 최근 수년간에 걸쳐 대학의 연구기관과 민간의 식품의약품 메이커에 의해 이미 수천종류나 발견했고, 새 시대의 식품으로서 제품화하는 것은 시간문제일 뿐이라고 전해지고 있다. 그러나 기능성 식품이란 종래의 식품이나 의약품과는 달리 의료식품이나 예방식품이라고 할 수 있는 새 분야의 식품이기 때문에 법률상의 뒷받침이나 제조·판매라는 문제에서 새로운 대응을 모색할 필요가 있다.

그래서 일본 후생성은 전문가로 구성된 위원회를 설치하고 ① 기능성 식품의 제조기준, ② 상품에 표시할 효능의 내용, ③ 기능성 식품의 인가방법, ④ 새로운 법제화 또는 식품보건법 등의 개정, ⑤ 기능성 식품에 관한 정보제공 등을 검토하고 있다.

일본 후생성이 생각하고 있는 기능성 식품의 조건은 생활활성물질이 강화되어 있어야 하며, 이것은 단순히 영양섭취를 가능하게 한다는 것이 아니다. 예컨대, 인체의 면역기능을 조절하거나, 흡수기능을 높이거나, 또는 고혈압을 방지하는 그런 작용이 있는 식품이라고 하고 있다.

한편 일본 농수산성은 기능성 식품의 장래성에 주목하고 식품메이커에의 개발원조에 나설 자세를 보이고 있다. 이를 위해 농수산성의 연구과제에는 바이오테크놀러지 · 초임계가스 · 엑스트루젼쿠킹 등을 포함시키고 있으며, 식품의 품질전환에 의해 새 제품을 개발하겠다는 목적을 지니고 있다. 그 대상은 종래의 건강식품분야 이외에 기능성 식품이 커다란 지위를 차지할 것이다.

건강식품과 관련되는 단체도 전일본건강자연식품협회, 건강식품간담회, 약업건강식품연구사 등의 3개단체가 각각 연구회를 설치하거나 세미나를 개최하는 등 활발한 움직임을 보이고 있다.

5) 전 망

이상에서 보아 온 것과 같은 기능성 식품으로 생각할 수 있는 것에는 이미 EPA처럼 일본에서는 건강식품으로 제조판매되는 것도 있다. 그러나 일본에서도 현행 약사법 · 영양개선법 등의 제약으로 효능 · 효과의 표시가 금지되어 있기 때문에 기능성 식품이라고 명칭을 변경하는 정도로는 고객에게 그 유용성을 충분히 알게 할 수 없다.

따라서 먼저 그 효능 · 효과를 당장 내세울 수 있는 법률적인 정비와 표시기준의 작성이 최대의 과제로 되고 있다. 그렇게 함으로써 기능성 식품에 이른바 식효(食效)가 인정되어 건강식품업계가 기대하는 효능 · 효과의 표시가 가능해지면 지금까지 건강식품으로 제조 · 판매되던 제품의 대부분은 기능성 식품으로서 새로 판매되기 시작할 것으로 생각된다.

그러나 이렇게 되면 기능성 식품이 가지는 생체에 대한 유용성의 평가 · 증명 방법이 새삼 클로즈업(close-up)되며, 여기서 충분히 효과가 있다고 판정된 것만이 기능성 식품으로서 그 유용성 표시가 가능해질 것으로 생각된다. 기능성 식품이란 새로운 식품형태이고, 또 그 유효성을 일정기준으로 유지할 필요가 있고, 새로운 제조기술의 개발도 시급하다.

그래서 일본에서도 농수산성이 설립할 하이세퍼레이션 기술연구조합이 새 제조기술 개발에 크게 공헌하리라고 기대되고 있다. 현재 일본의 식품 메이커들은 2000년대를 겨냥하고 착실한 준비를 추진하고 있다. 기능성 식품으로 분리될 것으로 예상되는 것 중에는 의약품과 동등한 효과를 지니는 것들도 상당수 있으므로 그 효능·효과를 당당히 과시할 수 있는 메리트(merit)가 생기며, 그 때는 참여기업도 많아지고, 따라서 많은 식품이 개발·발매될 것이다.

또 기능성 식품의 인식을 계기로 지금까지 애매모호하던 식품·의약품·건강식품의 경계도 명백해질 것이며, 종래에 건강식품이라는 이름으로 판매되던 상품들도 유용성이 뚜렷한 것은 당연히 기능성 식품으로 탈바꿈할 것으로 예상된다. 21세기 상품으로 각광받는 기능성 식품이 새 식품으로서 일반가정에까지 보급된다면 침체의 늪에서 헤매고 있는 건강식품을 대신해 국민의 건강증진에도 크게 도움을 줄 것으로 기대된다.

5 우리나라의 미래전략

1993년 국민 1인당 GNP ＄7,300은 외식혁명이 일어난 일본의 1978년도와 같이 외식혁명에 의한 전환기를 맞이하지 못한 가운데 고도성장을 보여 왔다. 그러나 그 와중에도 경기불황 및 정부의 과소비 억제와 투자심리 위축으로 재투자가 주춤했고, 1995년도에는 식품 중대기업을 중심으로 외식시장의 정비와 전환이 이루어지면서 자금력·조직력·전문성 및 노하우(know-how)를 바탕으로 전개되는 업체와 다점포를 전개하는 업체중심으로 시장은 활성화되었다. 특히 유통, 패션, 부동산, 호텔에서도 외식과 연계하여 신규참여나 영업력 확대측면에서 가속화되어온 것이다. 1997년 말의 IMF는 국내 소비심리를 더욱더 위축시키면서 21세기 초까지 경기침체에 놓여 있지만, 앞으로 10~15년 후부터는 일본의 스카이락, 다이에이, 세이부세죤, 로얄그룹, 미국의 펩시 칼슨 맥도날드 등과 같은 외식그룹의 등장을 예고하고 있다. 뿐만 아니라 식품 · 유통 · 서비스산업과 연계된 종합생활 서비스기업의 탄생도 낙관적이며, 업종에 따라 라이프사이클(life cycle) 단축도 예상되지만, 상장기업의 속출도 나타나게 될 것이라고 전망하고 있다. 따라서 21세기의 외식산업은 창의적인 아이디어가 가미된 고감도 외식산업과 가치를 추구하는 차별화업종에 의해 주도될 것으로 예측되며, 나아가 한국적인 외식문화가 정착될 것으로 기대되기 때문에 지금이 21세기 밀레니엄시대의 고감도 외식산업 전개를 위한 준비의 시기이며, 국내 외식산업도 전환을 위한 노력이 절실히 요청되고 있는 것이다(홍기운, 2006 ; 236).

이렇듯 외식사업은 서비스산업이자 성장산업이며, 미래지향적인 21세기 첨단산업인 것이다. 아울러 식품 · 유통 · 서비스산업의 최종복합산물이며 종합예술성 첨단산업이기에 적응성장기에 있는 국내 외식산업은 지금부터 21세기를 향한 변화와 발전을 모색해야 할 시점에 있는 것이다. 이와 같은 상황을 고려할 때 우리나라의 외식산업도 21세기에는 선진국과 같은 외식그룹의 출현이 예상되며, 식생활 및 외식산업의 중장기인 측면에서의 미래구도는 [그림 Ⅴ-2]이고, [그림 Ⅴ-3]의 외식그룹화창출을 위한 미래구도를 경영다각화 측면에서 예시하고 있다.

이와 같이 미래전략을 위한 다각화방안의 모색필요성이 대두되고 있는 아래의 구체적인 사례를 엿보면 그 이유를 알 수가 있겠다.

흔히 성숙기에서 쇠퇴기에 접어들면서 나타나는 대표적인 징후는 다음과 같다.

① 신규업소는 점차 줄어들고 폐업을 하는 점포의 수는 늘어나 결국에는 신규로 개업하는 업소의 수보다 폐점하는 업소가 늘어나는 현상
② 총 외식업체수는 소폭 늘어나고 외식업계의 총 매출 역시 늘어나지만 점포당 매출은 감소하는 현상
③ 총 외식업체수가 매년 줄어들면서 동시에 총 매출 역시 줄어드는 현상이다.

[그림 V－2] 외식산업의 미래전략

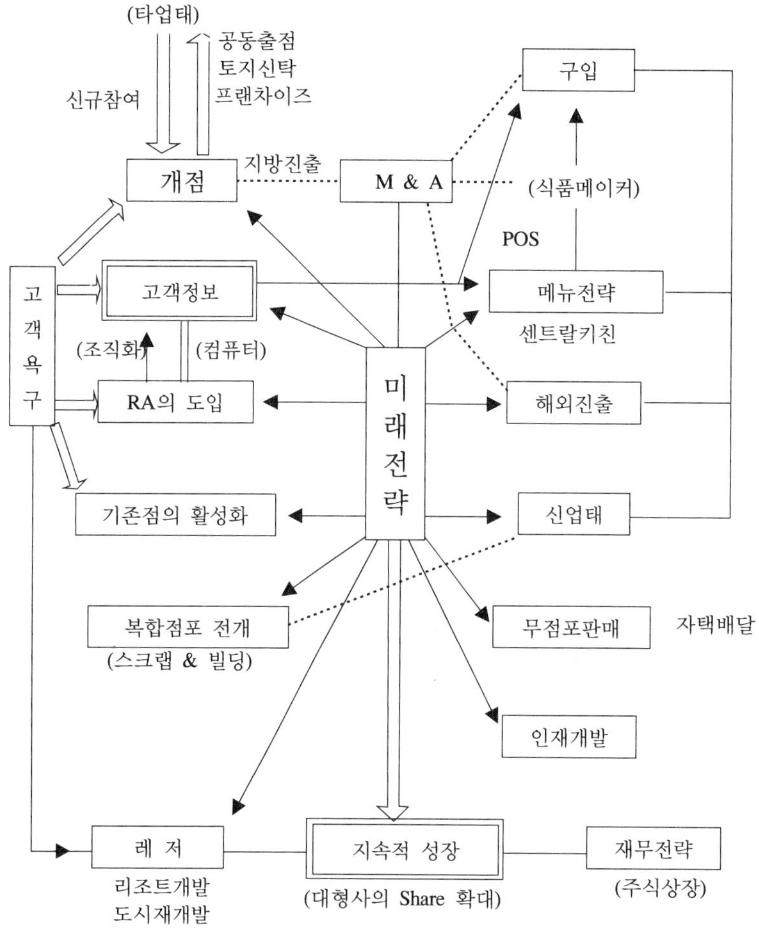

현재 국내 외식업계는 2002년 신규업소는 88,655개, 2003년 84,704개, 2004년 77,058개로 매년 줄어드는가 하면 폐업을 하는 업소는 2002년 59,577개 2003년 60,217개, 2004년 64,312개로 매년 늘어나고 있어 상기의 ①과 ②의 현상이 나타나고 있다. 일본의 경우는 지난 1995년 외식업체수가 총 81만4천여 개에서 2004년 73만 7,500여 개로 무려 7만 6,500개가 줄어들었으며 연간 총 매출 역시 지난 1997년 29조 743억 엔으로 추락해 ③의 현상을 나타내고 있다.

[그림 V－3] 경영다각화를 통한 21세기 국내외식그룹화 구도

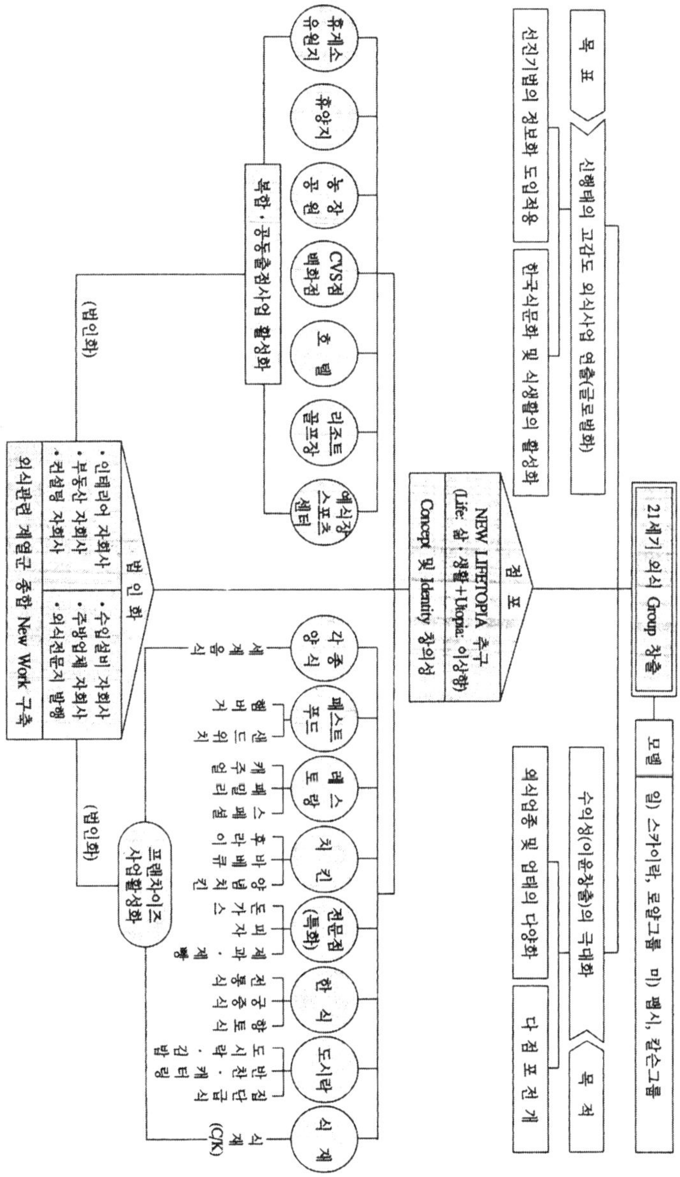

[자료 : 홍기운, 전게서. p. 238]

국내 외식산업의 종사원수 역시 2004년 당시 405만 3천여 명으로 2001년의 426만 5천여 명에 비해 242,000여 명이 줄었다. 따라서 현재와 같은 상황이 계속된다면 국내 외식업계는 오는 2010년부터는 쇠퇴기에 접어들 것으로 전망되고 있다.

제2부 음식문화

Ⅰ. 음식문화의 기초이해

Ⅱ. 식생활 문화의 변화

Ⅲ. 나라별음식 문화

Ⅰ 음식문화의 기초이해

1 개 요

인간이 생존하는 데 있어서 '복리'라 함은 건강, 행복, 번영을 상징하는 만족한 상태를 의미한다고 할 수 있다. 개인의 사회적 지위나 물욕의 정도는 생활에 반영되는 모든 사람의 기본적 욕구와 사회성에 따라 각각 다르게 반영된다. 인간은 누구를 막론하고 자기 복리를 소유하기 위하여 각자 특유의 잠재성을 지니고 출생한다. 그리고 이것을 지키고 누리기 위해 노력하지만 생활 환경에 따라 크게 영향을 받게 된다. 생활 환경의 요소 중에서도 가장 중요한 것은 식(食)이라고 할 수 있다.

태초부터 인간이 제일 좋아하는 일은 먹고 마시는 일과 정사를 즐기는 일, 그리고 명예를 자랑하는 일이었다. 무릇 피와 살을 가진 생불은 생리적 본능 때문에 먹고 배설하는 생식 작용을 하게 마련이다.

철인 소크라테스는 '많은 사람들은 먹기 위해서 살지만 나는 살기 위해 먹는다'고 말했다. 즉, 만물의 영장으로서 사람답게 살기 위해 생명 양식을 취한다는 말이다. 예수도 기도할 때, 하느님 이름을 거룩하게 하고 하늘의 뜻이 땅 위에서 실현되기를 기원한 다음 곧바로 '일용할 양식을 주옵소서'라고 했다. 그러나 시험받을 때에는 '사람이 떡으로만 사는 것이 아니라 말씀으로 산다'고 말했다.

한 인간의 생애란 먹거리에 대한 그 사람의 마음가짐과 태도, 먹거리를 얻는 수단과 먹거리의 내용에 따라 좌우된다고 믿는다. 따지고 보면 개개인이 모인 집단인 민족이 창출해낸 문화라는 것도 그 민족의 식생활의 역사이며 그 영상이라고 할 만하다.

보릿고개니 뭐니 하는 절대적 기아로부터 해방된 지는 이미 오래이고, 이제 여느 선진국들처럼 먹는 일의 즐거움과 아름다움을 도모하는 우리의 실정이고 보면, '먹기' 또는 '먹거리'의 문제를 언뜻 미식(美食)의 문제로 착각하기 쉽다. 그러나 오늘날은 미식을 생각하기에는 너무나 심각한 식생활의 위기, 나아가 생명의 위기에 직면해 있다.

산업화와 경제 발전이 얼마나 풍부한 '먹거리'를 제공해주고 있는가, 또한 아이들의 키는 얼마나 커졌는가, 화려한 식탁에 앉아 포크와 나이프를 품위 있게 쓸 수 있는 기회는 또 얼마나 많아졌는가에 대해 넋을 빼앗긴 사람들은, 식생활의 위기라니 그게 무슨 소리냐고 반문할지도 모른다. 하지만 틀림없는 '위기'이다.

우선 먹는 일이 위험한 일이 돼버렸다. 다른 장황한 말을 늘어 놓을 것도 없이, 물 한 모금 마음놓고 마실 수 없을 만큼 우리의 먹거리 환경은 오염되었다. 더욱이 드러난 오염이라면 의식적으로 피하면 될 일이겠으나 숨겨진 오염이기에 심각하다.

즉 해로운 것은 안 먹으면 되지만, 무엇이 해로운지 이로운지를 알 수 없는 먹거리 환경이 대대적으로 조장되고 있기 때문에 우리는 독인지 아닌지 구별도 못한 채 각종 식품 산업이 일반 '먹거리'라고 포장해서 쏟아내고 있는 수만 가지 것들을 먹어대고 있는 것이다. 그러한 식품의 가짓수를 훨씬 웃도는 수많은 약과 함께 말이다.

가공된 식품이 우리에게 끼치는 해악이 다양한 측면에서 폭로되고 있음에도 불구하고, 아직까지는 그러한 자각이 현란한 상혼에 압도되고 있는 형편이다.

Tips 전쟁통해 식문화 동서교류

오늘날 세계 여러 나라의 식생활 형태를 살펴보면 곡류를 비롯한 전분질권과 우유와 육류섭취권으로 크게 나눌 수 있다. 콜럼버스가 아메리카 신대륙을 발견한 후 아일랜드와 독일을 중심으로 감자가 유럽에서 중요한 식품의 자리를 차지하게 되었다.

인류의 역사가 시작되면서부터 식물의 섭취를 위한 인간과 자연과의 관계는 조화와 상호이용에서 투쟁과 정복을 반복하면서 야생의 열매를 따먹던 시대에서 씨앗을 모아 재배하는 시대로, 다시 짐승을 따라 잡는 원시수렵형태에서 가축을 이용하는 시대로 발전하게 된 것이다.

그래서 젖과 고기와 가죽을 이용하는 기술이 많이 개발되었던 것이다. 불을 발견한 인류가 원시부족국가의 형태를 갖추어가는 동안, 서양에서는 야생밀을 발견·재배하게 되었고, 동양에서는 쌀을 발견하게 되었다. 이러한 일은 이미 기원전 5천년 전에 이루어진 것으로 알려지고 있다.

쌀의 재배에 이어 야생잡곡류와 산나물·열매류를 계속 식용화한 것이다. 이들 재료의 독성을 제거하거나 중화시키면서 식탁을 풍요롭게 가꾸어 온 중국대륙과 우리나라, 일본 등 동아시아지역 민족은 쌀밥 자체의 맛이 뛰어나고 단백질·당질 등 영양의 섭취와 칼로리 공급면에서도 별 문제점이 없어 식생활 패턴이 거의 수천년 동안 유지되어 왔다고 볼 수 있다.

이 결과로 밀을 원료로 한 분식을 바탕으로 하고 우유와 고기를 많이 먹어온 서구 등 민족에 비해 동양인의 체격이 대체로 왜소하다.

또 양젖과 양고기를 주식으로 삼아 온 동북아시아의 몽골 유목민족이 전세계의 거의 3분의 1을 정복하는 결과를 빚기도 했다. 그것을 계기로 식생활의 동서교류가 서서히 이루어 졌다.

다른 민족을 정복하거나 정복당함으로써 이루어진 교류로 문화와 생활양식이 혼합된 것이다. 밀을 먹어 온 역사는 상당히 긴데, 처음에는 밀을 통채로 삶거나 볶아 먹었던 것으로 알려져 있다.

그 후 굵게 갈아먹는 형태로 바뀌는데, 맛이 없을 수밖에 없었다. 그래서 가루를 내어 구워 먹는 빵이 탄생한 것이다.

기원전 2천년경에는 부풀려 만든 발효빵이 선을 보였다고 한다. 딱딱하지 않고 부드럽게 구워 먹는 제빵기술이 발달되었다. 우유와 버터, 치즈, 달걀 등을 첨가하는 영양강화 빵의 개발로 이어져 왔다.

이와 같은 맛있는 발효빵이 만들어진 데는 다음과 같은 에피소드가 있다. 어느 지방의 촌부가 잔치를 치르기 위해 부풀린 빵반죽을 청한 손님에게 충분히 대접할 만큼 준비해 놓았다고 한다. 그러나 잔치날에 온 손님수가 예상보다 적어 반죽한 자료가 많이 남았다고 한다.

다음날 아침에 반죽을 챙겨 보니 그릇 가득히 부풀어 있지 않은가? 놀란 부인은 마귀가 붙은 것이 아닐까 생각되어 버릴까 말까 망설이게 되었다. 그러나 버리기가 아까워 그것을 구워 먹어 보았더니 부드럽고 맛이 좋은 새로운 빵의 맛을 경험하게 되었다는 것이다.

2 음식문화

문화란 예술이나 학문처럼 뭔가 고상한 것으로서, 평소의 사소한 음식에 관한 것은 문화와 관계가 없다고 생각하는 사람이 많았다. 그러나 문화는 어떤 지역에서 공통적으로 볼 수 있는 행동양식으로 그 지역의 사람들에게 습득되어 다음 세대에 전달되는 것이다. 문화를 이와 같은 의미로 해석한다면 식생활에 나타나는 여러 가지 행동이나 물건은 거의 다문화라고 생각할 수 있다.

문화의 종류에는 보편문화와 개별문화가 있다 개별문화는 지역과 풍토에 따라 나라와 민족의 전통문화로 뭉쳐진 사회집단의 모든 사람에게 알려지고 몸에 배여 공유하게 되는 문화를 의미한다.

세계 각국의 식생활 문화에서 공통되는 점은 그것이 쌀을 주로 하는 곳이든 밀을 주로 하는 곳이든 그 지방과 민족에 알맞은 식생활 전통을 지녀왔다는 점이다. 또한 오늘날 식생활에서 간과할 수 없는 것은 그것이 풍토나 민족의 특수성뿐만 아니라 영양학 또는 식품학이라 불리는 새로운 과학지식의 기초 위에서 이루어지고 있는 것이다. 현대의 식생활에서 가장 중요시되는 것은 영양이다. 생명을 유지하고 건강을 보전하기 위해서 식사의 영양은 반드시 필요하며, 영양을 무시하는 식사를 계속하면 질병을 초래하므로, 식사는 언제나 영양의 균형을 고려해야 한다. 이를 위해서 여러 가지 방법이 연구·제안되었는데, 식품을 몇개의 군(群)으로 나누어 이 군에 속해 있는 식품을 가능한 한 빠짐없이 섭취하는 것이 일반적인 방법이다. 또한 최근에는 식사에 함유된 영양소의 양과 그 배분을 중시하는 연구가 진행되고 있다(김숙희 외 1인, 2007 ; 18).

사람이 매일 먹는 먹거리를 생각해보자. 매일의 식단이 매우 비슷함을 알아차릴 수 있을 것이다. 이를테면 아침식사에 쌀밥, 국, 김치를 먹는 사람과 빵과 우유를 먹는 사람이 늘 같은 형태의 아침식사를 먹고 있다. 또 전날 저녁식사로 쌀밥, 생선이나 쇠고기 꼬리, 채소 요리, 김치, 찌개를 먹은 사람은 그 이전의 저녁식사와 비슷한 식단일 것이다. 이와 같이 사람의 식사는 매일 마찬가지고 되풀이 되며, 이러한 식사법은 다음 세대에 전달된다.

아침식사로 밥 · 국 · 김치를 먹는 것은 우리나라의 가정에 널리 퍼져 있고, 앞으로의 세대에게도 계속 이어질 것이다. 위에서 말한 문화의 사고방식에 따르면 이 아침식사법은 명백히 문화이다. 이와 같이 무심히 하고 있는 일상의 음식에 관한 행동이나 물건은 모두 음식에 관한 문화라고 하여도 좋다.

그리하여 어떤 지역에서 먹는 것에 관련하여 공통적으로 나타내는 행동양식을 음식문화라 할 수 있다. 이 행동양식 가운데는 음식에 관한 행동의 방법뿐만 아니라 행동의 대상이 되는 먹이 · 연모 · 사고방식 등도 포함된다. 또 먹는 장소뿐 아니라 조리 곧 먹이감으로 먹이를 만드는 것과 더 나아가 먹이감의 생산까지도 음식문화에 포함시켜야 한다(이성우, 1992).

음식문화는 음식(飮食)에 관한 문화이다. 가족을 식구라 할 정도로 식은 인간에게 중요하다. 식과 사람과의 관계는 종래에는 영양생리학 관점에서 주로 연구되었으나, 현대의 식생활 구조는 경제 ·사회 ·산업 조리 ·문화측면에서 연구의 대상이다. 그러므로 여러 가지 복합요인들을 이해할 때 비로소 식생활문제를 이해할 수 있게 된다. 식생활의 좋고 나쁨의 결과는 한 세대가 지난 다음에 나타나며, 식생활의 시대적 착오는 수정과 회복에 많은 시간이 소요된다는 점에 주목해야 한다.

우리나라는 전통적으로 대화 중 먹는 것에 대해 이야기하는 것을 금기시하였다. 오늘날은 풍요의 시대이며, 먹는 쾌락성을 추구하는 낙식(樂食) 시대라고 한다. 아직 지구에는 다수의 기아집단이 있으나 식량절대부족의 문제보다는 아름다운 몸매 유지나 건강하게 오래 사는 식생활, 치료식으로서의 식생활에 더 관심이 많은 시대이다. 즉 지금은 식량의 절대부족문제보다는 많은 인구가 고차원의 식생활을 누리기를 원하며 식생활을 통하여 건강을 유지하는데 가치를 두고 있다.

한 시대의 식생활문화는 당대의 시대적 가치관을 반영한다. 그러므로 우리의 전통 식생활의 장점, 오늘날 식생활의 문제점, 그리고 다른 이들의 식생활문화를 학습함으로써 건전한 식생활문화란 어떠한 것인가에 관해 가치관을 정립할 필요가 있다.

세계 각국마다 음식과 문화의 차이가 있는데, 미국인들의 경우 대개 식사요청을 세 번씩 하지 않는다. 미국인들은 손님들의 말을 곧이곧대로 알아듣기 때문에 여러 번 요청하는 것은 손님들에게 억지로 먹도록 강요하는 것이라고 생각한다.

다른 나라 사람을 초대하고 그 나라 식문화를 모를 때 난처한 상황을 피할 수 있는 방법 중 하나는 자동적으로 음식과 음료를 내오는 것이다. 그렇게 하면 손님들은 예의에 대한 부담을 느끼지 않는다. 다른 방법은 반복해서 청하는 것이다. 만약 문화의 예법의 규칙을 위반하는 것을 편치 않게 여기는 조심스런 손님일 가능성이 있으면, 세 번 이상 청하는 것이 좋다. 급속한 세계화 현상으로 여러 나라의 음식과 사람을 대하게 될 때 그 나라 문화를 이해하고 있지 못하다면 낭패를 당할 수도 있음을 주지해야 한다 (김숙희 외 1인, 2007 ; 18).

한마디로 음식과 사람의 관계는 종래에는 주로 영양학, 특히 영양소적이며 생리학적인 관점에서 추구되어 왔으나, 현대사회의 식생활 구조는 경제 · 사회구조 · 소득 · 식량정책 산업기술 · 조리기술 · 식습관 · 사교적 측면 · 문화 등 많은 요인이 복잡하게 서로 영향을 주면서 형성되고 있으므로 학제적(學際的)으로 관찰할 필요가 있으며 특히 음식문화를 충분히 이해해야만 앞으로의 식생활 문제를 바르게 논할 수 있을 것이다.

식생활이 좋고 나쁨은 한 세대가 지난 후에 온다고 말할 정도로 긴 안목으로 결과를 보게 된다. 따라서 한때의 식생활의 시행착오는 돌이키기 어려운 일이 되고 수정하고 회복시키려면 너무나 긴 세월이 걸린다. 옛부터 우리나라에서는 대화중에 먹는 이야기를 많이 하는 것을 매우 천대시 하였으나, 한편으로는 궁한 생활속에서 양적으로 충족한 식생활을 바랐다. 그러나 오늘날 우리 국민은 소원대로 먹을 수 있게 되었고 먹는 쾌락성에 대해 공공연하게 이야기를 나눌 수 있을 만큼 사회는 풍요로워졌다.

포식시대를 거쳐 인생의 최대의 낙(樂) 먹는 일에서 찾는 낙식(樂食) 시대가 세계화의 흐름을 타고 우리나라에서도 실현되기 시작한 것은 얼마전까지만 해도 아무도 상상할 수 없었던 현상이다.

이와 같은 변화에 따라 여유가 없고 긴박했던 과거의 음식문화를 뒤로 하고 건강을 지키고 먹는 일에서 인간의 낙을 찾는 다원적이며 다양하고 과학적인 음식문화 향상을 추구하게 되었다. 따라서 소비자의 필요는 음식산업,

음식서비스산업, 외식산업 등의 혁신적인 음식문화산업을 발전시켰으며 선진국들에서 1950년대에 싹트기 시작한 혁신적인 음식문화산업은 우리나라에도 빠른 속도로 신장되었다.

Tips 음식은 문화이다.

동남아를 가면 음식에 그 나라 특유의 향신료가 들어가 있어 대부분의 우리나라 사람들은 비위에 안 맞는다는 얘기들을 한다. 인도는 더 말할 필요가 없다.

그런데 재미있는 것은 우리나라 사람 가운데서도 그 맛에 길들여진 사람은 그 음식이 자꾸 먹고 싶어진다고 하니 음식이야말로 정말 습관들이기 나름이다.

주한 외국인들 가운데서도 한번 김치 맛에 길들여지면, 김치 없이 식사를 못하는 사람도 있다고 한다. 아마도 그런 사람일수록 문화적 편견이 덜하고 마음이 열려 있는 사람이 아닐까 싶다.

쓸데없는 선입견을 버리고 '그래, 한번 이 음식의 묘미는 어떤 건지 알아보자'라고 마음을 열 때, 어떤 음식 특유의 고유한 맛도 성큼 다가오는 게 아닌지 마치 사람에게 있어서 처럼…….

문제는 결국 선입견 버리기이다. '이 음식은 비위에 안 맞을 거야', '어휴 냄새나는 이걸 어떻게 먹을 수 있을까?' 이와 같은 고정관념에서 탈피해 한번 순수하게 그 음식에 몰입해 보면 어떨까 싶다.

여행을 떠나면—특히 한국인 단체 여행일 경우—어딜 가나 한국 음식점만 고집하며, 다른 걸 못 보더라도 기필코 멀리 떨어져 있는 코리안 레스토랑을 찾아 식사를 하는 사람들을 많이 볼 수 있다. 사실 그 나라 음식을 맛보고 오는 것도 훌륭한 관광 중 하나다.

우리 음식은 늘 먹을 수 있는 거니까, 어떤 나라에 가면 그 나라 특유의 음식을 맛보고 오는 게 바로 다양한 여행을 가능하게 하는 하나의 방법이라고 생각한다. 음식이란 곧 그 나라 사람들의 살아가는 형태요, 문화인 것이다.

그래서 가만히 살펴보면 우리나라를 찾은 외국인 중에, 식사대접을 하려 하면 자기 입맛에 맞는 서양식 음식이 아니라 꼭 한국을 느낄 수 있게 하는 음식점을 가자고 주장하는 사람들이 있다. 예컨대 시장에서 파는 순대, 한정식, 빈대떡 같은….

나 역시 다른 나라를 여행할 때는 이 음식관광이란 걸 꼭 해보려고 노력하는 편이다. 프랑스에 가면 다소 비싸더라도 정통 프랑스 요리를 하는 고급 레스토랑, '맥심'같은 데 가서 맛을 보는 경험을 하려고 하고, 일본을 가면 또 전형적인 일본 다다미방에서 기모노를 차려 입은 여인이 갖고 들어온 전형적인 일본 상을 받아보기도 하고 말이다.

영화, <음식남녀>에서 볼 수 있듯이 요리는 한마디로 예술이다. 또한 정성이고 그래서 나는 사먹는 음식이든 집에서 먹는 음식이든 해준 사람의 정성과 노력을 생각하며 정말이지 감사하는 마음으로 아무거나 다 잘 먹는 편이다.

결국 9년째 새벽 방송을 하고 있는 나의 건강 비결이란 아무거나 골고루 잘 먹는 데 있는 것 같다. 그 중에서도 특히 좋아하는 음식은 김치찌개, 피자, 샐러드, 치킨

등인데, 이것들을 같이 파는 음식점은 없기 때문에, 휴일이면 무척이나 다양하게 음식점 순례를 하게 된다. 휴일의 낙이라고나 할까?

요즘 식당들 추세는 eat(먹는 것)만 갖고는 안 되고, entertainment(오락)가 있어야 한다고들 한다. 소위 볼거리, 오락, 이벤트적인 요소들이 가미되어야 한다는 말이다. 그래서 합해 '이터테이너'가 돼야 한다고 하던가?

그리고 고객들에게 확실히 인지될 수 있는 특성을 갖추어야 하는데, 예컨대 '솥뚜껑 삼겹살집'에 이어서 요즘 새로 생긴 '옹기뚜껑 삼겹살집'이라든가 동숭동에 있는 멕시코 음식 전문점 '엘파소', 압구정동에 개장한 중국음식 배달전문점 '린린', 강서구청 뒤에 있는 철판구이 전문점 '미스터 철판'등이 그것이다.

나름대로의 특징과 더불어, 내부도 음식 특징을 한눈에 알 수 있게 꾸미고들 있는데, 철판구이 집에서는 조리사의 재미있는 쇼(칼들고 하는)도 하나의 볼거리이다.

식구들 입맛이 각자 달라, 일요일 점심 때는 메뉴갖고 심각한(?) 갈등을 겪게도 되는데, 그런 면에서는 멕시코 음식부터 한식까지 다양한 메뉴를 갖추고 있는 프렌차이즈점, 'T. G. I. Friday's를 찾을 때가 편할 때도 많다.

휴일에는 기다려야 하는 불편함이 있으나 음식점은 역시 맛으로 승부를 해야한다는 것이 그렇게 기다리면서도 또 다시 찾게 될 때 스스로 실감하곤 한다.

식당에서 제일 보기 싫은 것은 부어터진 종업원, 너무 짜다거나 국물에 머리카락이 있다거나 팥빙수의 팥이 상했다든가 고기가 안 익었다든가 등등의 이유로 종업원을 불렀을 때, 따지듯이 혹은 변명하듯이 늘어놓는 종업원의 태도이다. 그럴 때는 두말할 필요 없이 바꿔줘야 한다. 그래야 다시 오게 되니까.

음식 장사가 괜히 어렵다고 하겠는가? 맛과 친절, 이 모든 게 잘 아시다시피 결국 주인의 끊임없는 관심과 지도하에 가능할 수 있는 것이다. 서비스 교육도 마찬가지다. 그렇게 주인의 말이 먹히려면 또, 평소 종업원들을 인격적으로 대우해주고 따르게 만들어야 함은 두말하면 잔소리다.

종업원들 관리가 가장 어렵다고 한다. 소위 인력수급 문제인데, 그래서 요즘은 주방장 눈치볼 것 없이 특별한 기술 없이도 주인이 만들 수 있는 소규모 김밥집, 라면떡볶이집, 만두집 같은 데가 속 안 썩고 짭짤하다고도 들었다.

그밖에 또 중요한 것은 주인의 인심이 좋아야 한다는 점이다. 주인이 미워 조리사가 망하라고 고기를 듬뿍듬뿍 상에 내놓았더니만 그 집에 사람이 미어터져 오히려 더 부자가 됐다는 이야기가 있기도 하지만 재료 아끼고 그래서 결과적으로 야박하다는 인상을 주면 다시 찾고 싶지 않은 게 또 이 음식점이다.

같은 손님의 입장에서도 눈살을 찌푸리게 만드는 사람들이 물론 있다. 자기집 안방인 양 너무 크게 떠드는 사람들, 종업원에게 반말 찍찍 하면서 돼먹지 못하게 구는 사람, 자기 아이가 왔다갔다하며 민폐를 끼쳐도 우리 아이는 원래 저래요! 하며 제지하지 않는 사람 등등.

만일 기회가 닿는다면 한번 스페인식 레스토랑을 열어보고 싶다. 그쪽 음악, 문화, 음식 등을 좋아하는 나로서는, 스페인풍의 실내장식과 플리멩고 음악, 그리고 저녁에 한차례씩은 플라멩고 춤을 보여주는 그런 식당을 한번 내보는 게 꿈이다. 그때에도 식당 한켠 DJ박스에서 음악을 틀고 있을까?

[자료 : 이숙영, 뚝배기, 1996. 10]

3 음식문화의 사회성

음식을 먹는다는 것은 인간의 생존방식에서 가장 중요한 쾌락 중 하나다. 그러나 이러한 생리적 욕구에 속하는 쾌락성에 대해 가치를 두는 사회와 그렇지 않은 사회가 있다.

전자는 서구의 합리적 사회의 관습이고, 후자는 동양의 전통적 관습에 속한다고 볼 수 있다. 우리나라는 전통적으로 먹는 일에 대해 말하는 것은 점잖지 못하다는 인식이 광범위하게 퍼져 있었다. 또 가정에서도 먹는 일(밥과 찬류)에 대해 말이 많으면 남자답지 못하느니 주는 대로 먹어야지 웬 말이 많냐는 식으로 좁쌀영감 취급을 받아왔다.

이러한 음식에 대한 기본적 인식의 차이는 민족의 생존환경과 밀접한 관련이 있다. 서구에서도 라틴계의 영향을 받은 여러 나라에서는 전통적으로 음식의 쾌락에 관해 이야기를 많이 하는 편이고, 금욕적인 프로테스탄티즘(신교)의 세례를 받은 나라는 그렇지 못한 편이다.

일반적으로 저소득층이 많은 나라는 고소득층이 많은 나라보다 음식문화나 음식의 즐거움, 음식의 쾌락 같은 문화가 별로 발달하지 못했다. 반면에 소득수준이 향상되고 일정 수준 이상의 생활을 국민들이 영위하게 되면 음식문화가 발전하게 된다.

역사적으로 보면 음식문화는 사회계층간의 계급구조에 따라 차등을 두고 발전해왔다. 지위가 높거나 부가 많은 특권층은 음식의 종류와 각각의 조리법에 많은 시간과 노력을 투자하여 최상의 음식 맛을 추구한다. 이에 비해 일반 서민층은 생리적 욕구충족에 급급한 음식문화가 형성되게 마련이다. 이렇게 계급에 따라 차등적으로 발전되어온 음식문화가 레스토랑이라는 대중을 상대로 영리를 목적으로 하는 영업소가 생겨나면서 계급차를 가진 음식문화의 편중이 대중 지향적으로 해소되게 되었다.

어느 누구라도 금전을 지불하면 최상의 음식을 즐길 수 있는 시대가 온 것이다. 이러한 음식업소의 등장으로 계급차에 의한 음식문화는 해소되었으나 다른 한편으로는 새로운 계급차가 생겨나 또다시 불평등한 음식문화가 형성되었다. 다시 말하면 경제력의 차이에 의한 식사내용의 격차가 새로운 계층을 형성하게 된 것이다.

최근 우리나라의 음식문화는 식생활면에서 많이 평준화되었다. 1960~1970년대 중반까지만 하더라도 식모를 두고 음식을 조리케 하던 가정이 다수 있었지만 최근에는 일부 계층을 빼고는 거의 이런 가정이 없어졌다. 즉, 아주 잘 먹는 사람도 또 아주 굶주리는 사람도 별로 없는 보편적 음식문화가 형성되고 있는 것이다.

이러한 음식문화의 보편화 경향은 전통식, 향토식에 대한 우리 고유의 음식문화가 사라지는 이유가 되고 있다. 여기다가 외국의 앞선 외식문화가 홍수처럼 밀려들어 우리의 전통 음식문화에 대한 정책당국의 보존의지가 아쉽다.

음식문화의 보편화 현상은 계층과 계급차를 없애는 긍정적인 측면과 더불어 외래 음식문화의 무분별한 유입이라는 부정적인 측면도 동시에 가져왔다.

음식문화가 발전하려면 농축수산물의 유통구조가 합리화되고 국민들의 구매력이 높아져야 한다. 그러나 음식의 질의 차이를 제외하고는 우리나라는 '음식의 민주화'를 이룩한 모범적 국가로 세계적으로 손꼽힐 수 있을 것이다.

특수한 경우를 제외하고는 열심히 일을 하면 먹고 싶은 것은 먹을 수 있는 나라 중 하나다. 물론 사회 일각이나 어려운 곳에서는 굶는 사람도 있을 것이다. 그러나 보편적으로 보면 누구나 노력한 대가 만큼 충분히 먹을 수 있는 사회가 우리 사회라고 할 수 있다.

원래 미식가는 음식을 쾌락의 관점에서 생의 목적으로 추구하기 때문에 일반인이 갖고 있는 정서와 상당히 배치되는 면이 없지 않다. 그러나 이러한 일단의 사람들 때문에 음식문화의 발전이 이루어져 왔다고 볼 수 있다.

즉, 불평등 속에 음식문화의 발전이 이루어져 왔다. 바로 이것이 '음식문화의 사회성'이라고 할 수 있다(자료 : 뚝배기, 1998.5).

4 음식문화의 다양성

아프리카, 서남아시아, 인도, 동남아시아, 호주, 중남미의 원주민들은 손으로 음식을 집어서 먹는 것이 보편화되어 있다.

나이프, 포크, 스푼이나 젓가락을 사용하는 문화권에서 보면 손으로 음식을 집어먹는 것이 비위생적이고 예절이 없고 야만적이라고 느끼기 쉽다.

음식을 담는 그릇이나 입 사이에 도구를 사용하여 직접 손을 대지 않고 음식을 먹는 것이 생활화된 문화권에서는 음식을 손으로 집어 그대로 먹는 것이 매우 원시적인 행동으로 보일 것이다. 그러나 음식을 먹을 때 손과 직접 접촉하는 식사 행태를 경멸하는 것은 문화적 차이일 뿐이다. 즉, 도구를 사용하는 식생활 문화권에서 바라본 자기 중심적 사고의 결과이다.

손으로 직접 음식을 먹는 문화에서도 나름대로의 식사에티켓이 있으며 식사 전과 식사 후 손을 씻는 것은 보편화된 습관에 속한다.

북아프리카의 이슬람 사회에서는 식사 전과 식사 후 손을 씻고 물로 입을 씻는 등의 행동은 이슬람 사원에 들어가기 전 부정을 없애는 행동과 일치한다. 모로코나 튀니지에서는 음식을 바닥에 늘어놓고 사람들이 음식을 에워싸듯이 한쪽 무릎을 세운 자세로 하거나 책상다리를 하고 앉아 식사를 한다. 한쪽 무릎을 세우는 이유는 식사의 쾌락 부정 원리가 작용하는 종교적 이유에서 출발한다고 한다. 또, 손으로 음식을 먹는 대표적 문화권으로 인도를 들 수 있다. 인도는 힌두교를 기축으로 하는 문명권이다. 인도권에서도 이슬람권과 같이 식사 때 오른손을 사용한다. 그리고 음식을 처음부터 분배하여 먹고 주식인 밥이나 빵에 커리 등을 섞어서 먹는다.

인도는 엄격한 신분의 구분이 존재하는 음식문화를 갖고 있다. 자기 자신보다 밑에 있는 사람(카스트 제도)의 손이 닿은 음식은 부정하다고 해서 먹을 수 없는 음식으로 분류한다. 그렇기 때문에 음식을 준비하는 조리계층은 일반적으로 최고의 계급신분을 가진 계층의 전속 직업군으로 분류된다.

이와 같이 식사에티켓은 음식 섭취의 질서를 유지하기 위하여 각각의 음식 문화권의 특성에 따라 다양한 행태를 보인다.

음식을 개별로 분배하여 식사를 하는 경우와 공통의 그릇에 준비해 놓고 가져다 먹는 경우가 있고 한 사람씩 따로따로 제공하여 먹는 경우도 있다.

일반적인 음식문화로는 한 명씩 개인 단위로 음식 요금을 책정하여 한 사람씩 음식 요금을 받고 제공하는 것이 관례이다. 손으로 음식을 집어먹는 음식 문화권에서는 튀긴 기름 음식이나 뜨거운 요리는 먹는 일이 없으며 손으로 집기에 적당한 온도를 유지하는 음식이 주류를 이룬다.

음식물을 커다란 공통의 용기에 담아서 식사를 할 때 문제가 되는 것은 음식분배를 둘러싸고 다툼이 일어나지 말아야 한다는 것이다.

따라서 가장이나 연장자가 나이프를 사용해 음식을 잘라서 배분하는 전통이 이어져 내려왔다. 이러한 전통이 계승되어 양식의 로스트 치킨 등을 나이프로 잘라 배분하는 것이 가장의 역할이었다. 나이프 다음으로 양식에서 많이 사용하는 포크와 스푼은 17세기 유럽의 전형적인 상류사회의 식사 형태를 반영하고 있다. 식탁에 나이프, 포크, 스푼이 개개인에게 모두 배분되어 식사를 하게 되었으며 이러한 관습이 서민에게 정착되기까지는 많은 시간이 걸렸다고 한다.

이탈리아의 스파게티(국수의 일종) 요리도 처음에는 손으로 집어먹다가 그 후 귀족층에서 포크 등을 사용하였고 현재 도구를 사용하여 먹게 되는 것으로 정착되었다.

음식문화가 발달한 프랑스 요리도 처음에도 바이킹 요리처럼 식탁 위에 한꺼번에 많은 요리를 늘어놓았다가 19세기 후반이 되어서야 한 접시씩 코스 순으로 제공되게 되었다.

이와 같이 식사시 음식을 분배하여 손으로 집어먹다가 나이프, 포크, 스푼이나 젓가락 등을 사용하는 문화로 정착된 것은 그리 오랜 역사가 아니다. 이러한 식사 행태는 유럽에서 시작되어 슬라브계, 호주, 북아메리카, 중남미 등으로 이민 온 백인들 사이에서 급속히 확산되어 정착하였다. 그러나 유럽의 직접 영향을 적게 받은 태국, 말레이시아, 인도네시아, 필리핀 등의 동남아시아 국가에서는 포크와 스푼의 용도가 변형되어 사용되고 있다. 오른손에 스푼을 들고 왼손에 포크를 쥐고 접시에 담긴 밥이나 음식을 포크로 모아서 스푼 속에 올려놓고 스푼으로 음식을 먹는 형식이다.

[표 Ⅰ-1] 3대문화권의 먹는 방법

먹는 법	기 능	특 징	지 역	인 구
수식문화권 (手食文化圈)	음식을 섞다 음식을 집다 음식을 나르다	이슬람교권, 힌두교권 동남아시아에는 엄격한 수식매너가 있음 인류 문화의 근원	동남아시아, 중근동(中近東), 아프리카, 오세아니아	40%
저식문화권 (著食文化圈)	음식을 섞다 음식을 집다 음식을 나르다 음식을 자르다	중국문명 중 화식(火食)에서 발생 중국과 한국에서는 수저가 세트 일본은 젓가락만 사용	한국, 일본, 중국, 대만, 베트남	30%
나이프 · 포크 스푼식 문화권	음식을 자르다 음식을 찌르다 국물을 뜨다 음식을 나르다	17세기 프랑스 궁정 요리 중에서 확립 빵만은 손으로 먹음	유럽, 구소련, 북아메리카 남아메리카	30%

[자료 : 김혜경 외 4인, 문화와 식생활, 효일문화사, 1998]

즉, 유럽처럼 음식을 포크로 찍어서 먹는 일이 드물다는 것이다. 동남아시아의 음식은 손으로 집어서 한 입에 먹을 수 있도록 미리 칼로 잘라 내어 놓기 때문에 식탁에 나이프를 꺼내 놓을 필요가 없다.

젓가락 사용 문화권에서는 양식을 먹을 때를 제외하고는 포크, 나이프 등의 도구를 사용하는 일이 거의 없다. 이상 여러 가지 형태의 식사문화는 독자적인 문명으로서 이루어져 있어 앞으로도 특정 지역의 음식문화가 타 지역의 음식문화와 동일하게 발전되기는 어려울 것이다(뚝배기, 1998. 7).

인간의 먹는 방법은 문화권에 따라 몇 가지로 분류하는데 수식문화와 수저문화, 그리고 나이프 · 포크와 스푼 문화의 세 가지로 나누어볼 수 있다(차민아, 1998. 12).

상기 표의 내용처럼 음식물을 입에 넣는 방법뿐만 아니라 식탁과 식기에 관계되는 식사행위도 달라져 식탁의 경우 자리에 앉는 순서, 요리의 배선과 먹는 순서, 손님 접대의 차이, 식사에 관한 터부 등이 각 나라의 문화에 따라 다르게 규정되므로 개인의 식사장면의 연출에 따라 그 나라의 식생활문화를 유추해볼 수 있다. 따라서 인간의 '식사행동'이란 개체 단위로 먹는 행위가 이루어지는 동물과는 달리 '공식(共食)을 하는 사회적 동물'인 것을 알 수 있다. 인간의 식사는 한 개인만으로 완결되는 행위가 아니라 식사를 함께 하는 다른 사람들과의 관계를 통해 영위되는 행위이다. 따라서 먹는 법과 관련된 여러 가지 규정(Rule)이 각 나라의 문화의 차이에 따라 성립되므로 국가간 · 개인간의 식사문화와 식문화는 다를 수밖에 없다. 이와같이 식사행위에 따른 사람들의 일체의 행동거지를 규정하여 약속한 것이 먹는 방법, 즉 식사행동체계로 식품가공체계와 함께 각 나라의 역사적 배경에 따라 다양한 식문화와 식사문화가 형성되어왔다.

Tips 음식은 문화상품이다.

폭군 광해군은 날고기를 좋아했다. 간혹 구워 먹더라도 살짝 굽게 했다. 나물은 더럽다고 먹지 않고, 밥은 죽처럼 질게 해서 먹었다. 또 엿을 좋아했다.

식성은 사람마다 제각각이다. 마찬가지로 입맛은 나라마다 제각각이다.

신라의 스님 혜초(慧超)가 아득한 먼 나라 인도(천축국)를 향해 떠난 것은 그의 나이 열아홉 되던 해였다. 지금으로부터 1,271년 전이다. 중국의 광주(廣州)에서 배 출 타고 동부 인도로 가서 인도천하를 돈 다음, 중앙아시아를 거쳐 중국의 신강성으로 돌아왔다. 꼬박 4년 동안의 나그네길이었다.

그는 당시 인도 사람들이 술을 마시지 않는다고 기록했다. "술에 취한 사람들이 싸우는 것을 보지 못했고, 술을 마셨더라도 기운을 차릴 뿐, 노래 부르고 춤추며 떠들고 방탕하는 사람들을 보지 못했다"고 했다.

아마 인도 사람들은 이때에도 '고기와 파 · 부추 등'을 먹지 않았던 것 같다.

혜초는 중앙아시아의 '투카라'라는 나라에 와보니 "고기와 파 · 부추 등을 먹더라"고 했다. 인도에서는 보지 못한 일이었을 것이다.

파나 부추는 불교에서 금지하는 '오신채(五辛菜)'에 속하는 음식이다. '오신채'란 먹어서는 안 되는 '다섯 가지 매운 푸성귀'다. 마늘 · 달래 · 무릇 · 큰파 · 가는 파를 가리킨다.

부처는 일렀다.

"고기를 먹지 않고, 술을 마시지 않고, 오신채를 먹지 아니하므로 몸에 더러운 냄새가 없어서… 세상 사람들의 공경하고 존중하고 찬탄함을 받으며……."

그러니까 혜초는 1,200~1,300년 전 인도에서 술과 고기와 파 · 마늘을 먹지 않았다는 것을 기록해둔 셈이다. 인도에서는 또 개고기를 먹는 것이 용납되지 않았다. 부처는 "곡식이 귀할 적에는 바라문들이 목숨을 부지하기 위해 개고기라도 먹는 것처럼……."이라고 했다. 흉년이 들어 굶어 죽게 됐을 때에는 살기 위해 '개고기라도' 먹는다는 뜻이다.

그러나 고대 중국에서는 개고기가 중요한 계절음식이었다. 기원전 719년, 그러니까 지금으로부터 2,513년 전의 일이었다. 노(魯)나라의 사신으로 숙손착(叔孫婼)이라는 사람이 진(晉)나라에 갔다. 주(邾)나라와의 분쟁을 해결하기 위해 간 것이었다. 이때 진나라는 노나라의 외교관인 숙손착을 붙잡아 가두었다. 그를 감시하던 진나라 관리가 숙손착에게 그의 개를 달라고 했다. 아마 이때 중국 사람들은 먼 길을 갈 때에도 개를 끌고 다녔던 모양이다. 그러나 숙손착은 개를 주지 않고 있다가 귀국하게 돼서야 개를 잡아 그 관리에게 주어 먹게 했다. 『춘추좌전』이라는 역사책에 나오는 기록이다.

기근이 들면 살기 위해 '개고기도 먹는다'는 인도와는 아예 딴판이다. 인도와 중국이 그렇게 다른 만큼 한국도 중국과 다르다.

금남 최부(錦南 崔溥)가 제주도에서 나주로 가다가 폭풍을 만나 망망대해를 표류하게 된 것은 지금으로부터 506년 전인 성종 임금 19년의 일이었다. 기적적으로 살아서 중국땅에 상륙한 그는 갖은 고생 끝에 다섯 달만에 돌아왔다.

그를 호송하던 중국인 진훤(震萱)이 "귀국에서도 손님을 접대할 때 차를 쓰는가?"고 물었다. 이에 최부가 대답했다. "술은 내지만, 차는 안 내오." 진훤이 또 말했다. "우리는 접대용으로 차를 내는 게 보통인데, 다정한 친구가 먼 데서 오면 혹 술을 내는 일이 있기는 하오"

중국 사람들이 차를 냉수 마시듯 하는 것과 달리, 우리는 차를 마시는 풍속이 조선왕조 들어 차츰 잊혀졌다. 그런가 하면 일본 사람들은 중국 사람들과 마찬가지로 차를 좋아했다.

숙종 임금 때 통신사 홍치중(洪致中)을 따라 일본에 갔던 제술관(製述官) 신유한(申琉翰)은 뱃길로 가던 중 지도(地島)라는 섬에서 쉰 일이 있었다. 민가에서 "마실 물을 달라"고 했더니 '푸른 차'가 나오더라고 했다. 통신사 일행이 묵은 사관(使館)은 덕천막부(德川幕府)의 찻집(茶室)이었다. 통신사 일행을 태운 배에도 차를 끓이는 도구들이 있었다. 가게에서는 차를 달여서 고객을 접대하는 아가씨들이 있었다. 이 아가씨들을 '다희(茶姬)'라고 하였다. 또 가는 곳마다 수령들의 찻집이 있었다. 275년 전인 숙종 임금 45년의 일이다.

그러니까 중국이나 일본은 차를 즐겼지만, 조선만은 그렇지 않았던 것이다.

일본의 음식에도 신유한은 별로 입맛이 당기지 않았다.

조선땅이나 다름없는 대마도(對馬島)에서는 음식이 '먹을 만하다'고 했다. 술, 고기 과일,밥, 국, 국수 등이 나왔다. 또 수도인 강호(江戶)에서 대접받은 음식이 "정갈해서 먹을 만하다"고 세 차례 말했다.

그러나 몇 차례의 성대한 잔치에서 "먹을 것이 없다"고 세 차례 말했다. 대마도에서도 "수북이 차려놓았으나 먹을 만한 것은 없었다"고 한 차례 말했다.

그렇다면 당시 일본 사람들은 우리 음식을 어떻게 생각했을까?

지금으로부터 175년 전인 1823년부터 7년 동안 일본 남단의 섬에 와 있었던 독일인 의사 시볼트는 말했다.

"일본 사람에 의하면 조선 사람의 요리는 일본 음식과 다르지만, 맛있다고 한다."
그는 "야채, 생선 또는 새 · 짐승의 고기에 소금으로 절인 야채가 조선 사람들이 일상 먹는 음식"이라 했다. 이것은 일본 사람들에게서 들은 말을 적어둔 것이다.
이처럼 식성은 나라마다 다르다. 그렇지만 사람의 입맛이란 결국 비슷하다.
'양식'이나 '서양 요리'라고 불리는 서양음식을 살펴보면 다음과 같다.
서양에서는 어느 나라나 음식을 들기 전에 음료를 마시게 마련이다. 와인이나 맥주 같은 가벼운 술이 아니면, 오렌지 등 파일 주스나, 콜라나 사이다 같은 탄산 음료를 마신다. 그것을 서양 사람들은 '에피타이저'라고 부른다. '입맛 돋우기'란 뜻이지만, 정확하게 옮기자면 '군침 돋우기'가 된다. 밥을 먹기 전에 새콤한 음료로 군침을 돋우는 것이다. 서양 음식이 오늘날 세계를 주름잡기까지에는 이처럼 다양한 노력이 있었다.
우리 음식에는 특별히 군침을 돋우는 음료가 없다. 음식 자체가 군침을 들게 하기 때문이다. 그 비밀은 김치 같은 발효식품과 '갖은 양념'에 있다. '세계 최고의 맛있는 음식'—우리는 우리의 전통음식을 그렇게 자부할 수 있다. 그런데도 얼마 전 일본을 거쳐 한국에 왔던 클린턴 미국 대통령의 부인은 김치를 권하자 이렇게 말했다. "아…. 김치요 일본에서 맛봤어요" 이미 1960년대 말 유럽에서는 '일본 레스토랑'이라는 간판을 내걸고 한국식 불고기를 내놓았던 것이다. 이처럼 양식이건 전통음식이건 음식은 그 나라 그 민족을 대표하는 '문화상징품'이다.

[자료 : 뚝배기, 1994. 6.]

5 식습관을 결정하는 요인

식습관이라는 용어는 우리 개인의 건강차원 뿐만 아니라 지역이나 국가 차원까지도 그 의미를 확대 해석해볼 수 있다.

먼저 식습관을 요약하면 다음과 같다(이성우, 1992).

첫째, 식습관이란 식생활에 존재하는 습관이다. 인간이 먹이감을 얻어 조리 가공해서 섭취하기까지의 과정을 식행동(食行動)이라 하지만, 식습관은 그 식 행동에서 사회적, 문화적, 심리적 영향을 받아 하나의 습관이 된 것을 말한다.

둘째, 식습관은 단순한 사회적 습속(習俗)에 의한 것과 금기식, 식궁합(食宮合), 기호적인 것이 있다.

습속이란 세시 행사(歲時行事)나 의례 등에 따르는 식사이다. 경사스런 식사가 여기에 해당한다. 식궁합은 엄밀히 따지면 습속의 일종이고, 금기식은 특정 먹이감의 섭취를 금한 규정이지만, 일반 동물성 식품에서는 종교에 관계되는 경우가 많다. 또 식 기호에서 나온 식습관은 상식(常食)하는 먹이의 기호가 습관화된 것이다. 향토식을 그 지방사람들이 좋아해서 식습관이 된 것도 한 예가 된다.

셋째, 어쨌든 식습관은 식행동에서 고정화(固定化), 정식화(定式化)한 것으로 세계의 어느 곳에나 존재하는 식문화의 전승이다.

그래서 식습관을 안다는 것은 개인, 가족이나 지역 등에서의 영양장애, 식생활상의 결함 및 식량문제의 핵심을 바르게 알게 되는 것이고, 이로써 영양지도나 식생활 개선 등을 효과적으로 할 수 있게 된다. 일반적으로 식습관에 대한 연구는 영양학은 물론 역사적 관점에서 인간과 식품의 관계를 연구하는 식품사나 민속학의 관점에서 사람들의 식생활 풍속에 대하여 행해져 왔다.

식습관은 인간이 후천적으로 형성하는 생활양식으로, 어떤 집단의 구성원들에게 공유되고 있는 식생활 바로 그것이라 하겠다. 생활양식이라 함은 단순히 인간의 행동으로서 표면에 나타나는 것만이 아니라 감정이나 사상 등의 내면적인 생활도 포함되어 있는 것이다.

이와 같이 식생활 풍속이나 생활 양식에 크게 영향을 미치는 요인은 지리적 요인, 문화적 요인, 생리적 요인, 본능, 욕구 등을 들 수 있다.

1) 지리적 요인

고대에는 발달된 문화나 문명이 없었으므로 지리적 조건이 인간의 생활에 직접적인 영향을 주었다. 인간은 아마도 원시시대에 이미 풍부한 종류의 식품을 가지고 있었을 것이다. 그러나 식품을 채집하고 수렵하는 데 현대 문법사회에서는 상상이 안 될 정도로 곤란한 지리적 조건 때문에 엄격히 제한 받았을 것으로 생각된다.

지리적인 조건으로는 수질, 토양, 기후, 지형 등이 식습관을 결정하는 1차적인 요인이고 그에 따라 결정되는 식물상과 동물상은 2차적 요인이다.

[표 Ⅰ-2] 기후와 음식의 관계

기 후	일반적인 특성	주요 상출 품목
한대기후	음식이 담백하고 싱겁다. 가공을 거의 하지 않는다. 음식의 종류가 매우 적다 생선의 조리가 많다.	순록, 곰, 수렵, 해조, 치즈, 요구르트 등
온대기후	다양한 음식의 종류와 조리법이 발달했다. 가공식품이 발달했다. 주로 곡류로 된 음식이 많다. 순하거나 독한 술이 많다. 적당량의 향신료를 상용한다.	목축업, 건조식품, 유제품, 다양한 채소류, 수박, 딸기 등 과실류, 다양한 축산물, 쌀 등의 곡물류
열대기후	과다한 향신료를 사용 기름을 이용한 조리법이 발달 음식의 종류가 비교적 적다 채소 대신 과실을 이용 찰기가 적은 쌀 등 곡물류	목축업, 유재품, 쌀, 옥수수, 밀, 콩 등 열대성 과일, 어패류, 각종 향신료

다시 말하면 원시시대에 인간이 먹었던 나무열매, 종자, 풀뿌리, 동물의 종류와 수량은 지리적 요인에 의해서 결정되었다는 것이다.

그 다음 사람들은 동물을 가축화하게 되었고 가축들은 다만 식료로만이 아니라 농경용 기구로 이용되어 농산물의 종류와 양을 증대시키고 조리기구나 농기구의 제조나 개량으로 생활양식이 변하게 되었다.

한편 야생 식물 중에서 수용될 수 있는 종류는 재배하게 되었고 특히 종실을 맺는 일부 식물들은 곡류로서 품종이 개량되었다. 이에 따라 농업 기술이나 지식이 발전하였으며 목축시대와는 달리 인간을 한 곳에 정착하게 하였다.

또 지리적 조건은 음식물의 종류와 양을 제한했을 뿐 아니라 바다, 산, 강, 사막 등으로 인해 다른 지역이나 집단에서 새로운 식량이 유입되는 것이 힘들었다. 이와 같이 지리적 조건에 따라 교역이 이루어지기 어려웠던 것은 인류가 만든 환경인 문화의 영향으로 서서히 제거되었다.

세계의 기후에 따라 나타나는 음식의 일반적인 특성과 주로 산출되는 먹거리의 종류를 요약하면 다음 표와 같다(차민아, 1998).

2) 문화적 요인(종교)

식습관에 영향을 주는 문화적 요인은 고대의 종교와 현대의 합리주의에서 볼 수 있다. 종교는 식습관에 강한 영향을 주고 있는데, 우리나라에서도 일부 종교에서 특정 음식을 금기시하며 또 세계 여러 곳에서 종교에 결부된 음식금기의 예를 볼 수 있다.

우리나라의 음식금기 현상은 종교나 미신, 그리고 옛부터 내려오는 것에 의해 부분적으로 존재하면서 식생활에 실제로 영향을 주는 경우도 많다.

따라서 우리가 특정 집단의 식생활 문화를 이해하려 할 때 그들의 신앙과 음식과의 관계를 알지 못하면, 그곳의 온전한 음식문화를 제대로 이해하기는 어렵다 할 수 있다. 표는 세계의 종교와 관련된 금기식품에 관한 것이다.

[표 Ⅰ-3] 세계의 종교와 금기식품

구 분	힌두교	불교	그리스도교	이슬람교
역사와 발원지	약 4,000년 전, 인도	기원전, 1000년 중엽 인더스 강 유역	기원후, 약 2,000년 전 예루살렘	약 800년 전, 사우디아라비아
전파 지역	인도 대륙	전 세계	전 세계	전 세계
신앙 대상	브라만(Brahman)	부다(Budda)	예수(Jesus)	알라(Allah) 모하메드(Modammed)
신앙적 특성	카스트 제도	소의 신성화	종파에 따라 금식, 금육을 제정	단식월 행사 (라마단)
금기 식품	모든 고기와 술	동물의 고기, 시장에서 만든 기성음식, 더러운 음식	종파에 따라 술 금지	죽은 짐승의 고기와 피, 돼지고기, 목졸려 죽은 고기
생활의 특성	카스트 순위가 높을수록 육식금지, 채식주의, 기이(ghi, ghee)의 애용	채식주의	종파에 따라 채식주의	금기식품 이외의 모든 음식 이용, 단식월 행사시 낮 동안 물·흡연·모든 음식 금지

3) 생리적 요인(감각)

사람이 먹을 음식을 선택하고 결정하는 데 결정적인 작용을 하는 요인은 감각이다. 또한 음식의 맛에 대한 심리적 · 정신적인 반응도 감각기관과 인접한 관계가 있으므로 단순한 생리현상으로서 미각, 후각, 시각, 촉각, 청각 작용을 받는 것이 아니라 그 배경에는 심리적 · 사회적인 문제나 조건이 복잡하게 연결되어 있다고 보아야 한다.

미각은 인후, 후두의 점막이나 혀의 주변, 후부에 분포하고 있는 미뢰에 의해서 느껴지며 주로 네 가지의 기본적인 미각으로 구성된다. 이 네가지의 기본적 미각의 예민도는 그 이유가 잘 알려져 있지 않지만 현저한 개인차가 있다.

일반적으로 미각은 선천적인 것보다는 후천적인 것으로서 사람이 태어나 자라는 동안에 서서히 그 맛에 익숙해지는 것이라고 생각된다.

이와같이 미각은 지역, 민족의 문화 및 자연환경과 밀접한 관계를 갖고 있으며, 따라서 식습관의 일부인 것으로 생각할 수 있다.

또 한 가지 중요한 것은 미각은 사람에게 식욕을 자극하고, 만족시키고, 씹는 동작을 활발하게 하며 더욱이 반사적으로 타액이나 위액 등의 소화액을 분비시켜 소화를 촉진시키는 등 생리적 · 심리적 측면과 밀접한 관계를 가지고 있다.

다시 말해서 미각은 음식물과 인간을 생리적 · 심리적인 관계로 맺어 준다는 것이다. 따라서 식습관에서 미각과 후각이 차지하는 위치는 대단히 중요하다.

그 외에 시각, 촉각, 청각도 식습관과 관련있다. 예를 들어 사과는 신선한 특유의 색이나 표면의 감촉, 또 입에 넣었을 때 씹히는 소리가 맛과 냄새에 중요한 영향을 준다. 이같은 음식 특유의 감각적 조건이 영양소나 에너지량 등 영양상의 조건보다도 그것을 먹을 것인가를 결정하는 중요한 역할을 한다.

4) 본능 · 욕구

인간의 본능이 식품을 선택할 때 어떻게 기여를 해왔는가에 대해서는 오랫동안 논의 되어왔다.

굶주린 사람은 생존을 위한 생물학적인 필요성 때문에 굶주림을 해결하기 위하여 우선 무엇이든 손에 잡히는 대로 먹으려고 한다.

그 다음 여러 번의 시행착오를 통하여 무엇이 위험하고, 무엇이 질병의 원인이 되며 또 무엇이 무해한 것인가를 알려고 한다.

심리학에서는 본능적인 것을 1차적 욕구로, 후천적 경험에 의해서 습득된 것을 2차적 욕구로 구별하고 있다.

Tips 자신의 식습관을 파악하자

"어제 저녁 무슨 음식을 들었는지 기억나십니까."

전날 먹은 음식이 생각나지 않는다면 자신의 식생활 습관을 되짚어봐야 할 것이다.

건강한 식생활 요건의 하나가 음식 자체를 즐기며 편안한 마음으로 식사하는 것이다. 밥 먹을 때 TV나 신문에 빠지면 자칫 음식을 느긋한 마음으로 먹기가 어렵다. 가족과의 '대화의 즐거움'도 빼앗긴다. 후다닥 급하게 먹거나 끼니를 걸렀다가 소나기밥을 먹는 것은 비만의 우려가 있다.

식생활 스타일 점검표는 다음과 같다. 기본태도와 건강 식생활 행동 등 각 20개의 문항을 '그렇다'(○), '보통이다'(△), '아니다'(×)로 답한 뒤 ○는 2점, △는 1점, ×는 0점으로 따져 점수를 낸다. 점수가 70점 이하이면 식습관을 기초부터 새로 다질 필요가 있고, 51 ~60점은 좋은 식습관을 목표로 삼아 조금 노력해야 한다. 61~70점은 평균적인 식생활을 하고 있으니, 꾸준히 좋은 습관을 익혀나가야 하며, 71~80점은 건강한 식생활을 하고 있는 편이다. 71점 이상이라면 남들에게 좋은 식생활 태도를 권할 만한 수준이다(식생활, 1998, 1).

구체적인 파악요령은 다음과 같다

① 기본태도

- 아침식사를 거르지 않고 세 끼를 챙겨 먹는다.
- 느긋하게 식사한다.
- 가정에서 식사하는 장소가 일정하다.
- 식사 중 TV나 신문·잡지에 열중하지 않는다.
- 식사 중 대화를 즐긴다.
- 입에 넣은 음식을 완전히 먹고 난 뒤 다음 음식을 집는다.
- 남이 권해도 배가 부르면 더 먹지 않는다.
- 지방을 과잉 섭취하지 않도록 주의한다
- 젓가락 사용법이나 식사하는 자세가 좋다.

- 먼저 간을 본 뒤 양념을 넣는다.
- 식사 정량의 80퍼센트 정도만 먹는다.
- 식사 준비중이나 식사 전에는 음식을 집어 먹지 않는다.
- 늘 새로운 맛과 조리법을 찾는다.
- 재료 고유의 맛·향·색을 살리고 계절 감각이 있는 식단을 짠다.
- 음식을 볼품있게 담고 식사 분위기를 좋게 한다.
- 밥이나 빵, 면보다 반찬을 많이 먹는다.
- 음식 재료의 무게를 달아서 쓰는 습관이 있다.
- 세 끼 식사를 충실히 하고 군것질이나 인스턴트 식품 섭취는 줄인다.
- 식탁을 보기 좋게 꾸민다.
- 배고픔만 면하면 된다는 사고방식을 갖고 있지 않다.

② 건강 식생활 행동

- 식사시간 외에 배가 고프다고 당장 무엇인가를 먹지 않는다.
- 외식할 때마다 다른 레스토랑에서 다양한 음식을 맛본다.
- 여행이나 출장으로 식생활이 달라져도 곧 원상복귀한다.
- 이름난 레스토랑이라도 내용을 따져본 뒤 이용한다.
- 간식 때문에 식사를 소홀히 하는 일이 거의 없다.
- 과자류는 그릇에 덜어 일정한 분량만 먹고 만다.
- 눈에 잘 띄거나 손이 잘 닿는 곳에 먹을 것을 두지 않는다.
- 간식으로 과자류보다 과일을 잘 먹는다.
- 식사건강·미용 등에 관한 정보를 교환하는 사람이 가까이에 있다.
- 체중을 자주 달아본다.
- 식후 화장실 가는 시간을 정하는 등 변비에 걸리지 않도록 노력한다.
- 외출할 때 엘리베이터, 자동차 등에만 의존하지 않는다.
- 주정을 하거나 숙취가 될 만큼 술을 마시는 적이 거의 없다.
- 괴로움을 잊으려고 술을 마시는 경우가 거의 없다.
- 표준체중이나 열량 기준치를 염두에 두고 생활한다.
- 식후 곧바로 양치질한다.
- 식단을 짠 뒤 식품을 구입한다.
- 같은 재료를 반복해서 요리하지 않고 여러 가지 재료를 구입한다.
- 채소는 하루 300그램 이상 먹는다.
- 전날 먹은 음식을 또렷이 기억한다.

Ⅱ 식생활 문화의 변화

1 개 요

1) 변화 요인

식문화양상의 변화요인은 주로 외식기회의 확대와 고객욕구의 다양화를 들 수 있다.

(1) 외식기회의 확대

우리나라의 레스토랑은 생업이 일반적이었는데, 점차 근대적인 외식산업으로 변모되어 가고 있다. 이러한 배경에는 외식의 확대를 촉구하는 여러가지 요인 때문이다.

① 소득증대와 생활수준의 향상
② 소비의식과 행동 등 소비내용의 변화
③ 여성의 직장진출과 사회참여 증가
④ 주부의 시간가치 상승
⑤ 사회의 레저지향화
⑥ 식품 및 식생활을 둘러싸고 있는 제관련기술혁신 결과
⑦ 도시화(urbanization)
⑧ 국제화 · 세계화(globalization) 등을 들 수 있다.

(2) 고객욕구의 다양화

최근 우리나라는 경제성장과 사회구조의 변화에 따라 고객의 욕구가 다

양해져 가고 있다.

① 매년 바른 속도로 식생활양태가 달라지고 있다.
② 내식과 외식비율의 접근경향
③ 외식의 비중이 높아지면서 외식소비지출의 내용이 다양해지고 있다.
④ 유통면에 있어서 외식의 업종 및 업태가 상당히 다양해지고 있다.
⑤ 소비행동은 가격지향적 소비행동과 가치지향적 소비행동으로 다양화 되고 있다는 것 등을 들 수가 있다.

김용채(1987)씨는 우리나라 식문화의 변화특징을 다음과 같이 설명하고 있다.

(가) 식문화 국제화

1960년대에 시작된 분식장려운동은 우리의 전통적 식문화의 주식 일부를 밀가루재료를 이용한 빵 · 국수 · 라면 등으로 대체하는 방향으로 유도하였다. 식문화의 국제화는 지금까지의 된장 · 간장 · 고추장 등이 기본조미료로 이용되어 왔으나, 토마토 케찹 · 마요네즈 등의 서양조미료가 많이 쓰이게 되면서 우리의 전통음식의 맛 이외에 맛의 범위를 넓게 하는 등 조리방법에서도 찾아 볼 수 있으며, 이와 같은 식문화의 국제화는 우리의 미각의 폭을 더욱 확대시켰다.

(나) 가공식품화

최근 식재료의 정형(整型)과 조리 등 위생적이고 안전하게 처리하는 기술체계가 요청되고 있다. 인스턴트식품, 냉동식품, 간편식품 등 고객이 주문하면 즉시 제공할 수 있는 신속한 가공식품의 생산과 소비의 증대가 필요하게 되어 가고 있다. 특히 전자렌지 · 가스렌지의 보급은 조리의 간편성을 증가시켜 다종소량으로 식품을 소비토록 하는 한편, 냉동식 · 조리식 등 가공도를 높인 식품의 소비증대를 촉진시키고 있다.

(다) 레저화

생명의 유지나 생리적 욕구를 충족시키는 식문화에 도달하면 건강증진이라는 식의 본질적 기능 이외에 즐거운 식사, 맛있는 식사 등을 약으로 삼는 측면의 비중이 커지게 되고 있으며, 식문화가 레저화의 경향을 나타나게 된다.

(라) 외식화

최근 우리 나라는 여러 가지 경제 · 사회적인 요인에 의해 외식이 급격히 증대되고 있고, 내용도 다양화해지고 있다. 이는 패스트 푸드 등 인스턴트 식품의 정착에 따른 간편화와 레저화의 경향이라고 할 수 있다.

2) 식문화 변화과정

문화(culture)란 긴 역사 속에서 특정사회의 구성원이 지니고 있는 가치관 · 태도 · 관습의 묶음을 말한다. 이것은 한 세대에서 다음 세대로 전수되어지는 것이기 때문에 갑작스러운 변화를 기대하기는 어려우나 장기적으로는 서서히 변화하는 것이다.

특히 근래에 와서 문화의 세대간 전수가 부드럽게 이루어지지 않고 변화의 속도가 빨라서 세대간 격차(generation gap)가 벌어지게 되고, 식문화도 빠른 속도로 변화하고 있음을 경험하고 있다.

식문화는 음식이라는 물질적 측면, 그리고 식사예절 · 식사의식 · 식사법 · 요리방법 등 여러 가지 사회적 측면을 통해 형성되어지고 있다. 현대사회의 식생활구조는 경제 · 사회구조, 소득수준, 식량정책, 산업기술, 식습관, 문화 등 많은 요인이 복잡하게 서로 영향을 주면서 형성되고 있으므로 식생활의 문화를 충분히 이해해야만 향후의 식문제를 논할 수가 있을 것이다.

우리 민족에게는 세계에 널리 자랑할 만한 식문화가 선조로부터 계승되어 왔으나 국제화시대의 물결에 의해 고유의 식문화가 많이 잊혀져 가는 경향이 있어 잊혀진 또는 잊혀져 가는 전통음식의 재발굴과 재평가는 매우 중요하며, 이는 향후 우리의 바람직한 식문화의 정립을 위해서도 필수불가결한 일이라고 할 수 있다.

따라서 식생활의 변천사를 시대별로 요약하면 [표 Ⅱ－1]과 같이 설명될 수 있다.

[표 Ⅱ－1] 식생활의 변천사

식생활의 피라밋형

A	창조사회(21C)	Art
B	정보사회(20C후)	Love, Like
C	산업사회(후)	Selection
D	산업사회(전)	Recognition
E	농경사회	Survival Foo

<table>
<tr><th>구분</th><th>농경사회
(BC3000)</th><th>산업사회(18C)</th><th>정보사회(20C)</th><th>창조사회(21C)</th></tr>
<tr><td>경제</td><td>· 집단사회 형성
· 산업기본 활동</td><td>· 산업혁명
· 에너지이용
- 생산능력향상
- 물자풍부</td><td>· 컴퓨터화(전산화)
· 전산업별 · 과학화
· 정보자료 활용의 극대화</td><td>· 창의적인 Idea 중심
· 차별적인 독창성
· 개념의 도입 및 활용</td></tr>
<tr><td>사회</td><td>· 유물론
· 수확력 (Fertility)</td><td>· 유물론
· 크다, 길다, 두껍다.(Massiveness)</td><td>· 유물론
· 가볍다, 작다, 짧다 (Compactness)</td><td>· 비유물론
· 기쁨, 안락, 사랑, 진실, 아름다움 (Self-Fulfillment)</td></tr>
<tr><td>생산
(제품)</td><td>· 소품종 소량생산</td><td>· 소품종 대량생산</td><td>· 다품종 소량생산</td><td>· 단일품종의 다양한 생산</td></tr>
<tr><td>식생활</td><td colspan="2" rowspan="2">· 결핍→종족의 미비
· 주식개념→부식개념
· 고유화(자연)→대가족화(곡류, 서류)
· 생존위한 식가→내식위주</td><td>· 풍부 및 과소비
· 영양학적 기호식</td><td rowspan="2">· 질과 가치추구
· 예술성 특수식
· 정통화, 전문화, 국제화
· 창의적인 고감성 지향
· 감성형 자기 충족방식 선호</td></tr>
<tr><td>의식</td><td>· 간편, 편의식
· 질과 식도락</td></tr>
</table>

[자료 : 국내외식산업현황분석, 한국음식업중앙회, 1996]

2 레스토랑 라이프 사이클의 변화

레스토랑은 탄생에서부터 성장, 성숙, 쇠퇴, 소멸로 이어지는 인생과 비슷한 여정을 거친다.

인간들의 생활과 비슷한 레스토랑의 일생은 라이프 사이클(life-cycles)의 마지막 단계에서 끊임없는 자기 혁신을 통해 다시 소생할 수가 있다.

그러나 이러한 영속적인 호황 레스토랑은 사실상 존재하기가 어렵다.

왜냐하면 시대의 유행과 관습, 그리고 사람들의 생활 양식에 따라 어제의 주요 시장도 오늘에 이르러서는 시장으로서의 가치가 쇠퇴하기 마련이기 때문이다.

이러한 레스토랑 쇠퇴의 가장 중요한 이유는 그 레스토랑이 위치하고 있는 지역의 유동 인구에 있다.

지역은 항시 변화하고 있으면 사회적 발전 요인에 따라 번성하기도 하고 쇠퇴하기도 한다.

따라서 그 지역내에 위치하고 있는 레스토랑은 지역의 가변성에 따라 라이프 사이클이 달라질 수도 있다.

지역은 또한 그 시대의 유행에 따라 변화하기도 한다. 이러한 유행은 사람들의 생활 수준이나 의식수준에 따라 변화하는 까닭에 결국은 지역 상권의 변동과 레스토랑의 영업 승패는 고객들의 의식 수준에 많이 좌우된다고 볼 수 있다.

환대 산업(hospitality industry)의 범주에 속하는 레스토랑의 본질은 이와 같이 시장에 뿌리를 둔 사업경영자료를 도외시한다면 결국 쇠퇴의 길을 걷게 된다는 무서운 현실을 직시해야 한다.

왜냐하면 고객의 이용 기준은 위에서 살펴본 바와 같이 끊임없이 변화하는 유행의 원천과 상권의 변화 등에 기준을 두기 때문이다.

전국적으로 인기가 있던 특수 업종도 사업의 일시적인 유행이 지나고 나면 그 명맥을 유지할 수 없듯이 환대 산업의 범주에 속하는 레스토랑은 개념정립에서부터 위치 선정과 투자 등에 이르기까지 이러한 문제 요인에 대한 검토도 같이 이루어져야만 한다. 특히 조심해야 할 것은 일시적으로 폭발적인 인기가 있는 메뉴를 취급하는 레스토랑을 개설하기 위해 상당한 규모의 투자를 뒤늦게 하는 레스토랑은 개념의 정립에 실패한 대표적인 사례가 될 수 있다는 것이다.

따라서 일시적으로 인기가 있는 메뉴 취급업소를 새로 시작할 때는 이러한 요인에 대한 검토가 선행되어야 한 것이다.

레스토랑의 라이프 사이클에 영향을 끼치는 핵심적인 사항은 인공적 개념이 약한 자연성(natural)과 과거의 생활과 연관된 향수(nostalgia)로 요약할 수 있다.

자연성과 관련이 있는 것은 시설도 들 수 있겠지만 도색(color)과도 관계가 있다. 예를 들면 녹색이 자연성과 관련이 있으며, 목재의 풍부한 이용, 내부에 고풍스런 벽돌의 이용, 장식이 별로 없는 천장의 골조, 그리고 자연상태의 조명 등이 어울린다면 자연성의 개념이 강하게 나타날 것이다. 또한 향수는 시골 학교 풍경이나 건물, 간이 기차역이나 농촌 풍경 등을 연상할 수가 있다.

레스토랑의 실내·외 장식의 변경 주기는 약 5년 전·후로 나타날 수가 있다. 그러나 이것이 절대적 기준이 될 수는 없을 것이다.

그러면 감성형 소비자는 어디에 있는가?

지금까지 젊은 층의 대부분이 감성형 소비자로, 특히 10대 여성의 3분의 2가 감성형이라는 인구통계적 특징과 가처분소득(용돈)에 상당한 여유가 있다라는 프로필을 찾아낼 수 있었다. 그러나 '어떠한 생활의식을 지니고 있을까'라는 면에서의 특징은 아직 알 수가 없다.

이를 위해 영역별 분류에서 감성형으로 판단된 소비자를 중심으로 생활의식과 생활구조를 파악하여 특징적 경향을 찾아낸다 해도 실제 시장 안에서 어떠한 모습을 보일지에 대해서는 예측할 수가 없다.

라이프 스타일에 따라 여러 가지 영역의 분류가 가능하나, 흔히 식(食), 장(裝), 유(遊), 교(交), 지(知)의 다섯 가지로 나눈다. 또한 각각을 네 가지로 패턴화하면 모두 20가지 소집단에 대해 감성의 관련 정도를 살펴볼 수 있다.

[그림 Ⅱ－1]「食」영역의 라이프 스타일

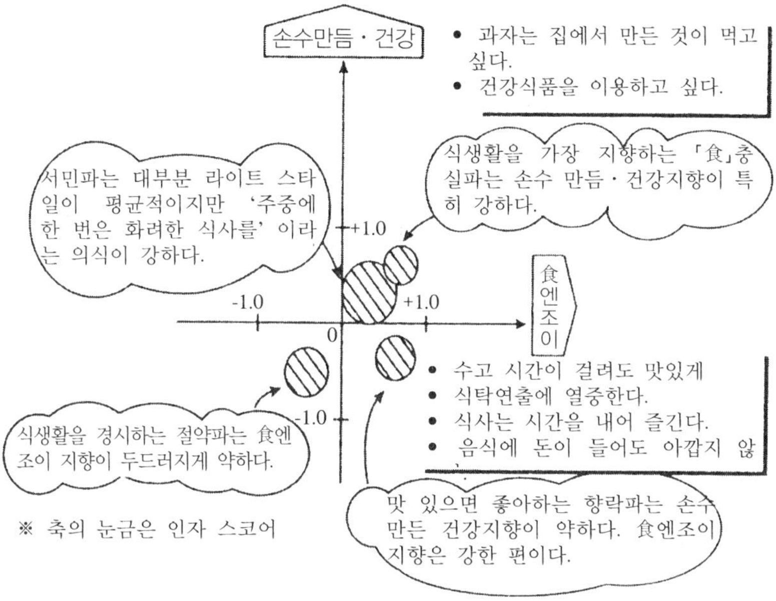

'감성형 상품/이성형 상품'과 동일한 요인 분석 방법으로 기준치를 설정하고, 결과는 크라스터 분석에 의해 각각 네 집단을 설정했다. ([그림 Ⅱ－1] 참조)

예를 들면 '식사는 시간을 내어 즐긴다', '음식에 지출되는 돈은 결코 아깝지 않다'는 대답과 같이 식생할 엔조이의 여부, '과자를 손수 만든다'는 등의 직접 손으로 요리하는 태도와 건강 지향적인 기준, '일주일에 한 번 정도는 근사한 시사를 하고 싶다'와 같이 변화를 찾고자 하는 정도를 기준으로 채택하였다.

이 가운데 '식(食)영역' 스타일을 중심으로 살펴 보면 다음과 같다. ([그림 Ⅱ－2] 참조)

식영역의 라이프 스타일은, ① 균형있는 영양을 추구하는 '식충실파' ② 맛을 최우선으로 하는 '향락파' ③ 일반적인 '서민파' ④ 식생활을 중시하지 않는 '절약파'의 네 가지 소집단으로 분류할 수 있다. 이 중 서민파가 전체의 38%로서 가장 큰 집단이며 가장 작은 집단은 17%를 차지한 향락파이다.

[그림 Ⅱ－2] 「食」영역의 프로필과 상품 Need

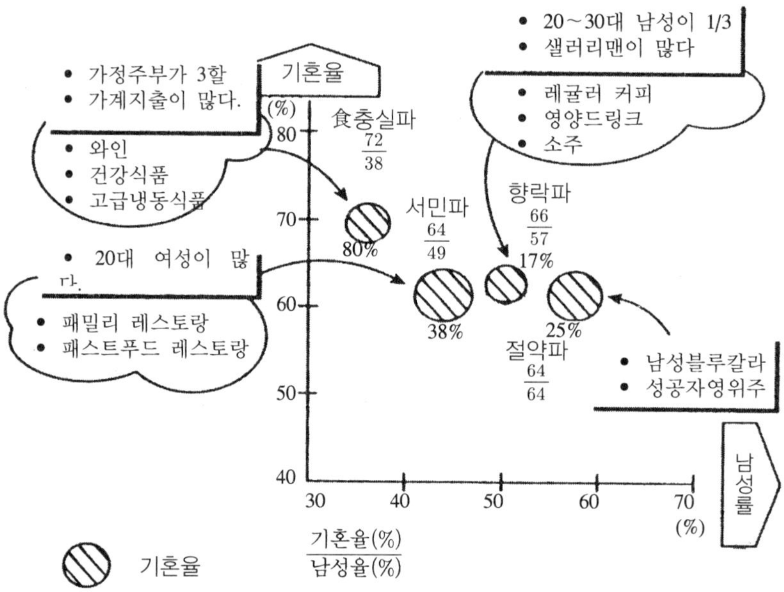

이와 같은 분류는 식생활에 대한 의식과 태도라는 두 가지 기준치, 즉 식생활을 엔조이하는 정도와 식생활을 중시하는 정도를 사용하였다. 식엔조이란 식도락(食道樂), 문자 그대로 음식맛과 함께 대화나 분위기를 즐기는 태도이고, 시식중에는 인스턴트 식품보다는 손수 만든 음식에 가치를 두어 건강을 위한 조리방범과 메뉴를 중시하려는 태도이다. 네 그룹의 상호관계와 특징은 그림과 같다.

감성 스코어의 평균치가 높은 향락파와, 반대로 낮은(이성 스코어가 높았다) 식충실파의 프로필을 비교해 본 것이다.

1) 향락파(감성형)

생활수준이 높고 맨션에 거주하는 20~30대의 젊은 화이트칼라가 비교적 많은 집단으로 학력도 높다. 남녀 모두 비교적 여유있게 용돈을 쓰는 편으로 교제 활동도 활발하여 외식 기회가 많은 편이다.

구태여 시간을 만들어 식사를 즐기려는 욕구는 크지 않지만 맛에 상당히 까다로운 편이어서 입맛의 충족을 중요시해, 맛있는 음식에는 비용을 전혀 아까워하지 않는다.

레스토랑에 관한 잡지 기사나 또는 유명한 레스토랑에 대한 정보를 주위에서 얻게 되면 우선 음식맛을 보려 한다. 패밀리 레스토랑을 이용하기도 하지만 그다지 적극적이지는 않다.

가정의 식생활도 '맛'을 중시하는 형으로 장시간의 수고를 들여서라도 요리를 한다. 또한 손으로 만들었는가는 그다지 개의치 않으나 인스턴트 식품을 선호하지 않아 커피는 레귤러를 즐긴다. 또한 맛이 좋아졌다고 생각되는 소주도 애용하고 있다. 아직은 체력에 자신이 있어 건강식품에는 환심이 없으나 영양드링크나 스포츠음료는 자주 마시는 편이다.

2) 식충실파(이성형)

남성은 관리직이나 경영자, 또는 자유업에 종사하는 사람이 많지만, 주로 가정주부가 중심이 되어 있는 집단으로 생활수준이 높다.

여성은 전문대학 출신 이상으로서 전반적으로 학력이 높은 편이며, 단독주택에 거주하는 주부가 많다. 이들은 가족을 위해 정성껏 맛있는 음식을 요리하는 것이 주부의 역할이라는 생각으로 남편의 건강에 세심하게 배려하여 자연식품을 준비하거나 저칼로리에 대해 열심히 공부하며, '오늘의 요리'라는 프로를 즐겨 본다. 때때로 자녀의 과자를 손수 만들기도 하며 일류호텔의 고급냉동식품을 구매하기도 한다.

이러한 가정에서의 식사란 온 가족이 모이는 귀중한 시간이기 때문에 식사 분위기를 위해 음식이나 색깔에 정성을 들이는, 즉 식생활의 연출에 몰두한다. 따라서 반주로는 와인이 주로 선택되며 건강식품에도 상당히 적극적이다.

3 식생활 관리의 생활화

식생활 관리는 식생활 전반에 관계되는 여러 요소-영양 필요량과 식습관, 식비 예산과 식단 계획, 식품 선정과 구입방법, 조리법과 상차림 등을 결정하는 행위이다.

이상적인 식생활 관리를 하려면 이들 여러 요소를 조화롭게 종합하여 하나의 구성체를 이루도록 하고 실제 생활에 부합될 수 있도록 해야 한다.

인류는 태초에 자연물을 식량으로 삼았으며 그 당시의 식생활 관리는 먹을 수 있는 것, 먹을 수 없는 것, 먹기 쉬운 것, 맛이 좋은 것 등을 구분·판정하고 획득한 식량의 배분 질서를 유지하는 것 등이었다. 그러나 식량을 생산하는 단계에 들어선 이후부터 오늘까지 식생활 관리에 관계되는 요소는 사람의 욕망증대, 식량생산 기술의 발달, 생활양식의 변천 등과 함께 날로 변화되어 왔다.

특히 근대사회에 이르러서는 과학기술이 발전함에 따라 식량의 증산·저장·가공 기술 등이 고도로 발달하고, 산업과 교통이 세계적으로 확장되고, 매스컴이 확대되는 등 우리의 식생활 관리의 환경이 날로 광역화·고도화되었다. 그러므로 식생활 관리에도 전문지식과 기술이 더욱 필요하게 되었다.

한편 식생활 관리에 관계되는 설비와 용구 등이 날로 새롭게 개발되고 이것이 매스컴을 통하여 빈번하게 선전되어 이성적인 판단을 흐리게 할 정도로 욕망을 증대시키고 있다. 따라서 현대의 식생활 관리는 개인, 가정, 사회가 상호관련성을 갖고 대처해야 한다. 즉, 모두가 시판 식품의 품질과 가격 등에 관하여 주관과 이성을 가지고 판정하고 식량 시책에 대하여 바르게 평가하여 선도할 수 있는 새로운 지식과 자질을 갖추고 식생활 관리에 참여해야 한다.

또한 인구가 많아지고 사회생활에서 심신의 긴장도가 커지면서 사람들은 체력의 소모를 이상적으로 회복할 수 있는 식생활, 긴장을 해소하고 정서를 순화할 수 있는 식탁 분위기 등을 더욱 간절히 요망하게 되었다.

식생활 관리가 이상적으로 행해지면 국민건강이 증진됨은 물론이고 나아가 이해성과 도덕성이 깊은 사회풍조가 만들어질 것이며 국민경제의 부흥과 문화신장에도 크게 기여할 것이다.

이같은 취지에 부합되도록 먹거리에 관한 몇 가지 상식을 제언하면 다음과 같다.

① 같은 고장에서 나는 것이라 해도 곡식처럼 보존이 가능한 것이 있는가 하면 야채처럼 보존하기 어려운 것도 있다. 그러므로 보존이 가능한 먹거리는 1년 내내 먹어도 좋지만 보존이 어려운 것은 제철에 맞추어 먹는 것이 가장 좋다.

② 전통이란 예로부터 그 고장에 전해 내려오는 좋은 습관을 이른다. 오랜 세월을 두고 그 고장 사람들이 먹어 내려오는 가운데 일종의 인체 실험이 이루어져, 어떤 것이 좋다고 하는 결론이 내려진다.

③ 모든 동물은 환경의 산물이다. 어떤 동물도 환경을 무시하면서 살아갈 수는 없다. 인간도 그 예외가 될 수는 없다. 그리고 환경 속에서 살아나가기 위해서는 그 환경에서 나오는 먹거리를 먹는 것이 가장 자연스러운 모습이다.

④ 소도 아니고 고양이도 아닌 인간이기 때문에 고유의 먹거리를 가지고 있게 마련이다. 어떤 것이 인간의 올바른 먹거리인가. 맨 먼저 생각할 수 있는 것이 곡식, 그 다음이 야채이다. 그러니까 곡식을 주식물로 하면서 야채를 곁들여 섭취하는 것이 생물학적으로 인간의 기본 먹거리라 생각한다.

⑤ 사람에게는 음식을 적당히 먹고산다는 것이 대단히 중요한 일이다. 식욕이 강렬하다는 점에서 인간은 다른 어떤 동물 못지 않다고도 하는데, 그만큼 맛있는 음식을 대하면 곧 배불리 먹고자 하는 욕망이 생겨 필요한 정도를 넘고 만다. 이 대식이야말로 건강을 해치는 가장 큰 요인이다.

⑥ 우리들이 먹는 먹거리 가운데는 생명을 유지하고 건강을 지켜나가기 위하여 반드시 섭취하지 않으면 안 되는 '필요식'과 오히려 생명이나 건강에는 나쁘지만 먹으면 맛이 있는 것이 있다. 혓바닥만 기쁘게 해주는 이런 먹거리를 '향략식'이라고 한다.

⑦ 음양의 원리에 따라 음식을 섭취해야 한다.

⑧ 먹거리가 체질을 바꾼다. 체질이란 말은 사람의 노력으로는 어떻게 할 도리가 없는 그 무엇을 뜻하는 것처럼 들린다. 하지만 허약하게 태어난 사람이 건강한 몸을 갖게 되는 경우가 있는가 하면 반대로 건강했던 사람이 병약해지는 경우가 있다. 이런 점에서 본다면 '체질'이란 고정되어 있는 것이 아니라 변하는 것이다.

효소라는 것은 간단히 말해서 우리 인간을 위시한 모든 생물의 생체 내에서 일어나는 화학 변화를 원활하게 추진시키는 촉매이다. 인체 내부에서는 우리 몸을 구성하는 물질의 합성과 분해가 엄청난 속도로 일어나고 있어서 약 4개월 정도에 우리 몸 안 세포의 대부분이 새로운 재료로 교체된다고 한다. 인체 내부, 곧 세포 내의 화학 변화가 그렇게 급속하게 일어나고 있음에도 우리가 그것을 인식하지 못하는 것은, 바로 이 효소들의 보이지 않고 들리지 않는 위대한 작용이 있기 때문이다.

⑨ 쾌식을 해야 한다. '쾌식'은 '대식'과는 완전히 다르다.

쾌식이란 식사 때가 되면 기분 좋게 공복감을 느끼고 요리가 나오면 맛있겠다고 생각하며, 식후에는 반드시 '아 맛있었다'는 느낌의 만족 상태를 말한다. 식전·후에 공복감이나 만족감이 없는 사람, 식사를 맛있다고 느끼지 못하는 사람은 아무리 자칭 미식가라도 식생활을 근본적으로 개선해볼 필요가 있으며, 어딘가 몸의 상태가 좋지 않은 증거이다.

⑩ 식생활의 기본은 균형에 있다. 구체적으로 어떻게 하면 좋을까? 이상적인 식생활의 요령은 좋고 싫음 없이 무엇이건 골고루 잘 먹는 것이다. 적어도 하루에 30가지 이상의 식품을 취하는 것을 권하고 싶다. 이것은 별로 어려운 일이 아니다. 예를 들면 두부 된장국은 된장, 두부, 파, 유부 등 적어도 4종류의 식품으로 이루어졌다. 이런 식으로 계산하여 30가지 식품을 먹는다면 단백질, 미네랄 등을 생각지 않더라도 극히 자연스럽게 영양 균형이 잡힌다.

⑪ 아침식사는 많이 먹고, 저녁식사는 가볍게 먹는다.

⑫ 식품은 크게 알칼리성 식품과 산성 식품의 2종류로 나누어볼 수 있다.

사람이 건강을 지탱하려면 체내 세포에 영양을 공급하고 있는 혈액 및 체액 등이 항상 중성 또는 약알칼리성을 유지하는 것이 바람직하다. 산성이나 강한 알칼리성은 건강에 해가 되며 체액 전해물질의 불균형을 가져온다.

예를 들어 과다한 산성 식품의 섭취는 인체의 항상성을 파괴해 산성 체질로 만들기 쉽다. 산성 체질은 몸의 피로감이 쉽게 생기고 감기, 몸살, 고혈압증, 중풍, 위궤양, 간장병, 심장병 등의 질병이 발생하면 체액의 산성도가 높아진다.

건강한 몸을 위해서는 무엇보다도 산·알칼리성 식품의 균형 있는 섭취가 필요하다.

- 산성 식품 : 쌀, 보리, 메밀, 옥수수 등의 곡식, 아스파라거스, 파, 호두, 치즈, 달걀 노른자, 굴, 전복, 조개, 명란젓, 멸치, 새우살, 청어, 뱀장어, 고등어, 잉어, 문어, 김, 각종 튀김, 술, 맥주, 홍차.
- 알칼리성 식품 : 고구마, 시금치, 양배추, 무, 당근, 우엉, 양파, 토마토, 콩, 팥, 버섯, 호박, 오이, 베, 밀감, 수박, 참외, 바나나, 파인애플, 사과, 감, 딸기, 포도, 뽕나무 열매, 무화과, 다시마, 미역, 해조, 두부, 우유, 커피, 달걀 흰자.

⑬ 육체적인 측면뿐만 아니라 마음의 피로와 갈등을 해소하여 심리적으로도 충족감을 줄 수 있도록 해야 한다.

⑭ 환경 오염이 심하니 위생상으로 안전하고 가계에 적절한 가격으로 공급될 수 있는 식품을 선택한다.

이같은 내용을 종합하여 도식화한 다음 그림 속에서 취향에 따라 선택할 수가 있다.

Tips 식생활에 대한 가치평가의 변화

쾌락이란 개인적 체험을 바탕으로 하는 가치 판단을 말한다. 본질적으로는 개인적 차원의 일로 사회 표면에는 잘 나타나지 않는 사사로운 일로 볼 수가 있다. 음식을 먹는다는 것은 동물이 개체를 유지하기 위하여 필수적으로 해야만 하는 생존적 차원의 운동이다. 이러한 생존적 차원의 원시적 욕구인 먹는 일에서 사람과 동물의 차이는 무엇일까? 생리적 욕구 충족을 위한 식사에만 치중하면 동물적 음식 섭취가 될 것이고 생리적 · 본능적 식사 행태를 초월하여 갖가지 문화적 가치를 부여한다면 그것이야말로 음식문화라고 할 수 있다.

즉, 음식을 먹는 일에 일정한 가치체계를 도입하고 또 발전시키는 것이 바로 사람과 동물의 음식 섭취의 차이점이다. 음식물의 섭취를 본능적 · 생리적 판단으로만 생각하여, 내 돈 내고 내가 사먹는데 웬 잔소리냐? 하는 사고에는 사람다운 문화생활이라고 할 수 없는 본질적 문제가 내포되어 있는 것이다.

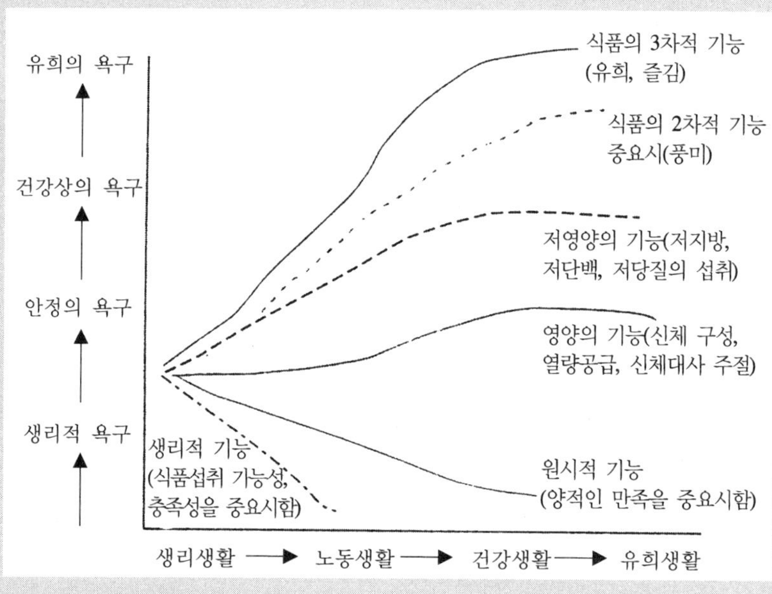

[자료 : 1) 강인희, 한국식생활사, 삼영사, 1989. p.28 · 433.
2) 이상엽, <패스트푸드 설비 유지관리 시스템에 관한 연구>, 연세대학교 산업대학원 공업경영 전공, 석사학위 논문, p.20 참조]

4 21세기는 미식가(Gourmet)시대

1) TV 구루메

1960년 후반부터 제1차 오일 쇼크까지 식품의 스타일은 '서양화'와 '가공식품'의 시대였다. 1980년대 후반부터는 직장여성이라든가 바쁜 사람, 건강지향과 성인병 등의 테마를 가진 식품의 시대라고 할 수 있다. 그러다가 1990년대 후반부터는 가정에서도 남자가 요리를 만들기도 하고, 노인층·독신생활자·자취하는 학생 등의 요리인구가 증가함에 따라 요리도 다양화되기 시작하였다. 말하자면 요리의 계층분화인데 생활 가까이에 있는 재료로 간단한 요리, 그러면서도 호화스러운 고급화 현상도 나타난 것이다.

이렇게 본다면, 요리인구의 폭넓은 확산과 요리 그 자체를 즐기는 경향을 식도락이라 말할 수 있지 않나 하는 생각도 든다. 그러나 '구루메(Gourmet)'의 의미 이해는 사람들 각각의 입장에 따라서 틀리는 듯하다.

사전을 찾아보면 식도락, 미식가, 요리통 등으로 나와 있다.

TV식도락 프로그램의 주된 흐름은 옛날 좋은 시대의 요리로 거슬러 올라가게 되는데, 전통적인 옛고향 요리라든지 식품 재료의 수입 확대로 인한 외국의 희귀한 재료로 만든 요리 등등을 소개하면서 소박하고 때로는 짙은 맛을 추구하며, 여행과 온천이라는 색다른 환경 속에서 하는 식사 분위기가 즐겁다는 식이다. 이 텔레비전 영상은 완성된 요리를 자세하게 비쳐주며, 누군가가 '맛있다'고 한마디하고 그럴듯한 표정을 클로즈업한다. 시청자는 정말 맛좋을 것이라고 생각하지만, 어떤 맛인지 알 수가 없다. TV로 맛을 표현하기엔 한계가 있기 때문에 보고 있어도 허전하다.

요리 프로그램에 대하여 그리 집착할 필요는 없다며 가볍게 보아 넘기며 호화스러운 요리의 아름다운 영상만으로도 만족할 수 있으니 그것으로 충분하다는 사람도 있다.

그러나 떠들썩한 분위기 속에서 근사한 음식을 접하고 난 다음의 표현으로서는 어딘지 모르게 아쉬운 느낌이 든다. 조금 더 정감이 풍부한 맛의 설명과 감상을 들려줄 수는 없는 것인지…… 왜냐하면 자주 체험할 수 없는 요리이며, 기대감이 크기 때문이다.

2) 포식의 그늘에 숨은 문제

텔레비전의 영상이 시대의 움직임을 표현하고 있다고 한다면, 본질은 '포식(飽食)'의 시대를 표현하고 있다고도 할 수 있을 것이다.

1990년대 초반부터는 식품무역의 자유화가 진행되고, 다종다양한 수입식품을 볼 수 있게 되었는데 이때가 '포식' 시기와 일치한다. 이 현장은 국내의 식품 공급이 윤택해졌기 때문이 아니라, 자유화에 의한 시장경쟁의 원리가 작용하여 가격면에서 수입 공급이 국산을 능가하기 시작, 국내 생산이 변화하게 된 배경을 직시하지 않을 수 없다.

수입된 품종 중에는 원래 국산으로 충당할 수 있음에도 불구하고, 외국에서 국내 자본에 의해 개발 수입된 품목도 있다. 그러한 품목은 때로는 가격경쟁에서 패배, 국산품의 생산이 중단될 수도 있다. 문제는 무역자유화에 의한 시장경제의 원리가 국내시장의 수급사정에 의한 해당 품목의 가격변동을 가져와 국내생산이 중단되는 위기에 처하게 되는 것이고, 많은 경우 재생산이 불가능해지는 등 바람직한 시장공급을 할 수 있을 때까지는 장기간이 필요하다. 수입공급력에 의존하는 '포식' 구가의 그늘에는 이와 같은 문제가 놓여 있는 것이다.

포식은 인생에 있어서 먹을 것의 풍부함을 상징하지만, 그것은 또한 영구적인 안정 공급이라는 조건을 필요로 한다.

정도의 차이는 있지만 먹을 것의 역사는 그 풍부함과 부족함의 반복이 계속되어 왔다. 이는 식품 업계의 금후 전개방향과 밀접한 관련이 있다. 그 관련은 특히 기초 지식으로 자급도의 문제와 관련하여, 우선 제1차 식품 공업에 영향을 주며 다음으로 제2차, 제3차 식품 공업에 파급된다. 그것은 국민의 식료품 문제이기도 하기 때문에 정책적인 과제라고 할 수 있다.

3) 외국의 식도락

'구루메', '식도락…'이라고 소개되고 있는 국내의 시선을 돌리면 그 경우 식도락은 순수한 식도락, 또는 이색식품 먹기로 나뉜다. 예를 들면 미국의 슈퍼나 레스토랑에는 종래의 육류 이외에, 인기가 높아지고 있는 고기로 악어 · 사슴 · 곰 · 바이손(들소) · 야생토끼 등 야생동물의 고기가 있다.

야생동물 보호론자가 들으면 화를 내겠지만, 이들 동물은 수렵가가 잡은 것이 아니고 목장에서 사육된 것들이다. 물론 현재는 이들 고기의 식육 검사를 실시하고 있지만 그 전에는 문제가 일어났을 때만 검사를 하였던 모양이다.

악어는 플로리다 주에만도 100만 마리(크로커다일을 제외한 미국 악어) 정도, 루이지애나 주에도75만 마리 있다고 한다.

사슴은 미국 원산인 화이트 디어는 보호되고 있으나, 뉴질랜드에서 수입된 적록이나 팔로우(Fallow deer) 등은 1968년에는 100만 두 이상이 수렵에 의하여 또는 해수로써 익살되었다. 그러나 이 시기 이전부터 사슴고기는 레스토랑에서 팔렸다.

뉴질랜드에서는 사슴을 사육하며 사슴고기를 식료원으로 하는 연구가 진행되고 있다. 말하자면 사슴의 가축화이다. 현재 많은 두수가 유럽에 수출되고 있다. 일본 북해도 등에서는 목장의 목초라든가 가축용 옥수수밭을 황폐화시키는 북해도 산사슴에 대하여 금렵기간 이외의 수렵기간에는 잡아도 좋도록 허가하고 있다. 사슴의 가축화는 일부 목장에서 실시되고 있으며 일본에서도 식용 사슴목장 개설이 진행되고 있다.

또한 미국 텍사스 주의 레스토랑에서는 텍사스산, 유럽만 멧돼지와 돼지의 개량종(F1) 고가가 팔리고 있고, 일본에서도 사육되어 식탁에 오르고 있다. 바이손(들소)은 유골에서 미국 대륙에 이주한 미국인들이 들소 사냥을 하였을 시기에는 약 800만 두나 있었는데, 맹렬한 사냥으로 멸종 위기에 놓이게 되어 동물원에서 보호 번식시키게 되었다. 그 후 두수는 증가하였고, 목장에서도 사육되어 현재는 스테이크 · 스튜 · 햄버거용으로 인기 상승중이라고 한다.

토끼는 원래 가축인데, 미국산인 아메리카 커튼틸, 뉴질랜드산과 벨기에산 개량종, 중국산, 스코틀랜드산 등의 품종개량이 실시 되어왔다. 토끼고기는 프랑스 요리 레스토랑 등에서 날로 수요가 늘고 있다고 한다. 과거에는 토끼고기가 농촌의 중요한 단백질 식품이었고, 가죽은 주요 수출품이었다. 그런데 현재는 그 모습이 바뀌어 우리나라에서도 식도락의 대상이 되고 있다.

미국에서는 이들 고기가 처음에 몇몇 식도락 레스토랑에서만 팔렸지만 수요가 확대되어 일반 상품화돼 가고 있다고 한다.

여하간에 악어 이야기가 나오면 '식도락', '이색식품 먹기', '구루메'냐고 말하게 된다. 곰도 마찬가지여서, 미국의 레스토랑에서 곰고기를 단체 주문하자 즉시 나왔다고 한다.

4) 2000년대는 식생활의 스타일화

2000년대에는 1990년대 후반부터 시작된 식생활의 방법, 즉 먹는 것 자체만이 아니라 분위기를 만들어 즐긴다거나 또는 외식할 때 좋은 장소를 선정하는 등의 경향이 더욱 증가할 것이다.

현재 한국인 체격으로 본다면 하루에 필요한 열량이 2,500칼로리로 충분하다고 하니, 지금의 식생활 스타일은 포식이라고 하지 않을 수 없다.

칼로리 외에 단백질이라든가 국민 1인당 지방 공급량도 기아시대에 비하여 현저히 증가, 영양의 질적 향상이 실현되고 있다. 같은 단백질이라도 양질의 동물 단백질이, 또한 지방에서는 양질의 식물성 지방의 공급량에 각각 증가하고 있다. 이와 같이 먹는 것이 충분해지고 경제적인 여유가 생긴 만큼 식생활의 모습도 변화하게 되고, 식품섭취 방법도 현격하게 달라지는 시대를 맞이할 수 밖에 없다. 그것은 국민경제의 향상을 배경으로 하는데 승용차·대형 텔레비전·냉장고 등의 고급 내구소비재 중심의 신장에 비하면 식료품에 대한 지출은 상대적으로 적은 편이다.

그러나 주식비의 신장속도가 늦은 데 비하여 과자·음료 등의 기호식품, 고기·우유 및 유제품·고급어류 등과 레스토랑에서의 외식·도시락류 조리빵류·소채류 등의 조리식품에 대한 지출은 증가하고 있다. 또한 열대과일·치즈 소비가 증가하는 등 식도락의 내용이 상향되어 먹는 것의 개성화, 다시 말하자면 먹는 스타일의 변화도 대회전하고 있다. 식탁 주위의 조명, 식기 등을 이용할 분위기 조성, 조리된 접시에 먹는 꽃 등을 놓는다든가 고급 레스토랑, 호텔 등의 인테리어 분위기가 가정 속으로 침투하고 있는 것 등이 그것이다. 관계자들은 이와 같은 형식의 침투에 상식적으로 10년이 걸린다고 하는데, 이런 것들이 현실의 문제가 되고 있다. 식생활의 패션화라고 할 수 있는 스타일의 변화가 식도락 뒤에 숨어 있는 것이다. 요컨대·식생활의 변화에 따라 식품공업의 대응은 1차, 2차, 3차의 각 단계마다 모색되어야 할 듯하다. 변화무쌍한 식생활 패턴은 다양한 식료품 수입 때문에 가능해졌다.

식생활 방식의 변화는 대체로 보수적이 아니고, 점진적 내지는 급진적이다. 그것은 슈퍼 등에 넘쳐흐르는 다품종의 식품, 또한 수없이 많은 레스토랑 등의 계층화, 먹는 것이 취미인 여유있는 사람들에 의하여 이루어지고 있으므로, 본질적으로 점진적이라고 보아도 좋을 것이다.

식품업계는 이에 대응해 식품의 신규수요 개척과 그에 수반하는 상품개발을 진행중이며, 그를 위한 다품종 소량생산 방법, 시설장비가 모색되고 있다. 매스컴 또한 각종 수단을 통하여 즐거운 식도락의 제공에 열을 올리고 있다. 뿐만 아니라, 식생활 스타일의 고급화를 위하여 테이블 코디네이트(윤택하고 풍부한 식생활을 하기 위하여 식기 식탁 등 식공간을 연출하는 일) 연구를 시작하고 있으며, 레스토랑의 식생활구조를 가정 속에까지 들여가게 하고 있다. 이는 개인 생활 분야까지 관청의 지도가 미친다는 의미인데, 별로 바람직하게 보이지는 않는다. 여하간에 이러한 대전제는 포식을 제공하는 무역 자유화이며, 이와 관련한 관계 기업(제조 · 소매업 등)의 활동에 의하여 뒷받침되고 있다.

Ⅲ 나라별 음식문화

1 개 요

일본 레스토랑에서 생선살을 칼날이 서듯 저며 모아 담은 생선회를 놓고 작은 잔에 청주를 따르면서 회를 저민 솜씨를 칭송하는 자리가 위의와 탐색을 과시하는 듯하다면, 한국 사람이 자글자글 기름이 녹아나는 고기구이 화로를 놓고 둘러앉아 대작하는 모습은 고기구이의 이름을 웃으며 즐긴다는 뜻에서 '소적(笑炙)'이라고 하듯이 친숙과 단란이 가득한 정경으로 비친다.

중국 음식에서 역사가 깊은 원소병이 야들야들 매끄럽고 달콤하여 좋은 맛이긴 하지만 붉은 팥, 검은 콩을 소담하게 고물 삼고 밤, 대추를 드문드문 섞어 찐 우리의 시루떡처럼 정겨움이 뚝뚝 흐르진 못한다.

이런 정취가 우리에게 익숙한 음식인 탓만은 아니며 어느 나라의 누구라도 우리 음식을 대하면 느끼는 인상이다.

우리 음식이 갖는 이같은 정취는 이 땅에서 살아온 생활인들이 오랜 역정을 거쳐 이룩한 특성으로서 한국 음식문화에 내재하는 깊은 뿌리의 한 줄기이다. 이러한 개성을 형성한 배경에는 여러 가지 요소가 얽혀 있겠지만 우선은 3,000년에 가까운 농경생활이 기본적인 요인일 것이고, 나아가서는 조선시대 대가족 생활에서 더욱 다져진 것으로 생각된다(윤서석, 연도 미상).

'중국 사람은 맛으로 먹고, 일본 사람은 눈으로 먹고, 한국사람은 배로 먹는다'는 속설이 있다. 물론 요즘이야 대식(大食)하는 경우가 드물지만 옛날 우리 민족은 양반이나 상민이나 할 것 없이 일단 많이 먹는 것을 최고로 여겼다. 그래서 식사중에는 거의 이야기를 하지 않았다.

조반을 중히 여기는 풍습은 조선시대 유교사상의 영향을 받은 것인데, 의례에 따라 잔치나 제례 음식의 차림새가 정해졌다.

'맹물도 선후가 있다'고 하듯 한 상에 앉아 여럿이 먹을 때에 식사 예법 또한 매우 엄했다. 웃어른이 수저를 든 다음에야 다른사람도 식사를 할 수 있었던 것은 '동방예의지국'으로서 손색이 없는 우리의 자랑이라 할 수 있겠다.

요즘은 간혹 도가 지나쳐, 배곯아 허리를 맬지언정 남에게는 인사치레를 해야 된다는 형식주의와 과소비가 만연되어 있는 것 같다.

옛날 우리네 연인들은 제철음식으로 알뜰하게 별미를 즐겼고, 화전(花煎)놀이 등으로 삶의 여유를 찾고 풍류를 즐겼다. 그리고 그때에는 집안의 경사나 의례가 있을 때 음식을 풍성하게 장만하여 친척과 이웃에게 나누어주는 넉넉한 마음이 있었다. 문명이 발달하면서 밀려나는 우리의 맛과 멋이 아쉽다.

어느 민족마다 언어가 다르고 의복 · 주거양식이 다르듯 각 민족이 지닌 음식도 저마다 독특한 모습으로 발전하게 마련이다. 한 민족이 어떤 음식을 어떻게 먹는가 하는 그것이 바로 중요한 식생활 문화양식이 되는 것이다. 우리나라 음식은 다른 나라 음식에 비하여 정성과 노력이 많이 드는 음식이다. 다른 나라와 구별되는 우리나라 음식의 특징에 대해 살펴 보면 다음과 같다(이운행, 2002).

첫째, 곡물조리법이 발달하였다. 농경이 주업인 민족이어서 곡물을 가장 중요하게 여기며, 쌀 · 보리 등의 곡물로 만든 밥을 주식으로 한다. 그리고 곡물로 만드는 음식의 종류로는 죽 · 국수 · 만두 · 수제비 · 범벅 · 떡 · 엿 · 술 · 장 등으로 매우 다양하게 발달하였다.

둘째, 주식과 부식이 명확하게 구분된다. 우리의 식생활은 주식인 밥과 여러 가지 반찬을 부식으로 같이 먹는 것이 일상적인 식사형태이다. 반찬으로는 채소 · 육류 · 어류 등의 재료로 조리법을 달리하여 마련한다. 기본적으로 국물이 있는 국이나 찌의 반찬을 형편에 따라 마련한다.

셋째, 음식의 종류와 조리법이 매우 다양하다. 한국음식의 주식으로는 밥 · 죽 · 국수 · 만두 · 떡국 · 수제비 등이 있고, 부식으로는 육류 · 어패류 · 채소류 · 해초류 등을 재료로 하여 국 · 찌개 · 구이 · 전 · 조림 · 볶음 · 나물 · 생채 · 젓갈 · 포 · 장아찌 · 찜 · 전골 · 김치 등의 조리법으로 만드는 반찬들이 있다. 일상의 음식 외에도 떡 · 과자 · 엿 · 화채 · 차 · 술 등의 후식과 기호음식도 다양하다.

넷째, 음식의 맛이 다양하고, 향신료를 많이 사용한다. 음식의 맛을 내는 데는 여러 가지 조미료를 복합하여 쓰는데, 우리나라 음식의 대부분은 '갖은 양념'이라 하여 간장 · 설탕 · 파 · 마늘 · 깨소금 · 참기름 · 후춧가루 · 고춧가루 등을 고루 넣는다. 식품 자체가 가진 맛보다는 식품재료에 여러 가지로 조미하여 어우러진 복잡한 맛을 즐겨 한다. 반면에 곰국이나 영계백숙 등과 같은 음식은 소금 · 후춧가루 · 파 등으로 단순하게 조미하여 담백한 맛을 즐기는 요리도 있다.

다섯째, 음식에 대하여 의식동원(醫食同原)의 기본정신이 있다. 한국음식의 재료의 어울림이나 조미료의 쓰임새는 의식동원이란 말처럼 '입으로 먹는 음식은 몸에 약이 된다'는 근본사상에서 비롯되었다. 일상의 음식에 한약재가 되는 재료들이 흔히 쓰여지는데, 예를 들면 꿀 · 후추 · 계피 · 잣 · 인삼 · 생강 · 밤 · 대추 · 오미자 · 당귀 등이 있다. 평소 때의 건강관리를 매일의 식생활에 의해서 유지하려고 하고, 병이 나기 전에 약보다는 적당한 음식을 섭취하여 몸을 보양하여 병을 예방하려는 경향이 있다.

여섯째, 음식의 모양보다는 맛을 중시한다. 한국음식은 외국음식에 비하여 음식의 색과 모양 및 담는 그릇 등의 외양적인 면보다는 우선 맛을 으뜸으로 여기고, 그릇에 푸짐하게 많은 양을 담는다. 일상적인 반찬은 먹기 쉽도록 작게 썰거나 다져서 조리하는 경우가 많으므로 음식모양의 호화로움은 음식에 비해 덜하지만, 만드는 사람의 정성이 깃들여 있다.

일곱째, 상차림과 식사예법에 유교의 영향이 크다. 한국음식에 사회적으로 가장 큰 영향을 끼친 것은 유교사상이다. 의례를 매우 중히 여기어 돌 · 혼례 · 회갑 · 상례 · 제례 등 통과의례의 행사에는 반드시 음식을 준비하여 차리는 음식의 종류가 정해져 있다.

여덟째, 명절식(名節食)과 시식(時食)의 풍습이 있다. 정월초하루에는 떡국, 대보름에는 오곡밥과 묵은 나물, 추석에는 송편 등 명절이나 절기에는 특별한 음식을 해 먹는 풍습이 있다. 그리고 명절 · 잔치 · 제사 등의 행사에는 많은 음식을 풍성하게 장만하여 이웃과 친척에 두루 나누어 먹는 미풍이 있었다.

Tips 전통음식의 맛과 멋

우리나라의 전통음식, 절식(節食)이나 제사음식, 혹은 향토음식 같은 경우는 더욱 집안의 음식솜씨가 대대로 이어져 그 고유의 맛을 유지하고 있다.

1) 밥

'밥 한 알이 귀신 열을 쫓는다', '밥을 맛있게 먹어야 복이 온다'는 속담에서도 알 수 있듯이, 우리 조상들은 예로부터 밥을 중시여기고 신성시 여겼다. 그래서 우리에겐 밥 한 톨이라도 아껴 먹는 미풍양속이 있다. 요즘의 소비적인 식생활에 비추어 볼 때 본받아야 할 풍속이 아닐 수 없다.

솥바닥에 누른 누룽지와 물을 부어 끓인 구수한 숭늉도 우리만의 음식인데, 고소하고 따끈한 숭늉에 밥을 말아 담백한 마른반찬과 함께 식사를 하면 개운한 뒷맛이 그만이다. 식사 끝에 숭늉에 밥을 말아먹도록 함으로써 낭비없이 밥을 다 먹도록 한 선조들의 지혜가 엿보인다.

2) 양념

반찬의 조리 법으로는 구이 · 전 · 조림 · 볶음 · 편육 나물 · 생채 · 젓갈 · 포 · 장아찌 · 찜 · 전골이 있는데, 김치와 장 그리고 젓갈은 철에 맞추어 담갔다가 한해 내내 빠지지 않고 상에 올린다. 우리나라 음식의 가장 큰 특징 중의 하나는 갖은 양념을 사용한다는 것이다. 즉, 간장 · 파 · 마늘 · 깨소금 · 참기름 · 후춧가루 · 고춧가루가 골고루 들어가는 것이다. 물론 백숙처럼 소금과 후춧가루로만 맛을 내는 경우도 있지만, 우리나라 음식의 큰 특징은 이렇게 갖은 양념을 하여 음식의 맛을 한층 높이는 것이다. 또 몸에 좋은 인삼 · 생강 · 오미자 · 밤 · 구기자 등을 보통 음식에 사용하는 경우도 많다.

3) 김치

채소 가공식품의 하나인 김치는 우리 식탁에서는 빼놓을 수 없는 음식이다. 제사 때에는 침채(沈菜)라고도 하며, 궁중에서는 젓국지, 짠지, 싱건지 등으로 불렀다. 재료의 종류와 양념이나 저장방법 등에 의해 맛이 달라지는데, 우선 모든 준비가 깨끗해야 장맛이 생기지 않고 제맛이 난다. 서울 · 경기도의 무청김치, 평안도의 백김치, 황해도의 고수김치, 충청도의 알타리 김치, 강원도의 해물깍두기, 제주도의 동지김치, 경상도는 고추김치, 전라도의 갓김치, 고들빼기김치가 유명하다. 짭짤하고 얼큰한 남부지방 김치에서 담백하고 시원한 북부지방 김치까지 천차만별이다.

김치를 담그면 채소를 오래 저장할 수 있고, 저장 중 여러 가지 미생물이 번식하여 유기산을 만들어 발효식품이 된다. 그래서 각종 무기질과 비타민의 공급원이 될 뿐만 아니라 젖산균에 의해 정장작용(淨腸作用)을 하고 식욕을 증진시켜 주기도 한다.

그런데 요즘 들어 김치를 싫어하는 어린이들이 꽤 있다. 영양많고 기름진 서양음식을 무턱대고 어린이의 입맛에 길들인 어른들 때문일 것이다.

실제로 영양면에서나 맛으로도 우리 음식은 서양음식에 결코 뒤지지 않는다. 그리고 무엇보다도 우리 질에 맞기 때문에 우리 몸에 좋다.

4) 장

'한 고을의 정취는 술맛으로 알고, 한 집안의 일은 장맛으로 안다'는 말이 있다. 집안의 식구가 변을 당한다든지 하면 이상하게 장에 벌레가 생기고 변질한다면서 장을 담근 뒤에도 수시로 장을 살피고, 장 간수에 마음을 썼던 것이다. 이처럼 정갈하고 세심한 주의를 요하는 장은 우리 식생활풍속의 위생적이고 과학적인 일면을 보여 준다. 간장을 담글 땐 맨 위에 달군 숯 · 고추 · 대추 등을 띄우기도 했는데, 고추와 대추는 자손의 번성과 재액의 방지를 뜻하고, 숯은 냄새를 없애고 불같이 일어나라는 의미가 담겨 있다. 오래된 장 일수록 끈기가 생기며, 색깔이 검고 맛이 있는데, 간장의 상품은 60년 넘게 묵어 거의 고체가 된 끈끈한 것을 꼽는다. 그러나 된장이나 고추장은 해마다 담가 먹는 것이 또 다른 우리의 풍속이다. 영양있는 식사보다는 양에 신경을 쓰는 것이 우리나라 식생활풍속의 하나였다.

2 우리나라 음식문화의 과제와 개선방안

우리나라의 고유한 음식문화는 이 땅에서 수천 년 동안 다듬어지고 전수된 것이다. 음식문화는 광범위하며 다각적인 것이다.

음식의 재료도 자연에서 얻어지는 것과 재배하고 사육하여 얻어지는 것을 합하면 수백 가지에 이른다. 이것을 가지고 연구하여 만든 음식의 가짓수도 수 없이 많다. 만드는 솜씨, 기술, 기능은 중요한 것이고 사람에게 전수하는 것인 만큼 무형문화재이다.

또 음식을 만드는 데 써야 하는 크고 작은 기구, 도구는 발명되는 것인 만큼 유형문화재에 속한다. 또 기명이 있어 밥, 축, 반찬이 담겨서 상에 올라가고 숟가락과 젓가락이 있어야 사람이 편하게 먹을 수 있다. 그래서 석기, 토기, 목기, 도기, 자기 등 시대에 따라 짧든 식기가 만들어져 미술품, 공예품의 경지에 도달한 것이다. 물질에 관해 고안되고 창작되는 것이 바로 문화의 소산이고, 이 모든 것이 음식의 발달과 더불어 이루어지는 것이다.

이상이 물질문화라 하면 우리나라 사람이 음식에 대하여 가지고 있는 생각, 즉 철학 사상, 음식을 먹는 법, 대접하는 법, 대접받는 법 등 예의범절은 모두 정신문화에 속하는 것이다. 이 모든 것을 종합하여 우리 나라음식문화는 높은 수준에 있고 자랑할 수 있다. 음식문화가 우리의 것만이던 시대가 아니고 장차 사회적, 정치적으로 큰 의미가 주어져야 할 시기가 왔다.

우리나라 음식은 푸짐하고 정겨워서 사람의 마음을 열어주고 감싸준다. 우리나라 식생활의 일면을 '숟가락 문화'라고 특징지어 설명하듯이 우리는 설렁탕, 장국밥, 뚝배기의 찌개 등 국물에 건더기가 푸짐하게 담긴 여러 음식을 상용하는데 빵이나 햄덩이 같은 마른 음식을 상용하는 서양과 여러 가지 식생활 관행에서 많은 차이점이 있다.

서양 사람들이 쇠꼬챙이에 꽂은 양고기를 이글이글 타오르는 불꽃에 구우면서 도수 높은 증류수 잔을 들고 환호할 때 참으로 도전적이고 진취적임을 절감한다면, 우리나라 사람들이 노릇노릇 지져올린 부침을 안주 삼고 뽀오얀 찹쌀 막걸리를 백자 사발에 가득 담아 대좌하는 모습은 참으로 평화롭고 동지적이 라고 할 수 있다.

보통음식의 맛을 설명할 때 짠맛, 단맛, 신맛, 쓴맛, 매운맛, 떫은맛 등으로 구분하지만 우리 음식은 짭짤하다, 찝찔하다, 달콤하다, 달착지근하다, 들큰하다 등 매우 섬세하게 구분되어 있고 이러한 표현만으로는 설명하기 어려운 구수한 음식, 곰삭은 맛 등이 또한 따로 구분된다.

이러한 우리 맛의 특성은 특별 음식보다도 일상 음식에서 더욱 현저하며 이 모두가 장류, 젓갈, 김치와 같은 발효성 가공 과정에서 생성된 특미이고 여기에는 과학적인 이치가 기본 요인으로 반영되고 있다.

우리의 일상식은 밥과 반찬으로 차린 밥상 차림이다. 쌀, 보리, 조와 같은 곡물 경작에서 밥짓기의 솜씨가 쌀 문화권에서도 가장 출중한 것으로 개발되었고 그 중 잡곡밥 솜씨는 더욱 일품이다. 잡곡밥은 주지하는 바와 같이 녹말과 티아민 섭취의 균형을 이루게 한다.

밥과 함께 차리는 반찬은 밥에 부족한 영양소를 섭취하려는 것이 기본 취지이며 밥과 반찬의 텍스처(Texture), 색채감에서까지 깊은 조화를 꾀하고, 밥과 반찬의 한 세트는 영양과 기호에서 균형과 조화를 복합한 완성점을 이룬다.

기와 지붕의 매끄러운 곡선이나 여인의 치마 저고리의 풍요하면서도 단아한 곡선의 아름다움은 우리나라 생활문화의 한 특성이고 이같은 개성이 음식에도 구비구비 흐르고 있는 것이다.

이와 같은 내용이 우리나라 음식문화의 역사를 대변하는 것이요. 음식문화 자체가 아닐까 한다.

1) 과 제

우리나라 음식문화의 특징을 살펴보면 다음과 같다.

첫째, 우리의 식생활은 쌀을 주식으로 하는 음식문화로, 곡류를 중심으로 김치, 나물, 생선, 고기 등 부식을 곁들여 먹는 우리만의 고유한 음식문화를 3,000년 이상 가꾸어 왔다. 이런 전통 음식문화는 균형된 영양 공급뿐만 아니라, 온화하고 부지런한 국민성을 이루는 바탕이 되었다.

쌀밥 중심의 전통 식생활의 중요성이 강조되는 또 다른 이유는 쌀을 주식으로 하는 인구가 세계 인구의 절반 이상을 차지한다는 사실이다. 쌀은 단백질 함량이 낮긴 하지만 질이 우수하고 부식으로 특히 공을 이용한 여러 가지 음식에 의해 보완이 된다. 쌀밥은 소화흡수율이 높고 곡물 중에서 이상 민감증(allergy)이 가장 낮으며, 향미가 좋고 계속 먹어도 물리지 않으며, 맛은 단백하다.

따라서 다른 문화의 음식체계에도 끼여들 수 있고, 어울릴 수 있다는 장점 때문에 쌀을 먹는 인구가 점차 늘고 있다.

둘째, 우리나라에 언제부터 유래했는지는 알기 어려우나, 국과 찌개를 즐겨 찾는 음식문화로 유명하다. 고기를 원료로 하거나 채소를 재료로 하여 국을 끓이고, 재료가 부족하면 맹물을 끓여서 밥상에 올려놓았다. 찌개도 반드시 한 가지 이상을 준비하였고, 즐겨 찾는 김치도 계절마다 특색있게 장만하곤 하였다. 그러면서도 반찬의 가짓수는 가능한 한 많이 차리려고 노력하였다.

셋째, 많이 차리고 남기는 것을 미덕으로 하는 음식문화로 이는 손님을 초청하여 접대하거나 초청을 받아 방문하는 경우가 많기 때문이다. 이때 주인은 진수성찬으로 준비해 놓고도 인사말로 '반찬은 없으나 많이 드시라'고 말하기도 하며, 손님도 받은 상의 밥이나 반찬을 조금은 남겨야 주인에게 예의를 다하는 것으로 인식하였으며, 하나도 남기지 않을 경우 서로가 부족함이 있지 않았는지 꺼림칙해하기까지 하였다.

이와 같은 관습이 식당가까지 퍼져 반찬 가짓수나 양을 가능한 한 많이 차리는 것이 여유로워 보이고, 손님 대접이 융숭해 많이 찾게 된다고 믿었다. 이 때문에 주문 식단제나 알뜰 식단제, 좋은 식단제가 정착되기 힘들었다.

넷째, 관혼상제에 지나친 음식을 제공하는 허례허식을 들 수 있다. 우리나라는 동방예의지국으로 관혼상제 등 각종 행사가 있을 때에 큰 상을 차리고 많은 손님을 접대하는 것을 좋은 풍습으로 생각해왔다. 조선시대를 포함한 봉건 계급사회에서는 이와 같은 행사가 마을의 잔치로, 서민들이 배부르게 먹을 수 있는 계기가 되었고, 서로 우호를 돈독히 하는 역할을 하였기 때문이다. 보릿고개 시절에는 대다수의 가족들이 이런 행사가 있을 경우에만 한데 모이고, 또한 여유있게 음식을 즐길 수 있는 계기가 되었기 때문에, 이때는 하나도 남김없이 차린 음식을 먹을 수 있었다. 그러나 핵가족 시대의 도래와 모두가 여유로운 생활을 하는 오늘날에는 이렇게 많은 음식을 한꺼번에 소화시킬 수도 없을 뿐만 아니라, 냉장고에 보관을 하는 데도 한계가 있어, 남는 음식이 많이 생길 수밖에 없다.

특히 최근 들어 이와 같은 행사가 대중장소에서 행해지면서, 간혹 정규 식사시간(아침, 점심, 저녁) 이외의 시간에 행사할 경우에도 식사를 제공하므로, 더 많은 음식물 쓰레기를 남기는 경우도 있다.

다섯째, 음식물 쓰레기의 증가로 처리가 곤란하다는 것이다.

이상과 같은 음식문화 때문에 먹고 남아 버리는 음식물 쓰레기가 가정이나 접객업소, 집단 급식소 등에서 다량으로 발생하였다.

1960~70년대만 하여도 이들 음식물 쓰레기는 농촌의 퇴비로, 도심지의 경우 가축사료로 상당량 사용되고, 그 나머지는 연탄재 등과 함께 매립했으므로 큰 문제는 야기되지 않았다. 그러나 1980년대 이후 도시인구가 팽창하였고, 그에 따른 부산물이 증가하면서 대부분의 음식물 쓰레기는 시급히 처리해야 할 골칫덩어리가 되었다. 매립처리로 쓰레기의 대부분을 관리하는 우리 현실로는 냄새, 각종 해충번식, 악성 침출수 발생, 매립지 가스 등에 의한 인근지역의 각종 환경오염을 야기시킬 가능성이 매우 높아, 이에 대한 대책이 강력하게 요구되고 있다.

몇 가지 대책을 생각해보면 첫째, 자율 배식제를 통하여 음식물 안 남기기를 추진할 수 있을 것이다. 초등학교에서는 음식물 안 남기는 학생들에게 스티커를 주고 월말에 상을 주고 격려함으로써, 이와 같은 좋은 습관을 확산시킬 수 있을 것이다.

직장의 경우 남긴 음식물 쓰레기에 대하여 청소세(?)를 부과시키고, 직장 섹터별로 청소세 낸 실적에 따라 월말이나 연말에 포상을 실시하는, 음식물 쓰레기 준실명제를 추진하는 방안도 고려할 수 있다.

둘째, 대중 음식점에서 좋은 식단제를 실시하고 남은 음식은 싸오도록 한다. 좋은 식단제란 위생적이고 알뜰하며 영양적으로 균형이 잡힌 식단으로, 레스토랑에서 자율적으로 실천할 수 있도록 만든 상차림이다. 좋은 식단제 실천으로 먹고 버리는 음식물 쓰레기를 줄임과 동시에 양곡의 낭비도 억제할 수 있다.

너무 차린 것이 많아 음식물이 남으면 남은 음식을 싸와서 먹을 수도 있다. 이를 위해서는 손님이나 레스토랑이 모두 노력하여야 한다. 추가로 주문한 반찬에 대하여 추가비용을 내는 습관을 정착시키는 것도 각종 식품의 억제나 음식물 쓰레기 줄이기에 크게 기여할 것으로 본다.

셋째, 결혼식 및 리셉션 등 공공행사 때 지나친 음식 제공은 억제한다. 소득 수준의 향상으로 사치 과소비 풍조가 확산되어 결혼식, 리셉션 등 공공행사 때 지나친 음식 제공으로, 각종 양곡이 낭비되고 음식물 쓰레기가 과다하게 발생하고 있다. 몇몇 결혼식장의 경우, 과다한 비용이 드는 음식 주문을 전제로 대여함으로써, 검소한 결혼예식을 저해하고 예식 비용에 부담을 주기도 한다. 또 식사시간에 관계 없이 음식을 제공하여 불필요한 식량자원 낭비를 가져오는 경우도 흔히 볼 수 있다.

이와 같은 행위를 줄이기 위해서라도 정부 등 공공기관이 각종 행사에서 음식 제공을 억제하고, 식사시간에 개최되는 결혼 예식 때에는 간단한 음식을 제공하거나, 간소한 답례 품으로 대치하도록 유도하여야 한다. 이는 사회지도층 인사나 중앙부처에서 모범적으로 수행함으로써 솔선수범을 보여야 하며, 호화롭고 과다한 음식 제공 사례를 공개하여 사회에 경각심을 불러일으키도록 전국결혼예식업연합회나 한국음식업중앙회를 통하여 자발적으로 자제하도록 계도해나가야 할 것이다.

넷째, 농산물 유통단계에서 규격출하를 원칙으로 하여, 근본적으로 식량자원 낭비를 억제해야 한다. 농산물 유통단계의 불합리에 의하여 식량자원이 낭비되고 음식물 쓰레기가 발생하는 경우가 많기 때문이다. 특히 핵가족사회가 되고 부부가 직장을 가지는 경우가 많으므로 많은 양의 음식재료가 필요 없어졌다.

그러나 현재 노점이나 슈퍼마켓, 백화점 등에서 구입할 수 있는 것은 1회용으로 먹기에는 양이 너무 많기 때문에 냉장고에 보관하였다가 알뜰하게 먹어도 결국 버리는 양이 많을 수밖에 없다. 물론 소포장을 하는 데는 인력이나 추가비용이 들고 이에 따라 가격이 인상될 수밖에 없고, 소비자의 다양한 기호에 바로 맞추기도 어렵다. 따라서 이 문제는 공급자나 소비자가 서로서로 협조하면서 해결해나가야 할 것이고, 가능한 한 소비자는 남겨 버리는 일이 없어야 하겠다.

현재 북한의 경우 심각한 식량난을 겪고 있음에도 불구하고, 우리가 음식물 쓰레기 때문에 고민을 해야 한다는 것은 인도적 차원에서 용납되기 어렵다. 곤두박질치고 있는 국내 경기를 모두가 허리끈을 조여매고 극복해야 한다.

식량자원의 낭비를 억제하고 음식물 쓰레기 줄이는 일은, 어떻게 보면 작아 보이지만 매우 소중한 실천이다.

이러한 실천이 곧 우리 경제에 크게 기여할 수 있으며, 밑바탕이 될 것이다. 동시에 모든 소비자들이 끊임없이 노력해야 할 당위의 과제만 것이다 (식생활, 1997. 6).

2) 음식문화 개선방안

첫째, 가정에서부터 간소하고 계획적인 식사를 해야 한다. 우리나라의 반상(飯床)은 삼국시대 후기에 쌀의 증산과 밥짓기 솥의 개발로 밥을 주식으로 하였고, 밥을 먹기에 어울리는 음식을 반찬, 즉 부식으로 하게 되었다고 전해진다.

현재에는 이 반상차림이 꽤 간소화되었으나, 아직도 이와 같은 습관이 외식문화로 연결되어 문제를 발생시키고 있다. 결국 첩수에 따른 반찬수를 늘리는 것보다는 맛을 생각하고 영양을 생각하면서 계획적인 식단을 준비하는 자세가 무엇보다도 필요하다.

반상 외에도 그 목적에 따라 국수장국상, 주안상, 교자상, 돌상, 큰상, 폐백, 제상 등 여러 가지 상(床)이 있다. 이들을 차릴 경우에는 그 목적에 잘 부합되게 간결하면서도 정성을 들이는 자세가 훨씬 가치있다.

둘째, 집단 급식소의 자율 배식제 실시와 음식물 안 남기기에 주력해야 한다.

집단 급식소의 자율 배식제는 기호에 맞춰 먹고 싶은 만큼의 식사를 가져다 먹을 수 있으므로 즐거운 식사를 할 수 있는 제도이다. 또 집단급식소의 운영자는 재료의 양을 절약할 수 있으므로 비용을 절감하고, 식기류 세척에 따른 노력이 감소되며, 음식물 쓰레기 처리에 따른 비용이 줄어 원가절감 효과를 얻을 수 있다.

Tips 우리나라의 음식문화 형성과정

구분	시 대 별	음식문화의 특징
제1단계	삼국시대 이전	• 주 · 부식 분리형의 식문화 (주식 : 쌀, 보리, 조 등) (부식 : 장류, 무짠지, 장아찌, 생선포, 구이 등)
제2단계	통일신라~고려시대	• 불교사상에 의한 다류, 한과류, 채소음식 발달 • 육류숭상과 요리법 재현 • 일상식과 다른 제례 · 연회 등의 식문화
제3단계	조선시대	• 유교사상을 근본으로 한 공동체의식 • 대가족제도와 식생활의 규범정착 • 김치의 발달과 상용 필수식품화
제4단계	제1기 (조선시대 이후~해방 이전)	• 전통식문화 암흑기 • 식량부족 빈곤으로 인한 식문화 침체 • 식품소비형태의 침체화
	제2기 (해방 이후~1960년대)	• 기아 및 영양실조상태가 계속 • 분식의 장려운동과 서구식 식생활의 유입
	제3기 (1970년대)	• 경제발전과 핵가족화로 인한 식생활 수준향상 • 영양가와 맛이 추구화
	제4기 (1980년대 이후)	• 음식에 대한 가치관의 변화 • 음식에 대한 분위기, 멋의 추구화 • 식생활의 의식화 · 국제화 · 레저화 · 가공식품화

3 전통음식문화의 지구촌화

1) 개 요

나라마다 전통음식이 있다. 이러한 전통음식은 오랜 세월 자연환경과 생활풍습이 서로 영향을 주어 독특한 문화로 발달되어온 것이다. 우리의 전통음식도 이 땅에서 살아오던 사람들이 자연과 조화해서 이루어낸 독특한 문화현상이다.

우리의 전통문화는 근대사회에 들어와서 외래문화의 거센 파도에 밀려서 모든 분야에 걸쳐 크게 변질되었다. 정신문화뿐 아니라 물질문화 전반에 미친 외래문화의 영향은 오늘날 우리 생활을 압도하고 있다. 지금 주거생활과 복식생활에서 전통문화의 모습은 극히 위축된 상태이다. 전통가옥은 본래의 구조가 거의 사라져서 겉에는 기와지붕이 변형된 모습으로 남아 있고, 속에는 온돌만 옛 보습을 지키고 있다. 전통의복은 여성 한복이 평상복이 아닌 의식용으로만 주로 사용되고, 남성 한복은 마치 죄수복처럼 감옥 안에서 인기를 끌고 있다.

전통문화의 여러 분야 중 가장 본래의 모습을 잘 지켜나가고 있는 것이 음식문화이다. 어느 집이든 주식은 쌀밥이고 김치가 없으면 끼니를 때우기 어렵다. 된장찌개가 없으면 무언가 빠진 것 같다. 먹거리는 집이나 옷과 같이 남의 것을 들여와서 대신할 수 없었기 때문에 지금도 옛모습을 가장 많이 지켜나가고 있는 것이다.

음식은 사람을 자연과 직접 연결시켜주는 매개체이다. 사람은 음식을 통해 자연과 하나가 된다. 한국의 전통음식이 강인한 생명력을 가지고 있는 것은 한국인과 자연환경이 조화해서 어울려온 깊이를 보여준다. 이같은 깊이는 한국인이 전통음식을 먹으면서 느껴온 맛과 누려온 멋에 담겨 있다.

그러나 전통음식의 맛과 멋이 무엇인지 그 실체를 파악해서 글로 정리하는 일은 쉽지 않다. 그것은 눈에 보이거나 만져볼 수 있는 물건이 아니다. 음식을 즐겨 먹는 사람이 맛의 감각을 전해주는 혀로 느끼는 것이고, 음식을 만들고 상을 차려서 먹는 과정을 보는 사람이 그 분위기를 도드라지게 드러내는 것이다. 그래도 우리는 우리 전통음식이 맛이 있고 멋스럽다는 것을 알고 있다. 아직은 이 맛과 멋을 우리만 높이 평가하고 있는 것처럼 보이지만 언젠가 세계성을 얻을 것이라고 기대한다.

한국의 전통음식이 세계인에게 가깝게 다가서는 것은 또한 음식이란 문화상품을 세계시장에 내보내는 일과 같다. 이를 위해 그 맛과 멋스러움을 밝혀내는 작업을 서두를 필요가 있다.

2) 전통 음식문화의 문제점

한국의 음식문화는 여러 세대의 가족이 모여 웃어른들을 섬기며 예의 규범을 지키는 식생활을 하던 대가족제도에서, 궁핍한 일제시대와 전쟁을 치르는 동안 간신히 끼니를 때우고 배불리 먹을 수 있는 게 다행인 식생활이 되면서 잘 갖추어 먹던 우리 전통 음식문화가 상실되어 갔다. 분식장려, 우유보급, 급식제도로 빵, 국수, 간단한 서양 요리가 일반화되고 생활이 나아지자 육식만을 즐기는 풍조로 바뀌게 됐다.

문화가 발전함에 따라 외래음식의 도입, 외식산업의 발전, 인스턴트 음식의 출현 등이 또 다른 식생활 패턴을 만들었다.

우리 음식의 근본 맛을 내주는 장의 제조와 함께 집집마다 전해지던 가정적 음식이 밀려나고 바쁜 시대에 손이 많이 간다는 이유로 나물, 김치, 장아찌는 만들지 않게 됐다. 그렇게 됨에 따라 자라나는 세대는 햄, 소시지 등 가공식품만을 포크로 찍어 먹는 진정한 우리 음식 맛을 모르는 장년층이 되고 말았다. 스피드 시대에 편리해서라는 구실로 우리 음식을 기피하게 되고 패스트 푸드, 햄버거, 피자, 스낵 등을 즐겨 먹고 어머니들 또한 만들 시간이 없고 아이들이 잘 안 먹는다는 이유로 외식을 은연중에 권하고 식당도 많이 생겨났다.

생활의 여유를 찾고 어느 정도 안정이 되니 한 곳에 가짓수를 많이 차려놓고 셀프 서빙을 하는 뷔페 음식이 성행하게 됐다. 그러나 뷔페는 일정한 금액을 지불한 후 여러 가지 음식을 마음껏 먹을 수는 있어도 손님으로 접대받는 느낌이 없고 혼란스러워 싫증을 느끼는 시점에 와 있다.

점점 진정한 문화가 무엇인지를 찾게 되고 그 중에 음식문화도 한몫을 차지함에 따라 예의를 갖추고 제대로 대접받기를 원하는 정식의 식사로 가는 추세이다.

세계는 하나라는 캐치프레이즈처럼 외국에 나가는 한국이 있고 한국안에 세계가 있으니 우리 음식을 문화적 가치나 건강을 추구하는 세계적 식사형태로 보아 이제는 자랑해야 할 시기라고 본다.

서양의 추세는 이미 부리가 오래 전부터 주식으로 먹어온 곡류나 밥을 많이 찾고 두부나 콩음식, 발효식품의 우수성을 건강과 직결시켜 열심히 먹으려 하나, 반대로 우리는 우리의 건강한 전통 식생활을 마치 없었던 것처럼 여기고 기호성보다 건강식삼아 억지로 먹으려는 상황이 되었다.

세계인이 좋아할 수 있는 음식이라면 이제 건강을 지켜주고 제맛을 가지고 있으며, 시대적 감각을 가지고 만든 것이어야 하며 또한 변화된 생활양식에 따라 옛날의 복잡한 상차림, 조리법, 식사예법도 바뀌어야 한다.

이제 양식의 생활에 맞게 우리 음식 고유한 맛을 가지고 제대로 된 서비스를 받으며 복잡하지 않게 아름다움까지 감상하며 먹을 수 있어야 한다.

3) 한국음식의 세계화 방안

한국음식의 장점과 단점을 잘 파악하여 상차림의 간소화, 조리의 단순화를 추구해야 할 것이다. 편한 자세에서 접대하고 접대받을 수 있는 서빙 방법을 모색해야 할 것이다. 일품음식은 쟁반을 이용하여 한 상에, 정식은 전채, 안주, 죽식, 후식으로 나누어 대화에 방해가 안 되도록 순서에 따라 내도록 하자.

그릇을 다양화하여 그에 맞는 음식 담음새를 연구하고 장식을 하여 음식을 돋보이게 해서 멋을 내자. '음식은 그릇이 날개'라는 말처럼 때와 장소, 식사하는 이, 식사의 목적을 알아 간단한 일품음식인지 정식인지를 구별하여 한끼의 식사에 어울리는 음식을 정한다.

한식 전문식당에서는 정확한 맛을 낼 수 있는 레시피를 작성하여 맛의 기복이 없이 일률화하도록 한다. 옛것 중 좋은 식사예법은 받아들여 접대법에 적용한다.

예를 들면 한 가지 음식을 너도 나도 자기 수저로 가져다 먹는 일은 피하고 될 수 있으면 1인 독상 차림을 하고 한 그릇을 나누어 먹을 때는 덜음접시와 덜음저를 따로 준비한다. 외국인이 가장 싫어하는 것은 한그릇 음식을 나누어 먹는 일이고, 우리는 테이블 위에서 먹는 식사형태가 많으므로 양식처럼 테이블 세팅이 필요하다. 테이블 매트, 수저받침, 덜음접시, 냅킨 등을 준비한다.

정식에서는 찬품단자를 준비하여 가장 좋은 음식을 접대받고 있음을 알린다. 실내장식, 소품, 그릇 등에서 전통을 나타내면서도 국제화된 안목에 맞는 상품을 개발하고 그릇에 어울리는 우리 고유한 음식을 아름답게 담는 법을 연구한다.

식품의 소재는 국제화시대에 맞게 다양하게 써서 고유한 조리법으로 음식 맛을 내어 우리 것으로 소화하도록 한다. 옛 맛을 찾아 개발하고 세계적인 입맛 추세도 알아 적절히 적용시킨다. 가장 한국적인 것이 가장 세계적인 것이라는 말이 음식에도 타당함을 알고, 먹는 이를 소중히 알아 정성을 다한다는 생각으로 가정에서는 주부가, 요식업소에서는 종업원 모두가 성실한 자세로 임하여야 한다(한복려, 1995. 12).

Tips 음식문화 국제화 시급

주지하다시피 관광은 볼거리, 먹거리, 놀거리, 찬거리가 풍부해야만 그 효과를 극대화할 수 있다. 이 가운데서도 먹거리(우리 농산물을 활용한 향토음식의 개발 등)는 UR 타결로 농어촌의 피해가 더욱 우려되는 마당에서 외래관광객 유치를 통한 관광외화 획득에 기여할 뿐만 아니라 우리 고유의 음식문화를 세계에 시현한다는 의미에서 더욱 관심을 쏟아야 할 분야이다. 관광은 '관국지광(觀國之光)'에서 유래된 말이다. 여기서 '관(觀)'은 주역의 64패 중 하나로 단순히 보는 것을 의미하는 것이 아니라 '자세히 살펴보고 사색하며 반성한다'는 깊은 뜻을 담고 있다. 그리고 그 대상이 되는 것이 바로 '국지광(國之光)' 즉 '나라의 빛'이다. 이 빛은 다름 아닌 한 나라의 국민이 오랜 역사에 걸쳐 일궈온 고유문화 바로 그것이다.

엘리엇(T. S. Eliot)이 말한 대로 '문화란 바로 생활[食衣住]의 방식'이라고 정의한다면, 먹거리는 중요한 문화의 원천일 수밖에 없다. 따라서 음식문화를 개발, 전승, 시현하는 것이야말로 관광진흥을 위한 출발점이라 아니할 수 없다.

만약 외국의 한 관광객이 우리나라를 방문했다고 해보자. 그는 우리가 자랑하는 경주의 불국사, 제주도의 유채꽃을 구경하러 다닐 것이다. 때론 창극이나 탈춤을 지켜보며 우리의 해학과 멋스러움을 대하게 되고 고려청자를 감상하며 조상들의 장인정신에 찬사를 보낼지도 모른다. 그러나 그가 진정한 한국의 맛과 향기를 느끼려 한다면 역시 우묵한 뚝배기에 담긴 된장국에 김치와 숭늉 한 사발이 으뜸이 아니겠는가.

전통음식이 이렇게 우리의 문화를 대변할 만큼 중요성을 가지고 있다면, 한번쯤 일상으로서의 '식(食)'의 개념을 벗어나 보다 넓은 시야를 가져보는 것이 필요하다 그러나 우리의 음식문화에 대한 국민적, 정책적 관심은 보잘 것 없다. 기껏해야 위생적 문제는 보건복지부에서, 환경오염 등의 문제는 환경부에서 관리하는 것이 고작이다.

관광은 먹거리를 수단으로(외래관광객을 통해)우리 고유의 전통문화를 세계에 내보이는데 이바지할 뿐만 아니라 관광외화를 획득함으로써 지역경제 발전에도 커다란 기여를 할 수 있는 일석이조의 효과를 가지고 있다.

이런 의미에서 관광을 매개로 한국 고유 음식문화의 계승발전과 국제화를 위한 노력이 기울여지고 있는 것은 다행한 일이다.

Tips 외국인이 느끼는 한식에 대한 이미지는 어떠한가?

최근 한국식품연구원에서 외국인 300명을 대상으로 실시한 조사결과표를 보면 다음과 같다.

한식하면 떠오르는 이미지(단위 : %)

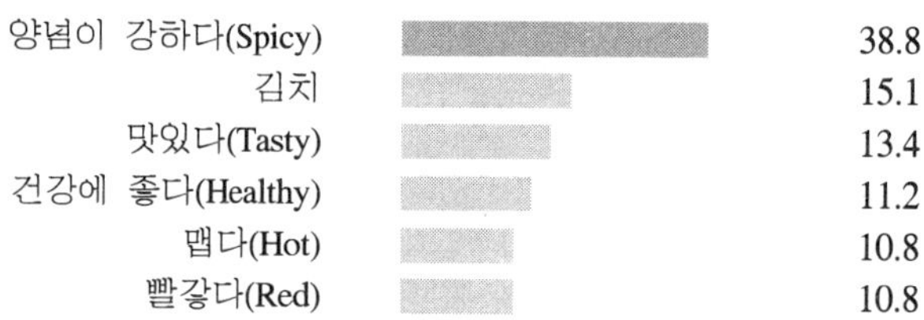

한식당에서 겪은 불편(단위 : %)

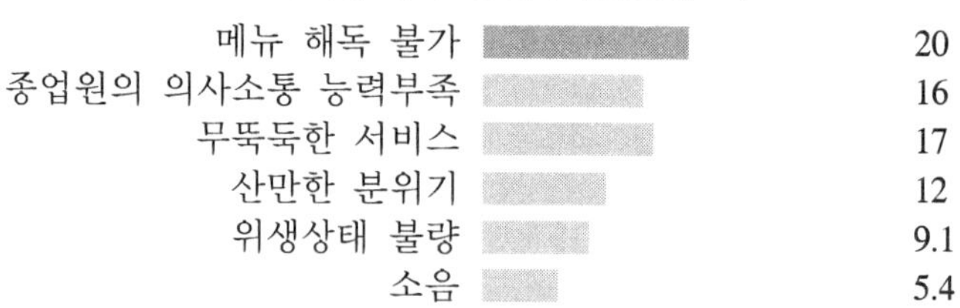

4 전통음식의 상업화

1) 개 요

자동판매기를 포함한 다양한 종류의 기업적인 급식의 기원도 유사 이전의 시대로 거슬러 올라간다. 처음 원시종족이 전쟁에서 잡은 포로들에게 천한 일을 시키기 위해 노예로 만들었을 때부터 고용원을 위한 급식이 시작되었다. 지구상에 교통수단이 발달함에 따라서 기업들이 복잡한 도시로부터 교외나 시골지역으로 분산되었고, 이에 따라 급식시설이 필요하게 되었다.

제1차 세계대전 때부터는 기업적인 급식에 식음료서비스의 지식을 갖춘 전문가를 필요로 하게 되었고, 제2차 세계대전 중에는 이 분야가 크게 확장되었다. 최근에 이르러서는 많은 기업적인 체제를 갖춘 요식업자들이 학교나 병원 등으로 식음료서비스 상품을 확장해 나가고 있다.

결과적으로 오늘날에 있어서 식음료의 서비스는 사회적 · 문화적으로 다양한 욕구와 필요성에 따라 또한 인류사회의 발전에 따른 인간의 사회적 욕구에 부응하기 위하여 식음료 서비스부문이 보다 기업화되면서 획기적인 변화를 추구하고 있는 것이다.

이와 같은 변화추세에서 전통음식에 관한 내용을 살펴본다는 것은 그 가치가 크다고 할 수 있다. 옛부터 우리는 흙에서 생산되는 우리의 것을 먹어야 오래 살 수 있다는 선인들의 지혜를 지닌 자연철학 신토불이사상(身土不二思想)을 익히 알고 있다.

각계에서 우리 것을 찾자는 운동이 활발한 가운데 우리의 몸과 입맛에 가장 잘 맞는 고유의 전통음식도 '제자리 찾기'가 그 어느 때보다도 절실한 때이다. 조리시간이 길고 번거로움 때문에 간편식의 편리성에 가리워졌던 전통음식은 영양적인 면을 보더라도 전혀 외국의 식단에 뒤지지 않으면서도 산업화의 진행이 활발하지 못한 것은 사실이었다.

또한 전통문화를 계승한다는 입장에서 전통음식을 연구 · 보존하는 경우가 있긴 했지만, 특히 사업성과 상품성 · 경제성이 뒤떨어지는 관계로 관련업체의 외면을 받아온 것이 사실이다. 서양음식에서는 간식과 주식의 개념이 함께 포함될 수 있는 메뉴가 많은 편이지만, 우리 음식은 주식이라는 것이 분리되어 있어 간식성이 짙은 외국음식에 비해 상업화가 상대적으로 늦어진 것 또한 사실이다.

그리고 함께 먹는 음식에는 만드는 사람의 정성이 포함되어야 맛이 더한다는 독특한 '정서문화'의 보수성 때문에 상품화된 전통음식이 필수품보다는 본보기로 전락된 것도 큰 요인이라고 할 수 있다. 최근 국내굴지의 기업체에서 자금유동력이 크다는 이점이 작용되어 소위 먹는 장사에 활발히 뛰어들고 있다.

그러나 대기업에서 참여하고 있는 경영의 특징을 업태별로 분류해 본다면 몇 군데를 제외하고는 한식은 거의 찾아 볼 수 없다는 점이다.

대부분이 양식 및 중식 · 서구식 패스트 푸드류로 나눌 수 있다. 물론 전통음식은 연구 · 발전시키기 위해 전문연구소를 건립, 활발한 활동을 벌이고 있는 곳이 전무한 것은 아니며, 자금력과 전문인력 투입이 용이한 대기업에서 '우리 먹거리'보다는 '경제성 많은 음식'을 선택하는 것을 나무랄 수는 없다. 외국의 새로운 식문화를 도입함으로써 국내 외식산업이 새로운 자극을 받을 수도 있기 때문이다.

현재 우리의 식생활을 살펴 보면 식생활이 국제화되면서 지금까지 간장 · 된장 · 고추장 등 기본재료를 사용한 고유음식에 마요네즈 · 케찹 · 와사비 등 외래조미료를 많이 사용하고 있다. 건강을 추구하고 간편화 경향으로 외식의 비율이 늘고, 맛좋고 먹기 좋은 인스턴트식품이나 냉동식품이 빠른 속도로 확산되는 것을 보더라도 현재의 식생활을 잘 반영한 것이라고 볼 수 있다.

하지만 이런 다른 문화권의 식문화를 무차별적으로 받아들인 결과 우리 민족 고유의 맛이 희미해져 가는 이때에 주위를 환기시키는 의미에서 고유음식의 현대화는 필수적이라 생각된다.

국민소득이 높아 가고 사회가 발달할수록 식품공업도 발달하게 된다. 미국과 일본의 경우 식품공업의 부가가치비율이 각각 112%, 104%가 된다는 점을 미루어 짐작해 보면 식품공업이 농림수산업보다도 크게 성장한 것을 엿볼 수 있다. 미국의 경우 장바구니 속의 가공식품비율은 96%를 차지하고 있으며, 일본에서는 외식을 포함한 최종소비단계에서 음식비 중 가공식품이 65%나 차지하고 있다.

우리나라의 경우 농림수산업에 대한 식품공업 부가가치비율은 41% 가공식품비율은 30% 수준에 머무르고 있다. 따라서 우리나라의 식품가공업의 전망은 매우 밝다고 할 수 있다.

여성의 사회진출과 다양한 여건의 변화로 일상식생활에 있어서도 조리시간 및 간편성이 보다 중요시되어 가공식품을 사다가 필요하면 데워서 분배하는 식의 조리개념이 정착될 것이다.

따라서 먹고 싶은 음식이 편하게 가공되어 있지 않으면 젊은 사람들은 외국산 가공식품을 선택하게 되고, 이러한 외국가공식품이 차세대의 입맛으로 정착할 가능성이 커진 것이다. 우리의 식품공업이 수입원료에 의한 의존도가 높아지면 높아질수록 국내산업에 미치는 피해도가 커져 가고 있다.

이러한 상황으로 볼 때 우리 나라의 식품과학계와 식품공업은 전통식품의 공업화에 주력해 다음 세대가 전통식품을 먹고자 할 때 편리하게 먹을 수 있도록 하는 것이 급선무이다. 더 나아가 이는 곧 국내 농산물의 소비촉진에도 커다란 영향을 미치게 된다는 것을 잊어서는 안 될 것이다.

농산물은 저장의 어려움 때문에 일정한 시기에 홍수출하되어 농민은 언제나 경제적으로 불리한 자리에 서게 되는 경우가 많다. 농민의 이러한 불이익을 극복하기 위해서도 외국제품보다도 고품질과 저장성이 뛰어난 제품이면서 간편한 가공식품을 제조·시판해야 한다.

식문화학회에 보고된 한 연구자료에 나타난 우리의 전통음식에 대한 설문조사내용을 살펴보면 다른 종류보다 주식으로써 여러 가지 반찬이 준비되지 않아도 쉽게 한끼의 식사를 할 수 있는 일품요리류가 기호도 및 섭취빈도도 높게 나타난 것으로 보고되었다.

또한 '한국문화재보호협회' 주관의 전통학술세미나에서 발표된 논문을 살펴 보면, 현재 패스트 푸드가 번창하고 있지만 그 이용자들에게 전통음식의 패스트 푸드화에 대한 조사를 한 결과 우리 고유의 간식이 개발되어 전통음식의 패스트 푸드화를 희망하는 것으로 나타났고, 이와 함께 상업화되기를 희망하는 음식으로는 음료, 떡류, 부침류, 떡볶이, 잡채, 죽, 전유어의 순으로 나타났다.

고유 전통음식을 상업화하기 위해서는 앞에서도 언급했듯이 상품화 가능한 메뉴를 개발하고 고유의 맛을 살릴 수 있는 가공기술의 개발이 선행되어야 한다.

뿐만 아니라 식생활변화의 분석도 그냥은 넘길 수 없는 부분이다. 현재 각 가정의 가계지출비 중 식료품비(엥겔계수)가 차지하는 비율은 점차 감소하고 있지만 그 지출액면에서는 증가를 보이고 있으며, 지출내용도 필수적인 지출로부터 선택적 · 수의적 지출의 경향을 나타내고 있다 한다. 즉, 다양한 식품 중에서 자기 기호에 맞는 선택과 식사의 기능을 커뮤니케이션의 매체로서 중시하는 경향도 높아 가고 있다.

이와 같은 고객의 식품에 대한 가치평가의 변화를 보면서 알 수 있는 것은 전통음식을 간편식으로 개발할 때 메뉴의 선정과 함께 가장 중요한 점이 고객으로부터 선호될 수 있는 맛의 향상 뿐만 아니라 조직감 · 색상 · 향기 등 감각적 측면의 개발도 필요하다는 것이다.

또한 평균수명이 길어져 전체인구 중에서 차지하는 고령인구의 비율도 증가하고 있는데, 이는 사회적 변화뿐만 아니라 식생활에도 은 영향을 미칠 것으로 예상된다. 결국 이런 추세에 따라 노인을 위한 식품(소화가 용이하고 소량의 조직감이 부드러우면서도 옛 전통의 맛을 지닌)의 선호도가 높게 나타날 것으로 생각된다.

오늘날 도시화로 인해 도시인구의 팽창을 가져 왔는데, 이 도시생활자들에게 '천연', '진품', '고향의 맛'에 대한 관심을 기울인다면 지역적 특성과 개성이 풍부한 전통음식은 수요가 늘어날 전망이다. 그 외에도 전통음식에 편의성을 더한다면 고객의 호응도 보다 더 높아질 것으로 분석되고 있다.

그러나 현재 국내 식품위생법규상 뚜렷하게 프랜차이즈 정책이나 패스트 푸드에 대한 조항이 하나 없을 정도로 무관심의 영역에 현재의 상황은 큰 변화임에는 틀림없지만, 진정으로 전통음식의 육성과 외식산업으로서의 발전을 위한다면 관계당국의 보다 구체적인 행동도 선행되어야 할 것이다.

더 이상 우리의 '먹는 문화'가 서구화에 밀려 나기보다는 '깊은 맛'을 가진 우리의 전통음식을 위생적이며 조리도 신속하고 쉽게 할 수 있도록 과학화 · 현대화를 이루어 우리나라 고유의 음식맛을 살리는 방법과 전통음식의 패스트 푸드화가 요구되고 있는 실정이다.

[표 Ⅲ-2] 전통메뉴 중 시판 중이거나 개발가능한 품목

주 식	김밥, 만두, 약식, 냉면, 떡국, 비빔밥, 콩나물밥, 김치볶음밥, 오곡밥, 가락국수, 콩구구수, 삼계탕, 육계장, 산적, 순대국밥, 빈대떡
부 식	불고기, 두부찌게, 김치 깍두기, 오이소박이, 물김치, 오이지, 단무지, 도토리묵, 잣죽, 두부, 냉채류, 그 외에 튀김류 및 부침류
간 식	떡볶이, 호도과자, 튀김기류, 전류, 유과, 순대, 어육, 연제품, 시루떡, 계피떡, 송편, 경단, 백설기, 약과, 순대, 호떡, 팥죽, 강정, 군고구마, 빈대떡, 잡채
음 류	식혜, 두충차, 생강차, 수정과, 율무차, 보리음료, 인삼차, 유자차, 각종 쥬스

[자료 : 월간식당, 1991. 5, p.54]

그러나 우리 고유음식이 조리과정의 복잡성, 본래의 맛을 내기 힘들다는 점, 다양한 양념의 소요, 식품가공기술의 부족 등으로 전통적인 식생활 패턴이 서구의 햄버거와 같이 휴대 간편한 단순음식이 아닌 까닭에 전통음식의 상업화에는 많은 어려운 점이 산재해 있다.

포장기술측면에서도 따뜻한 국물이 많이 수반되는 우리 음식의 특성으로 볼 때 기술개발도 상당히 필요하다. 민족 고유의 전통음식은 그 나라의 역사와 함께 단순한 배고픔의 욕구충족을 넘어서 큰 역할을 하고 있기 때문이다. 이러한 점을 볼 때 전통음식의 상업화를 통한 계승발전의 필요성은 많은 의미를 내포하고 있는 것이다. 그래서 전통음식을 상업화하여 활성화하기 위해서는 전통음식에 대한 보존과 연구가 필요한 것이다.

그 한 예로 메뉴의 선정 및 개발가능한 식품을 살펴 보면 [표 Ⅲ-2]와 같은 품목을 생각할 수 있겠다.

2) 전통음식의 관광상품화(예)

우리의 먹거리를 훌륭한 관광상품의 개발, 관광자원화하는 방안은 무엇인가. 보는 관점에 따라서 여러 가지 방안이 제시될 수 있겠지만 그 중에서도 중요하다고 생각되는 몇 가지만을 지적해 보면 다음과 같다.

첫째, 우리의 전통조리법을 기초로 우리 고유의 맛을 재생산해 내야 한다.

우리의 전통음식은 명절음식, 시식, 통과의례음식, 궁중음식, 향토의례음식 등으로 나눌 수 있는데, 이에 근거하여 관광상품의 품질을 다양화하는 것이 필요하다. 특히 우리 음식은 지역마다 특색이 뚜렷하니 이것을 잘 살려 정말 우리 고장에서만 할 수 있는 토속음식(주식, 부식, 병과류, 음료류, 전통술 등)을 잘 고르고 지도해서 우리나라를 방문하는 외래관광객들에게 내놓으면 좋을 것이다.

둘째, 전통음식의 관광상품화는 우리의 맛을 살려내는 것만으로는 부족하다. 외국인을 위한 다양한 메뉴 개발이 필요하다. 김치, 된장, 청국장 등 우리 음식은 토속적일수록 진한냄새 때문에 외국인이 접근하기 어려운 점이 있다. 따라서 우리 음식을 외국인에게 처음 내놓을 때는 그들의 입맛도 고려하는 배려가 필요하다. 또한 서양인들의 식사 코스에 맞게 우리 음식을 에피하이저, 수프, 메인디쉬, 샐러드, 후식의 순으로 재배치하는 방법이 있을 수 있다. 예를 들어 에피타이저로 전통술, 수프로 새우잣집무침, 주요리로 너비아니와 김치볶음밥, 생선전, 샐러드로 뚜껑 있는 그릇에 담은 김치(또는 백김치), 후식으로 강정과 따근한 인삼차 등을 생각해볼 수 있다.

셋째, 전통음식점의 환경과 분위기에 주의를 기울여야 한다. 음식점의 외관은 전통을 살려 건축하고 내부 또한 한국적인 느낌이 물씬 배어 나오도록 장식하는 것이 필요하다. 레스토랑 내부에 우리의 산야와 정신을 생각나게 하는 냄새, 가락 등이 가득하면 더할 나위 없이 좋을 것이다. 종업사원들 또한 전통의상으로 곱게 단장하고 친절하게 접대해야 함은 아무리 강조해도 지나침이 없다. 그리고 위생적인 것, 특히 화장실에 신경을 써 찾아오는 외래관광객들이 불결하게 느끼지 않도록 해야 한다.

넷째, 다음으로 필요한 것은 이렇게 정성껏 세심한 주의를 기울여 개발한 전통음식 상품을 좋은 이미지와 알맞은 가격조건으로 외국인의 마음속에 심어놓는 방안을 강구하는 것이다. 이는 차별화된 독특한 전통음식 상품을 제공함으로써 우리 고유의 이미지를 창조하고 이 이미지를 외래관광객들의 마음속에 위치시키려는 노력을 말한다. 특히 관광시장에서는 최근에 들어 가격경쟁보다는 비가격경쟁, 그 중에서도 커뮤니케이션 전략이 중시되고 있다. 따라서 잠재적인 외래관광객을 포괄하는 시장환경을 향해 전통음식에 대한 정보를 널리 알려야 할 것이다. 이를 위한 수단으로 일반적으로 광고, PR, 판매촉진, 인적판매 등이 있다.

다섯째, 전통음식 전문인력의 양성이 시급하다. 이를 위해서, ① 한국관광공사의 호텔학교를 대폭 확충하여 전통음식 조리과정을 신설, 1년 과정의 실무위주형 전통음식 전문가를 배출시키는 방안이 마련되어야 한다. ② 현행 전문대학 관광과와 조리과의 시설을 활용하여 1년 기간의 단기 전통음식 전문요원 양성과정을 설치해야 한다. ③ 전통조리 분야의 교수인력과 전문연구원 확보를 위하여 대학원과정을 확충, 육성해야 한다. ④ 정부출연기관으로 가칭 '전통음식연구원'을 설립하여 이에 대한 조사 연구기능을 본격화해야 한다.

끝으로 정부의 정책적 관심과 지원이 절대적으로 요청된다. 정부의 정책과 지원으로 우리 고유의 음식문화가 생활과 의식 가운데 진정한 가치로 자리하여 개선될 때, 비로소 전통음식을 세계에 널리 알린다는 의미에서 전통음식의 관광상품화는 그 토대가 마련되는 것이고, 우리도 세계적인 음식문화를 가진 맛스러운 국민으로 자리할 수 있을 것이다.

지금까지 살펴본 바와 같이 음식문화는 이제 단순히 '먹는다'는 생존적 의미에 더하여 문화적, 경제적 수단이나 목적으로 기능할 수 있다는 사실에 주목해야 한다. 그리고 그러한 역할을 관광분야에서 시작하는 것이 바람직하다는 생각이다(자료 : 뚝배기, 1994. 5).

Tips 품격상승 '별따기' 경쟁

프랑스 레스토랑업계는 최근 '별따기' 경쟁이 한창이다.

레스토랑업주들이 레스토랑의 품격을 상징하는 별을 하나라도 더 따내기 위해 치열한 경쟁을 벌이고 있기 때문이다.

별의 개수를 정하는 곳은 뜻밖에도 요리와 아무 상관없는 프랑스의 타이어 생산업체 미슐랭사가 주관하고 있다.

이 회사가 매년 발간하는 「레스토랑 가이드북」은 레스토랑의 생사를 결정할 만큼 영향력을 갖고 있는 책이다.

발행부수 70만부를 자랑하는 가이드북은 프랑스의 13만 8천여 레스토랑 중 엄정한 취사선택과정을 거쳐 5천여점을 소개하고 있다.

이 중 최정상급인 별 3개짜리 레스토랑은 19개소, 2개짜리 레스토랑은 70여개소에 불과해 별따기가 하늘에 별따기 만큼 어렵다는 사실을 실감케 하고 있다.

별 3개는 권위와 부를 의미한다 가이드북에 소개됨으로써 고객들이 몰려 매상이 배가 되는 것은 물론, 해외지점 개설제의도 끊임 없이 들어와 돈방석에 앉는 것은 시간문제이기 때문이다.

또한 별 3개 획득은 '3星 레스토랑'의 모임에 정 회원자격을 부여하며, 반영구적으로 명성이 유지되고, 레스토랑업계의 각종 이권개입을 보장하고 있다.

별 3개를 따기 위한 셰프(주방장)들의 노력은 대단하다. 이들은 고객들을 위해 일하는 시간 만큼 새로운 요리개발에 몰두하고 있다.

1993년에 새로 별 3개에 등극한 피에르 가니엘은 요리연구를 위해 미국·캐나다·멕시코 등지를 3년간 방랑했다고 한다. 그의 요리는 접시 위에 직선과 곡선이 어우러져 추상화를 방불케 한다.

별 3개의 대열에서 낙오하는 것은 비참함 그 자체다. 한 셰프는 충격을 받아 자살을 기도했는가 하면, 십수년간 별 3개를 자랑하던 라 페르즈는 경영권이 워낙 자주 바뀌어 3류 레스토랑으로 전락하고 말았던 사례도 있다.

「레스토랑 가이드북」의 권위는 1900년 창간 이래 지켜 온 미슐랭사의 엄정한 심사의 기준과 방법으로부터 나온다.

레스토랑을 직접 평가하는 것은 미슐랭의 심사원으로서, 심사원의 자격은 호텔전문학교를 졸업하고 10년 이상 실무경험이 있는 사람들로 한정하고 있다.

이들은 몇 개의 그룹으로 나뉘어 매년 프랑스의 모든 레스토랑을 순회한다. 결과적으로 한 레스토랑은 1년에 17번 서로 다른 심사위원들로부터 평가를 받게 되어 부정이 개입될 소지가 없다. 또 이들 심사원은 레스토랑을 방문할 때 고객으로 예약, 식대까지 지불하기 때문에 레스토랑측은 이들의 신분을 알 수가 없다.

심사원들이 제일 눈여겨보는 것은 재료의 질과 요리기술이다. 여기서 일단 합격한 레스토랑이 충실한 메뉴까지 갖췄으면 별 2개를 받는다. 별 3개는 셰프의 창조력과 개성이 요리에 배어 나와야 차지할 수 있다. 그 외에 실내장식·와인리스트 등도 참작된다.

가이드북 편집자들은 또 심사원들의 심사결과와 함께 매년 10만여통식 쇄도하는 독자들의 편지를 참조, 레스토랑 평가에 반영하고 있다고 한다.

5 외국의 음식문화

한 민족과 국가의 여러 가지 여건의 변동은 그 나라 국민의 식생활 양식에 변화를 가져오고, 이러한 변화는 국민건강에도 매우 밀접하게 관련되어 있다. 때문에 식생활과 관련된 행동의 변화를 살펴보는 것은 매우 의미가 있는 일이라고 볼 수 있다. 일찍이 인간은 '인류는 언제부터 무엇을 어떻게 먹어왔을까? 그리고 무엇을 얼마만큼 어떻게 먹어야 건강할까? 지역에 따라 먹는 음식이 왜 다르며, 또 왜 그러한 방식으로 먹고 있을까? 사람들은 어떤 음식을 먹지 않는가? 그리고 왜 먹지 않는 것일까? 음식의 공급·먹는 방식 등이 우리의 일상생활과 나라의 흥망에 어떤 영향을 끼쳤을까? 또, 앞으로 사람들은 어떤 음식을 얼마만큼, 어떻게 먹게 될 것인가?' 라는 의문을 갖고 연구 활동을 해왔다.

흔히 미식가(Gourmet)들은 중국 요리와 프랑스요리를 제일로 치고 그 밖의 요리에는 관심을 갖지 않는 경우가 많지만, 실제로 잘 살펴보면 중국 요리나 프랑스 요리도 다른 나라의 요리문화와 오랜 교류를 통해 서서히 변화 · 발전해 왔다는 것을 알 수 있다. 따라서 복합다중사회(復合多重社會)에 살고 있는 인간이 자기의 음식문화를 보전 · 발전시키려면 여러 나라의 음식문화를 살펴보고, 그들의 장 · 단점을 흡수 · 소화해야 한다. 그렇게 함으로써 자기의 음식문화도 바르게 정립할 수 있는 것이다.

더욱이 음식문화라는 것은 수 천, 수 만년 동안 그 곳에서 살고 있는 민족이 그곳의 현실에 적응해온 생활 그 자체이기 때문에, 그들 민족을 이해하는데 큰 도움이 된다. 그러므로 자기 민족의 문화가 제일이라는 극단적 국수주의나 다른 문화에 대한 이해 부족은 세계화된 사회를 살아가는데 있어서 결코 바람직한 삶이라고 할 수는 없다.

한마디로 음식문화는 오랫동안 지켜온 식습관과 주변의 새로운 생활양식이 융화되어 변화를 거듭해 왔다고 볼 수 있다.

여기에서 어떤 것이 옳고 그른가를 떠나 현지 또는 상대방의 마음속에 뿌리내린 방식과 방법에 적절히 적응하면서 자기 권리 못지않게 남의 권리도 존중하게 된다면 그것은 진정한 상대방의 문화를 이해하는 지름길이 되는 것이다.

1) 이탈리아

로마제국 분열 이후 이탈리아는 여러 나라에 의해 점령되어 많은 나라의 영향을 받았는데 그 결과 음식문화도 각 지역마다 특유의 요리가 발달해 많은 향토요리가 생겨났다. 즉 밀라노, 베네치아를 중심으로 하는 북부 지방은 겨울이 길고 추운 기후로 인해 진한 맛의 요리가 발달했다. 또한 농업이 발달해 쌀이나 손으로 만든 파스타 외에 버터, 크림, 치즈 등의 유제품이 풍부하다. 로마, 피렌체를 중심으로 하는 중부 지방은 북부나 남부의 요리가 혼합되어 소재나 맛이 다양하다. 팜므산 치즈(Parmesan Cheese)와 햄이 유명하다. 시칠리아 섬과 나폴리를 중심으로 하는 남부지방은 올리브와 올리브유, 토마토나 건조 파스타, 모차렐라 치즈 등이 유명하고 삼면이 바다로 둘러싸여 해산물이 풍부하여 이를 이용한 요리가 발달했다(김숙희 외 5인, 1998).

로마의 거리에서 가장 많이 볼 수 있는 간판은 빠르(bar)이다. 영어식으로는 '바'로 발음해야 하나, 현지인들은 '빠르'로 부르고 있다. 로마의 빠르는 술집이 아니다. 다방에 가까운 업소로 보는 것이 타당할 것 같다. 빠르에서 파는 것은 커피는 물론, 주스, 아이스크림, 샌드위치, 피자, 술 등 여러 가지를 판다. 어찌 보면 서울의 카페 비슷하기도 하다. 빠르는 여행자들이 잠깐 쉬거나 가벼운 요기를 하고 싶을 때 큰 부담 없이 이용할 수 있는 편의시설이다.

그런데 빠르에는 2가지의 요금이 있다는 사실을 아라야 한다. 메뉴북을 펼쳐 보며 요금이 두 가지씩이다. 가령 똑같은 카푸치노 1잔 값이 3~6천리라 라고 적혀있는 것을 보고 어리둥절한다. 로마의 빠르에서는 카운터에 서서 마시는 요금과 의자에 앉아서 마시는 요금이 다르다. 앉아서 마시며 요금이 2배, 심할 때는 5배까지 껑충 뛴다. 주문법도 다르다. 서서 마시는 것은 계산대에 가서 요금을 먼저 지불하고, 주문서를 가지고 카운터에 제시하고 차를 마시게 되어있다. 앉아서 마실 때는 그냥 의자에서 기다리면 웨이터가 주문을 받으러 온다. 이탈리아사람이 즐겨 마시는 커피는 에스프레소와 카푸치노인데, 에스프레소는 원두를 증기로 뽑아 향기가 좋고, 카푸치노는 카푸치노 수도원의 승려복 빛깔을 닮았다 해서 붙여진 이름이다. 대체로 카푸치노가 에스프레소보다 요금이 갑절 비싸다.

이탈리아 요리는 기본적으로 안티 피아티(Anti Piatti : 전채), 프리미 피아티(Primi Piatti : '첫번째 접시'라는 뜻으로 파스타나 리조토, 수프 등), 세콘디 피아티(Secondi Piatti : '두번째 접시'라는 뜻으로 육류나 생선 요리), 포르마지오(Pormaggio : 치즈), 돌체(Dolce : 디저트), 카페(Caffe : 커피)의 순으로 구성되어 있다.

그러나 이탈리아 요리는 코스가 특별히 정해져 있지 않으므로 세콘디피아티를 중심으로 취향에 따라 메뉴를 구성해 주문한다. 따라서 전체적인 균형에 신경을 쓰면서 소스나 재료가 겹치지 않도록 한다. 웨이터에게 좋아하는 기호품이나 맛 등을 알려주어 그 레스토랑의 추천 메뉴 등을 소개받아 주문해도 좋고, 대개 레스토랑마다 그날의 스페셜 메뉴 등이 정해져 있으므로 참고하면 된다.

참고로, 이탈리아 사람들은 프리미 피아티와 세콘티 피아티를 함께 먹어야 식사다운 식사를 한 것으로 인정하다.

2) 프랑스

프랑스에서 식도락은 예술이며 전통이다. 19세기의 미식가인 사바렝은 '당신이 무엇을 즐겨 먹는가를 말해주면 나는 당신이 어떤 사람인지를 말해주리라'라고 했다고 한다. 식성을 알면 그 사람의 인간성과 직업까지고 알 수 있다는 이야기이다. 프랑스인들은 정말로 먹기 위해 사는 사람들 같다. 점심시간은 두 시간씩이나 된다. 모든 사람들이 점심시간이 되면 하던 일을 놓고 점심을 오랫동안 즐긴다. 그래서 파리에 처음 오는 외국인들은 불편을 느낀다. 그래서 그런지 미국식 패스트푸드는 샹젤리제 거리 등에 많이 있다. 프랑스 레스토랑에 가서 큰 소리로 종업원을 불러 음식을 재촉한다면 영락없이 쫓겨나고 만다. 그렇다고 프랑스의 레스토랑에서 겁먹을 필요는 없다. 메뉴나 와인의 종류를 몰라도 되고 서약 식탁 예절을 알고 싶으면 물어보면 된다. 더욱이 프랑스에서는 예약과 정장이 필수인 '레스토랑'만 있는 것은 아니다.

비스트로는 트로케라고도 불리는데 와인과 안주류의 가벼운 식사를 먹을 수 있다. 조그맣고 평범한 분위기로 카운터에서 와인을 즐길 수 있는 곳이다. 더욱더 대중적인 곳은 '브리스리'라고 불리는 곳이다. 직역하면 비어 홀이라는 뜻이지만 규모가 크고 선술집 분위기가 나는 곳이다. 프랑스의 거리의 카페들도 유명하지만 카페보다 더욱 우아한 분위기는 '살롱드페'에서 느낄 수 있다. 카페와 제과점을 합친 분위기로 각종 디저트류가 풍부하다.

반대로 화려한 음식문화를 자랑하는 프랑스인들의 아침식사는 의외로 간단하다. 빵 한 조작과 커피 한 잔이 전부이다. 바게트나 크로아상과 우유를 많이 넣은 커피 한잔으로 아침식사가 생활화돼 있다. 영국이나 미국의 푸짐한 아침식사와 좋은 이룬다. 프랑스의 상징이 되다시피 한 바게트는 거리에서도 많은 사람들이 들고 다닐 정도로 프랑스의 명물이 되었다. 빵집마다 소량을 굽기 때문에 그 맛이 제각각 특징이 있다. 그래서 미국의 부자들은 매일 아침 비행기로 파리의 바게트를 공수해 본고장의 특색 있는 맛을 즐긴다고 한다.

간소한 아침을 먹는 대신 프랑스의 점심은 푸짐하다. 두 시간의 점심시간이 말해주듯 에피타이저, 주식, 샐러드, 치즈, 디저트 순서의 풀 코스 메뉴(Full Course Menu)를 즐긴다. 365가지 치즈가 있다는 프랑스에는 치즈를 '프로마즈'라고 부르는데 식사가 끝난 후 와인과 함께 먹는다. 대개의 서양 음식문화가 비슷한 코스의 맛을 주식 코스 후에 즐기는 프랑스인들의 미각적 여유가 부럽기까지 하다.

그 외 프랑스에는 파리에만 약 500여 개 이상의 레스토랑이 있다. 전통적인 레스토랑부터 식당까지 그 종류가 다양하다.

3) 중국

중국 음식문화의 오랜 역사 속에 우리가 발견할 수 있는 것은 하나의 국가가 설립되고 왕조가 구축되면 새로운 풍습과 식문화가 형성된다는 것이다. 사람들은 그때마다 새로운 요리를 접하게 되고, 자기 식성에 맞게 조리법을 개발하면서 새로운 요리를 개발하게 된다. 나라가 혼란할 때는 새로운 요리가 생겨날 여유가 없으나 태평성대가 되면서 왕실의 권력자들의 미식 욕구가 왕성해지며 음식의 발달을 촉진시켰다.

여기에서는 음식문화의 특징을 살펴보고자 한다(김숙희 외 5인, 1998).

첫째, 재료의 선택과 맛이 매우 다양하여 상용되는 재료는 3,000여종이고 총 재료 수는 1만 종 이상일 정도로 풍부하다. 사람이 먹을 수 있는 재료 모두가 음식의 재료로 쓰이며, 맛도 단맛, 짠맛, 신맛, 매운맛, 쓴맛 등 5가지 맛을 잘 조화시켜 다양한 음식을 발전시켜왔다.

예를 들면, 흔히 사용되는 재료들 외에 닭고기 같은 경우 살뿐만 아니라 껍질, 날개 끝, 벼슬, 발까지 사용하며, 돼지의 신장, 오리의 혓바닥, 제비집, 상어 지느러미, 곰 발바닥, 원숭이 혀, 비둘기, 다람쥐를 비롯하여 심지어는 벌레까지 다 이용되었다. 이 다양성이 중국의 음식을 세계적인 음식이 되는데 크게 기여하였다.

둘째, 조리법이 다양한데 반드시 불이나 뜨거운 물을 사용하여 익혀먹는 숙식을 기본으로 한다. 동물성 식품이든 곡식 또는 채소든 익히지 않은 것은 먹지 않으며 일상적으로 마시는 물도 반드시 찻잎을 넣고 끓여 먹는다.

익히는 방법은 차오 (炒 : 중간불에 기름을 넣고 볶는 것), 지엔 (煎 : 팬에 약간의 기름을 넣고 지져내는 것), 빠오 (爆 : 강한 불에 기름을 달구어 단시간에 볶아내는 것), 짜 (炸 : 강한불에 기름을 끓여 튀겨내는 것), 싸오 (燒 : 중간불로 기름에 볶은 후 다시 물을 약간 넣어 삶는 것), 쩡(燉 : 약한 불에 장시간 끓이는 것), 쩡(煎 : 쪄내는 것), 먼(燜 : 기름에 튀겨 반숙한 뒤 여기에 탕을 넣어 오래 삶는 것), 쭈 (煮 : 뜨거운 물에 데친 후 약한 불로 삶아내는 것), 쉰 (燻 : 훈제하는 것), 카오 (烤 : 불에 직접 굽는 것) 등 다양하다.

셋째, 조리법은 다양한 반면 조리기구는 간단하다. 커다란 중국냄비, 튀김냄비, 그물조리, 찜통 외에 식칼, 뒤집개, 국자 등만 있으면 다양한 맛의 모양과 음식을 만들어 낸다.

넷째, 중국 음식은 조화와 균형이 매우 중요하다. 중국의 가치사상은 음양오행사상과 중용이다. 특히 인간의 정신적, 신체적인 모든 것을 물, 불, 나무, 금속, 흙의 오행 구조와 음양의 구조로 파악하였으며 음 또는 양의 성질을 갖는다고 보았다. 그러나 음양의 관계를 대립관계가 아니라 중용의 중요성을 강조하여 서로 보충해주고 균형과 조화를 이루는 관계로 보았다.

이러한 가치관은 식생활에 그대로 적용되어 계절과 음식물의 관계를 중요시하였고, 음식을 만드는 기본원리 5가지 맛이 조화되어야 하고 영양이 균형되는 것을 중시하였다.

육류와 채소를, 어류와 탕을 함께 식단에 올렸으며 많은 종류의 식품을 사용하는 것 자체가 영양적으로 이롭다. 즉, 음식으로 몸을 보신하여 병을 예방하고 치료하고 장수한다는 것이다.

다섯째, 칼질이 정교하여 모양이 다양하며 크기, 굵기, 두께가 고르다. 어떤 재료는 칼질을 거쳐 살아 있는 것과 같은 새, 짐승, 화초 등 아름다운 도안과 형상을 만들어 중국 요리를 아름다운 예술의 수준까지 끌어올렸다.

여섯째, 각 지방마다 기후와 토질이 다르고 사람들의 미각이 서로 달라 지역적으로 서로 다른 음식 습관이 형성되어 있다.

오래 전부터 황하 이북의 양자강 이남으로 구분하고 있는데, 신석기 시대 때 황하 유역에는 조를 중심으로 한 식생활 체계를 형성하였고, 양자강 유역은 조 대신 벼를 위주로 하는 식생활을 하였다. 그러나 춘추전국시대 이후 가루음식, 특히 밀가루 음식이 개발되면서 점차 조를 대신하기 시작하였다.

현대에 들어 교통 발달로 교류가 빈번하므로 이러한 지역성이 많이 사라지고 있지만 과거로부터 내려오는 전통적인 지역적 차이는 아직도 존재한다.

끝으로 중국 요리는 황실과 민간의 합작 요리라고도 할 수 있다. 황제나 권력자는 돈과 권력을 써서 필사적으로 불로불사(不老不死)의 선채(仙菜), 강장강정(强狀强精)의 식재를 구하려 힘썼고, 반면에 백성은 빈곤의 밑바닥에서 어떻게 살아가야 할까 하는 관점에서 음식에 대한 연구를 했다.

그러한 양자의 통합이 오늘날이 세계적인 중국 요리를 탄생시켰던 것이다. 이로 인해 중국 요리는 어디까지나 요리 중심이며 주식과 부식의 구분이 없다고 한다.

위에서 살펴본 것과 같이 중국인들의 음식문화는 직역과 기후, 그리고 전통예절과 인명, 가정풍습에서 영향을 많이 받았다고 볼 수 있다. 외국의 문화를 중국의 문화에 적용하여 중국인들의 생활에 편리, 용의하게 이용할 수 있었다는 점이 커다란 특징이다. 이 같은 점은 우리 모두가 배워야 할 점이라 감히 말할 수 있다.

4) 일본

일본은 육류를 기피해 온 역사가 오래되고 주로 생선을 많이 먹는 것이 우리나라나 중국의 음식 문화와 큰 차이가 있다.

이는 불교의 영향과 일본 천황이 서기 687년에 소, 말, 개, 닭고기 등을 먹지 못하도록 하였는데 이것에 의한 영향이 크다. 일본 음식문화의 특징을 살펴보면 아래와 같다(박춘란, 2005 ; 136~138).

우선, 조리를 하지 않는 음식이다.

전통적인 일본 음식문화 사상은 식품에 가능하면 조리를 하지 않는 것이 최상의 조리라는 생각을 가지고 있으며 이의 대표적인 것이 생선회이다. 밥 위에 생선회를 얹어먹는 니기리스시도 와사비 간장만 찍어먹는 단순한 조리법이다. 즉, 소재 자체의 맛을 그대로 살리려는 특징을 가지고 있다.

둘째, 계절감과 색채감을 중요시한다.

4계절의 변화에 따라 다양한 채소가 재배되고 생산되어 여러 가지 식품을 먹는 것이 가능하며 식품자체가 계절을 상징한다. 예를 들면 가다랭이가 식탁에 오르면 초여름이 오고 있음을 알고 꽁치는 가을을 상징하는 생선이다.

과일과 야채도 계절에 따라 많이 섭취하며 밀감을 특히 좋아한다.

또한 일본인은 입으로 먹기 전에 눈과 코로 먼저 먹는다고 할 정도로 음식은 물론이고 그릇과 음식의 색채와 조화 기타, 다른 그릇과의 조화까지 고려하여 상차림을 종합예술의 경지까지 끌고 가려는 노력을 기울인다.

셋째, 가장 중요한 식 재료는 쌀과 술이다.

즈문 시대말 벼농사가 전파된 이래 쌀은 일본인의 식탁에서 매우 중요한 식 재료이다. 일본쌀은 끈기가 있으며 그대로 밥을 해서 먹기도 하나 식초를 넣어 만든 스시로 하여 먹거나 초밥에 생선회를 얇게 저며 얹어 먹기도 한다.

또, 일본 술은 쌀을 원료로 하여 만드는데 일본 술을 마실 경우 정식으로는 술만을 마시는 일이 없이 여러 가지 음식을 먹으면서 술을 마신다. 일본인들은 밥과 술은 동질적인 식품으로 호환성이 있다고 생각하고 있다.

넷째, 대두와 조미료이다.

고기를 식용으로 하지 않았던 일본은 대두를 단백질 급원으로 많이 이용하였으며 두부튀김, 미소(일본 된장), 낫토 등이 대표적인 요리이다.

또 두부에 간 생강과 잘게 썬 파 등의 양념을 첨가하여 간장을 끼얹어 먹는 단순한 두부요리를 즐긴다.

일본도 중국이나 한국과 같이 대두를 이용한 발효성 조미료를 만들어 먹는데 미소는 맛이 가벼운 편이며, 간장 등도 다양하게 만능 조미료로 이용되고 있다.

낫토는 우리나라의 청국장과 같은데 우리와 다른 점은 생것을 그대로 먹는다는 점이다. 근래에 와서 일본요리는 된장의 중후 한 맛으로부터 보다 가벼운 간장의 맛으로 이행하고 있으며 간장은 만능 조미료로 사용되어 음식을 직접 찍어 먹기도 하고 식초, 술, 겨자와 함께 소스로도 이용한다.

다섯째, 육식과 젖의 이용의 결여이다.

육식을 금했다는 것은 살생을 금하는 불교 사상에 기인하는데 6세기 불교가 일본에 전래되고 7세기 후반부터 약 100년 사이에 역대의 천왕들은 동물을 죽이는 것을 금지하여 왔다.

그러나 불교를 받아들인 중국과 한국의 경우를 비교하면 중국에서는 승려만이 육식과 어패류를 금하고 일반 서민들은 육식을 허용하였다. 한국은 고기를 잘 먹는 북방 민족인 몽고족에 정복된 것을 계기로 한때 육식을 금하는 식생활이 부활되어 육식을 하게 되었다.

여기에 비해 일본은 오키나와 사람들을 제외하고는 대부분 오랫동안 육식을 하지 않았으며 또 동남아시아의 여러 민족과 같이 가축의 젖을 짜지 않았던 지대에 속해 있어서 버터, 치즈, 요구르트 등 유제품도 결여되어 있다.

여섯째, 칼 기술의 특수화이다

재료 자체의 자연이 지니는 맛에 의존하는 경향이 강한 일본요리는 가능한 한 단순한 조리법이 중시되고 맛은 간장과 된장에 전적으로 의존하고 있다. 그러므로 조리기술은 자르거나 담는 기술에 관심을 갖게 되고 이것을 보기 좋게 담기 위해서는 식품을 예쁘게 자르고 담는 기술이 요구되게 되었다. 일본 칼은 단날(단刀)로 이것으로 식품을 자르면 절단면이 깨끗하게 보이고 모양 있게 담을 수가 있다. 이 단날은 일본 특유의 칼인데 세계의 대부분의 칼은 양날로 되어 있다. 그래서 일본 음식은 먹는 음식이 아니라 보는 음식으로 발전하게 되었다.

일곱째, 녹차가 매 식사에 제공된다.

차는 선불교의 의식에서 사용되던 것이 오늘날 까지 전해져 일본인들의 삶 속에 중요한 위치를 차지하고 있다. 차는 잎을 주로 마시며 차 마시는 습관은 자연과 조화를 이루려는 일본인들의 정신이라고 볼 수 있다.

5) 브라질

브라질은 동양과 서양 및 아프리카 등의 다양한 문화를 갖고 있기 때문에 음식문화에 있어서도 인디오의 음식문화와 흑인의 음식문화 그리고 백인음식문화의 특징을 골고루 지니고 있다(김혜영 외 4인 ; 189~192).

우선 인디오의 음식문화를 지니고 있다.

인디오의 음식은 주로 브라질 오지인 북부 및 북동부 지역에서 주로 발달했다. 브라질은 '자연의 천국' 이라고 불릴 만큼 풍부한 천연 자원을 가지고 있는 나라이다. 따라서 풍부한 과일이나 사냥으로 잡은 고기만으로도 그들은 먹고사는데 큰 지장이 없다. 그래서 브라질 원주민들은 곡식을 재배하거나 동물을 사육할 필요성을 별로 느끼지 못했다. 실제로 지금도 브라질의 여러 지방에서는 길가의 과일을 따서 그 집을 마시기만 해도 훌륭한 아침식사를 대신할 수 있다. 과일 시장에 나가 보면 놀랄 만큼 많은 종류의 과일이 쌓여 있어 조금씩 잘라 놓은 과일들의 맛만 보아도 아침 식사로 충분하다. 이만큼 천연 자원이 많기 때문에 인디오들은 음식문화를 발달시킬 필요성을 느끼지 못해서 자연 그대로를 식품으로 대용했다. 초기에는 식물의 열매나 뿌리를 그대로 먹었는데, 식물의 열매로는 바나나, 오렌지, 파인애플 등 풍성한 열대 과일을 오늘날까지도 즐겨 먹고 있다. 그중에서 바나나를 가장 많이 먹는데 처음에는 그대로 먹다가 차차 세월이 흐름에 따라 삶아서 먹기도 하고 구워 먹기도 한다. 바나나로 만든 요리 중에는 바나나를 말린 후 얇게 썰어서 달걀과 설탕을 넣어 삶아서 만든 파이 혹은 과자를 만들어 먹기도 한다.

식물의 뿌리를 먹는 것으로는 만디오카가 가장 유명하다. 만디오카로 가장 많이 만드는 음식으로는 만디오카가루를 생선에 묻혀 튀긴 뒤 고추기름을 발라 먹는 피렁을 꼽을 수 있다. 인디오들이 식사에서 가장 즐겨 먹는 것이 바로 이 피렁이다. 인디오들은 사냥하여 잡은 고기나 강에서 잡은 물고기를 꼬챙이에 구워 먹는다. 수프는 양파, 마늘, 상추, 서양미나리 등으로 만든다. 그들이 사용하는 양념은 소금, 올리브, 고추, 후추, 계피 등이 있다.

둘째, 흑인의 음식문화이다.

16세기 초부터 브라질은 사탕수수밭에서 일할 노동력이 부족하자 아프리카의 세네갈, 가봉 모잠비크 등지에서 흑인들을 데려오기 시작했다. 흑인 음식의 가장 큰 특징은 소금과 마늘을 많이 사용하는 것이다. 소금은 더운 지역에서 힘든 일을 할 때 땀을 흘리게 되므로 여분을 보충하기 위해서 필요했고 마늘은 열병으로 죽는 많은 사람들의 열병을 막아주는 역할을 한다고 믿어졌기 때문에 많이 사용했다. 흑인들이 아프리카에서 직접 가져온 식물인 '덴데(dende)'는 야자수의 일종으로 그 열매에서 기름을 짜서 음식을 튀길 때 사용한다. 덴데 기름은 끓이기 전까지는 아무 맛이 나지 않지만 음식을 튀기면 독특한 맛과 향을 내준다. 또한 풍부한 지방분을 함유하고 있어 노동을 많이 하는 아프리카에서 온 노예들에게는 매우 귀중한 식품이다.

흑인음식 중 가장 대표적인 것으로 '쿠스쿠스(cuscuz)'와 '페이조아다(feijoada)'를 들 수 있다. '쿠스쿠스'는 아프리카의 이집트와 모로코에서 즐겨 먹는 음식으로 밀가루나 보릿가루로 만들어 먹었다. 그러나 브라질에서는 옥수수를 찧어 가루를 내어 반죽한 후 소금을 친 다음 삶아서 야자수 기름을 발라 먹는다 옛날에는 흑인 노예들이 주고 가정에서 만들어 먹었지만 지금은 브라질 빵 공장에서 대량으로 만드는 인기 있는 브라질의 서민적인 음식이다. 아침 식사에 커피나 우유와 함께 들기도 하고 가벼운 저녁 식사에도 많이 먹는다.

'페이조아다'는 페이존이라고 하는 콩에 고기를 넣어 요리한 것이다. 지역에 따라 조금씩 다르지만 가장 대표적인 것은 페이존 프레트라고 하는 한국의 팥보다 약간 큰 까만 콩으로 만든다. 이 요리는 보통 토요일의 점심으로 먹는데, 콩을 목요일 밤부터 물에 담가 불린다. 그것을 다음날 하루종일 큰 냄비에 삶는 도중에 소와 돼지의 뼈가 붙은 고기, 카르네세카(소금에 절인 고기), 링기사(살코기 순대), 베이컨, 기타 기호에 따라 돼지의 코와 귀까지 넣는다. 하루종일 약한 불에 얹어놓으면, 육류는 흐물흐물해질 정도로 부드럽게 되고, 소금에 절인 고기에서는 적당한 소금 맛이 우러나며, 전체에 기름이 배어 들어가 반질반질한 요리가 된다. 굵은 파와 같은 아료포로도 큼직큼직하게 썰어 넣는다. 마지막 손질은 마늘이다. 프라이팬에 기름을 끓이다가 마늘을 대량으로 노릇노릇하게 튀기고, 거기에 페이조아다를 넣는다. 형체가 남아 있는 콩은 그 때에 될 수 있는 대로 포크 같은 것으로 이긴다. 그것을 한 사람 분씩 질그릇 냄비에 담고 끓여서 낸다.

셋째, 백인의 음식문화이다.

브라질은 포르투갈인은 물론 이탈리아, 독일 등 유럽의 백인들이 많이 이민을 왔기 때문에 유럽의 영향을 많이 받았다. 특히 북부지방과 남부지방은 매우 대조적이다. 북부지방은 주로 원주민이나 흑인들의 영향을 받아 비교적 브라질 고유의 문화를 지니고 있는 반면, 남부지방은 유럽 문화를 옮겨다 놓은 듯 유럽과 흡사하다. 이탈리아인들이 많은 지역에서는 이탈리아 문화가 이식되어 스파게티 같은 음식이 정착되었으며 독일인들이 많은 지역에서는 독일 문화가 그대로 이식되어 낙농업을 이용한 버터나 치즈 같은 음식을 발달했다. 그들도 육류를 먹을 때는 적포도주, 생선류를 먹을 때는 백포도주를 마신다.

백인의 음식 중 대표적인 것으로 대구요리를 들 수 있다. 대구요리는 포르투갈의 가장 전통적인 요리로, 포르투갈인들이 많이 사는 상파울로나 리우데자네이로의 유명한 대구요리로는 '해산물 대구 요리'와 '달걀 감자 대구 요리'를 들 수 있다.

레스토랑에서는 식사예절만 지킨다면, 일단은 돈 주고 시켰으니 자리에 앉아 있는 시간만큼은 밤이 새더라도 주인처럼 몇 시간이고 음식을 들며 이야기를 나누고, 또 종업원은 손님들에게 최대한의 예를 베풀어 끝까지 서비스를 제공하는 모습은 가히 '현재의 자리'에서 충분히 즐기고 베풀 줄 아는 브라질 사람들의 엔조이 정신이 아닐까 한다.

이러한 브라질 사람들의 느긋함은 공용어인 포르투갈어의 작별인사인 '아떼 아망냐(Ate Amanha : 내일 봅시다라는 뜻)'에서 비롯되는지도 모른다. 그들은 공사간의 업무나 개인간의 약속에서, 오늘 특별히 바쁜 일도 없으면서도 '내일하자', '내일 보자'라는 말을 즐겨 쓰는 습관이 철저하게 배어 있다. 그러나 그들은 우리와 비슷한 '안 되는 일은 없다'라는 방법과 술수에 능한 태도 또한 갖고 있다. 그들은 무슨 방법(수)이 없겠느냐? 라는 말을 쉽게 하면서 약간의 부정적 수단(?)을 동원한다면 서로 가능한 방법이나 아이디어를 제공해주고 해결하기 때문에 그만큼 사교적인 관습을 갖고 있는 것이다.

이러한 관습은 아마도 타향에서의 고된 이민생활을 통하여 서로 도와주고 마음을 주는 브라질 사람 특유의 상호부조의 요령에서 비롯된 것일 것이다. 특히 브라질 사람들은 '모두가 친구'라는 '아미구(Amigo : 친구라는 뜻)' 사회에 길들여져 있어 친분과 우정이 깊으면 어려운 문제에 부딪히더라도 '아미구'로서 도와주고, 또 안면만 있더라도 비록 현실적이긴 하지만 '누구나 친구'라는 생각 때문에 적지 않은 도움을 받을 수가 있다. 그래서 브라질을 이해하고 브라질 사람들의 생활을 배우기 위해서는 무엇보다 먼저 격의 없이 친구를 사귀고, 그들과 여행을 함께하며, 파티에도 끼여보고 술도 마시고 이야기도 나누어 보라고 권하고 싶다.

일찍이 브라질의 한 사회학자는, 브라질 문화와 브라질 국민의 특징 중의 하나가 바로 식민 본국인 포르투갈의 비교적 온건하며 유화적인 식민정책과 오랜 세월 동안 거대한 대륙에서 큰 전쟁 없이 태평성대를 누려온 탓에 자연을 사랑하고 사람을 사랑하는 순박한 사랑의 성품에서 비롯되었다고 설파했다.

또한 그들의 뜨거운 낭만은 커피와 맥주에서 비롯되는지도 모른다. 작은 잔의 진하고 쓰디쓴 원두커피 한잔, 즉 '카페징유(Cafeziho)'라고 불리는 그들의 커피는 어디를 가더라도 맛볼 수 있는 브라질의 삶, 바로 그것이다. 그리고 생수 값보다 더 싼 그들의 맥주는 갈등을 없애주는 맛 외에도 브라질 사람들의 숨김없이 투명한 삶의 모습과 그들의 지칠 줄 모르는 낭만에의 사랑을 여실히 보여주는 데도 한몫을 하고 있다.

6) 미국

미국 요리는 다민족이 혼합하여 각각 자기 조국의 음식문화를 유지하려하면서도 그곳에 바탕을 두었던 원주민의 음식문화와 그 후에 그들 지역을 지배하였던 스페인과 프랑의 영향을 받은 후 강자로 부상한 앵글로색슨계의 영국 음식문화가 기초를 이뤘다.

그리고 그 기초위에 발달한 농업의 결과 공급된 풍부한 농산물과 그 것을 합리적으로 가공 · 저장 · 수송하게 된 새로운 과학에 기초한 공업력과 경제발전으로 인한 구매력 등이 서로 영향을 끼쳐 현재의 음식문화를 이룬다.

따라서 현재 미국의 음식문화는 세계 음식문화를 한데 모아 그것을 과학적으로 처리하여 새로 만들어냈다고 할 수 있을 만큼 다양하다.

다른 지역과 마찬가지로 미국에서도 동양 3국에서 들여간 두채(豆菜)와 숙주나물 요리가 이제는 완전히 미국화 되어버렸고, 팝콘 · 콘 크리스피(Corn Crispy) 등의 인디언 음식이 미국 식품화 되었다.

그리고 미국 북부에서 캐나다에 걸쳐 산에 널리 퍼져 있는 단풍(Sugar Maple)에서 늦가을과 봄에 걸쳐 채취한 수액을 졸여 만든 단풍 당밀은 순수한 미국 것이다.

또한, 미국 동북부에 널리 퍼져 자생하는 블루베리(Blueberry)와 미주자생의 동식물인 칠면조 · 옥수수 · 감자 · 토마토 · 뚱딴지 · 고추 · 오크라 등은 이미 전 세계에 퍼져 그들 지역에서 전통식품이 되어버렸다.

미국으로의 초기의 이민자들은 토지를 개척하고, 또 생존을 위하여 투쟁해야 했기 때문에 품위 있는 생활을 즐길 만한 여유가 없어 음식은 주로 자급자족에 의지했었다. 또한 그들의 풍부한 식량자원과 개척자들의 발명정신은 좋은 빵을 만드는 방법을 개발하는 데에도 크게 기여하였다(베이킹 파우더의 개발).

이민 초기의 요리 중에서 일반적으로 알려져 있는 것은 대합잡탕(Clam Chauder) · 옥수수죽 · 보스턴 포크 빈즈(Boston pork Beans) · 뉴잉글랜드 보일드 디너(New England Boild Dinner) · 치킨 알라 킹(Chicken ala King) · 버지니아 스파이스 햄(Verginia Spiced Ham) · 호박파이 등이다.

1890년경 태동하기 시작한 이른바 미국식 요리는 주스나 샐러드 요리의 진보를 촉진시키며 형성되어 제1차 세계대전을 계기로 통조림 및 기타 보존식품 공업이 급속히 발달함과 더불어 확립되었다. 이것은 후에 냉동 건조와 레토르트 식품 등이 일반화되면서 미국에서 가공 및 저장식품의 소비가 가 크게 늘어났다.

그 후 미국 요리는 대규모 생산·편의·풍부한 재료와 영양·맛보다는 양과 질이라는 면으로 대표되었다. 그중에서도 대표적인 것은 햄버거와 핫도그로, 특히 햄버거는 독일 요리인 햄버그스테이크에서 가져와 토마토소스를 뿌려 먹는 음식으로 통닭구이인 켄터키 치킨과 함께 전 세계 식품으로 변해버렸다. 특히, 구소련 및 동유럽의 민주화 열풍과 함께 모스크바까지 침투하여 러시아에서 미국 음식 바람을 일으키기도 하였다(구천서, 1995).

이상의 내용에서 살펴보았듯이 미국인의 음식문화는 우리에게 잘못 알려진 게 많다. 고기를 주식으로 한다든지, 패스트푸드만을 좋아한다든지 등은 우리가 잘못 알고 있는 미국 음식문화에 대한 편견이다. 실제로 미국인들은 패스트푸드나 스테이크를 즐기는 편이 아니다. 일반적인 미국인들의 식생활은 감자나 빵이 주식인 편이다. 육류는 어디까지나 부식개념의 음식재료이기 때문이다. 미국인의 생활관은 우리가 생각하는 것보다도 훨씬 합리적이기 때문에 음식문화에도 그러한 면을 많이 엿볼 수 있다.

바쁜 사회생활에 식사의 편리함을 추구한 것이 바로 패스트푸드이다. 효율적인 조리시간과 식사시간의 운영으로 불필요한 시간을 최대한 줄여보려는 미국인의 합리적인 사고의 부산물이 바로 패스트푸드인 것이다. 원래 이탈리아 음식인 피자도 미국인들의 합리적인 생활 방식화되어 세계적인 히트메뉴가 되었다고 해도 과언이 아니다. 특히 최근에는 건강에 대한 관심이 높아져 고칼로리 식품을 기피하는 경향이 확산되어 소위 '정크 푸드(Junk Food)'의 대표적인 음식들인 패스트푸드나 피자류음식들의 판매가 감소하고 있는 실정이라 한다. 이러한 미국인들의 변화는 또 다른 합리적 음식문화를 창출하는 계기가 될 것이다.

Tips 주요 선진국의 향토음식에 대한 식육교육(사례)

국 별	교육 등 활동내용
프랑스	• 어린이들의 미각을 개발하고 풍부한 감성을 기름 - 식생활체험을 통해 지역농업과 식자재 유래 등 식생활문화 이해 • 국립식문화평의회(1989~2000)의 미각교육사업 추진 - '요리, 미각의 유럽계획' 정책 추진과 요리문화자산의 선정 및 인증 - 지방전통요리를 계승요리문화자산으로 등록문화부장관이 지정한 100선 전통요리 지정 및 관광계획 수립 - 어린이 미각기초교육을 위한 '미각, 조리개발계획' 수립 및 추진 - 매년 10월 둘째 주를 '미각주간'으로 정하고, 어린이를 대상으로 미각 조리 교실, 전국 요리콩쿠르, 미각 및 식사에 대한 토론회 개최 • 그린투어리즘과 교육농장제도 - 전국 1,200개 교육농장에서 식농체험과 자연환깅체험 • 식생활과 농업을 결합한 전시회 : <식사합시다! 맛있는 요리> 개최
이탈리아	• 지역의 식문화개발과 출판활동 - 지역 식자재와 전통적 조리법을 이용한 레스토랑 · 와인제조자, 농가의 농산물가공품을 선정 · 소개(2005년판 1,200개소)하고 <맛보는 주간>행사 개최 • 미각의 산지운동과 <맛의 방주> 선언 - 절멸 위기에 처해 있는 농산물의 품종이나 식재료를 보호 • 생물의 다양성 확보를 위한 슬로푸드기금 조성 - 보호해야 할 식품재료의 품종과 요리자산의 등록(750종) • 미각교육과 요리과학대학 - 말하기 · 만들기 · 맛보기 : 학교에서 미각교육 추진 - 요리과학대학 설치, 종합식생활부 개설, 미각효육센터 설치 · 운영 • 학교농장 등 어린이를 위한 프로그램 운영 • 만찬회로 지역요리를 잘 하는 요리사를 초대한 저녁식사모임 개최 - 일반인을 위한 식생찰교육프로그램 개설, Master of Food
일본	• 「식육기본법」의 제정(2005)과 국민 식생활교육 • 학교급식과 지산지소운동 - 지역에서 생산, 가공된 식품을 학교급식 사용 확대(21→130%)

제3부 경영관리

Ⅰ. 인적 자원관리

Ⅱ. 마케팅관리

Ⅲ. 회계정보관리

Ⅳ. 레스토랑 설계 디자인

Ⅰ 인적 자원관리

1 개 요

레스토랑에 근무하고 있는 종사원은 가정에서보다 더 많은 시간을 점포내에서 보내고 있다. 제2의 가정이라는 인식을 갖고 근무할 수 있는 분위기 조성이 필요하다. 그러나 많은 종사원들의 직업관이 뚜렷하지 못하여 안정된 생활을 누리지 못하고 있으며, 종사원도 한 공동체임을 인식하고 주인의식을 갖고 근무할 수 있는 여건조성이 미흡하여 기업과 경영주에 대한 신뢰도가 낮은 실정이다.

또한 고객으로부터 인간적인 대우를 찾아보기가 어려운 것이 현실이다. 그 결과 기업주 · 종사원 · 고객 3자간의 관계가 원활하지 못하여 모두에게 손해를 입히고 있고, 악순환이 계속되고 있다고 해도 과언이 아니다.

우선 경영주가 종사원에게 해야 할 일로서 일을 할 수 있는 분위기를 조성해 줄 것을 당부하고 싶다. 예를 들어 최근 일본 생산성본부에서 조사한 자료를 보면 '당신이 의욕적으로 일하고 싶은 때는 어느 때인가'라는 질문에 대해 22세의 젊은이들이 꼽은 대목은 '내가 하고 있는 일이 회사를 위해 중요한 역할을 하고 있다고 느껴졌을 때'(30%), 다음으로 '인간관계가 원활히 되어 있을 때'(21%), 세번째는 '어려운 일에 도전할 수 있는 기회가 주어졌을 때'(20%)라는 것이었다.

한편 일본의 외식산업에 있어서 노동력 부족현상을 다음과 같이 설명하고 있다.

외식산업은 빅 비지니스(big business)로 성장했기 때문에 일본산업 전체의 메카니즘에 여러 가지로 직접적인 영향을 끼치고 있다는 것이다. 2000년대 외식산업은 노동력문제 · 기술혁신(innovation) · 자원환경문제가 기본이 될 것이다.

그 중에서도 외식산업계에서도 가장 심각한 문제는 노동력 부족이다. 노동력문제가 활발히 사회의 공통문제로서 표면화된 것은 1990년대였다. 그 후 몇 년이 지나도록 개선의 징조는 보이지 않고 있다.

외식산업은 서비스산업이며, 물질(재물 · 메뉴)을 판매한다는 측면 외에도 무형의 서비스를 판매하고 있다. 또한 판매하고자 하는 상품(메뉴)이 요리이기 때문에 점포에서의 제조공정(조리작업)을 필요로 한다.

따라서 제조 · 판매의 두 가지 측면에서 많은 인력을 필요로 하는 인력산업이라고 표현하고 있는 것이다. 과거 외식산업의 급성장시대에는 인력을 많이 흡수하기 위해 파트 · 아르바이트 시장의 팽대를 창출하여 공헌하면서 사회적 의의가 강조되기도 했다.

그러나 최근에는 외식산업이 파트 · 아르바이트 시장에서 극단적인 인력난에 처해 있다. 통상 이 문제는 시간급의 인상이라든지, 채용기준의 완화를 기업측이 다소 양보를 하게 되면 해결될 수 있는 문제이었다. 그러나 오늘날의 노동력 부족문제는 이와 같은 상대적 부족문제의 영역을 넘어서 점포운영에 필요한 인원을 어떠한 수단을 강구하여도 확보할 수 없는 절대적 부족의 영역이다.

그래서 그동안 규모가 큰 레스토랑에서는 도심부를 중심으로 일부 점포의 영업시간 단축에 직면하고 있다. 또 신규 점포계획도 연기 또는 중단사태에까지 이르고 있다. 이와 같이 심각한 노동력 부족문제는 앞으로 일본의 경기가 호경기에서 불경기로 바뀔지라도 해소되지 않을 것이라고 진단하고 있다.

그러나 전망은 현재의 노동력 부족문제가 국민 일반의 의식(이미지)문제 때문이기도 하다. 더 나아가서 일반의 노동력시장에 있어서도 우수한 인재의 조달이 과거 고도성장기에 대량 채용한 사원에 대한 처우문제도 심각하게 대두되고 있다.

이와 같이 외국의 사례에서 보았듯이 앞으로 우리나라에서도 서로간 자기 자신의 입장과 상대방에게 무엇을 어떻게 해 주어야 할지에 대하여 현황파악→인식→대책수립(계획)→행동→개선(효과)→목표달성(만족)의 과정에 이르도록 인적 자원을 관리해야 하겠다.

그러면 레스토랑을 운영관리해 나가는 데 있어서 인적 자원관리가 왜 중요한지를 설명하면 다음과 같은 내용을 열거할 수 있겠다.

① 종사원 개인에게는 삶의 보람의 장을 제공해 주는 곳이다.
② 레스토랑의 주체로서 장기적으로 기업의 목표달성에 기여하고 있는 것이다.
③ 레스토랑업은 사회질서의 안정 · 유지와 노동력의 효율적 이용이라고 할 수 있다.
④ 종사원의 채용과정에서부터 체계적 · 합리적 관리의 필요성이 있기 때문이다.
⑤ 국민건강에 중추적 역할을 담당하고 있다.
⑥ 장기적으로는 역사적 · 사회적 조건 추이에 대응하여 발전해 나가는 데 있다.

이같은 중요성과 필요성으로 인하여 다음과 같은 기본내용이 수립 · 시행되고 있는 것이다.

첫째, 규모가 큰 외식업체에서 시행하고 있는 인적 자원관리의 기본을 열거하면 다음과 같다.

- 노무방침, 전략, 계획, 조직
- 인사, 노무정보(직무분석, 종사원근무향상, 노동조건 등의 정보)

둘째, 규모가 작은 외식업체에서 시행되고 있는 인적 자원관리의 기본 내용은 다음과 같다.

- 고용관리
- 교육훈련, 능력개발관리
- 모랄(moral), 모티베이션관리(운영, 직장에서의 귀속의식, 업무에 대한 동기유발)

셋째, 규모가 작은 레스토랑에서의 노무관리측면을 살펴 보면 다음과 같다.

- 노사관계관리
- 임금관리
- 작업조건
- 후생복지관리

2 인적 자원계획

인적 자원을 계획하고자 할 때는 세 가지의 기본적인 구성요소를 필요로 한다. 구성요소는 다음과 같다.

① 현재 이용가능한 인적 자원능력을 검토하여 여기에 적절하다고 판단되는 것을 체계적으로 기술한다.

② 장래를 고려하여 이용가능한 능력을 검토하여 계획을 책정, 그 경우 현재 인적 자원의 이동과 이에 대한 인적 자원의 개발을 필요로 한다.

③ 미래예측하에 조직체가 전략수행을 위하여 필요한 능력을 측정할 수 있도록 한다.

④ 필요로 하는 능력과 현재 가지고 있는 것을 중심으로 교육을 실시하고 평가하는 과정을 계획이라 한다.

이와 같은 구성요소가 갖추어졌을 때 인적 자원계획을 책정하게 된다. 이 때 책정에는 개인의 능력과 잠재능력, 기술, 평가를 위한 기초자료의 수집과 분석을 필요로 한다.

⑤ 계획책정의 내용은 세 가지의 고유한 전략으로 구분한다.

- 이용가능한 자원을 투자하고, 사업을 성장시켜 수익성을 강화시킨다.
- 이익을 획득하고 유인성이 있는 시장에는 성숙시켜 시장의 강력한 지위를 유지한다.
- 당면한 수익의 극대화를 목적으로 고 시장지위의 범위 내에서 수확하고, 사업을 철거하고, 매력이 없는 시장에서는 탈출한다.

기업의 인적 자원관리전략은 조직체의 복잡성 · 다양성 · 성숙도에 따라 변화를 계속해 왔다.

오늘날에는 기업을 둘러싸고 있는 여러 가지 요인을 어떻게 조합하고 배분시키느냐에 따라 조직이 활성화될 수 있다고 할 때 [그림 Ⅰ-1]에서 보여주는 바와 같이 인적 자원계획을 수립하게 되면 급격하게 변화하고 있는 시대상황에 능동적으로 대처할 수 있다는 것이다.

[그림 Ⅰ-1] 전략계획책정

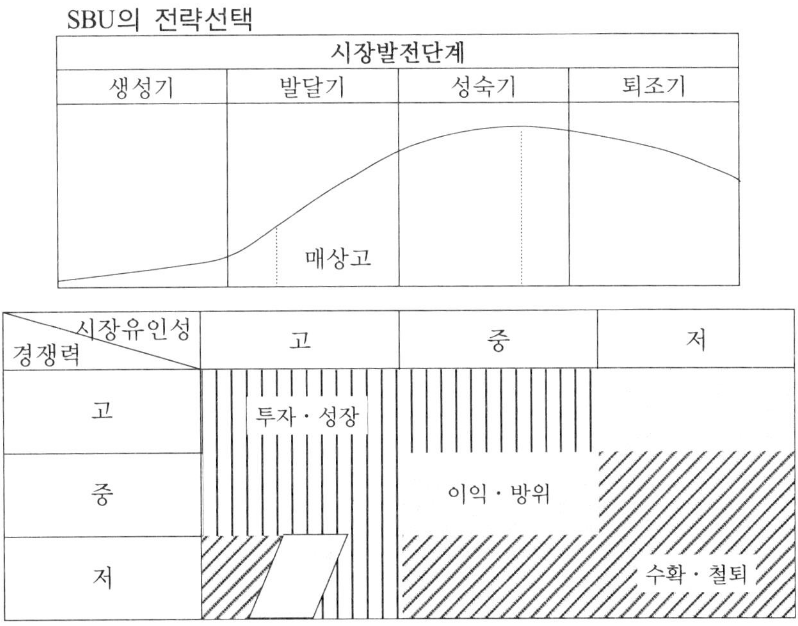

● 투자 · 성장
· 시장점거율의 개선
· 시장점거율개선을 위한 지출
· 신제품개발
· 생산능력의 증대
· 판매력과 유통제도의 개선 등

● 이익 · 방위
· 시장점거율의 유지
· 이익의 최적화
· 제품의 차별화
· 시장선별
· 능률향상 등

● 수확 · 철퇴
· 이익을 위하여 시장점거의 단념
· 가격과 이익의 유지
· 제품라인 축소
· 판매력의 축소 등

3 관리자의 역할

관리자의 자질과 탁월한 지도력은 무한대로 요구되는 것이어서 그러한 자질과 능력을 완전무결하게 갖추도록 기대한다는 것은 매우 어렵다. 그러나 어느 분야에 있어서나 능력이란 교육 · 경험 및 천부적인 자질의 혼합에 의한 산물이라고 생각되며, 기업경영에 대한 전문적 능력 역시 그렇다고 본다.

따라서 유능한 관리자가 되려면 우선 공식교육을 통해 경영학과 관광 · 식음료 분야에 대한 지식을 배워야 한다고 생각한다. 지식은 부분적으로 관찰과 경험에 의해서도 취득할 수 있기 때문이다. 현대적이고 진취적인 지식은 주로 대학이나 대학원에서 교육을 통해서 더욱 효과적으로 얻을 수 있다는 것을 잊어서는 안될 것이다.

그래서 '자질과 탁월한 지도력의 요소란 무엇인가?'에 대하여 먼저 살펴보면 다음과 같은 내용을 생각해 볼 수 있다.

① 지식 : 경영관리의 원칙과 기법
　기능변화와 기업경영전반, 기업환경, 기술 등에 대한 지식

② 의사결정 재능(decision-making talent)
- 분석적 능력(analytical ability)
- 논리적인 종합화 능력(conceptual logical ability)
- 영감적 판단성(intuitive judgement)
- 판단상의 용기(Judgemental courase)
- 개방심성(open-mindedness)

③ 자기 신조와 자기 주장력(self-reliance and self-assertion)

④ 사회적 민감성(social sensitivity)

⑤ 정서적 안정성(emotional stability)

그러나 상기와 같은 능력을 겸비하고 실제 행동에 임하고자 할 때는 좀더 구체적인 사항에 접근해야 한다. 몇 가지 예를 제시하면 [그림 I -2]과 같다.

첫째, [그림 I −2]와 같이 시간을 효율적으로 활용해야 할 것이다.

[그림 Ⅰ－2] 식당관리자의 시간관리강화법(Time Management)

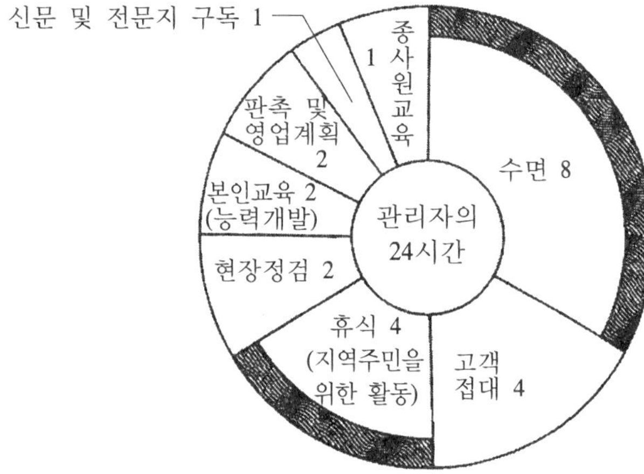

둘째, 분발하는 관리자이어야 한다. 이 때에 매상은 올릴 수가 없다든가, 요즘의 경제정세로는 도저히 안된다든가, 자신의 힘으로는 도저히 안되는 일이라면서 이유를 대도 소용이 없다. 어쨌든 힘내어 분발하는 마음가짐이 아니면 안된다. 단, 아무리 분발한다고 해서 무턱대고 힘내는 것이 아니다. 역시 머리를 써야 한다. 어둠 속에서 총을 쏘아 봤자 소용없는 일이다.

셋째, 생각하여 실행하는 관리자가 되어야 한다.

예를 들어 매상을 올리기 위해서는 어떤 일을 해야 할지 모르겠다는 관리자가 있다. 그 모르겠다고 말하는 중에 무언가 하나를 하면 매상고가 해결될 것이라고 생각해서 그 하나가 모르겠다라는 생각을 하고 있는 것같다. 그러나 그 무엇 하나라는 것을 실행하여 매상이 올라가는 일은 없다. 생각할 수 있는 것을 모든 것을 하지 않으면 안된다. 이것은 그렇게 어려운 것은 아니다. 당연한 것이고 알고 있는 것이다.

그러나 어쨌든 생각하는 것이 중요하다. 그리고 실행하는 것이다. 부하에게도 실행시킨다. 점포의 영업에 있어서 실행이 수반 안되는 것은 아무것도 없다.

문제는 생각해 보면 아는 일을 어떻게 실행할 것인가, 어떻게 잘 해 나갈 것인가가 문제인 것이다. 이와 같은 일에 분발하는 관리자가 되어야 한다.

구실만을 내세우지 말고 몸을 움직이는 관리자, 그 움직임도 생각한 후의 이치에 맞는 행동을 하는 이성적인 관리자이어야 한다.

넷째, 일본의 도이토시오(土井利雄)는 관리자(업장지배인)의 역할론에서 [표 Ⅰ－1], [표 Ⅰ－2]와 같이 설명하고 있다.

즉, 조직도에 따라서 적정의 인원으로 편성되어진 종사원은 각자가 임무를 부여받게 된다. 여기서는 총괄업무를 수행하고 있는 지배인의 자격요건과 업무내용만을 기술하였다. 식음료지배인은 모든 영업장을 운영관리해야 하며, 그 부문의 경영과 종사원의 관리업무에 대한 책임을 져야하기 때문이다.

[표 Ⅰ－1] 업장지배인의 책임과 업무의 범위

1. 지배인의 책임은		
① 정하여진 기간내		
② 부하의 콘트롤		
③ 정해진 경비예산 내에서		
④ 방침·규정·매뉴얼을 준수		
⑤ 정해진 수치책임에 대한 결과를 이룩해야 한다.		
⑥ 부하의 자질의 향상과 육성		
⑦ 기업이 위치하고 있는 지역에서 기업을 사랑하는 것이 사회이념을 길러내는 것이라는 것을 고취		
2. 책임달성의 의무에 관해서		
① 부하의 작업할당	② 고과와 교육	③ 사기앙양
④ 자신의 보전	⑤ 보고서의 작성·제출	
3. 기타 사항		
① 그 지역의 현재의 경쟁기업간에 있어 그 특징과 능력을 잘 표현할 줄 알아야 한다.		
② 작년에 그 지역에서 경쟁상대의 가능성을 잘 표현할 줄 알아야 한다.		
③ 경쟁기업과 비교해서 자사상품의 특징을 어떻게 표현할 것인가.		
④ 경쟁에 승리하기 위해서 자신이 공부한 것을 잘 표현해야 하고		
⑤ 그 지역에서 최고로 좋은 식당을 지적할 줄 알아야 한다.		
⑥ 잠재적 고객개발을 위하여 공부를 해야 한다.		

[자료 : 土井利雄, 圖說食堂經營, 柴田書房. 181, p.15]

[표 Ⅰ-2] 레스토랑지배인의 자격요건의 기준

1. 필수적인 자격요건
① 인간을 이해하기 위한 유효적절한 커뮤니케이션
② 중요한 목표로서 예산과 이익의 달성
③ 고객의 만족도을 자기의 제일주의로
④ 사람을 부리는 데 있어 품질과 수량의 관리측면에서
⑤ 검수·재고·위생에 있어 통상의 판매를 통해서 품질과 수량유지
⑥ 사람의 활력과 동기에서 행동하는 것이 아니라 유효한 노동을 하게 하는 데 있다.
⑦ 시설의 안전을 위해 바르게 사용할 줄 알아야 한다.
⑧ 종사원의 서비스를 훈련시킬 수 있는 능력
⑨ 제각기 다른 상품의 가공, 서비스 업무를 통해서 품질과 수량유지
⑩ 신입사원의 교육
⑪ 고객에게 만족감을 들게끔 준비를 가진 종사원을 교육시켜야 한다.
⑫ 보고서를 적시에 정확하게
⑬ 종사원채용면접을 정확하게
⑭ 인물평가를 올바르게 할 줄 알아야 한다.
⑮ 식음료·음료·요리방법 등 업무에 관한 기술지식을 갖고 있어야 한다.
⑯ 종사원의 shift조 구성관리
⑰ 표준매뉴얼을 품질과 수량면에서 십분 사용해야 한다.
⑱ 원료의 수배와 매입, 고객제공과 원료수배와의 관계 최우선
⑲ 레스토랑 내의 종사원, 시설, 보수와 균형있는 운용을 가능하게
2. 장래습득을 요하는 자격요건
① 단체교섭에서 노사의 권리내용 인지
② 전력따위의 시설장소에 관한 기술적 지식
③ 영업을 평가하기 위한 재무분석의 지식
④ 외식경향에 따라 수습사원을 위한 영업서비스면의 교육계획 작성
⑤ 변화에 대한 임기응변의 대안작성
⑥ 인사관리상 필요한 법률 제반법규 지식
⑦ 경영의 의사결정의 실제, 대차대조표와 손익계산서에 관한 지식
⑧ 재무명세서와 제반 인사규칙의 개발능력
⑨ 업소가 위치하고 있는 지역사람들과의 커뮤니케이션 활동실시
⑩ 색·구성·형상·영양과 관련한 메뉴를 계획
⑪ 예산작성에는 당연히 필요한 요건을 가진 능력
⑫ 경비·이윤·주변의 경쟁업소를 고려해서 가격대책을 연구
⑬ 원가·판매가격·고객만족을 위하여 메뉴가격 작성

2. 장래습득을 요하는 자격요건
⑭ 문서 다음에는 시각적인 교육매뉴얼 작성 능력
⑮ 메뉴표의 디자인에 관한 표현기술
⑯ 장 · 단기의 계획작성
⑰ 새로운 기기 취급이나 조립자세
⑱ 시간과 작업분석을 통해서 노동의 질과 양의 평가
⑲ 영업 · 인재 능력 · 고객특징을 만족시키기 위한 공부
⑳ 외식의 새로운 메뉴의 방향에 대한 계획
㉑ 재고관리시스템의 계획
㉒ 경영의 의지결정을 위하여 마케팅분석
㉓ 영양면에 있어서 메뉴 분석

[자료 : 土井利雄, 상게서, p.22～23.]

Tips 지배인의 점검 리스트(예)

NO	MANAGER CHECK LIST	YES	NO
1	충분한 근무인원은 출근했는가(모든 직원이 출퇴근부에 사인을 했는가)		
2	카페트 바닥은 깨끗한가		
3	조명은 작동되고 그 위치에 정확하고 전구는 끊어지지 않는가		
4	홀 안의 온도는 적정한가		
5	TABLE SETTING은 규정대로 정위치에 되었는가		
6	집기 비품은 제자리에 있고 의자는 깨끗한가, 빵부스러기는 없는가		
7	PLANT BOX의 화분과 TABLE 위의 꽃은 싱싱한가		
8	글라스에 얼룩이 없는가		
9	LINEN은 찢기거나 구멍이 나지 않았는가		
10	직원들의 유니폼은 제대로 착용하고 있고 깨끗한가		
11	직원들의 표준외모(양말, 스타킹, 화장, 면도, 손톱, 라이터, 펜)		
12	메뉴는 풍부하게 제공되고 내용상태는 깨끗한가		
13	업장은 제 시간에 영업이 시작되는가		
14	오늘(그날)의 특별 메뉴 제공의 준비는 됐는가		
15	음료 및 WINE은 제자리에 공급되고 저장되어 있는가		
16	주장은 서비스를 하기 위한 모든 MENU를 체크하는가		
17	MANAGER는 주방장과 그날의 MENU가 준비되어 있는가를 알고 있는가		
18	MANAGER는 음식맛을 보고 특별 음식을 알고 있는가		
19	서비스 STATION위는 깨끗하고 모든 알코올류는 잠겨져 있는가		
20	SILVER류는 깨끗이 닦아서 STATION에 넣어 두었는가		
21	업장은 안전한가 문은 잠겨져 있는가		
22	내일 직원들의 근무시간표는 잘 구성되어 있고 직원들의 출근시간을 알고 있는가		
23	주방장은 그날의 MENU를 준비했는가		

4 조 직

1) 조직의 개념

점포 내에서의 레스토랑 서비스를 효과적으로 기능을 발휘하기 위해서는 조직을 구성해야만 한다. 종사원 각자는 의무와 업무적 책임권한 및 경제적 책임을 이해하고 있어야 한다. 또한 조직의 목표와 자신의 업무와의 관계도 파악하고 있어야 한다.

원래 조직이 갖고 있는 가장 기본적인 모습은 본질적으로 다음과 같이 역사 전체를 통해서 나타난 조직의 공통된 요소를 반영한 것이었다.

첫째, 목표·목적 또는 달성해야 할 어떤 것이 있었다.

둘째, 집단구성원의 참여를 촉진시키기 위한 목적 또는 공동의지는 성원의 관심을 끄는 것이어야 했다.

셋째, 조직구성원은 그것으로 일하거나 싸울 만한 어떤 무엇이 필요했다.

넷째, 조직구성원의 여러 활동을 조직화할 필요가 있었다는 점이다.

다섯째, 집단 전체가 목표를 향해 나가도록 어느 누구가 자리를 잡아 주는 업무를 수행한다면 더 나은 결과를 얻을 수 있다는 것을 집단이 발견했다는 점이다.

그리하여 인간은 언제나 조직에 참여해 왔고, 조직은 언제나 인간의 목적에 도움을 주어 왔던 것이다. 그러나 점포조직이 내포하고 있는 의미를 설명하면 다음과 같이 요약할 수 있겠다.

오늘날의 조직이란 것은 특정한 목표를 달성하기 위해 일하는 집단의 행동을 관리하는 것이다. 그것을 레스토랑 서비스에서는 고객의 음식과 서비스에 대한 욕구를 충족시켜 주는 것을 의미한다. 그것은 또한 종사원과 경영자에게 최대의 만족을 주는 것을 의미하며, 레스토랑의 경우에 있어서는 소유주에게 경제적인 이익이 돌아가게 하는 것을 의미한다.

레스토랑 서비스의 조직은 사람을 통해 작용하기 때문에 각자의 능력을 최대한 이용할 수 있도록 도와 주고 격려해 주어야 한다. 그 조직은 중앙집권적으로 명령하여 모든 행동이 사업을 위해 기여할 수 있도록 추진함으로써 목적에 어긋나는 것을 피해 결정을 내리고, 기업 전체에 이익이 되는 행동을 취할 수 있어야 한다. 조직에는 또한 각종의 경로시스템을 마련해서 경영진과 종사원의 의견이나 제안 · 정보 등의 의사소통이 원활하게 이루어져야 한다.

고로 조직이 갖는 중요성으로서 인간은 조직을 떠나서는 어떠한 생활도 영위해 나갈 수 없다. 다시 말하면 인간은 조직화된 사회 속에서 생활을 해 나아가야 한다. 단순히 재화나 서비스만을 제공하는 기능적인 문제에 그치는 것이 아니라 그 이상의 것이다. 조직은 우리 인간의 생활과 생활방법에 뚜렷하고 어떤 결정을 내리게 하는 중요한 영향을 미치기 때문이다.

우리는 조직에 의해 영향을 받아 왔으며, 앞으로도 그것에 의존하게 된다. 그런 가운데 현대의 조직은 과학적 · 기술적 업적을 쌓아 올리고, 사회적 · 경제적 발전과 우리의 생활에 풍요를 가져다 주는 원동력이 인적 의존도가 높은 레스토랑에서는 더욱 그 중요성에 비추어 볼 때 심화되어질 것이다.

2) 조직구성의 기본방향

어떠한 기업에서나 마찬가지로 조직을 편성하는 데는 명심해야 할 사항들이 있는 법이다. 레스토랑 서비스분야에 있어서도 우리는 다음과 같은 몇 가지의 기본원칙을 준수해야 한다.

(1) 기능에 따라 조직해야 한다.

식자재구입, 메뉴계획, 조리, 서비스 등과 같이 레스토랑 서비스에서 수행되는 각 기능은 조직구성의 일부가 되어야 한다. 그 기능은 분명한 목적과 존재 이유가 있어야만 한다.

(2) 조직은 간단하게 편성해야 한다.

조직의 구성은 불필요한 직위나 편성이 없도록 간단하게 해야 한다. 계층간의 거리를 짧게 함으로써 경영진과 종사원간의 의사소통의 문이 열리게 될 수 있다. 이러한 관계로 범위, 즉 한 명의 간부에게 보고하는 부하직원의 수가 많은 큰 레스토랑에서는 각 웨이터 그룹을 감독하기 위해 캡틴을 임명한다.

캡틴은 다시 웨이터 장(chef waiter)에게 보고하는데, 그의 관리의 범위는 캡틴으로 제한되어 있으며, 그들을 통해 웨이터들은 관리하게 된다. 카페테리아(cafeteria)에서는 지배인이 직접 종사원을 관리하는 것보다 각 종사원그룹을 지시하는 감독자를 두는 것이 실리적이다.

(3) 모든 직책에 대한 업무의 책임·권한 및 경제적 책임을 밝혀 두어야 한다.

업무분석 연구결과 때로는 종사원들이 자기의 의무와 책임을 명확히 이해하고 있지 못하다는 사실이다. 모든 업무는 서식으로 명확히 밝혀야 한다.

종사원은 가능한 한 한명의 감독자에게 보고해야 한다. 조직의 구성에 각 종사원의 위치를 서술하고 누구에게 보고받아야 하는가를 밝혀 주는 데 조직표를 이용하는 것이 효과적인 것이다.

(4) 가능하면 가장 낮은 계급에게도 책임과 권한을 위임해야 한다.

레스토랑의 소유주나 경영자는 책임을 위임하는 데 주저하지 말아야 한다. 오랫동안 보스(boss)노릇을 해 온 레스토랑의 소유주는 새 간부가 자신의 아들이라 할지라도 다음 사람들에게 권한을 양도하는 것을 주저하는 경우가 종종 있다.

그러나 어떤 사람이 주어진 업무에 대한 책임을 맡았다면 그 업무를 수행하기 위해서 동등한 권한을 가지고 있어야만 한다는 것은 분명한 사실이다. 권한의 위임을 하지 않음으로써 레스토랑의 소유주는 부하직원들을 절름발이로 만들고, 다른 사람이 하면 더 잘할 수 있는 일을 자신이 하게 된다.

레스토랑의 경영자가 메뉴를 작성하기를 고집한다면 자신은 물론 주방장이나 식료품 담당지배인에게도 부당한 일을 하고 있는 것이다. 이러한 위임체제에서는 간부는 그의 부하직원들의 행동에 대한 최종적인 업무적·경제적 책임이 자신에게 있음을 기억해야만 한다. 경영자가 주방운영을 주방장에게 맡겼다 할지라도 그는 식자재는 물론 다른 부서의 운영에 대한 최종적인 책임이 있기 때문이다.

(5) 조직의 패턴(pattern)을 유지해야 한다.

조직의 패턴이 항상 유지되어야 한다. 이 말은 부하직원들에 대해 책임을 져야 하는 경영자가 직접 종사원들에게 명령을 해서는 안된다는 것이다. 명령계통을 손상시키지 않고 계통을 밟아 일하는 것이 바람직하다.

(6) 운영절차의 표준화

운영절차가 고도로 표준화되어 있는 체인레스토랑에서는 한 지역의 경영자가 10~15개 정도 지배인의 활동에 대한 감독이 가능하다. 조직화는 자료처리기계화와 함께 지배인이 레스토랑운영자에게 필요한 여러 가지의 일상적인 결정에 관한 업무를 덜어 준다.

거대한 체인조직의 한 식당을 경영하는 문제는 단일식당이나 소규모 체인식당을 경영하는 문제와는 아주 다르다. 체인점포조직에서는 경영자는 구인, 메뉴계획, 조리의 방법, 혹은 재정적인 문제의 결정, 실내장식의 계획, 혹은 판매촉진 등의 문제에 대해 전혀 책임이 없거나 혹은 거의 책임이 없다.

(7) 집권과 분산

규모가 큰 레스토랑의 운영에서는 경영을 중앙집권화할 것인가, 아니면 분산시킬 것인가 하는 문제가 발생하게 된다. 권한, 업무적 책임, 경제적 책임의 위임은 관리의 효율성에 달려 있다. 또한 분산화된 경영의 책임을 수행하기 위해서는 필요한 인격과 기술 및 판단력을 소유한 경영자가 있어야만 한다.

업무적 책임은 분산되어 있지만 중앙회계시스템을 통해 경제적 책임이 오랫동안 중앙집권화되어 있던 하워드 존슨(Howard Johnson)회사는 최근 그 기능의 일부를 분산시키는 것이 현명하다는 사실을 발견했다. 전에는 어느 정도 제한된 환경에서 일하던 경영자들은 여러 대학에서 실시하는 레스토랑서비스 세미나에 참석하게 됨으로써 용기를 얻게 되었다. 이렇게 함으로써 그들은 새로운 견문을 얻게 되고, 그들의 업무에 대한 애착심을 새롭게 하게 되었다는 것이다.

3) 합리적인 조직도 편성

[그림 Ⅰ-3]은 미국에서 오전 6시부터 다음날 새벽 2시까지 영업하는 일반레스토랑의 조직표로서 좌석이 71석이며, 연간 음식판매율이 약 175,000달러이다.

이 레스토랑은 좌석 29석을 더 늘려 100석을 만들 경우 2명의 웨이트리스가 필요하며, 현재의 종사원에 대한 시간표를 적절히 조정함으로써 늘어난 업무를 감당해 낼 수 있다고 믿고 있다.

따라서 좌석을 늘림으로써 운영할 수 있는 규모는 최소한 100석 정도가 적절하다는 것이 경영자들의 의견이다. 카페테리아를 운영하는 최소규모는 250석 정도이고, 학생들의 점심식사나 대학기숙사의 적정규모는 400석 정도이다(Stokes, 1982).

[그림 Ⅰ-3] Organization Chart and Staffing Table

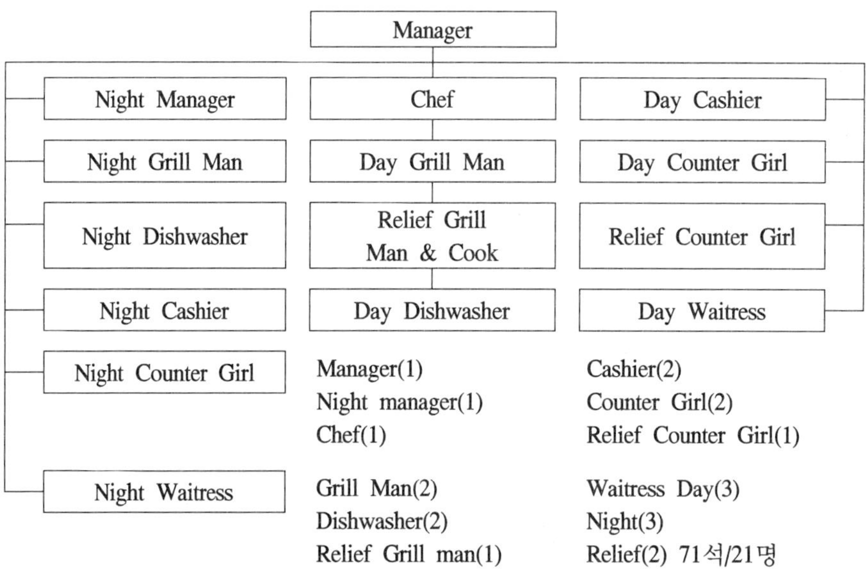

[그림 Ⅰ-4] 레스토랑영업현장부서와 타부서와의 관계

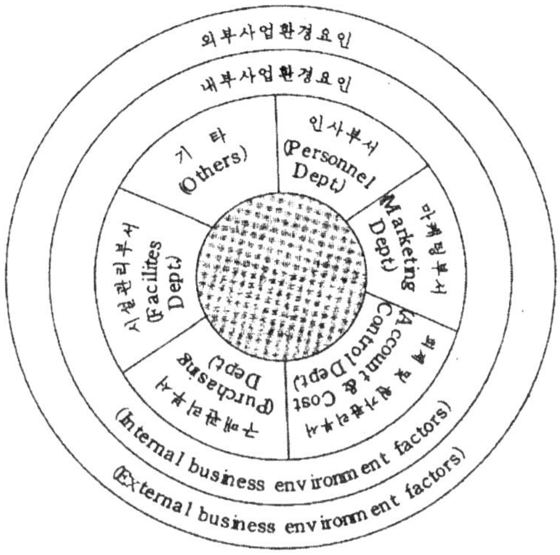

앞과 같이 지금까지 현장부서를 중심으로 조직의 적정규모를 이해하는 가운데 조직도를 편성하려고 하였으나 미래의 레스토랑조직도에 대한 논의가 있을 때는 다음 [그림 Ⅰ-4]와 같이 여타 관련부서 및 제반요인과의 관계를 통합적으로 모색되어야 바람직할 것이다.

5 매뉴얼화

'매뉴얼'이란 말은 이미 보편적으로 사용하고 있는 말이다. 레스토랑경영에 있어서 이 매뉴얼의 활용이 그 점포의 성장 · 발전시키는 중요한 근거가 된다고 해도 과언은 아닐 것이다.

매뉴얼(Manual)의 의미는 수첩, 편람, 안내서, 교본, 입문서라는 뜻이다. 어떠한 기본을 나타내는 것이 매뉴얼이라 할 수 있다. 어떠한 기본 그것이 매뉴얼이라고 하면 경영에 있어서 다음과 같이 호칭되는 것은 매뉴얼 속에 넣어도 좋을 것이다. 예를 들어 요령, 요함, 요망, 준수사항, 입문, 기준, 수속 등이다.

그런데 기본이 되는 것이면 매뉴얼 속에 넣을 수 있지만 성문화되어 있지 않은 것은, 예를 들어 그것이 기본이 된다 해도 매뉴얼이라고는 말할 수 없다.

한편 매뉴얼을 정의내리면 "경영에 있어서 방침 · 계획, 혹은 일상업무, 작업 등의 실제를 명문화한 것으로 그 실제를 명확하게 하는 것이고, 경영의 효율적 운영에 도움을 주는 것이다"라고 말할 수 있다.

더욱 넓은 뜻의 매뉴얼 속에는 규칙 · 규정 등을 포함하지만, 그것들의 실제내용 · 절차 · 순서 등이 기록되어 있는 경우로 한정하는 것이 좋을 것이다(월간식당, 1987).

그래서 서비스의 방법 등을 어떤 형태로서 '제도화'하는 것은 서비스를 조직적으로 전개함을 말한다. 따라서 당연한 일이지만 현실의 업무내용을 충분히 분석한 다음 '표준'이나 '목표'를 정해야 하며, 현실과 크게 유리되고 있거나, 내용이 추상적이어서는 매뉴얼화라고는 할 수 없다.

그러면 업무내용 분석이유는 무엇일까?

① 채용에 필요한 최저기준과 부정적 기준의 작성
② 배치, 이동, 승진관리를 위한 직무기준
③ 정원산정을 위한 정원의 질을 확정
④ 계층별 · 기능별 교육훈련기준의 작성
⑤ 직무급 제정을 위한 직무평가요소의 명세작성
⑥ 인사고과 중 실적평가의 기준작성
⑦ 각 직무별 안전기준의 작성
⑧ 직무권한의 명확화, 그 외에 조직의 합리화를 위하여 직무내용과 직무간의 제관계의 명확화

매뉴얼화를 구체적으로 도모할 수 있는 대상은 기능적 서비스에 관한 많은 부분과 정서적 서비스 중의 '제도적 서비스'의 부분이다. 즉, 객관적으로 평가할 수 있는 부분과 제공자측이 미리 그 방법을 결정해서 대응하는 부분이다.

기능적 서비스에 대해서는 업무수행에 필요한 사항 · 작업기준 · 수속 등이 명확화되어 있는 경우가 일반적이고, '서비스관'의 공유를 전제로 한 '개인적 서비스'는 매뉴얼화의 대상으로부터 제외하는 편이 바람직하다. 그렇다면 정서적 서비스 중에서 대상으로 등장하게 되는 것은 '제도적 서비스'라고 할 수 있다(淸水滋, 1981).

[그림 Ⅰ－5] 매뉴얼화의 기본요소

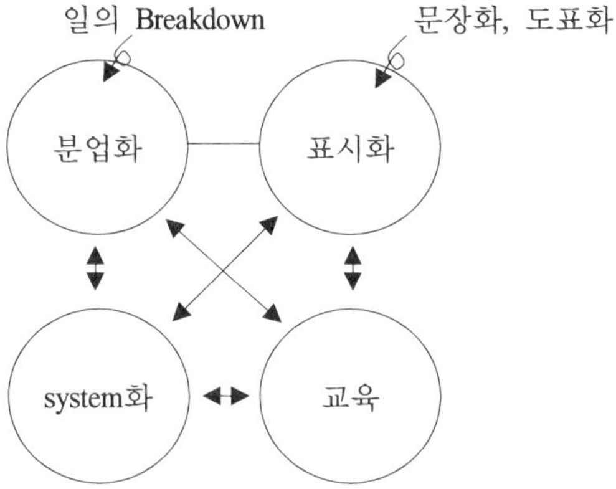

[자료 : 미야에이지, 외식비즈니스, 한국산업훈련연구원. 1988.p.52.]

[그림 Ⅰ－5]는 매뉴얼화의 기본요소로서 이 요인들이 종합되어 유기적으로 수행되어질 때 기업에서 추진하는 목표가 달성될 수 있다.

그러나 매뉴얼화를 추진하는 과정에서 품질의 향상, 작업능률 제고, 인건비 절감 등의 장점을 갖고 있으나 다음과 같은 단점도 발생할 수 있다는 사실에 유념해야 한다.

① 일에 대한 즐거움이 없다.
② 직업인으로서 전문기술의 습득이 어렵다.
③ 개인별 · 점포별로 특화상품을 창출하기가 어렵다.
④ 창의력 · 열의가 부족하여 우수한 인재육성이 어렵다.

6 교육훈련

1) 교육훈련의 목적과 과정

오늘날 레스토랑을 성공적으로 이끌어가기 위해서는 유능한 인재의 확보와 기존의 종사원에게 보다 더 창의력을 갖고 업무에 임하도록 하는 데 있다. 이와 같이 인재의 집단에 의해 영업이 수행되므로 교육없이 지속적인 기업의 성장은 불가능한 것이다.

레스토랑 고객이 없으면 점포는 존재할 수 없으며, 점포없이는 기업은 존재의미가 없는 것이다. 레스토랑은 고객의 마음을 만족시킨 결과, 고객의 성원에 의해 계속기업으로서의 위치가 정립되는 것이다.

이러한 이념을 철저히 이행하는 방법은 레스토랑의 입장에서는 교육 이외에 신뢰할 만한 독특한 방법은 없다고 본다. 이러한 이념은 레스토랑에 종사하는 사람이면 Top에서부터 관리자·종사원 모두가 항상 갖고 있어야 하는 기본정신이며, 교육이 중요하다는 것은 상식에 속하는 일이라고는 보고 있지만 그 중요성에 따라 구체적 교육방법의 실천을 제대로 하는 기업은 그렇게 많지 않다.

이런 이념은 내부에서 철저하게 교육되고 점포에서 실천됨으로써 고객이 이를 느끼게 할 수 있는 수준까지 이르는 기업 전체의 환경과 의식개혁이 필요하다. 한 사람 한 사람이 매일매일의 언행에서 교육목표달성과 교육성과를 확인할 수 있는 수준에 도달하지 않으면 안된다는 것이다.

기업이념의 인식이 이 수준에 이를 때 비로소 레스토랑은 서비스산업으로써 성공할 수 있는 기반이 구축되었다고 보며, 그 기반이 교육을 실시하는 기본목적이 될 것이다. 레스토랑의 교육은 점포운영만을 위해서 존재하는 것이 아니며, 통일전략을 기초로 하여 전사적인 수준향상을 실현하기 위해서 존재한다. 교육의 목적이 단순히 점포운영이나 본부의 방침전달에 그친다든지, 전사적인 호응과 의식의 개혁이 없다든지, Top이 이에 대한 인식을 충분히 갖지 못하고 있다면 모르긴 해도 목하 경쟁이 치열해진 시장여건하에서의 이념의 통일이 안되고 구심정이 없는 기업으로 전락하게 될 것이다.

레스토랑이 실시하는 교육은 단순히 업적을 올리기 위한 전문교육이나 단순한 필요에 의해 실시하는 외국어교육, 혹은 복리후생이나 복합적 측면에서 실시하는 교육과는 차원을 달리한다.

레스토랑이 실시하는 교육은 자기 기업의 컨셉를 정립해 가는 교육으로써 정신적인 면, 봉사적인 면, 그리고 기술적인 면 등 모든 부분에서 필요한 전인적 교육이다. 즉, 기업이 추구하는 인간상을 정립해 가는 과정이라고 볼 수 있다. 따라서 계속적·정기적으로 교육을 실시하여야 한다. 또한 기업의 진로에 대해 동참하는 교육이므로 일종의 경영교육이라고 볼 수도 있다(김헌희, 1990).

결과적으로 교육훈련의 목적은 전종사원의 지식 · 기능 · 새로운 태도를 향상시킴으로써 기업을 성장 · 발전시키는 데 있다. 이것을 기업면에서 본다면 업무능률을 향상시키고, 그것이 계속적으로 발휘될 수 있도록 양질의 인재를 육성하는 일이며, 종사원의 측면에서 본다면 인간적인 완성을 위한 향상과 이에 따르는 처우의 향상이 의도하는 바일 것이다.

그러나 오늘날 종사원 교육훈련의 일반적인 내용은 정신교육, 능력개발, 학습, 실습과 관련된 내용이 주류를 이루고 있다([그림 Ⅰ－6] 참조).

이와 같은 교육훈련의 내용은 일정한 과정에 따라 시행된다고 볼 수 있다. 종사원 교육훈련의 그 기본적인 과정은 [그림 Ⅰ－7]에서 보여 주는 바와 같이 피드백(feedback) 과정을 거치면서 실시되고 있는 것이다.

[그림 Ⅰ－6] 종사원 교육내용

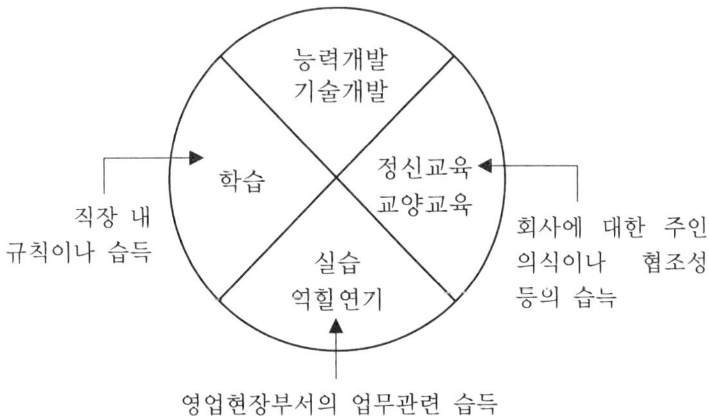

[그림 Ⅰ－7] 교육의 기본적인 과정

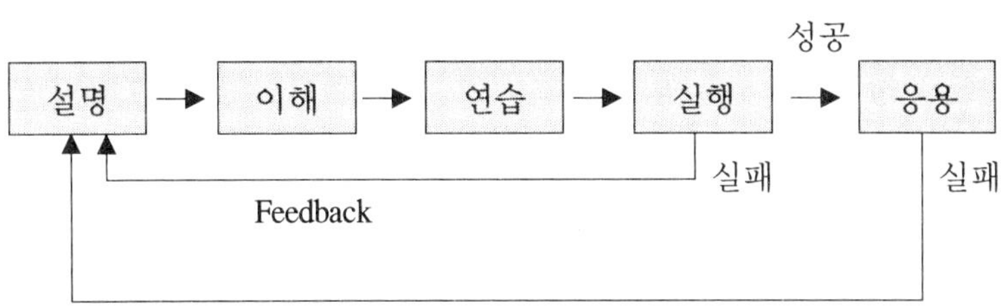

2) 교육훈련의 현대적인 특징과 과제

교육훈련이 시행된 역사와 의미는 상품을 만들어내는 어떠한 기업에서든지 중요하게 존재해 왔다고 볼 수 있다.

그러나 기업내적으로는 조직의 규모가 복잡화 · 다양화되어지고 있고, 기업외적으로는 고객의 욕구내용의 변화와 그 외에 여러 가지 환경요인의 변화와 생성으로 인하여 교육훈련의 필요성 인식에서부터 실시방법 등에 이르기까지 변화를 거듭해 왔다.

그 대표적인 변화의 예를 들면 다음과 같다.

① 신입사원에서 경영자에게까지 교육훈련, 능력개발 프로그램조직을 생애교육과 연결시키는 경향이 있다.

② 세일즈맨, 신제품개발자, 기술연구자, 각 부분의 관리기술입안자에게 전문적인 지식 · 기능을 육성하려는 경향이 있다.

③ 기업의 교육훈련기관을 활용하고 있다.

④ Off-JT · OJT를 구분하여 교육훈련이 실시되고 있다.

⑤ 경영혁신의 급진전에 대응하기 위하여 자기개발의 능력을 발휘할 수 있는 교육훈련이 되도록 한다.

⑥ 1960년대 이후 조직론의 발전에 따라 조직개발과 관련한 새로운 분야를 접목시키고 있다.

⑦ 상기 교육훈련의 특징과 경향을 모두 포함하는 가운데 총합적인 교육훈련 · 능력개발의 체계를 편성하고 전체를 관리할 수 있는 개발프로그램하에 실시되고 있다.

이같은 변화 속에서도 교육훈련의 내용이 체계적으로 수립되어 실시과정에서 그 효과를 기대 이상으로 거두지 못하고 있는 이유는 무엇일까?

이같은 질문에 대하여 여러 가지의 원인이 있겠으나 그 중에서도 경영자들이 교육훈련에 관한 인식부족 탓이라고 주장하고 싶다.

이에 대한 대표적인 사례를 열거하면 다음과 같은 내용을 지적할 수 있겠다(월간식당, 1991).

① 외부세미나에 출석시키면 교육이 이뤄진다고 생각한다. 이 때 세미나

의 선택도 하지 않고 보고를 요구하지도 않는다. 물론 커리큘럼도 검토하지 않는다. 아마 이렇게 대충 넘어 가는 경우는 별로 없을 것이다.

② 조직, 규모, 성장단계, 체질에 따라 교육·훈련의 내용이 달라야 한다는 사실도 모른다.

③ 어떤 직무가 있으며, 어떤 능력을 가진 사람을 육성해야 하는가에 대해 생각하지 않는다.

④ 학습의 종류에는 선험적 학습과 경험전 학습, 체험학습, 이렇게 3종류가 있다. 그 구별을 할 줄 모른다. 세미나에 출석하면 교육이 된다고 생각하는 사람은 현장이 교육이며, 물론 훈련도 가능하다고 생각한다.

⑤ 이론이나 지식을 습득하면 머리만 커져서 비판이나 하고 실제 행동적인 노력을 하지 않는다고 생각한다.

⑥ 피터의 법칙을 모른다. 이것은 기업이 성장하면 할 수록 중견간부는 지식이 진부해진다는 법칙이다.

⑦ 교육대상을 경영계층의 수준에 맞춰 교육계획목표를 작성해야 효과가 있다는 사실을 모른다.

⑧ 레스토랑에서 종사원의 계층, 신입사원, 아르바이트, 점장, 수퍼바이저(supervisor), 조리기술자, 본부의 부과장, 중역 등 각 대상에 적합한 교육과정을 작성해서 교육해야 한다는 사실을 모른다.

⑨ 교육과 훈련이 전혀 다르다는 사실을 모른다. 교육은 직무능력의 개발이며, 훈련은 좋은 행동습관을 익히는 것이다. 즉, 규율이며 활동규칙이다. 훈련은 단기적 효과가 있고, 교육은 장기효과를 기대하는 것이다.

⑩ 교육도 훈련도 하지 않고 단순히 업무를 맡기는 것이 권한의 이양이라고 생각하는 사람이 많다, 그것은 '알아서 하라'는 것과 똑같으며, 권한을 포기하는 것과 같다. 실패를 해도 책임을 받지 않으면 실패로부터 배울 능력도 없다.

⑪ 경영자 중에는 교육훈련은 현장 종사원이나 중견간부에게는 필요하지만, 경영자에게는 관계없다고 생각하는 사람이 많다. 전략의사결정(가령 출점전략이라든가 업태전환전략 등)은 경영자는 최고관리자로서 경영의 조직변혁이나 설비투자(센트럴 키친, 컴퓨터 등에 대한 투자)에

관해 의사결정을 내려야 한다. 노동시간단축을 결정하는 것도 경영자이다. 따라서 경영자 역시 경영자로서의 능력개발에 열성적이어야 한다.

⑫ 기업교육의 최종목표는 자기 육성이라는 사실을 모른다. 기업은 교육훈련을 해도 기초적인 것, 그 시기에 필요한 것만을 한다. 그러나 실제 발생하는 많은 문제와 변화는 항상 미경험인 채 그 해결을 요구할 것이다. 그러므로 기업 내 교육이든 기업 외 교육이든 자기육성의 보완임을 알아야 한다.

⑬ 교양적인 경영교육은 필요없다고 생각한다. 이것은 기술교육의 기초가 된다. 훈련의 기초가 되기도 한다.

⑭ 인재교육은 장기교육의 일부분임을 모른다. 그래서 교육계획에 무성의한 것이다. 장기계획이란 현재 무엇을 해야 하는가를 결정하는 계획이다.

3) 교육훈련 대상, 종류, 방법

교육의 대상자, 즉 피교육자는 교육 프로그램에 의한 직급별 · 직무별로 단계별 교육을 실시한다. 특히 교육과정에는 기존사원이나 관리자를 대상으로 하는 경우에는 관리자과정, 중간관리자과정, 사원과정 등이 있으며, 점포 종업원을 대상으로 하는 경우에는 점장 및 부점장과정, 준사원과정, 파트타임 및 아르바이트과정이 있고, 별도의 신입사원과정이나 프랜차이지에 대한 점포교육 등 다양하다.

교육의 장소별에 따른 분류는 연수원을 이용하는 사내연수교육, 점포에서 실시하는 현장교육, 그리고 자사점포나 타사점포의 답사교육인 현장체험교육(field study) 등이 있다. 특히 사원교육에는 능력개발교육, 회사에 대한 귀속의식이나 협조성 · 동질성 · 소속감 · 공동체 의식을 고취하기 위한 정신교육, 직무나 전문성 습득을 위한 실습교육이 있다. 그리고 사내 룰이나 특수기능을 습득케 하는 학습교육이 있으며, 직무나 전문성 교육은 역할연기(role playing)를 통해 실시한다. 교육훈련의 방법으로 회사개요나 전문지식을 습득케 하는 이론교육과 회사소개 및 점포현장에서 이루어지고 있는 서비스 예절교육 등을 인지하게 비디오교육, 그리고 점포현장에서 직접 체험하는 현장체험 교육으로 나누어진다.

[그림 Ⅰ-8] 외식업체의 인력개발을 위한 교육훈련 시스템

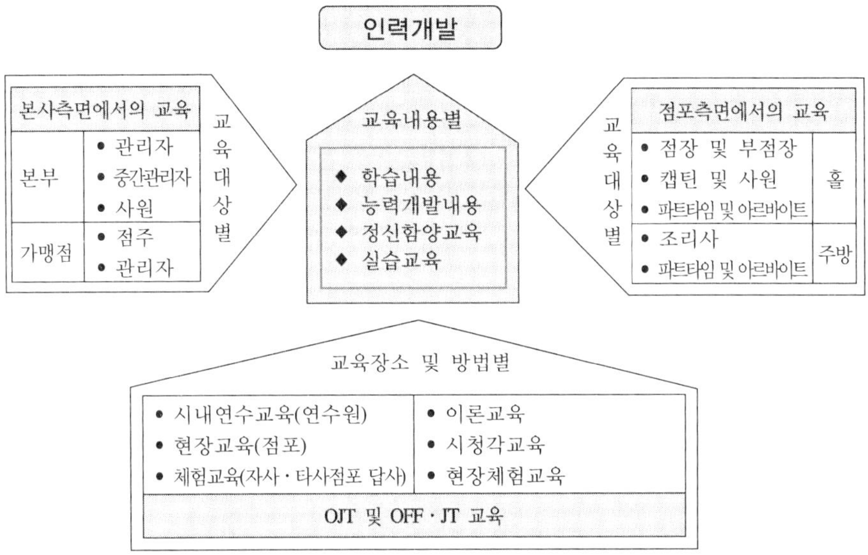

또한 외부기관에 위탁하거나 전문강사를 초빙하여 교육하는 경우도 있다. 외식업체의 인력개발을 위한 교육훈련 시스템을 요약하면 [그림 Ⅰ-8]과 같다(홍기운, 2006 ; 328~329).

4) 교육훈련의 중요성

교육과 훈련은 동시적인 속성을 가지고 있는데, 일단 사원이나 아르바이트가 채용되면 오리엔테이션이나 원활한 직무수행을 위해서 일정기간 동안 교육훈련을 받게 된다. 교육훈련은 본사의 경영이념과 규정을 기본으로 외식사업에 대한 개념정립, 점포의 운영관리, 메뉴지식, 설비조작, 구매 및 발주, 문서작성, 접객서비스 등 본사차원과 점포차원에서 이루어지며, 이론교육을 실시한 후 비디오 등에 의한 관련교육이 병행되면 그 효과는 극대화된다. 또 현장견학이나 점포 내에서 트레이닝에 의한 실습이 필요하게 되는데, 이러한 교육훈련은 업종이나 업태특성에 맞게 프로그램이 개발되어 직급별 · 단계별로 실시한다. 교육훈련의 기본바탕은 친절 · 미소 · 정성으로서 고객에 대한 유 · 무형적인 가치와 만족과 감동을 창출해야 한다. 숙련도 제

고를 위해서는 본사나 점포의 집체교육이나 현장 맨투맨교육 등을 정기적 · 주기적 및 반복적인 숙달학습과 역할연기가 필요하며, 교육훈련 매뉴얼을 활용하여 인재를 육성하고 전문가를 양산하게 되는 것이다.

일반적으로 교육훈련은 메뉴제조, 식재재공급, 개점에서 폐점까지, 설비조작 등 각 부문별 트레이닝이 필요하지만, 외식점포 교육훈련의 최대과제는 접객서비스교육이라고 할 수 있다. 고감성 연출을 요구하는 접객서비스는그야말로 고객가치와 만족을 극대화시키면서 고객감동을 유발시켜야 하고, 나아가 고객졸도까지 연출할 수 있는 기법을 통해 점포의 수익성을 창출해야 한다. 이러한 인재육성을 위해서는 점포특성에 적합한 트레이닝시시스템을 개발하여 반복적 · 지속적인 숙달교육이 필요하다고 볼 수 있는 것이다.

[그림 Ⅰ-9]는 외식업체의 인력개발을 위한 교육훈련의 절차를 예시하고 있다.

한편, 시대의 변화와 함께 교육의 종류에 있어서도 OJT 교육 뿐만 아니라 집합연수 그리고 자기계발 등에 관한 교육이 병행되어져야 하겠다.

사내교육의 종류에 대한 내용을 살펴보면 [표 Ⅰ-3]과 같다(홍기운, 2006 ; 329~332).

[표 Ⅰ-3] 사내교육의 종류

구 분	레 벨	적절한 교육내용	실시자
집합연수 Off JT (off the job training)	• 전사 레벨 · 사업소 레벨에서의 능력개발	• 동일내용의 지식 · 기법교육 등에 적용한다. • 신입사원교육, 계층별 교육, 전문교육 등	• 교육부서가 주로 행함
직장내교육 OJT (on the job training)	• 직장 레벨에서의 능력개발	• 부하 한 사람 한 사람의 능력이나 일에 맞춰 행하는 교육이다. • 직무능력이나 태도, 문제해결력의 교육에 적용한다.	• 상사가 부하에 대해서 행하는 교육임
자기계발 (self development)	• 개인 레벨에서의 능력개발	• 개인이 필요로 하는 지식을 습득하기 위해 행하는 자기육성법이다.	• 자기자신의 돈과 시간을 사용해서 하는 공부임

[그림 Ⅰ-9] 외식업체의 인력개발을 위한 교육훈련 절차

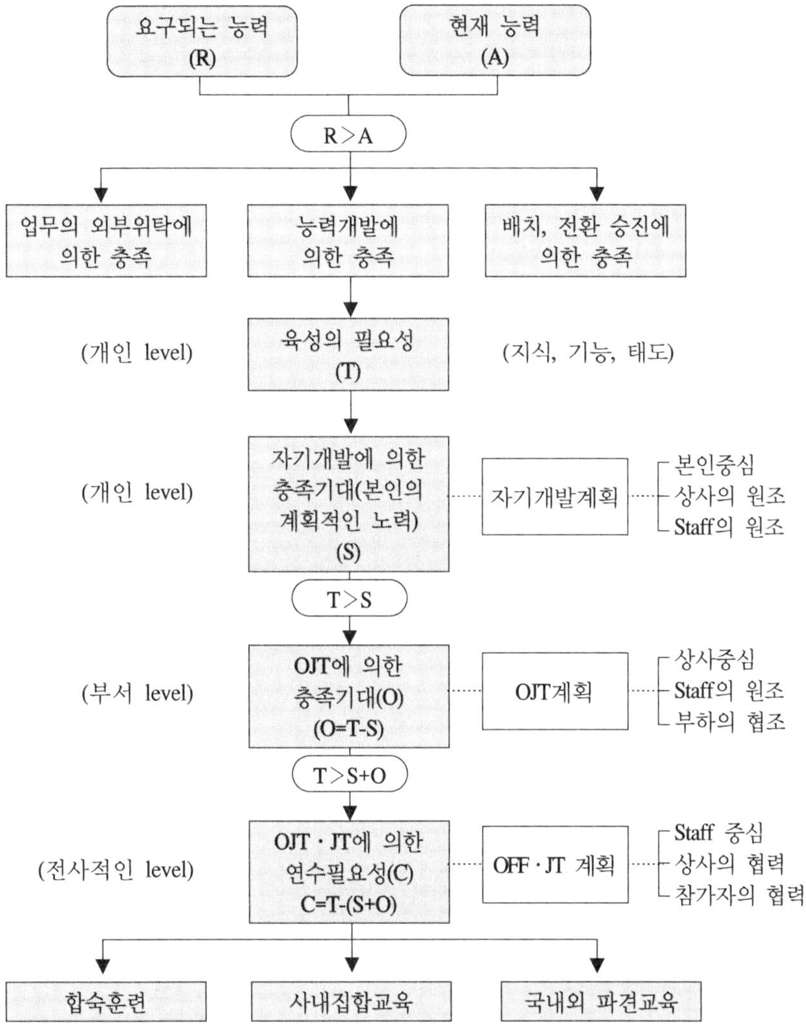

Tips 유능한 Waiter / Waitress가 되려면…

① 레스토랑의 기본방침을 잘 인식하고 각자는 그에 대한 책임감을 자각하고 있어야 한다.
② 레스토랑의 사풍(社風)을 잘 알고 속히 그 사풍에 익숙해지도록 한다.
③ 레스토랑의 조직과 직능을 잘 알아야 한다.
④ 레스토랑 각부의 영업내용을 잘 숙지하고 있어야 한다.
⑤ 레스토랑의 운영상태, 영업종목은 무엇으로 어떻게 이루어지고 있느냐 하는 것을 잘 파악하고 있어야 한다.
⑥ 레스토랑과 직접 거래, 관계가 있는 회사, 단체, 관청 등을 잘 파악하고 어떤 관계인가를 바로 인식하고 있어야 한다.
⑦ 동업회사와 비교하여 당 레스토랑의 특성이 무엇인가를 알고 있어야 한다.
⑧ 간부의 이름과 얼굴은 물론 성격까지도 알고 있어야 하고 가능하다면 계장까지의 업무분담을 파악하고 있어야 하겠다.
⑨ 각자 본인이 협조를 받거나 협력해 줘야 할 상대가 누구인가를 잘 파악하고 있어야 한다.
⑩ 본인의 직속상사와 간접상사 등을 잘 인식하고 있어야 한다.
⑪ 각 주무 부과의 전화번호, 조견표를 정비해 두고 필요시 즉시 이용할 수 있게 해둔다.

7 인사고과

1) 인사고과란 무엇인가?

인사고과에 대하여 스미스와 머피(R.C. Smith & M.J. Murphy)는 "인사고과는 그들이 속해 있는 조직체에 있어서 종사원의 가치를 질서 있게 평가할 수 있도록 하는 데 그 목적이 있다"고 밝히고 있고, 미이(J.F. Mee)는 "조직에 있어서 종사원이 보유하고 있는 현재 및 잠재적 유용성(present and potential usefulness)을 질서있게 조직적으로 평가하는 방법"이라고 정의하고 있다. 그리고 또한 랑스너(A. Langsner)는 "구체적으로 종사원의 능력 · 근무성적 · 자격 · 습관 · 태도의 상대적 평가를 조직적으로, 그리고 사실에 입각하여 객관적으로 평가하는 절차"라고 정의하고 있다.

혹자는 인사고과(personnel rating)는 종사원 개개인의 직무수행상의 능력과 업적, 그리고 근무태도를 객관적으로 평가함으로써 그들의 조직에 대해서 갖는 현재적 · 잠재적 능력과 그 유용성을 체계적으로 평가하는 관리기법이다. 즉, "종사원의 업무수행상 업적을 측정하는 종사원의 실천 능력 · 업적 · 성격 · 적성 · 장래성 등을 판정하는 것을 의미한다"라고 표현하기도 한다.

이상의 정의를 종합하여 볼 때, 인사고과는 기업 내 종사원들의 상대적 가치를 평가하여 적정인사관리를 기하려는 절차이다. 그러므로 기업내 각 직무의 상대적 절차를 평가하여 합리적인 임금의 격차를 조절하려는 직무평가와는 다르다. 즉, 직무평가는 평가의 대상이 '직무'임에 반하여, 인사고과는 그 평가대상이 '사람'이다.

그러나 지금까지 인사고과의 경향은 다음과 같은 내용들로 실시되어져 온 결과 많은 문제점이 노출되고 있는 실정이다.

① 연공승급하에서만 사정을 해서 차이를 두어 왔다.
② 복종심, 규율심, 협조성, 적극성, 기업참여의식 등을 기업의 측면에서만 평가하고 있다.
③ 승급사정 · 상여금사정에 중점을 두는 인사고과의 경향이었다.
④ 능력파악의 측면을 고려하지 않고 있다.
⑤ 고과자의 주관에 따라 좌우되어 갖가지 과오와 종사원의 불신감을 안겨 줄 소지가 많았다.

2) 인사고과의 목적

플리포(Edwin B. Flippo)는 인사고과의 근본목적을 "종사원의 특성과 공헌도를 전통적인 또는 고도화된 조직적인 방법으로 측정하는 데 있다"고 하였고, 니그로(F.A. Negro)는 "임금관리의 기초자료를 얻고, 승진과 전직 및 배치 등 인사이동의 기초자료를 얻으며, 동시에 교육훈련의 자료와 숨은 인재 발견은 물론 채용과 승진시의 시험의 타당성을 검토하는 데 인사고과의 목적을 둔다"고 광범위하고 구체적으로 표현하고 있다.

[표 Ⅰ-4] 인사고과의 5가지 목적

목 적	내 용	구심점
1. 인력배치 및 이동	각자의 능력에 적합한 적재적소에의 배치에 활용된다.	배치, 전환, 승진, 복직, 채용, 해고
2. 인력개발	종사원의 정확한 능력을 파악하여 인력개발에 활용한다.	교육, 훈련, 개발
3. 인력계획 및 기타 인사기능의 타당성 측정	종사원의 연령, 성별, 직종, 기능도, 근무년수 등에 따라 장·단기 인력개발수립에 요청되는 양적·질적 자료를 제공토록 한다. 이렇게 함으로써 인사고과를 통하여 종사원의 근무능률을 평정하여 해당종사원의 채용시험·승진 등이 과연 타당하였던가 하는 인사기능의 타당성을 측정하는 도구로도 활용된다.	인력계획에 요청되는 인적 데이터 확보, 채용·배치·전환·승진 등의 인사기능의 타당성 검정
4. 성과측정 및 보상	종사원의 성과를 측정하여 종사원의 관심사인 승진, 상여금, 임률결정 및 승진에 활용된다.	승급, 상여금, 임률결정, 승진
5. 조직개발 및 근로의욕증진	고과를 통하여 직무담당자의 조직관계나 직무조건의 결함을 발견하고 개선할 계기를 찾는다. 뿐만 아니라 종사원의 성취의욕의 자극제로서도 활용된다.	직무개선, 성취의욕증진

위에서와 같이 인사고과의 목적은 급여 · 승급 · 상여 등의 임금관리, 배치전환, 교육훈련, 표창의 기준 등을 결정하고 종사원의 직무수행능력의 개선 · 발전에 있음을 알 수 있다.

그런데 지금까지의 전통적인 인사고과는 과거지향적인 입장에서 과거의 실적에 대한 상벌시행의 기초자료로서 상여금, 승급, 해고순위, 복직 순위 등에 주로 활용하였다. 이에 비하여 현대적인 인사고과는 미래지향적인 입장에서 개인의 육성과 적재적소의 배치 등 적극적인 능력개발의 활용에 있으며, 교육훈련지도, 성취동기부여, 배치전환, 조직개발 등에 주로 활용된다.

종사원의 평가를 자연인으로서의 그의 가치, 즉 그의 존재가치를 밝히는 것이 아니라 직무수행 인으로서의 가치를 평가해야 한다는 것이다.

그러므로 인사고과는 '직무'와 '사람'의 관계 속에서 이루어지는 성과의 평가, 그것도 '미래지향적인 행동'에 역점을 두고 있는 것이다. 즉, 과거의 실적평가에 따른 상벌에 초점을 두는 것이 아니고, 미래의 직무수행능력을 평가하는 데 초점을 두고 있다. 따라서 인사고과의 목적을 체계화시키면 [표 Ⅰ-4]과 같이 다섯 가지로 요약할 수 있다(양운섭, 1996).

3) 인사고과의 원칙

인사고과를 실시함에 있어서 반드시 준수되어야 할 여러 가지 원칙이 있는데, 이를 정리하면 다음과 같다(오병수, 1989).

(1) 직무기준의 원칙

인사고과는 직무를 기준으로 종사원의 능력의 정도를 평가하여야 한다. 인간이 인간을 평가하는 것이 인사고과이므로, 공정한 인사관리의 수단으로서의 인사고과는 종사원의 능력과 업적을 파악하기 위한 분석적 · 조직적인 절차의 연구가 필요하다. 미국에서 개발된 인사고과의 사고는 직무수행과 관련된 범위에 한정하고, 직무수행을 통하여 현재화된 것만을 평가대상으로 한다.

그러나 우리나라의 경우 개별 종사원의 능력 · 성격 및 인간성을 평가하기 때문에 직무수행과 관련하여 평가하는 것보다도 직무수행에 관련없는 요소가 평정기준내용의 대부분을 차지하여 실제의 업적 및 능력과 괴리되는 경향이 많다. 즉, 인사고과는 원칙적으로 직무중심이어야 함에도 불구하고 직무와 관련없는 인물 · 인품 · 연공이 혼입되고 있다.

(2) 공정성의 원칙

고과자 자신의 주관적인 입장을 떠나서 냉정히 평가하여야 하며, 사사로운 정으로 편견이 개입되어서는 안된다. 인사고과는 종사원의 직무수행상의 업적과 능력 · 태도 등을 객관적으로 평가하는 것이므로 고과자나 평가자의 주관적 사고나 편견이 개입되면, 평가의 타당성이 없어지게 된다. 반드시 객관적인 입장에서 공정한 평가가 이루어져야 한다.

(3) 추측배제의 원칙

고과자는 고과를 할 때 자기가 확인한 사실 또는 신뢰받을 수 있는 확실한 정보와 자료에 의하여 고과를 실시하는 것이 절대 중요한 일이다. 고과결과에 의하여 종사원의 급료, 인사이동, 능력비교 및 교육훈련이 이루어지는 기초자료가 될 뿐만 아니라 종사원의 능력개발과 사기앙양을 위한 대책으로도 활용되기 때문에 고과자의 단순한 추측에 의한 평가는 위험한 일이며, 종사원에게 나쁜 영향을 미치게 되므로 이를 배제하여야 한다.

(4) 평정오차배제의 원칙

인사고과에 있어서 평정자도 인간인 이상 흔히 오류를 범하기 쉬운데, 이를 평정오차(rating error)라고 한다. 이 평정오차는 대체로 중심화경향, 관대화경향, 현혹효과, 이론적 오차, 대비오차 등 여러 가지가 있다. 이상과 같은 여러 가지 평정오차를 최대한으로 제거하여야 하며, 이를 위한 여러 가지의 제도적 장치를 마련하여야 한다. 그 중 가장 중요한 것이 '공정한 평가자로서의 태도' 형성이며, 다음에 인사고과의 도구와 절차를 효과적으로 선정 · 운용하는 것이다.

(5) 독립평가의 원칙

고과자는 타인과 상호협의없이 독립해서 고과하지 않으면 안된다. 즉, 타인의 의견에 좌우되지 말고 자기의 판단으로 인사고과를 하여야 한다는 것이다. 인사고과에 있어서 고과자는 객관적인 조사결과나 판단자료 및 정보원에 의한 평가를 하지 못하고 타인의 의견을 듣거나 요청하여 참고삼아 고과를 하는 경우도 흔히 있다. 이럴 경우에는 특히 평가의 타당도와 신뢰도가 없어지게 되기 때문에 위험하다. 따라서 고과자는 객관적으로 독립된 입장에서 고과에 임해야 한다.

(6) 고과불소급의 원칙

고과자가 인사고과를 할 때에는 과거의 고과결과를 금기(今期)의 고과에 배려해서는 안되고, 금기 중의 제사항에 대하여서만 평가함으로써 전기(前期)의 고과결과와 비교하여 피고과자의 발전상황을 파악할 수 있어야 한다. 고과자들이 피고과자들을 흔히 전기고과결과를 참고하여 금기고과를 행하는 경우가 자주 있다. 이는 고과대상자가 동일이라는 점에 있어서는 이해 할 수 있는 일이나, 종사원의 업적이나 능력과 태도가 발전한다는 점에서 보면 대단히 위험한 일이다. 따라서 고과기간을 소급하여 고과할 수 없음은 당연하고, 또 금기고과기에 있어서도 고과시점에 가까운 행위나 사건에 중점을 두어 평가함이 없이 고과기간 전체의 평정이 될 수 있도록 하여야 한다.

(7) 고과공개의 원칙

그동안 인사고과는 피고과자로부터 원망의 배제, 인기전술에 의한 관대화 경향의 배제, 불필요한 논쟁과 불신제거, 채점기준의 비공개성 등의 이유로 비공개주의를 택하여 왔다. 그러나 인사고과의 비공개는 고과의 태도가 무사안일주의로 흘러 적당히 처리할 위험이 있으며, 특히 피고과자의 고과제도에 의한 불신과 의혹을 조장하는 원인이 되기도 하였다. 따라서 평가의 공정성과 타당성을 유지하기 위하여서 고과의 결과를 공개하는 것이 바람직하다고 생각된다.

이와 같이 인사고과가 적극적으로 인사관리의 중요한 평정수단이 되기 위해서는 고과자는 양심적이고 객관적으로 평가하여 공개·제시하는 것이 종사원의 자기계발을 촉진하는 데 유익할 뿐만 아니라, 그들의 단점을 시정해 줄 수 있어 능력개발에 도움이 된다는 것을 유념해야 한다.

4) 인사고과의 방법

외식업에 근무하고 있는 종사원에 대한 인사고과는 여러 가지 측면에서 대단히 중요한 의미를 지니고 있다.

그러나 인사고과의 방법에 앞서서 적정한 인사고과계획을 수립하는 것이 무엇보다도 우선되어져야 한다. 왜냐하면 평정의 성패를 좌우하기 때문이다.

인사고과계획에 해당하는 내용들을 살펴 보면 다음과 같다.

① 인사고과양식의 설계

- 인사고과요소의 선정
- 가중치의 결정
- 척도의 설계

② 고과자의 선정과 훈련

- 고과자의 선정
- 고과자의 훈련
- 고과회수와 시기의 결정
- 고과방법의 선정

인사고과제도를 도입하여 경영관리의 한 수단으로 운용하기 위해서는 기업의 규모, 업종, 관리수준, 사용목적, 고과자의 평가능력, 피고과자의 직종 등을 고려하여 해당기업의 상황에 알맞는 고과방법을 선정하여야 한다.

기업에서 채택할 수 있는 고과방법에는 종사원을 상호 비교하여 평가하는 상대적 평가법과 종사원을 일정한 기준과 비교하여 그 소재 또는 정도를 평가하는 절대평가법이 있다. 그 중 어느 방법이 더 적절한가 하는 것은 기업의 여러 사정에 비추어 결정되겠지만, 특히 고과의 목적을 어디에 두느냐에 따라 그 평가방법이 달라지게 된다. 예를 들어 고과를 경영 통제적 목적으로 사용하는 것이냐, 종사원의 능력개발을 목적으로 사용하는 것이냐에 따라 그 평가방법도 달라지게 되는데, 경영통제적 목적을 위해서는 상대적 고과법이, 그리고 능력개발의 목적을 위해서는 절대적 교과법이 더 합리적이라고 할 수 있다. 일반적으로 상대적 고과법에는 서열법 · 강제할당법 등이 있고, 절대적 고과법에는 평정척도법 · 대조표법 그리고 중요사건서술법 등이 있다.

그러나 인사고과를 합리적이고 효율적으로 수행하기 위한 고과방법을 분류할 경우에 학자들의 견해에 따라서 그 내용에 차이가 있다. 이와 같은 여러 가지 분류방법 중에서 업종과 목적, 고과대상자의 직종에 따라서 상이한 방법을 선택하여 사용할 수 있을 것이다. 우선 여러 학자가 제시한 인사고과의 방법을 소개하면 다음과 같다(양운섭, 1996).

비취(Dale S. Beach)는 ① 평정척도법(rating scales method) ② 종업원비교법(employee comparison method) ③ 대조리스트법(check list method) 이외에 5가지를 포함하여 8가지로 분류하고 있다.

플리포(Edwin, B, Flippo)는 ① 서열법(ranking method) ② 대인비교법(man-to-man comparison method) ③ 등급법(grading method) ④ 도식척도법(graphic scales method) ⑤ 강제선택기술법(force-choice description method) ⑥ 대조리스트법(check list method) ⑦ 비평적 사건선택법(selectior of critical incidents method) 등으로 분류한다.

스미스(R.C. Smith)와 머피(M.J. Murphy)는 ① 서열법 ② 대인비교법 ③ 대조리스트법 ④ 척도법(scales method) 등으로 분류하고 있으며, 요오더(Dale Yorder)는 ① 평정척도법 ② 서열법 ③ 도식척도법 ④ 대조리스트법 ⑤ 직무성과측정법(measured job performance method) 등을 들고 있다.

그러나 버랙과 스미스(E.H. Burack & Robert D. Smith)는 ① 행동고정고과법(behaviorally anchored rating scales) ② 도식척도법 ③ 위기사건 법(critical-incident method) ④ 서술평가법(essay method) ⑤ 팀구축평정법(team-building appraisals) 등을 들고 있다.

8 인건비

인건비부분은 외식점포에 있어 식자재 다음으로 비중이 큰 경비부분이며, 이는 일선 점장의 능력에 따라 어느 정도 가감조정이 가능하다. 매출액 신장과 함께 점장의 능력을 체크할 수 있는 부분이기도 하다. 음식원재료 관리란 물자관리이므로 정확한 시스템이 정립되어 있으면 확실한 관리가 가능하다고 본다. 그러나 인건비는 사람의 관리에서 오는 경비이므로 단순한 관리기법만을 고집할 수가 있다. 개성과 감정이 다른 여러 계층의 사람을 사용하므로 식품원자재 관리보다 더 어려운 것으로써, 이것을 잘 통제하지 못하면 점포 자체의 관리가 이루어질 수 없다는 데 문제가 있는 것이다(김헌희, 1990).

우선적으로 인건비 관리에 문제가 직면했을 경우 경영주의 차원에서는 적정한 종사원대책을 설계하거나 도입해야 한다. 이 때 기본적으로 고려 할 사항을 살펴보면 다음과 같다.

① 직무의 가치

- 직무지원자의 시장
- 타상품시장과의 통일성
- 수요공급의 법칙
- 직무의 가격
- 조직 내 직무의 상대적 가치
- 필요한 기능의 시장가격

② 종사원의 가치

- 공평성
- 동일직무의 담당자
- 신용도
- 유자격자

③ 외적인 영향력

- 단체교섭, 정부의 영향력

그러나 인건비를 적어도 정해진 표준치까지 내리는 것에 대해서 무엇보다도 경영주의 이해가 필요하다. 경영주가 왜 인건비를 더 내리지 않으면 안되는 것이라든지 그런 말을 들어도 이것 이상의 인건비 단축은 무리이다고 생각하고 있다면 인건비는 줄일 수 없다. 그리고 인건비를 단축하는 것은 어느 정도 종사원의 납득도 필요하다.

현재 외식점포에서 시행되고 있거나 시행될 인건비 관리의 기준을 살펴

보면 대략 다음과 같은 기준으로 관리가 되고 있다(김헌희, 1990).

① 매출액 대 인건비율
② 내점객수(來店客數) 처리능력
③ 1인당 생산수준(매출액)
④ 노동생산성
⑤ 노동분배율
⑥ 파트(part)화율

(1) 매출액 대 인건비율(인건비/매출액)×100

매출에 대한 인건비의 백분율이다. 이것은 점포단계에서는 사용하지 않고 회사 전체의 기준으로 활용한다. 보통 20~50% 정도로 책정한 뒤 전체점포의 비율을 종합하여 작성한다. 이것은 점포의 컨셉, 업종, 업태에 따라 다르게 나타난다.

(2) 내점객수 처리능력 (총내점 객수/총노동시간수)

1인이 1시간당 몇 명의 고객을 처리할 수 있는가를 나타내는 서비스수준의 지표로써 동작·작업효율을 알 수 있으며, 높으냐 낮으냐 하는 문제는 아니다.

(3) 1인당 매출수준(매출액/노동시간)

1인당 매출액을 평균 250,000원 수준으로 한다든가 하면 기업별로 그 수준을 비교할 수 있다.

(4) 노동생산성(1인당 매출액/영업이익률)

1인당 실질매출액의 수치가 높을수록 좋은 것이다.

(5) 노동분배율(인건비/영업이익)×100

영업이익에 점하는 인건비의 백분율 35% 이하를 목표로 한다.

(6) 파트화율(파트 타임 노동시간/총노동시간)×100

전체노동시간에 점하는 파트 타임 아르바이트들의 노동시간수의 백분비에 비해 70% 이상인 것이 일반적이다. 예를 들어 1인당 매출액이 3,500원일 때 어느 정도의 시간급을 할 것인가를 검토해 보자.

노동생산성 = 3,500원 × 60% = 2,100원
노동분배율 = 2,100× 35% = 735원

영업이익률이 60%일 때 노동분배율을 35%로 설정하면 시간급은 735원까지 지불할 수 있다. 파트 타임화율을 100%로 하면 고수준의 시간급이지만 사원으로 할 경우보다 세금 · 의료보험 · 상여금 등을 지급하지 않아도 되는 장점이 있다. 파트 타임화율을 어느 수준으로 정할 것인가는 기업의 정책에 따라 융통성이 있겠으나, 그 기준은 어디까지나 기업의 계속영업에 있을 것이며, 1인당 매출액을 높이는 방법 외엔 다른 방법이 없다고 본다.

9 인력난 인재양성으로 대처(연구사례)

1) 신세대에 걸맞는 외식산업의 인재

[표 Ⅰ-5] 외식산업에서 인력을 보는 시각의 차이

현재나 과거에 공통으로 요구된 항목	신세대에 추가되는 항목	비 고
• 실기(기능) • 건강 • 민첩성 • 근면성 • 사교성	• 기획력 • 리더쉽 • 국제감각 • 생활변화에 대한 이해 • 외국어 • 컴퓨터 • 매너	• 외식업의 기업화, 사업화가 가속화 됨에 따라 추가되는 항목은 늘어날 수 있으며 어떤 산업의 인력보다도 우수한 인재를 필요로 할 것임.

2) 왜 외식산업에 인재가 오지 않는가?

[그림 Ⅰ-8] 전통적인 개념의 식당에서 행해지는 파행적인 악순환 도표

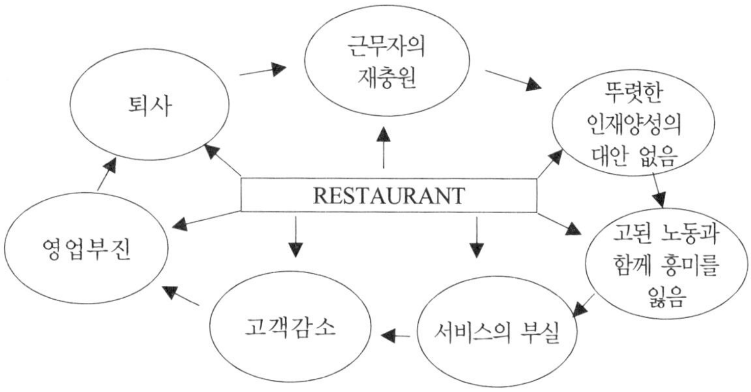

① 고된 노동을 요구한다.

② 개성(個性)을 찾기 힘들다

③ 보수가 적다

④ 사회적 인식이 낮다.

3) 무엇을 어떻게 해야 하는가?

[그림 Ⅰ-9] 양질의 종사원 교육이 미치는 영향에 관한 도표

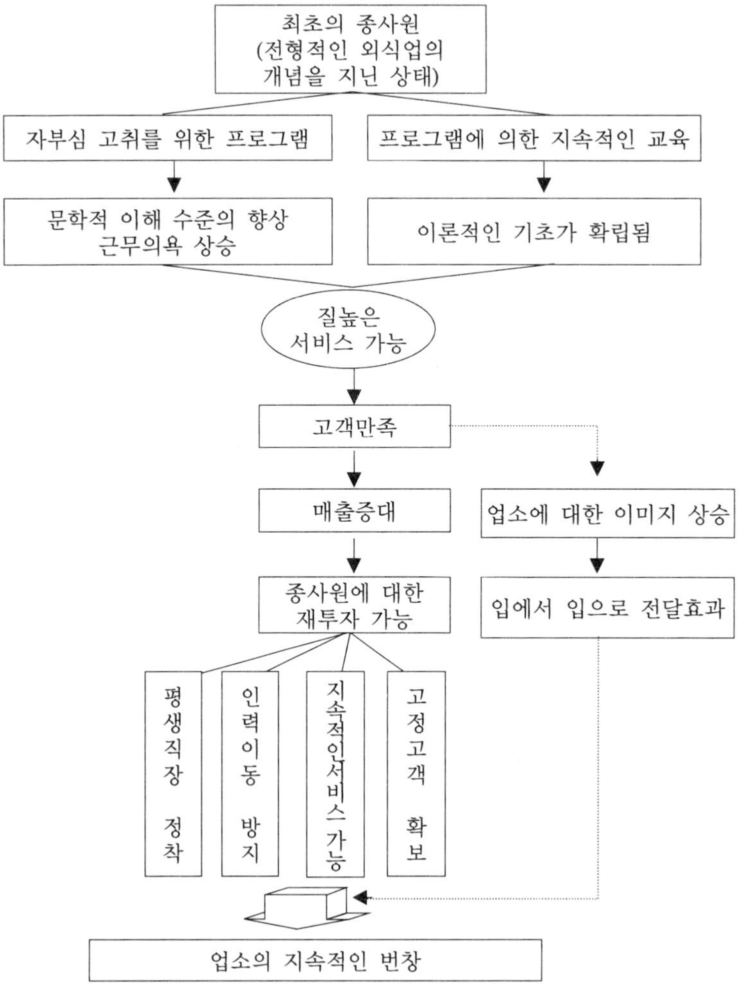

[표 Ⅰ-6] 근무자의 불만족을 예견할 수 있는 체크리스트

요인 및 응답 / 구분	불만족 요인	응답		만약 '아니다' 라면 그 이유는?	해결 방안	해결 우선 순위
		그렇다	아니다			
① 회사 자체의 규정	1. 휴일제도가 명시되어 있으며 이것이 준수되고 있는가.					
	2. 시작하고 끝나는 시간을 명시하였으며 이를 고객에게 고지시켰는가.					
	3. 정확한 시간에 직원들의 식사를 제공하였으며 근무에 충분한 영양을 공급했다고 생각하는가.					
	4. 직원들이 공동으로 사용하는 비품을 제때에 공급하였으며 직원개인이 부담을 진일은 없는가.					
	5. 봉사료를 엄정하게 관리하여 공정하게 나누는 제도가 있는가.					
	6. 작업분량이 불공정하게 배분되어 불평을 사는 일이 없도록 하는가.					
	7. 근무복이나 화장품, 근무화를 고정적으로 공급하고 수리하여 업무에 지장이 없게 하는가.					
② 경영인의 문제	1. 경영인이 직원들에게 권위적이고 독선적이어서 좀처럼 직원들의 의견을 들으려 하지 않는 경우는 없는가.					
	2. 회사의 아무런 직책을 가지지 않는 가족(부인, 자녀)들의 회사 경영에 대한 관여를 금지시키고 있는가.					
	3. 직원들이 합의하여 결정한 사항을 일방적으로 파기하거나 무시하지는 않는가.					
	4. 경영인이 기분내키는 대로 아는 사람을 초청하여 규정외의 식사를 제공한 일은 없는가.					
	5. 직원들에게 인격적인 모독이나 심한 반말로 분위기를 해치는 일은 없는가.					
	6. 경영인이 특정한 개인에 대해 공개적으로 편애하거나 결탁해 직원들의 근무의욕을 떨어뜨리는 일은 없는가.					
	7. 직원들에게 개인적인 심부름을 시키는 일은 없는가.					
③ 직원과 직원과의 관계	1. 중간 간부가 직원들의 사적갈등을 이해하고 있는가.					
	2. 직원중에서 성격적인 결함으로 타직원들의 업무를 방해하는 사람들은 없는가.					
	3. 직원중에서 일부가 근무 중 부당한 이익을 챙기는 일은 없는가.					
	4. 업장과 주방간의 갈등은 없는가.					
④ 급료와 복지 문제	1. 급료는 정확한 산출근거에 의해서 지급되는가.					
	2. 봉사료와 급료를 엄격히 구분하여 지급하는가.					
	3. 근무외 수당을 지급하는가.					
	4. 만약 타업소에 비해 급료가 적다면 그 이유를 전직원이 공감하고 있는가.					
	5. 급료외에 각종 수당과 휴가비, 퇴직금 제도로 장래에 대한 보장을 하고 있는가.					
	6. 급료는 제때에 지급이 되는가.					
⑤ 작업 환경	1. 업장의 작업동선은 합리적이어서 편리하게 작업할 수 있는가.					
	2. 환기시설이나 조명이 건강에 해를 끼치지는 않나.					
	3. 작업도구나 그릇 등이 지나치게 크거나 무겁지 않나.					
	4. 직원을 희롱하는 질나쁜 고객이 고정출입을 하지는 않나.					
⑥ 업소의 이미지	1. 업소의 위치가 불건전한 장소에 인접해 있지는 않는가.					
	2. 업소가 사회적으로 지탄을 받는 행위를 하지는 않았나.					
	3. 경영인이나 직원중의 일부가 도덕적 비난을 받을 만한 사람은 없는가.					

Ⅱ 마케팅 관리

1 개 요

1) 마케팅의 정의

마케팅은 여러 종류의 생각 · 방법 · 개념 등을 다루는 동적인 과학이라고 할 수 있다. 마케팅은 오래 전부터 여러 각도에서 조사접근 되어졌지만 그렇다고 간단하게 결론짓기는 매우 어렵다.

미국 마케팅협회(AMA)의 정의로는 “상품서비스를 공급자로부터 수요자 또는 소비자에게 유통시키는 과정에 관련된 모든 경영활동을 말함”이라고 하고 있다. 다른 개념을 살펴 보면 “경제상품과 서비스의 수요가 사회에서 결정되는 과정을 상품과 서비스의 개념 · 촉진 · 유통과정을 통해 결정된다”라고 오하이오 대학의 로버트(Clewett. Robert. L) 교수는 마케팅을 표현하고 있다.

노스 웨스트(NorthWest) 대학의 필립 코틀러는 마케팅을 “교환을 쉽게 하고 완전하게 하도록 조작된 인간활동의 모임”이라고 설명하고 있다. 이와 같이 “마케팅은 선택한 고객의 필요와 욕구를 만족시켜 이익목표를 계속적으로 달성되도록 하는 목적으로 활용하기 위해 고객에게 투하되는 기업의 자원 · 정책 제반활동을 분석 · 조직화 · 계획해서 그것을 통제하는 기능이다.” 바꾸어 말하면 현대의 새로운 마케팅은 단순히 ‘제품’의 판매에 의해 이익목표를 달성하는 것이 아니며, ‘고객의 만족을 창조’하는 토탈 마케팅(total merketing)을 전개함으로써 최종적인 이익목표를 달성한다는 것이다.

이렇게 마케팅이란 그 개념규정에 있어서 매우 다양한 각도에서 다루어지고 있다. 그러므로 마케팅이 차지하는 경영활동면에 있어서 그 중요성을 인식하고 마케팅에 대한 끊임없는 연구와 실행을 통해 그 이론적이고 기술적인 면을 동시에 발전시켜 나가야 하겠다.

궁극적으로 마케팅이란 어떠한 시장에 대해 일정한 계획을 기준으로 수익성을 추구하려는 과정의 전반적이고 총체적인 경영활동이라고 볼 수 있겠다.

모든 마케팅에서 보듯이 상품과 서비스는 마케팅활동에 포함된다. 그러나 마케팅의 역사를 살펴보면 제품을 생산하는 업체가 서비스업체보다 먼저 마케팅의 개념과 기본지식을 경영에 도입시켜 왔다. 그러나 서비스업은 레스토랑에서 마케팅의 중요성과 의미를 인식하기 시작하였지만 아직도 레스토랑에 관여하는 사람들은 마케팅(marketing)을 단순히 세일즈(sales)와 동일한 뜻으로 생각하고 있다.

2) 마케팅의 연구과제

경영활동으로서의 마케팅에 대한 개념적 이해와 더불어 우리는 다음과 같은 마케팅의 연구과제를 분석·해결함으로써 마케팅의 활성화를 기대할 수 있을 것이다.

첫째, 최근의 증가하는 여가시간(leisure time)과 임의의 지출이 가능한 수입, 긴 휴가와 오랜 삶의 기대 등에 대한 고객지향 측면에서 시장의 성격을 분석해야 한다.

둘째, 개별 이용자, 단체모임 등에 대해 능률적인 예약제도, 알맞는 여흥시설(entertainment facility)과 같은 상품측면에선의 재방문, 고객유치를 위한 요인분석도 겸하여야 한다.

셋째, 마케팅 제반노력을 수행하기 위한 부서간의 통일된 업무수행방법 등에 관한 연구와 마케팅에 있어서 고객에게 영향을 주는 요인, 즉 고객의 특별한 요구를 충족시킬 수 있는 상품과 서비스의 개발·제공·확대에 의한 요인과 가격, 정책적 요인에 대한 분석을 통해 일정한 계획을 세우고 업무를 수행함으로써 마케팅의 활성화를 이루어 나가야 한다.

Tips 고객이란 어떤 존재인가?

① 고객은 우리 레스토랑. 나아가 모든 레스토랑의 생명의 본체이다.
② 고객이 우리에게 의존하는 것이 아니라 우리가 그들에게 의존하는 것이다.
③ 고객은 우리 레스토랑의 목적 그 자체이며, 따라서 그들 없이 우리는 아무것도 할 일이 없는 것이다.
④ 고객은 레스토랑의 존재여부를 정당화시키므로 그에 따라 접대해야 한다.
⑤ 고객은 금전등록기 안의 돈이 아니다. 감정과 정서를 갖고 있는 인간이므로, 마음에서 우러나오는 존경심을 가지고 접대해야 한다.
⑥ 고객을 잠재적인 욕구를 가지고 있으므로 적극적인 세일즈맨십과 설득력있는 대화기술로 그 욕구를 개발해 내야한다.
⑦ 고객은 우리의 상품을 구매함으로써 우리에게 호의를 배푸는 것이다. 그러므로 고객이 필요로 하는 것(need)과 · 원하는 것(wants)을 태워드리는 것이 우리의 할 일이자 의무인 것이다.
⑧ 고객은 당신의 봉급을 지급하는 사람이다.
⑨ 고객은 우리에게서 만족을 느끼지 못할 때 언제든지 떠날 준비가 되어 있다.
⑩ 고객의 요구를 성실하고 자신있는 태도로 만족시켜 주는 것이 우리의 임무이다.
⑪ 고객은 우리가 제공할 수 있는 가장 정중하고 친절한 대접을 받을 자격이 있다.
⑫ 고객은 우리가 만족시킬 때 우리를 위한 친선사절단이 된다.
⑬ 고객은 우리가 최선을 다해서 노력할 때만 만족한다. 따라서 우리 사업의 성패는 끝까지 그들을 만족시키는데 달려있다.
⑭ 고객이 없이는 우리 사업은 존재할 수 없다는 것을 기억해야 한다.

2 마케팅의 발전과정

과거에서 현재까지 모든 사물(thing), 생각(think)과 마음(heart)의 변화로 인하여 추진해 나가는 과정에서 방법(method) 또한 달리 하지 않을 수 없게 되었다.

그러면 지금까지 상품을 생산하는 제조업자와 그 상품을 이용하였던 고객간에는 어떠한 지향 속에서 마케팅이 발전해 왔는지를 일반적인 관점에서 살펴 보면 다음과 같다.

① 만들면 팔리는 시대였던 생산지향시대
② 팔려고 하는 일에만 전념했던 판매지향시대
③ 팔릴 수 있는 상품을 만드는 시대라고 할 수 있는 마케팅지향시대
④ 전사적인 과제로서 마케팅을 생각하는 시대라고 할 수 있는 관리적 마케팅시대
⑤ 기업의 시화적 책임이 강조되고 있는 시대라고 할 수 있는 사회적 마케팅시대

(1) 생산지향시대

물자결핍시대로서 조금이라도 좋은 기술로써 효율적으로 생산량을 증대시키는 것이 기업 최대의 목적에서 마케팅이 수행해야 할 역할을 강조하였다.

(2) 판매지향시대

기술의 진보에 의해 상품의 대량생산이 가능해졌으며, 이 대량생산을 유지할 필요에서 기업의 정책은 생산에서 판매로 이해되어 인적 판매기술과 광고 및 판매촉진기술이 급속하게 진보되어 대량상품을 저렴하게 판매하는 곳이 탄생하게 되었다.

(3) 마케팅지향시대

기업은 소비자의 Needs와 Wants에 예민하게 반응하는 마케팅지향이 강하게 되어 '생산된 물건을 어떻게 팔 것인가'라는 질문대신 '시장이 무엇을 원하고 있는가'라는 질문에 관심을 갖게 되었다.
시장조사기법의 발달에 따라 시장의 Needs와 Wants를 파악하여 여기에 맞는 질문을 개발한다는 것이 각 기업은 마케팅부서를 설립 · 확장해 나가며 시장에서 큰 Share를 확보하기 위해서 보다 효과적인 마케팅방법을 연구하게 된 시대이다.

(4) 관리적 마케팅시대

마케팅전략 내지 마케팅 믹스의 개념이 도입되어 마케팅의 각 정책을 통합하고 유기적으로 운영하여 향상을 도모하고자 하였던 시대이다.

특히 최고경영자(top management)를 중심으로 마케팅의 통제하에 들어오게 된다.

(5) 사회적 마케팅시대

1970년대 후반에 들어와 마케팅 관리과학의 발달 등에 의해 마케팅의 고도화와 동시에 공해문제, 자연보호운동, 소비자주의(consumerism)의 고조, 자원의 유한성과 고가성, 시장의 독점화, 기업비판, 소비자행동의 변화 등 마케팅환경이 급격하게 변화하고 기업의 사회적 책임이 강조되고 있는 것이 오늘의 현실이다. 앞으로는 고객의 만족이 반드시 사회의 이익과 부합되지 않는 경우가 증가되어 사회복지를 고려한 고객지향의 경제이념을 필요로 하는 사회적 마케팅(social marketing)감각을 가지고 마케팅활동이 전개되어야 한다는 것이다.

3 고객의 변화

오늘날 시장은 끊임없이 변화하고 있다. 고로 상품제조업자는 항상 시장의 동향을 파악하여 고객이 선호하는 상품을 만들어야 한다. 이와 같이 시장이 변화하고 있는 이유는 상품이용자의 생활의 변화와 의식의 변화로 크게 분류할 수 있다.

첫째, 생활의 변화내용으로는 다음과 같다

① 소득의 증가와 평준화
② 물질의 충족
③ 시간적 여유의 증대
④ 고령자의 증가
⑤ 핵가족화 증가
⑥ 인구의 도시집중화와 Donut현상
⑦ 정보전달의 풍부화 · 신속화
⑧ 교통의 발달

[그림 Ⅱ－1] 고객의식의 변화

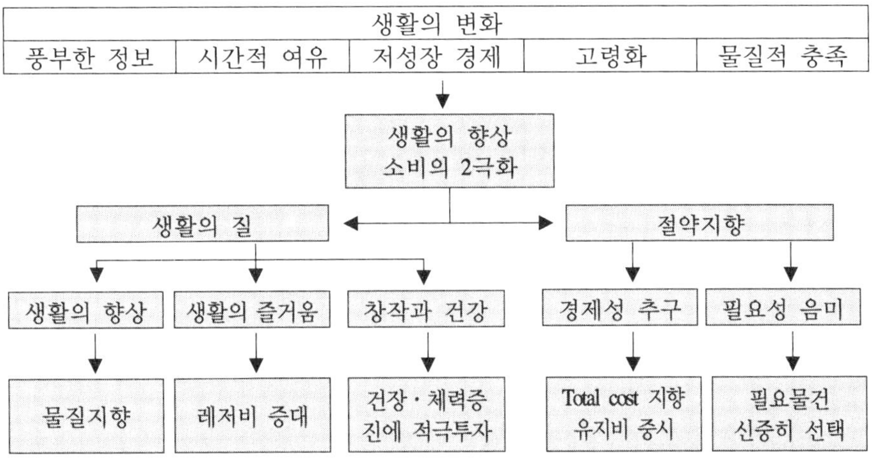

둘째, 의식의 변화의 원인은 생활의 변화 속에서 나타난다. 이 때 이용자는 [그림 Ⅱ－1]에서 보여 주는 바와 같이 생활의 질(quality life)과 절약지향과 같은 두 가지 형태로 나타난다는 것이다.

상기와 같이 상품이용자의 변화내용을 사전에 충분히 파악하고 마케팅활동의 제문제를 계획하고 대처함이 바람직하겠다.

4 마케팅계획

1) 마케팅의 기능과 조직

활발한 마케팅이란 경영활동의 극대화를 위한 마케팅의 기능적인 활동과 조직이 활성화를 의미하는 것으로 고객의 욕구와 경영진의 이익추구에 부합되는 제반노력을 기울이는 것이다.

스타인(Bob Stein)의 마케팅에 대한 규정에 의하며 마케팅의 기능을 다음과 같이 구분하고 있다.

① 장기목적과 단기목표의 수립
② 고객시장에 있어서 상품 · 경쟁대상 업체 · 지위 등에 관한 분석
③ 고객의 기호도 · 습관 등의 조사

[그림 Ⅱ－2] 마케팅의 극대화를 위한 조직

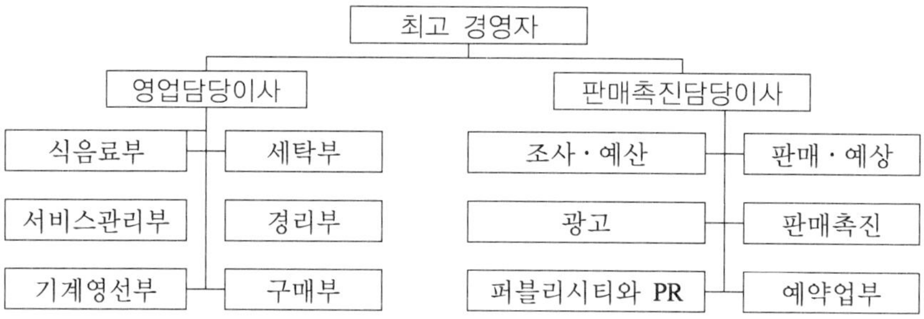

④ 마케팅예산의 수립
⑤ 새로운 시장의 발견
⑥ 비수기의 특별한 판매촉진법의 개발
⑦ 현재의 시장에 대하여 개별 또는 단체고객을 위한 식음료업무 촉진상황
⑧ 증가하고 있거나, 새로운 점포내부의 수입원의 발견
⑨ 고객 1인당 평균지출액의 증가
⑩ 지속적이고 정확한 판매예상
⑪ 판매촉진업무에 있어서 기술과 방법의 통합적 사용 : 활자광고, 직접편지, 판매촉진, 직접판매, 퍼블리시티(publicity), 지역사회연관성, 고객 연관성, 종사원연관성 이상과 같은 11가지의 기능적인 면에서 마케팅은 경영활동의 전반적이고도 중요한 활동이다. 이러한 기능의 극대화를 통해 마케팅의 활성화가 이루어지기 때문이다. 이같이 영업 전반에 걸쳐 마케팅부서의 역할이 커짐에 따라 마케팅부서의 조직상 차지하는 비중은 점점 비대해져서 조직표상에서 전형적이었던 마케팅의 참모적 역할만 가지고는 그 기능면에서 목적달성을 기대하기가 어렵게 되었다.

특히 규모가 큰 업체에서는 [그림 Ⅱ－2]와 같은 조직상의 마케팅의 극대화를 이룬 조직구조의 필요성을 갖게 하고 있다.

이러한 마케팅의 기능적 활동을 위해 조직구조 내에서의 마케팅부서의 역할에 대해 끊임없는 실행과 연구를 통해 마케팅의 활성화를 꾀해 나가도록 하여야 한다.

Tips 소비자 입맛의 변화

— 성별, 나이별, 계층별 뚜렷한 입맛 차이(틈새 시장)에 주목하라.

공복 충족형 소비자가 줄고 있다. 식당이 단지 먹는 장소, 먹기 위해 찾아가는 곳으로 인식되던 시대에 소비자는 생리적인 욕구를 충족시키기 위한 식생활을 영위했다. 산업화되기 이전의 농경 사회에서는 생리적 욕구 충족 이외의 외식 행태는 없었다.

사교형 고객이 늘고 있다. 단지 공복을 채우기 위한 장소가 아니라 대화와 여가의 장소로서 식당의 의미가 변해 감에 따라 각종 회의나 모임 등 대인 관계를 위한 사교의 장으로 개념이 바뀌어 가고 있다.

건강 추구형 고객이 늘고 있다. 가정 이외의 장소에서 건강식을 추구하는 소비 계층이 늘고 있다. 특히 약선 식당 등과 같이 건강 식단을 취급하는 업소가 늘어나고 있으며 병약자, 노인 계층, 어린이 등 건강 메뉴를 선호하는 소비 계층과 다이어트식을 선호하는 외색 패턴이 증가하고 있다.

미식가형이 늘고 있다. 맛을 추구하는 소비 계층으로서 먹는 것 자체를 예술적으로 받아드리는 소비자들이 늘어나고 있다. 이들은 경제적 · 시간적 여유가 있는 계층으로 먹는 것 자체를 즐기는 예술가적인 타입이다.

민족 요리를 추구하는 고객이 늘고 있다. 최근 각국의 전통 레스토랑이 도심 곳곳에 늘어나고 있듯이 특이 음식, 타민족의 전통 음식을 추구하는 계층이 늘어나고 있는 추세이다.

레저형 소비, 형태가 늘고 있다. 식생활 패턴이 다양화되면서 식(食)의 개식화(個食化) 현상이 늘고 있으며, 먹고 즐기는 레저 차원에서 교외 지역의 레스토랑이나 관광지와 연계한 맛있는 업소 등이 이들의 욕구에 맞춰 번성하는 추세이다.

고급화를 지향하는 고객이 늘고 있다. 어느 사회를 막론하고 식생활 수준의 향상은 고급화를 지향하게 한다. 소득 수준의 향상과 외국계 패밀리 레스토랑의 등장에 따라 고가 메뉴 등 고급화를 지향하는 소비 계층이 늘고 있다.

2) 마케팅계획의 과정

전항에서 기술한 바와 같이 마케팅 기능의 활성화를 위해 조직의 구조형태를 중심으로 마케팅의 계획은 어떠한 윤곽 속에서 어떠한 과정을 통해 이루어져야 하며, 이러한 계획의 연구과제에는 어떤 것들이 있는가에 대해 여러 마케팅 학자들의 논리를 빌어 논술함으로써 표준적인 마케팅 계획이란 어떤 것인가에 대해 살펴 보고자 한다.

첫째, 마케팅의 개요에 대해 스타인은 그의 저서에서 다음과 같이 밝히고 있다.

- 예산
- 조사분석
- 디자인 주제(활자, 심볼, 색깔)
- 사진
- 활자화와 판매도구
- 광고(인쇄, 라디오, TV, 야외광고)
- 광고(직접편지)
- 퍼블리시티와 PR
- 특별한 촉진계획
- 점포 내 촉진계획
- 판매부서
- 대행회사

이상과 같이 마케팅의 윤곽에 대해 살펴 보았다.

그러나 스타이너의 표현에 의하면, 이러한 마케팅의 이론적이고 개념적인 마케팅의 원칙은 사실상 현재 여러 상황에 따라 매우 융통성이 있다고 할 수 있으며, 그의 이론은 실제로 실무경험에 바탕을 둔 이론적 근거가 되고 있다.

둘째, 마케팅계획의 연구과제를 살펴 보면 다음의 다섯 가지로 요약할 수 있다.

- 조직의 전반적 경쟁전략
- 점포에서의 마케팅계획이 포함하는 내용

- 전략의 영향력을 위한 적절한 필요상품의 성격분석
- 현재 고객의 신장과 새로운 고객유치를 위한 전략적 차이
- 장기적 마케팅의 계획에 있어서의 유의사항 등

이러한 과제를 심사숙고한 후에 효과적인 계획을 프로그램화하는 것이 바로 마케팅의 조직된 할당임무가 되는 것이다.

이와 같은 과제와 윤곽을 통한 계획의 합리적이고 미래지향적인 성격의 중요성에 대해 열거하면 다음과 같다.

스타이너(George A. Steiner)에 의하면 효과적인 계획은 결정을 위한 결정, 마구잡이 결정, 미래의 선택적 여지를 줄이는 비생산적이고 불필요한 결정들을 저지하며, 어떤 결정을 하는 데 모든 경영자로 하여금 하나의 지침서로서 정책이나 목표를 세우는 기초적인 골격으로 제공되며, 또한 부수적인 이익을 얻도록 하는 데 있다. 즉 회사 전체적인 문제나 목표를 종사원들 자신의 문제로 의식하게 하여 활동적인 의사소통의 수단으로서 역할을 담당할 수 있는 효과도 얻게 된다고 지적하고 있다.

그러나 이러한 마케팅계획이 효과적인 면에서의 중요성은 다음과 같은 마케팅임무의 이중성의 뚜렷한 사실로서 더욱 계획의 중요함을 인식할 수 있다. 즉 마케팅에는 이중적인 똑같은 중요성을 띤 임무가 있다. 그 하나가 마케팅의 시장분석을 통한 마케팅기회에 중요성을 지닌 마케팅의 필요수단인 것이다([그림 Ⅱ－3] 참조).

그러므로 지금까지 살펴 본 마케팅의 윤곽, 마케팅계획의 연구과제를 마케팅임무의 중요성과 계획의 효과면에서의 중요성을 인식하고 이러한 기

[그림 Ⅱ－3] 마케팅임무의 이중성

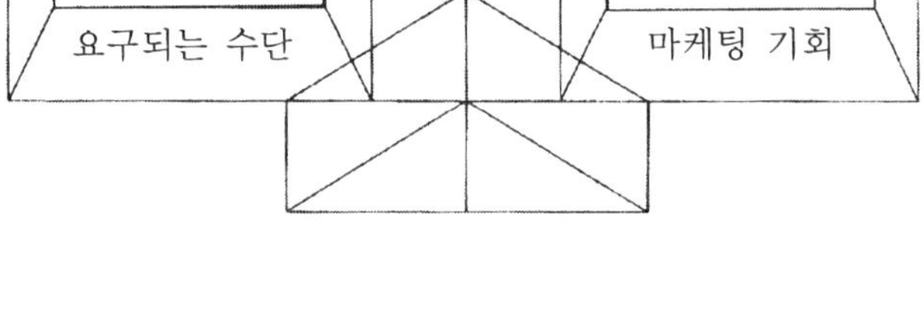

초 위에 마케팅계획을 설정하여 합당한 과정을 통한 업무수행이 이루어져야 한다는 것이다. 그러면 계획에는 어떤 상호관계요인이 작용하고 있으며, 또한 계획의 과정에서 어떠한 의문점 · 질문에 봉착하게 되는지를 살펴 보면 다음과 같다.

계획의 과정에서 상호작용요인은 목표(objectives), 계획(program), 계획수행(contemplated excution), 계획평가(contemplated evalution)로서 어떠한 계획일지라도 이러한 기본구성에는 변함이 없다. 그리고 계획의 미래지향적 성격을 살려 효과적인 목적이 수립되면 다음과 같이 문제점에 대한 의문이 해결될 것이다.

① 조화 · 일치(congruency) : 어떤 부서에서든지 목표나 목적을 전체 조직 내의 목적과 부합, 서로 협력 · 공헌되어져야 한다.

② 잠재적 성취가능성(potential achievability) : 목적의 성취가능성은 목적, 인적 자원의 수용성 여부의 차원에서 고려되어 져야 한다.

③ 이해능력(understand abilility) : 목적은 계획의 구성자나 계획을 수행해 나갈 사람들 모두에게 이해될 수 있어야 한다.

④ 타당성(feasibility) : 목적이 실현가능한 것인가에 그 타당성이 있어야 한다.

이같이 네 가지 문제에 대한 해답이 내려지고, 위에 제시된 계획의 상호요인과정을 토대로 하면 [그림 Ⅱ－4]와 같은 마케팅계획의 모델을 구성해 볼 수 있을 것이다.

이 모델에서 '계획수행'(3. Proposed excution)에 대한 설명을 한다면, who(담당자), how(개혁안), what(재료, 시설, 정보), where(계획대상 장소), infrom Whom(보고대상)으로 구성되어 업무수행가치가 있는가의 여부에 따라 목적에 의한 업무수행을 평가하는 과정을 갖게 된다. 결국 계획이 목적한 바를 총괄적으로 요약할 수 있도록 구성한다는 것이다.

동시에 목표는 단계적인 연결성이 요구되어 지며, 프로그램화는 실지업무를 수행할 조직구성원에게 합당한 단계적 할당의 견지에서 구성되어야만 한다. 또한 재료 · 시설 · 정보를 통제 · 관리하는 자는 경영의 질서 유지를

[그림 Ⅱ-4] 마케팅계획의 모델

<table>
<tr><td>1. 목 표</td><td colspan="7"></td></tr>
<tr><td>2. 프로그램</td><td colspan="5">3. 계획수행</td><td colspan="2">4. 계획평가</td></tr>
<tr><td rowspan="2">순
서</td><td>담당자</td><td>달성
방법</td><td>재료, 시설,
정보</td><td>계획
달성</td><td>보고
대상</td><td>연인원</td><td>경비</td></tr>
<tr><td></td><td></td><td>수행가치여부?</td><td></td><td></td><td></td><td></td></tr>
<tr><td>5. 요 약</td><td colspan="5"></td><td colspan="2"></td></tr>
</table>

위해 최고경영자에 의해 관리진의 권한으로 위임해야 하며, 계획수행의 계획에 따라 지속적으로 할당된 업무를 수행할 자에게도 자신의 능력이 발휘될 수 있는 여건을 마련해 주도록 하는 것도 마케팅계획을 설정한 경영진의 역할이다.

3) 마케팅계획

결과적으로 마케팅의 극대화를 위한 마케팅계획은 어떠한 것들을 포함하고 있는가에 대해 살펴보면 다음과 같다.

코프만(Dewitt Coffman)은 그의 저서에서 "현재고객이거나 잠재고객인 고객시장에 초점을 맞추어 분명하고 특정한 회사가 제공하려는 시장의 분석을 통하여 고객의 요구·바램·욕구 등에 충족되어질 수 있는 상품을 개발해야 한다.

그러기 위해서는 첫째로, 마케팅계획을 개발해야 한다"고 강조하고 있다.

결국 상품이란 마케팅계획에 의해 고객의 욕구를 충족시킬 수 있다는 것이다. 이러한 상품의 고객만족을 위한 마케팅의 제반노력에 대해 살펴보면 크게 세 가지 요소를 찾아낼 수 있겠다. 즉 서비스요소(servise mix), 판매촉진요소(promotional mix), 고객요소(guest prespect mix), 즉 P에 대한 고객의 욕구를 충족시키기 위한 마케팅조사와 정보에 의해 이러한 요인의 작용으로 마케팅 판매촉진을 가능하게 할 수 있을 것이다.

이러한 마케팅 제반노력의 계획은 다음 [그림 Ⅱ－5]와 같다.

다음은 마케팅계획을 세우기 위해 고려할 사항들이다.

① 상품분석(product analysis)

② 시장분석(market analysis)

③ 경쟁대상분석(competitor analysis)

④ 조직(staff organization)

⑤ 판매계획(sales program)

⑥ 수리계획(maintenance plan)

⑦ 추가원가입안(project cost estimate)

⑧ 운영계획(operating projection)

[그림 Ⅱ－5] 마케팅 노력을 위한 계획

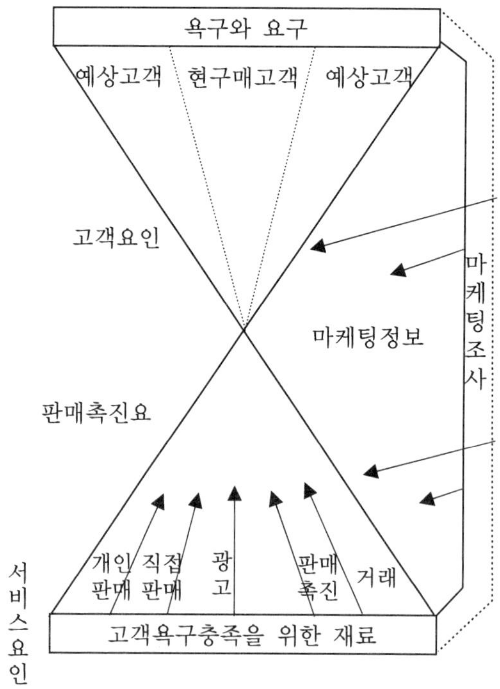

⑨ 재정계획(finance plan)
⑩ 부서별 예산(departmental budgets)
⑪ 정책보고(statement of policy)
⑫ 타당성조사보고(feasibility statement)

이상과 같이 분석 · 조직 · 계획 · 예산 · 타당성조사 등과 같은 활동을 계속적으로 하여 마케팅위원회에서의 정책적 운영계획에 따른 반복적인 논의를 거치면서 계획의 합리화와 기능의 극대화를 모색하여야 할 것이다.

이러한 코프만의 마케팅계획에 대한 근거는 그의 이론인 5P's(people, product, promot, package, price)의 두 가지 중요한 판매촉진작용 요인에 대한 마케팅을 강조하고 있는 것이다.

그러면 여기서 마케팅계획에서 이루어지고 있는 피드 백(feed back)작용과정을 [그림 Ⅱ－6]에서 살펴보겠다.

[그림 Ⅱ－6] 마케팅계획의 환류작용과정

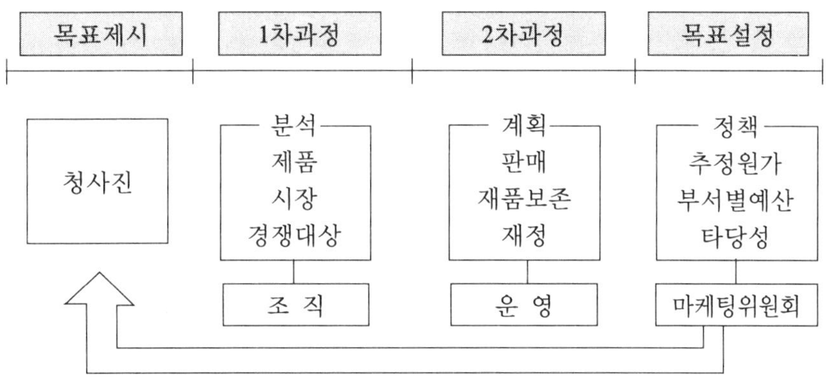

[그림 Ⅱ－6]에서와 같이 마케팅의 목표제시를 통해 제1차 과정인 분석을 토대로 제2차 과정의 계획을 세우게 되며, 이러한 계획에 의해 정책적 결정이 내려지게 된다. 즉 이러한 과정은 마케팅의 성격상 매우 반복적인 과정을 갖게 되며, 상호 작용요인에 어느 과정의 한 부분이라도 생략하거나 삭제할 수 없는 특이성을 지니고 있는 것이다.

그러므로 마케팅의 필요성이 강조되고 있는 기업경영의 분야에서도 마케팅을 위한 계획에 있어서 이론적이고 효과적인 계획을 세울 수 있도록 끊임없이 노력해야 할 것이다. 또한 새롭게 변화되어지는 기술적인 마케팅은 현재 외식산업에서의 적용 여부에 따라 실험적 사고와 행동으로 적극적인 노력을 기울여 경영 전반적인 차원에서 마케팅 극대화가 이룩되어야 한다.

지금까지 살펴 본 마케팅계획에 관한 것을 통해 마케팅의 활성화는 경영의 극대화를 이룩할 수 있다는 사실을 알았으며, 이러한 마케팅의 목적을 달성하기 위해서는 마케팅계획의 필요성이 요구된다는 것을 알 수 있겠다.

결론적으로 마케팅계획은 상품 · 고객 · 판매촉진의 세 가지 요인에 대한 반복적이고 미래지향적인 성격으로 계획되어져야 하며, 계획된 업무수행에 의한 평가 · 분석을 통해 경영의 목적인 수익성 추구에 부합되는 마케팅 활성화를 이룩해 나가야 할 것이다.

5 마케팅 믹스의 변화

상품을 고객에게 판매하는 데는 여러 가지 방법이 있을 수 있다. '최선의 방법은 이것이다'라고 하는 것은 없지만 가능한 방법을 이용하여 판매의 효율을 기하여야 할 것이다. 오늘날 시장구조가 복잡하고 거래대상품목과 고객의 수요도 다양하며, 상품에 따라서 계절에 민감하거나 수명(life cycle)이 단명한 것도 있다.

또 무수한 경쟁업자간의 판매전도 더욱 치열하기 때문에 가능한 모든 방법을 동원하여 시장을 개척하고 고객층을 확고히 확보해 두어야 하는 것이다. 생산 · 판매에 걸친 제과정에서 일어나는 모든 업무를 효과적으로 처리하는 것은 넓은 의미에서 마케팅이라고 부를 수 있다. 이 마케팅은 어떻게 수행하여야 효과적인 상품판매를 할 수 있는가를 다루는 것이 마케팅 믹스이다.

마케팅 믹스란 어떤 시장의 표적이나 방향이 설정되면 그 시장을 개발하고 판매목표를 세운 후 이를 달성하기 위해 그 기업이 이용가능한 제수단을 동원하여 활용하는 것이다. 이 때 동원되는 제수단의 결합을 말한다. 예를 들면, 마케팅 믹스는 생산 · 판매 · 선전 · 거래 등 여러 부문에 걸쳐 다양한 수단의 배합방식이 있을 수 있다. 상품생산에 앞서 생산자는 제품과정(product strategy)을 세워야 한다.

즉 수요자의 요구에 부합하고 타상품과 경쟁하기 위해 시장성이 있는 상품을 개발하여야 한다. 생산자는 시장조사(무엇을, 얼마나 필요한가)를 한 다음, 생산 · 판매전략(여하히 판매하는가)을 세워야 한다.

따라서 제품전략은 '다양한 요구에 대응하여 이용가능한 재료를 투입하여 상품을 생산 · 공급하는 계획'이라고 말할 수 있다. 다음에서는 마케팅 믹스를 구성하는 부문별 전략을 단계별로 전개하고자 한다.

1) The 4P's

(1) 제품믹스(product mix)

생산자는 연중 · 계절이나 시기에 관계없이 고객이 원하는 상품을 공급하기 위하여 다양한 상품을 개발해야 한다. 심지어는 불황기에도 팔릴 수 있는 상품을 개발해야 한다. 그것도 시장별 · 시기별로 각기 특색있게 여러 가지 상품을 창의적으로 개발해야 한다. 또한 각종 요소를 종합하여 제품의 규격 · 형태 · 색채 · 품질 등에 대하여 새로운 상품을 소개해야 한다.

이처럼 상품을 다양화함으로써 불황 · 비수기에 관계없이 안정되고 지속적인 수입원을 보장해 줄 수 있는 것이다. 구체적인 제품계획은 생산 이전의 단계로써 다음의 내용에 따라 제품계획이 추진되어져야 한다.

① 해당제품이 고객의 어떠한 기본적 욕망을 만족시키는 종류의 것인가.
② 해당제품에 대한 고객의 구매동기
③ 해당제품에 대한 수요긴급도에 따른 수요의 소득탄력성과 가격탄력성
④ 고객의 구매습관
⑤ 주로 이용하는 고객의 종류
⑥ 구매소비되는 시기

위의 내용에 따른 제품계획은 먼저 고객에 대한 연구와 시장조사가 필수적으로 선행되어져야 한다.

(2) 장소믹스(place mix)

레스토랑 경영에 있어서 전통적으로 가장 중요한 요인은 위치라고 할 수 있다. 가장 이상적인 점포의 위치는 시내중심가에 있는 것이 고객을 많이 유치할 수 있다. 그 이유는 우선 교통이 편리하고, 사람들의 만남의 장소로도 좋고, 쇼핑을 하기가 편하기 때문이다.

매킨토시(Mclntosh)이론에서 보면 제1지역 · 제2지역 · 제3지역으로 구분하고, 제1지역은 시내중심으로부터 5km 정도를 말하며, 이 곳을 최대이윤지역 이라 하며, 제2지역은 10km 정도를 말하며, 제3지역은 15km정도를 말하며, 이 곳을 가르켜 최소이윤지역이라 할 수 있을 만큼 시내중심에서부터 가까우면 가까울수록 모든 영역에서 유리하다고 주장하고 있다.

(3) 가격믹스(price mix)

가격이라 함은 고객을 유치하는 데 대단히 중요한 역할을 한다. 왜냐하면 가격의 결정요인은 price=cost+profit이므로 상품의 고급화를 정책으로 삼는 점포에서는 원가가 비싸지므로 될 수 있는 대로 사회 · 경제적 계층이 높고 수입이 높은 고객을 유지하도록 하지 않으면 상품이 좋고 수준 높은 상품을 공급할 수 없는 것이므로 고객층의 저변확대를 위한 가격의 다변화는 구매력이 각각 다른 사회경제적 계층의 고객을 운치하기 위한 상품다양화와 시장세분화을 수반하게 된다.

상품가격에 비하여 적절하지 못한 비싼 가격을 받게 되면 고객은 줄어 들어 커다란 손실을 초래하기 때문에 적당한 방법을 모색해 보는 것도 하나의 지름길이다.

(4) 촉진믹스(promotion mix)

일반적으로 판매촉진이라 함은 대인적 판매활동 · 광고활동, 나아가서는 이 양자에 밀접한 관련을 갖는 여러 가지 마케팅관계 제활동을 지시함과 동시에 그러한 협력화를 통해서 이와 같은 제활동을 보다 효과적으로 또는 효율적으로 하고자 하는 활동을 뜻한다(안태호, 1989). 레스토랑에서 판매촉진을 증대시키는 방안으로써는 종사원에 대한 근무계약조건과 질문서, 혹은 앙케이트를 통한 Guest Test 그리고 체인형식의 판매특권(franchise organization)제도와 임대식의 제휴(tie-in)와 공동관리(condominium)를 통해 증대시킬 수가 있다.

그 중 판매특권에 대한 장점은 어떠한 것이 있는지를 살펴 보면 다음과 같다.

① 점포에 대한 이미지와 평판의 유지에 따라 신분이 획득된다.

② 판매촉진의 증대를 꾀할 수 있다.

③ 체인기업간의 공동광고로 광고료를 적게 들여 효과를 증대시킨다.

④ 싸인보드(signboard)의 통일화

⑤ 예약제도(reservation system) 및 신용카드(credit card)의 발행

⑥ 훈련계획에 따른 국제서비스 수준화를 꾀할 수 있다.

그리고 기업체에서 사용되는 광고수단으로서는 인쇄물, 신문, 잡지, TV, 라디오, 옥외, DM(direct mail) 등의 수단을 통해 판매증진을 꾀할 수 있다.

그런데 광고수단 중 DM은 모든 광고매개체 중 가장 효과적이며 모든 업소의 규모 여하를 막론하고 사용이 가능하므로 기업의 자본구조상, 고객의 계층상 DM의 효과를 노려보는 것도 효율적이다.

조사지역의 판매전략은 어떠한지 다음 [그림 Ⅱ-7]과 [표 Ⅱ-1]에서 보여 주는 바와 같이 비교 · 평가할 수 있다.

[그림 Ⅱ-7] 시기별 promotion activities

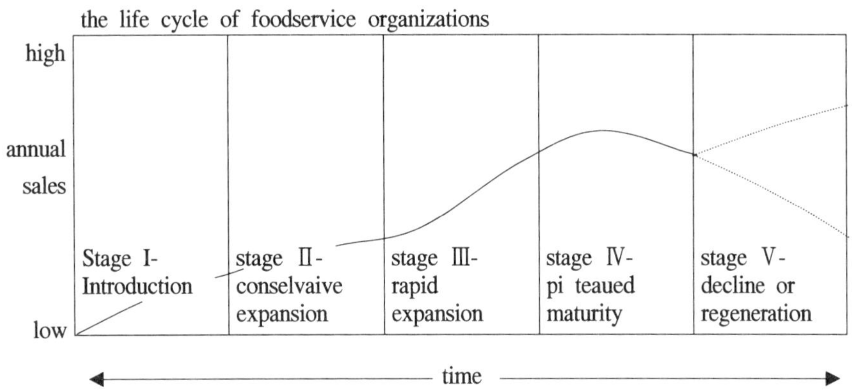

[자료 : 이유선, "서비스 분야의 마케팅 믹스 4P's로는 부족하다", 1987.]

[표 Ⅱ－1] life cycle별 업무내용

도 입 기	확 장 기	팽 창 기	성 숙 기
• 인허가상항 • 인원계획수립 • 교육실시 • 유니폼 • utility 입고 • marketing mix(7P's)	feed back • 인원조정 • 가격조정 • 메뉴조정 • 판매와 이윤 • quationare	feed back • 판매와 이윤 • 현금흐름 • A/D • mass market • 고객분석	feed back • repeator • 경쟁사분석 • 선호도분석 • 기간대비 • 시장세분화 • 경쟁력 강화준비

2) The 7P's

[그림 Ⅱ－8] 전통적인 4P's에서 7P's로

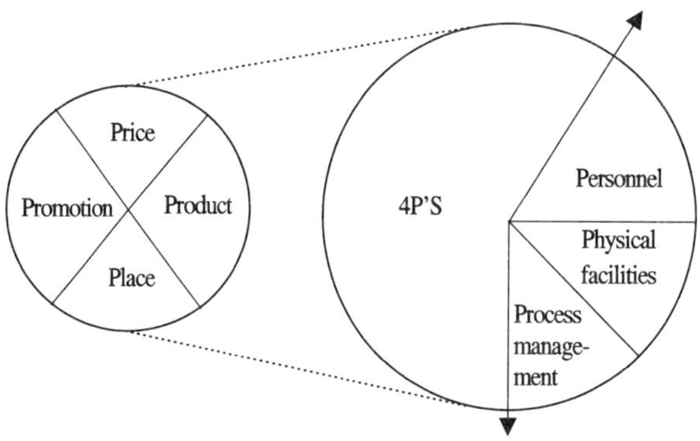

[그림 Ⅱ－8]에서 보듯이 전통제조업체에서 발단된 마케팅 4P's에 3P's가 가미되어 7P's가 되었다. 여기에서 추가된 3P's(personnel, physical assets, process management)는 서비스산업의 성패에 결정적인 영향을 주므로 믹스에 있어서 각별한 주의력을 요하게 된다.

(1) 인사 및 노무관리 (personnel management)

① 점포의 성패 및 지위를 결정하는 열쇠는 이미지이며, 이런 이미지 창출은 인사·노무관리에 의해 결정된다.

② 최상의 솜씨·기술로 고객의 욕구충족과 만족도를 높이고 스탭(staff)의

훈련과 감독 · 경쟁심을 고취하고, 격려 · 보상심리 · 직무순환 등과 같은 동기여부를 통해 이미지를 유지한다.

③ 인사 · 노무는 서비스를 창조하고 고객에게 지속적으로 서비스를 제공하여 재고객 창출의 근간이 되지만, 부주의한 서비스는 지속적 영업을 하는 점포에 치명적 타격을 가하게 된다.

④ 점포의 스탭들은 까다로운 고객과 곤란한 주문을 어떻게 다루어야 하는가를 배우고, 청결성, 고상한 언어사용, 정중한 태도 등으로 근면하고 참을성 있게 많은 업무를 수행토록 되어 있다.

이러한 전술과 규범으로 일관되게 업무에 임하면 훌륭한 이미지의 점포를 유지할 수 있는 것이다.

(2) 시설서비스(physical service)

① 시설서비스는 점포마케팅에 중요한 열쇠로 바쁜 시간에 이용하는 고객에게 지루함을 들어주고, 가격에 대한 거부감 등의 해소에도 결정적 역할을 한다.

② 시설서비스의 기본조건

- 점포의 위치
- 다양한 마케팅 조건
- 편리한 주차시설
- 눈에 잘 띄는 표지판과 수칙
- 매력적인 건물과 뜰

③ 출입구 · 비상구 등 시설물을 레이아웃(lay out)하여 조명 · 색상 등 내부 디자인(internal design)에 완벽한 조화를 이루어야 한다.

④ 이상의 조건이 서비스를 판매하는 점포 개성, 이미지 청결과 친근감을 형성하는 중요한 포인트이므로 공사시 실무진의 의견청취는 성패의 열쇠가 될 수도 있다.

(3) 작업진행관리(process management)

① 일상업무 · 조리과정 · 고객불평 등에 대한 기술적 처리법을 습득시킨다.

② 고객의 주문내용에 가장 부합되는 서비스를 할 수 있게끔 교육시킨다.

③ 서비스의 계획수립에 있어 흐름에 따라 지속적으로 변신해야 한다.

3) 미래의 마케팅 믹스 요인

마케팅 믹스의 필요성이 제기되면서 4P's라는 것이 처음 등장한 이래 많은 연구자들에 의해서 4P's에 대한 이의가 제기되었다. 그 이유는 시대가 변화되면서 해당국가나 기업에서는 당시의 상황요인을 적절하고도 충분하게 믹스되었을 때만이 기업의 목적이 달성될 수 있기 때문이었다.

그러면 이 같은 상황변화를 예측하면서 마케팅 믹스 요인은 어떻게 변화될 것인가? 이에 대하여 현재의 상황에서 예견해 본다면 지금까지 제기되었던 7P's보다는 [그림 Ⅱ－9]에서 보여 주는 바와 같이 새로운 각도에서 조명되어 져야 할 것이다.

[그림 Ⅱ－9] 미래점포의 마케팅 믹스 요인

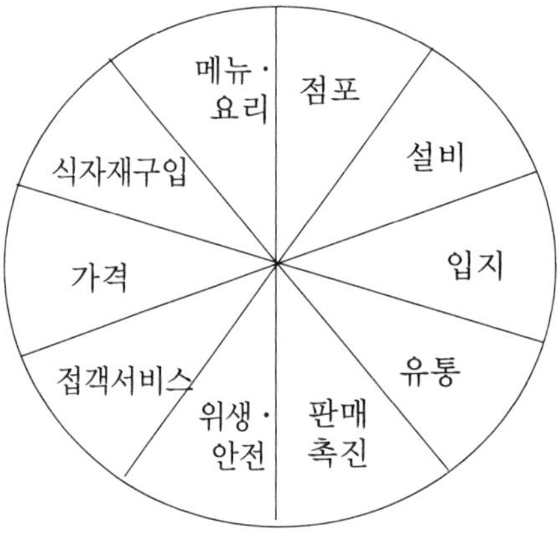

[그림 Ⅱ－10] 요리의 기본요소

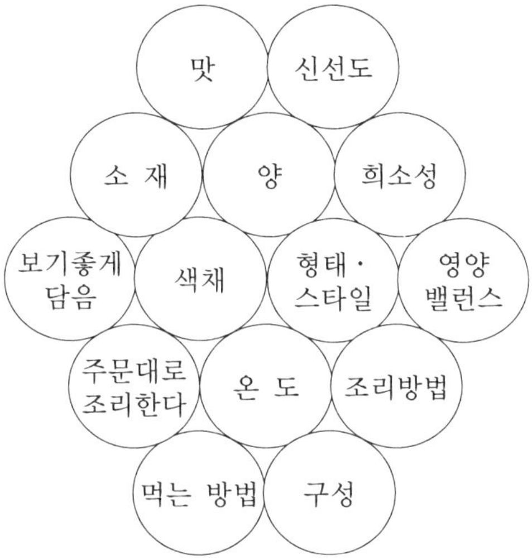

[자료 : 미야 에이지, 외식비지니스, 한국산업훈련연구소, 1988. p.60.]

[표 Ⅱ－2] 레스토랑의 사입

<사업장소에 따른 분류>

- 본부집중사입
  - Central Kitchen으로서의 입하
  - 점포에서의 입하 … 본부는 사입발주만을 취급
- 점포사입
- 혼합형 사입 … 본부사입과 점포사입을 병용

<사입처에 따른 분류>

- 도매상사입
- 메이커사입
- 생산지 직접 사입

[자료 : 상게서, p.92]

6 통합적 마케팅

레스토랑에 있어서 고객의 만족을 창출해 낸다는 것은 어떤 의미가 있는 것일까? 또한 최종목표는 어떻게 설정할 것인가? 그것은 몇 가지의 수요요소에 의해 목표를 설정할 수가 있다.

고객의 만족은 시대가 변화함에 따라 [그림 Ⅱ－11]에서 보여 주듯이 그 욕구(need)가 바뀌어지고 있다.

[그림 Ⅱ－11] 고객이 점포에 바라는 것

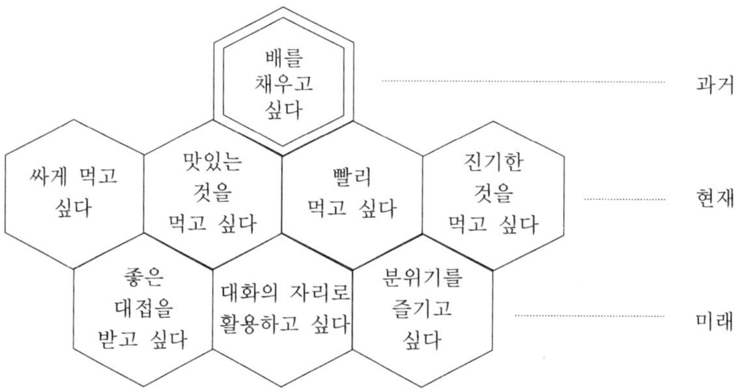

대화의 자리, 좋은 대접, 좋은 분위기 등 요소는 어떤 레스토랑에 있어서도 경영의 공통된 목표일 것이며, 이 요소를 하나씩 하나씩 통제해서는 기업목표를 달성할 수 없으며, 통합적 마케팅정책의 강력한 집행에 의해서만이 효과를 낳을 수 있을 것이다. 또한 위의 세가지 요소만 통제하면 충분한 마케팅업무를 완수했다고 할 수 있는가, 외식업의 특수성으로 여타 특수요소는 없을까. 이에 대한 일반적인 내용을 기술하면 다음과 같다.

레스토랑은 원칙적으로 소매업이므로 여타의 소매업에서도 동일한 마케팅 기능이 있지만, 일반제조업과는 다른 머천다이징(merchandising)이라는 마케팅기능이 있다.

외식업이 제공하는 세 가지 상품가치에 대응하는 이른바 "메뉴 머천다이징(menu merchandising), 서비스 머천다이징(service merchandising), 어트

모스피어 머천다이징(atmosphere merchandising)이 그것이다. 통합적 마케팅이 필요한 현대에 있어서는 맛있는 요리, 우수한 서비스, 좋은 분위기를 갖춘(세 가지 측면) 상품가치가 개별적이 아닌 밸런스와 조화가 이루어지도록 하는 방법의 계속적 추구가 레스토랑의 마케팅 테마가 될 것이다(김헌희, 1990).

이상의 구매욕구를 효율적으로 운영 · 통제하고 이익을 확대시키기 위해서는 점포의 경영체계를 판매중심_으로 확립하여 토탈 마케팅(total marketing) 기능을 도입하여야 하는데, 그 기능을 분류하면 [표 Ⅱ－3]에서 보는 바와 같다.

[표 Ⅱ－3] 외식산업의 토탈 마케팅 기능

외식산업의 토탈 마케팅

- 시 장 조 사
  - 동종업계의 수요예측 동향
  - 고객의 기호조사
  - 해당외식 업체의 시장점유율
  - 고객의 실태조사
  - 고객의 양적 · 질적 조사분석
- 상 품 화 정 책
  - 자연환경 · 교통
  - 외식업체의 설비보전
  - 외식업체의 요리 · 음료정책
  - 외식업체의 인적 · 물적 서비스
- 업체의 판매조직
  - 인력, 인사조직
  - 영업조직
  - 서비스 조직
  - 자금 · 재무조직
  - 경영관리조직
- 외식업체의 판매촉진
  - 선전 · 광고
  - 상품설명(환경, 설비, 요리, 서비스)
  - 종사원의 서비스교육
  - 방문판매

[표 Ⅱ－4] 이익확보 확대방법

이익	경영과제	활동목표	개선의 방향			
이익증대 방법	음식재료의 권가관리: 구입관리, 재고관리, 조리관리, 상품관리	음식재료의 적정원가율의 산출과 구입에서 요리점수구성에 이르기까지의 계통적 관리 (ZD, VA 기타 실시)	원가계획 경영계획과의 관련 검토 숙박료와 요리요율 검토	원가분석 요리점수 분석 신상품 개발	원가통제 요리 기준표 작성과 실시	원가통제 표준원가 료율 작성
매상증대 방법	마케팅	적극적 판촉을 전개하여 고객의 욕구에 합치하는 판매촉진을 적극 전개하여 기업 이미지를 높인다.	이미지 부각 광고 선전 monoitor chain화	매상증대 판촉계획 광고계획	개인적 접근법 DM 객실계약 고객관리	고객의 조직화 회의 이용
경비절감 방법	비용관리 임금관리 경비관리	• 능력주의 사상확립 • 성과배분제도 • MIC, ZD, VA, OR 등에 의한 비용절감을 도모한다.	경영계획과 인건비관리 간접비, 제경비효율화	배분율 계획 예산통제	생산성 향상 부문별 목표 관리	전국적 임금 체계 성과 배분 제도 코스트 다운

(좌측: 이익확보확대방법 / 우측: 이익의 확보·확대)

주) 1. MIC : Management of Indirect cost(간접비의 효율적 관리)
2. ZD : Zero Defect(무결점)
3. VA : Value Analysis(가치분석)
4. OR : Operations Research
5. DM : Direct mail(직접배달)

즉 레스토랑의 토탈 마케팅 기능에는 시장조사, 상품화대책, 기업의 판매조직 및 판매촉진기능이 있고, 이들 기능은 상호 관련되어 점포의 이익 증대목표를 향해 작용하게 된다.

레스토랑의 마케팅전략을 핵심으로 하는 이익확보의 확대개편은 [표 Ⅱ-4]와 같다. 즉 이익확보 증대방법으로서는 매상증대방법, 이익증대방법 그리고 경비절감방법의 세 가지 방법에 관한 내용을 약술하면 다음과 같다.

(1) 매상증대방법

당해 업체의 판매체제를 전시설과 연결하여 적극적인 판매촉진을 전개해야 하는데, 곧 고객의 욕구에 합치되는 판매촉진활동을 적극 전개하여 이미지 부각에 노력하여야 한다. 방법으로서는 광고, 선전, 모니터(monitor)의 이용, 기업체 체인화 등이 있으며, 이들 이미지 부각활동은 판매 촉진계획인 광고와 선전계획을 기초로 하여 실시되어야 한다. 이러한 제활동은 최종적으로 고객관리나 조직화 활동에 연결되어 외식업체의 마케팅기능의 개선에 기여하게 된다.

(2) 이익증대방법

이것은 음식재료의 원가관리체제의 확립으로서 음식재료의 구입관리, 재고관리, 조리관리 및 상품관리 등으로 구성된다. 요리료율, 요리점수분석 및 원가분석 등을 통하여 요리기준표와 표준원가표율이 작성되어 기준표와 표준표에 의한 정확한 원가통계가 실시되어야 한다.

(3) 경비절감방법

여기서의 과제는 비용관리체제의 확립으로서 크게 외식업체의 경비관리와 임금관리로 구분된다. 이의 활동목표는 능력주의사고와 성과배분제도의 확립에 있다. 경비절감의 개선방향으로 MIC(management of indirect cost, 간접비의 효율적 관리), ZD (zero defect 무결점), VA(value analysis, 가치분석), OR(operation research, 현장실무조사) 등에 의한 비용절감에 있으며, 이들 제활동을 통하여 최적의 경영계획과 인건비관리, 간접비 등 제정비의 효율화가 실시되며, 최종적으로 정확한 예산통제 부문별 목표관리가 실시된다.

이상의 세 가지 방법으로 이익확보 · 확대의 경영목표가 실현되는 것이다. 이러한 이익확보 · 확대방법은 토탈 마케팅의 개념으로 도입 · 실시되어야 합리적인 실효를 거둘 수가 있다.

7 마케팅 유형

마케팅의 중요성은 외식산업에 있어서도 마찬가지로 여겨지고 있다. 사회구조가 복잡해지고 소비자들의 기호가 다양해지면서 유행이 급속하게 변하는 시대를 맞아 외식산업도 변화하지 않을 수 없는 환경에 놓이게 되었다. 먹는 장사는 망하지 않는다며 '황금알을 낳는 거위'로 통하던 외식업도 외식인구의 증가를 앞지르는 업소수의 증가로 업소간 경쟁이 심화되면서 더 이상 설득력이 없는 옛 말이 되어 버린 것이다. 이제 외식업계는 고객이 바라는 바, 또는 욕구를 먼저 파악하여 이것에 맞는 상품을 제공하지 않으면 생존하기 힘든 경쟁산업사회로 변화되었다.

외식 마케팅의 범주는 메뉴의 컨셉 · 가격결정 · 프로모션 · 기획 · 광고 · 홍보에 이르기까지 매우 광범위하며, 이는 궁극적으로 소비자들을 끌어들이기 위한 전략이라 볼 수 있다. 성공적인 마케팅활동은 수치상의 매출상승과 고객수의 증가만을 의미하지는 않지만, 기업이 추구하는 가치와 이미지를 형성하는 데 영향을 미친다고 할 수 있다.

국내의 외식 마케팅의 유형을 대체적으로 살펴 보면 다음과 같이 요약할 수 있다(김기홍 외 3인, 2005 ; 166~169).

1) 타겟 마케팅

과거 기업들은 불특정다수들을 대상으로 마케팅활동을 벌였지만, 시대의 흐름과 더불어 이러한 마케팅은 더 이상 성공할 수 없게 되었다. 각 기업의 고객성향을 파악하여 좀더 구체적인 마케팅전략을 세워야 하는 시대에 돌입한지는 이미 오래 전이다. 외식산업에 있어서도 이러한 타겟 마케팅이 성공을 보장할 수 있는 하나의 마케팅유형으로 자리잡았다고 보여진다. 어린이는 물론, 가족집단 · 청소년집단 등 특정고객층을 겨냥한 틈새상품의 개발이 활발하다. 특히 외식산업에 있어서 여성고객 · 신세대 · N세대 등은 새로운 소비집단으로 대두되고 있다.

레스토랑에서 여성고객들을 위해 마련하는 요리교실이나 테이블 세팅 및 와인강좌 등은 이러한 타겟 마케팅에 착안한 전략이라고 볼 수 있다. 이러한 문화강좌를 통해 기업은 업소의 이미지와 함께 새로운 여성고객들을 확보할 수 있는 장점이 있다. 또한 키즈메뉴 개발과 놀이방 설치 등을 통해 어린이고객들은 물론, 가족고객들 외식횟수를 늘리는 한편, 어린이들이 미래의 주요고객임을 감안할 때 어린이를 타겟으로 한 마케팅은 장기적인 전략을 점쳐질 수 있다.

2) 가격 마케팅

가격 마케팅은 박리다매형태의 가격 인하방법과 고소득층을 겨냥한 가격인상이라 나타난다(이선희, 2000). 레스토랑에서 가격인하를 실시하는 주된 목적은 기존고객의 만족과 더불어 내점횟수를 늘리고 객단가상승과 신규고객을 창출한다는 점에 있다. 그러나 과다하게 가격파괴를 실시하는 것은 단기간 고객들의 관심을 끌어 모을 수 있지만, 오히려 상품에 대한 가격이 싸게 이미지화되어 문제의 심각성이 나타나게 된다. 따라서 가격파괴보다는 원재료 · 물류비용 · 구입원가운영비용 등을 조절해 가격인하를 꾀하는 것이 바람직하다.

3) 연계마케팅

연계 마케팅이란 공동으로 판촉을 하는 방법으로 비용절감과 동시에 시너지효과를 발휘할 수 있어 외식산업에서 많이 사용하는 프로모션의 한 방법이다. 예를 들어 백화점과 연계해 백화점에서 문화강좌를 듣는 소비자들에게 레스토랑 이용시 할인혜택을 준다거나 특정이동통신 고객카드를 지참하고 레스토랑을 방문하는 고객에게 음료제공 및 각종 혜택을 주는 것은 연계 마케팅의 한 모습이다. 연계 마케팅으로 외식업체는 프로모션 운영비와 프로모션 진행에 필요한 물품 등을 지원받아 매출상승과 함께 내점고객을 늘릴 수 있는 이점이 있으며, 외식업체와 프로모션을 함께 시행하는 쪽도 연계 마케팅을 통해 고객들에게 알려진다는 홍보효과를 얻게 된다.

4) 인터넷 마케팅

최근 들어 활발히 진행되고 있는 인터넷 마케팅은 정보통신분야뿐만 아니라 일반제조업 · 유통업 · 서비스업체들도 인터넷의 효과를 실감하면서 '광고매체'와 '마케팅'의 도구로 인기를 더해 가고 있다. 외식기업들은 자사만의 홈페이지를 만들어 각종행사홍보를 통해 고객의 방문을 유도하고 있다. 또한 홈페이지에서 할인쿠폰을 프린트해 레스토랑을 방문했을 때 할인혜택을 제공하는 등 적극적인 마케팅으로 고객에게 다가서고 있다. 현재 인터넷 마케팅이 타광고매체에 비해 광고 및 홍보효과가 떨어지는 감이 있지만, 점차 PC의 사용이 확산되고 있는 점에 착안해 인터넷을 활용한 마케팅이 일반화될 것으로 보인다.

5) 쿠폰 마케팅

쿠폰 마케팅은 쿠폰을 이용한 고객창출기법이라고 할 수 있다. 각종 할인쿠폰은 물론 무료시식 쿠폰 북 등을 DM으로 발송하거나 레스토랑을 방문한 고객들에게 제공함으로써 재방문을 유도하고 새로운 잠재고객들을 창출할 수 있다. 그러나 무리한 쿠폰 마케팅은 오히려 고객들에게 나쁜 이미지를 심어 줄 수 있다는 점을 명심해 다른 마케팅과 병행하여 적절하게 사용해야 한다.

6) 스포츠 마케팅

스포츠 마케팅이란 스포츠의 결과를 가지고 프로모션을 진행하는 마케팅의 한 형태를 말한다. 월드컵과 박찬호 · 박세리의 돌풍이 부른 스포츠 마케팅은 IMF체제의 침울한 경제상황 아래 기업들의 마케팅 활동에 다소 숨통을 틔어 주는 계기를 마련하여 외식업계에서도 그 가능성을 엿보이고 있다.

실제로 월드컵에서 국내 팀의 선전을 기원하는 의미에서 '월드컵 8강 진출'이라는 것을 내세워 프로모션을 진행하였는데, 월드컵 8강 진출을 했을 경우에 기업에서 내세웠던 다양한 혜택을 고객들에게 제공해 주게 된다. 스포츠 마케팅은 소비자들의 관심분야에 현금 또는 현물을 걸고 진행되는 경우가 많기 때문에 고객유치와 함께 기업의 홍보를 가능하게 해 준다. 또한 스포츠 마케팅이 현금을 가지고 진행되어 위험부담이 있긴 하지만 대부분의 기업들이 보험사를 끼고 실시하기 때문에 위험요소를 줄일 수 있다.

7) 포인트 마케팅

포인트 마케팅이란 매출증대와 고정고객확보를 위해 시행하는 것으로 이용금액점수를 적립시켜 고객들에게 환원해 주는 방식을 말한다. 이용실적에 따라 특전을 제공하는 보너스 카드는 이미 항공사 및 신용카드업계에서 일반화되었으며, 외식업계에 있어서도 보너스 포인트 카드 등을 발급해 주고 있다. 이러한 포인트 마케팅은 소비자에게는 저렴하게 외식업소를 이용하는 효과가 있고, 외식업소에서는 단기간 내에 단골고객확보가 가능하다는 장점이 있어 적극적으로 활용되고 있다. 또 보너스 카드제도는 업소의 매출정산과 새로운 고객수를 한 눈에 파악하여 고객관리가 유용할 뿐 아니라 카드에 상호·약도·전화번호 등을 인쇄할 수 있어 간접적인 광고효과를 얻을 수 있다.

8 레스토랑의 입지와 개업조건

1) 입지선정과 조사

레스토랑의 입지는 점포의 사활에 관계되는 요소이다. 아무리 운영시스템과 관리방법이 좋다고 해도 점포의 입지에 따라 매출은 차이가 생기며, 더구나 경쟁정과의 위치경쟁에서 패할 경우 고객에게 당해 점포만의 문제가 아닌 기업 전체의 이미지에도 영향을 주므로 대단히 중요한 의미를 갖는다. 제조기업의 영업소 등은 별도의 영업조직에 의해 루트 세일이나 소매업을 대상으로 영업할 수 있으나, 소매업인 레스토랑으로써는 입지에 의한 영업을 하게 되므로 동일한 지역이라도 고객의 흐름은 중요하다.

이렇게 중요한 입지를 선정함에 있어서는 기업의 명확한 컨셉션을 확립하여야 한다. 처음부터 대도시중심으로 점포를 개정할 것인가, B급지 중심으로 할 것인가, 전국적인 체인운영을 할 것인가를 확정시켜야 한다. 왜냐하면 이러한 명확한 컨셉션이 없고서는 주방기기의 규격선정이나 인테리어의 설정, 주방의 규모, 관리자의 인원수에 대한 표준을 정할 수 없기 때문이다.

레스토랑을 운영하려는 기업은 기업이 지향하려는 명확한 컨셉션을 갖고 입지선정에 임하여야만 한다는 인식을 충분히 갖음으로써 소비자에게 기업 이미지를 강력히 부각시킬 수 있고, 그것이 향후 기업의 확대과정과 운영면에서 큰 영향을 준다는 것을 이해해야 한다.

그래서 점포의 입지는 조사항목 중에서 가장 우선이 되고 있는 것이다. 경우에 따라서는 고객의 입장에서 보면 점포의 가까움은 제공되는 요리보다 더 큰 요소로 받아들여질 수 있다는 것이다. 따라서 점포의 입지결정시 특별한 계층에게만 이용되는 메뉴를 위주로 할 것이냐, 가까움에 따른 이용고객을 대상으로 메뉴정책을 결정하느냐에 따라 입지전략이 결정되어야 한다.

그러나 점포의 위치결정은 지역 · 시설의 순으로 결정되는 것이 일반적이다. 지역은 구, 동 등으로 세분되고, 시설은 독립점포의 경우 그 건물 자체가 위치가 될 것이다.

점포의 입지선정에 대한 명확한 개념이 설정되면 이에 따른 구체적인 조사가 시행되어져야 한다. 이 때 [표 Ⅱ-5]에서 보여 주는 바와 같이 형태별 성격, 특징, 상권규모 등을 파악한 뒤 조사에 임하는 것이 순서이다.

이러한 점포입지의 기본적 유형에 따라 각 점포에 적합한 특성 등을 조사하게 된다. 이 때 [표 Ⅱ-5]에서 열거한 여러 가지 유형의 점포입지조사에 있어서도 다음과 같은 내용이 종합적으로 분석되어 져야 할 것이다.

[표 Ⅱ－5] 입지의 기본적 유형(예)

구 분	시내중심(down-town형)	시외곽형(driving 형)
성격분류	• 역전형 • 터미널형 • 번화가형 • 번성하고 있는 지역형 • 기타	• 휴식처형 • 관광지형 • 기타
특징	• 도시화로 인하여 인구가 집중되었다. • 인구규모의 격차가 심하다, • 주야인구의 유동이 심하다. • 지하철, 버스, 택시, 도보로 이동	• 특별한 목적을 가지고 있기 때문에 계절에 따른 영향이 심하다. • 기차, 자동차, 버스로 이동
상권규모	• 광역 · 지역형 상권형성 • 인구 10만 이상 • 1～10km	• 도로변형 • 인구 1,000명～5만이내 • 5～20km

① 상권영역 내의 상주인구수와 세대수
② 레스토랑주변 통행량 및 유인예상객수
③ 지역특성(고객의 소비형태)
④ 레스토랑주변 도로교통망
⑤ 지역의 중 · 장기 발전계획
⑥ 경쟁업소 파악

그러나 미래에는 다양한 변화가 예상되어 전통적인 점포입지조사의 내용과 요령에 첨가하여 조사의 항목과 요령에 있어서 더욱 체계적이고 과학적으로 추진되어져야 할 것이다.

2) 입지선택의 변화

주택가 한복판에 적막에 싸인 양옥집이 있다. 외교관 사저와 같은 이미지인데 아무런 간판도 내걸지 않았지만 크게 번성을 하고 있는 점포이다. 그리고 젊은이들이 즐겨 찾는 유흥가, 이 거리를 걷고 있으면 전혀 눈에 띄지 않는 골목 구석진 곳, 물론 통행인도 별로 없는 골목에 홀로 서 있는 점포인 것이다. 그러나 그 안에 들어가면 거짓말처럼 고객이 많이 모여 있다.

[표 Ⅱ－6] 진통적인 입지분류의 기준(구)

	명 칭	특 징	기 준
입지분류	비즈니스가	비즈니스가 중심이므로 점심인구가 많고 저녁인구는 적다	① 빌딩내 인구 ② 비즈니스의 질 ③ 경합상황 ④ 통행량 ⑤ 역과의 위치관계
	공장 비즈니스가	공장이 많아 근로자들을 주요대상으로 하는 거리	① 공장 내 인구 ② 통행량 ③ 역과 공장의 위치관계 ④ 경합상황
	학생가	대학이 중심인 거리	① 학생의 인구 ② 복합요소의 유무 ③ 통행량 ④ 역과의 위치관계 ⑤ 경기상황
	신유흥가	젊은이 중심의 거리	① 통행량 ② 거리의 지명도 ③ 경합상황 ④ 거리의 위치
	배드타운	주택가로서 주민을 주요 대상으로 하는 거리	① 거주인구 ② 경합상황 ③ 통행량 ④ 역의 규모

옛날부터 좋은 입지조건을 판단하기 위한 기준은 많이 있었다. 일례로 [표 Ⅱ－6]이 지금까지 입지선정의 기준이었다. [표 Ⅱ－6]과 같은 척도로 앞에서 예를 든 것과 같이 점포의 입지분석을 하면 굉장히 좋지 않다는 결론이 나오는데, 그럼에도 불구하고 번성을 하는 것은 무슨 까닭일까? 이유는 여러 가지가 있겠으나 가장 기본적인 이유는 과거의 입지분석 판단기준이 적용되지 않을 만큼 시대가 급속도로 변했다는 것이다. 점포경영에서는 이익을 내는 점포를 번성점으로 간주하고 가장 중요시한다. 이점을 감안하면 오늘날의 좋은 입지조건의 척도요인을 생각할 수 있겠다.

중심지의 중심부분을 핵이라고 한다면 이 곳에 출점을 하고자 할 때 필요로 하는 것은 자본이다. 아무리 좋은 입지조건이라고 하더라도 사용자본이 지나치게 크면 채산이 맞지 않을 수 있다 이것은 실제 좋은 입지조건이라고 하더라도 사용자본이 지나치게 크면 채산이 맞지 않는다는 것이다. 이것은 실제 좋은 입지조건이라고 할 수 없다. 그러므로 핵을 피해서 출점을 하는 것도 한 가지 방법이다. 핵을 벗어나기 때문에 점포취득 비용을 줄일 수 있는 것이다.

[표 Ⅱ－7] 후발점포의 개업이 불가능한 입지

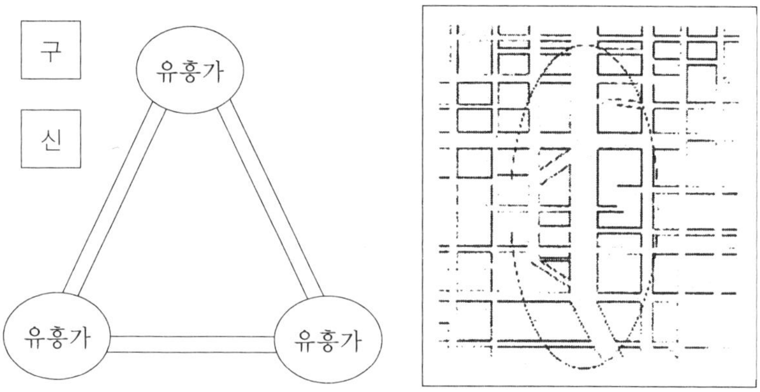

① 주차가 쉽다.	핵 ① 주차가 어렵다.	① 주차가 쉽다.
② 지명도가 높은 동네.	② 만인이 알고 있다.	② 일부사람이 알고 있다.
③ 점포임대비가 싸다.		③ 보증금이 싸다.
④ 교통이 편리하다.		

오늘날 고객 특성 중의 하나가 남과 다른 장소, 물건을 찾는 경향이 있다. 핵에 위치한 점포는 많은 사람들이 알고 있다. 따라서 남다르다는 감각이 들지 않는다. 외진 곳이라도, 핵에서 벗어난 지역이라도 번성할 가능성은 얼마든지 있는 것이다. 현대인은 나만이 알고 있는 점포, 우리들만이 즐겨 가는 점포를 중시하며 쉽게 눈에 띄지 않는 장소론 좋아하기 때문이다.

예를 들어 오늘날 owner driver 시대에 있어서는 주차하기 쉬운 장소가 좋은 조건이다. 역이 없다. 근처에 고객을 모을 수 있는 능력이 없다. 그러나 이런 입지라도 번성점포는 존재한다. 핵에서 벗어나도 차가 주차하기 쉬운 도로에 접해 있는 입지도 좋다. 왜냐하면 핵은 차가 주차하기 어렵지만 조금 벗어나면 주차가 용이하기 때문이다.

장소의 지명도 없이 필요불가결한 요소이다. [표 Ⅱ－7]에서 왼쪽 그림을 살펴보면 유흥가와 연결하는 도상에 있는 지점은 반드시 지명도가 높은 지역일 것이다. 또한 사람들이 유흥가에서 유흥가로 이동할 때 쉽게 눈에 띄는 곳이다 더구나 핵에서 벗어나 있기 때문에 차의 주차가 용이하다. 이런 입지가 정말로 좋은 입지이다.

[표 Ⅱ-8] 총합력과 시류의 종합

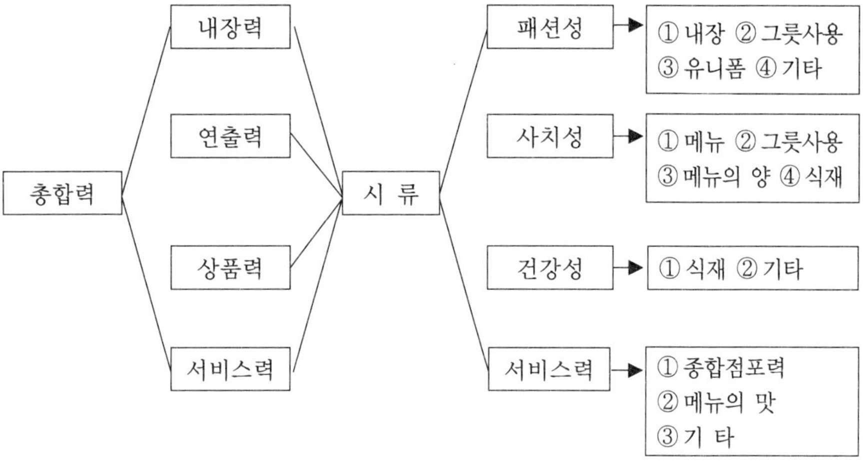

결론적으로 유리한 입지는 구체적으로 어떤 입지를 말하는 것일까? 그것은 후발점포의 개업이 불가능한 입지를 가리킨다. 예를 들어 도로가 확장된다고 할 경우 염두에 두어야 할 것은 도로를 따라 빌딩건축 러시가 일어난다는 것이다. 당연히 임대점포가 늘어나고 레스토랑의 출점러시가 뒤따른다. 이런 지역은 불리한 입지이다. 이미 건물이 꽉 들어차 있어 더이상 후발점포가 개업할 여지가 없는 곳이 유리한 입지라고 할 수 있겠다.

결과적으로 위의 여러 가지 사항을 고려하여 입지를 선택하여 출점을 하고자 할 때 총합력이 필요해진다. 총합력이란 [표 Ⅱ-8]에 제시한 바와 같이 내용 전부를 가리킨다. 이 모든 요소가 우수하지 않으면 안된다는 것이다.

특히 주의해야 할 사항은 시대의 흐름을 반영해야 한다는 점이다. 시대에 맞는 메뉴, 실내장식디자인, 서비스 등의 연출을 해야 한다. 이 중에서 만일 한 가지라도 시행착오가 생기면 결과적으로 총합력은 떨어지게 되는 것이다.

Tips 이런 입지는 피하라.

- 목이 좋아야 돈이 모인다.

레스토랑은 입지산업이므로, 목이 좋아야 한다. 매뉴도 좋고 경영 방식도 우수하며. 인테리어도 고객을 유혹할 만큼 화려한 분위기인데 목이 좋지 않아 실패하는 경우를 종종 보게 된다.

따라서 '이런 입지는 꼭 피하라'고 권하고 싶은 곳이 있다.

- 첫째. 건물주가 현재 식당업이나 유사한 업종에 종사하는 경우에는 위험하다.
- 둘째, 임대료가 싼 경우를 경계하라.
- 셋째, 병원 주위 업소를 피하라.
- 넷째, 주유소 주위를 피하라.
- 다섯째, 언덕길이나 내리막길 등 경사진 곳을 피하라.
- 여섯째, 지하실을 피하라.
- 일곱째, 2층 이상은 좋은 입지가 아니다.
- 여덟째, 주인이 자주 바뀌는 곳은 문제가 있다.
- 아홉째, 주변에 식당이 없으면 들어가지 말라.
- 열번째, 주변에 규모가 큰 식당이 있으면 피하라.

주변 상가에 똑같은 메뉴를 취급하는 대행 업소나 이름난 유명한 업소, 단골이 많은 유서 깊은 업소 등이 있을 경우에는 피하는 게 좋다. 이들 업소에 고객을 잃을 뿐 아니라, 고객에게는 오히려 그들 업소에 비해 비교의 효과를 줄 수 있다.

가급적 틈새 시장을 찾아라. 시장은 넓고 상가는 많다. 하지만 비집고 들어갈 수 있는 허점이 있게 마련이다. 빈 공간을 찾아라. 그곳에 돈이 고여 있다.

3) 개업에 따른 필수조건

(1) 상품력 · 서비스력 · 점포력

새로운 형태의 패스트 푸드나 훼밀리 레스토랑이 급속히 도입되고, 소비자들의 생활수준이 크게 향상됨에 따라서 뛰어난 맛, 훌륭한 서비스, 편안한 분위기 등이 균형을 이루지 못하면 지지를 받지 못하게 되어버렸다. 그리하여 오늘날에는 맛(상품력), 훌륭한 서비스(서비스력), 점포의 편안한 분위기(점포력) 등의 균형이 번성점포를 만들기 위한 기본조건이라고 할 수 있다(월간식당, 1988).

이것을 레스토랑번성의 3대 요소라고 부르고, 미국에서는 상품력=Quality, 서비스력=Service, 점포력=Cleaness(특히 청결함을 강조)라 하여 이 말의 머리글자를 따서 QSC라고 한다. 이 QSC의 균형을 항상 유지하고, 또한 높은 수준으로 향상시키는 것이 번성점포를 만들기 위한 기본이라고 할 수 있다.

우선 상품력은 음식의 내용과 맛을 말할 수 있다.

첫째, 맛이 있어야 한다. 그러나 맛있는 것 하나만 가지고 상품력이 있다고 말할 수는 없다. 언제, 어느 때, 어느 곳에서 먹든 음식의 맛과 질이 한결같이 동일해야 하며, 고객이 기다리지 않게 해야 한다. 즉 음식맛이 좋고 어디서나 한결같은 맛을 내며, 신속하게 제공할 때 비로소 상품력이 있다고 할 수 있는 것이다. 이것은 간단한 것 같지만 실제로 이 요건을 충족시키는 것은 대단히 어려운 것이다. 상품력은 주방에서 일하는 솜씨에도 달려 있지만 사입하는 식재에도 큰 영향을 받는다.

둘째, 서비스는 일면 호스피탤리티(hospitality)라고 하는데, 이 호스피탤리티란 의사 · 간호사가 환자를 치료해 주고 간호하는 것을 뜻한다. 간호사들이 환자의 마음을 읽고 원하는 것을 친절하게 해 주듯이, 종사원도 고객의 마음을 신속하게 읽고 고객의 입장에 서서 접대를 해야 한다.

셋째, 점포력이 있는 데 점포력은 청결이 가장 중요하다. 과거의 점포와 오늘날의 점포는 천지차이이다. 이것은 국민의 위생관념이 높아졌기 때문이라고 할 수 있다. 젊은이들도 이제는 지저분한 점포에는 들어가지 않는다. 그러므로 점포를 성공적으로 개업하려면 위의 세 가지 요소, 즉 상품력 · 서비스력 · 점포력이 강화되지 않으면 안된다는 것이다.

(2) 인간력 · 자금력 · 컨셉 · 시스템

QSC의 세 요소가 갖추어지면 다음에는 4가지 조건이 추가로 갖추어져야 한다. 즉 인간력 · 자금력 · 컨셉 · 시스템이라는 것이다. 먼저 인간력에 관해 설명하면 전항에서 거론한 QSC는 결국 점포 내에서 일하는 종사원의 자질과 크게 관련이 있다. 즉 종사원의 의식수준, 사물을 생각하는 사고방식이 매우 중요하다.

예를 들어 햄버거를 굽는 요리사에게 자동차를 만드는 것이 중요한가, 아니면 햄버거를 만드는 것이 중요하냐라고 묻는다면 그들은 어떻게 대답할 것인가? 조사결과 10명 중 7명은 잘 모르겠다고 하거나 혹은 자동차 만드는 것이 더 중요하다고 대답하였다. 오직 나머지 3명만이 "그야 물론 햄버거죠"라는 대답을 하였다. 그러면 이들 중 어떤 사람이 만든 햄버거가 맛이 더 뛰어난 것일까? 당연히 햄버거라고 대답했던 요리사인 것이다.

사람에게 필수적인 이 음식을 만드는 요리사가 자기의 일에 자부심을 느끼지 못한다는 것은 큰 문제가 아닐 수 없다. 풍요한 생활 속에서 우리들이 배고픔이 뭔지 모르고 살아가다 보니까 음식의 중요성을 별로 느끼지 못하는 것이다. 그래서 음식물이 없다면 우리들이 어떻게 되는가에 대해서는 전혀 생각을 하지 않고 있는 것이다.

적어도 레스토랑에 종사하는 사람들은 음식이 인간에게 얼마나 중요한가에 대해 확고한 의식과 가치관을 가지고 있어야 한다. 그리고 그 가치관을 종사원에게 심어 주어야 한다. 음식만드는 일에 자부심과 긍지를 느끼는 종사원이 많이 양성되어야 한다.

두번째 자금력에 대해 설명하면 투자를 간단하게 생각해서는 안된다. 충분한 심사숙고를 거쳐 큰 용단을 내려야 한다. 적은 투자로 많은 이익을 얻으려고 해서도 안된다. 투자는 이니셜 코스트(initial cost)라고 하는 데 여기에는 세 가지 종류가 있다.

먼저 점포설계에 드는 비용 그 다음에 5년 후 점포상태에 대한 코스트가 있는 것이다. 이것은 처음 투자한 다음 5년 후 변화된 점포의 모습을 말하는 것이다. 가령 처음에 돈이 없어 건물설계에 별로 투자를 못했다면 5년 후엔 어떻게 될 것인가? 형편없이 낡고 말 것이다. 그러므로 점포설계를 할 때에는 5~10년 후를 내다보며 바닥 · 벽 · 천장에 이르기까지 면밀하게 투자를 해야 한다. 즉 첫 투자를 용감하게 해야 한다는 것이다.

세번째로 종사원코스트가 있는 데 종사원코스트는, 즉 인건비를 말하는 것이다. 처음에 점포설계를 잘 하면 종사원 수요를 줄일 수 있다. 다시 말하면 인건비를 줄일 수 있다는 것이다. 점포설계에서 가장 중요한 것은 주방이다. 주방을 잘 만들어야 여러 가지 음식을 신속하게 만들 수 있다.

예를 들어 주방설계에 2000만엔을 투자했을 경우와 100만엔을 투자했을 경우 어느 쪽이 이익이라고 생각할 수 있겠는가? 아마 1000만엔의 투자가 훨씬 이익이라고 생각할 것이다. 그러나 실제로는 그렇지 않다는 것이다. 일본에서 월 매상 3000만엔을 올린 점포의 경우, 주방설계에 2000만엔을 투자한 곳은 종사원이 3명이 필요한데, 1000만엔을 투자한 곳은 6명이 필요하다. 단기적인 안목에서 보면 종사원 3명을 더 쓴다고 인건비가 얼마나 더 많이 나가겠느냐고 할지 모르지만, 그것을 5년으로 계산해 보면 엄청난 액수인 것이다. 주방설계에 적은 투자를 하고 종사원을 더 고용한다는 것은 훨씬 손해를 본다는 사실을 알아야 한다.

대만은 우리보다 먼저 주방시스템에 신경을 쓰고 일본에 직접 가서 주방설계나 시스템에 대해 실제 견학을 하면서 배워가고 있는 실정이다. 주방에 대한 투자는 처음에는 비싼 것같지만 그렇게 해야 매상을 많이 올릴 수 있을 것이다.

컨셉은 개념이란 의미인데, 즉 시스템 전체에 관한 개념을 말한다. 가장 중요한 것은 메뉴컨셉과 점포컨셉이다. 여기에서는 메뉴컨셉에 관해 설명하고자 한다.

레스토랑개업을 할 때 가장 먼저 생각해야 할 것은 주위환경, 고객층을 분석해 보는 일이다. 학생층이 많은가, 비즈니스고객이 많은가, 훼밀리층이 많은가를 먼저 파악하고 그 다음 메뉴를 결정해야 한다. 그리고 그에 따라 점포설계의 예산을 책정해야 한다는 것이다. 즉 어느 가격대의 메뉴로 몇 회전 할 수 있느냐에 따라 좌석수를 결정해야 하기 때문이다. 덮어놓고 점포부터 문을 열고 메뉴를 결정하면 안된다.

마지막으로 시스템에 대해 설명하면 매뉴얼을 뜻한다. 좋은 상품을 만들려면 반드시 매뉴얼이 필요한데, 여기에는 먼저 상품매뉴얼이 있다. 상품매뉴얼은 조리법을 말한다. 조리법이 확실하게 정해져 있으면 주방장이 바뀌어도 요리가 일정하게 나올 수 있는 것이다. 맛과 양과 질이 체인점마다 동일하게 나온다는 것이다.

다음 서비스 매뉴얼이 있다. 이것은 종사원의 단정한 복장과 예절바름을 말한다. 즉 종사원의 복장과 고객을 맞이하고 배웅할 때까지 지켜야 할 몸가짐에 대한 원칙을 말한다. 유니폼을 입는 법, 고객을 기다리는 자세, 맞이하고 안내하는 방법, 요리제공법, 그릇내가는 법, 그리고 다음 고객을 맞이할 태세를 갖추는 법 등등 고객에 대한 각종 서비스에 대해 엄격한 기준을 정하고 그것을 준수해야 한다는 것이다.

예를 들어 일본의 스카이락, 데니스, 로얄 호스트 같은 곳은 인사하는 법부터 그릇 나르는 방법에 이르기까지 그 스타일이 모두 다르다. 그러므로 장소는 틀리더라도 그 체인점의 서비스방법은 모두 동일하다. 누가 하든지 똑같은 스타일이 되어 있어서 서비스방법만 보아도 어느 식당인지 구분할 수 있다는 것이다.

또한 오퍼레이션 매뉴얼이 있는데, 이것은 종사원의 근무방법을 말한다. 즉 아침에 출근하여 하루종일 어떤 식으로 일을 하는가 하는 문제이다. 가령 점심시간 등의 피크 타임은 어떻게 대처하며, 저녁손님을 맞이할 때는 어떠한 식으로 하는가, 한가한 시간엔 무엇을 하는가 등등이다. 이와 같이 종사원의 근무방식이 확고하게 정해져 있지 않으면 고객이 많아 혼잡할 때 혼란이 일어날 수 있기 때문이다. 그래서 정해진 원칙에 따라 근무할 수 있도록 종사원을 평소에 철저히 훈련시켜야 한다.

Tips 중국인의 상술(商術)

오늘날 전세계에서 장사를 잘하기로 이름난 민족은 서양에서는 유태인이요, 동양에서는 중국인이라고 한다.

중국인은 신용을 중하게 여기고 끊임없이 쉬지 않고 노력하고 의리와 체면을 지키면서도 외상값을 철저히 받아내는 경영을 하기 때문에 오랜 세월이 흐르다가 보니 중국인은 신용있는 상인으로서 인정을 받게 되고 세계 각지에서 크게 성공을 하게 된 것이다.

중국인 상점이나 레스토랑에 가보면 상인지보(商人之寶)라고 써붙인 현판을 볼 수 있다.

상인지보는 기원전 5세기의 월나라 왕 句踐을 섬겨 적국인 오나라 왕 夫差에게 멋진 보복을 하여 공을 세운 충신 范蠡가 지은 것이라고 한다.

범려는 말년에 벼슬을 버리고 제나라로 가서 장사를 시작하여 큰돈을 번 후 다시 도나라로 가서 그 고장에서도 거금을 벌고 스스로 陶朱公이라고 불렀기 때문에 陶朱公의 상인지보라고 한다.

상인지보에는 재물을 다스리고 돈을 모으는 데 있어 12가지 원칙과 조심해야 할 12가지 계율이 있다.

[12가지 원칙(理財致富十二則)]

① 사람을 알아보는 눈이 있을 것. 착한 사람과 나쁜 사람을 분간할 줄 알면 경리의 부정사고는 나지 않는다.

② 손님접대를 잘 할 것. 예절바르게 정중히 대해 주면 손님은 늘어난다.

③ 본업을 잘 지킬 것. 옛 것은 싫어하고 새로운 일만 쫓는 것은 장사하는 사람으로서는 가장 큰 병폐이다.

④ 정리·정돈을 잘 할 것. 상품이 가지런하게 진열되어 있으면 손님의 눈이 자연히 끌리게 된다.

⑤ 행동은 민첩할 것. 꾸물거리고 결단을 내리지 못하면 언제까지나 아무 일도 해낼 수 없다.

⑥ 외상값 받아들이는 일에 힘쓸 것. 끊임없이 노력하고 게으름 피우지 않으면 그만큼 외상값이 많이 걷힌다.

⑦ 사람을 제대로 써 먹을 것. 적재적소로 잘 활용하면 무슨 일을 맡겨도 빈틈없이 이루어져 믿을 수 있다.

⑧ 언변이 뛰어나면 재물을 마련할 수 있고 어리석은 사람들을 깨우쳐 줄 수도 있다.

⑨ 상품을 보는 눈을 기를 것. 상품의 회전이 빠르면 그만큼 원가가 낮아진다.

⑩ 시기를 제대로 파악할 것. 팔 때와 팔지 말아야 할 때를 아는 것은 매우 뛰어난 재능이다.

⑪ 방침을 내세우고 이끌어 나갈 것. 스스로 모범을 보이고 실천에 옮기면 모두들 따라오기 마련이다.

⑫ 앞을 볼 줄 알 것. 치우치는 일없이 항상 중용을 지켜야 한다.

[12가지 계율(理財致富十二戒)]

① 비루하지 말 것. 응대하는 것이 조리가 없으면 손님의 발길이 끊긴다.

② 우유부단하지 말 것. 과감함이 없으면 경영은 펼치지 못한다.

③ 허황하게 사치를 부리지 말 것, 절도를 잃으면 파국이 시작된다.

④ 억지를 부리지 말 것. 사납게 굴면 환난을 면할 수 없다.

⑤ 게으르지 말 것. 외상값 거두는 일을 소홀히 하면 돈이 들어오지 않는다.

⑥ 헐값으로 팔지 말 것. 상품을 헐값으로 팔아치우면 반드시 손해를 본다.

⑦ 상품구입은 억지로 하지 말 것, 너무 많은 상품을 사놓으면 반드시 값이 떨어지기 마련이다.

⑧ 시기를 놓치지 말 것. 살 때와 팔 때가 모두 시기가 있는 것이다.

⑨ 고집을 부리지 말 것. 고집불통으로 억지를 쓰는 것은 고목나무와 다름 없다.

⑩ 남 줄 돈은 늦추지 말 것. 외상 매입금의 지불을 늦추면 비싸고 좋지 않은 상품을 사게 된다.

⑪ 재고를 적게 하지 말 것. 재고가 달리면 빨리 채워 놓아야 한다.

⑫ 상품선택에 실수하지 말 것. 상품의 품질이 좋고 나쁨을 분간하지 못하면 크나큰 손실을 입게 된다.

> 중국상인들은 이와 같은 원칙과 훈계를 지키면서 백수기가(白手起家 : 맨주먹으로 시작하여 재산을 모으는 것)를 귀하게 여겼고, 사해일가(四海一家 : 이 세상 어디를 가든지 사람 사는 것은 마찬가지)라는 근원은 넓게 열고 흘러 나가는 것은 절약함)하되 화기생재(和氣生財 : 온화한 마음을 지녀야 재물이 생긴다)의 각오를 가지고 동수무기(童叟無欺 : 어린이와 노인은 속이는 일없게 함)하고, 전재여분토(錢財如糞土 : 돈이나 재물은 인분이나 흙덩이 같음), 인의가천금(人義價千金 : 인의는 천금과 같은 값이 있음)을 믿고 군자애재 · 취지유도(君子愛財 · 取之有道)라 하여 선비도 재물을 사랑하기는 하되 그 재물을 취함에 있어서는 도리를 지켜야 한다고 스스로 믿고 또 가르쳤던 것이다
>
> [자료 : 선영희, 내일의 식당경영, 매일경제신문사, 1985, pp. 31~35]

9 가격결정의 요인과 정책

가격이란 상품에 대한 대가임으로 상품의 속성에 따라 차이가 있으나 외식업의 경우에는 전체 상품이 따로따로 가격이 나누어져 있는 경우보다 한 개의 주력상품에 타상품의 가격이 포함되어 있는 경우가 많다. 예를 들어 서비스에 대한 가격은 독립된 특별서비스 이외는 음식물가격에 포함되어 있다. 따라서 타소개업처럼 모은 상품에 개별가격을 제시하는 것과는 구별되어진다. 그러한 이유로 해서 레스토랑에서는 상품가격이라는 용어보다 이용가격이라고 말하는 것이 옳다. 이용가격에는 상품의 또다른 편리성도 포함되어 있음으로 레스토랑에서는 요금체계가 색다른 구상을 이루고 있는 것이다.

레스토랑의 가격결정방법은 다음과 같다.

① **비교결정법** : 타사의 가격과 비교하여서 결정하는 방법인데, 가장 일반적으로 채택되고 있는 결정방법이다.

② **코스트 플러스법** : 요리를 만드는데, 코스트가 얼마나 들었는가를 계산한 다음 기타의 코스트나 이익을 가산하여 결정하는 방법

③ **고가격설정법** : 고급이미지를 추구하기 위하여 일방적으로 높은 가격을 결정하는 방법

④ **변동가격법** : '시가'라고 불리워지고 있는데, 매일 가격이 결정되는 방법, 사입가격의 변동이 큰 요리에 많음. 초밥집이나 송이버섯요리 등에서 흔히 찾아볼 수 있음.

그러나 가격결정에 영향을 미치는 요소를 살펴보면 다음과 같은 내용들이 포함되어 실제시장의 동태와 전략적인 상황을 고려하는 가운데 결정된다고 볼 수 있다.

- 코스트(cost)
- 판매량
- 제품
- 고객
- 경쟁
- 이익
- 유통
- 프로모션
- 법규제
- 기타

미래의 가격결정시 요금체계의 색다른 구성과 지금까지 제시되었던 가격결정요소들을 조합한다고 했을 때 기업으로 성장·발전할 수 있는가에 대하여 질문을 한다면 'Yes'라고 대답할 수 있을까? 아마 대부분의 사람들이 'No'라고 대답할 것은 명백한 일이다. 이에 대한 대처방안으로서 '가격정책의 진공시대를 노린 업태개발이 급선무'라는 제하에서 일본의 武川淑이 분석한 자료를 소개하면 다음과 같다.

1) 가격정책의 진공시대

2000년대에 있어서 마케팅의 최대진공지대는 가격정책이 될 것이다. 결론적으로 말하면 훼밀리형태의 레스토랑에서는 보통가격, 저렴한 가격이며 패스트 푸드업에서는 대중가격이 그것이다.

1990년대까지 기업화와 체인화로 성장한 그룹이 내세우는 가격정책은 훼밀리 레스토랑은 보통가격 · 높은 가격, 패스트 푸드 서비스는 대중가격 · 높은 가격이었다. 보통가격은 비싸지도 않은 그야말로 보통가격을 말한다.

대중가격은 국민의 80%인 보통사람들이 가볍게 즐길 수 있는 가격이다. 메뉴품목을 선택할 때 가격을 보지 않아도 안심하고 주문할 수 있는 가격이라고 해도 좋다. 보통가격은 대중가격에 비해 다소 주머니사정에 신경을 쓰면서 주문을 하게 된다.

이 가격범위보다 약간 낮은 것이 저렴한 가격이다. 가격범위란 제공되는 메뉴품목가격의 상하폭 중에서 특히 제공품목수가 많고 좁은 가격대를 말한다. 즉 가격정책을 누구나 알 수 있게 명료하게 표현한 것이다.

일본의 예를 들면 현재의 경우 객단가로 런치가 1200엔이며 디너가 3000엔이다. 상한선이 런치 4000엔 객단가이다. 패스트 푸드 서비스는 프라이스라고 한다. 어포더블이란 '받아들일 수 있는, 납득할 수 있는'이라는 의미이다.

한때 패스트 푸드업계에서 댕큐 세트나 선파치 세트 등이 화제였었다. 그 세트를 600엔 전후로 제공한 것이 대중가격이다. 과거 레스토랑의 습관은 좋은 것은 비싸고, 맛없는 것은 싸다는 고정관념에 얽매여 있었다. 지금도 나이많은 경영자들은 이런 사고방식을 가진 사람들이 많다.

현재 일본에서 주식을 공모한 대형레스토랑의 가격정책을 보아도 그 예외는 아니다. 특히 최근 경향을 인건비나 부동산의 가격인상으로 각사가 일제히 메뉴품목의 가격대를 높게 책정했다. 패스트 푸드 서비스업도 마찬가지이다.

싸니까 맛이 없어도 된다는 것은 말도 안된다. 싸면서 맛있는 음식을 제공하는 것이 당연한 것이다. 그것을 품질이 높다고 말한다. 가치가 높은 음식을 대중가격으로도 제공할 수 있다. 그러나 싸고 맛있는 음식 따위는 있을 수 없다는 사고방식을 일반 레스토랑업자들은 가지고 있다. 그러므로 가격정책의 진공지대가 존재하게 되고 그 곳에 사업기회가 숨어 있다.

현재 일본의 로컬 체인(local chain)이나 지역체인 그룹 중에서 보통가격 · 저렴한 가격 · 대중가격을 실시해서 커다란 수익성과 점포를 급속히 전개하고 있는 기업이 대거 출현하고 있다. 그들 기업은 2000년대를 리드하는 그룹이 될 것이다.

맛있는 메뉴를 적당한 가격으로 제공하면 국민의 80%에 해당되는 사람들이 일상생활 속에 저항없이 받아들인다는 것이다. 기업화의 목적은 국민의 일상생활에 공헌하는 것이다. 그것은 제공되는 요리와 서비스에 만족을 느끼는 고객수가 계속 증가하는 것이다. 만족하는 단골고객이 증가해야 기업의 존재가 증명되기 때문이다.

여기서 객단가에 관해 설명하면 객단가는 다음과 같은 숫자로 구성되어 있다.

$$\text{객단가}=\text{매상고}\div\text{객수}=\frac{\text{제공총매뉴수}}{\text{객수}}\times\frac{\text{매상고}}{\text{제공총갯수}}$$

=고객1인당 평균 식사수×제공 1食堂 평균단가

문제는 제공 1식당 평균단가가 인상된 것이다. 최근 경향은 객단가를 인상해서 고객수를 줄이는 방향으로 가는 기업이 많아졌다. 고객수를 줄이지 않고 객단가를 올리는 것이 이상적이다. 그렇게 하려면 1식당 평균단가는 식사수를 늘리는 것이다. 고객입장에서 볼 때 그 가치는 비약적으로 커진다. 그런데 현실은 반대방향으로 가고 있다.

그 이유는 식사 그릇수가 많아지거나 고객수가 증가하거나 하면 투입해야 할 노동시간이 비례적으로 증가해서 이익이 오르기는 커녕 적자가 나는 경우마저 있기 때문이라는 것이다. 그래서 외식업계에서는 돈을 벌려면 비싼 음식을 팔고 객단가가 높은 것을 소수의 고객에게 판매해야 한다는, 옛날 물장사시절의 이야기가 아직도 진실처럼 퍼져 있다. 21세기를 맞이하는 이 때 옛날의 망령 따위는 벗어던져야 하겠다.

2) 기술의 축적

1990년대까지 레스토랑을 배회하던 그 망령을 퇴치하려면 기술을 축적해야 한다. 2000년대의 사업기회는 기술을 축적한 사람만이 살아 남을 수 있다. 지금까지 대형화된 1990년대까지의 공개기업도 많든 적든 기능주의의 결과였다. 기술에 관해서는 미완성이었다.

고품질, 저렴한 가격은 기업 내부의 고생산성, 저렴한 코스트 오퍼레이션(cost operation)에 의해서만 실현될 수 있다. 그 고품질과 저렴한 코스트를 실현시키는 것이 기술이다. 기술과 기능주의의 최대의 차이는 전자가 보편성을 가진 사업의 진행방법인데 반해 후자는 지극히 개인적인 신체적 축적 기능의 세계인 것이다.

즉 보편성이 있다는 것은 보급성이 있다는 의미이며, 기술의 조직이나 방법론에 따라 국민의 일상생활에 기여한다. 기능은 개인기능의 한계가 경영규모의 한계이다. 기능주의의 연장은 고품질 · 고가치의 추구이다. 그리고 소멸해가는 레스토랑은 그 업종이 무엇이든간에 고품질제공을 표방하며 고가격정책을 위해 가치를 떨어뜨리는 것이다.

고소득자가 증가한다고 해서 고가격이 그대로 팔리는 것은 아니다. 예를 들어 소득이 커지면 커질 수록 1원당 가치는 커진다. 1억원 예금의 1% 이율은 1000원에 불과하다. 돈이 많아질 수록 엄격한 가치추구적이 된다. 흔히 마케트가 변화되기 때문에 그것에 대응하기 위해 이쪽도 바뀌어야 된다고 이야기를 한다. 그러나 마케트가 변했다면 대응하기엔 이미 늦은 것이다.

마케트는 기업이 변화시키는 것이다. 그 때 그 기업은 폭발적으로 고객수를 증가시킨다. 즉 성장기업으로 발돋움하는 것이다 마케트를 둘러싼 온갖 망령을 추방하는 것은 기술이다. 그 기술축적은 산업혁명 이후 인류가 계속 구축해온 다양한 산업분야에 구축되어 있다. 그것은 반드시 하이테크일 필요는 없다. 기계나 장치가 아니라도 좋다.

과학적인 방법론이라는 소프트야말로 기술의 본질이다. 적용의 한 가지는 원재료의 소심이다. 소심이란 산지나 가공장까지 거슬러 올라가서 고품질과 저렴한 비용을 실현시킬 수 있는 시스템 발견이나 개척을 하는 것이다. 또 다른 기술적용은 현장 오퍼레이션(operation)의 매니지먼트이다. 현재 인력부족이 심각하다. 실은 그 인력부족이야말로 절호의 기회가 될 수 있는 것이다.

앞으로 인해전술은 필연적으로 통용되지 않는다. 매니지먼트 기술이 축적되지 않은 기업은 붕괴하고 말 것이다. 높은 생산성은 인력이나 총노동시간이 감소해도 즐겁게 고객에게 만족을 주는 작업시스템이나 그것을 운용하는 매니지먼트 기술에 의해 가능하게 된다.

여기에서도 사고와 방법론이 중요하며 기계나 컴퓨터 등의 하드웨어는 문제되지 않는다. 새로운 마케트의 기회는 바로 인간의 두뇌 속에 있기 때문이다.

10 상 품

1) 상품기획의 필요성

레스토랑은 항상 고객의 욕구를 먼저 파악해야 하며, 욕구에 적합한 서비스상품을 생산하지 않으면 안된다. 그러나 고객의 욕구(needs)에 변화가 없으면 서비스상품을 변화시킬 필요가 없는 것이다. 변화시키지 않을 때 기업에 있어서는 설비투자도 적어져서 생산성의 높은 경영을 할 수 있기 때문이다. 그럼에도 불구하고 변화시키고 있는 것은 고객의 욕구가 다양하게 변화하고 있기 때문이다. 그것에 부응하지 않으면 서비스상품으로서의 가치를 발휘하면서 판매할 수 없기 때문이다.

앞으로의 시대를 예측할 때 [그림 Ⅱ－2]와 [표 Ⅱ－9]에서와 같이 이제는 설비가 노후화되었기 때문에 교체하거나 호화스럽게 꾸며 놓았다는 것만으로 고객이 찾아오지는 않는다. 고객의 변화하고 있는 욕구를 정확히 파악하고, 그 욕구의 어느 부분에 부응할 수 있는가를 기초로 해서 설비를 포함한 서비스상품을 창출해내려고 할 때만이 번성할 것이다.

결론적으로 점포를 경영하려면 과거와 같이 수동적인 고객의 이용개념을 탈피하고, 상품이용가치를 항상 새롭고 높게 유지시키려면 적극적이고 능동적으로 고객의 행동분석을 토대로 상품이 기획되어야 할 것이다. 왜냐하면 좋은 상품이 없고서는 아무리 판매촉진정책을 강구한다 하여도 점포의 번영은 있을 수 없기 때문이다.

[그림 Ⅱ－2] 시대의 변천에 따라 식음료에 대한 취향의 다양화

[자료 : 월간식당, 청림출판. 1985, p.58.]

[표 Ⅱ－9] 미국소비자의 레스토랑업태별에 대한 선택안의 순위

순위	패스트 푸드	레스토랑	고급레스토랑
1	청결	청결	품질/원재료의 품질
2	품질/원재료의 품질	품질/원재료의 품질	청결
3	가격	메뉴의 多	메뉴의 多
4	입지	가격	친숙/예의
5	친숙/예의	친숙/예의	분위기의
6	서비스의 스피드	서비스의 스피드	가격
7	메뉴의 多	입지	영양도의 가미
8	영양도의 가미	영양도의 가미	입지
9	분위기의 type	분위기의 type	서비스의 스피드
10	position side의 선택의 가부	좌 동	메뉴의 개인적 의견방영
11	메뉴의 개인적 의견반영	좌 동	position side의 선택의 가부
12	금연석의 유무	좌 동	예약석의 유무
13	예약석의 유무	좌 동	주류의 유무
14	주류의 유무	좌 동	금연석의 유무

2) 상품에 대한 사고방식의 변화

레스토랑을 이용하게 되는 경로를 살펴보면 에이전트(agent)를 통한다든가, PR 등을 통해서 직접 신청하거나, 영업사원을 통해서 이용되어져왔다. 즉 연회나 회식을 하며, 휴식을 취하고 돌아간다는 것이 일반적이었다 그래서 고객은 자기의 생활권으로 돌아간 후에 고객을 식음료, 기타 부대이용시설물을 사용한데 대하여 기분이 좋았는가, 나빴는가에 대한 평가를 하게 된다. 이 때 다음과 같은 요소에 기준을 두고 있다(ホテル, 1983).

① 관광요소
② 현지까지의 편리성
③ 관광요소와 편리성과의 균형
④ 점포의 시설내용(기계, 쾌적, 안전, 부대시설, 위생)
⑤ 서비스 시스템
⑥ 접객서비스(서비스방법, 서비스의 질)
⑦ 연회 등에 있어서 연출의 원조
⑧ 요리(질 · 양 · 미)
⑨ 조망
⑩ ④에서 ⑨까지의 가치균형일 것이다.

이 중에서 레스토랑의 직접적인 상품은 ④에서 ⑨까지이며, 간접적인 상품으로서는 노력이 미치지 않는 곳이지만, ①에서 ③까지가 되겠다. 이것을 정리하면 식품으로서의 시설 · 요리 · 접객서비스 · 연출서비스가 직접적인 상품이고, 레스토랑이 위치하고 있는 지역의 관광요소가 간접적인 상품이라 할 수 있겠다. 그래서 이제까지의 점포경영은 이것을 상품으로서 영업활동을 이끌어 왔다고 할 수 있다.

이와 같이 기본적으로도 변화가 예상되고 있고, 우선 이에 대한 사고방식이다. 결론적으로 앞으로는 고객의 필요 욕구에 맞추어서 새로운 자세를 가지고 나가지 않으면 안된다. 새로운 것을 추구해 가는 과정에서 검토되어야 할 문제는 다음과 같다.

① 시설의 문제
② 요리라는 상품에 관한 문제
③ 접객서비스에 관한 문제
④ 연출서비스 문제

이상과 같은 기초가 되는 문제의 상중을 다시 가치있는 것으로 하기 위해서는 앞으로 끊임없이 개선되어지는 방향으로 인식되어 져야 한다. 레스토랑에 있어 상기의 기초상품을 복합적으로 편성하는 것이 기획상품인 것이다.

예를 들어 사람과 물건과의 관계변화는 현재의 화제상품을 살펴보면 쉽게 알 수 있다. 화제상품에는 새로운 기능을 보유한 것도 있긴 하나, 이전처럼 생활에 혁명을 일으킬 만한 획기적 기능을 보유한 것은 아니다. 지속적으로 판매되는 상품은 브랜드 로열티가 높은 것이 틀림없지만, 이제는 브랜드만으로 모든 사람에게 판매되기가 점차 어려워지고 있는 실정이다.

현재 주목되고 있는 상품의 공통점은 한 마디로 프로덕트 아이덴티티, 다시 말하면 사람의 인격과 같은 상품의 격이 확실해야 한다는 것이다. 즉 물건다움이 특히 명확해 졌다고 할 수 있다. 이러한 종류의 상품은 어떤 장소에 위치하는 것만으로도 일종의 정보파장을 발신한다. 그것은 기능이나 브랜드가 아닌 어떤 종합적 이미지라고 할 수밖에 없는 비언어적(non-verbal)정보인 것이다.

3) 새로운 상품도입과정

앞에서 기술한 상품기획의 필요성과 상품에 대한 사고방식의 변화에서 새로운 상품에 대한 기본적인 인식과 지식을 가지게 되었을 것이다. 다음에는 [그림 Ⅱ－13]에서 상세하게 도식화된 것처럼 최초의 아이디어수집에서 시작하여 최종과정에서 'Yes'라고 판정이 나면 점포를 개설 운영하고자 하는 데 있어 실질전략으로 도입·활용되는 것이다.

[그림 Ⅱ-13] 신상품 도입과정

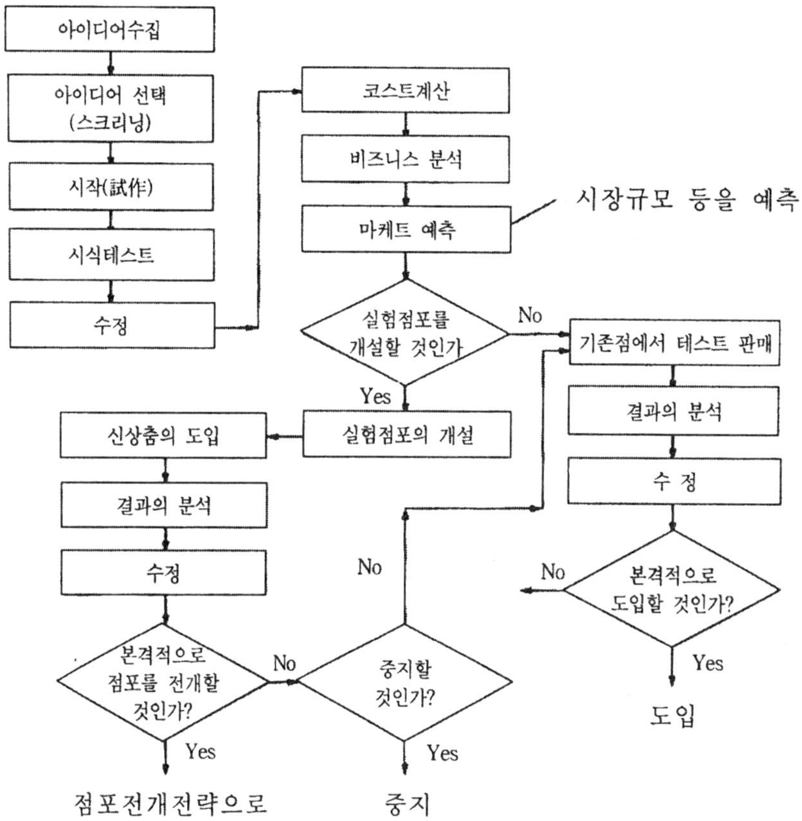

[자료 : 미야 에이지, 전게서, p.82.]

Tips 반드시 실패하는 불황기 상품전략

상품전략에 실패하지 않는 비결은 무엇인가.
실패하는 길만 벗어나면 최소한 손해는 보지 않을 것이다.
불황기 극복을 위한 외식업 상품전략을 소개한다.

1) 주위의 소문만 듣고 메뉴를 바꾼다.

「어느 메뉴가 뜨고 있다」는 소문만 믿고 메뉴를 바꾸면 이미 실패한 것이다. 잘 나가는 메뉴전략을 추구하는 식당은 벌써 충분한 사전조사를 통한 전략을 세운 것이다.

2) 고객들에게 친숙한 메뉴보다는 아주 특이한 메뉴를 도입해 본다.

타업소에서 전혀 시도해보지 않은 특이한 메뉴를 도입하여 신규고객 창출을 계획한다면 요즘 같은 어려운 시기에는 신 메뉴에 대한 광고를 끝내기도 전에 간판이 내려갈 확률이 크다.

3) 업태 · 업종 구분 없이 주위에서 권하는 대로 메뉴 개발을 해본다.

자기 점포의 대표메뉴, 기존업태, 주방능력, 인원 등을 전체로 한 메뉴개발 보다는 친구 또는 아는 사람들의 얘기를 맹목적으로 듣고 따라하면 실패하기 십상이다.

4) 주변의 상권을 무시한 나홀로 메뉴전략을 펼친다.

불경기시대다. 그렇게 정답던 고객이 얼마나 무섭게 변했는지 잘 모르면서 메뉴전략을 펼치는 것은 금물이다. 고객의 주머니사정, 기호가 어떻게 급변했는지 늘 생각하고 또 살펴보고 꼼꼼히 따져봐야 한다.

5) 영업 전반을 아직도 관리자에게 일임한다.

일임운영은 이제 실패의 지름길이 될 수 있다.

경영주가 24시간 불철주야 뛰어도 모자라는 시대다. 세심한 부분까지 체크하고 바꿔보고 협력하며 꾸려나가야 한다.

6) 무조건 가격파괴를 도입한다.

고객은 싼게 비지떡이란 것을 똑똑히 알고 있다.

메뉴와 가격이 '적절한 가격절감'을 지녔다는 생각이 전제가 될 때 만족감을 느끼고 효과적인 가격파괴가 된다.

식재 구매를 비롯한 운영전반에 걸친 구조조정 없이는 저가메뉴 판매가 절대 능사가 아니다. 제살깎아먹는 바보가 되기 십상이다.

7) 늘 자기업소 메뉴가 최고인줄 안다.

이제야 말로 외식시장은 처절한 생존경쟁이다. 과거의 영화는 벌써 사라진지 오래며 내가 최고라는 생각을 했다가는 큰 코 다친다.

무식한 경영주가 소신과 고집이 있으면 개인의 파멸이전에 업계의 발전을 가로막는 공적(公敵)이 되는 시대다.

8) 신메뉴 도입을 위해 기존메뉴를 과감히 없애고 자주 메뉴변화를 준다.

안전을 버리고 위험을 선택하는 케이스다. 지금 매출이 멀어지는 것은 누구나 겪고 있는 현실이다.

신메뉴 개발에 많은 노력과 정열을 소진하지 말고 이미 고객에게 알려진 대표메뉴가 있다면, 그 품목을 더욱 보강하고 전문점으로서의 승부를 걸어라. 그나마 시장평균수익은 유지할 것이다. 기본을 잘하는 것이 가장 잘하는 것이란 말이 있지 않은가.

9) '미워도 다시 한번'에 미련을 갖는다.

판매율이 저조한 메뉴를 객단가가 높다는 이유만으로 고집하고 있지 않은가. 메뉴 품목 중 5%미만의 판매율을 가진 것은 과감히 삭제하라. 쓸 데 없는 고집은 이미지만 하락시킨다.

10) 개인의 식단표로 영업을 한다.

경영주의 입맛에 따라 자기가 좋아하는 메뉴로 개인식탁을 만들고 있지 않은가. 절대로 고객의 입맛은 경영주의 입맛과 다르다는 점을 명심하자. 고객의 입장에서 식당을 이용해 보고 정확한 안목을 가진 주위의 조언에 경청하라.

[자료 : 월간 식당, 1988. 3]

11 판매 · 광고

레스토랑이 아무리 훌륭한 상품을 생산 · 판매하고 있다 하더라도 고객이 반드시 그 상품의 존재, 욕구충족의 품질(want-satisfying qualities), 획득 가능성에 대하여 스스로 알아보지는 않을 것이다. 또한 오늘날의 시장은 다양한 제품과 상표로 넘쳐 있으며, 고객은 그의 욕구를 충족시키기 위하여 상품을 구매할 때 대단히 넓은 선택의 범위를 갖게 되었다.

이 때 고객은 자신의 과거경험이나 제한된 정보를 바탕으로 구매의사 결정을 하게 되므로, 마케터가 제공하려는 새로운 제품이나 서비스에 대하여는 자연히 무관심을 보이거나 특히 고객의 태도나 라이프 스타일의 변화를 요구하는 제품에 대하여는 구매저항(purchase resistance)을 보이기까지 한다. 이러한 소비자 관성(consummer inertia)을 극복하기 위한 설득적 방법으로서 마케터는 촉진활동을 수행하게 되는 것이다.

이 때 촉진활동 혹은 프로모션(promotion)에 해당되는 종류에는 다음과 같은 것이 있다.

① 광고(advertising)

② 인적 판매(personal selling)

③ 판매촉진(sales promotion)

④ 홍보와 선전(public relation and publicity)

1) 광 고

코틀러(Philip Kotler) 교수는 광고를 정의하기를 "광고란 구매자에게 그들의 상품 · 서비스 · 조직 등에 관하여 설득력 있는 정보를 전달시키기 위해 광고료를 매개체에게 지불하는 것"이라고 정의하고 있다.

그래서 광고는 상품서비스를 일반고객에게 인지시 호의를 갖게 하기 위하여 시청각 수단에 의해 활동인 것이다. 구체적으로 설명하면 광고는 라디오 · TV · 신문 · 잡지 · 옥외광고 및 그 밖의 대중매체를 통하여 프로모션을 하는 것으로 세일즈맨이 인적접촉을 하는 데 반하여 광고는 비인적접촉이라고 할 수 있다.

우리나라의 레스토랑 광고는 아직 초보적인 단계이지만, 지금부터라도 체계적이고 기법적으로 연구되어져야 할 때라고 생각된다.

예를 들면 어떠한 내용을 가지고 행하는 것이며, 어떠한 방법으로 다루어져야 할 것인지 [그림 Ⅱ－14]에서 보여주는 바와 같이 5W1H 원칙에 입각한 광고요소들을 분석 검토할 필요가 있다는 것이다.

[그림 Ⅱ－14] 광고요소

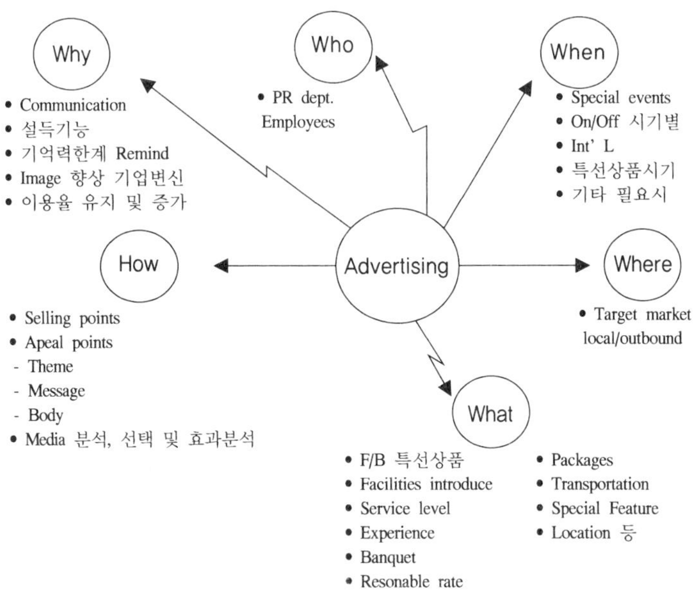

Tips 광고논리 요강

① 광고는 사회적인 논리기반에 입각하여 일반대중의 편익을 도모하고 공공복지에 기여할 수 있어야 한다.
② 광고는 일반적으로 수긍할 수 있는 의사를 표준으로 하여 상품 또는 서비스의 장점을 기초로 일반의 수락을 소구하여야 하며 타를 중상하거나 비방해서는 안된다.
③ 광고는 분배비를 감소시키는 데 기여하는 경제적인 책임과 공공이익에 봉사하는 사회적인 책임을 승인하여야 한다.
④ 광고는 상품 또는 서비스의 올바른 실태를 사회에 제시해야 하며, 그 반향을 바르게 고려하여 일반대중의 신뢰를 얻을 수 있어야 한다.
⑤ 광고는 진실하여야 하며 사실을 과장하여 대중을 현혹케 하거나 미신이나 무지 등을 악용해서는 안된다.
⑥ 광고는 구상이나 표현방법에 있어서 독창적이어야 하며, 타의 모방이나 조작이어서는 안된다(광고논리 요강, 한국일보, 1965. 8. 25 제정).

(1) 광고주체

광고에 대한 외식산업의 수익자는 바로 점포투자자이며, 광고의 주체가 되는 것이다. 시장별 유력모체에 지속적이고 집중적인 광고게재를 통하여 레스토랑의 이미지를 부각시키고 고객의 동기유발로 유치증대를 꾀하고 있으며 경우에 따라서는 유력광고대행사인 협동광고와 광고용역 계약을 맺을 수도 있다.

(2) 광고매체

광고의 대상을 어느 지역의 어떤 계층으로 할 것인가 라는 것이 광고객체이다. 어느 지역의 어떤 계층으로 할 것인가는 우선 시장조사를 필요로 하고 거기에 따라서 시장성이 밝은 지역이 광고의 대상이 되어야 할 것이다.

또한 대상지역의 인구통계, 즉 연령, 성별, 사회적 계층, 그들의 취향을 파악하여 광고의 방향과 방법이 달라져야 할 것이며, 그 방법을 하나하나 강구하여야 한다. 또한 현재 판매가 가능한 지역에 대한 광고와 아울러 앞으로의 가능한 잠재시장을 개발한다는 원대한 입장에서 면밀하고 치밀한 조사에 의해서 행하여야 한다.

(3) 광고 대상물

광고의 대상물이란 팔아야 할 상품을 말한다. 그러나 여기에는 다음과 같은 점을 유의해야 한다.

- 무엇을 팔 것인가?
- 무엇에 흥미를 느끼고 있는가?
- 무엇을 고객이 원하는가?
- 주변에서 찾아 볼 수 없는 대상물인가?

이외에도 일반적인 정보, 즉 교통편, 점포의 시설, 예약 등에 대해 안내가 따라야 하며, 가장 중요한 것은 광고기획을 하되 경영진을 의식할 필요가 없다고 하며 이러한 원칙을 어기게 되면 점포외부만을 자랑하기 위해 건물사진만을 너무 크게 한다는 것이다. 이것은 경영자측에서는 만족스럽게 보일지 몰라도 일반고객들의 입장에서 볼 때 조감도 같은 사진만 보아서는 별로 알 수 없을 것이다.

광고의 목적은 고객으로 하여금 자기 점포를 이용해 보도록 자극하고 유도하는 것이며, 만약 기대했던 고객들이 한 번쯤 자기점포를 이용한다면 100%의 광고효과를 본 것이다.

점포광고의 주요취지를 뚜렷하게 보여 주어야 광고효과를 거두는 것이다. 그러나 대부분의 경영자들은 이를 무시하고 무조건 광고문안을 상세히 나타내려고 욕심만을 부린다. "광고 하나에 이미지 하나"(one image, one advertising)란 광고정석은 경영자측에서 볼 때는 과다한 지출이 되겠지만 결국 더욱 많은 상품을 판매할 수 있으므로 더욱 많은 수익을 올릴 수 있는 것이다.

(4) 광고수단과 효과

광고의 수단과 방법에 있어서 가장 핵심은 어떤 광고매체를 통하였을 때 최소한의 이용으로 최대의 광고효과를 창출해 냈을 것인가가 키포인트이다. 몇 가지 예를 들어 설명하면 다음과 같다.

(가) 인쇄매체

인쇄매체의 전제조건을 살펴 보면 다음과 같다.

- 광고는 다른 광고물에서 찾아볼 수 없는 특이한 방법으로 구성한다. 예술성이나 테두리, 활자, 점포의 이미지가 들어가 있는 광고이어야 한다.
- 단순하게 이해할 수 있어야 한다.
- 활자의 독자성이나 표어, 사진잡화 등은 고객들의 시선을 멈출 수 있는 강한 첫인상을 주어야 한다.
- 점포와의 식별이 용이하도록 경계선은 분명히 구분한다.

DM은 내용물의 정보선택에 세심한 주의를 기울여야만 한다. 왜냐하면 잡동사니 내용물로 취급되어 쓰레기통 속으로 들어가는 경우가 많기 때문이다. 항상 받는 고객 주변의 정보를 입수 참여 본인 스스로 이용하고 유익한 정보를 제공하도록 노력한다. 대표적인 것으로 편지, 엽서, 브로슈, 인쇄물, 사내지, 구매서(invoice), 점포의 카드사용서를 생각할 수 있다.

상기와 같은 인쇄매체에 관한 기본인식하에 종류별 인쇄매체의 장단점을 살펴보면 [표 Ⅱ－10]과 같다.

[표 Ⅱ－10] 인쇄 매체별 장단점

구 분	장 점	단 점	비 고
신문	• 설득력이 강하고 신뢰도가 높다. • 넓은 지역을 커버할 수 있고 대중성이 있다.	• 신문광고의 수명이 짧다(잠정매체). • 경쟁사로부터 많은 광고회수 및 사이즈의 대형화가 강조된다.	신문은 대량의 발행 부수 능력을 지니고 있으며, 대도시의 조석간과 지방신문으로 구분된다.
잡지	• 독자층이 명확하여 청구효율이 높다. • 회독률이 높으며 시각소구에 적당하다. • 수명이 길다.	• 규격 및 활동지역이 좁다. • 빈번하게 메시지를 제시할 수 없다. • 신속, 적시의 광고가 힘들다.	대부분 주간지, 월간지 및 계간 잡지로 구분된다.
DM	• 개성적인 정선적 매체이다. • 시장세분화 즉 정확한 표적시장의 독자를 발견할 수 있다. • 융통성(규격, 형태, 문안, 색상 등)이 많다. • 인간적인 접촉효과 • 광고효과 측정이 용이	• 정확한 우편수신인의 명단입수가 어렵다. • 유지관리가 어렵다. • 잠재독자 개인당 기준으로 광고되므로 광고 비용이 비싸다. • 대상자를 끌어들이는 오락성이 결여되어 있다.	DM이란 신문이나 잡지, TV, 라디오 같은 매체는 1차 목적이 정보이고 2차 목적이 광고이나 DM은 전적으로 광고매체이다.

Tips 브로슈제작을 위한 20가지 지침

- 자사의 포지셔닝 결정
- 효과적인 브로슈제작의 다섯 가지 독창적인 전략
  - 목표
  - 표적고객
  - 고객의 편리성
  - 그 편익을 신뢰할 수 있는 논리성 제공
  - 자사제품의 성격을 표현하는 색상 및 분위기
- 제품에 차별적 성격 부각
- 광고의 일관성 유지
- 표지에 판매메시지를 표현
- 표지에 고객의 편익제시
- 표지에 삽화이용
- 진부한 표현은 피할 것
- 그림보다 사진이용
- 자사의 차이점을 표현
- 풍경보다 활동을 나타낼 것
- 사진에 설명을 할 걸
- 긴 문장표현은 반드시 나쁘지 않음
- 중요한 사실에 초점을 맞출 것
- 진실성 추구
- 능숙하고 교묘한 것보다 고객에게 무엇인가 도움되게 할 것
- 정보전달에 도해나 지도 이용
- 새로운 소비자를 의식하고 이해할 것
- 품질에 인색하지 말 것
- 브로슈우송시 회신율을 높이기 위해서 몇 가지 우송물을 동봉할 것(편지, 명함, 설문지 등……)

(나) 전파매체

전파매체의 전제조건을 살펴보면 다음과 같다.

- 광고시간과 비용을 고려하여 광고물을 제작한다.
- TV의 황금시간과 주말 특별프로그램은 최대의 시청시간이고 효과적이나 최대의 광고비가 요구된다.
- 라디오청취 황금시간은 아침출근시간이나 퇴근시간이므로 아침에는

상쾌한, 저녁에는 피로를 회복시켜 줄 수 있는 광고를 개발하여 구매 욕구를 충동한다.

기타 최근 중요시하고 있는 P·O·P 광고, 구두전달(mouth communication) 광고라는 것도 있다.

P·O·P 광고는 근래에 들어 특히 유행하는 광고형태로 그 기능의 다양함에 비해 실제 사용은 대단히 미약하다고 할 수 있다. 따라서 여기에서는 P·O·P의 특징 및 기능을 알아보고 실제 음식점에서 사용할 수 잇는 방법을 살펴 보고자 한다(월간식당, 1987. 7).

원래 P·O·P란 Point of Purchase의 약자로 구매시점광고라고 번역되는데, 물건이 구매자에게 인도되는 장소에서의 모든 광고의 형태를 말한다. P·O·P 는 시대감각적인 광고매체로 AIDA라는 광고의 4대 원칙의 단계를 거쳐 충동 구매할 수 있도록 이끌고 결정하게 한다. AIDA는 두 문자로서 주의(attention), 흥미(interest), 욕망(desire), 행동(action)을 나타낸다.

P·O·P의 특징은 매스컴 4대 매체가 고객에게 기업과 상품에 관한 정보를 주는 것을 목적으로 하는 것에 비해, P·O·P 광고는 상품이 고객에게 전달되는 장소, 즉 구매시점인 점포까지 구매자를 유도하여 실제로 물건을 사거나 이용하게끔 하는 목적으로 행하여지는 판매촉진광고이다.

그 기능으로는 다음과 같은 것이 있다.

첫째, 새로운 상품의 출현을 알린다.

둘째, 점포를 찾는 고객에게 브랜드를 알릴 수 있다. 그래서 그 고객에게 오랫동안 기억에 남게할 수 있으므로 구매잠재력을 낳는 것이다.

셋째, 상품의 판매포인트(selling point)를 구매시점에서 설명하여 구매의욕을 불어넣는다.

넷째, 매스컴광고에 의해서 얻어진 잠재의식이 구매시점에서 더욱 명확한 이미지로 발전, 구매동기를 유발한다.

다섯째, 상품에 대하여 '좋다. 사자.'라는 결단을 내리게 한다 등이 있다.

한편 경영자측에서 P·O·P 광고의 기능에는 다음과 같이 7가지로 요약될 수 있다.

- 예정에 없는 충동구매를 촉진, 매상을 증가시킨다.

- 셀프 셀렉션(self-selection) 매장일 경우, 점원을 대신하여 판매능률을 올린다.
- 때로는 종사원보다 우수한 대변인이 된다(종사원이 셀링 포인트를 완전히 이해 못한 경우).
- 상품의 특가안내와 개최물안내에 적합하다(기안상품이나 경품 등을 소개하여 일종의 흥분상태를 유도, 다량구매행동을 취하게 한다).
- 경영주측 메시지전달에 경제적인 방법이다
- 입체적이며 유니크한 표현방법 등을 통하여 4대 매체에서 할 수 없는 분위기를 연출한다.
- 뛰어난 P · O · P는 고객에게 좋은 분위기를 느끼게 하여 신용도를 높이고 예정구매 이상의 행동을 취하게 한다.

이러한 특색 및 기능을 갖춘 P · O · P 광고가 레스토랑의 경우에는 일반적으로 메뉴판이나 종이에 써붙인 차림표 등으로 이용된다. 그러나 이러한 것들이 사용되어지고 있는 요즈음의 음식점을 볼 때, 너무 · 단조롭고 성의 없이 만들어 놓은 곳이 대부분이다.

따라서 좀더 새롭게 개발할 여지가 많다. 예를 들어 '오늘의 메뉴'를 가로 높이 표시하고 그 밑에 세로로 그 날 제공할 수 있는 음식이름과 가격, 그리고 간단한 선전카피도 곁들여 붙여 놓으면 한결 친근감이 가고 멋도 있을 것이다.

또한 '오늘의 차림표' 밑에 가로로 못을 줄지어 박고 이 차림표 카드 윗쪽에 펀치로 구멍을 뚫어 못에 걸어 놓도록 하고, 뒷면에도 그려 놓으면 그 날 제공할 수 없는 것은 뒤집어 걸어 놓을 수도 있다. 물론 이 밖에도 여러 가지 방법이 있겠으나, 좀더 P · O · P 광고에 신경을 써서 자기업소에 이용한다면 의외의 판매효과를 올릴 수 있을 것이다.

그리고 레스토랑에 들어갔다 만족하여 나온 고객이 다른 사람에게 구두로 전달하는 방법이 있다. 바로 이것은 광고 · 선전으로서 가장 큰 효과가 있다. 그래서 "구두전달(mouth communication)은 최고의 광고(best advertising)이다"라는 말이 있다. 따라서 점포에 찾아왔던 고객이 다른 사람들에게 어떻게 전달하는가 하는 것이 지극히 중요한 문제로 대두된다.

다시 말하면, 경영주는 그 고객들을 여론형성과(opinion leader), 무보수 세일즈맨으로 활용할 수 있어야 한다는 것이다.

2) 인적 판매

최근 점포조직을 살펴보면 마케팅부서가 따로 없는 한 모든 마케팅활동은 판촉부에서 맡아서 하는 경우가 대부분이므로 인적 판매(personel selling)는 판촉부에서 하는 중요한 임무의 하나이다.

예상판매량(sales volumepotential)의 크기에 따라 판촉책임자가 판촉사원에게 각기 다른 책임량을 할당하여 각기 목표로 삼는 판매쿼터의 맡은 양에 대한 책임을 지게 한다. Sales Quotas를 설정하는 작업은 판촉책임자의 임무일 뿐만이 아니라 지배인도 참가하게 된다.

인적 판매란 구매를 유도하기 위해 고객 또는 예상고객과 접촉하는 모든 활동을 말한다. 인적 판매가 중요한 것 중의 하나는 판매를 마무리 짓는다(closing the sale)는 그것이다.

인적 판매에 관한 장 · 단점을 살펴보면 다음과 같다.

(1) 인적 판매의 이점

- 고객의 발견이 가능
- 상품을 실제로 제시
- 우호관계
- 판매체결이 가능
- 상세한 커뮤니케이션의 제공이 가능
- 시장조사, 산용정보의 수집, 수리서비스 고충처리 등이 기능하다.

(2) 인적 판매의 단점

- 시간과 비용이 비경제적이다. 이러한 점에도 불구하고 단체손님의 예약은 개인판촉으로 이루어지므로 프로모션 믹스(promotion mix)에서 중요한 요소의 하나이다.

3) 판매촉진

세일즈 프로모션이라 함은 개인과 단체손님을 유치시키는 방법을 말한다. 즉 촉진의 정의는 특별한 서비스나 경험을 팔기 위한 수단의 하나로 잘 조직되어진 행위를 말한다.

우선 판매촉진의 종류를 살펴 보면 [표 Ⅱ－11]과 같다.

이같은 내용을 가지고 고객유인을 위한 총력전을 전개할 때만이 외식산업의 판매촉진목적을 달성할 수 있을 것이다.

[표 Ⅱ－11] 일반산업과 외식업의 판매촉진 활동내용

구 분	내 용		
일반산업	① 인간에 관련되는 것 : 판매지도, 신제품발표회, 판매회의, 판매컨테스트 ② 판매용구 : 카다로그, 지라시, 포장지 ③ 점포조성 : Pop, Display, Poster, 진열대, 간판 ④ 금, 물에 관련되는 것 : Rebate, 융자, 선물 ⑤ 판매장소제공 : 전시즉매회, 판촉파티 ⑥ 고객에의 소구 : 공장견학, Premium ⑦ 협업활동 : 상품의 배송, 설치, 기술 등 ⑧ 사내 커뮤니케이션 : 사내보, 사내지 ⑨ 대고객창구 : 고객상담센터, 쇼 룸		
외식산업	· 캠페인 · 커머셜송 · 프레젠트 · 전단광고 · 쿠폰	· 스탬프 · 시식권 · 간판 · 풍선 · 깃발	· 애드벌룬 · 캐릭터인형 · 퀴즈 · 유명인의 내점

4) 홍보 · 선전

홍보는 프로모션의 아주 중요한 요소로 홍보 하나만으로 판매를 시도할 수 있는 것이 아니라 고객에게 점포의 이미지를 심어 주며 이러한 여러 이미지를 오래 갖고 있도록 하는 데 중요한 역할을 한다.

이렇듯이 외식산업에 영향을 미치는 여러 가지 이미지를 살펴보면 다음과 같다.

① 상품이미지 : 맛, 양, 차림새, 구색
② 가격이미지 : 고가격인가, 저가격인가
③ 판매촉진이미지 : 광고, 전단, 캠페인, 간판, 마크
④ 점포이미지 : 인테리어, 엑스테리어, 입자, 위생
⑤ 종사원이미지 : 접객태도, 말투, 복장
⑥ 서비스 이미지 : 음식만드는 시간, 택배서비스, 예약서비스
⑦ 커뮤니케이션 이미지 : 평판에 의한 이미지, 지역과 PR활동 이미지
⑧ 기업이미지 : 기업명, 본사의 소재지, 사장의 이미지, 기업규모, 지명도

선전은 선전비를 지불하지 않는 것으로 광고와는 다른 어떤 조직을 위해 사업적인 목적을 갖고 있는 뉴스를 말한다. 선전은 좋은 뉴스를 만들 수 있으므로 뉴스를 만드는 방법은 다음과 같으며 선전부서의 책임하에 있다.

- 유명한 신문기사, 잡지사, TV · 라디오 프로듀서를 점포로 초청하여 좋은 홍보의 유대관계를 갖도록 하는 선전효과를 노린다.
- 금일의 주요뉴스와 연결시킨다.
- 유명 인사를 점포로 초대하여 인터뷰한다.
- 미래에 관한 예측을 분석한다.
- 주요한 행사에 참가하도록 한다.
- 주요명절에 행사를 갖도록 한다.
- 상품을 제공한다.
- 콘테스트를 개최한다.
- 특별쇼를 마련한다.

선전을 위한 뉴스는 책자로 발행이 되거나 혹은 메디아(media)를 통해 방송이 되기 때문에 모든 내용이 간결하고 주의를 끌 수 있어야만 원하는 효과를 얻을 수 있다.

판매촉진 기본전략 흐름도

기본전략		신규고객의 획득 → 이용빈도의 증가 → 동반자의 수행 → 일인당 객단가 향상 → 점포매출 및 수익성 증대		
Event		·상권 특징별 Event 활용의 극대화 ·주기적, 정기적인 다단계 전략구사	신선한 충동, 강한 구매욕 유발	
		광고, 선전 Image	판촉물 Concept	캠페인 Theme
전략	1 STEP 인지도 고지	점포 OPEN EVENT ·공사기간중 플랭카드 설치하여 고지 ·오픈전 현수막 설치 ·오픈전 점포 내외점 개방	판촉물 활용의 극대화 ·POP, 리플렛, 카달로그, 액자 ·오픈 증정품 실시 ·무료시음, 시식권 발행 ·초대권 배포	주변상권 중심의 가시적인 캠페인 ·상권특성별 실시 ·슬로건, 캐치프레이즈 제작 ·점포내 CM송 제작
	2 STEP 인지도 확신	계절별 기획행사 ·봄－감사보은 대축제 (계절과일쥬스 등) ·여름－휴가 페스티발 ·가을－가을맞이 대축제 ·겨울-송년, 망년, X-Mas, 졸업 ·신제품 출시 행사	패키지 및 용기의 차별화 ·쇼핑백, Take Out용 패키지 ·기념품 증정 및 상품권 활용 ·쿠폰제, 할인제 ·카렌다 제작 배포	계절별, 단계별 캠페인 ·환경문제와 연계한 전개 ·포스터 제작 ·전철, 버스, 빌딩옥상 등의 옥외 캠페인
	3 STEP 점포 활성화	매체 활용의 대중화 ·옥외광고(와일드 칼라) ·DM발송(입시, 편지, 연하장) ·전문지→일간지→레디오→TV ·점포 소식 책자 발행 배포	생동감 점포 이미지 정착 ·고객 회원카드제 ·영화사, 마사회, 프로야구 등과 연계망 구축(교환권, D/C) ·선물카드	캠페인용 대중화 ·캠페인용 VTR 제작 ·매체용 CM송 제작

[자료 : 국내외식산업 현황분석, 한국음식업중앙회, 1996.]

Tips 홍보활동의 종류

1) 고객을 위한 구내홍보

체인에서 발행하고 고객이 거주하고 있는 도시의 주요지역과 오락시설 등을 소개하는 책자를 점포 내에 비치한다. 이러한 책자를 통해 식음부서 상품을 소개시킬 수 있으므로 고객의 상표선호도(brand loyalty)를 높일 수 있다.

2) 종사원을 위한 구내홍보

종사원들의 사기앙양 고취로 간접적 홍보활동을 기대한다.

3) 지역사회를 위한 홍보

지역사회라 함은 점포에 있어서는 사업의 근원뿐만 아니라 법적 · 상업적인 기관으로서의 관계를 갖게 된다. 그러므로 서로 같은 업자끼리의 좋은 유대관계를 위하여 그 지역 내에서 발행하는 잡지 · 협회 · 친선모임 등에 참가하는 것이 좋다.

4) 국내외 홍보활동

국내 홍보활동으로는 국내에서 발행되는 신문, 잡지, 업계신문 등을 이용하고 TV · 라디오 방송망도 이용한다. 국외 홍보활동은 체인일 경우 여러 가지 장점을 이용하여 점포가 겨냥한 목표시장을 위한 홍보활동을 한다.

12 구체적 판매촉진 활동의 방안과 사례

1) 지속적 효과없는 반쪽 판촉

레스토랑측이 판촉활동의 주체가 되기보다는 철저히 고객을 주체로 한 판촉활동을 펼쳐야만 그 효과를 얻을 수 있다. 즉 진정한 판촉활동의 방향성은 '고객이 희망하는 시기에, 고객이 희망하는 상품을, 고객이 희망하는 방법으로' 계획하고 실시하는 것이다.

그렇지 않으면 업소측이 일방적으로 노력하여 고객들의 반응이 없는 헛된 판촉활동만이 될 뿐이다.

[표 Ⅱ－12] 판매촉진방법

항목 / 매체	알릴목적	시간	대상		경비	적합할 경우
			지역	객층		
카탈로그 (메뉴북)	상품설명	접객어프로치 시	접객의 장소	적합객선정 신문독자	약간대	잠재적 구매의사를 보유하고 있는 경우
낱장광고 (전단지)	지역한정 불특정다수	판촉계획에 맞춘다	특정지역		약간대	신문독자층과 지역에 알릴 때
DM (직접우편)	특정계층 선별소구	판촉계획에 맞춘다	광범위한 지역	특정고객을 선정할 수 있음	소	고정고객 관리 및 주목률이 높음
POP(구매시점광고)	상품의 포인트광고	특정상품 판촉기간	점포내의 포인트선정	내점객	약간소	상품의 포인트
점내장식	점포이미지 소구	판촉 기간중	점포내의 포인트선정	내점객	약간소	장식에 의한 시각 이미지 향상
옥외광고 (현수막등)	장기간의 선전	행위기간 중 또는 그 직전	고객이 용이하게 볼 수 있는 장소	불특정다수	규모에 따라 차이	장기간 고객에 알릴 경우
잡지 (지역광고)	광범위 불특정다수	간행시기에 맞춘다	매체성격에 따른 지역설정	독자층	대	장시간 선전에 효과
신문 (지역신문)	불특정다수 고객에 광범위하게 선전	판촉계획에 맞춘다	매체성격에 따른 지역설정	불특정다수	대	신문구독자에 적합한 판촉
판매기술 (종사원 중심)	고객과의 커뮤니케이션	평상시 특히 판촉기간중에 주의	모든 접객 장소	내점객 특히 대면고객	무	신규고객 단골고객과의 신뢰감 구축
공동광고 (조인트 또는 협찬)	조직에 의한 소구	공동행위의 기간	공동행위의 협의에 의함	공동행위자 대상객	약간소	공동고객 개척에 의한 효과

2) 성공적인 판촉활동의 준비과정과 그 방법

먼저 사전검토사항을 살펴보면 다음과 같다.

- 판매촉진을 해야 할 상품성질의 파악
- 판매 예정 목표
- 판매의 시기, 기간

- 판매의 대상(고객층 선정)
- 판매활동 인원
- 판촉활동 경비 예산

3) 판촉 활동을 통한 고정고객 만들기

각종 판촉활동을 통해 단기간의 성과를 올리는 것도 물론 중요하지만 가장 궁극적인 목표는 고정고객을 확보하고 지속적으로 관리, 그 수효를 늘려 나가는데 있다.

레스토랑이 장기적으로 번영하는 길은 고객으로부터의 정보를 보다 많이 제공받아 업소운영 전반에 그 의견을 반영해 가는 것이다.

[표 Ⅱ－13] 연중 판매촉진 행사일정표

연별	연중행사(국경일 및 절기, 기념일)	판매촉진 내용
1월	신정 소한	• 신정연휴 연휴로 휴업하는 업소가 많은 시기 입지에 따라 사전홍보(현수막, POP)로 연휴기간 영업 활성화를 기대할 수 있음. • 떡국, 만두국, 찹쌀 옹심이, 수제비 등 특선 메뉴화
2월	입춘 설날 정월대보름 발렌타인데이	• 설날 연휴기간 영업활성화 계획 • 입지에 따라 졸업시즌 특수 유치(기념품, 특선메뉴) • 봄철 야채 메뉴 • 젊은 고객층 대상으로한 발렌타인데이 행사 (초콜릿 제공, 서비스음료, 러브레터 달린 사랑의 초컬릿 선물) • 결혼 시즌 앞둔 사전홍보
3월	삼일절 경칩 춘분·입학시즌	• 젊은 고객층 대상으로한 화이트데이 행사 • 봄나물 주제로 한 특선메뉴 실시 • 입학식 시즌으로 입지에 따라 사전홍보(도서나 문구류 사은품 증정)
4월	한식, 식목일, 청명 장애자의 날	• 식목일 따른 지역행사에 협찬 또는 동참 • 본격적인 홍보계획에 적절한 시기(전단지, 리플렛 외)

연별	연중행사(국경일 및 절기, 기념일)	판매촉진 내용
5월	어린이날 어버이날 석가탄신일 스승의 날 성년의 날	• 가정의 달 축제 - 어린이날(또는 일정기간) 특선메뉴, 기념품 증정 - 어버이날 할인혜택 外 - 스승의날(또는 그런) 인근학교 선생님 초청(초대장 발송) - 성년의 날 장미꽃 증정, 샴페인 外
6월	환경의 날 현충일 · 단오 6 · 25사변일	• 폐유등 이용한 비누 제작 · 증정 • 국가유공자 초청행사 • 여름 특선메뉴 실시(삼계탕, 쌈밥, 냉면, 과일빙수, 아이스크림 外)
7월	제헌절 초복 중복	• 건강내용 반짝메뉴 실시(사전홍보) • 아이스크림, 빙수, 식혜, 수정과, 디저트 제공 • 방학시즌 특별판촉
8월	입추, 칠석 광복절 말복, 처서	• 방학시즌 특별판촉 • 여름 피로회복 스테미너 메뉴 축제 • 여름 특선메뉴 마감
9월	백로 추석, 추분	• 추석전 송편디저트 제공 • 개학시즌 특별판촉(주부, 학교대상)
10월	국군의 날 개천절 한글날	• 가을 특선메뉴 실시(버섯요리 外)
11월	입동 소설	• 입학생을 위한 특선메뉴(건강식)판촉 • 겨울 상징하는 디저트 제공(군고구마, 군밤, 호떡, 호빵 外)
12월	대설 동지 성탄절 입시철	• 연말축제 분위기 고조(월초에 실내장식, 특선메뉴 실시) • 동지날 팥죽을 디저트로(인근 상가, 사무실에도 제공) • 성탄절 기념 판촉(어린이 대상 기념품 증정) • 송년 사은행사 집중 판촉(월초 전단지 배포, 예약접수)
기타		• 개업 판촉 • 개업기념 주간 할인판매 • 특선메뉴 실시(계절별, 특정주제별) • 조인트 프로모션 실시(공동판촉, 협찬사와 제휴) - 노래방, 주유소, 음료, 주류 식재 납품업체와 제휴

III 회계 · 정보관리

1 개 요

1) 레스토랑 회계의 특징

레스토랑의 회계정보는 영업결과가 당일로 요구되며, 고객의 청구서는 언제나 최종적으로 계산이 완료되어 있어야 하는 특징이 있다. 일반적으로 레스토랑 회계정보의 특수성에 대하여 설명하면 다음과 같다.

(1) 거래규모의 영세성

레스토랑은 원래 소매업형태의 사업체이며, 부동산의 형태이기는 하나 장기임차계약을 체결하는 아파트나 사무실 · 건물 등과는 달리 일시적 체제객(transient guest)이 아닌 사람이 고객의 주류를 형성하므로 각 거래 — 그것이 현금거래이든 외상거래이든 — 의 규모가 아주 작다.

(2) 거래빈도의 빈번성

수요시장의 형태가 단기간 내에 상품과 서비스를 이용하게 되므로 거래와 거래간의 시간적 간격은 거의 무시해도 좋을 정도이다. 그런데 레스토랑은 노동집약적 사업으로서 고객의 반응(customer acceptance)에 의존하는 바 크므로 점포의 회계목적에 부응할 의도에서 뿐만 아니라, 고객의 불만이나 불편발생을 방지하기 위해서도 그와 같은 소규모의 각 거래들을 신속히 처리하여야만 하는 어려움이 있다.

(3) 강력한 내부통제와 외상매출관리의 필요성

각종 상품을 구매하는 고객은 현금 및 외상거래가 가능하나 고객은 현금거래가 원칙이기 때문에 현금수납에 대한 기록은 회계의 주요부문이 된다. 이것은 회계에 있어서 수익의 내부통제에 대한 강한 요구를 제기 받게 된다.

(4) 회계습관에 의한 특성과 독특한 자산평가법

레스토랑에서의 상품구매관리 · 저장관리 · 생산관리 및 임금관리상태 등은 근본적으로 타산업과의 차이가 무별하다. 다만 특수한 방법이 필요하다기보다는 회계관행적 측면과 취급하는 물품의 상이성으로 인하여 다소 차이가 있는 방법을 적용하고 있다. 이것은 회계이론적 측면에서의 논리적 합리성의 추구에서 재기되는 자산평가상의 문제와는 다소 성질이 다른 문제라고 볼 수 있다.

2) 식음료부문 통일회계

대부분의 레스토랑은 식료서비스와 음료서비스에 있어 어느 쪽에 비중을 두고 영업을 하느냐는 차이는 있으나 식사와 음료서비스를 일률적으로 다 같이 취급하고 있고 또 시설도 갖추고 있다.

그러므로 경영상 생기는 운영비와 직접판매비 처리면에서 종사원은 동일점포 안에서 식음료 두 가지 모두를 서비스하고 있으므로 종사원으로 인하여 생기는 인건비 등 경비를 어느 만큼씩 식음료에 각기 배분하여 정확하게 계산하여야 하는가는 실제로 거의 불가능하다. 또 식음료서비스에 곁드린 간접재료나 용역비도 어느 쪽에 얼마만큼 속하게 해야 하는지 쉽게 판별할 수 없다. 이렇게 배분이 어려운 비용은 식음료수익비율에 따라 배분하는 것이 일반적으로 가능하다고 하지만, 차라리 판매부서 수익을 기준으로 결정하는 것이 타당하겠다.

앞의 [표 Ⅲ-1]은 레스토랑운영을 종합한 것으로써 각 계정과목과 계정처리방법을 분류한 식음료 손익계산서이다.

[표 Ⅲ－1] 식음료(food and beverage) 손익계산서

1) 수 익(revenue)
  식 료(food) Current Period ____________
  음 료(beverage) ____________
  총 액(total) ____________
2) 조 정(allowances) ____________
3) 순수익(net revenue) ____________
4) 기타 수익(other income) ____________
  총 액(total) ____________
5) 판매원가(cost of sales)
  소비된 식료원가(cost of food consumed)
  종사원식사비용감소(less · cost of employess meals) ____________
  식료판매순원가(net cost of food sales)
  음료판매원가(cost of beverage sales) ____________
  판매순원가(net cost of sales) ____________
6) 총이윤(gross profit)
7) 비용(expenses)
  임금 및 급료(salaries and wages)
  종사원후생비(employes benefits) ____________
  급료 및 관련비용총액(total payroll and related expenees) ________
  기타 비용(other expenses)
  도기류 · 글라스류 · 은제류와 린넨(china, glassware, silver and linen)
  청소용역계약(contract cleaning)
  주방연료(kitchen fuel)
  세탁 및 드라이크리닝(laundry and drycleaning)
  인(허)가(license)
  음악 및 휴흥(music and entertainment)
  영업용 소모품(operating supplies)
  기타 영업비(other operating expenses)
  제복(uniforms) ____________
  기타 비용총액(total other expenses) ____________
8) 비용총액(total expenses) ____________
9) 부서별 손익(departmental income and loss) ____________

2 식음료원가관리

1) 원가관리의 목적

식음료원가는 항상 레스토랑 서비스산업군에서는 운영의 기본으로 되어 왔다. 왜냐하면 레스토랑운영에 있어서 식음료원가는 경영상 제1단위를 발생하는 최대의 단위지출이었기 때문이다. 그러므로 운영의 성패는 흔히 식음료원가를 효과적으로 관리하는 경영능력에 좌우된다고 할 수 있다.

레스토랑의 이러한 본질은 식음료원가의 효과적인 관리문제를 복잡하게 만들고 있다. 레스토랑은 본질적인 제조활동과 밀접한 관련을 갖고 있으며, 그 관련생산물은 부패의 가능성이 극히 높다. 즉 매일매일 식사 때마다 여러 종류의 음식물들을 준비해야 하기 때문에 생산과정에 있어서 효과적인 관리가 더욱 복잡해지고 있다. 그래서 식음료원가를 관리하는 점포경영자는 다음과 같은 사항은 사전에 유의하지 않으면 안된다.

① 고객이 어떤 음식물들을 요구할 것인가를 정확히 예측하고 있어야 한다.
② 이러한 예측에 따라 식품재료를 구입 · 준비하도록 해야 한다.
③ 과도한 가격을 피하기 위해서는 1인분 음식물의 양을 알맞게 조절하여 분배해 야 한다.
④ 재료가 구입되어 고객에게 판매되기까지의 낭비 및 손실을 없애도록 해야 한다.

이와 같은 정확한 예측을 토대로 구입으로부터 판매에 이르기까지의 상품의 움직임(移動過程)은 [그림 Ⅲ－1]과 같이 단계별로 몇 개의 기능으로 구분된다.

상품이 이러한 각 기능을 통해 움직이는 것을 가격의 흐름이라고도 한다. 식품원가를 최소화하려면, 이러한 가격의 흐름에 매 단계마다 능률적인 원가관리를 하도록 해야 한다.

[그림 Ⅲ－1] 음료원가관리와 帳票시스템

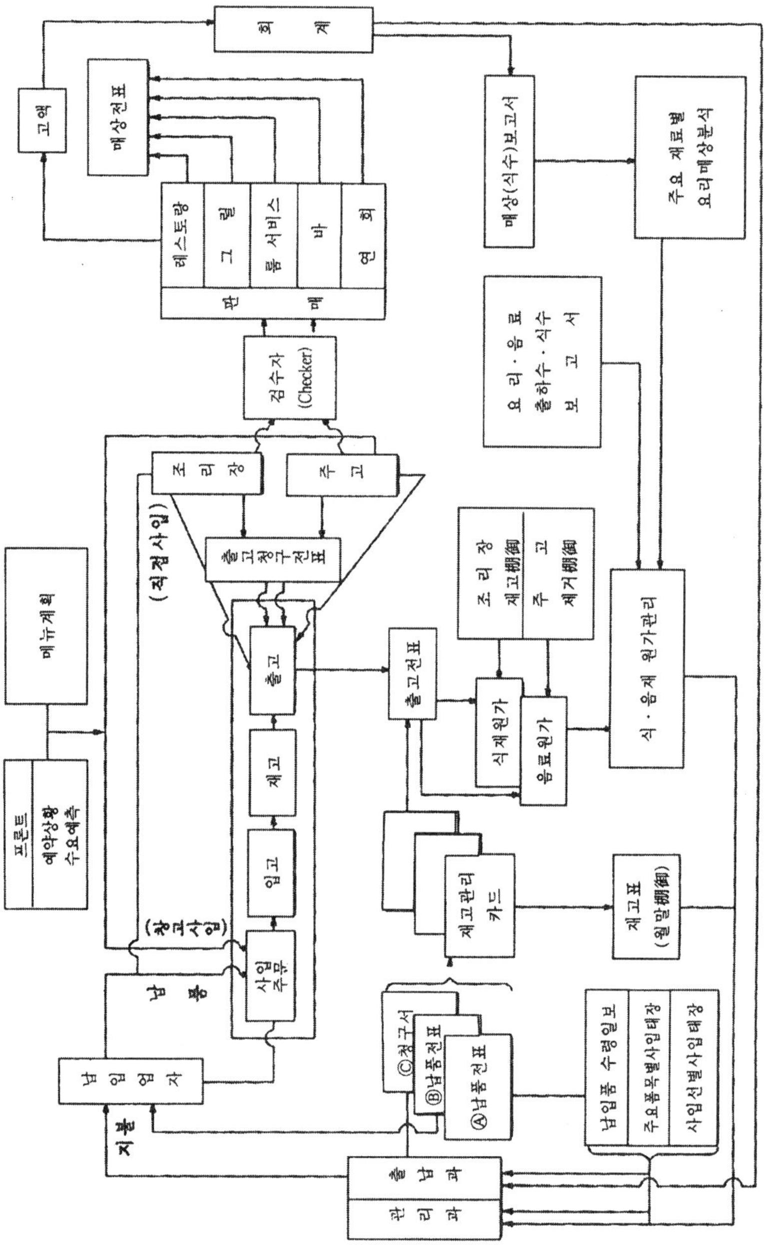

자료 : ホテル, 旅館經營便覽, 日本エフサルタントブルーフ, 1983, P. 200.

2) 원가관리에 대한 경영적 기능

레스토랑의 효과적인 식음료원가관리는 계획 · 조직 · 감독 · 관리 · 협조 그리고 평가의 경영적 기능에 달려 있다고 할 수 있다.

(1) 계획(planning)

식음료원가관리에는 사전계획이 있어야 된다. 목표를 먼저 설정하고 그 목표를 달성한 수 있는 계획을 수립한다. 그 목표는 레스토랑과 캐피티어리어에서와 같이 판매의 퍼센티지일 수도 있고, 학교나 병원에서와 같이 1인분에 얼마라고 할 수도 있고, 혹은 몇몇 기관에서와 같이 하루분에 얼마라고 할 수도 있을 것이다.

계획을 적절한 메뉴 · 계획 · 구입 접수 그리고 저장과정에 입각해서 수립한다. 메뉴의 품목은 정해진 표준목표와 다음 사항을 기초로 해서 미리 원가를 계산하고 가격을 결정한다.

① 표준레시피(recipe)
② 표준함량
③ 표준메뉴 가격결정방법

(2) 조직(organization)

식음료원가관리의 책임을 맡은 모든 사람이 원하는 표준목표를 달성하는데 있어서 자신의 임무에 대한 정보를 얻을 수 있고 교육을 받을 수 있도록 조직이 편성되어야 한다.

(3) 감독(directing controlling)

각 부서의 장과 감독자는 자기가 책임을 맡고 있는 구역에서 표준절차를 따르고 있는지를 감독해야 한다.

(4) 관리(management/administration)

경영진은 일간 · 주간 혹은 월간 식품원가의 평가결과에 따라 기능을 제대로 발휘하지 못하는 구역에 한해 감독과 관심을 집중시킴으로써 별도의 원칙에 의해 관리한다.

(5) 협조(coordinating)

식음료원가관리를 효과적으로 하기 위해서는 관계부서나 개인이 협조해서 노력해야 할 것이다. 예를 들면, 구입시는 메뉴의 변경을 초래할지도 모르는 가격의 변동이 있을 경우 메뉴계획담당자에게 통보해 줄 수 있을 것이다. 서비스감독자는 주방과 협조해서 표준분량이 유지되고 있는지 확인할 수 있을 것이다. 이러한 협조는 공식적인 계통을 밟을 수도 있고, 혹은 비공식적으로 할 수도 있다. 그러나 잘 조직된 식음료서비스에서는 이러한 협조가 끊임없이 이루어질 것이며, 경영진은 모든 관계자들이 주요목표를 달성하기 위해 그들의 관심을 집중시키고 있음을 보게 될 것이다.

(6) 평가(evaluating)

식음료원가의 결과에 대한 주기적인 평가를 실시하도록 개인이나 부서에 책임을 맡길 수 있을 것이다. 이것을 물량재고조사에 기초를 둔 일간보고서나 주간 또는 월간 평가서의 형식을 취할 수도 있을 것이다. 어떠한 방법을 사용하든지, 경영진에게 신속하게 정보를 제공해서 필요한 경우에는 간부진이 즉각적인 행동을 취할 수 있도록 해야 한다.

3) 표준원가의 설정과 분석

표준들의 성격 및 용도에 대한 철저한 이해는 우리가 표준원가의 토대와 구조를 보다 잘 이해하는 데 도움이 될 뿐만 아니라, 과도한 식품낭비가 가능한 곳이나 그 원인을 예상하는 데도 도움이 될 것이다.

모든 표준은 최고경영층에 의해 확정되어야 한다고 지적되고 있다. 이것은 이들 표준의 사용여부에 대한 최종적 결정이 최고경영층 또는 그의 권한을 위촉받은 대리인에게서 내려야 한다는 것을 의미한다. 그 이유는 확정된 표준들이 그 기업의 품위 · 가격결정 · 이윤정책을 반영하기 때문이다. 이런 문제와 관련된 결정은 반드시 최고의 경영층에 의해서 내려져야 한다. 표준은 행동의 지침이다. 또 표준은 기업의 목표를 달성하려는 데 있어서 책임을 지고 있는 관련자들에게 보조적 수단이 되기도 한다.

표준의 중요성 때문에 이미 결정된 표준에 어떤 변이사항이 발생할 경우 최고경영층의 결정이 내려지는 절차를 수립하는 작업이 필수적으로 요구된다. 더욱이 최고경영층은 제안된 변경사항이 실제로 필요한 것임을 입증할 만한 적절한 보조증거를 요구해야 한다.

다시 말하면, 비록 표준들이 절대 변동될 수 없는 신성한 것이 되어서는 안되지만, 바로 이런 점에서 수정된 변이사항은 일단 채택되는 경우보다 나은 결과를 가져와야만 한다. 일단 변경사항이 있을 때는 새로운 또는 수정된 표준이 존재하게 되고 종전의 표준이 엄수되었던 것과 다름없이 이 새로운 표준이 엄수되어야 한다. 기타 우리는 다음과 같은 다른 표준들에 대해서도 연구가 있어야 할 것이다.

① 표준분량규격(standard portion sizes)
② 표준식단(standard recipes)
③ 표준구매명세서(standard purchase specification)
④ 표준산출(standard yields)

왜냐하면 레스토랑 사업성과의 좋고 나쁜 부분에 대한 판단의 기준으로서 표준원가 자체가 불합리한 것이라면 능률측정의 척도로서 그 기능은 마비될 것이기 때문이다. 그래서 레스토랑 서비스에 있어서의 특수성을 고려할 때 직접재료비에 대한 재료비표준에 의하여 표준원가를 산정하는 것이 바람직하다(이정자, 1985).

이같은 표준원가를 기초로 하여 다음과 같이 실제판매된 원가와 표준원가를 비교 · 분석하는 가운데 실질적인 대책이 마련되어야 하겠다. 이 비교는 식품원가관계자들에게 적정한 원가와 비교해서 실제원가가 어느 정도인지를 보여 준다. 실제원가가 표준원가와 편차가 생기지 않는지 검토되어야 하고, 일단 편차가 생기는 경우 지체 없이 시정되어야 한다.

실제식품원가지출이 표준을 초과하는 여러 가지 원인 가운데 운영에 있어서 과도한 식품원가를 발생시키는 요인은 허다하다. "과도하다"는 말은 식품원가가 적정한 원가보다 높고 표준원가를 초과한다는 의미이다.

그 몇 가지 주요원인을 열거하면 다음과 같다.

① 과도한 분량규격
② 과잉생산
③ 비능률적인 판매 및 출납
④ 부적절한 조리 · 카빙(carving) 절차
⑤ 과도한 변질
⑥ 잔고재료의 부적절한 이용
⑦ 도난 · 절도

그러나 판매된 식품의 순수한 원가는 다음과 같은 사항이 이상적으로 지켜질 때 실현될 수 있을 것이다.

① 레스토랑운영에 낭비가 전혀 없을 때
② 최적의 능률이 발휘될 때
③ 모든 부수적 수단이 엄수될 때

비로소 이 원가가 이상적인 원가를 나타낸다. 이 뭔가가 이상적인 것이기 때문에, 이는 종종 순수한 표준이라고 불리우기도 한다. 순수한 표준을 실제표준에 조정시키기 위해서는 불가피한 낭비 및 비능률에 대한 참작, 다시 말해서 오차를 계산할 필요가 있다. 적절한 오차를 가산한 후에 비로소 적정원가가 되는 것이다.

표준원가의 기본목적은 실제식품원가비 결과를 평가하는 비교의 기준 구실을 하는 것이다. 또 이것은 그 달의 식품원가관계자들의 운영능률을 측정하는 데 중요한 정보를 경영층에서 제공해 준다. 그와 같은 정보가 없이는 경영층은 실제의 식품원가가 적정한 원가를 유지하고 있는지를 알 수가 없다. 적정원가를 모른다면 비능률, 피할 수 없는 낭비 및 도난으로부터 발생하는 손실량이 어느 정도인지 알 길이 없게 된다. 레스토랑의 이윤폭은 너무나 좁기 때문에 이 같은 손실이 생겨서는 안되며, 일단 이같은 손실이 발생하는 경우 운영상 치명적인 타격이 되기 마련이다.

4) 식재품목별 원가관리조정표 연구(사례)

(1) 한 품목당 표준원가표

재료비는 보통 실제재료비 계산만으로 끝내고 그것이 고객에게 제공되는 요리의 재료비로 적합한지 검토되는 일은 소홀히 하게 되는 경우가 있다. 이 정도 재료비라면 괜찮아 라며 별다른 생각없이 넘어간다. 재료비가 지난번에 비해 많이 들었는데도 불구하고 '이것 문제로군'하는 정도로 받아들이며 철저한 원인추구를 하지 않는다는 것이다.

만약 재료비 계산을 고객을 위해 하고, 점포의 경영을 개선하는 데 사용하고자 한다면 실제재료비 계산을 적어도 한 달에 한 번은 정확하게 해야한다. 정확하게 재료비를 계산하려면 다음 [표 Ⅲ－2]의 실제재료비의 계산과 같이 처음과 끝 사이의 재고조사를 분명히 한 다음 재료비를 계산해야 한다.

실재 재고조사에 의한 재료재고액은 재료품목별로 수량과 매입원가를 확인 · 기록하여 재고금액을 계산해서 확정한다.

재고액은 재료품목별의 재고수량에 단가(매입단가)를 곱하여 합계를 낸 것이다. 실지재고조사표는 재료품목명, 단위단가, 재고량, 금액을 독립표로 하기 때문에 실지재고시마다 작성한다.

실제재료비를 산정해도 사용재료비로서 정확한 숫자인지의 여부는 확인할 수 없다. 항상 동일한 품질로 제공하려면 동일한 품질의 재료를 동일한 수량을 사용하여 동일하게 가중을 해야 한다. 따라서 메뉴품목마다 어떤 재료를 어느 정도 사용할 것인가를 처음부터 결정해 두어야 한다. 그것을 우리는 표준원가표라고 한다.

[표 Ⅲ－2] 실제재료비 계산

① 기수재료제고액	104,800원
② 재료매입액	97,500원
③ 기말재료재고액	92,711원
④ 재료비＝①×②－③	109,589원

[표 Ⅲ－3] 메뉴품목별 표준원가표(견본)

(1) 품명A 판매가 380원(표준원가율＝133÷380＝35%)

재료품목명 ①	단위 ②	수량 ③	단가 ④	금액 ⑤＝③×④
a	g	100	1.0원	100.0원
b	개	2	5.0	10.0
c	장	6	0.5	3.0
d	개	1	2.0	2.0
e	g	12	1.5	18.0
합계				133.0원

(2) 품명B 판매가 750원(표준원가율＝285÷750＝38%)

재료품목명 ①	단위 ②	수량 ③	단가 ④	금액 ⑤＝③×④
a	g	200	1.0원	200.0원
b	장	5	2.0	10.0
e	g	10	1.5	15.0
f	개	1	10.0	10.0
g	벌	1	50.0	50.0
합계				285.0원

(3) 품명A 판매가 650원(표준원가율＝234÷650＝36%)

재료품목명 ①	단위 ②	수량 ③	단가 ④	금액 ⑤＝③×④
a	g	200	1.0원	200.0원
b	개	6	5.0	30.0
c	장	8	0.5	4.0
합계				234.0원

견본은 A, B, C의 메뉴품목이 3가지 있으며, 한 식사당 재료품목별 사용량 등이 기재되어 있다. 합계금액은 한 식사당 사용된 재료원가의 합계이다. 그 원가합계를 판매가로 나눈 비율을 표준원가표라고 한다. 여기서 표준원가액 및 표준원가율은 메뉴 한 품목마다 설정된 것이다. 나중에 설명할 표준재료비 및 표준재료비율과는 전혀 다른 것이다. 후자는 일정한 계산기간 중에 사용되는 재료비나 판매액에 대한 비율을 말한다.

(2) 표준과 실제의 차이

메뉴 한 품목당 한 식사마다 실제의 재료원가나 재료원가율이 어느 정도 소요되는지 정확하게 계산하기란 불가능하며 별 의미도 없다. 그래서 일정 계산기간 중의 표준 재료비나 표준재료비비율을 산정하고 실제재료비나 재료비비율을 비교하여 그 차이를 문제삼는 것이다. 그것을 정말하게 재료품목별로 계산한 것이 식재품목별 원가관리조정표이다. 이것은 일종의 메뉴와 재료와의 상관표이다.

[표 Ⅲ－5]의 표준원가표 사용은 각기 [표 Ⅲ－3]의 메뉴품목별 표준원가표 (1), (2), (3)에서 옮겨 적은 것으로 1인분의 분량이다.

여기서 기간 중에 사용한 표준사용량을 산정하기 위해 메뉴품목별 매상수량을 곱한다.

기간 중의 표준사용량 합계에 단가를 곱해 재료품목별로 표준재료비를 계산한다. 실제재료비를 재료품목별로 산출하기 위해 표 속의 ⑩에서 ⑭까지의 순서로 계산한다. 이 때 재료품목별로 납품서에 의한 입하량의 계산파악이 필요하다.

재료품목당 표준치와 실제치와의 차이는 ⑮, ⑯, ⑰과 같은 계산이 된다. ⑰수량차이율은 재료품목별 차이량 ⑮를 사용량 ⑬으로 나눈 비율이다. 수량차이율은 재료품목별로 산출된다. 분모의 수치가 세분화되었기 때문에 차이율은 비교적 커진다. 이 허용범위는 플러스 · 마이너스 2%에서 3%이다. 재료비차이율은 전체재료비차이를 표준재료비로 나눈 비율로서, 허용범위는 플러스 · 마이너스 0.1%에서 3%이다. 이것을 초과할 때에는 그 원인을 파악하여 개선해야 한다.

[표 Ⅲ－4] 표준재료비의 상승합계계산법

메뉴 품목	매 상 고	표준 원가율	표준재료비
A	133,000원	35%	= 46,550원
B	39,750원	38%	= 15,105원
C	128,050원	36%	= 46,098원
합 계	300,800원		107,753원

[표 Ⅲ-5] 표준재료비의 상승합계계산표의 풀이

메뉴목(판매가)			A (380원)		B (750원)		C (650원)		합계 (A+B+C)		실제재료비					재료품목별 차이		
당일 매상수량(매상액) / 재료품목			350식 (133,000원)		53식 (39,750원)		197식 (128,050원)		매상액 300,800원									
품목명	단위	단가 ①	표준 원가표 사용량 ②	사용량 ③ =②× 매상수량	표준 원가표 사용량 ④	사용량 ⑤ =④× 매상수량	표준 원가표 사용량 ⑥	사용량 ⑦ =⑥× 매상수량	표준 사용량 ⑧ =③+⑤+⑦	표준 재료비 ⑨ =②×⑧	기수 재고량 ⑩	입하량 ⑪	기말 재고량 ⑫	사용량 ⑬ =⑩+⑪-⑫	실제 재료비 ⑭ =①×⑬	차이량 ⑮ =⑧-⑬	재료비 차이⑯ =①×⑮ 또는 ⑨-⑩	수량 차이율 =⑮÷⑬
	g	원			200				85,000	원					원		원	
a	개	1.0	100	35,000	-	10,600	200	39,400	1,882	85,000	52,500	78,000	43,320	87,180	87,180	-2,180	-2,180	-2.5
b	장	5.0	2	700	-	-	6	1,182	3,676	9,410	2,500	3,000	3,608	1,892	9,460	-10	-50	-0.5
c	개	0.5	6	2,100	5	-	8	1,576	615	1,838	1,200	5,000	2,648	3,552	1,776	124	62	1.7
d	g	2.0	1	350	10	265	-	-	4,730	1,230	600	1,000	1,003	597	1,194	18	36	2.9
e	개	1.5	12	4,200	1	530	-	-	53	7,095	8,000		3,494	4,506	6,759	224	336	5.0
f	벌	10.0	-		1	53	-	-	53	530	100		48	52	520	1	10	0.2
g	벌	50.0	-			53	-	-		2,650	500		446	54	2,700	-1	-50	0.2
합계( ) 내, 재료비차이율=재료비차이합계÷매장액합계										107,753					109,589		-1,836 (-0.6%)	

(3) 품목수가 많은 경우

이러한 재료품목별로 재료비를 콘트롤할 때 메뉴품목수와 재료품목수가 많은 경우에는 주요한 재료품목에 한정시켜서 검토를 한다. 가령, 재료품목 a와 같이 사용량이 큰 경우나 g와 같이 단가가 높은 경우에 한해서 검토한다.

메뉴품목수나 재료품목수가 비교적 많은 레스토랑에서 표준재료비는 보통 표준재료비의 상승합계계산법을 사용한다. 메뉴품목별 매상고를 기간합계한다. 여기에 표준원가표의 표준원가율을 곱해 표준재료비를 산출하고 합계를 낸 것이 기간 중 표준재료비이다.

재료비의 콘트롤은 지배인의 책임이다. 조리사는 재료취급자로서의 의무를 다해야 한다. 재료비 콘트롤의 비결은 결정된 것을 확실하게 실행할 것을 우선으로 한다. 계획을 짤 때는 메뉴품목수보다 먼저 재료품목수나 가공공정수효를 중요시해야 한다. 이것이 확실하게 결정되면 나머지 메뉴품목수는 늘어나도 비교적 콘트롤이 쉽다.

마지막으로 재료비 콘트롤은 콘트롤을 위해 하는 것이 아니고 진정한 목적은 고객에게 항상 동일한 품질의 요리를 제공하고 신뢰와 만족감을 제공하기 위함이다.

3 회계정보업무의 전산화

1) 컴퓨터도입효과

컴퓨터정보시스템을 도입해서 당장 눈에 띄는 변화는 각 업장과 경리부서의 일 · 월별 결산업무이다. 현재까지의 매출현황을 집계하는 데 수작업에 의존하던 것에 비해 자료에 대한 신뢰성뿐 아니라 효용성 역시 월등히 높다.

이와 함께 예약시스템은 고객으로부터의 예약문의에 신속하고 정확한 정보제공을 가능하게 한다. 일목요연하게 정리되는 업장 판매실적재료를 적극활용할 경우 몇년 후의 판매예측과 이에 대한 대응한 서류작성이 불필요하므로 인건비 절약도 기대할 수 있게 된다.

예약제도가 활성화되려면 초과예약이나 예약없이 찾아오는 고객이 줄어들게 되고 예약확인서와 같이 고객 거래상 점포 내의 각종 정보를 보다 용이하게 활용할 수가 있게 된다. 또한 각 부서간의 신속하고 밀접한 의사소통으로 근무자나 경영진은 많은 정보를 손쉽게 취득 공유할 수 있을 것이다.

고객의 요금계산도 순식간에 이루어질 수 있다. 이외에 재무·회계 등에 대한 도표를 제공받아 기업운영상 가장 중요한 현금의 흐름과 입금예정액의 신속한 파악으로 효율적인 자금운용이 가능해진다.

구체적으로 예를 들지 않더라도 현재까지 실현되고 있는 전산시스템을 적극 수용할 경우 경영층의 경영의사결정에 충분하고도 신속히 대응할 수 있다는 것은 이미 주지의 사실이다.

이제는 전산시스템 구축의 실효성 여부를 갖고 논의하는 단계를 지나 당연히 도입해야 하는데, 언제·어떻게 도입하느냐로 관심이 모아지는 상황이 되어버렸다. 나아가서 이미 도입해 활용 중인 컴퓨터에 대한 마인드가 앞서 있는 일부의 경우 어떤 형태의 새로운 시스템이 출연하는지, 또는 양질의 서비스창출을 위해 최첨단 컴퓨터기술을 어떻게 적용해야 할 것인가에 관심을 쏟고 있는 실정이다.

점포 내부의 힘만으로는 치열한 경쟁에서 살아남을 수 없다는 인식하에 우수한 두뇌들이 땀흘려 개발해내고 있는 최신전산기술을 적극 활용하는데 주저하지 말아야 하겠다.

일반적으로 전산화로 인하여 얻어지는 효과를 살펴보면 다음과 같다.

① 사무표준화와 행정관리의 신속한 변경가능
② 신속·정확한 업무처리
③ 자료의 신속분류
④ 인력의 효율적 활용
⑤ 종합정보관리 용이
⑥ 대외 신뢰도 향상
⑦ 무형의 부가가치

그러나 일단 전산이 도입되어 업무가 전산처리되면 다시 수작업으로 환원하기가 어렵다. 전산화란 사무체계의 변동과 자료관리방법의 변동을 수반하기 때문이다. 따라서 전산도입은 신중히 검토되어야 하며, 전산원에게 있어서 다음과 같은 전산인식이 필수적으로 선결되어야 한다.

① 자료수록능력(fie capacity)의 면밀한 검토한다.

업무량이나 자료량의 증감추이를 판단하여 그에 적합한 기종을 선정하되 확장성을 고려해야 한다. 간혹 자료량에 미치지 못하는 기종을 선택하여 2중3중의 비용과 시간을 낭비하는 사례를 종종 보게 된다.

② 동시처리능력(multi process user)을 살펴본다.

특히 소형기종을 선택할 때 동시에 여러 가지 업무처리가 불가피하게 될 경우를 대비하여 여유 또는 확장성이 있는 기종을 선택해야 한다.

③ 각종 소프트웨어(software)가 풍부한 기종을 선택한다.

④ 가급적 동업타사의 기존보유기종 또는 기존사용자가 많은 기종을 참고로 한다.

⑤ 기계보수능력이 확실한 기종 선정 · 고장시 업무마비가 초래되므로 신중을 기해야 한다.

2) Pos System화

오늘날 레스토랑을 개점하고자 할 때 자동화 시스템에 대한 필연성이 그 어느 때보다 부각되고 있다. 이 때 그 대표적인 것이 POS System이라고 할 수 있다.

여기에서는 Pos System에 대하여 다음과 같은 기본적인 내용을 설명하고자 한다.

(1) POS 시스템이란 무엇인가?

POS 시스템이란 Point of Sales System(판매시점 정보관리시스템)의 약자로서, 레스토랑의 판매상황을 사용자가 원하는 시점에서 보고서의 형태로 분석 · 파악 · 점검해 볼 수 있도록 실계된 경영관리를 위한 정보관리자동화 시스템이다.

레스토랑의 판매시점에서 발생하는 데이타 '언제', '어디서', '무엇을', '얼마에', '얼마만큼', '누구에게' 팔았느냐 하는 6대 데이타를 자동입력하게 됨으로써 큰 효과를 가져 올 수 있는 시스템이다.

POS 시스템은 컴퓨터의 기능도 갖고 있으며 입력 · 기억 · 연산 · 제어 · 출력의 5가지 기능을 가진 종합적인 기기로서 청구서 · 매출집계분류 · 장표정리 등의 중간사무작업이 대폭 경감되도록 설계되어 있다. 또 수작업의 오자, 기업누락 등이 없어져 고객과의 문제발생소지가 없어지고 사무작업의 경감으로 판매관리, 위생관리, 맛에 대한 연구 등 기본적인 경영업무에만 전념할 수 있으며, 부대적으로 사무작업이 간소화되고 성력화됨에 따라 인건비 등의 원가절감을 가져 올 수 있다. 또 경영의 근대화 · 합리화를 이끌어 신속한 거래처리로서 거래시간을 단축시키고 종사원의 생산성 향상 및 고객에 대한 불쾌감을 최소화시킬 수 있는 장점을 보유하고 있어 식당경영인에게 큰 호응이 있다.

또한 POS에 의한 일보 · 월보 · 재고현황표 등의 자동작성 및 POS에서 작성된 6대 데이타의 후방처리로 적시에 판매정보 · 고객정보 · 경영정보를 얻을 수 있어 사용자의 분석요구에 따라 다양한 판매전략이나 효율적인 계획경영이 가능해질 수 있게 설계되어 있다.

(2) 시스템도입의 기대효과

최근의 사무자동화(OA)추세에 맞추어 레스토랑 운영여건의 변화와 신용판매의 활성화, 대고객 서비스 향상에 초점을 맞추어 등장한 컴퓨터 시스템이 POS 시스템이라고 할 수 있겠는데, 이 POS 시스템은 종사원이 Handy Terminal(One-Touch입력방식)을 이용하여 고객에게 메뉴를 주문받아 데이타 전송 Station에 세트하면, 즉시 주방의 요리사에게 메뉴가 전달되어 신속한 조리를 행할 수 있으며 또 주문번호를 입력하는 즉시 영수증이 카운터에서 발행되므로 고객을 기다리지 않게 하는 레스토랑 종합관리시스템이다.

판매시점에서 자동입력된 모든 고객별 판매 데이타의 활용으로 관리자가 원하는 모든 경영자료를 수시로 확인 · 파악케 하며, 이로 인해서 각종 전표발행 · 마감 · 집계 및 처리에 부수하는 제관리장표의 기장 · 이송 · 정리 등의 단순작업을 대폭 생략케 하여 그 여력을 레스토랑경영의 합리화, 고객에 대한 서비스개선, 나아가서는 전반적인 경영관리시스템 구축에 대처케 하려는 것이다.

또 인적인 기대효과는 종사원(Handy Terminal 사용), 주방요원(Kitchen Printer 사용), 지배인(Pos System 활용), 고객은 카드사용으로 그 효과를 기대할 수 있다.

(3) 최신식의 경영보고서

레스토랑 통제시스템은 판촉활동, 종사원의 생산성 향상, 재고(inventory) 통제, 식료원가 그리고 종사원의 출퇴근기록카드 등과 관련하여 완전하고 자세한 경영보고서를 제공하여 준다.

각 개의 레스토랑에서 요구되는 경영보고서와 다음과 같은 시스템, 캐쉬(cashier), 서버(server) 그리고 터미널(terminal)을 포함하여 적절한 재무보고서를 제시하여 주고 있다.

시스템보고서는 다음과 같은 내용에 있어 그들과의 상호간 엄격한 통제영역에 있어 경영감독을 용이하게 하여 준다. 즉, 이 모든 보고서들은 요구사항을 해결해 주고 있다.

① 메뉴계획(menu planning)
② 메뉴품목 원가분석(menu item cost analysis)
③ 종사원책무(employee accountability)
④ 식료 낭비 및 감소(food waste and shrinkage)
⑤ 메뉴품목 증진(menu item promotion)
⑥ 종사원스케줄(employee scheduling)

[시스템보고서의 내용]

① 재무정보(system, terminal. cashier, server)
② 사업보고서(activity report)
③ 판촉분석(sales analysis : daily, by loction and to-date)
④ 메뉴품목별 판촉(open guest chceks)
⑤ 고객점검(open guest checks)
⑥ 종사원생산성(server productivity)

⑦ 메뉴품목별 원가분석(menu item cost analysis)
⑧ 재고파악(inventory status)
⑨ 재고관리자(inventory recorder)
⑩ 재고변동(inventory variance)
⑪ 노무자관계 요약(labor summary)
⑫ 매일 시간별 서비스료(daily time and attendance)
⑬ 임금률(wages rates)
⑭ 기타

4 경영분석

1) 통계자료의 중요성

레스토랑회계 관리상 회계수치와 병행하여 중요한 것으로는 통계수치가 있다. 회계정보는 경영상태나 재정상태를 기업이 회계시스템에 의한 금액으로 표시해야 하지만, 이에 대해 합계적 정보는 보다 광의로 금액적 정보뿐만 아니라 물품적 요소도 제공하는 것이며, 이 통계적 정보는 다음에 서술하게 되는 경영분석상 필요한 것이다.

어떤 통계적 자료간 필요한 것인가는 경영의 규모나 상태에 따라 달라지는 것이다. 일반적으로 다음과 같이 분류하고 있다(최대웅, 1990).

① 식음료부문 : 시간체재별 이용수, 실제이용자수, 메뉴별 매상고, 주문수, amount 및 할인액, 연회수 및 이용인원, 서비스종사원수 등
② 기타 : 가스 · 전기 · 연료 · 수도의 소비량, 점포부문별 전용면적 및 용적 등

이상 열거한 것은 근대적인 자료라고 할 수 있겠으나, 그 자체로써 비교분석되는 것 외에 다른 어떠한 자료와 비교 · 분석함으로써 보다 유용한 자료를 얻을 수가 있는 것이다.

2) 경영분석요령

경영분석이란 기업의 경영상태나 재정상태를 성장성 · 수익성 · 안정성 · 효율성 · 생산성 · 원가 등의 관점에서 전체적으로 파악 및 분석 · 비교하는 것을 말한다. 경영분석은 감사와 나란히 계획 · 실시된 결과를 비교하고자 하는 경영싸이클의 최후결과분석인 것이며, 다음 싸이클의 계획에 연결되는 것이다.

경영분석의 방법으로는 비율에 있어서 실수를 적용하는가, 아니면 비율을 적용하는가에 따라 실수법과 비율법으로 구분할 수 있으며, 이것을 다시 일정시점 또는 동일 기간의 자료를 분석 · 관찰하는 것과 다른 이 기간 이상의 자료를 비교 · 분석 · 관찰할 것인가에 따라 정태적 분석과 동태적 분석으로 나누기도 한다.

실제로 레스토랑 경영에 필요한 부문을 적용시키는 방법을 모색함이 바람직할 것으로 사료된다.

(1) 성장성

성장성 분석은 과거에서 현재까지 기업의 발전동향을 파악함에 따라 매상고와 이익의 관계를 분명하게 하는 것이다.

① 매상고성장률(매상고증가율)
② 매상총이익 성장률
③ 영업이익성장률
④ 총자본증가율
⑤ 자기자본증가율
⑥ 고정자산증가율

(2) 수익성

수익성 분석은 기업의 이익구조를 분석하고자 하는 것으로 다음의 제비율이 여기에 해당한다.

① 경영자본 대 영엽이익률 $= \dfrac{\text{영업이익}}{\text{경영자본(기초+기말)} \div 2} \times 100$

② 경영자본회전율 $= \frac{\text{매상고}}{\text{경영자본}} = \frac{\text{연간매상고}}{\text{경영자본평균재고}}$

③ 매상고 대 영업이익률 $= \frac{\text{영업이익}}{\text{매상고}} \times 100 = \frac{\text{연간 영업이익}}{\text{연간 판매고}} \times 100$

④ 매상고 대 총이익률 $= \frac{\text{매상총이익}}{\text{매상고}} \times 100 = \frac{\text{연간 매상고} - \text{매상원가}}{\text{연간 매상고}}$

⑤ 자기자본 대 순이익률 $= \frac{\text{순이익}}{\text{자기자본}} \times 100 = \frac{\text{연간 순이익}}{\text{자기자본평균재고}} \times 100$

(3) 안전성

안전성분석은 기업의 재무구조를 분석하고자 하는 것이며, 대차대조표 분석이라고 볼 수 있다.

① 유동비율 $= \frac{\text{유동자산}}{\text{유동부채}} \times 100$

② 당좌비율 $= \frac{\text{당좌자산}}{\text{유동부채}} \times 100$

③ 고정장기적합률 $= \frac{\text{고정자산}}{\text{자기자본} + \text{고정부채(장기차입금 · 사채)}} \times 100$

④ 총자본 대 자기자본비율 $= \frac{\text{자기자본}}{\text{총자본}} \times 100$

(4) 효율성

효율성분석은 수취계정 · 재고자산 · 고정자산 · 지불계정의 각 회전율에 따라 기업경영활동의 효율성을 측정하는 것이다.

① 수취계정회전율 $= \frac{\text{연간 매상고}}{\text{수취수표 및 외상매출금}}$

② 원재료회전율 $= \frac{\text{연간 판매원가}}{\text{원재료평균재고}}$

③ 고정자산회전률 $= \frac{\text{연간 판매액}}{\text{고정자산평균액}}$

④ 지불계정회전율 $= \frac{\text{연간 매입액}}{\text{지불수표 및 외상매출금}}$

⑤ 판매액 대 판매관리비율 $= \frac{\text{판매관리비}}{\text{연간 매상액}} \times 100$

(5) 생산성

생산성분석은 생산요소의 투입고(input)와 생산고(output)와의 관계 분석으로 노동생산성과 자본생산성으로 대별할 수 있다.

(가) 노동생산성

① 종사원 1인당 매상액
② 종사원 1인당 순이익

(나) 자본생산성

① 건물평당 매상액
② 테이블당 매상액
③ 고객 1인당 매상액
④ 종사원 1인당 고객수
⑤ 종사원 1인당 인건비
⑥ 종사원 1인당 유형고정자산

(6) 원가 분석

원가분석은 일반적으로 3단계, 즉 요소별 원가분석(무엇이 소비되었는가?), 부문별 분석(어디서 소비되었는가?)의 경로를 거쳐서 행해진다.

(7) 표준 원가

노무비 · 경비에 대한 표준원가를 설정하고 또한 예산을 바탕으로 실제원가 또는 비용을 관리 · 분석하고자 하는 새로운 방법이 있다. 이 경우에 가격면과 수량면 모두 다 표준이 설정되어 있으면 보다 효과적인 차이분석과 원인추구가 될 수 있다.

그러나 분석 · 진단의 종류에 따라 총체적으로 망라하는 가운데 앞으로는 체계적 접근(system approach)에 대한 연구가 있어야 하겠다.

3) 종합적인 경영능력 진단(사례)

소규모 사업에 있어서는 사업주 스스로가 경영진단을 할 수 있는 능력을 가지고 있느냐 없는냐에 따라 그 경영실적이 상이하게 나타난다.

어렵게 마련한 자금으로 고생고생해 가면서 점포(사업장)를 오픈한 후 직접 소비자를 대상으로 점포를 운영하다 무계획적으로 매출이 일어나면 그 매출액만큼 상품을 구매하고 그저 월말에 남은 돈이 이익이려니 생각하면서 점포를 운영하는 사업주들이 의외로 많다.

이와 같은 경우는 밑빠진 독에 물 붓기 식으로 꾸준히 매출은 일어나면서도 자금의 회전이 되지 않아 자금난에 봉착하는 경우가 많다.

이러한 상황을 미연에 방지하기 위해서는 매장을 운영하면서 몇가지 가시적인 현상에 대해 체크하는 습관을 가져야 1차적인 경영 진단을 [표 Ⅲ－6]과 같이 할 수 있다. 다음으로는 경영 비율에 의한 2차경영진단을 [표 Ⅲ－7]과 같이 실시해 보도록 한다.

[표 Ⅲ－6] 1차적인 경영진단

주 요 현 상	세 부 내 용
매출이익 저조	• 판매방법(점원의 대고객서비스 상품대금수납방법 등)상의 문제점은 없는가? • 판매가격설정 및 실판매가격에는 문제점이 없는가? • 상품구색(타깃 상품과 구생상품으로의 구성비율)에 문제점은 없는가?
자금수지 악화	• 재고상품(이월 및 계절상품 체크)이 증가하지는 않았는가? • 외상매출이 증가하지는 않았는가? • 계절상품이 적기에 판매되었는가? • 고정자산이 과다하지 않은가? • 매출이 감소되었는가?
외상매출 증가	• 갑작스런 매출향상이 되었는가? • 기획세일 및 바겐세일을 실시하였는가? • 수금 및 채권관리가 부실하지 않았는가?
매입실적 저조	• 전반적인 경기침체 및 상권이 쇠퇴하고 있는가? • 자금수지가 악화되어 의식적으로 매입을 회피했는가? • 납품업체의 상품공급에 문제점이 발생하였는가? • 사업주 및 점원이 업무를 기피하지 않았는가?

[자료 : 차한원 외 1인, 알토란창업재테크, 더난출판사, 1997. p.275.]

[표 Ⅲ－7] 경영비율표에 의한 2차 경영진단

구분	순번	세부 항목	산출 방법	체크 포인트	단위
종합진단	1	총자본 대 영업이익률	$\frac{\text{영업이익}}{\text{총자본}} \times 100$	클수록 좋다	%
	2	총자본회전률	$\frac{\text{순수매출액}}{\text{총자본}}$	〃	회수
	3	매출액 대 영업이익률	$\frac{\text{영업이익}}{\text{매출액}} \times 100$	〃	%
	4	자기자본 대 경상이익률	$\frac{\text{경상이익}}{\text{자기자본}} \times 100$	〃	%
	5	총자본 대 경상이익률	$\frac{\text{경상이익}}{\text{총자본}} \times 100$	〃	%
재무진단	6	총자산 대 상품비율	$\frac{\text{상품}}{\text{총자산}} \times 100$	중간 정도가 좋다	%
	7	총자본 대 자기자본비율	$\frac{\text{자기자산}}{\text{총자본}} \times 100$	클수록 좋다	%
	8	유동비율	$\frac{\text{유동자산}}{\text{유동부채}} \times 100$	〃	%
	9	당좌비율	$\frac{\text{현금+예금+수취어음+매출금}}{\text{유동부채}} \times 100$	〃	%
	10	자기자본 대 고정자산비율	$\frac{\text{고정자산}}{\text{자기자본}} \times 100$	적을수록 좋다	%
	11	고정장기 적합율	$\frac{\text{고정자산}}{\text{자기자본＋장기차입금}} \times 100$	〃	%
	12	고정자산 회전율	$\frac{\text{순수매출액}}{\text{고정자산}}$	클수록 좋다	회수
판매진단	13	매출액 대 총이익률	$\frac{\text{매출총이익}}{\text{순수매출액}} \times 100$	〃	%
	14	매출액 대 경상이익률	$\frac{\text{경상이익}}{\text{순수매출액}} \times 100$	〃	%
	15	상품회전율	$\frac{\text{순수매출액}}{\text{상품}}$	〃	회수
	16	연간 매출액		〃	원
	17	종업원 1인당 연간매출액	$\frac{\text{순수매출액}}{\text{사업주＋종업원수}}$	〃	원
	18	판매 · 관리비 비율	$\frac{\text{판매관리비}}{\text{순수매출액}} \times 100$	작을수록 좋다	%
	19	판매비 비율	$\frac{\text{종업원급료＋판매비}}{\text{순수매출액}} \times 100$	〃	%
	20	매출액 대비 광고비 비율	$\frac{\text{광고선전비}}{\text{순수매출액}} \times 100$	다소 적은편이 좋다	%
	21	매장 평당 매출액	$\frac{\text{순수매출액}}{\text{매장면적}} \times 3.3$	클수록 좋다	원
노무진단	22	매출액 대비 인건비 비율	$\frac{\text{인건비－퇴직금}}{\text{매출액}} \times 100$	적을수록 좋다	%
	23	종업원 인당 월평균 인건비	$\frac{\text{인건비－퇴직금}}{\text{사업주＋종업원수}} \div 12$	중간 정도가 좋다	원
	24	인건비 대 후생복리비 비율	$\frac{\text{후생복리비}}{\text{인건비－퇴직금}} \times 100$	〃	%

[자료 : 상게서, p. 276.]

Tips 레스토랑의 성적표를 정확히 파악하는 공식

번호, 분석항목	산 출 방 법	비 고
1. 손익분기점	$\dfrac{\text{고정비}}{1-\dfrac{\text{변동비}}{\text{매상고}}}=$ 원	금액이 낮은 쪽이 경영상태가 좋다.
2. 손익분기점 비율	$\dfrac{\text{손익분기점}}{\text{매상고}}\times 100=$ %	비율이 낮은 쪽이 경비율이 작다.
3. 영업이익	① 매상고−매상원가=매상총이익 ② 매상총이익−판매비−일반관리비=영업이익	당연히 높으면 높을수록 좋다.
4. 영업이익률	$\dfrac{\text{영업이익}}{\text{매상고}}\times 100=$ %	비율이 많은 쪽이 업적이 좋다.
5. 경상이익	매상고−(매상원가+판매비+일반관리비)+영업외 수익−영업외 비용	당연히 크면 클수록 좋다.
6. 경상이익률	$\dfrac{\text{경상이익}}{\text{매상고}}\times 100=$ %	비율이 크면 클수록 경영이 호조다.
7. 판매비율	$\dfrac{\text{판매비}}{\text{매상고}}\times 100=$ %	비율이 낮은 것이 바람직하다.
8. 판매비 대 급료수당비율	$\dfrac{\text{종업원}+\text{파트}+\text{아르바이트 급료계}}{\text{판매비}}\times 100=$ %	비율이 낮은 쪽이 판매비 효율이 좋다.
9. 판매비대 광고선전비	$\dfrac{\text{광고선전비}}{\text{판매비}}\times 100=$ %	비율이 낮은 쪽이 좋은데, 광고선전의 효과를 참고로 한다.
10. 수도광열비 대 판매비	$\dfrac{\text{수도광열비}}{\text{판매비}}\times 100=$ %	낮은 쪽이 좋다. 식당경비중에서 인건비 다음으로 부담이 많은 경비
11. 간부보수 대 일반관리비	$\dfrac{\text{간부보수}}{\text{일반관리비}}\times 100=$ %	비율이 낮으면 경비가 감소된다.
12. 지대 · 임대료 대 일반관리비	$\dfrac{\text{지대·임대료}}{\text{일반관리비}}\times 100=$ %	동상
13. 감가상각비 대 일반관리비	$\dfrac{\text{감가상각비}}{\text{일반관리비}}\times 100=$ %	동상
14. 상품별 수량비율	$\dfrac{\text{조사기간의하루당상품수량}}{\text{조사기간의수량합계}}\times 100=$ %	메뉴구성을 이미지 변경할 때 자료가 된다.

Ⅳ 레스토랑 설계디자인

1 개 요

1) 설계의 필요성

설계에 있어서 우선 중요한 것은 계획하는 대로 레스토랑의 업태적 포지션을 명확하게 파악하는 일이다. 프랑스요리의 고급점포나, 호텔의 레스토랑에서 볼 수 있는 디너 중심의 포멀(formal)을 지향하는 레스토랑과 일품요리나 음료물에 중점을 둔 카쥬알 레스토랑과는 설계의 포인트가 달라진다.

다운타운 중심의 비스트로나 브라스리와는 주로 일품요리류에 따라 일품씩 서비스가 되고, 교외의 훼밀리 레스토랑에서는 한 번에 2~3품, 혹은 트레이 등에서 모두를 한 번에 내놓는 경향이 강하기 때문에 테이블의 치수나 통로폭도 달라진다. 고객의 회전수도 꽤 차이가 있어 훼밀리 레스토랑에서는 기능성이 중시되며 비스트로 등에서는 분위기가 중시되고 있다.

각종 스페이스와 주방, 팬츄리, 창고 등의 후방부문의 각 구획의 적정한 면적배분을 계획하고 그와 병행해서, 각기의 구획과의 기능적인 관련에 있어서 능률적인 동선계획을 기본적으로 설계한다. 그리고 레스토랑의 심장부라고 할 수 있는 주방설계는 계획의 조건을 충족시키면서 위치나 공간의 형태 · 면적 등이 결정되지 않으면 안된다(김금동, 1988).

이와 같이 식음료서비스 상품을 판매하는 점포의 설계(layout)는 비용의 관점에서 뿐만 아니라 음식의 질과 서비스의 면에서도 그 운영의 상태와 밀접한 관계를 가지고 있다. 경영자가 건축 · 식품설비공학 또는 실내장식의 전문가일 수는 없지만, 디자인과 설계에 대해서도 숙지하고 있어야 한다. 경영자는 현재와 미래의 새로운 식음료서비스를 계획하고 운영의 개선을 끊임없이 추구해야만 할 것이다. 왜냐하면 실제의 변화는 때로 운영경비를 절감시켜 주고 보다 좋은 서비스의 계기를 마련해 주기 때문이다.

[그림 Ⅳ-1] 레스토랑의 설계(layout)

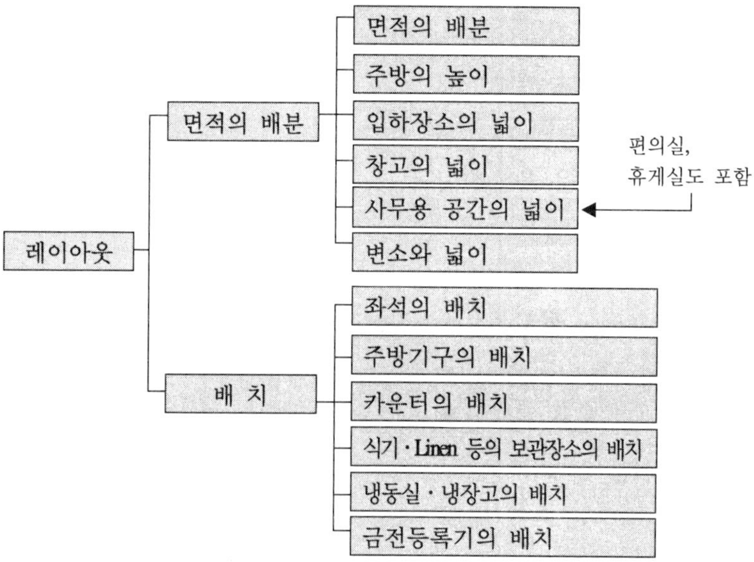

[자료 : 미야 에이지, 외식비지니스, 한국산업훈련연구소(역), 1988. p.76.]

Tips 레이아웃의 목표

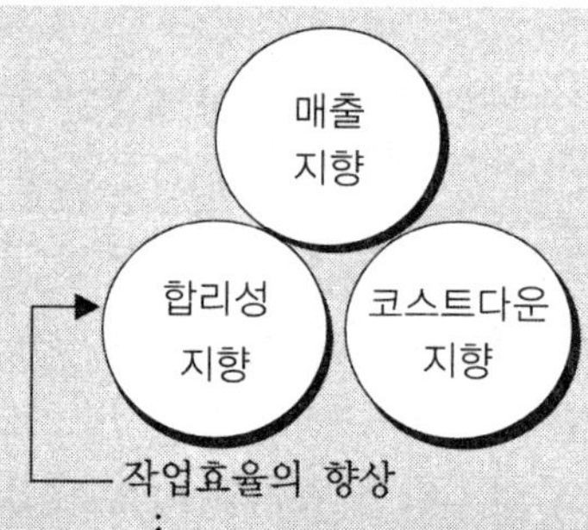

⋮

웨이트리스의 동선 연구, 조리사의 동선 연구 등에 의하여 효율적인 좌석배치나 주방기기의 배치 등을 고려한다.

2) 계획설계 진행요령

레스토랑의 설계는 자본을 투자한 경영주가 직접하거나 전문가에게 의뢰하여 시행되고 있다. 그러나 설계를 누가 하든지간에 중요한 것은 레스토랑이란 고객만족, 고객의 수요창출로 인하여 외식업체가 추구하고 있는 기업이윤의 극대화에 그 목표를 두어야 한다는 점을 고려해야 할 것이다. 고객과 기업주 모두에게 만족을 극대화하기 위하여는 우선 레스토랑의 구조적인 측면. 즉 시설 · 설비기능이 완벽해야 한다.

이같이 시설과 설비기능의 완벽을 이루기 위해서는 [그림 Ⅳ-2]에서 보여주는 바와 같이 계획설계 진행요령에 따라 추진되어질 때 가능할 것이다.

3) 주방 설계

레스토랑에 있어서 주방설계 또한 매우 중요하다. 특히 메뉴의 질과 조리는 주방설계의 효율성에 따라 좌우되는 경향이 있기 때문이다. 즉 성공적인 레스토랑운영에 있어 주방설계의 실용성은 레스토랑의 투자효율성과 안전관리, 고객서비스 개선, 음식의 질적 향상 등 제반요인과 밀접한 관계가 있기 때문에 중요시된다. 그리고 이런 주방설계는 전기배선 및 상 · 하수도, 환기 및 공기조절장치 등과도 상호 연계하여 검토되어야 한다.

또한 주방으로서의 기능 외에 고객에 대한 접객분위기 조성측면에서 청결하고 위생적이며 개성적인 조리장소로서의 미적 감각을 살리는 설비 역시 판매촉진측면에서 도움이 된다.

이러한 주방의 외관은 그 점포의 수준을 나타내는 경우가 많고 고객입장에서 보면 주방에 대한 믿음은 곧 신뢰도에 대한 평가와 직결된다. 같은 취지에 부합되게 점포력을 향상시킬 수 있는 주방설계 요인을 정리하면 다음과 같다.

(1) 기능적 주방

인간의 움직임과 물건의 움직임을 단축시켜 동선을 정리함으로써 능률적인 주방이 되도록 한다. 그 결과 종사원을 감소시켜 코스트를 절약할 수 있다.

[그림 Ⅳ-2] 계획설계 진행요령

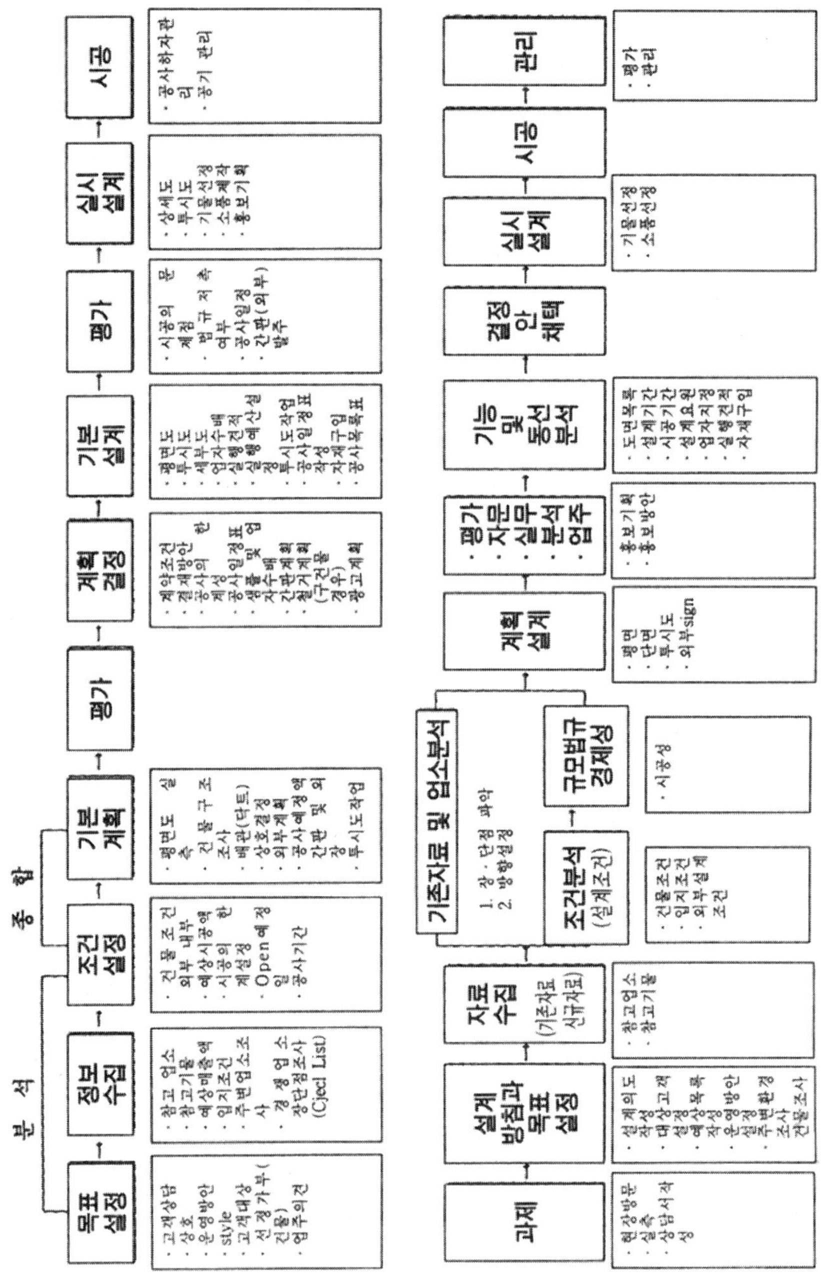

(2) 위생적 주방

바닥에서 천정까지의 관리, 즉 쾌적한 작업환경을 연출시켜야 한다. 완벽한 공기조절로 드라이한 주방을 만들어 식중독의 위험이 감소되고 능률도 향상되도록 한다.

(3) 완전한 주방

(1)과 (2)를 철저히 함으로써 안전의식의 향상을 꾀한다.

(4) 경제성의 추구

(1)에서 (3)까지를 추구함으로써 무리, 낭비, 불균형적인 요소가 없는 작업을 표현할 수 있으며, 코스트 절감을 달성할 수 있도록 한다.

그래서 주방설비를 선정하는 데 있어서도 다음과 같은 일반적인 사항을 사전에 검토해 본 후에 결정하는 것이 효과적이다(최대웅, 1992).

① 메뉴종류별로 가장 활용도가 높은 설비는? 또한 장래 메뉴를 새로 취급할 경우에 사용가능한 설비는 어떤 종류가 가장 효과적일까?
② 설치하는 비용과 운용비용은 어느 정도인가?
③ 설비의 기준으로 전기를 사용할 것인가? 가스를 사용할 것인가?
④ 고객의 요구를 수용할 수 있는 용량이 되는가?
⑤ 단일대형 설치가 유리한가? 아니면 소형 2대 설치가 더 효과적인가?
⑥ 보수 및 수리와 부속의 교환이 용이한가?
⑦ 훌륭한 설비지만 유용성이 앞서는가?
⑧ 사후관리(A/S)체계가 잘 확립되어 있는 설비인가?

2 시설 배치

1) 시설배치계획의 필요성

어느 분은 “왜 배치계획이 필요한가”라는 질문을 할 것이다. 경우에 따라서는 설비를 어느 지역에 배치시킨 후 만족할 때까지 재배치시키면 되리라고 쉽게 생각도 될 것이지만, 이러한 사고방식은 가구를 이동시켜 집안의 분위기를 새롭게 단장하려는 가정주부의 경우에는 통용이 되겠지만 레스토랑 분야에서는 받아들일 수 없는 개념이 된다.

배치계획은 기업의 생산성을 결정하며, 경우에 따라서는 레스토랑의 존망을 결정하기도 한다라고 시설배치의 중요성이 지적되고 있다 사실상 많은 경영인들이 제조원가 절감의 방법으로 새로운 기자재시설 및 공구를 들여오는 다음 단계로 시설배치의 중요성을 지적하고 있다.

2) 시설배치의 효과와 목적

우리는 일반적으로 가장 경제적으로 시설을 운영해 나가면서 종사원들의 안전과 만족감을 줄 수 있는 작업장의 배치를 추구해 나간다. 즉 생산에 관여하는 요소들인 작업자 · 원료 · 기계 및 보조설비 등을 효율적으로 배치시켜 좀더 낮은 코스트로 제품을 생산하여 경쟁적인 시장에서 기업 이윤을 획득하고자 한다. 좀더 구체적으로 보면 다음의 사항들에 의해서 코스트가 절감되는 효과를 기대할 수 있다.

① 종사원의 건강 및 안전에 대한 위험의 간소
② 종사원의 사기앙양 및 만족감의 증진
③ 생산량의 증대
④ 생산자재의 감소
⑤ 시설면적의 절감
⑥ 기계 · 노동력 및 서비스의 효용증대
⑦ 중간재고품의 감소
⑧ 물자취급량의 감소
⑨ 제조시간의 단축
⑩ 사무작업량 및 간접노동력의 감소
⑪ 감독의 용이성 및 효율성
⑫ 물자소통혼잡이 감소
⑬ 제품과 품질의 안전성 증가

⑭ 변화에 대한 조정의 용이
⑮ 기타

이상의 효과를 동시에 모두 성취할 수는 없겠으나 열거된 하나하나가 시설배치의 연구에 의해서 얻어진 결과로서, 다음의 여섯 가지 사항을 시설배치의 목적으로 내세울 수 있다.

① 종합적인 조화의 원칙(principle of over-all intergration)
② 최단거리운반의 원칙(principle of minimum distance moved)
③ 유통원활의 원칙(principle flow)
④ 공간활용의 원칙(principle of cubic space)
⑤ 안전도와 만족감의 원칙(principle of satisfaction and safety)
⑥ 융통성의 원칙(principle of flexibility)

3) 시설배치의 형태

생산은 사람 · 자재 및 기계의 요소로서 이루어진다. 인간은 자재의 일부에 기계의 도움을 얻어 그 자재의 형태, 화학적 특성 혹은 본질을 변화시키거나 다른 자재를 첨가시킴에 의해서 생산품을 만들면서 부가가치를 부여한다. 생산의 세 가지 요소를 좀더 효율적인 방법으로 사용하기 위해서는 경영이라는 개념이 도입되며, 시설배치의 책임은 경영자가 지게 된다. 이상의 상황은 다음과 같이 나타낼 수 있겠다.

경영×(노동력＋자재＋기계)＝생산

앞에서의 공식은 함수관계를 가지며, 경영의 중요성이 곱하기의 형태로 강조되고 있다. 생산이 이루어지기 위해서는 세 가지 요소 중 최소한 한 개는 움직여야 하며, 이 개념으로부터 세 가지 시설배치유형을 생각해 볼 수 있겠다.

(1) 고정위치에 따른 시설배치(layout by fixed position)

주된 원료가 어느 고정된 위치에 놓여지고 기계 · 공구, 기타의 원료 및 종사원에 의해서 이 위치에서 작업이 행해진다. 이 방법은 선박과 같이 생산품의 크기가 대단히 크지만, 생산량이 작은 경우와 수공에 의해 일관된 작업이 행하여지는 경우에 적합하다.

(2) 공정에 따른 시설배치(layout by process of function)

같은 유형의 작업이 같은 장소에서 행하여지는 것이 특징이다. 즉 동종의 기계나 비슷한 조립공정은 그룹화된다. 생산품목이 다양하나 생산량이 작은 물건으로 기계공장·섬유 및 인쇄작업, 서비스업을 예로서 들 수 있다.

(3) 생산품에 따른 시설배치(layout by product or line production)

이 배치는 기계와 조리작업장의 순서대로 배열되어 있는 것으로 재료들이 한 공정에서 다음 공정으로 직접 운반된다. 생산량이 대단히 많고 제품이 표준화된 경우에 적합하다.

4) 평면배치도

점포의 평면배치는 설계에 있어서 최초단계이자 최종단계의 작업으로서 매우 중요한 비중을 차지하게 된다. 따라서 평면의 구성에 필요한 제반조건과 기능의 분석이 이루어진 후 스케치에 들어갈 수 있으며, 다음과 같은 유형과 배분이 필요하다.

또 점포의 기능면에서 공간배분의 작업을 조닝(zonning)이라는 하는데, 주로 홀과 주방 이외에 설비실·창고 등 기능별 스페이스의 배분·배치를 의미하며, 이 분배비율이나 배치방법이 도면상에서 결정되면 점포설계가 완성되는 것을 말하기 때문에 조닝은 배치도에 있어서 중요한 작업이라고 할 수 있다.

평면배치도의 스케치시 고려사항

- 유형분석 ▸직각형, 곡선형, 카운터지향형, 가변형, 복합형
- 도면배분 ▸면적배분, 기능별 배분, 디자인유형별 배분, 좌석수중심의 배분

Tips 매력있는 점포는 절대 망하지 않는다.

나만의 사업장(점포)를 갖고 싶다는 생각은 직장인, 가정주부, 정년퇴직자에 이르기까지 누구라도 한 번쯤은 해본 적이 있을 것이다. 그러나 자금이 충분하다고 본인의 의지가 있다고 기술이 있다고 해서 창업의 꿈이 이루어지는 것은 결코 아니다. 다양한 요건들이 복합적으로 조화롭게 구성이 되어야만 창업이 가능하다.

이때 매력의 종류를 살펴보면 다음과 같다.

항 목	주요내용
신뢰성	• 점주 또는 점원들의 이미지에 대한 인간적 신뢰성이 있는가? • 상품, 서비스에 대한 신뢰성이 있는가?
가 격	• 타경쟁 점포와 비교하여 상품 가격면에서 매력이 있는가?
상 품	• 상품의 전문성과 다양성을 고객에게 제공할 수 있는가?
분위기	• 고객에게 편리함과 아늑함을 줄 수 있는 인테리어 구성이 되었는가? • 업종의 성격과 인테리어는 상품과 서비스를 판매하는 데 있어 소비자 위주로 구성이 되었는가?
서비스	• 소비자가 원하는 내용을 점주와 점원이 알고 있는가? • 소비자가 부담을 느끼지 않은 범위 내에서 고객이 요구하기 전에 정확하고 신속하게 서비스를 실행하는가?

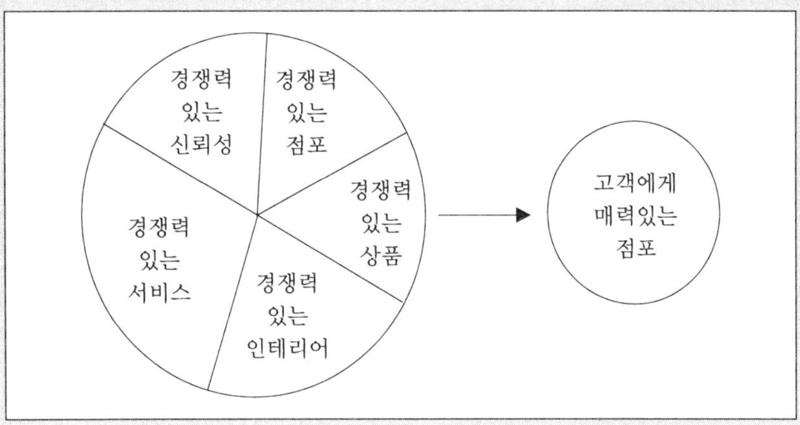

[자료 : 차한원 외 1인, 알토란 창업재테크, 더난출판사, 1997. p. 143]

[그림 Ⅳ-3]은 점포공간배분에 있어서 홀·주방·가구로 구분하여 시공시의 주요시설과 기능, 기대효과를 요약하여 제시하고 있다(홍기운, 2006 ; 406~407).

[그림 Ⅳ-3] 점포 공간배분에 따른 구획별 주요시설

구분	주요시설	기능(역할)	기대효과
홀 시설	• 환기시설(duct) 및 자연채광 • 냉난방기 및 동력인입 • 화장실 • 락카룸(locker room) • 상징적 구조물(image post) • 공중전화 box 및 쇼케이스(디스플레이) • 사인물 설치(점포외관)	동선 최우선 서비스공간 전문성 공유의	고객만족과 가치에서 감동까지 추구 (하이터치+하이테크)
주방 시설	• 환기시성(duct) • 냉난방기 • 화장실 • 급배수(상하수도) • 가스시설 및 가스스토브 • 작업대, 저장 및 보관시설 • 조명시설 • 구서 및 구충시설	동선 최우선 작업환경 제고 시스템중심의	음식점의 심장부(핵)로서 주방의 기능과 역할 극대화
가구	• 테이블 • 의자 및 소파	서비스공간 연출	쾌적성 유도

5) 시설배치시 문제의 발생

생산기관에 종사하는 모든 사람은 정도의 차이는 있겠지만, 어느 정도 시설배치문제에 관심을 가진다. 종사원은 그의 작업대 배치상태에, 현장 주임은 그가 담당한 지역의 시설배치에, 중간경영층 및 최고경영층은 모두 각 나름대로의 생산과 원가(cost)에 영향을 미치는 배치상태에 흥미를 가진다. 일반적으로 다음의 사항들에 의해서 시설배치 문제가 거론되고 있다.

① 제품디자인 변경
② 신제품개발
③ 생산량변경
④ 낙후된 시설
⑤ 빈번한 사고
⑥ 작업환경의 개선
⑦ 시장의 지역변경 및 변화
⑧ 원가절감

그리하여 시설배치문제는 그 규모에 따라 다음과 같이 분류하고 있다.
① 현배치상태의 소규모변경
② 현배치상태의 전면조정
③ 기존시설 내로의 이전
④ 신규시설의 건설 등

3 인테리어 디자인

1) 디자인이란?

레스토랑에서 사용되고 있는 디자인이란 말은 [그림 Ⅳ-3]에서 보여 주는 바와 같이 레스토랑 실내외의 크기·모양·형태·식음료서비스에 사용되는 건물이나 장소의 장식, 그리고 이러한 장소들 상호간의 관계를 의미한다. 설계는 보다 특수한 의미로서 식음료서비스 내의 여러 장소에 대한 세부적인 배열과 이러한 장소 내에서의 설비와 기재의 위치를 말한다. 식음료서비스 상품제공에 따른 디자인은 다양하다. 고래서 수요고객의 의식구조와 점포의 경쟁, 새로운 형태의 기구 등이 개발됨에 따라 디자인과 설계와의 관계도 변하고 있다.

"전체는 부분의 합계보다 더 크다"라는 말은 어느 심리학자의 격언에도 있듯이 식음료서비스의 디자인에 부합되는 말로서, 각 구역은 아무리 상대적으로는 중요하다 할지라도 훌륭히 계획된 전체의 한 구성요소임에 틀림 없다. '전체적 분위기', 즉 가구, 색깔, 도자기, 글라스류와 은기류, 벽장식, 메뉴, 제복, 인사 등이 전체적으로 조화를 이룬 분위기 이것이 디자이너의 목표인 것이다. 위와 같은 모든 항목이 바람직한 효과를 얻기 위해 조화가 필요한 것이다. 이러한 문제를 때로는 점포의 투사된 이미지라고 부른다. 그것을 무엇이라고 부르든지간에 목표로서 분명히 제기되어야 한다는 것을 경영주와 디자이너는 늘 명심하고 있어야 한다.

[그림 Ⅳ-3] 디자인 영역

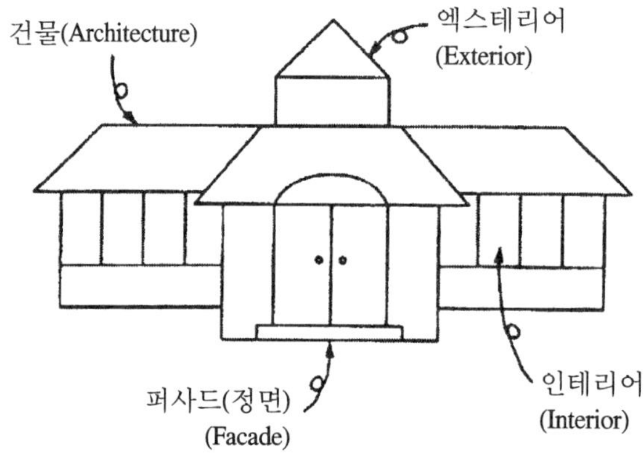

그래서 설계팀은 실내장식의 효과와 설비, 그리고 장식과 관련된 다른 요인들에 대한 실내장식가의 조언도 얻어야 한다. 지금까지 거론된 내용을 중심으로 인테리어란 무엇인가를 요약하면 다음과 같다.

① 기본적인 내용 : 천정, 벽, 메뉴, 조명, 선반, 카운터, 바닥, 금전등록기 주변, 의자, 테이블

② 장식류 : 커텐, 화병, 분재, 그림, 장식품

③ 기타 : 쓰레기통, 재털이, 테이블보, 피아노, 웨곤(wagon), 시계, 종사원유니폼 등

2) 최근의 인테리어 경향

여기에서는 인테리어 디자인과 관련하여 몇 가지 내용을 위주로 최근 국내의 흐름을 소개하고자 한다.

(1) 바닥재

자연미를 표현하려고 한다. 실내공간 연출의 필수적 요소인 바닥을 예술적인 소재로 다룬다는 모토 아래 내놓는 것이 sinool의 마로네라 시리즈이다. 마로네라는 이태리어로 '바닥'이라는 뜻이며 자친소재와 동일한 느낌을 받을 수 있도록 주로 돌과 나무를 이용한 내츄럴 감각이 주류를 이루고 있다. 이러한 흐름은 시멘트화되어 가고 있는 도심의 공간에서 어느 한 부분이라도 자연과 함께 하고 싶은 인간의 자연귀속본능이며, 이런 자연지향성이 실내마감재의 재료에도 나타나고 있는 것이다.

마로네라는 6중구조로 유연성이 뛰어나며, 특수 프레스가공으로 표면 강화 코팅처리되어 온도변화에 강하고 견고한 것이 특징이다. 디자인 패턴은 마블 이미지, 우드 이미지, 천연색 이미지, 그 외에 패션 이미지 등 총80가지의 아이템이 있으며, 용도와 분위기에 따라 끝처리 과정에서도 천연색의 특징인 폴리샤니(표면을 매끄럽게 처리한 것)와 버너 끝처리(표면이 울퉁불퉁함)가 있어 분위기 연출에 강하다.

제품규격은 303m/m×303m/m, 454.5m/m×454.5m/m, 750m/m×910m/m로 다양하며 두께는 3mm, 2mm 2종류이고, 간단한 본드시공으로 공사기간을 단축시키는 장점이 있다.

(2) 텍스타일(textile)

페브릭(천류)은 고품질과 아름다운 패턴을 지향하고 있다. 이 페브릭은 조직이 섬세하여 마모가 심한 소파커버지에 적합하며 커튼으로서는 채광성이 높고 직물 자체의 빛이 바래는 것을 최대한 막아주는 강점이 있다. 또한 유럽지역에서 개발되는 칼라나 패턴을 가장 먼저 도입해서 세련된 감각을 선보이고 있다. 근래의 유럽경향으로 미루어 국내 페브릭의 경향은 전반적으로 어두운 색조에 최근 인테리어의 경향이 라이트해지는 점을 감안해 파스텔톤이 적절히 배합될 것으로 예상되고 있다.

(3) 벽지

부드럽고 포근한 파스텔톤이 주종을 이루고 있다. 장미벽지만의 독특한 개성이 담겨 있는 아이템은 라피아(raffierre)이고, 최근들어 크게 어필하는 아이템은 비닐벽지(vinyl wallcoverins)이다. 라피아는 지사 및 직물류의 특수벽지로서 인테리어 감각과 자연미 그리고 고전미가 돋보이는 고급벽지이다.

비닐벽지는 Netro celoroid처리로 특수광택, 탈색방지, 미묘한 칼라 등의 속성을 지니며 본텍스(bonetex), 칼라론(coloron), 비닐텍스(vinyltex) 세 종류가 있다.

본텍스는 습식공정에 의하여 생산되는 벽지로서 하드타입의 배합에 의하여 견고성과 질감이 뛰어나다. 칼라론은 발포벽지로서 색채와 디자인이 우수하며, 특히 필라블(peelable)처리로 철거시 벽에 붙어 있는 면과 발포층이 쉽게 분리되어 재시공시 경비와 시간이 절약되는 경제적인 벽지이다. 비닐텍스는 이미 구미지역에서 크게 유행하고 있는 벽지로 건식방법에 의하여 생산된 비닐쉬트 위에 면포(cotton fabrie)를 열처리방법으로 배접하여 만들었다. 실용과 분위기를 위주로 처리하여 레스토랑에 어울리는 벽지이다.

장미벽지는 디자인과 칼라 선정에 있어 미국 유명 디자인전문회사인 키르피셔(kirkfisher)사와 제휴되어 있으며, 또 독일의 세계적인 디자이너(desmond)인 레비스(Lewis)로부터도 공급받고 있다.

(4) 조명

샹드리에는 호텔 로비나 대형 쇼핑센터에 설치되어 웅장함과 화려함으로 인기를 모으는 조명의 최고봉이다. 잠실 롯데월드쇼핑 지하 1층~2층에 걸쳐 시공된 다보탑형 샹드리에는 세계 최대로서 기네스북에 오른 명물로 길이자 무려 12m이며, 700개의 램프수로 이루어졌고, 전기용량은 54km나 된다. 또한 샹드리에 하부에 장치된 초음파센서에 의하여 특수음향설비로 4개의 스피커를 통해 음악과 메시지가 자동방송되며, 음폭에 따라 조광도가 함께 작동되어 빛과 음향이 극치를 이룬다.

이외에도 호텔 신라 서울 메인 로비의 샹드리에와 뉴월드 호텔의 대나무형 샹드리에, 그리고 라마다 르네상스의 연회장 등 국내 유명 호텔의 샹드리에를 꼽을 수 있다.

이와 같이 대형 호텔, 쇼핑센터의 로비나 홀에 화려하고 웅장한 조명시설이 설치되어 짐에 따라 중소규모 혹은 레스토랑에도 이같은 영향이 파급되어질 것으로 예상된다.

4 레스토랑 리노베이션

1) 리노베이션 시기

먼저 리노베이션의 시기를 살펴보면 다음과 같다.

① 개업후 상당한 세월이 지나 점포의 노후화가 진행되고 매상고나 손님수가 줄어들기 시작했다.

② 안일한 설계에 의한 점포를 운영하면서 불편한 점과 비효율적인 점들이 발생했다.

③ 근처에 새 점포가 오픈해서 단골고객과 고정고객들이 줄어들기 시작했다.

④ 입지조건이 변해서 점포의 타켓층의 성격이 변했다.

⑤ 개업후 상당한 시간이 경과해 점포의 컨셉이 시대에 뒤떨어졌다.

⑥ 새 메뉴를 도입하기 위해 필요한 설비의 증설이 필요하다.

⑦ 운영의 합리화, 절약, 효율화를 위한 점포개선이 필요하다.

⑧ 경영자의 교체나 영업방침의 변경으로 새롭게 점포를 바꾸게 되었다.

2) 리노베이션의 포인트와 평가표

다음으로 성공하는 레스토랑 리노베이션의 포인트를 고객의 만족도를 높일 수 있는 쾌적한 장소에 대해서 살펴 보면 다음과 같다.

① 테마성이 있는 쾌적공간 창조

② 항상 청결한 식사장소 제공
③ 차분하게 식사를 즐기는 객석을 만든다.
④ 들어가기 쉬운 점포 설계
⑤ 손님이 이용하기 쉬운 점포 설계

한편, 영업효율성 추구측면에서 부연하면 다음과 같다.
① 손님을 기다리게 하지 않는 동선 추구
② 최소 인건비로 운영할 수 있는 효율적인 요리 설비
③ 손님을 만족시키는 서비스 동선 추구
④ 점포의 청결함을 유지하기 쉽고 청소하기 쉬운 점포 설계
⑤ 주방과 객석, 조리사와 홀 직원의 작업 연관성을 중시한 기능 설계

[표 Ⅳ-8] 리노베이션 평가표

체크항목		예	모르겠다	아니오
1. 전체분위기	1) 점포의 개성이 느껴지는가 2) 청결함이 느껴지는가 3) 공조는 쾌적한가 4) 차분하게 식사할 수 있는가 5) 흥겹고 즐거운 분위기인가	3점	2점	1점
2. 입구의 접근 용이성	1) 밖에서 안의 분위기를 알 수 있는가 2) 간판, 심플케이스가 눈에 띄는가 3) 입구 위치가 적절한가 4) 입구가 밝아 처음 온 손님도 들어가기 쉬운가 5) 메뉴와 가격을 알 수 있는가?			
3. 객석	1) 더러움이 눈에 띄지 않는가 2) 조명은 적당한가 3) 필요할 때 종업원이 즉시 반응하는가 4) 객석 배치나 조합이 적절한가 5) 테이블과 의자가 충분한가			
4. 주방	1) 주방 넓이와 사용에 문제가 없는가 2) 매일 청소하기 쉬운 주방인가 3) 주방가구 배치나 종류는 적당한가 4) 공조, 환기는 잘 되는가 5) 홀과의 연결은 잘 되는가			
5. 화장실	1) 청결함을 유지하기 쉬운 구조를 되어 있는가 2) 조명, 거울, 세면대는 사용하기 쉬운가 3) 화장실 수와 크기에 불만은 없는가 4) 환기가 충분하여 악취가 나지 않는가 5) 휴지와 세제가 준비되어 있는가			
6. 팬트리	1) 전용카운터가 있는가 2) 팬트리 스페이스가 확보되어 있는가 3) 상품 출입이 원활하게 되는가 4) 주방과 홀의 작업분담이 가능하게 설비되어 있는가 5) 외부 주방이 설치되어 있는가			
7. 백사이드	1) 창고, 탈의실에 충분한 공간이 있는가 2) 식기선반, 비품선반은 충분히 만들어져 있는가 3) 사입업자 등의 전용입구가 있는가 4) 쓰레기 처리 기능이 잘 되는가 5) 청소도구 수납공간은 준비되었는가			

평가	100~85점	85~70점	70~55점
	현재 그대로 사용할 수 있다.	점포 리노베이션을 고려한다.	리노베이션 시기는 이미 지나갔다. 가능하면 빨리 작업을 시작한다

[표 Ⅳ-9] 리노베이션 시기 발견 체크리스트(수치적 조건)

체크항목	4점	3점	2점	1점
1. 매상고	3%이상	3~0%	0~-5%	-5%이하
2. 고객수	2%이상	2~0%	0~-3%	-3%이하
3. 객단가	4%이상	4~1%	1~-2%	-2%이하
4. 원료비율	-2%이하	-2~0%	0~2%	2%이상
5. 인건비율	0%이하	0~2%	2~4%	4%이상
6. 4+5	55%이하	55~60%	60~65%	65%이상
7. 전경비(全經費)율	12%이하	12~14%	14~16%	16%이상
8. 감가상각후 잔여(개점당시 비교)	20%이하	20~30%	30~40%	40%이상
9. 개점 또는 이전리노베이션 이후 경과년수	5년이하	5~7%	7~9년	8년이상
10. 월 평당 매상고	24만원이상	24~20만원	20~18만원	18만원이하
11. 종업원 1인 1시간당 매상고	36만원이상	36~32만원	32~28만원	28만원이하
12. 노동 생산성	50만원이상	60~45만원	45~40만원	40만원이하
13. 노동 분배율	33%이하	33~38%	38~43%	43%이상
14. 투자 자본 회전율	1.2이상	1.2~1.0	1.0~0.8	0.8이상
15. 순이익고	7%이상	7~2%	2~-3%	-3%이하
16. 순이익률	10%이상	10~3%	3-~-5%	-5%이하

판정			
판정	A	59점 이상	현상유지도 가능, 곧 리노베이션에 착수할 필요는 없는데 영업성적 추이를 보면서 큰 성과 전망이 보이면 리프리 작업을 해도 좋다.
	B	58~42점	리노베이션을 염두할 필요가 있다. 부분적인 리프레시인가, 전면적인 리뉴얼인가 비용과 효과면에서 잘 생각한다.
	C	41~25점	현상이 상당히 심각. 1년 이내에 리노베이션에 착수할 수 있게 지금부터 정보수집을 해서 구체적인 리노베이션 계획을 세울 필요가 있다.
	D	24점 이하	현상유지는 불가능에 가깝다. 가능하면 빨리 리노베이션에 착수해야 한다.

제4부 영업관리

Ⅰ. 접객서비스 관리

Ⅱ. 메뉴관리

Ⅲ. 식자재 관리

Ⅳ. 위생 · 안전관리

Ⅰ 접객서비스 관리

1 개 요

제조산업에 비하여 서비스산업이 차지하고 있는 비중이나 중요성이 점차 커지고 있는 것은 경제가 성장 · 발전하면서 일어난 불가피한 현상이다. 영국의 경제학자 페티 클라크가 주장하듯이 경제가 발전하면서 국가경제에서 자본 · 노동 · 소득이 차지하는 비중은 제1차 산업에서 제2차 산업으로, 제2차 산업에서 제3차 산업으로 옮겨 간다는 사회법칙은 각국의 국민소득 또는 노동력 통계에서 입증되고 있다.

흔히 서비스산업에는 금융, 보험업, 요식업, 숙박업, 도 · 소매업, 전기, 전화, 통신, 수도, 가스, 운수업뿐만 아니라 일부 정부의 활동도 포함하고 있다. 여기에서 외식산업에 해당되는 요식업은 지금까지 고객을 상대로 하고 있으면서도 '서비스'라는 의미를 과소평가하거나 서비스 자체를 상품가치로써 받아들이지 못하여 왔다.

그나마 레스토랑에 근무하고 있는 종사원에게 인적 서비스에 해당하는 언어사용법, 접객태도, 몸가짐(예절) 교육을 시키는 것이 고작이었다. 오늘날에는 서비스 그 자체를 품질관리의 차원에서 적용하려는 의식도 점차 높아져 가고 있다. 그 이유는 서비스에도 품질이 있으며 이 품질을 관찰할 수 있고 무엇이 이 품질을 결정하는 지도 알 수 있다고 인식되었기 때문이다.

그러나 아직은 제품의 적용에서와 같이 광범위하게 받아들여지거나 활용되고 있지 못하여, 품질관리를 적용하여 품질향상 및 생산성 향상의 여지가 무한한 주요 분야들이 간과되고 있는 실정이다(김성인, 1991).

Tips 접객포인트 - 'BEST 10'

① 항상 고객들에게 서비스할 준비가 완벽히 되어 있어야 한다. 서비스를 제공할 때에는 고객간의 차별화된 서비스를 결코 제공해서는 안된다. 남녀간 또는 내·외국인간의 서비스에 차별을 두어서는 안된다.
② 미소 띤 얼굴을 해야 한다. 그리고 상대방과 눈을 마주쳐야 한다.
③ 고객들의 이름을 기억하고 불러 주어야 한다.
④ 종업원은 고객을 먼저 알아 보아야 한다. 고객들 보다 한걸음 앞서 생각하고 행동하며, 고객들이 원하는 서비스를 먼저 제공해야 한다(one step ahead service).
⑤ 서비스는 신속하고 정확해야 한다. 이것을 위해서는 동료간 또는 부서간의 팀웍을 강화하고 최고의 서비스를 위해 서로 협력해야 한다.
⑥ 항상 정직하게 대합하고 행동해야 한다.
⑦ 풍부한 상품지식을 갖도록 노력한다. 그럼으로써 고객의 어떠한 질문이나 도움 요청에도 자신감있게 대처할 수있게 된다.
⑧ 고객들이 더욱 만족할 수 있도록 과외의 서비스(extra service)를 제안한다.
⑨ 긍정적이고 적극적인 사고를 가지고, 열정적으로 또한 일을 사랑하는 마음으로 입무에 임한다. 그러한 종업원의 서비스를 고객들은 더 즐거워 하게 된다. 일를 즐겨야 하는 것이다.
⑩ 모든 고객을 '나의 고객'으로 대우한다. 그 고객은 분명 '특별한 사람'으로 대접받고 있음을 감사하고 우리의 영원한 고객이 될 것이다.

[자료 : 식당업무지침, 호텔신라]

2 서비스란 무엇인가?

서비스는 정신의 존재방식으로의 서비스, 실재의 일로서의 서비스, 기업의 희생적 행위로서의 서비스가 한데 어우러져 조화를 이루는 것이라고 말할 수 있다. 즉 정신이라고 하는 것은 구체적으로 말씨로 나타난다. 이것을 엄밀하게 분해하면 다음과 같이 설명할 수 있겠다.

즉, 태도·표정·동작·표현이라는 네 가지가 동시에 조화를 이루며, 고객을 접대할 때 좋은 서비스란 말을 할 수가 있다. 실재의 일로서의 서비스는 기능적인 측면에서 직무에 해당하는 업무를 수행할 때 일어나는 내용들이다. 레스토랑의 예를 들어 설명하면 다음과 같다.

① **청결 : 제일 먼저 시작해야 할 일이다.** 첫번째 인상은 그 업장의 청소 정리상태에 의하여 결정되는 사례가 많다.

② **준비 : 식음료를 판매할 수 있게끔 만반의 준비를 하는 것을 말한다.** 린넨류 · 기물류 · 글라스류 · 카스타 · 소스 등을 테이블 셋팅할 수 있게끔 준비하고 지문 및 먼지가 묻지 않게 용기는 광을 내고 내용물을 보충하여 정리 · 정돈한다.

③ **모든 청소 및 준비가 끝나면 약간의 여유시간을 가진 후 용모 및 복장을 단정히 한 후 오픈 전에 업장 책임자의 주최로 미팅을 한다.**

- 복장 및 용모점검(두발 및 장식품 메니큐어 사용여부)
- 준비물 점검(펜, 메모지 등)
- 메뉴숙지(금일의 특별메뉴)
- 예약테이블 상황여부
- 건의사항 및 기타

④ **개점접객 순서 숙지** : 이제부터 고객과 직접 대면하게 된다. 처음에 서비스란 언어나 기술이 아니라는 것, 마음과 함께 감사의 성으로서 접객하여야 한다.

- 고객에게 자리 안내시 여성객 · 유명인 · 지명인 등은 중앙에 어디서나 볼 수있는 곳에 안내한다.

⑤ **주문을 받는 방법**

- 메뉴는 고객의 좌측으로부터 펴서 보인다.
- 음료주문을 먼저 받는다 : 고객이 메뉴를 보고 있을 시 기분이 상하지 않게끔 주문해야 한다.
- 식사주문을 받을 때 2보 정도 뒤로 물러서 기다린 후 "이러한 요리는 어떻습니까" 등 요리내용을 설명하는 것도 필요하다. 그날의 메뉴 및 조리방법을 잘 알아두어야 하고 고객의 연령 및 여성고객에 대해서는 특별히 주의하여야 한다.

⑥ **주문서비스** : 서비스순서에 의한 서브를 하고 고객이 식사를 하는 동안 계속 고객테이블을 주시하며, 고객이 필요한 것이 무엇인지 그의 다른 주문은 없는지 항시 주시하여야 한다.

⑦ **뒷처리** : 이것은 폐점시 작업이다. 테이블 위에 모든 것을 제거 정돈하고 업장 내를 정리·정돈한 후 방화점검을 확인하고 소등한다.

기업의 희생적 서비스를 기능적인 측면에서 서비스의 요인을 들면 다음과 같다(淸水滋, 1984).

① 인간에 의한 서비스
② 물질에 의한 서비스
③ 기계나 시스템에 의한 요소
④ 인간 외의 요소가 만들어 내는 정보에 의한 서비스
⑤ 돈(금융)에 의한 서비스

현실적으로 기업이 고객에게 제공하는 개개의 서비스는 5가지의 인자가 부분 또는 전부가 합성되어 제공되는 경우가 많다. 결국 사업적인 감각에 입각한 적극적·진보적인 차원에서 새로운 것을 탄생시키려면 일이란 것으로서, 기능으로서, 경제가치로서 조명되어져야 한다.

3 접객서비스의 중요성

고객을 상대로 서비스를 제공하는 데 있어서 시간대별·업태별로 종류와 차이가 있음을 사전에 숙지하고 있을 때 중요성에 부응한 서비스를 제공할 수 있다. 여기에서는 내용위주로 몇 가지 사례를 소개하고자 한다.

먼저 외식산업에 있어서의 시간대별 서비스는 크게 Before service, In service, After service로 구분된다([그림 I－1] 참조).

둘째, 업태별로 서비스가 차지하는 비중의 예를 들면, [그림 I－2]와 같이 많은 차이점을 발견할 수 있다.

[그림 Ⅰ-1] 외식비즈니스에 있어서의 서비스

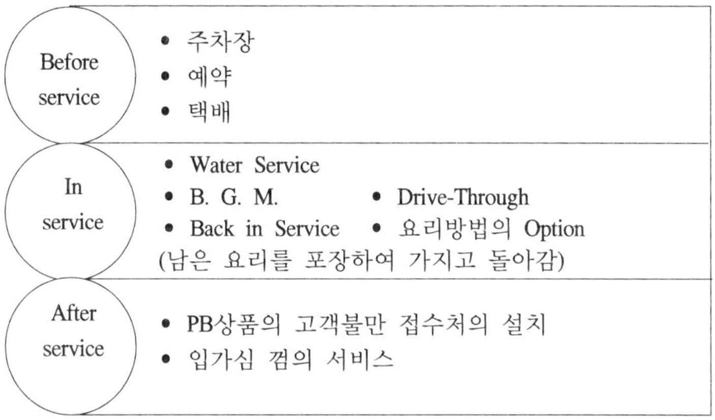

[자료 : 미야 에이지, 외식비즈니스, 한국산업훈련연구소, 1988, p. 114]

[그림 Ⅰ-2] 업태별 세일즈 포인트의 차이

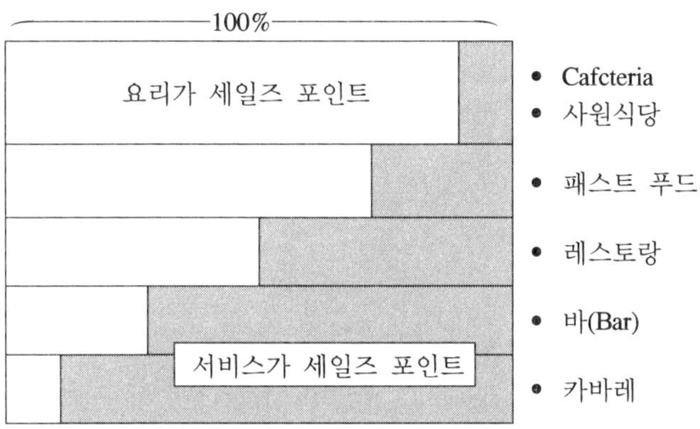

셋째, 서비스에는 물적·인적 서비스로 대별된다. 이 중에서도 종사원에 의해 고객에게 제공되는 인적 서비스야말로 무한대의 상품력, 즉 고부가가치의 상품을 창출시키는 데 중요한 몫을 담당하게 될 것이다. 그래서 다음 내용과 같은 접객종사원의 마음가짐부터 재정립시켜야 한다는 것이다.

① 주인과 고객과의 역할 수행
② 풍부한 서비스는 폭넓은 인간성에서 출발

③ 보다 신중한 서비스
④ 상냥함을 소중하게
⑤ 스스로 할 수 있는 일의 발견
⑥ 고객에 대한 배려
⑦ 재치를 소중하게
⑧ 상대의 입장에 설 것

넷째, 다음과 같은 고객만족의 조건을 숙지하고 있어야 한다.
① 분위기가 편안할 것
② 신속·명랑·친절한 서비스
③ 다양한 메뉴를 선택
④ 고객의 기호에 적합한 요리제공
⑤ 가격이 적당

결국 서비스란 이같은 조건을 전제로 해서 고객의 욕구를 만족시킬 수 있는 재치와 기민한 행동인 것이다.

상기와 같이 시간대별 서비스의 종류, 업태별 서비스의 차이, 접객종사원의 마음가짐, 고객만족조건에서 예시한 바와 같이 고객을 상대하고 있는 접

[그림 I −3] 접객서비스의 중요성

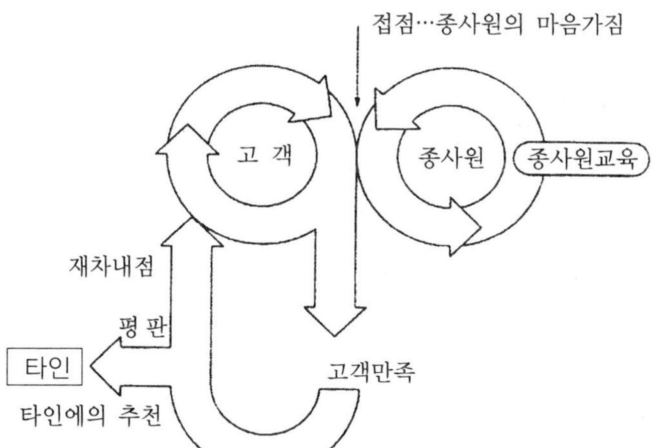

객종사원이 숙지하여야 할 내용은 우선 광범위한 속에서 세세한 부분에까지 정확하게 알고 서비스에 임해야 한다는 것을 알 수 있겠다. 그 이유를 단적으로 표현한다면 [그림 Ⅰ-3]에서 보여 주는 바와 같이 전적으로 접객종사원에 의해 고객만족은 기대할 수 있기 때문이다.

4 서비스의 개별화

1) 개별화의 필요성

서비스의 평가는 개개인의 주관적 판단에 의해서 이루어지는 것이며, 당사자 자신에게 어떠했는가 하는 것이 기준이 되고 있다. 상대가 자신을 위하여 무엇인가를 하려고 하고 있다고 느낄 수 있다는 것은 상대에 대한 호의적 평가를 낳게 하는 일과 연결되어 있다.

따라서 제공자측은 가능한 한 상대를 한 사람 한 사람 개별적으로 대할필요가 있으며, 그것이 '좋은 서비스'라는 평가를 얻기 위한 기본적인 조건이 되는 것이다. 제공자가 하나의 특색 있는 서비스를 설정해서 거기에 어떤 명칭을 붙여서 고객에게 호소하려고 하는 사례는 자주 볼 수 있었을 것이다. 소위 '서비스의 상품화' 및 '판매촉진'을 도모하는 데 있어서 좋은 서비스라는 평가를 얻기 위해서는 고객에 대한 개별지향성이 되어야 한다.

그러나 특색 있는 서비스를 만들어 그것을 어필할 때 기본과제가 고객 개개인에 대한 개별적인 접대라고 한다면 "수요와 공급으로 결부하려고 하는 제공자의 능동적 활동이다"라고 설명할 수 있는 현대적 매매활동의 이해와는 합치하지 않는다고 생각될지도 모른다. 이 양자의 관계가 이론적으로 설명되고, 양자의 합치를 목표로 한 활동이야말로 서비스의 매매 활동일 것이라고 생각된다.

2) 서비스의 한 형태로서의 접대

서비스 중에서 상대에 대한 개별지향성을 강화한 형태를 접대라 부르기로 한다. 서비스는 고객에 대한 개별성을 기본과제로 하고 있으나, 기능성

[그림 I－4] 서비스의 형태분류

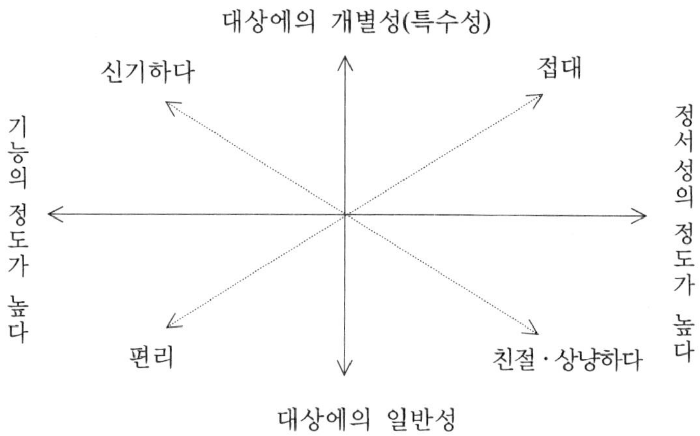

과 정서성의 짜임비율이라고 하는 서비스의 성격에서 모든 서비스가 똑같이 개별지향성을 가진다는 것은 아니다. 단, 좋은 서비스라는 평가를 받기 위해서는 개별화하는 것이 중요하다는 것은 이미 말한 바와 같다.

기능성과 정서성을 횡축으로 잡고 종축으로는 대상에 대한 개별성과 일반성을 나타내어 서비스의 형태분류를 하여 보면, 양·불량으로 평가되는 서비스란 접대의 방향으로 향한 것임이 밝혀지게 된다. 접대란 [그림 I－4]와 같이 정서성의 비중이 높고 대상에 대한 개별성을 강화한 서비스를 말한다.

접대라는 말에는 여러 가지 의미가 있어서 비영리적인 개인적 행위로서 상대를 환대하는 것을 뜻하는 경우도 많다. 이와 같은 용법과 여기에서의 접대가 의미하는 바와는 기본적으로 동일하다. 접대에 상당하는 영어를 찾아보면 엔터테인먼트(entertainment)이고, 상대방에 대해 마음을 쓴다는 뜻을 지니고 있다.

접대에 있어서는 가능한 한 상대방에 대해 배려할 필요가 있으며, 개인적 행위로서 행할 경우에는 이 사람에게는 이렇게, 저 사람에게는 저렇게라고 하는 정도까지 생각할 수가 있다. 외식비즈니스 행위로서의 접대에 있어서도 그 기본적인 생각은 같다고 생각할 수 있다. 단, 그것으로 인해서 상대가 "서비스가 좋다"고 평가하는 장면을 문제삼고 있으며, 기능적 서비스가 존재하지 않는 장면과는 구별할 필요가 있다. 따라서 여기서 말하는 접대는 서비스의 한 형태로서의 뜻으로만 사용하고자 한다.

접대에는 대상을 향한 개별성에다가 이용자와 제공자와의 인간적 관계가 어느 정도 시간적 계속성이 있다고 하는 조건이 있다. 이용자와 제공자와의 접촉시간의 길고 짧음은 정서적 서비스의 비중에 영향을 주는 조건의 하나이지만, 그것은 접촉시간이 길면 여러 가지 인간적 행위가 거기에 부수해 온다는 것을 뜻하고 있다.

마찬가지로 처음 만난 고객에 대해서 그 사람을 배려한 접대를 하기 위해서는 이용자와 제공자 상호간의 의사소통이 필요하고 당연히 어느 정도의 시간적 계속성이 있어야 한다는 것이 조건이 된다. 바꾸어 말하면, 패스트푸드형이나 대중식당형의 음식점을 제외한 음식점이나 숙박업 등은 이용자와의 시간적 계속성이 있는 비즈니스이고 서비스를 접대형으로 지향할 수 있는 종류라고 하겠다.

일반적으로 말해서 직접적인 인간관계를 가지고 있는 서비스활동은 기능성과 정서성을 짜넣은 수준에 그치지 않고 나아가서 그것을 될 수 있는 한, 고객 개개인별로, 즉 대상에 대한 개별성을 강화한 형태로서의 서비스를 제공하는 것이 바람직하며 그러기 위한 노력이 필요하다는 것이다.

서비스에 있어서 고객에 대한 개별화를 강화한다는 것은 중요하며, 고객측도 그것을 바라고 있다. 그렇다면 문제가 되는 것은 어느 정도까지 개개의 고객의 욕구에 응할 수 있는가, 또 어떤 방법으로 거기에 대응하는가 하는 것이다.

3) 서비스에 있어서의 개별화의 기본도식

고객은 제각기 자신을 개별적으로 취급해 줄 것을 바라고 있다. 그러나 고객은 많고 여러 가지 다양한 요구를 가지고 있기 때문에 거기에 모두 개별적으로 대응한다는 것은 불가능하다. 특수한 고급식당 같은 곳에서는 어느 정도까지 개별적인 응대가 가능하지만, 완전히 고객에 대한 개별화가 이루어진다고 하면 벌써 서비스가 좋고 나쁘고 하는 평가가 되지 않는 영역이 되어 버리는 것이다.

따라서 제공자측은 어떤 사람에게는 이렇게 한다 여기 대해서는 이런 방식으로라는 대응의 방침을 세울 필요가 있다, 즉 일반적인 의미에서의 서비스기준의 설정이고 목표로 하는 고객층의 명확화이다. 이것은 비즈니스 활동에 공통되는 기본적 과제이다.

이러한 서비스기준을 설정하되, 고객 타케트의 명확화란 것은 고정적인 것이 아니고 항상 검토를 해야 한다. 비즈니스 혹은 고객측이 요구하는 것을 제공하려고 대응책을 도모하고 있지만, 그것은 빠짐없이 모두에 대응하려는 것이 아니고 대응법을 미리 정하여 두는 것이며, 이것이면 이렇게 될 것이라는 상황설정에 따른 '확률론적 대응'인 것이다. 사업활동인 이상 사업주체의 책임하에 서비스수준과 고객 타켓을 정하지 않으면 안되며, 그 책임을 회피할 수는 없다. 사업주체가 대응법을 미리 정해 둘 필요가 있는 것은 모든 사업활동에 공통되는 일이지만, 서비스에서의 문제는 개별화의 요구에 어떻게 대응하는가 라는 점이다.

서비스에 있어서의 개별화가 고객측의 요구에 따라 대응한다고 하는 수동적인 형태로 밖에 생각할 수 없는 것이라면, 서비스에 관련되는 비즈니스는 주체성이 없는 사업이 될 것이다. 특히 고객에 대한 개별지향성을 강화한 접대의 서비스를 제공하려는 업체는 고객의 욕구에 크게 의존하게 되는 것이다. 고객서비스에는 이와 같은 이미지가 있어서 고객측에서도 고객이 요구하는 것을 제공하는 것이 서비스라는 사고방식이 있는 경우도 적지 않다

그러나 개별화를 서비스제공측이 주체적으로 행할 수는 있는 것이고, 또 이것을 가능하게 하지 못한다면 서비스업의 발전은 기대할 수 없다.

여기에서 서비스를 제공하는 측이 능동적인 활동에 의하여 고객에 대해 개별적으로 대응하려고 하는 것을 '제도적 개별화'라고 할 수 있다. 이것은 하나의 장치로서 또한 조직으로서의 가능한 한, 대상을 개별화할 수 있는 대응방법을 설정하는 일이다.

구체적인 대응은 제도적 서비스와 개인적 서비스로 크게 나눌 수 있다. 여기서 제도적 서비스란 일상화하고 표준화할 수 있는 부분이고 소위 매뉴얼(지침)화할 수 있는 서비스이다. 말하자면 조직으로서의 서비스의 특색을 내세울 필요가 있는 부분인 것이다.

여기서 말하는 개인적 서비스란 서비스의 제공에 종사하고 있는 개개인의 개성·특질 같은 것에 의한 부분이며, 표준화가 불가능함과 동시에 무한의 다양성을 지닐 수 있는 것이라 한다. 대상에 대한 개별적 대응을 행함에 있어서 제도적 서비스만으로는 한계가 있다는 것도 부정할 수 없다. 아무리 개별화의 방법을 준비하고 있다 하더라도 인간이 요구하는 다양성에는 미치지 못한다는 것은 사실이다. 그러나 서비스수준의 설정, 고객 타켓의 명확화를 전제로 한다면 대상으로 하는 고객의 요구 중 중점적으로 대응해야 할 범위를 좁힐 수는 있는 것이다.

개인적 서비스에 대한 전면적인 의존은 구체적인 서비스제공의 자리에 있는 것은 특정의 사람들뿐이라는 것을 생각한다면 비현실적이고, 또한 그것은 비즈니스로서의 대응도 아니다.

제도적 서비스의 부분을 가능한 한 크게 하고 그것으로서는 할 수 없는 부분을 개인적 서비스가 보충한다고 하는 사고방식에 의해 고객의 만족과 비즈니스측의 효율과를 양립되도록 하려는 것이 기본적인 사고방식이다. 멸사봉공형(滅私奉公型)이 바람직한 서비스라 할 수는 없고 고객을 개별화하기 위한 조건도 아니다. 서비스와 관련이 있는 비즈니스는 고객에 대한 연구와 효과적인 대응방법을 분석함으로써 보다 능동적인 존재가 될 수 있는 것이며, 그 지침이 되는 것이 이론의 역할이다. 제도적 개별화의 방법은 만족·불만의 반응, 고객화의 비율, 영업성적과 같은 고객측의 평가를 근거로 해서 항상 검토를 해나가야 한다는 것은 두말할 필요도 없다.

그리고 여기서 설명을 해 둘 필요가 있는 것이 [그림 Ⅰ-5]에서 표시한 유도이다. 여기서의 유도란 고객측의 요구를 제공자측이 대응하기 쉬운 형으로 변환시키는 작용이고 기업주측이 제공할 작정으로 준비하고 있는 것을 이용해 주도록 하는 활동의 총칭이다.

이 유도에 의해서 수동적이 되기 쉬운 서비스를 능동적인 것으로 추진 해나가는 일이 가능하게 될 수 있을 것이다.

[그림 Ⅰ－5] 서비스에 있어서 개별화의 기본도식

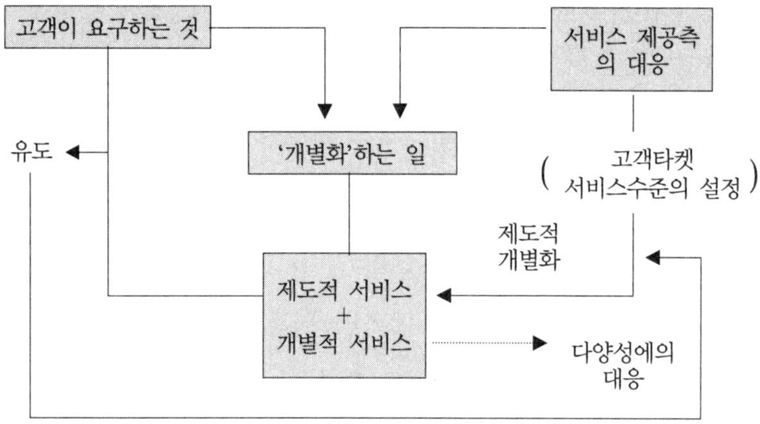

5 접객서비스 매뉴얼

인간의 서비스에 대한 사고방식은 동서양을 막론하고 비슷한 것이며, 성의껏 할려고 하는 의욕만 있으면 반드시 성공할 수 있다는 확신을 가져야 한다. 오늘날 외식업에 근무하려고 하는 인식이 결여되어 있어 유능한 종사원을 확보하기란 매우 어려운 실정에 놓여 있다.

그렇다고 인적 서비스의 역할이 증대되고 있는 차제에 종사원의 부족이라든지, 일손부족으로 종사원에게 따끔한 야단을 치지 못하며 훈련을 시키지 못하는 업소의 장래는 어떻게 될 것인가? 그것은 불을 보듯 뻔한 일이다.

그리하여 기본적인 접객서비스 매뉴얼을 가지고 훈련을 진지하게 계속 시행하는 참모야말로 올바르게 번성점포로 나갈 수 있을 것이다. 점포를 번성시키기를 원한다면 용기를 가지고 열성을 다해 종사원을 설득하고 지도를 하는 것이 중요하다.

이 접객서비스를 실행하기 위해서는 먼저 접객메뉴얼의 작성이 필요한 것이다. 이 때 접객메뉴얼은 ① 복장·몸차림, ② 태도의 정형, ③ 웃는 얼굴, ④ 배려 등이 중요한 요소로 적용된다고 볼 수 있기 때문에 이들을 중심으로 설명하고자 한다(월간식당, 1988.10, 1989.1).

1) 복장 · 몸차림

(1) 복장 · 마음가짐에 관한 매뉴얼

고객에게 환영의 마음, 환대하는 마음을 표현하기 위해서는 우선 복장 · 몸차림이 단정해야 한다. 두발이 새집처럼 되어 있거나, 여성의 경우 어깨까지 길게 늘어뜨리고 있거나 또는 머리 전체에 염색을 한 종사원을 자주 볼 수 있다.

이렇게 하고 있으면 아무리 마음 속에서 우러나오는 미소를 짓고 있더라도 고객은 "이 정도의 사람이 일하고 있는 점포라면 훌륭한 서비스는 기대할 수도 없고, 요리도 뻔할 것이다"라고 하는 선입관을 갖게 되어 그 점포로서는 큰 손해를 볼 것이다.

또한 영업장에서 일하는 여성의 귀걸이나 목걸이로 화려하게 꾸미고, 복장도 최신 유행하는 것을 걸치고 마치 패션 쇼를 하는 것 같이 일하고 있다면 어떻게 될 것인가? 일부 남성고객들은 어찌 되었든간에 여성고객들로부터는 완전히 거부당할 것이라고 생각된다. 왜냐하면 고객들이 모처럼 식사를 즐기려 왔는데 그 고객에게 열등감을 느끼게 하여 불쾌감을 느끼게 될 것이다. 웨이트리스는 영업장에서 일하는 것이 패션 쇼를 위해서 점포에 있는 것은 아니다.

또한 주방에서 일하고 있는 조리사가 까운의 배부분을 마치 간장에 바짝 조린듯한 괴상한 모습으로 태연하게 영업장에 나오는 일도 있을 것이다. 만약 깨끗한 것을 좋아하는 고객이 테이블에서 이 모습을 본다면 도대체 어떻게 생각할 것인가? "저렇게 더러운 유니폼을 입고 있는 조리사가 만든 요리라면 기분 나빠서 못먹겠다"고 대부분의 여성고객들은 생각할 것이다. 마음을 나타내기 위해서는 우선 자세부터라는 말이 있는 것처럼 종사원 한 사람 한 사람이 단정한 복장 · 몸차림을 갖는 것이 우선 중요하다.

그러면 어떻게 하면 단정한 복장, 몸차림을 갖출 수 있을까? 그것은 첫째로 복장, 몸차림의 각 항목에 대한 그 나름의 기준을 명확히 하는 일이다. [표 Ⅰ-1]과 같이 조리장, 영업장에 있어서의 기준을 남녀별로 자신의 점포에 맞게, 알기 쉽게 일러스트레이션(illustration)을 만들어 두는 것이다. 그리리하여 채용을 할 때부터 이 기준을 반드시 지키도록 새로운 채용자에게 철저히 가르치는 것이 중요하다.

또한 아침조례에서 점검을 하고, 미팅에서도 서로 점검을 하는 것이 중요하다. 가능하면 탈의실을 설치하여 그 벽에 전신 크기의 거울을 걸어 놓고, 종사원 한 사람, 한 사람이 자신의 모습을 거울에 비춰 보면서, 각 항목의 체크를 한 다음에 영업장에 나설 수 있도록 하는 정도의 노력을 해야만 한다.

이와 같이 말하면 "그렇게 엄하게 하면 종사원이 그만 두어버린다"고 말하는 경영자가 있을지도 모를 것이다. 그러나 종사원의 복장 몸차림을 단정하게 하는 것이 불가능한 음식점이라면 틀림없이 상품력을 향상시키거나 점포를 깨끗하게 유지하는 일도 불가능하게 되어, 타점포와의 경쟁에서 패하고 말 것입니다. 더욱 중요한 것은 종사원 개인의 성격형성과 삶의 가치관 형성에까지 영향을 미치게 된다는 것을 명심해야 한다.

[표 I-1] 몸단장·복장의 체크 리스트

구분	정확한 몸단장
	접객·조리 분야
남자	• 두발은 청결한가, 비듬이 떨어지지 않는가. • 머리를 헤어 크림, 포마드 등으로 정리했는가. • 장발은 원칙상 좋지 않다. 적당한 길이로 잘랐는가. • 수염은 자라지 않았는가, 귀밑털은 길지 않은가. • 손은 깨끗한가, 때는 끼지 않았는가. • 손톱이 길지 않은가. • 신체는 항상 청결한가, 매일 혹은 이틀 간격으로 목욕을 하는가. • 속옷은 깨끗한가, 매일 갈아 입는가. • 시계를 차고 있지 않은가(특히 조리사)
여자	• 두발은 청결한가, 비듬이 떨어지지 않는가. • 머리는 단정하게 빗었는가 • 기발한 머리모양이나 염색을 하고 있지 않는가. • 긴 머리는 묶어 핀으로 고정 시켰는가. • 화장은 진하게 하고 있지 않은가. • 길지 않은가, 매니큐어 등을 칠하지 않았는가. • 신체는 항상 청결한가, 매일 혹은 이틀 간격으로 목욕을 하고 있는가. • 속옷은 깨끗한가, 매일 갈아 입는가. • 냄새가 강한 향수를 뿌리지 않았는가. • 귀걸이, 팔찌 등을 하고 있지 않은가.

<table>
<tr><th rowspan="2">구분</th><th>정확한 복장</th></tr>
<tr><th>접객 분야</th></tr>
<tr><td>남자</td><td>• 유니폼에 때, 얼룩이 묻어 있지 않은가.
• 유니폼은 다리미질이 잘 되어 있는가.
• 지정된 신발을 잘 닦아서 신고 있는가.
• 바지의 주름은 잘 잡혀 있는가.
• 유니폼의 단추는 잘 잠궜는가.
• 유니폼에 꿰맨 자국이 없는가.
• 와이셔츠는 청결한가(특히 칼라 · 소매).
• 넥타이는 지정된 것을 단정히 매고 있는가.
• 양말은 청결하며, 지정된 색을 신고 있는가.
• 명찰은 지정부위에 달았는가.
• 메모용지 · 연필 등의 필기구를 가지고 있는가.</td></tr>
<tr><td>여자</td><td>• 유니폼에 때, 얼룩이 묻어 있지 않은가.
• 유니폼은 다림질이 잘 되어 있는가.
• 지정신발을 잘 닦아서 신고 있는가.
• 스커트 밑으로 속치마가 빠져 나오지 않았는가.
• 유니폼의 단추는 잘 잠궈져 있는가.
• 유니폼에 꿰맨 자국이 없는가.
• 브라우스는 청결한가(특히 칼라 · 소매).
• 양말은 지정된 것인가.
• 명찰은 지정부위에 달고 있는가.
• 에플린은 청결하며, 다리미질이 잘 되어 있는가.
• 모자는 지정대로 쓰고 있는가.
• 메모용지 · 연필 등의 필기구를 지참하고 있는가.</td></tr>
<tr><th rowspan="2">구분</th><th>정확한 복장</th></tr>
<tr><th>조리 분야</th></tr>
<tr><td>남자</td><td>• 흰 옷에 때 얼룩이 묻어 있지 않은가.
• 흰 옷은 다리미질이 잘 되어 있는가.
• 지정된 신발을 신고 있는가, 그 신발은 청결한가.
• 바지는 지정된 것을 입고 있는가.
• 흰 옷의 단추는 잘 잠궈져 있는가.
• 와이셔츠는 청결한 것을 입고 있는가.
• 명찰은 지정된 장소에 달고 있는가.
• 앞치마는 청결하며, 다리미질이 잘 되어 있는가.
• 모자는 깨끗한 것을 착용하고 있는가.</td></tr>
<tr><td>여자</td><td>• 흰 옷에 때 · 먼지가 묻어 있지 않은가.
• 흰 옷은 다리미질이 잘 되어 있는가.
• 지정된 신발을 신고 있는가, 그 신발은 깨끗한가.
• 스커트는 지정된 것을 입고 있는가.
• 흰 옷의 단추는 잘 잠궈져 있는가.
• 브라우스 · 스웨터 등은 청결한 것을 입고 있는가.
• 명찰은 지정장소에 달고 있는가.
• 앞치마는 청결하며, 다리미질이 잘 되어 있는가.
• 삼각 머리수건은 깨끗한가.</td></tr>
</table>

[표 Ⅰ−1]과 같은 내용을 참고하면서 자기 점포의 기준을 설정해 가면 되는 것이다. 한편 이같은 표를 작성할 때 주의해야 할 사항을 설명하면 다음과 같다.

① 무엇보다도 먹는 일에 관한 것이기 때문에 "청결해야 한다"는 것이 필수조건이다. 머리끝부터 발끝까지 이 청결을 염두해 두고 복장과 몸가짐을 생각해야 한다.

② 접객을 담당하는 종사원이나 조리를 담당하는 사람 모두 고객으로부터 신뢰를 받도록 하는 것이 레스토랑의 전제조건이 되는 것이다. 그런 의미에서도 항상 밝고 쾌활한 인사을 주도록 노력해야 한다.

③ 레스토랑은 고객이 주역이 되며 종사원은 '고객이 음식을 즐길 수 있도록 협조'를 하는 조역이자 연출가인 것이다. 이런 점에서 절대로 종사원이 고객보다 눈에 더 띄는 존재가 되어서는 안된다. 항상 검소한 복장·몸차림을 갖추는 것이 원칙이다.

④ 고객은 접객·조리 담당의 종사원 한명 한명이 "나에게 어떤 배려를 해 줄까"라고 기대를 하게 된다. 그 기대에 응답하기 위해 각 종사원의 맡은 일을 복장이나 명찰로 알기 쉽게 구분하여 책임소재를 명확히 해야 한다. 충분한 검토를 하여 작성된 것이 [표 Ⅰ−1]의 몸단장·복장·옷차림의 기준표이다.

이것을 복장·옷차림에 관한 매뉴얼이라고 할 수 있겠다. 이 표는 반드시 핸드북으로 작성함과 동시에 탈의실의 벽면에 붙여 두고 매일 각 항목을 제대로 실행했는지의 여부를 종사원 한 사람 한 사람에게 체크를 하도록 한다. 그리고 탈의실 안에 등신대의 거울을 설치하여 머리부터 발끝까지 각 항목을 체크하도록 하면 이 메뉴얼을 보다 효과적으로 사용할 수 있다.

2) 태 도

(1) 개 요

복장·옷차림이 단정하게 되면, 다음으로 중요한 것이 종사원이 고객을 대하는 태도이다. 수많은 점포 중에서 저희 점포를 잘 선택해 주셨습니다.

"식사 중에는 물론이고 돌아가실 때까지 정성을 다하여 모시겠습니다." 이러한 마음을 얼마나 재빠르게 또한 확실하게 고객에게 이해시킬 수 있느냐 하는 것이 서비스의 수준을 결정하는 포인트라고 말할 수 있을 것이다.

이를 위해서는 고객맞이, 식사제공, 그리고 배웅에 이르기까지의 종사원의 태도, 즉 동작이나 말씨가 고객의 눈으로 보아서 호감이 가도록 하지 않으면 안 된다. 그 중에서 가장 중요한 것은 자신의 점포 나름대로의 접객동작이나 말씨의 기준을 명확히 해 두는 일이다. 즉, 대기, 손님맞이, 안내, 주문안내, 주문받기, 요리제공, 중간 그릇물림, 배웅, 재배치(reset)과정에서 말씨와 동작의 기준을 명확히 정하는 것이다. 그것을 [표 Ⅰ-2]처럼 알기 쉽게 작성해 놓고 철저하게 실행해 가는 것이다. 이것을 정형(定型)서비스라고 하는 것이다.

[표 Ⅰ-2] 정형서비스의 관계

작업명	말씨	동작	포 인 트
웨이팅	(소정의 장소에서 대기한다. 동료와 잡담을 해서는 안된다)	현관 쪽을 바라보면서 편안한 자세로, 의자에 눌러 앉아 있거나 카운터 기둥 등에 기대거나 하지 말 것.	• 언제 손님이 찾아 와도 곧 마음으로부터 환영의 뜻을 표시할 수 있는 태세를 갖출 것. • 몇 번 테이블과 어느 방의 좌석이 비어 있는지 머리 속에 넣어 둘 것
손님맞이와 안내	① "어서 오세요!" 하고 밝게, 씩씩하게	② 가볍게 머리를 숙여(15도) 인사한다. 손은 앞이나 뒤로 깍지 끼지 말고, 옆으로 단정하게, 손가락도 가지런히	• 바른 자세로 마음으로부터 환영의 뜻을 나타내는 인사를 • 손님에게 맞는 좌석으로 안내를, 아이를 데리고 온 손님에게는 좌석, 동반객은 사람 눈에 잘 띄지 않는 자리를 상담객에게는 조용한 자리를, 혼자 오신 손님에게는 2인용 테이블 자리로

작업명	말씨	동작	포 인 트
손님맞이와 안내	③ "몇 분이신지요" 하고 인원수를 확인한다. ④ "이쪽으로 오세요"하고 마음으로부터 환영의 뜻을 담아서(만원시에는 손바닥으로)	⑤ 손님의 앞에 서서 천천히 좌석까지 안내한다. ⑥ 의자를 가볍게 꺼내고 손으로 가리킨다.	
주문	② 다시 한 번 반드시 "어서 오세요!" ④ "주문을 받겠습니다" 하고 정중하게 ⑥ "주문하신 것은 ○○○個와 △△가 △個이지요" 하고 분명하게 복창한다. ⑧ "네 잘 알겠습니다" 감사하는 마음으로 "잠깐만 기다려 주세요"	① 가볍게 인사한다. ③ 물수건과 냉수 또는 엽차를 낸다(손님에게 메뉴를 보여 드리고, 주문품이 결정될 때까지 대기) ⑤ 전표에 손님의 주문을 기입한다. ⑦ 손님의 눈을 쳐다 보면서 대답을 기다린다. ⑨ 가볍게 인사를 하고 물러난다. ⑩ 주문을 조리장에 알린다.	• 테이블에 메뉴를 반드시 놓아 둔다. • 손님 중에 누구에게 메뉴의 결정권이 있는지 간파한다. • 음료, 특히 커피·쥬스 등은 식사 전·후의 언제 낼 것인지 반드시 물어 본다. • 비프 스테이크 등은 굽는 정도를 묻는다. • 냉차·엽차 등의 컵·찻잔 등은 반드시 아래부분을 잡고 소리 나지 않게 한다. • 신속하게, 기다리게 하는 것은 최대의 적

작업명	말씨	동작	포 인 트
식사와 제공	① "실례합니다" ④ "기다리셨습니다.○○입니다." ⑦ "실례합니다" ⑨ 씩씩하게 "네!!" "잠깐만 기다려 주세요" 웃는 얼굴로 ⑩ "치워도 괜찮겠습니까?"	② 각각의 요리에 맞게 세팅을 한다. ③ 내린다. ⑤ 요리를 손님에게 낸다. 바른 자세로, 신체를 구부려서 무리한 자세를 취하지 않는다. ⑥ 손님의 컵·찻잔을 다시 채운다. ⑧ 손님이 도중에 불렀을 경우 ⑪ 빈 식기를 조리장으로 치운다.	• 주문을 받은 사람과 요리를 낼 방을 반드시 기억해 둘 것. • 따뜻한 요리는 따뜻할 때, 찬요리는 찰 때 신속하게 제공한다. • 요리를 내기 전에 담은 상태 등을 체크한다. 납득이 가는 요리를 낸다. • 냉수·엽차 등은 가능한 한 손님이 주문하기 전에 낸다. • 재털이도 바꾼다. • 다 마셨거나 다 드셨어도 반드시 손님의 허락을 받고 나서 치운다. • 요리는 원칙적으로 손님의 왼쪽 어깨 위 방향으로 낸다.
배웅	① "감사합니다" 감사를 담아서 상냥하게 ③ "다시 찾아 주시기 바랍니다" 이렇게 말하면 당신은 프로!!	② 현관가까이까지 가서 ④ 감사하는 마음을 담아서 인사한다(손님이 완전히 현관을 나설 때까지는 배웅의 자세로).	• 손님이 잃어버린 물건은 없는지 반드시 좌석을 체크할 것 • "다시 이 점포에 오고 싶은 마음이 들도록" 감사하는 마음을 담아서 배웅한다. 마음과 웃음이 가장 중요!!
정리와 재배치	(상기의 형태를 그대로 되풀이 하는 것을 정형서비스라고 한다. 이 정형에 플러스하여 또 한마디 "좋은 날씨이지요." "오늘도 잘도 내리군요" 등을 덧붙이면 손님으로부터 보다 많은 칭찬을 듣게 될 것입니다)	① 식기의 뒷정리, 먹다 남긴 것은 없는가, 그것은 왜일까, 충분히 체크한다. ② 식기를 조리장으로 나른다. 무리한 운반법은 그만둔다. ③ 재배치를 한다.	• 재빠르고 스피디한 행동이 가게의 무드를 좋게 만든다. • 청결이 제일, 철저하게 더러운 곳을 체크 한다.

(2) 접객 기초매뉴얼

정형을 정확하게 결정하고 지키려면 '접객 기초메뉴얼'이 필요하다. 이 기초메뉴얼은 ① 서비스의 마음, ② 말씨내용, ③ 인사하는 법, ④ 기본 접객 용어의 4항목으로 되어 있으며, 종사원이 점포 내에서는 물론 일상생활 속에서도 실행해야 하는 사항부터 먼저 통일(정형화)시켜 놓아야 한다.

(가) 서비스의 마음

우리 점포는 사회의 모든 계층 사람들에게 보다 맛있는 요리를 보다 싸게, 보다 바르게, 보다 많이 제공하며, 생활에 즐거움을 주는 푸드 서비스직장이라는 생각을 갖고 있어야 한다. 한명 한명의 종사원에게 기대하고 싶은 것은 단순한 근로자가 아니라 기업과 사회의 마음이 통하도록 파이프 역할을 하는 인간성이 풍부한 종사원이 되어야 한다. 인간성이 풍부한 사람에게는 동정심이 있다. 동정심에는 애정 · 배려 · 감사 · 협력하는 마음이 있기 때문이다. 이 마음을 살리고 인간성을 높일 수 있는 원동력이야말로 서비스 자체라고 할 수 있다.

즉, 서비스란 동정심을 말한다. 아무리 훌륭한 점포라고 해도 거기서 일하는 종사원에게 동정심이 없다면 한 번 온 고객은 두 번 다시 오지 않는다. 자신이 경원당했다고 생각하기 때문이다. 고객은 상품과 함께 서비스를 찾아 우리의 점포를 찾는 것이기 때문이다.

서비스는 호스피탤리티이다. 이 용어는 병원에서 사용하는 것으로 의사나 간호사가 환자에게 "빨리 병이 나으셔야죠!", "하루 빨리 완쾌하기를 빕니다"라고 말하는데, 이 때의 마음이 바로 호스퍼탤리티이다. 이것은 또한 레스토랑의 서비스정신과도 통하는 마음인 것이다.

우리들은 항상 고객의 입장에 서서 일해야 한다 고객에 대하여 예의바르고 세심한 주의를 기울이면 고객은 반드시 만족감을 느끼고 주위사람에게 그 호감을 적극적으로 칭찬하게 될 것이다. 그 어떤 선전보다도 입으로 전달(mouth to mouth)되는 소문의 선전효과는 진실성이 있으며 좋은 결과를 낳을 것이다.

(나) 말씨 사용

고객에 대해서는 물론이지만 종사원끼리 이야기를 나눌 때도 예의가 필요하다. 상사에 대해서도 동료 · 부하에 대해서도 상대를 존경하는 마음이 있으면, 상대의 기분을 고려하는 배려가 있으면 이것은 간단한 일이다.

만약 상대의 기분을 고려하지 않고 난폭한 말을 사용하면 어떻게 되는가. 상대는 상처를 받고 고민을 하여 팀 워크(team-work)는 무너지게 될 것이다. 그리고 일에 집중을 해야 하는 신경이 다른 곳으로 흩어져 일을 소홀히 하게 된다. 일상생활 속에서 사용하는 언어에 조심을 하면서 항상 바른 말을 쓰도록 노력해야 한다. 그래야 점포 안에서도 예의에 어긋나지 않는 말을 사용할 수 있는 것이다.

동료에 관해 설명하면 다음과 같다.

- 타인의 행동이나 몸가짐을 경멸하는 듯한 말투를 삼가한다.
- 누군가와 소곤소곤 말을 주고 받거나 큰 소리로 웃는 일을 삼가한다.
- 동료에게 원조를 부탁하거나 원조를 받았을 때는 “잘 부탁합니다” “감사합니다”를 반드시 이야기한다.
- 쾌활한 것 : 쾌활하여 심정이 밝은 사람은 사람으로부터 호감을 주므로 기꺼이 협력을 받을 수 있다.
- 관용을 베풀 것 : 관용은 동료들과 잘 지내고 싶다고 생각하는 사람에게 반드시 필수적인 소질이다.
- 품성을 갖출 것 : 언어 사용은 인격을 나타낸다. 좋은 말씨와 아름다운 말씨는 품성을 높인다.

(다) 인사하는 법

직종 직위와는 달리한 직장의 파트너 동지로서 팀 워크 조성에 이 인사는 매우 중요하다. 전원이 합심하여 밝은 직장을 만들도록 한다.

- 입점시 : 미소를 띄며 “안녕하세요” 애정을 들여서 한다.
- 항상 감사하며 : “대단히 감사합니다” 진심으로 감사한다.
- 마음 넓게 : “죄송합니다” 솔직하게 반성한다.

- 먼저 퇴근하는 사람 : "먼저 실례합니다" 감사하는 마음을 넣는다.
- 먼저 퇴근하는 사람에 대해 : "피곤하시겠어요," "수고하셨습니다."

(라) 기본접객용어

고객에게 매력적인 종사원이 되기 위한 포인트의 일종이다. 작업 · 동작에 관해 설명하면 다음과 같다.

- "어서 오십시오" 뱃속으로부터 발성한다.
- "예" 큰 목소리와 미소로
- "예, 지금" 움직이면서 건성으로 대답하지 않는다. 반드시 동작을 멈추고
- "조금만 기다려 주십시오" 건성으로 대답하지 않는다. 반드시 동작을 멈추고
- "실례합니다" 상반신을 15°로 굽힌다.
- "주문은 결정하셨습니까"
- "이상으로 주문한 요리는 모두 하셨습니까"
- "기다리셨습니다"
- "말씀드릴 면목이 없습니다" 상반신을 90°로 굽힌다.
- "부르셨습니까"
- "감사합니다" 다시 올 것을 촉구한다. "또 오십시오," "또 부탁드립니다."
- "천천히, 어서" 우아하고 정중하게
- "마실 것은 어떻게 하시겠습니까"

(3) 접객 스텝 메뉴얼

기본형태가 결정되면 다음에는 고객의 입점부터 퇴점에 이르기까지 일종의 흐름(스텝) 속에서 어떤 식으로 고객에게 말을 걸고 어떤 동작으로 접객을 하는가 등 점포에서 요구하는 형을 명시한 접객 스텝 매뉴얼의 작성에 들어가게 된다. 다음이 바로 접객 스텝 매뉴얼인 것이다.

먼저 ① 대기자세부터 시작 ② 접객서비스 ③ 주문받기 ④ 주문전 하기 ⑤ 세팅 ⑥ 요리의 제공과 중간 내가기 ⑦ 전송하기 ⑧ 그릇 치우기와 재세팅이 8단계에서 하나의 접객흐름을 파악한다.

다음, 이 접객의 흐름(스템)속에서 말씨와 동작을 결정한다. 각 스텝마다 지켜야 할 주의사항을 기입하는 포인트란을 설정한다. 세로 칸에 8가지 스텝, 가로 칸에 말씨·동작 그리고 포인트를 기입하여 그것을 흐름에 따라 화살표로 접객의 진행방향을 지시하여 일람표로 만든 것이 이 스텝표이다.

이 서비스는 한식·일식·서양요리 그리고 중화요리 등 업종이 달라지면 그 형태도 변화되기 마련이다. 패스트 푸드, 훼밀리 레스토랑, 디너하우스와 같이 업태가 달라짐에 따라 당연히 서비스의 스타일은 변하게 된다. 따라서 자기 점포의 업종·업태에 맞는 형을 결정해야 한다. 이것을 접객 스텝 매뉴얼이라고 하는 것이다.

(4) 접객 응용매뉴얼

레스토랑의 접객은 앞에 제시한 항목인 접객 스텝 매뉴얼 외에도 여러 가지 사항이 있다. 때로는 전혀 예상치 않은 일이 발생할 경우도 있다. 그러므로 이들 사항 속에서 빈도수가 높은 것만을 골라 매뉴얼화시킬 필요가 있다. 이 매뉴얼이 없으면 돌발사고(예를 들면, 고객의 불평처리)에 충분한 대응을 할 수 없을 뿐만 아니라 고객의 감정을 상하게 하여 단골을 잃는 경우마저 생긴다.

전화받는 법과 응대가 불친절하여 고객으로부터 점포에 대한 실망을 느끼게 하는 경우도 많다. 때문에 응용매뉴얼로서 반드시 결정해 두어야 하는 사항은 ① 전표의 기입방법, ② 금전등록기 취급법, ③ 전화받는 법, ④ 불평처리방법, ⑤ 점포 내의 정리 정돈과 같이 비교적 빈도가 높은 것이다.

다음은 [표 Ⅰ-3]에서와 같은 회계전표 작성법에 관해 해설한 매뉴얼이다. 전표는 영업장과 조리장을 연결시키는 유일한 전달수단이며, 이 기입이 잘못되면 큰일이다. 당연히 점포 계수관리의 기본이 되며, 정확히 기입하지 않으면 안된다. 이것만큼은 철저하게 영업장에서 종사원에게 가르쳐야 하는 사항이며, 당연히 정확하게 매뉴얼을 만들 필요가 있다. [표 Ⅰ-3]에서 참고로 회계전표의 작성법의 한 보기를 제시하고자 한다.

[표 Ⅰ-3] 회계전표 작성법

테이블번호 ↓　여성 ↓ 남성 ↓ 아동 ↓　월 일 ←날짜를 기입

테이블	5	객수	W 1	M 2	C 1	시간	18:20
						계	홍길동
	추		품명	수	추	확인	단가
			→	정		○	
						○ ←	
出							
出							
제공확인		합계 원					

←주문을 받을 때의 시각 (24시간 제품 기입)

←주문을 받은 사람의 이름

상품의 수량은 正으로 표시 (5개=正)

복창할 때 ○표시를 하면서 확인하다.

제공이 끝난 때는 → 出이라는 도장을 찍는다

⇩요리는 위부터 기입한다

⇧안주 · 스프 · 샐러드류 · 빵 · 밥은 정중앙의 굵은 선부터 기입한다.

드링크 · 알콜 · ⇧ 디저트류는 밑에서부터 기입한다.

다음은 전화응대하는 법에 관한 매뉴얼이다. 전화응답하는 법은 물론 받는 법, 파티의 예약을 받는 법을 구체적으로 명시하는 것이 좋다. 여기에 전화응대법에 관한 매뉴얼을 간략하게 소개해 보면 다음과 같다. 얼굴을 보지 않아도 말씨 하나만으로 인상을 좋게 하기도, 나쁘게 하기도 한다.

① 밝고 분명한 목소리로

② 일상회화보다 약간 높게

③ 손윗사람에게 이야기하는 식으로

- 오전 중

"안녕하십니까, ○○○점의 △△입니다."

- 오후

"감사합니다. ○○○점의 △△입니다."

- 벨이 4번 이상 울렸을 경우

"기다리셨죠? ○○○점의 △△입니다."

- 전화로 주문을 받는 경우

"담당자를 바꿔드리겠으니, 잠시 기다려 주시겠어요?"

점장 · 플로어장 · 책임자를 바꿔 준다.

- 전화에 의한 좌석, 혹은 파티예약의 경우

"담당자를 바꿔드리겠으니, 잠시 기다려 주시겠어요?"

점장 · 플로어장 · 책임자를 바꿔 준다.

- 고객을 호출하는 경우

"○○씨라구요. 잠시 기다려 주십시오. 지금 곧 불러 드리겠습니다."

- 고객의 질문 · 불평의 경우

"지금 책임자를 바꿔드리겠으니, 잠시 기다려 주십시오."

점장을 바꿔 준다. 점장이 없을 경우는 플로어장을 바꾼다.

- 거래업자의 경우

"항상 이야기 많이 들었습니다. 담당자를 바꿔드릴테니, 잠시 기다려 주십시오."

- 중간에 전화를 바꿔줄 때

"○○입니까?"

- 실례합니다만, 어느 분이십니까?

"○○입니다."

"예, 알겠습니다. 잠시 기다려 주십시오."

- 담당이 없을 경우

"○○입니다."

"죄송합니다. 지금 외출했기 때문에 오시면 전화를 하라고 하겠습니다."

"죄송하지만, 이름과 전화번호를 알려 주십시오."

※ 전화에 의한 주문의 경우

(a) 고객의 이름

(b) 상품명

(c) 수량

(d) 시간

※ 부재 일 경우

(a) 고객의 이름

(b) 고객의 전화번호

메모를 하고 복창을 잊지 말아야 한다. 그리고 정확하게 전달한다. 반드시 메모를 하는 습관을 들여야 한다.

- 고객을 호출하는 경우
  "오늘은 ○○○점을 이용해 주셔서 대단히 감사합니다."
  "손님께 전화왔습니다. ○○으로부터 ○○씨, ○○으로부터 ○○씨, 카운터 앞으로 오시기 바랍니다."
- 고객을 호출하여 없는 경우
  "지금 찾으시는 손님이 좌석에 안계시는군요."

※ 고객으로부터 예약주문을 받을 때의 확인사항

① 날짜(몇 년, 몇 월, 몇 일)

② 요일(원칙은 월~금 사이, 토요일 · 공휴일은 상담)

③ 시간(원칙은 피크 타임 이외)

④ 인원수(2~20명 정도, 시간에 따라 20명 이상도 가능)

⑤ 내용(동창회, 서클 외)

⑥ 이름(대표자 혹은 서클 등의 명칭)

⑦ 대표자의 주소

⑧ 대표자의 전화번호

⑨ 점포측의 설명(시간제한, 사진촬영, 기타)

⑩ 고객의 요망(가능하면 고객의 요망대로 대처)

⑪ 비용(금액) (1인 얼마, 전부 얼마, 세금 얼마)

※ 확인 후

① 예약노트 혹은 예약종이에 기입

② 예약내용 종이를 2장 쓰고 홀과 주방의 전원이 알 수 있도록 지정된

장소에 붙여 둔다(조례, 구두 등으로 전한다).

③ 카메라 상태, 필름을 확인한다.

④ 오리지널키 홀더를 확인한다.

⑤ 서비스권을 확인한다.

⑥ 식재를 확인한다.

⑦ 인원을 확인한다.

※ 결혼기념일과 생일축하일은 테이블에 '꽃'을 장식한다.

기타 화장실, 전화장소의 안내, 담배주문, 택시 잡아 주기 등 실로 많은 고객에 대한 접객서비스가 있으므로, 이 사항을 미리 상정하여 응용메뉴얼로 작성해 두는 것이 점포의 접객서비스 수준을 높이는 길이다.

앞에서 설명한 바와 같이 다음과 같은 서비스(접객) 매뉴얼은 4항목으로 작성되어 있다.

- 복장 · 몸차림에 관한 매뉴얼
- 접객 기초 매뉴얼
- 접객 스텝 매뉴얼
- 접객 응용매뉴얼 등

3) 웃는 얼굴

정형 서비스가 가동하게 되면 다음으로 미소단계에 들어가게 된다. 웃는 얼굴은 "절대로 당신에게 적대감이 없다. 대환영을 하고 있다"라는 의지표시의 수단이며, 환대하는 마음, 호스피탤리티를 표현하는 최고의 수단이 라고 말할 수 있다.

맥도날드 햄버거의 메뉴판에는 스마일 프리(smile free), 즉 미소는 무료라고 쓰여 있다. 이것은 "우리 가게에서 파는 햄버거나 튀긴 감자 속에는 당연히 이 미소가 들어 있지 않은 상품이라면, 대금을 고객에게서 받지 않겠다"고 하는 사상, 이념을 스마일 프리라는 말로 표현하고 있는 것이다. 여기에는 "웃는 얼굴이야말로 고객과 가장 가까워지는 가장 좋은 방법이다"라고 하는 맥도날드 창시자의 경영철학이 담겨 있는 것이다.

맥도날드의 탈의실 거울에는 '킵 스마일(keep smile)'이라는 말이 적혀 있다. 전종사원이 유니폼으로 갈아입고, 전신을 거울에 비쳐 보면서, 킵 스마일이라고 마음 속으로 다짐을 한 다음에 매장에 나간다. 이와 같은 노력이 있고 나서, 저 맥도날드 카운터에서 있는 종사원의 미소가 생겨났다고 한다. 20세 전후의 아르바이트 학생들 뿐인 맥도날드에서는 웃는 얼굴의 접대가 가능한데, 일반레스토랑에서 그것도 프로이고, 나이도 많은 종사원들이 미소짓는 것을 볼 수 없다는 것은 슬픈 일이 아닐 수 없다. 미소 띤 얼굴의 서비스도 상품인 것이다. 따라서 "미소도 상품이다"라고 하는 사고방식을 종사원을 채용할 때부터 철저하게 가르치는 것이 중요하다. 그러면 어떻게 하면 마음 속에서 우러나오는 미소를 지을 수 있을까? 이를 위해서는 다음 세 가지 점을 충분히 이해할 필요가 있다.

첫째, '감사하는 일'이다. "많은 레스토랑이 있는 가운데서 저희 점포를 잘 선택해 주셨습니다"하고 마음에서부터 감사하는 일이다. 바쁠 때에는 감사하는 마음의 여유같은 것은 전혀 생기지 않는다. 그렇지만 이 바쁨을 당연한 것으로 생각하게 되면 미소를 지을 수 없게 되고, 언젠가는 "저 점포는 번성하게 되니까 우쭐거리고 건방져졌다"는 말을 듣게 되어 인기가 떨어지게 된다. 또한 폐점시간을 전후하여 찾아 온 고객에게도 "가게를 닫으려고 생각하고 있는데, 지금 오다니 아주 귀찮구나" 하고 마음 속으로 생각하고 있으면 미소 같은 것이 나올리가 없다. 어떠한 때에도 자신의 점포를 선택하여 준 고객에게 마음으로부터 감사하는 것이 중요하다.

둘째, 고객에게 '애정을 갖는 일'이다. "우리들의 행복을 위해서 이 점포는 있다," "우리들 스스로 행복을 달성하기 위해서 이 점포에서 일하고 있는 것이다"라는 생각에 젖어 있는 종사원이라면 "고객들이 점포를 찾아 주시는 것이 우리들의 행복을 가져다 주는 일이다"라고 충분히 이해할 수 있을 것이다. 이것은 자신의 부모나 친구와 똑같은 친근감·애정을 고객에게서 느끼기 시작하면서 미소는 자연히 우러나오게 된다.

셋째, '이 점포를 찾아 주신 한 반드시 만족해서 돌아 가셔야 한다'는 자신이 중요하다. 소위 일에 대한 자신이 마음의 여유가 되어 미소로 나타나는 것이기 때문이다. 이를 위해서는 개점 전부터 어떻게 하면 좋은 서비스를 할 수 있을까 신경을 써서, 청소도 깨끗이 하고, 테이블 위의 꽃병이나 작은 소품에 이르기까지 애정을 가지고 충분한 준비를 해 두는 것이 중요하다.

또한 고객이 찾아 주시기를 가다려 성심 · 성의껏 정성을 다하여 서비스하는 것도 중요하다. 이것을 매일 되풀이하게 되면 자연히 마음의 여유도 생기고, 자신도 붙게 된다.

이상과 같이 미소를 짓기 위해서는 감사 · 애정 · 자신 등의 세 가지 요소가 필요하다.

4) 배 려

레스토랑의 좋은 서비스라는 것은 종사원의 복장 · 몸차림이 단정하고, 접객태도가 정형화되어 있어 항상 미소를 잃지 않는 것이라는 점을 잘 알게 되었을 것이다. 그리고 마지막으로 다짐 할 사항은 배려가 중요하다는 점이다. 레스토랑에 오는 고객은 그 점포의 종사원에게 항상 고객으로서 대우받기를 원하고 있고, 무엇인가를 스스로 해 주기를 기대하고 찾아 주는 것이다. 예를 들어 컵의 보리차를 생각해 보기로 하자.

컵의 보리차가 조금 밖에 남아 있지 않으면 다시 따라드리는 것이다. 고객이 요구하기 전에 행동을 취하는 것이 서비스인 것이다. 불렀는 데도 보리차를 갖다 주지 않는 것은 언어도단이라고 밖에 할 수 없다.

종사원은 항상 테이블이서 눈을 떼지 말아야 한다. 요리를 조리장에서 객석까지 나를 때에도, 식사가 끝나고 치울 때에도 항상 테이블 위를 주시하고 있어야 한다. 항상 고객이 만족하고 있는지 없는지를 테이블 위의 상태를 보면 알 수 있다. 만약 접시 위의 요리가 식사 도중에 많이 남아 있는 것을 발견하면 즉시 "무언가 부족된 것이 있읍니까"라고 물어 보아야 한다. 이렇게 하면 이 쪽의 실수를 미연에 방지할 수가 있는 것이다.

또한 훼밀리 레스토랑에서는 종사원에게 '주위를 한 바퀴 도는 것'을 가르쳐 주어야 한다. 점포 내의 통로 양측의 테이블을 보고 걸으면서 별다른 문제가 없으면, 다른 통로의 객석을 돌아보고 오라고 가르쳐야 한다. 이와 같이 함으로써 테이블 위의 문제점을 발견할 수 있을 뿐만 아니라, 물려야 되는 그릇을 사전에 재빠르게 주방으로 치울 수 있기 때문에 혼잡할 때에도 고객의 출입을 원활하게 할 수 있어 점포의 효율을 높일 수가 있는 것이다.

특히 만원일 때보다도 객석의 20~30%가 찼을 경우에 무료한 시간의 배려방법이 더욱 중요하다. 왜냐하면 만석일 때에는 전종사원이 기분상으로도 긴장되어 있기 때문에 대체로 큰 실수도 없을 뿐만 아니라 고객들도 "만원이니까" 하고 조금은 관대하게 보아주고 참아 주기 때문이다. 그러나 객석이 비어 있어 종사원이 여유를 갖게 되면 그렇게는 보아주지 않는다. 무료한 시간에 객석에 등을 돌리고 주방의 종사원과 잡담에 열중해 있거나 점포 안의 TV에 빠져 있다면 이 점포의 서비스는 어떻게 되어 있는 것인가 하고 고객으로부터 질책을 받게 될 것이다. 이 무료한 시간이야말로 최대의 배려 효과를 발휘할 수 있는 기회인 것이다 그 날 요리의 맛에 대한 비평을 듣는다든가, 어린이의 이야기상대가 되어 주거나, 계절인사·뉴스 등의 이야기를 서로 나누면서 이해를 다져 나가 그 고객을 점포의 공명자·단골고객으로 만들 수 있는 최대의 기회인 것이다.

이상과 같이 좋은 서비스, 진정한 서비스력이란 ① 복장·몸차림을 단정히 하고, ② 자신의 점포 나름의 정형서비스를 지키고, ③ 항상 미소를 잃지 않고, 또한 ④ 철저한 배려를 하는 것이다. ①이 초등학교, ②가 중학교, ③이 고등학교, ④가 대학교라고 이해하면, 가장 알기 쉽고 행동도 쉽게 취할 수 있을 것이라고 생각된다.

절대로 세번째인 배려, 즉 대학교수준에서부터 시작되는 것이 아니다. 초등학교에서 기초공부를 한 후에, 중학교에서는 좀더 고도의 기초를 학습하고, 비로소 고등학교에 가서 응용학습을 하고, 드디어 대학에 들어가서 고도의 응용학문에 몰두할 수 있는 것이다. 대학교의 문제는 초·중·고등학교의 기초가 완전해진 다음에 비로소 풀 수 있는 것이다. 서비스도 마찬가지로 1-2-3-4로 기초부터 확실히 자신의 것으로 한 후에 ④의 응용=배려로 나아감에 따라 비로소 훌륭한 서비스로 가능하게 되는 것이다.

Tips 지금 당신의 얼굴표정은?

6 접객모형

레스토랑에서 종사원의 서비스는 당해 업소를 대표하는 제품의 중요한 부분이다. 레스토랑에 대한 고객들의 반응을 전체적으로 검토해 보면, 그들은 제공받는 요리와 거기에 수반되는 서비스를 별도로 분리해서 생각하지 않고 상호 관련된 한 개의 패키지(package)로 생각하는 것이다.

따라서 제공되는 서비스는 고객들에게 재방문 여부를 판가름하게 되는 매우 중요한 비중을 차지하게 된다. 일례로 전업장 중에서 가장 불평·불만이 많이 발생하는 곳이 식음료부문으로 전체의 78%를 차지하고 있는 것으로 나타났다.

결국 접객서비스는 고객이나 종사원들에게 매우 중요한 요소로 작용하고 있으므로 이에 대한 체제를 확립하여 적절히 관리해야 된다. 확립된 체제에 따라 접객태도를 직접적으로 통제할 수는 없다 하더라도 종사원들의 행동(employee's behavior)과 고객들의 기대(customer's expectations)에 강력한 영향력을 발휘할 수 있다. 또한 접객서비스에 영향을 미치는 제요인을 정확하게 파악하여 이에 익숙하게 되면 올바르게 시행할 수 있는 전략을 개발할 수 있다.

[그림 Ⅰ－6]에 의하면 당해 레스토랑에 대한 고객의 기대는 곧 그의 행동으로 나타나며, 당해 업소의 서비스를 감지함으로써 영향을 받는다. 만일 접객종사원이 이러한 고객들의 기대를 충족시켜 줄 만한 자세와 준비를 갖추지 못하면 접객서비스는 실패로 끝나게 될 것이다

[그림 Ⅰ－6] 접객모형

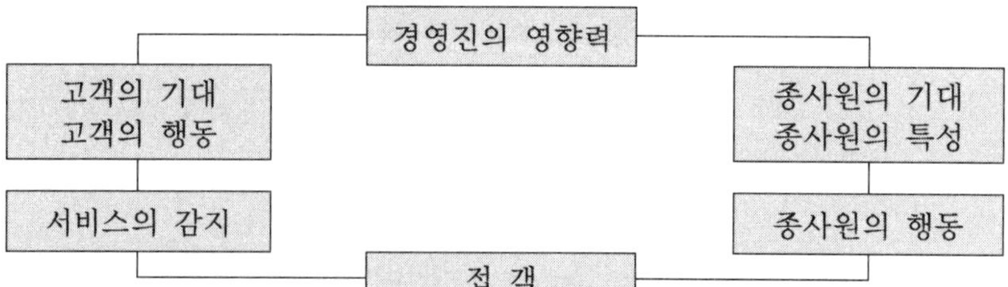

[자료 : Jon A. Czepiel, Service Encounters : An Overview, Lexington Book, 1985, p. 1.]

7 접객서비스의 측정

일반적으로 제공되고 있는 서비스의 질은 크게 두 가지 요인으로 결합되어 있다. 즉 서비스의 절차(service procedure)와 종사원의 인격이나 즐거움(conviviality)을 주는 것을 말한다. 고객을 기다리게 하는 종사원은 서비스의 절차기준을 고수하지 못하고 있으며, 또한 고객에게 즐거움을 주어야 한다는 서비스기준도 위반하고 있다. 이미 고객과의 커뮤니케이션 유지에 실패했고 또한 서비스절차기법(procedural skill)이 결여되어 있을 뿐만 아니라 고객에게 전념하지 못하였기 때문에 즐거움을 주는 기법(convivial skill)에도 실패한 것이다.

따라서 이 두 가지 관점에서 접객서비스상의 문제점들을 발견하여 종사원들이 어느 정도 훌륭한 서비스를 고객들에게 제공하여 주고 있는가를 측정함으로써 서비스의 질적 개선방안을 도출해 낼 수 있는 것이다.

이러한 방안은 경영전략에 기초자료를 제공해 주면 새로운 수요창출의 근원이 될 수 있는 것이다. 이런 접객서비스 관리 사이클을 요약 · 정리하여 보면 [그림 Ⅰ-7]과 같다.

[그림 Ⅰ-7] 접객서비스 관리 사이클

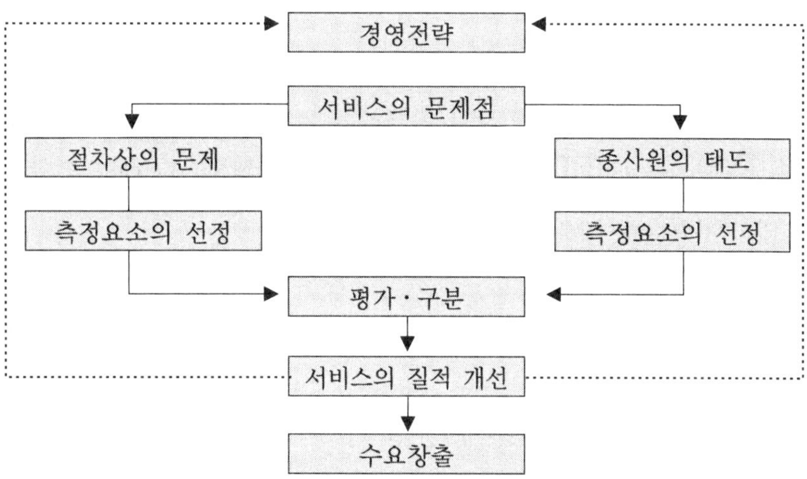

[자료 : William B. Martin, How To Guarntee Quality Service, The Cornell H.R.A. Quartery. 1986.]

1) 서비스절차상의 측정요소

(1) 서비스의 진행과정(flow of service)

서비스의 과정에서 어떤 불특정한 서브단계에서 너무 지연되지 않도록 일정한 절차로 해서 규칙적으로 수행되어야 한다. 레스토랑의 전형적인 풀서비스(full service)는 보통 14단계를 거치게 된다.

즉, ① 고객의 영접안내 ② 식전 appetizer 또는 cocktail 제공 ③ 주문 ④ 주문 받은 요리를 주방에 의뢰 ⑤ salad serve ⑥ entree serve ⑦ 추가주문 여부 check ⑧ plate, ware pick up ⑨ dessert 또는 식후 음료제공 ⑩ 식사 종료확인 ⑪ bill 제시 및 확인 ⑫ 서명된 계산서 또는 캐셔에게 전달 ⑬ credit card의 영수는 거스름돈 제공 ⑭ 고객의 영송.

(2) 적시 서비스(time linens)

고객으로부터 주문을 받은 후 음식과 서비스가 고객에게 서브될 때까지 사이에 걸리는 시간을 말한다. 시간을 적절하게 잘 지키는 것은 신속 이상의 좋은 접객결과를 가져온다.

(3) 수용(accommodation)

서비스절차는 당해 업소의 편에 맞추어 고찰할 것이 아니라 고객의 필요와 절차를 충족시킬 수 있게 고안되어 설정되어야 한다.

(4) 예견(anticipation)

이미 발생한 일이 아니고 앞으로 발생하게 될 일을 포용할 수 있는 서비스로서 고객의 요구 전에 미리 한 걸음 앞서 서비스를 제공해야 한다.

(5) 의사전달(communication)

접객종사원과 고객·종사원간, 그리고 종사원과 감독자의 관계에서 간결하고 분명한 커뮤니케이션이 잘 이루어져야 질적으로 높은 수준의 서비스가 존재하게 되는 것이다.

(6) 고객의 피드백(customer feedback)

서브담당요원들은 레스토랑이 제공하는 서비스와 제품이 고객들의 욕구와 기대를 충족시켜 주고 있는지의 여부를 항상 지속적으로 확인해야 한다.

(7) 감독(supervision)

설정된 서비스체제가 정상적으로 잘 운영되도록 하기 위해서는 감독 및 조정 이 필요하다.

2) 서비스제도상의 측정요소

(1) 접객태도(attitude)

접객종사원의 얼굴은 항상 미소를 잃지 말아야 한다. 개방적이고 우호적인 태도로 감독자로부터 만점의 평가를 받아야 한다.

(2) 몸짓대화(body language)

일상적인 대화 중에서 몸짓으로 표현되는 것이 많은 부분을 차지한다. 얼굴표정, 미소, 손의 동작 등은 접객원의 태도와 자세를 보여 주게 된다.

(3) 목소리의 고저(tone of voice)

어조에 따라 말의 의미가 달라지므로 양질의 서비스를 제공하는 한 요건이 된다.

(4) 재치있는 일처리(tact)

상황에 따라 고객에게 어떻게 해야 될지를 파악하여 처리한다.

(5) 고객의 이름호명(naming name)

인간적으로 친해지고 싶어하는 의도를 상대고객으로 하여금 절감케 한다.

(6) 주의집중(attentiveness)

고객에 대한 각별한 배려와 성의 그리고 개인적 우월감을 만족시켜 준다.

(7) 메뉴안내(guidance)

레스토랑에서 메뉴는 최대의 상품이다. 고객이 원하는 것이 무엇인가를 파악하고 각각의 메뉴에 대한 조언을 할 수 있도록 조리시간·재료·맛 등 상품지식을 알고 있어야 한다.

(8) 제안판매(suggestive selling)

영업의 성패는 판매에 달려 있고, 접객종사원들은 판매대리인이라는 것을 인식해야 한다.

(9) 불평해결(problem solving)

고객의 불평을 적극적으로 수용하고 가능한 한 빨리 그 시정내용을 고객에 알려 준다.

Tips 인간평가요인

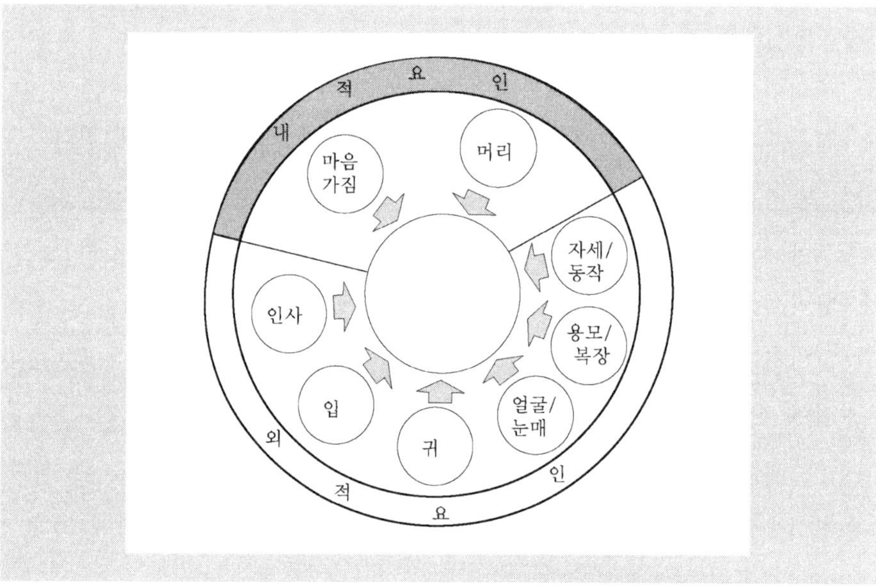

8 레스토랑 개점 전 1분간 접객연습(사례)

많은 레스토랑에서 신규종사원이나 파트 · 아르바이트 사원을 채용한다. 새로 들어 온 종사원들은 접객서비스의 요령을 잘 모르기 때문에 수준이 형편없다고 한숨을 내쉬는 경영자가 적지 않을 것이다.

그 원인을 검토해보면 의외로 종사원이나 파트 · 아르바이트 사원에게 접객서비스 방법을 정확하게 가르쳐 주지 않았다는 결론에 도달하게 되는 경우가 많다. 레스토랑에서 어느 정도 업무내용을 대강 가르치고 나면 그들은 영업장에 배치된다. 그런 중에 불충분한 점을 세밀하게 체크하여 가르쳐줄 수 있으면 OJT(On the Job Training)가 제대로 시행되는 것이다. 그러나 대부분의 레스토랑에서는 가르칠 시간과 사람이 없다는 핑계로 구체적인 사항은 잘 가르치려 들지 않는 것이 오늘의 현실이다. 이같은 현상 때문에 접객서비스가 향상될 까닭이 없는 것이다.

구체적인 접객연습 상황을 소개하면 다음과 같다(월간식당, 1988.5).

1) 시간과 선생이 없어도 접객서비스의 수준향상 가능

접객서비스를 종사원이나 파트 · 아르바이트사원들에게 가르치려면 시간이나 선생이 필요하다고 생각하는 경영자가 많다. 그러나 이같은 생각은 잘못된 것이다. 시간과 사람을 투자하지 않아도 접객서비스의 수준향상은 얼마든지 가능하다. 물론 종전대로의 방식으로는 어렵다. 인간의 심리나 습성을 적절히 이용을 해야 하기 때문이다. 그것만 가능하다면 아주 단시간의 연습만으로도 접객서비스 수준은 향상시킬 수 있다.

연습방법은 '1분 동안'이라는 짧은 시간을 이용하는 방법이다. 아침 레스토랑문을 열기 바로 직전의 시간을 활용하여 접객서비스의 연습을 하는 것이다. 그러므로 아주 어려운 내용은 힘들지만 지극히 기본적인 연습은 충분히 할 수 있다.

접객서비스의 수준이 향상되지 못하는 원인 중의 하나는 기본을 철저히 익히지 못했기 때문이다. 기본이란 예를 들어 큰 목소리로 기본접객용어를 분명히 또렷하게 발음하는 것이며, 미소로서 응대하는 것, 신속 · 민첩하게 움직이는 것…… 등이다.

"접객서비스가 형편없다"라고 비난받는 경우를 보면 대개 위와 같은 기본이 제대로 시행되지 않기 때문이다. 이 기본을 확실히 익히는 것만으로도 접객서비스의 질은 높아질 수 있다는 것이다.

2) '1분 동안'의 연습으로도 효과 충분

인간의 심리 · 행동에는 학습기능이 있다 이것은 일정한 행동이나 경험을 계속 되풀이함으로써 그 행동과 경험을 익히고 과거의 행동방식과 달라져 새로운 행동양식을 획득하는 것이다.

가령 사람 앞에서 큰 소리로 말한다거나 억지웃음을 띠는 일이 고역이라고 하는 사람이 적지 않다. 그러나 그런 사람도 몇 번이고 반복해서 연습을 하면 서서히 몸에 베이게 된다. 즉, 학습이 생기는 것이다.

그 과정을 계속 되풀이하면 무의식 중에 당연한 일로 여겨지게 되어 자연스럽게 큰 소리로 말하고 미소를 짓게 되는 것이다. 이것이 과잉학습이다. 하루하루 아주 짧은 시간의 연습이라도 그것을 반복하면 인간은 누구든지 학습을 할 수 있다. 여기서 멈추지 말고 더 계속해서 하면 과잉학습이 일어나 몸에 베이게 된다는 것이다. 이것이 바로 1분간 접객연습이 큰 위력을 발휘하는 비결인 것이다.

3) 1분간만 이용

"1분동안 무엇을 할 수 있겠어"라고 회의적인 생각을 갖고 있는 경영자가 많다. 그렇지만 1분간이라는 짧은 시간이지만 집중적으로 연습하면 상당한 효과를 올릴 수 있다.

예를 들어 "어서 오십시오"라는 인사, 분명한 발음으로 소리를 내는데 약 4초가 걸리나, 한 사람이 1분간 "어서 오십시오"라는 인사연습을 한다면 적어도 15회는 할 수 있는 시간이다.

그리고 상품을 들고 걷는 경우, 1분 동안에 60m정도 걸을 수 있다. 소규모 레스토랑이라면 객석플로어(guest floor)를 2번 왕복할 수 있는 거리이다. 걷는 자세나 똑바로 서있는 자세를 연습하기에 충분하다고 할 수 있다.

물론 1분동안 접객서비스의 여러 가지 테크닉을 익힌다는 것은 불가능하다. 연습할 수 있는 내용은 자연히 한정되기 마련이기 때문이다.

그러나 대부분의 레스토랑에서 경시하는 접객서비스의 기본을 연습하기에는 최적의 방법이라고 할 수 있다. 여기서는 특히 중요하다고 여겨지는 8가지 항목에 중점적으로 초점을 맞춰 소개하고자 한다.

[표 Ⅰ-4]에 나와 있는 체크 리스트(check list)와 같이 종사원의 각자 능력에 맞춰 1~3항목을 선택하여 매일 개점 전에 연습하도록 한다.

다음 제시하는 8가지 항목은 접객서비스의 기본 중의 기본에 속하는 것이므로 베테랑들도 함께 연습하면 더욱 좋은 서비스를 기대할 수 있을 것이다.

(1) 큰 목소리를 내는 데 익숙해져라

현장을 가보면 대부분의 레스토랑의 서비스수준은 형편없다고 말할 수 있다. 실제로 주위에 있는 몇몇 레스토랑을 직접 점검해 보라. "어서 오십시오"라는 첫인사를 비롯해서 소위 기본적인 접객용어를 정확하게 말하는 식당은 거의 없다고 해도 과언이 아닐 것이다.

그것뿐만이 아니다. 고객이 레스토랑에 들어와서 요리를 먹고 레스토랑을 나서기까지의 시간동안 고객에게 말한마디도 붙이지 않는 종사원도 적지 않다. 말없이 물을 갖다 놓고 고객의 주문을 받는다. 고객이 주문을 하면 역시 묵묵히 듣고 가버린다. 요리를 가지고 와서도 말없이 테이블에 놓고 간다. 그런 레스토랑이 어디 있느냐라고 여러분은 생각할지 모르지만 실제로 있기 때문에 문제가 되고 있는 것이다.

이런 레스토랑은 종사원들이 말을 하지 않는 일에 너무 익숙해 있어서 무언의 서비스를 행하는 것을 지극히 당연하게 여긴다. 그래서 1분간 접객연습으로 맨 먼저 해야 할 일은 목소리를 크게 내는 것이다.

[표 I－4] 1분간 접객연습 자기체크표

1분간 접객연습 자기체크표 　　　　성명 : 진달래

연습항목 \ 5월	1	2	3	4	5	6	7	8	9	10	11	12	13	14	15	16	17	18	19	20	21	22	23	24	25	26	27	28	29	30	31	평 가
요일	금	토	일	월	화	수	목	금	토	일	월	화	수	목	금	토	일	월	화	수	목	금	토	일	월	화	수	목	금	토	일	
발 성	○	○		○			○				○					○							○					○				합 계
인 사	○	○							○						○				○										○			합 격
기본접객용어	○			○				○		○				○					○						○				○			합 격
미 소				○	○				○			○					○							○							○	좀더 열심히
서는법 걷는법							○	○							○							○				○						좀더 열심히
그릇쥐는법 놓는법							○	○			○	○									○	○				○				○		좀더 열심히
주문·복창 추천										○	○			○							○	○			○			○		○		좀더 열심히
계산대의 응대														○					○		○				○			○				손님의 얼굴을 보며

*1분간 접객연습은 매일 계속해야 한다. 종사원들은 각자 아래와 같은 체크표를 만들어 매일 연습한 항목에 ○표를 한다. 어떤 항목을 몇 번 연습했는지 한 눈에 알 수 있다. 상사가 평가란에 기입하여 사기를 높여 준다.

① 배우와 아나운서처럼 발성연습을 계속한다. 배우나 아나운서가 되기 위한 과정으로서 중요시되는 연습 중에 발성연습이 있다. 커다란 목소리, 정확함 발음, 상대(관객이나 시청자)에게 잘 들릴 수 있는 목소리를 익히기 위해 필수적으로 하는 것이 이 발성연습인 것이라는 것에 주목할 필요가 있다.

레스토랑 종사원이나 파트 · 아르바이트 사원들도 어떻게 보면 배우나 아나운서와 마찬가지로 목소리가 중요한 역할을 한다고 할 수 있다. 종사원의 목소리에 따라 그 식당에 대한 고객의 인상이 결정되기 때문이다. 그렇다면 종사원이나 파트 · 아르바이트 사원들도 적극적으로 발성연습을 하는 것이 바람직하다.

발을 약간 벌린 다음 등을 곧게 세운다. 특히 자세가 나쁘면 소리가 잘 나오지 않으므로 큰 소리를 내면서 글자를 또박또박 분명한 발음으로 발성연습을 한다.

[표 Ⅰ-5] 발음연습표 : 입을 크게 벌리고 분명하게 발음하자

가	나	다	라	마	바	사	아	자	차	카	타	파	하
갸	냐	댜	랴	먀	뱌	샤	야	쟈	챠	캬	탸	퍄	햐
거	너	더	러	머	버	서	어	저	처	커	터	퍼	허
겨	녀	뎌	려	며	벼	셔	여	져	쳐	켜	텨	펴	혀
고	노	도	로	모	보	소	오	조	초	코	토	포	호
교	뇨	됴	료	묘	뵤	쇼	요	죠	쵸	쿄	툐	표	효
구	누	두	루	무	부	수	우	주	추	쿠	투	푸	후
규	뉴	듀	류	뮤	뷰	슈	유	쥬	츄	큐	튜	퓨	휴
그	느	드	르	므	브	스	으	즈	츠	크	트	프	흐
기	니	디	리	미	비	시	이	지	치	키	티	피	히

'가'행부터 '하'행까지 천천히 발성하는 데 걸리는 시간은 약 50초, 종사원 전원이 읽으면서 연습을 하면 1회에 약 1분이 걸린다. 익숙해지면 소리를 내는 스피드를 점점 빠르게 한다. 빨리 발음하는 데 익숙해지면 보통 회화

속도로 해도 글자가 입 속에서 우물우울하는 경우는 없을 것이다. 명확하고 알아듣기 쉬운 발성이 나올 것이다. '이'나 '우'와 같은 음은 발음이 분명하게 나오지 않을 경우가 많으므로 처음에는 입을 크게 벌리면서 연습하도록 한다.

거울을 보면서 연습을 하는 것도 효과적이다. 발성연습을 할 때에는 리더 한 명이 앞에 나와서 지도를 해 주는 것이 좋다. 그리고 이 리더는 경영자나 점장을 포함시켜 순번제로 해야 한다. 종사원들의 자발성을 기르기 위해서이다.

② 발성연습을 하면 의외의 효과를 얻을 수 있다. 스포츠 등의 응원을 하면서 큰 소리를 지르고 나면 기분이 좋아지는 경험을 누구나 한번쯤은 해보았을 것이다. 큰 소리를 냄으로써 심리적인 쾌감을 얻고 스트레스를 해소하는 것이다. 즉 발성연습을 하게 되면 종사원들은 자기도 모르게 기분이 경쾌해지고 이에 대한 의욕을 갖게 된다. 접객 중의 동작도 밝고 명랑하게 된다.

그리고 전종사원이 일치단결하여 큰소리를 내게 되면 심리학적으로 말해서 피암시성이 높아진다. 즉 암시에 걸리기 쉬운 심리상태로 된다는 것이다. 그와 함께 공동체의식도 강하게 느낄 수 있다. 단, 발성연습을 할 때 누군가가 당당하게 큰 목소리로 발성을 시작하여 전체의 분위기를 활기차게 이끌어야 효과를 볼 수 있다.

(2) 정확한 태도로 인사하는 습관을 기른다

인사는 고객에게 레스토랑을 이용해주는 데 대한 감사의 기분을 전달하는데 필수적인 행위이다. 그런데 이 인사동작을 정확하게 행하는 레스토랑이 그리 많지 않다. 인사를 하기는 하는데, 객관적으로 보면 법도에 어긋나는 경우도 종종 볼 수 있다.

고객이 레스토랑에 들어와도 아는 체를 하지 않거나 무시해버리는 경우가 있는가 하면 "어서 오십시오"라고 인사를 하면서도 얼굴을 향하지 않는 경우가 있다. 인사말을 내던진 것만으로 고객에 대한 예의를 지켰다고 생각하는 종사원들이 의외로 많다.

① 인사에서 중요한 세 가지 포인트 특히 접객서비스의 경험이 적은 종사원에게는 인사나 경례를 할 때의 형식을 정확히 지키도록 해야 한다. 진실된 마음이 있으면 형식은 자연히 따라 온다고 생각하는 경영자가 있는데 결코 그렇지 않다.

경험이 별로 없는 종사원이나 파트 · 아르바이트 사원은 고객에 대한 감사의 마음이 자연스레 우러 나올리가 만무하다. 그러므로 최소한 형식만이라도 확실하게 익혀 주어야 한다. 인사에서 중요한 포인트로는 다음과 같다.

- 상대의 눈을 본다.
- 웃는 얼굴로 맞이한다.
- 명랑한 목소리를 낸다.

분명한 인사를 하려면 이 동작에 절하는 동작을 덧붙여야 한다.

② 인사는 전통예절이므로 정확한 형식을 익혀야 한다. 인사는 감사의 마음을 표현하는 전통적인 동작이므로 형식을 분명하게 익혀 둘 필요가 있다. 인사를 하는 방법에는 [그림 Ⅰ－8]에서 볼 수 있는 것처럼 보통 3가지 방법이 있다. 고개의 끄덕임(약 15도), 경례(약 30도), 공손한 경례(약 45도)가 그것이다. 이 때 감사하는 정도나 상호의 입장에 따라 임기응변적으로 대처하는 것이 필요하다.

고개를 끄덕 이면서 “어서 오십시오”라고 인사를 하는 데 걸리는 시간은 약 4초, 1분간 약 15회 반복연습할 수 있다. 3명이 차례로 하면 한 사람당 5회 반복할 수 있다. 경례를 하게 되면 1회에 약 6초, 1분간 약 10회 연습할 수 있다. 절을 할 때는 허리를 중심으로 상반신을 곧게 세운 채 굽힌다. 그동안 눈길이 위로 치솟지 않도록 머리와 함께 시선을 아래로 향하도록 한다.

고객의 끄덕임이나 경례의 각도는 몸에 익숙하지 않으면 잘되지 않는다. 본인은 고객를 끄덕이면서 인사를 했다고 생각했는데, 상대방에게 전혀 그런 인상을 주지 못하거나, 경례를 했는데, 고개를 끄덕인 정도로 밖에 보이지 않는 경우가 많다. 벽이나 메모지 등에 절하는 각도를 써붙여 놓고 종사원들이 그것에 맞춰 연습을 하도록 한다. 몸으로 취득해야 완전히 자기의 것이 되기 때문이다.

[그림 Ⅰ-8] 인사동작

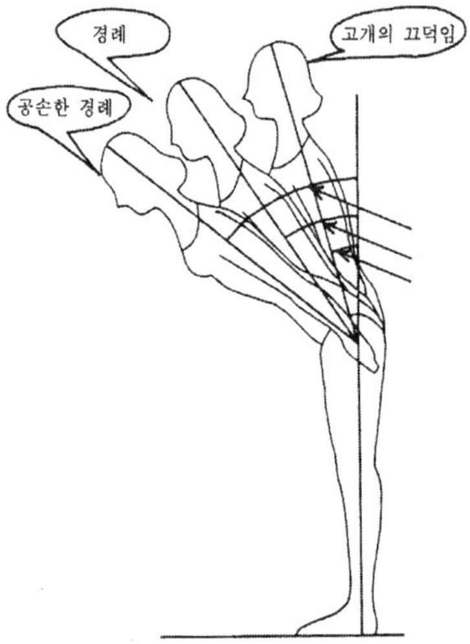

(3) 기본접객용어는 반드시 암기해야 한다.

최소한 이것만 암기해 두면 고객과의 분위기를 매끄럽게 만들어주는 것이 '기본접객용어'이다. 그 중에서도 가장 기본적인 5대 용어는 다음 [표 Ⅰ-6]과 같다.

위의 기본 5대 접객용어는 접객서비스 용어 중에서도 가장 자주 쓰이는 용어이므로 결코 잊어서는 안된다. 그런데 5대 용어조차 정확히 사용하지 않는 레스토랑이 많다. 그러므로 이 5가지 용어만은 종사원이나 파트 · 아르바이트 사원들이 철저히 익히도록 연습을 시킨다.

[표 Ⅰ-6] 접객의 5대 용어

죄송합니다.	알겠습니다.	기다리셨습니다.	감사합니다.	어서오십시오.

특히 최근 젊은이들은 이런 용어와는 무관한 환경에서 자랐다. 따라서 입에 베어 있지 않기 때문에 급하게 사용하려고 하면 제대로 생각나지 않는다. '1분간 접객연습'의 한 항목으로서 어떠한 상황에서도 자연스럽게 사용할 수 있도록 해야 한다.

몇 번이고 반복해서 큰 소리로 연습하면 나중에는 저항감없이 말할 수 있을 것이다. 5대 용어를 전부 암기했다고 해서 연습을 중지하면 안된다. 모든 접객서비스의 기본에 해당되는 것이므로 늘 기억하여 무의식중에도 튀어나올 수 있게 해야 한다.

한편 표현력을 향상시켜 기분 좋은 인상을 준다. 맨처음에는 명랑한 목소리로 각 용어를 크게 읽는다. 천천히 읽는 데 걸리는 시간은 약 25초정도 익숙해지면 각 용어에 적합한 인사를 곁들여 연습한다. 다음 단계로는 웃는 얼굴로 말을 건네듯이 연습을 계속 반복한다.

플로어의 안쪽에서 입구에 들어오는 고객에게 "어서 오십시오"라는 인사말이 들리도록 큰 소리를 내는 연습도 중요하다. 각 용어를 분명히 또렷하게 말할 수 있게 되면 고객에게 확실하게 들리도록 말하는 방법에 대한 연구도 필요하다. 예를 들어 "어서 오십시오"에서 '어'는 입을 벌리지 않고 말하기 때문에 소리가 입안에서 우물우물하기 쉽다. '오'도 마찬가지이다. 연습하면서 명료한 발음이 나올 수 있도록 입을 약간 크게 벌리거나 목소리의 톤을 약간 높이도록 한다. 이 때 상호 충고해 주는 팀 워크도 중요하다.

(4) 쉬운 것 같지만 어려움 : '미소'짓는 법, 연습을 통해 익힌다.

레스토랑의 접객서비스 중에서 가장 부족한 것이 바로 미소의 서비스이다. "어서 오십시오," "대단히 감사합니다"라는 인삿말을 미소와 함께하는 종사원은 과연 몇 명이나 될까. 고객에게 미소를 짓는 것쯤이야 간단하지라고 생각할지 모르지만 실제로 해 보면 상당히 어려운 동작이다.

특히 파트 타이머나 아르바이트 사원들은 낯선 고객에게 미소를 짓는 일에 익숙해 있지 않기 때문에 아무리 노력해도 무표정한 얼굴이 되기 십상이다. 이렇게 되면 고객에 대한 그 레스토랑의 인상은 좋지 않게 된다.

그래서 개점 전 1분간의 접객연습에 미소를 짓는 연습도 필요한 것이다.

한 사람 한 사람씩 거울 앞에 서서 "어서 오십시오"라고 말하면서 웃는 표정을 지어 본다. 이 동작을 1분동안 반복연습을 한다. 매일 계속하면 미소짓는 일에 익숙해진다.

원래 우리나라 사람들은 다른 사람에게 미소를 보이는 일에 인색하다. 매일 미소짓는 훈련을 거듭해 나가면 고객 앞에 나서도 자연스럽게 웃는 표정을 만들 수 있다.

그런데 똑같이 웃는 표정을 지어도 보기에 좋은 미소가 있고, 그렇지 못한 미소가 있다. 비웃는 듯한 미소, 능글능글한 미소는 보는 사람에게 혐오감을 일으키기 쉽다. 누가 보아도 경쾌하고 명랑하며 기분이 좋은 미소를 지을 수 있도록 노력해야 한다.

레스토랑도 서비스업의 일종이므로 고객과 접할 때는 웃는 얼굴을 보이는 것은 종사원의 의무이다. 종사원의 밝은 미소는 고객의 마음을 활짝 열게 하며, 레스토랑에 대한 신뢰를 두텁게 하는 역할을 한다. 그러므로 미소를 짓는 연습은 매우 중요하다.

(5) 경쾌한 동작은 고객에게 호감을 준다.

종사원이 기다리고 있을 때의 자세, 혹은 요리를 객석으로 운반할 때 걷는 모습에서 고객은 기분 좋은 느낌을 받기도 하고 불쾌한 느낌을 받기도 한다. 파트 타이머나 아르바이트 사원들이 일이 없을 때에 벽에 기대어서 있거나 뒷짐을 지고 서 있는 광경을 흔히 볼 수 있는데, 고객의 입장에서 보면 별로 기분 좋은 풍경이 아닐 것이다.

(가) 보기 좋게 서 있는 방법

대기할 때의 자세는 어떻게 하는 것이 좋을까. 그 포인트를 열거하면 다음과 같다.

① 등을 똑바로 세운다.

② 좌우 어깨의 힘을 빼고 배에 힘을 준다.

③ 머리를 뒷쪽으로 젖힌다.

④ 무릎을 곧게 펴고 양발을 붙이되 발끝을 약간 벌린다.

[그림 1－9] 보행동작

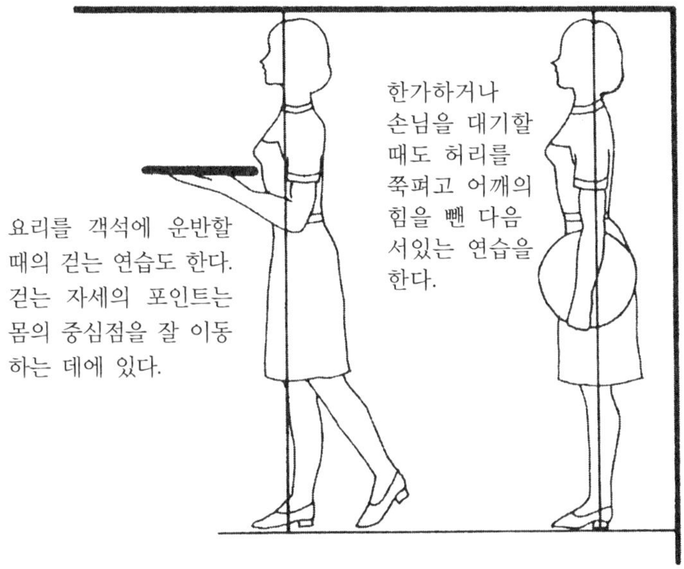

이상의 사항을 체크 포인트로 하여 서 있는 자세를 가다듬는다. 그러나 이처럼 단정한 포즈를 정확하게 취하기란 쉬운 일이 아니다. 매일 1분 동안 짧은 시간이라도 거울에 자신의 모습을 찾아내고 그것을 교정하면서 연습을 해 본다. 아름답게 서 있는 모습은 앞에서 볼 때 귀·어깨·허리·발의 중앙이 일직선으로 나란히 보이는 것이 가까워지도록 노력을 한다.

(나) 아름답게 걷는 비결은 중심의 이동에 있다.

걸을 때의 자세는 무엇이 포인트가 될까. 그 포인트를 열거하면 다음과 같다. 걷는 자세를 보기 좋게 가다듬으려면 몸의 중심을 잘 잡아야 한다.

① 중심은 발의 안쪽에
② 중심이 한쪽 허리로 치중되지 않도록 한다.
③ 발 앞쪽에서 힘을 주며 걷지 말고 뒷쪽으로 중심을 옮긴다.
④ 허리와 머리부터 앞으로 나가도록 한다.
⑤ 정수리와 발 끝이 일직선이 되게 한다.

이상의 내용을 잘 지키면 보기 좋게 걷는 방법을 터득할 수 있을 것이다. 서 있는 자세나 걷는 자세를 연습할 때는 실제로 쟁반같은 것을 들고 하는 것이 좋다. 그렇게 해야 영업장 내에서 쉽게 응용을 할 수 있다. 레스토랑에서 일하는 사람들 중에는 걷는 자세나 서 있는 자세가 접객과 어떤 관계가 있을까 하고 의아해 하는 수가 있다.

그러나 명쾌한 동작, 절도있게 서 있는 모습에서 고객들은 유쾌한 인상과 함께 신뢰감을 강하게 느낀다. 서비스가 뛰어난 레스토랑이라는 인상을 받을 뿐만 아니라 그런 사실이 소문을 통해 퍼져 나가 다른 사람들을 고객으로 끌어들이는 구실을 한다.

개점 전 1분간 연습에서 서 있는 자세와 걷는 동작을 병행시켜 연습하도록 한다. 1분 동안이라면 레스토랑의 규모에 따라 실내를 한 바퀴 돌면서 연습하는 것도 가능하다. 종사원이 매회 교대하면서 연습을 하면 한 사람 한 사람이 다른 사람의 하는 방법을 참고하면서 확실하게 익힐 수 있을 것이다.

(6) 올바르게 그릇을 쥐는 법과 놓는 법

레스토랑의 접객서비스 중에 의외로 소홀하게 취급하는 것이 냉수나 차를 내놓는 방법이다. 테이블에 탁 소리를 내면서 거칠게 내려놓거나, 그릇 안쪽에 손가락을 담근 채 갖고 오게 되면 매우 불쾌감을 준다. 특히 오후나 밤과 같이 피크 타임에는 고객이 많이 몰려와 혼잡할 때 그릇을 제멋대로 취급하는 경우가 많다.

아무리 상냥하고 친절하게 서비스를 해도 그릇을 다루는 모습이 불결하면 고객들은 불쾌감을 느낀다.

컵·식기의 쥐는 법과 놓는 법을 올바르게 익히는 것도 1분간 연습에서 충분히 가능하다. 먼저 컵과 다기를 쥐는 법이 있는데, 입에 닿는 가장자리 부분을 쥐는 것은 금물이다. 컵의 2/3 이하 부분을 쥐는 방법이 좋다. 요리 그릇을 쥘 때도 가장자리에 손을 걸치면서 쥐면 안된다.

[그림 Ⅰ－10]에서 볼 수 있듯이 손바닥 전체로 그릇을 받치듯이 하면서 쥔다. 손가락을 가장자리에 걸치면 음식물에 닿게 되므로 불결하게 보인다.

[그림 Ⅰ-10] 컵이나 그릇을 쥘 때의 모양

한 손으로 그릇을 쥐기가 어려울 때, 그리고 접시가 클 때는 두 손으로 그릇의 아랫부분을 받치면서 들도록 한다.

다음은 고객에게 제공할 때 놓는 방법이다. 탁 소리를 내거나 국물이 쏟아지지 않도록 공손하게 놓는다. 컵과 같이 가벼운 물건을 놓을 때는 새끼손가락을 쿠션 대신 이용하여 소리가 나지 않게 한다. 그릇을 올바르게 쥐고 놓는 방법도 일조일석에 익힐 수 있는 것이 아니다. 평소에 연습을 해두지 않으면 능숙해 질 수 없다.

컵이나 다기, 접시, 식기 등 레스토랑에서 사용하는 각종 식기로 연습을 하면 현장에서 응용하기 쉽다. 그릇을 쥐고 놓는 간단한 동작에서도 레스토랑에 대한 고객의 인상이 크게 좌우된다는 사실을 알아야 한다.

(7) 주문받기 · 복창 · 권장메뉴의 추천

오늘날 젊은이들은 접객면에서 고객과 필요한 대화조차 제대로 하지 않는다고 한다. 마음 속으로 이렇게 말해야겠다라고 생각하면서도 실제장면에 부딪치면 말이 제대로 나오지 않아 애를 먹은 기억이 누구나 있을 것이다. 개점 전 1분간을 이용하여 이 같은 접객면에서 대화를 나누는 방법도 연습하도록 한다. 먼저 주문받기와 복창을 철저히 익힌다. 이것이 숙달되면 주문착오와 같은 실수를 예방할 수 있다. "실례합니다. 주문을 결정하셨습니까?, 무엇을 주문하시겠습니까?"

다음에는 "○○가 한개, △△가 두개이군요. 알겠습니다. 조금만 기다려 주십시오"라고 복창한다. 1분간이라면 위의 대화내용을 천천히 말하면서 2회 정도 반복 · 연습할 수 있다. 신입종사원이나 파트 타임 사원들은 이 같은 기본적인 대화를 완전히 암기해야 한다.

이 대화가 저항없이 원활하게 이루어지면 '오늘부터 ○○ 메뉴를 개시했는데, 한 번 드셔보시겠습니까?'라며 음식점의 권장메뉴나 계절메뉴를 소개하거나 "죄송합니다. △△은 이제 품절되었습니다. 다른 메뉴는 어떻습니까?" 라고 상황에 따라 적절히 대응할 수 있는 순발력을 기를 수 있는 연습을 한다.

여러 가지 상황을 설정하여 연습하면, 어떤 경우에도 자연스럽게 대응하는 방법을 터득할 수 있을 것이다. 요컨대 순서에 따라 이야기를 하는 법을 익히도록 한다.

(8) 계산대에서의 응대

종사원이나 파트 타이머도 경험을 쌓으면 책임있는 일을 맡길 수 있다. 그 중의 하나가 계산대에서의 응대이다. 일반적으로 많은 레스토랑에는 고객이 식사를 하고 돌아갈 때 계산대에서 회계를 하게 된다.

계산대는 고객과 돈을 주고받을 뿐만 아니라 고객에게 마지막 서비스가 행해지는 곳이기도 하다. 그러므로 거스름돈을 정확히 계산해 주며, 고객을 기분 좋게 배웅하는 친절한 서비스가 필요하다 먼저 고객에게 미소를 잃지 말아야 한다. 그리고 다음과 같이 응대를 해야 한다.

"감사합니다. 5천원 되겠습니다" 고객이 낸 금액이 청구액과 똑같으면 "됐읍니다. 대단히 감사합니다"라고 말한다. 만약 고액지폐를 내어 거스름돈을 내줘야 하면, '만원 받았습니다'라고 말하고 받은 지폐는 금고 속에 넣지 말고 바깥에 자석으로 눌러 두고, "5천원 거스름돈입니다. 대단히 감사합니다"라고 말한다.

계산대에서의 응대도 접객연습 속에 반드시 포함시켜 평소에 연습해 둔다.

① 고객에게 말할 때는 정면을 향해 상대편의 눈을 본다. 이 때 주의해야 할 것은 고객쪽으로, 가능하면 신체의 정면을 향해 전표나 거스름돈을

[그림 Ⅰ-11] 계산대에서의 세련된 접객응대를 연습

- 계산대에서의 접객응대도 막상 해보면 어려운 것이다.
- 2사람씩 짝을 지어 교대로 손님역할을 하면서 연습하면 효과가 있다.

받고 건네주어야 한다는 것이다. 그리고 눈은 고객의 눈을 쳐다본다. 이것은 계산대에서 뿐만 아니라 고객에게 무언가 말할 때도 반드시 상대의 눈을 보면서 해야 한다. 눈을 내리깔면서 손님에게 이야기를 하면 실례가 되거나 마치 고객을 무시하는 것처럼 보이기 때문이다.

② "대단히 감사합니다"라고 말할 때는 고객쪽을 향해 정면으로 서서 30도 전후 각도로 깍듯이 인사를 한다. 이상과 같은 응대를 종사원·파트 타이머가 함께 조를 짜서 교대로 한다. 불과 1분간이라는 짧은 시간이지만, 접객서비스의 기본동작을 이런 식으로 계속 연습하면 레스토랑의 서비스 수준은 크게 향상될 것이다.

Tips 레스토랑 서비스상품 구성과 고객서비스 흐름

레스토랑의 서비스상품은 그림과 같이 핵심서비스(core service), 기능서비스(functional service), 보조서비스(support service)등의 3개 차원으로 구성된다.

레스토랑의 서비스품질은 핵심서비스 뿐만 아니라 기능 서비스와 보조서비스의 수준에 의해서도 영향을 받으므로 3개 차원의 서비스영역을 모두 관리하여야 한다.

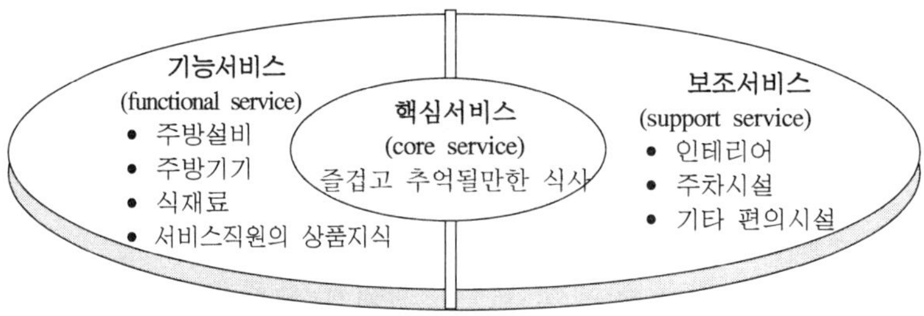

레스토랑 서비스상품의 구성요서

레스토랑 고객 서비스흐름

[자료 ; 박기용, 21세기 글로벌 경쟁시대의 외식산업경영학, 대왕사, 2008. p.322]

Ⅱ 메뉴 관리

1 개 요

차림표 또는 식단이라는 뜻으로 쓰이고 있는 메뉴(Menu)는 라틴어의 'Minutus'에서 유래되었으나 오늘날 전세계적으로 통용되는 용어이나 원래는 프랑스의 'minute'(미뉘뜨)에서 인용된 말로써 그 뜻은 '작다'(small) 또는 '작은 목록'(small list)이란 뜻이었다. 영어로는 'Minute'에 해당하는 말로서 '상세히 기록한다'라는 의미를 지니고 있다. 또한 하나하나의 요리를 여러 방법으로 상세히 기록하여 놓은 뜻으로 'Detailed Record' 혹은 'Detailed List'라고도 부르고 있다.

또한 프랑스에서는 Menu 이외에도 'carte'(까르뜨)라고도 하며, 영국에서 'bill of fare,' 독일에서는 'Speisekarte'(슈파이제카르테), 일본에서는 '콘타테효'(獻立表)라고도 한다. 그러나 점차 레스토랑이 상업화되고 대형화됨으로써 오늘날 차림표의 형태는 각각 독특한 영업장에 따라 그 크기와 내용이 변화되어 차림표의 구성이 다양하게 꾸며져 가고 있다.

메뉴가 사용되기 시작한 것은 1498년경 프랑스에서 어느 귀족의 아이디어라고 전해지고 있다. 그 후 1540년 프랑스에서 '부랑위그'라고 하는 후작이 요리에 관한 내용·순서 등을 메모하여 자기 식탁 위에 놓고 차례로 나오는 요리를 즐기고 있었는데, 이것이 초대되어 온 손님들의 마음에 들어 좋은 착안점이라는 평판이 자자하게 되었다. 이로부터 귀족간의 연회에 유행하게 되었고, 차츰 구라파 각국에 전파되어 정찬, 즉 정식식사의 메뉴로서 사용하게 된 것이다. 그래서 정식연회에는 프랑스요리로써 거행하는 것이 일반적인 관례로 되어 있다.

유럽의 왕조시대에는 어느 궁중에서도 초청된 요리장이 프랑스 사람으로 주된 구성을 이루고 있었으므로 자연히 프랑스 요리는 정식연회의 대명사처럼 되고 그 전통이 확고하여져서 오늘날의 명성을 얻게 된 것이다.

레스토랑에서 사용하고 있는 차림표는 그 후 19세기 초에 파리에서 사용한 것을 시작으로 일반화된 것이고, 크기와 소재 · 명칭 등은 각 기업에서 창의적 혹은 연구가 가미되어 여러 가지 모양으로 만들어져 사용되고 있다.

오늘날 세계적으로 메뉴를 불어로 쓰고 있는 경향이 많은 것은 이미 말한 바와 같이 프랑스 요리가 세계적인 요리로 명성과 사랑을 받고 있기 때문이며, 그 요리의 종류만도 1,500가지 이상을 넘는다고 하니 메뉴를 완전히 이해한다는 것은 오랜 기간을 통하여 양질의 경험과 부단한 노력을 필요로 하고 있다.

결과적으로 한 마디로 차림표를 표현한다면 식음료부문을 주된 사업의 대상으로 삼고 있는 영업장에서 고객에게 제시하기 위하여 준비한 각종 상품의 이름과 가격 그리고 고객이 상품을 구입하는 데 필요한 각종의 안내와 조건을 적은 목록표라고 할 수 있다.

그러므로 환대사업의 하나인 식음료를 사업적인 측면에서 볼 때 차림표는 단순한 가격과 품명, 그리고 구매조건의 제시에만 그치고 있는 것이 아니라 고객과 레스토랑을 연결하는 친근감을 주는 판매촉진의 매체(sales tool)로서 역할까지도 하고 있으므로 현재 메뉴에 대한 연구는 세계 곳곳에서 꾸준한 연구가 계속되고 있고, 국민식생활 차원에서 연구의 필요성이 그 어느 때보다도 커지고 있다.

그렇다면 메뉴의 정의를 무엇이라고 하는 것이 좋을까. 「*Webster's Dictionary*」에 의하면 메뉴란 "A detailed list of the foods served at a meal"이라 설명하고 있고, 「*The Oxford Dictionary*」에서는 "A detailed list of the dishes to be served at a banquet or meal"로 설명하고 있다. 즉 식사로 제공되는 요리를 설명한 간단한 문구이면서도 상세한 표라고 할 수 있다.

2 메뉴의 역할

메뉴는 식사를 서비스하는 레스토랑에서 상품 자체의 설명과 가격증진을 위하여 필요한 것이며, 점포의 이윤과 직결되며, 고객의 육체적·정신적 만족을 증대시켜 주기 위해서 제공되는 품목과 형태를 체계적으로 짜놓은 차림표라고 하는 데서 메뉴가 지닌 의미와 가치를 알 수 있다.

즉, 메뉴란 레스토랑에서 제공되는 요리와 음료로서 메뉴가 지닌 사명은 레스토랑경영에 있어서 다음과 같은 중요한 역할을 담당하고 있는 것이다(윤치관, 1987).

① 메뉴는 레스토랑경영의 상징적인 사명을 갖고 있다.

- 레스토랑의 운영상태는 메뉴를 보면 알 수 있다.
- 메뉴의 역할은 경영정책(policy), 판매계획(planning), 분석(analysis), 판매(sales)로 이어지는 기업의 경영순환(management cycle)과 같은 것이다.
- 레스토랑의 경영에 있어서 메뉴는 레스토랑의 얼굴이며, 레스토랑의 수준을 결정할 수 있다고 하는 뜻에서도 알 수 있듯이 메뉴가 지닌 사명에 의해서 구명된다.

② 메뉴의 사명은 레스토랑의 근원이다.

- 상품의 모든 판매는 메뉴로부터 시작된다.
- 메뉴는 무언(無言)의 판매자이다.
- 메뉴는 고객으로 하여금 식용을 직접 불러일으키게 하여 판매의 효과를 준다.
- 메뉴는 고객이 무엇을 어떻게 원하는가를 파악하여 구입욕구를 충족시켜 주지 않으면 안된다.

③ 메뉴는 그 레스토랑의 개성과 분위기를 창출하는 도구이다.

- 개성이 없고, 무드가 없는 레스토랑은 기업으로 성장할 수가 없을 것이다.
- 고객에게 친절한 인상을 주어 분명한 판매의식을 가져다 주어야 한다.

④ 메뉴는 레스토랑의 실내장식과 큰 조화를 이룬다.
- 메뉴의 형태
- 메뉴의 색채
- 메뉴의 문자구성

3 메뉴계획시의 기본적 착안사항

메뉴계획(menu planning)에 대하여 미국의 스톡(John W. Stokes) 교수가 1982년 「*How to Managemenr a Restaurant*」이라는 저서에서 밝히고 있는 의미와 착안사항을 다음과 같이 요약할 수 있겠다.

즉, 메뉴계획은 때로는 메뉴작성이라 부르기도 하는 데 제공될 여러 가지 음식에 대한 메뉴를 미리 결정하는 것을 말한다. 매일 고객들에게 서비스하는 레스토랑에서는 한정된 가격을 유지하면서 다양한 음식을 마련하는 것이 쉬운 일이 아니다. 그래서 메뉴를 계획하는 데에는 다음과 같은 내용이 포함되어야 한다고 지적하고 있다.

① 고객의 욕구파악
② 원가와 수익성과의 함수관계
③ 구입가능한 식품
④ 조리기구의 한계
⑤ 다양성
⑥ 영양적 요소

1) 고객의 욕구파악

먼저 메뉴계획의 요건은 그 메뉴가 누구를 대상으로 계획되고 있으며, 그들이 좋아하는 것이 무엇인가를 분석하는 것이다. 새로운 레스토랑을 개척할 때에는 잠재고객의 그룹이 누구이며, 또 그룹이 어디에 살고 있는지 알기 위해 시장조사를 하는 것이 현명한 방법일 것이다. 기존의 레스토랑에서도 그러한 조사로 잠재고객을 발견하고 그들에게 접근하는 방법을 결정함으로써 이익을 얻을 수 있다. 그들은 또한 그들의 현재 고객이 누구이며 그 사람들이 흥미를 끌 수 있는 음식의 종류가 무엇인가를 알고 있어야만 한다.

최근의 경향은 전체적인 운영 · 메뉴 · 서비스 · 실내장식 등을 고객의 한 가지 특수한 유형에 맞추어 그들의 흥미를 끌 수 있는 판매계획을 세우는 것이다. 레스토랑에서 자주 고객을 대접하는 경우 메뉴는 아낌없이 소비하는 경향을 만족시킬 수 있도록 디자인되어야 한다. 회의참석자나 관광객들은 그 지방의 레스토랑에서 식사하는 것을 즐겨 하며, 가정에서 보다 돈을 잘 쓰는 경향이 있다. 그들은 보통 출산지에서만 먹어 볼 수 있는 음식을 주문하는 것이 보통이다.

가족동반자들은 정식을 좋아하며, 공들여 만들었지만 값이 비싸지 않은 맛좋은 음식을 좋아한다. 많은 레스토랑들은 어린이 급식을 위해 특별히 운영을 하는 방안도 있어야 하겠다. 그들은 그것이 이익이 많은 것을 발견하게 될 것이며, 또한 어른까지도 끌어들일 수 있다는 것을 알게 될 것이다.

2) 원가와 수익성과의 함수관계

레스토랑 서비스에서 식품가격관리의 계획을 치밀하게 세운다 해도 메뉴에 있어 원가가 높은 식품으로 구성되어 부담이 클 경우에는 그 계획이 제대로 실현될 수 없을 것이다. 메뉴계획자는 그 업체의 전체적인 원가의 목표를 항상 염두에 두어야 한다. 식품의 원가는 레스토랑의 수익과 직결되기 때문이다.

예를 들면, 메뉴를 관리하고 있는 주방장이나 지배인은 그날의 아침 · 점심 · 저녁 식사를 나열한 큰 종이를 준비한다. 아침식사 메뉴는 과일이나 딸기와 같은 계절적 품목을 제외하고는 비교적 잘 짜여져 있기 때문에 별로 주의할 필요가 없었다. 점심과 저녁식사의 각 중요한 앙뜨레 맞은 편에 메뉴계획자들은 그 앙뜨레가 메뉴에 오른 후 지난 두 번 동안에 판매된 양과 날짜를 연필로 표시해 놓는다. 가장 중요한 것은 빨강색 숫자로서 현행 식품원가의 퍼센티지를 표시한 것이다.

이 자료에 의해 어떤 앙뜨레를 메뉴에 넣을 것인가 넣지 말아야 할 것인가를 결정할 수 있었다. 세 가지 요인이 고려되었다. ① 식품원가, ② 그 앙뜨레의 인기 정도, ③ 인기있는 앙뜨레의 판매가 다른 앙뜨레의 판매에 미치는 영향, 현재 원가가 높고 또 잘 팔리는 앙뜨레, 즉 보통 육류는 구입가격이 떨어질 때까지 메뉴에서 제외되어야만 한다. 반면 원가가 높더라도 잘 팔리지 않는 품목은 판매합계의 총액에는 영향을 미치지 않을 것이라는 이론에 따라 다양성을 위해 그대로 남겨 두어야 한다. 원가는 높은 품목에 대해 메뉴표시가격을 높이는 예는 거의 드물다.

오랜 경험을 통해 볼 때, 어떤 앙뜨레의 가격을 약간만 올려도 판매액이 크게 떨어진다는 사실을 알게 되었다. 메뉴가격분석의 다른 면은 메뉴 가격이 일정한 식사시간의 평균금액(판매액을 고객의 수로 나눈 금액)에 미치는 영향이다.

3) 구입가능한 식품

메뉴계획담당자는 사용되고 있는 메뉴에 어떤 식품이 필요한가를 알고 있어야 한다. 먼저 생각해야 할 것은 가지고 있는 식품, 특히 부패하기 쉬운 식품들로서 이와 같은 것은 바로 소비해야만 한다. 그렇게 하기 위해서는 주방장이나 지배인이 아침 일찍 이러한 품목의 목록을 작성해서 메뉴작성자에게 넘겨 주어야 한다. 잘 운영되는 레스토랑 서비스의 목표는 준비할 식품을 적당하게 주문해서 나머지를 최소한으로 줄이는 것이지만, 때로는 사용할 수 있는 나머지 식품이 있기 마련이다.

또한 시장에서 구입할 식품이 있다. 구입부서나 식품을 구입하는 사람은 시장에 많이 공급된 식품과 가끔있는 '횡재구입' 등의 시장조건에 대한 정보를 메뉴계획담당자에게 제공할 책임이 있다.

4) 조리기구의 한계

만약 주방에 - 패트 후라이어(deep-fat fryer)가 2개뿐인데, 그 중 하나를 매일 후렌치 - 후라이드 포테이토용으로 사용한다면, 메뉴에 두 가지 혹은 그 이상의 후라이드 품목을 넣은 것은 분명히 현명치 못한 일이다. 메뉴계획담당자는 조리기구의 한계를 염두에 두어야 한다.

오븐(oven)의 면적도 고려해야 할 또 하나의 문제이다. 그러나 오븐으로는 생산계획을 세워 많은 일을 할 수 있다. 오븐이 필요하기 전, 즉 감자를 굽기 전에 미리 파이(pie)를 구울 수 있다. 예를 들어 마이크로웨이브(microwave) 오븐을 사용하면 필요에 따라 어떤 품목을 미리 굽고, 냉동시키고, 서비스하기 위해 다시 데울 수가 있다.

이 모든 것이 메뉴계획자는 사용가능한 조리기구와 그 한계성에 익숙해야만 한다는 사실을 지적해 주는 것이다. 그것은 또한 메뉴의 수요가 주방의 능력을 초과하지는 않는가 알아 보기 위해 주방장이나 지배인과 긴밀히 협조해야 한다.

5) 다양성

어떠한 식음료서비스를 막론하고 아무리 메뉴가 한정되고 고객이 바뀐다 해도 서비스하는 음식은 식욕을 돋굴 수 있도록 제공해야 한다. 이것은 메뉴계획자에게 문제점을 부과하는 것이지만, 한편으로 창조적인 상상력과 연구심을 발휘할 수 있는 기회를 주는 것이다.

이같은 다양성을 추구해 나가기 위해서는 [그림 Ⅱ－1]과 [그림 Ⅱ－2]에서 보여 주는 바와 같이 우선 요리를 세분화시키고, 메뉴의 폭과 다양성을 동시에 추진하게 되면 보다 효과적으로 달성할 수 있을 것이다.

[그림 Ⅱ－1] 요리의 세분화(segmentation : 대상으로 하는 고객에게 적응한 segmentation)

베이비 푸드	어린이대상 요리	Healthy 지향요리 ← 무농약식품 등
다이어트 지향요리	통상의 요리	종교신자 지향요리
고령자 지향요리	환자대상요리	특정용도 지향요리 ← 우주식 등

[자료 : 미야 에이지, 외식비지니스, 한국산업훈련연구소, 1988, p. 87]

[그림 Ⅱ－2]　메뉴의 폭과 다양성

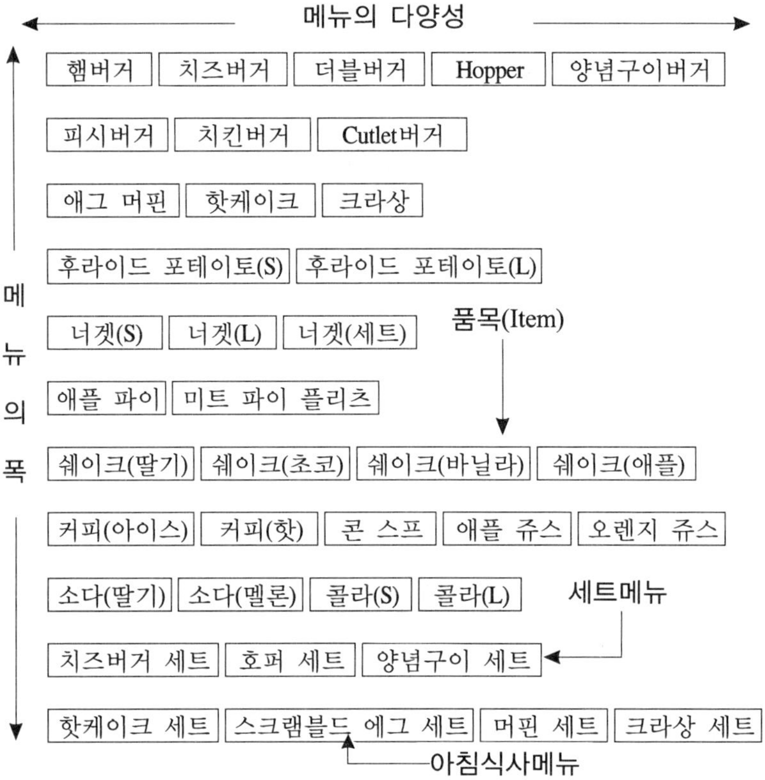

[자료 : 상게서, p.87.]

6) 영양적 요소

경영자는 대부분 자기업소에서 식사하는 고객들에 대해 균형있는 영양식을 제공해야 할 책임을 회피할지도 모른다. 그러나 그는 영양적 요소에 대한 대중의 인식이 점점 증가되고 있는 사실을 무시해서는 안된다. 그가 영양가에 관심이 많은 고객들의 흥미를 끌 수 있는 매력적인 샐러드나 다른 음식을 제공한다고 해서 이익이 남지 못할 이유는 없는 것이다. 이러한 균형있는 영양에 대한 필요성은 메뉴작성자들에게 항상 즐겁지만은 않은 또 하나의 과업이기도 하다.

[그림 Ⅱ－3] 완전한 메뉴계획모델(completed menu planning model)

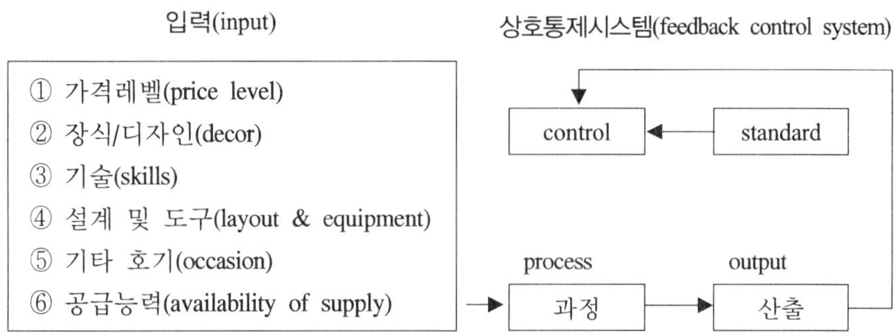

[자료 : Lothar A. Kreck, Menu Analysis a Planning, Van Nostrand Reinhold Company, 1983, p.147]

이와 같이 메뉴를 계획하는 데 기본적인 착안사항을 숙지한 다음에는 완전한 메뉴가격에 따른 체계적 모델을 설정해야 한다. [그림 Ⅱ－3]은 메뉴계획을 수립하는 데 그 종합적 모델의 일례이다.

일본의 도이토시오(土井利雄)는 입력(inputs)자료에 해당되는 내용으로서 신제품메뉴에 따른 메이커(maker)의 시작단계에는 다음과 같은 주요항목이 설정되어야 한다고 주장하고 있다.

① 판매가격　　② 판매방법
③ 판매기준　　④ 상품명 · 제품결정
⑤ 판매수량예측　　⑥ 판매 테스트지역
⑦ 판매날짜　　⑧ 제조계획

산출(outputs)에 있어 결과분석 혹은 평가요인에 관하여 이정자 교수는 다음과 같이 논하고 있다.

① 전체적인 느낌
② 메뉴의 형식 · 모양
③ 고객의 형태
④ 서비스의 유형
⑤ 기술
⑥ 설비

⑦ 메뉴에 수록된 식료그룹간의 균형

⑧ 다양성

⑨ 시각적인 효과

⑩ 품목 나열에 따른 단어 또는 묶음

⑪ 메뉴 메이크 업(make-up)

⑫ 계절적 요소

⑬ 기타 점포가 중시하는 요소

Tips 맛의 여러 가지 요인

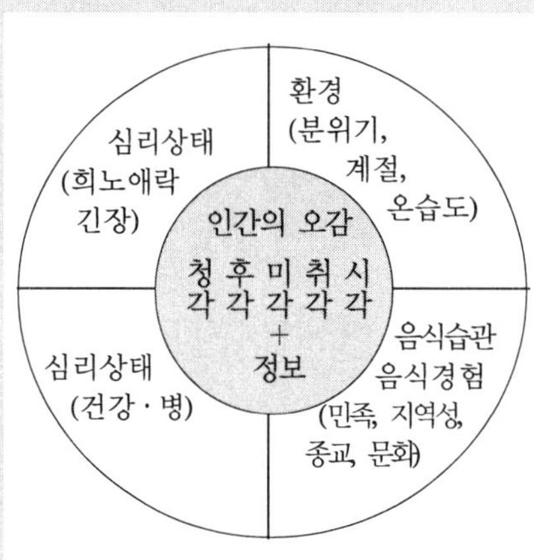

Tips 총체적인 맛의 파악

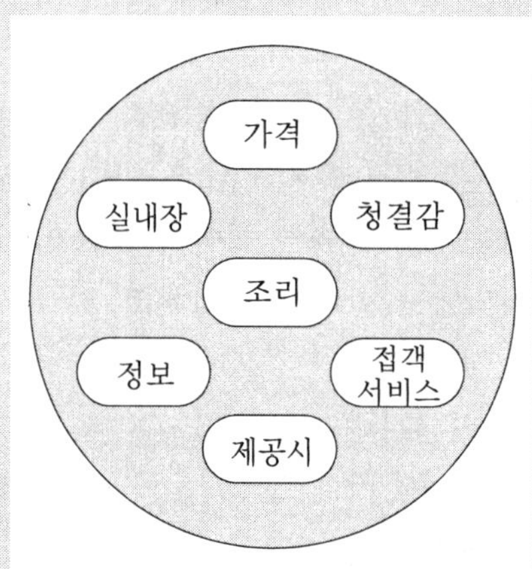

Tips 기본적인 맛의 분류

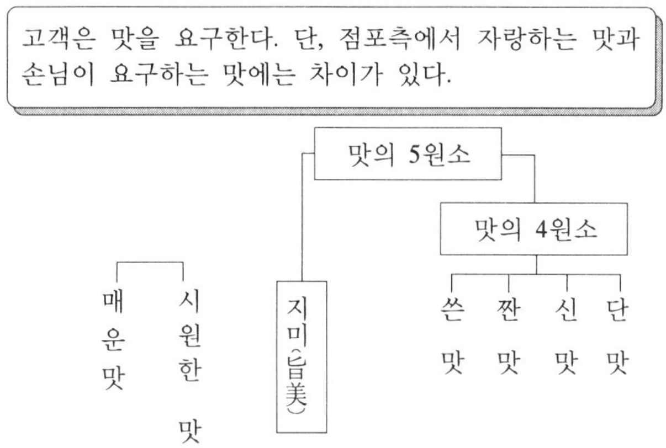

레스토랑의 모든 경영은 메뉴 맛과 직결된다고 할 수 있다. 실내장식, 가격에서 접객서비스에 이르기까지 총체적인 관점에서 맛을 파악할 수 있어야 그 레스토랑 고유의 개성있는 맛이 만들어진다.

4 메뉴계획상의 기교(Mechanics of Menu Planning)

주간메뉴를 작성하기 위해 큰 종이를 준비해서 가로란에는 날짜를 표시하고, 세로란에는 그때그때의 식사를 표시한다. 메뉴작성담당자들이 메뉴를 계획할 때에는 고객의 기호, 수익성, 구입 가능한 식품, 조리기구의 한계성, 다양성, 필요로 할 때에는 영양의 균형 등 여러 가지 요소를 늘 명심해야 찰 것을 앞에서 설명했듯이 다음과 같은 기교적인 측면에서 함께 연구됨이 바람직하겠다(stokes, 1982).

1) 주기적 메뉴(the cyclical menu)

많은 레스토랑에서는 2주~6주 혹은 그 이상의 일정한 기간 중의 주요한 앙뜨레를 정해 놓은 주기적 또는 기본적 메뉴를 사용한다. 일정기간이 끝나면 다시 그 주기가 반복된다. 주기적 혹은 기본적 메뉴는 기후나 시장조건에 항상 정확하게 맞추어 적용할 수는 없다 하더라도 유용한 방법이라 할 수 있다.

2) 융통성(flexiblity)

메뉴는 지침이어야지 구속이 되어서는 안된다. 이 말은 항상 어느 정도의 융통성이 있어야 한다는 뜻이다. 기후가 갑자기 변한다든가, 과일이나 야채가 시장에 대량으로 공급될 때, 혹은 육류의 가격에 변동이 생겼을 때에는 이미 정해진 메뉴에 어떤 품목을 더하거나 빼거나 할 수도 있다. 메뉴에 그러한 변화가 생겼을 때 메뉴계획담당자는 모든 관련부서, 즉 구매, 주방·레스토랑 운영진 등에 이 사실을 즉시 통보해야 한다.

3) 간단한 메뉴(the shortor menu)

최근 간단한 메뉴를 사용하는 경향이 늘어나고 있다. 메뉴를 간단히 하는 경향이 극단적인 예로서 햄버거, 후라이드 치킨, 도너츠와 커피 혹은 생선과 칩(chip) 등과 같이 한 가지 음식만 취급하는 레스토랑이 늘어나고 있다. 메뉴를 간단하게 함으로써 디자인과 설계의 비용을 절약하고 적은 운영비로 최대의 관리 효과를 얻을 수 있다.

전에는 많은 레스토랑들이 여러 가지 앙뜨레를 복잡하게 나열하는 것을 자랑으로 여겼다. 주문받은 음식을 조리해서 천천히 식사할 수 있는 호화로운 레스토랑에서는 아직도 그러하다. 그러나 이러한 형태의 서비스에는 다재다능한 주방장들과 종사원들을 필요로 하게 된다.

오늘날 대부분의 레스토랑들은 다방면으로 완벽한 조리사들을 가지고 있지 못하다. 더우기 준비하고 조리할 앙뜨레가 많으면 많을 수록 각각에 쏟는 주의력은 적어질 것이 분명하다. 몇 가지 품목에만 집중한다면 조리의 질을 개성화할 수 있고, 동시에 남는 식품재료로 인한 소비를 최소한으로 줄여 음식의 원가를 낮출 수 있을 것이다.

메뉴 카드에 기재된 모든 음식을 세밀히 살펴 보고 생각하는 데 시간을 소비할 고객은 별로 없다. 긴 메뉴는 혼동하기 쉽고 때로는 고객을 당황하게 만들 수도 있다. 간단한 메뉴는 고객을 즐겁게 해준다. 그것은 분명하고 읽기 쉬운 체제로 만들 수 있으며 판매를 촉진시킬 수 있다.

4) 그룹 메뉴계획(group menu planning)

매일 혹은 매주 일상적인 메뉴계획을 작성하고 또 그에 대한 책임을 진다는 것은 개인으로서는 부담스러운 짐이 된다. 메뉴작성자를 도와줄 사람을 배정함으로써 그 짐을 덜어 주고 새로운 아이디어의 출처를 크게 넓일 수 있을 것이다. 보통 두 사람 혹은 그 이상이 1개월 정도씩 교대로 메뉴계획의 책임자를 돕는다.

그 그룹은 통제하기 어렵지 않도록 하기 위해서 3인 혹은 최대로 5인이하로 구성해야 한다. 주방, 구매부 혹은 서비스 종사원의 대표를 뽑아 이 그룹을 구성할 수도 있을 것이다. 그렇게 함으로써 그들로 하여금 메뉴작성의 문제점을 깨닫게 할 수 있을 것이며, 때로는 귀중한 의견을 제시하도록 할 것이다. 고객과 대하는 종사원들도 때로는 훌륭한 아이디어를 제공할 것이다. 구성원을 선출하는 데 있어서는 신중을 기해야 한다. 그러나 적절히 운영만 되면 이 그룹의 구성원은 모든 사람들에게 인정을 받게 될 것이고, 그 조직의 전체적인 사기에도 도움이 될 것이다.

5) 어린이용 메뉴(children's menu)

가족동반고객을 중요시하는 식당에서는 보통 어린이들에 대한 음식에 중점을 두게 되는데, 그 까닭은 어린이들이 부모를 동반하고 오기 때문이다. 12세 이하의 어린이들에게는 보통 분량이 적은 음식을 제공하게 되며 따라서 값도 싸다. 어린이용 메뉴는 간단하고 색깔이 다양한 적은 분량의 음식을 접시에 다채롭게 담아서 제공하는 특색이 있어야 한다. 접시에 음식을 너무 많이 담으면 어린이의 식욕을 저해하는 경향이 있다.

어린이용 메뉴는 또한 부모들의 흥미를 끌 수 있어야 하는데, 그 까닭은 보통 부모들이 음식을 선택하는 것을 도와주고, 또 어린이들에 필요한 영양에 관심을 가지고 있기 때문이다. 어린이용 메뉴 카드는 동요나 동물 이야기의 주제를 그림으로 그려 호기심을 끌게 할 수도 있다.

5 메뉴작성시의 원칙

메뉴를 작성한다는 것은 하나의 예술이나 마찬가지로 색깔이나 영양, 코스 가격 등에 있어서도 세심한 준비가 있어야 한다. 일반적으로 메뉴는 식음료정책에 따라 주방장(chef)이 작성하게 되지만 때로는 연회나 파티의 경우처럼 미리 주문에 따라 메뉴를 작성할 때는 대개 연회지배인(banquet manager)이 주방장과 상의하여 결정하게 된다. 그래서 보통 메뉴를 작성하는 데는 다음과 같은 원칙에 따라 이루어지고 있다(오정환, 1992, 박정식, 1983).

① 같은 종류의 음식이 중복되어서는 안된다. 이것은 생선, 육류, 가금류, 엽조류, 각종 야채류나 과일을 막론하고 마찬가지이다.

② 요리의 장식에 주의해야 한다. 좀더 품위있는 요리를 제공하기 위해서는 색의 조화와 요리의 재료에 알맞는 곁들이(garniture) 배합과 배색에 구색을 맞추어야 할 것이다.

③ 같은 색깔의 육류가 똑같이 제공되어서는 안된다. 즉, white meat가 두 종류라든가, dark meat가 두 가지 이상 서로 같은 메뉴에 제공되어서는 안된다. 예를 들면, white meat의 경우 같은 생선류인 새우요리 다음에 송어(trout)요리가 나온다든 가, 또는 dark meat의 경우 pork 요리가 beef나 lamb요리와 함께 따라 나와서는 안된다.

④ 비슷한 소스(sauce)를 두 가지 이상 제공해서는 안된다. 예를 들면, bearnaise sauce가 육류와 함께 야채에 사용하는 것을 피해야 한다. 이 두 가지의 소스는 거의 만드는 재료가 같기 때문이다.

⑤ 같은 조리방법(cooking methods)을 두 가지 이상 같은 메뉴에 사용하는 것은 금물이다. 예를 들면, freed fish 다음에 fried chichken이나 beef cutlet 같은 주요리를 낸다든가, 또는 fried fish의 가니쉬로 fried potato, 혹은 후식으로 apple fritter 등을 내어서는 안된다.

⑥ 코스의 균형은 경식(light dish)에서 중식(heavier dish)으로 맞춘다. 예를 들면, appetizer나 soup같은 경식에서 시작하여 앙뜨레나 main dish로 구성한다.

⑦ 레스토랑의 정비 및 주방과 서비스 인원에 맞는 요리를 제공한다.
⑧ 메뉴는 불어로 표기하는 것을 원칙으로 하되 그 나라의 고유한 요리는 그 나라의 표기대로 기술한다.
⑨ 계절 · 요일 등의 감각에 따라 알맞는 메뉴를 작성한다. 즉, 여름에는 찬 요리(cold dish), 겨울에는 더운 요리(hot dish) 등으로 해서 그 계절에 맞는 과일과 야채요리, 또는 그 지방의 특산물 등이 제공되도록 한다.
⑩ 저녁메뉴에는 가급적 견고한 요리(hard dish)를 삼가토록 한다. 저녁 식사 후에는 일반적으로 운동량이 적어지면서 수면을 취하게 되므로 소화가 잘 되는 요리를 제공한다.
⑪ 영양적으로 메뉴를 짠다. 연령별 · 성별 · 직업별로 음식의 양과 질을 균형있게 배합하여 열량공급을 시켜 주어야 한다.

이외에도 창조적인 고안, 경제적인 식품, 기호에 맞는 메뉴, 레스토랑 경영상에 적합한 메뉴, 식품위생 등에도 기울여야 한다.

최근 이러한 메뉴에 대한 관심을 분석한 내용을 소개하면 다음과 같다(최태웅, 1992).

① 선호기준
- 육류는 줄이고 생선류는 많이 섭취
- 과식을 피하고 음식의 양을 줄인다
- 하루에 3끼 먹기
- 풍부한 영양가 있는 야채나 과일 섭취
- 야채는 되도록 신선하게 먹거나 약간 익혀 먹기

② 피할 음식
- 방부제, 첨가물, 인공합성물질, 색소, 화학물질 등이 첨가된 음식
- 설탕이나 설탕류가 많이 들어간 음식
- 설탕 대용물 또는 그것이 함유된 음식
- 소금
- 소금기 많은 중국식
- 과도한 육류, 계란(아질산염 때문)

- 기름에 튀긴 음식
- 향료를 넣은 음식
- 빵이나 케이크류
- 과도한 소스류
- 버터류
- 다양한 디저트

6 메뉴 가격결정

1) 메뉴 가격결정의 목적

최근의 메뉴 가격결정은 레스토랑에 있어서 중대한 관심사가 아닐 수 없다. 인플레가 심각하거나 노동생산성의 확대가 극히 제한되어 있을 때는 적정가격의 결정은 더욱더 중요한 문제로 대두될 것이다.

운영 및 경영상의 여러 가지 요인들 외에도 레스토랑의 성공에 중요한 역할을 하는 또 한 가지 요인으로는 추정가치를 제공함으로써 판매 수요를 충족시키는 기업의 능력을 꼽을 수 있다. 이 때의 가치개념은 일반적으로 말해서 상품의 질과 가격간의 기능을 의미한다. 그리고 이 상품의 질과 가격의 관계는 다음과 같이 표시된다.

$$가치 = \frac{질}{가격}$$

간단히 말해서 레스토랑의 대고객가치는 음식물·서비스 및 데코레이션 등의 질이 높아질 수록 그리고 음식물가격이 낮을수록 상승한다. 그래서 메뉴가격의 적절한 정책에 의해서 판매수요에 관한 제반가치예상을 충족시킴으로써 음식서비스 상품의 이익증진을 위해 유익한 모델을 만들어내려는데 그 목적을 두고 있다.

2) 메뉴 가격결정방법

일반적으로 음식가격의 결정요소는 다음과 같은 기준에 의해 결정된다.

① 비슷한 메뉴의 경쟁가격은 얼마인가?

② 메뉴를 조리하는 데 투입되는 식재료의 비용은 얼마인가?

③ 그 메뉴를 조리하기 위한 인건비(노동비용)는 얼마나 되는가?

④ 이미 타업소에서 판매하고 있는 유사 메뉴의 가격은 얼마인가?

⑤ 외식점포경영자가 기대하는 이익은 어느 정도인가?

그러나 현재 채택되고 있는 메뉴 가격결정방법이 안고 있는 문제는 운영측이 체계적인 결정방법을 꺼려하는 데서 빚어지는 것이 아니라, 그들이 퍼센트(%) 사고방식에 지배되는 자료를 기초로 하는 방법에 집착한다는 데에 있다.

운영자는 자기의 운영목표에 맞는 일정한 음식물의 생산원가목표율을 설정하는 것이 보통이다. 이 목표율은 현대산업(자혜)에 의해 설정되는게 가장 일반적이며, 때로는 분석과 투자에 의해 산출되기도 한다. 그리고 이 비율은 역수(逆數)를 만들어 메뉴 가격결정을 위한 배수(倍數)로 이용할 수가 있다. 즉, 원가율이 40%라면 그 배수는 2.5 (1/0.40=2.5)이다. 음식을 만드는 데는 여러 가지 성분이 필요하고, 이들 각 성분은 원가가 있으며, 그 원가총액에 이 배수를 곱함으로써 실제 메뉴가격이 산출되는 것이다.

일반적으로 비체계적이거나 또는 식품원가목표율과 너무 격차가 벌어질 것을 우려하여 대폭적인 조정을 피하고, 또한 시스템에 적절치 못한 음식물은 메뉴에서 제외시켜 버리는 것이 보통이다.

일부 운영자들은 이 시스템의 중대한 결정을 발견하고 생산노동원가를 메뉴가격산출에 산입하는 방법을 채택하기에 이르렀다. 이것은 매우 적절한 조치가 될 것이다. 즉 노동은 식탁에 제공되는 모든 음식물의 끊임없이 상승하는 전체원가와 긴밀한 관련을 맺고 있는 만큼 노동력의 다양성은 한층 더 중요한 요인의 하나로 대두되고 있다.

식품이용의 확대와 더불어 노동원가는 음식물의 가격결정에 있어서 고려될 요인의 하나로 생각된다. 음식서비스업자들이 구입하는 편의식품의 가격

[표 Ⅱ－1] 식품원가배수에 의한 방법의 한계

식료원가만을 기초로 하여 책정된 가격(1인분)	미가공식품	편의식품
당근구입원가	.20	.30
노동원가	.20	.10
총원가	.40	.40
메뉴가격(식품원가를 40%로 잡았을 경우)(2.5×식품원가)	.50	.75

은 원료가격 뿐 아니라 그 속에 가공비까지도 포함되어 있다. 다시 말해서 운영자는 식품뿐 아니라 축적된 노동력까지도 함께 구입하고 있는 셈이며, 따라서 이 경우 음식물을 미 가공상태로부터 조리할 때에 비해 노동원가가 절감될 것이다. [표 Ⅱ－1]은 일례로 단순한 생산원가배수에 의한 방법의 한계를 도시해 주고 있다.

미가공상태의 당근과 편의식품상태로 구입된 당근이 그 크기와 질이 서로 동일한 것을 가정할 경우, 메뉴가격상 상당한 차이가 발생하며 미가공식품원가만을 염두해 두어 온 운영자들은 고가정책을 채택함으로써 도리어 손실을 초래하는 수도 있을 것이다.

미국의 스톡(Stocks) 교수는 메뉴 가격결정방법으로 총원가법을 권장하면서 직접노동원가를 메뉴 가격결정에 결부시킬 것을 주장하고 있다. 앞의 분석에서 지적되었듯이 음식물의 총원가란 그 음식물을 만드는 데 드는 재료의 원가와 음식물생산과 관련된 직접노동원가의 합계를 일컫는다. 총원가에 의한 방법은 총원가목표율의 설정이 필요하며, 가격결정배수도 산출해야 한다.

총원가법이 메뉴가격모델의 진일보한 방법이기는 하지만, 그렇다고 그에 의해 결정된 메뉴가격이 반드시 식품원가법에 의해 매겨진 가격에 비해 판매수요와 제반현실에 대한 보다 적절한 대응책이라고만은 할 수 없다.

3) 종합시스템

이하에서 논의할 가격결정구조는 메뉴 가격결정에 관한 종합시스템(IMPS)이라 하자. 왜냐하면 이것은 분명히 어떤 체계보다도 많은 여러 가지 관련 요인들, 즉 예를 들어 원가 · 경쟁 · 예상 · 판매량 · 수익성 등을 참작하여 만들어졌기 때문이다. 원가는 이 분야의 산업에서 널리 통용되고 있는 여러 가지 기법들을 이용하여 객관적으로 추출해 낸다. 또한 정확성을 기하기 위해 여러 가지 표준을 기초로 하여 원가를 산출한다. 판매 및 경쟁조건에 관한 제반요인들 역시 주관적이기는 하지만 체계적인 방법으로 다루고 있다. IMPS는 이러한 주관적 요인과 주관적 요인을 하나의 정책결정모델로 통합하는 틀을 마련해 주는 것이다. 모든 메뉴 가격결정의 절차가 그렇듯이 IMPS 역시 원가분석을 그 기점으로 한다.

원가메뉴가격의 결정상 관련된 원가에는 식품료원가, 직접생산노동원가, 직접서비스 노동원가가 있다.

식료품원가는 여타의 원가산출법과 동일한 방법으로 산출하며, 기준구매명세서 및 조리법에 의거해야 한다. 송아지 간의 요리 1인분을 조리하는 데 9온스의 간이 든다면, 9온스만을 사용하지 않으면 안된다. 그러므로 만일 10온스를 썼을 경우, 어떠한 메뉴 가격결정시스템으로도 그 원가는 만회하거나 그 차액이 메꿔질 수가 없는 것이다.

직접노동 생산원가는 음식물생산활동에서 발생되는 원가이다. 관리비 · 영선비 · 위생비 등은 포함되지 않는다. 편의상 직접노동원가는 대체로 메뉴의 변동에 따라 변화하는 것이 아니기 때문에 고정간접비로 구분된다. 직접생산원가 결정방법은 정밀한 시간분석에서 레스토랑 서비스 종사자들간의 일반여론에 이르기까지 매우 다양한 방법이 있다.

간단한 시간조사에 의한 방법보다는 좀 부정확하기는 하지만, 레스토랑 종사원들에게 각 음식을 조리하는 데 드는 노동집약도에 대한 평가를 직접의뢰함으로써 음식물을 여러개의 카테고리로 분류하는 방법을 쓸 수도 있다. 그러나 어쨌든 카테고리의 수를 많이 설정하도록 노동력투입의 정도를 보다 정확하게 나타낼 수 있다는 것만은 분명하다.

직접서비스 노동원가는 고객에게 제공된 음식에 따라 다르다고 생각될 만한 충분한 이유가 있을 경우(예를 들어 테이블 곁에서 식사가 끝날 때까지 직접서비스를 하는 형식의 식당)에 한해서 계산할 필요가 있다. 그러나 굳이 그럴 필요가 없는 경우라 하더라도 직접서비스 노동평균원가를 결정하기 위해 일정기간동안의 서비스노동원가총액을 동기간 중 판매된 음식물의 수량으로 나누어 보는 것은 유익한 일이다. 나누어서 나온 숫자와 직접생산 노동원가의 합은 그 음식물의 생산 및 서비스에 필요한 노동원가총액이 되기 때문이다.

그리고 종합메뉴 가격결정시스템은 각 품목에 대한 가격 · 판매량간의 관계를 설정함으로써 판매 및 경쟁에 관한 여러 가지 요인들을 밝혀 주고 있다.

지금까지 종합메뉴 가격결정시스템은 원가담당자들에게는 매우 익숙한 방법이 아닌 만큼 이 방법을 매일매일 실제운영에 이용하려면 상당히 복잡한 작업이 요구된다. 그러나 이 시스템은 운영이 복잡해짐에 따라 원가 대 이익률이 더욱더 정밀화하고 있는 복수단위의 레스토랑들을 위해서는 가장 바람직하고 기대할 만한 방법으로 생각된다. 예를 들어 밝혀진 자료들을 여러 단위의 가격결정구조에 적용할 수 있다면 수요기능을 개선하여 전문화하는 데 드는 분석비용을 절감할 수가 있을 것이다.

뿐만 아니라 이러한 방법을 아무리 여러 가지로 변형하여 응용하더라도 종합메뉴 가격결정시스템의 본질은 관련수입 및 원가와 그리고 판매 및 경쟁조건에 대한 운영자의 센스(sence)를 결합하고, 또한 그렇게 함으로써 이익을 극대화하는 가격을 제시할 수 있는 능력을 상실하지는 않을 것이다.

7 메뉴분석

1) 개 요

레스토랑의 모든 메뉴들은 운영자들이 수익성있는 품목들만을 선정하여 만들어 놓은 것이다. 레스토랑 운영자들이나 메뉴교육을 담당하는 교육자들 모두가 이러한 최상의 메뉴품목을 개발하기 위한 메뉴분석방법을 찾기 위한 연구를 계속해 오고 있다.

철저한 분석과정을 거치지 않은 운영자들은 계획했던 이윤목표를 달성할 수 없을 뿐만 아니라 암흑 속에서 방향감각을 잃은 경영을 면치 못할 것이다. 부진한 판매실적과 목표에 미달된 이윤실적은 그 원인이 반드시

식재료를 잘못 구입했다든가, 1인분의 양관리(portion control)방법이 미숙했다든가, 인상된 원가·비용 또는 조리과정에서의 막대한 조리낭비 때문이라고만은 볼 수 없다. 그 원가에 있어서 종종 판매될 메뉴품목의 배합(the menu sales mix)이 불합리했던 것에 기인한다고 여겨진다.

기업이 판매활동에서 그 성과를 높이기 위해서 취급 상품 종류의 구성·판매지역의 선정·판매상품·판매조건의 선정 등의 재배합을 어떻게 할 것인가를 생각해야 한다. 특히 각기 조건이 다른 경우에는 구성이나 배합방법에 따라 판매활동의 성과가 다르게 된다.

어떤 메뉴는 특히 강조하여 적극적으로 판매하도록 하고, 또 어떤 메뉴는 이에 부수적으로 판매토록 하는 반면에 수익성을 기대할 수 없는 메뉴는 애당초 품목에서 제외시켜야 한다. 레스토랑경영자는 판매·원가 이윤의 측면을 검토하여 최상품의 메뉴를 식별해 내는 일정한 방식을 연구해서 알고 있을 필요가 있다.

지금까지 개발한 대부분의 분석방법들은 식료원가율을 계산해 내거나 품목별로 판매가격(selling price)에서 변동비를 감한 소위 한계이익(contribution margin)을 계산해 내는 것이었다. 그리하여 적정한 품목(marginal income)이라고도 하며, 매출액을 얻는데 직접적으로 소요되는 변동비를 공제하여 산출한다. 구성 방법을 추출해 냈던 것이다. 이미 언급한 두 가지 방법 모두가 각 메뉴품목의 판매수량에 의해서 각각의 품목에 관한 인기도를 측정할 수 있겠다.

2) 불완전성(Incomplete)

식료원가분석방법을 채용하는 운영자들은 원가가 저렴하고 인기있는 품목만을 개발하는 것이 가장 최선의 전략이라고 생각한다. 이러한 체제하에서 각 메뉴품목의 인기도는 단지 원가의 저렴 여하에 따라 평가할 수밖에 없다. 그러나 이러한 방법론은 매상액을 적정수준으로 끌어 올릴 수 없다는 단점을 면할 수 없다. 왜냐하면 원가가 저렴한 메뉴품목은 판매가격도 마찬가지로 저렴할 수밖에 없기 때문이다. 결국 고정원가율은 높고, 비용은 적게 들어가므로 최종이윤이 미약하게 된다.

후자의 한계이익분석방법의 지지자들은 원가율을 완전히 무시하고 오직 메뉴 전체가 가져 오는 이윤 전반에 대하여 각 메뉴품목이 기여하는 금액만을 집중분석한다. 그러나 판매품목원가를 무시하고 한계이익만을 계산하게 되면 원가율이 높아지게 됨을 의미한다. 왜냐하면 높은 한계이익을 가져오는 메뉴품목일 수록 원가율이 높고, 판매가격도 비싸기 때문이다. 따라서 한계이익만을 최대화 한다면 이러한 운영철학은 가격탄력성이 있는 시장에서는 성공할 수 있지만 가격탄력성이 없는 시장에서는 가격인하를 평균수준으로 하향조정하도록 강요당하게 되므로 실패하게 되거나 또는 고객이 줄어들게 됨은 당연한 현상이다.

상기 두 가지 분석방법 모두가 일방적인 측면만을 강조하고 있다. 식료원가 · 한계이익도 모두 중요하므로, 양자를 배타적으로 생각하지 말고 상호보완적 측면에서 고려해야 될 것이다.

3) 안목 넓은 분석방법(Wider Perspective)

여기에서는 인기도에 따라 비중을 두어 양자를 종합한 제3의 분석방법을 제시해 보겠다. 우선 다음과 같은 전제조건을 내세우고자 한다. 적정판매메뉴품목구성(the optimum menu sales mix)이 되기 위해서는 먼저 개별품목 이전에 메뉴품목 전체의 한계이익을 적정화하여 판매이익(sales revenue)을 적정화해야 한다 그와 동시에 최소한의 식료원가율도 유지할 수 있도록 해야 한다. 이러한 접근방법을 소위 CMA(cost-margin analysis), 즉 원가 · 한계이익분석법이라고 지칭한다.

CMA분석방법에 있어서는 품목별 식료원가율을 메뉴품목 전체의 원가율 평균치에 대조하여 분석한다. 그리하여 원가율의 고저에 따라 각 품목을 분류한다. 이와 같은 방법으로 품목별 인기도(판매량)와 한계이익(총이익)의 고저에 따라 분류한다. 그리하여 각 메뉴품목은 이미 기술한 3개의 변인(원가율 · 한계이익 · 판매량)에 기초하여 분류한 8개의 범주 중 1개에 귀속하게 된다.

한계이익을 당해 품목의 판매량(sales volume)과 곱해서 유용한 수치를 산출할 수 있다. 전자를 단순한계이익(simple contribution margin)이라 하고, 후자를 가중한계이익(weighted contribution margin)이라 한다. 당해 품목의 판매단가에 대한 한계이익금을 당해 품목의 총판매수량과 곱한 액수, 가중한계이익이 높고 원가율이 낮을수록 수익성 있는 최상의 품목이다. 단순한계이익이 높은 비인기품목의 책정보다는 한계이익을 좀 낮게 책정하였더라도 많이 팔리는 경우가 보다 높은 수익을 가져오게 한다. 그러므로 가중한계이익을 단순한계이익보다 더욱 중시해야 할 것이다.

4) 숫자풀이(Numbers Game)

CMA방식에 의한 분석은 우선 메뉴품목별 판매수량(number sold) · 원가(food cost) · 판매가격(selling price) 등을 살펴 보아야 한다. 그 다음에는 메뉴(appetizers · snacks · desserts · beverages)를 구분하고, 계산은 손으로 해도 되므로 도표와 같이 spread sheet를 사용하여 컴퓨터로 계산하면 더욱 간단하다.

다음 [표 Ⅱ－2]를 참조해 보면 품목별로 판매수량 · 원가 · 이윤통계숫자가 나와 있다. [표 Ⅱ－2]를 참조하여 메뉴품목 전체의 수치를 계산하여 산출된 수치의 높고 낮음에 따라 메뉴품목을 구분한다. 예를 들면, [표 Ⅱ－2]의 Appetizer 품목들을 가진 메뉴구성품목들의 전체에 대한 수치들을 표시하면 다음과 같다.

메뉴품목수량(MenuItems)	72
판매수량(Number Sold)	19,098
판매된 메뉴원가총액(Total Food Cost)	$ 29,521,63
가중한계 이익총액(Total Weighted Contribution Margin)	$ 52,144,67
식료원가＋한계이익(Food Cost＋Contribution Margin)	$ 81,666,30

각 메뉴품목 4분원(Prime · Sleeper · Standard · Problem) 구분은 당해 품목의 가중한계이익과 원가율을 메뉴 전체의 평균치를 비교하여 결정할 수 있다. 한계이익이 $724.23을 상회하는 메뉴품목들은 원가율에 따라 Prime이

나 Standard로 구분하고 원가율이 36.15% 미만의 풍목들은 한계이익에 따라 Prime 또는 Sleeper가 된다. 그러므로 높은 한계이익과 낮은 원가율을 가진 품목들이 Prime이 된다. 반대로 낮은 한계이익과 높은 원가율을 가진 품목들이 Problem이 된다.

상기표에서 메뉴품목들의 상호관계 위치는 [표 Ⅱ-2]에 명시되어 있다.

상기의 품목 전체에 대한 수치는 원가와 한계이익평균치를 산출하는 데 사용할 수 있고, 운영자는 평균치에 관련하여 각 품목의 수치를 대조시킴으로써 높고 낮음을 구분할 수 있다. 뿐만 아니라 다음의 공식을 이용하여 각 품목의 인기(popular)·비인기(unpopular) 여하를 판정할 수 있다.

이와 같이 실제의 수치를 아래의 공식에 대입하면 다음과 같이 표시할 수 있다.

$$\text{공식 : } \frac{1}{\text{메뉴품목수}} \times (0.7) \times (\text{판매총수량}) : \quad \frac{1}{72} \times 0.7 \times 19{,}098 = 185.68$$

수치 185.68은 각 메뉴품목의 판매량의 고·저, 즉 인기도 여하를 판가름하는 기준치가 된다. 기준치가 186 이상의 품목은 판매량이 높아 인기있는 품목으로 규정하고, 186 미만의 품목은 판매량이 적고 인기없는 품목으로 간주된다.

다음으로는 메뉴품목의 원가율과 한계이익을 측정하여 높고 낮으므로 구분할 수 있는데, 메뉴품목 전체에 대한 개별 품목의 원가율이 높고 낮음을 판정하는 기준치는 잠재식료원가 PFC(Potential Food Cost)로 불리워지며, 다음의 공식에 의해 산출된다.

$$\text{PFC : } \frac{\text{메뉴원가총액}}{\text{메뉴매출총액}}, \qquad \text{PFC : } \frac{\$29{,}521{,}63}{\$81{,}666{,}30} = 36.15\%$$

따라서 품목별 식료원가율이 36.15% 이하인 품목은 원가가 낮고 상회하는 품목은 높은 원가품목으로 구분할 수 있겠다.

결국 가중한계 이익평균치인 AWCM(Averagl Weighted Contribution Margin)은 다음과 같이 산출해낼 수 있다.

[표 Ⅱ－2] sample spreadsheet of appetizer statistics

	No. Sold	Menu Price	Total Food Cost	Item Cont. Mar.	Wgted. Food Cost	Wgted. Cont. Mar.	Wgted. Sales	% Item F.C.	% Total Sales	% Total F.C.	% Items Sold	% Wgted. C.M.	Menu Category
1. Onion soup	507	$1.95	$0.42	$1.53	$212.94	$775.71	$988.65	21.54%	4.81%	3.33%	8.10%	5.48%	Prime
2. Bowl of soup	290	1.85	0.10	1.75	29.00	507.50	536.50	5.41	2.61	0.45	4.64	3.59	Sleeper
3. Spinach salad	349	1.95	0.30	1.65	104.70	575.85	680.55	15.38	3.31	1.64	5.58	4.07	Sleeper
4. Batter-dipped vegetables	286	3.75	1.09	2.66	311.74	760.76	1,072.50	29.07	5.22	4.87	4.57	5.38	Prime
5. Fried chaeese	1,602	2.95	1.14	1.81	1,826.28	2,899.62	4,725.90	38.64	22.99	28.54	25.61	20.49	Standard
6. Fried mushrooms	257	2.95	0.87	2.08	223.59	534.56	758.15	29.49	3.69	3.49	4.11	3.78	Sleeper
7. Zucchini	289	2.95	0.66	2.29	109.74	661.81	852.55	22.37	4.15	2.98	4.62	4.68	Sleeper
8. Guacamole	170	2.95	0.69	2.26	117.30	384.20	501.50	23.39	2.44	1.83	2.72	2.71	Sleeper
9. Chicken fingers	383	3.75	1.32	2.43	505.56	930.69	1,436.25	35.20	6.99	7.90	6.12	6.58	Prime
10. Skins	551	4.45	1.90	2.55	1,046.90	1,405.05	2,451.95	42.70	11.93	16.36	8.81	9.93	Standard
11. Skins combination	175	4.45	1.81	2.64	316.75	462.00	778.75	40.67	3.79	4.95	2.80	3.26	Problem
12. Skins with chili	29	4.45	1.86	2.59	53.94	75.11	129.05	41.80	0.63	0.84	0.46	0.53	Problem
13. Nachos-1	585	3.95	1.02	2.93	596.70	1,714.05	2,310.75	25.82	11.24	9.32	9.35	12.11	Prime
14. Nachos-2	129	4.25	1.34	2.91	172.86	375.39	548.25	31.53	2.67	2.70	2.06	2.65	Sleeper
15. Nachos-3	386	4.95	1.19	3.76	495.34	1,451.36	1,910.70	24.04	9.30	7.18	6.17	10.25	Prime
16. Nachos-4	130	4.95	1.60	3.35	208.00	435.50	643.50	32.32	3.13	3.25	2.08	3.08	Sleeper
17. French fries	138	1.65	0.17	1.48	23.46	204.24	227.70	10.30	1.11	0.37	2.21	1.44	Sleeper
Appetizer total	6,256				6,399.80	14,153.40	20,553.20						
Menu average	185.68			2.73		724.23		36.15%					

$$\text{AWCM} : \frac{\text{가중한계이익총액}}{\text{메뉴품목총수량}}, \quad \text{AWCM} : \frac{\$29,521,63}{\$81,666,30} = \$724,23$$

이와 같은 수치는 품목별 단가의 한계이익평균치가 아니고 품목별 총매출액의 한계이익평균치를 의미함을 유의해야 한다. 따라서 품목별 총매출액에 대한 한계이익총액이 $724.23 미만의 품목은 당업체의 총이익(gross profit)에 대하여 한계이익이 낮은 수준으로 평가되고, $724.23을 상회하는 품목은 한계이익이 높은 것으로 평가된다.

5) 창문형 도표(Picture Window)

레스토랑의 판매실적은 메뉴품목구성과 밀접한 관련을 갖고 있으므로, 모든 품목을 5개 범주(또는 자기업체 실정에 맞도록 수를 조정할 수 있음)로 구분하는 작업이 매우 중요하다.

그리하여 지금까지 설명한 요령으로 철저히 분석함으로써 당업체의 판매실적에 기여하는 유용성에 따라 품목별로 평가할 수 있다. CMA분석법의 최대장점은 모든 품목의 원가율 · 한계이익 · 인기도(판매량)를 간단한 XY그래프상에 표시할 수 있어서 상호관련성을 한 눈에 파악할 수 있다는 것이다.

이와 같은 이상적인 그래프는 [그림 Ⅱ－4]의 파베직(D. Pavesic) 교수가 제안한 세번째 그림인 [그림 Ⅱ－5]를 보면 알 수 있다.

통상 상기 [그림 Ⅱ－5]에서는 다음과 같은 표현을 하고 있다.

① Primes : 질과 양 · 가격 모두가 좋은 상태로 그대로 둔다. 또 가격을 조금 올릴지에 대해 주의 깊게 생각한다. 잘못하면 Sleepers가 되기 때문에 이러한 단계에서는 매우 조심하여야 한다.

② Standards : 적정한 가격으로 인해 고객은 긍정적으로 생각하고 있다. 그러나 수익률이 낮기 때문에 규격량을 주의 깊게 줄여보던가, 또는 가격을 조금 올려 놓는다. 그러나 Problem이 되지 않도록 계속적인 주시와 점검이 필요하다.

[그림 II－4] Three menu-analysis matrics

① Kasavana and Smith

High	II Plowhorses	I Stars
Low	IV Dogs	III Puzzles
	Low	High

Contribution margin

② Miller

High	I Winners	II Marginals
Low	III Marginals	IV Losers
	Low	High

Food-cost percentage

③ Pavesic

High	I Prime	II Standards
Low	III Sleepers	IV Problems
	Low	High

Food-cost percentage

Kasavana and Smith matrix results

Stars(high volume, high contribution margin) :
Plowhorses(high volume, low contribution margin) :
Puzzlos(low volume, high contribution margin) :
Dogs(low volume, contribution margin) :

Miller matrix results

Winners(high volume, low food-cost percentage) :
Marginals(high volume, high food-cost percentage) .
Marginals(low volume, low food-cost percentage) :
Losers(low volume, high food-cost percentage) :

Pavesic matrix results

Prime(high contribution margin, low food- cost percentage) :
Standards(high contribution margin, high food-cost percentage) :
Sleepers (low contribution margin, low food-cost percentage) :
Problems(low contribution margin, high food-cost percentage) :

[그림 II－5] General graph for cost-margin analysis

Food-cost(%)

High	④ Problems 문제품목	② Standards 표준품목
Low	③ Sleepers 최하품목	① Primes 최상품목
	Low	High

Weighted contribution margin

③ Sleepers : 고객으로 하여금 너무 비싸다는 인상을 받고 있는 상태로 보다 대중성을 갖게 하기 위해 가격을 조금 내려 본다. 또한 색다른 관심을 갖도록 하기 위해 품목의 이름을 바꿔보고 메뉴상의 위치를 오른쪽 윗부분, 또는 가운데 중심같은 유리한 곳에 배치한다.

④ Problems : 일반적으로 이러한 경우는 메뉴상 중지해야 한다. 또는 가격을 조금 올려 Sleepers를 만든다. 그리고 이러한 변화를 주어 매일 점검해 볼 필요가 있다. 수직축 Y는 원가율(food-cost percentages)을 의미하고, 수평축 X는 가중한계이익(weighted contribution margin)을 나타낸다. 원가율이 낮은 품목들은 수평축의 하한선에 배치하고, 가중한계이익이 높은 품목들은 수직축의 우측에 배치한다. 여타 메뉴분석그래프와는 달리 CMA분석그래프는 제3의 변인으로 작용하는 인기도(판매수량)를 간접적으로 설명해 주고 있다. 그것은 가중한계이익을 나타내는 X선(수평축)을 기준으로 하여 할 수 있다. 결국 인기품목들은 X축과 Y축이 교차하는 십자형 그래프에서 우측에 배치되고 비 인기품목들은 좌측에 배치된다. 왜냐하면 교차점을 평균치로 기준할 때 우측이 평균치를 상회하고, 좌측이 평균치를 하회하기 때문이다.

(1) 판매공로품목(big contribution)

쉽게 이해할 수 있도록 하기 위해 그래프의 4분상한을 각각 다음과 같이 명명하였다. 즉, 평면 위에서 두 직선이 직각 만날 때 직선이 나누는 평면의 네 부분의 각각을 뜻하며, 공간을 서로 수직으로 만나는 두 평면으로 4등분하였을 때의 부분을 가리킨다. 우하상한의 품목들은 'Primes'라고 명명하여, 원가율이 낮은 인기판매품목들로서 가중한계이익이 높은 품목들이 여기에 속한다. 레스토랑 경영진은 가능한 Primes품목들을 많이 원하게 될 것이고, 성공적인 영업을 위해서는 이러한 품목들을 몇 개정도 쓰는 것이 확실히 필요하다. Primes품목들은 종종 당해 레스토랑의 특식(special)메뉴로 선정되어 비교적 가격이 비싸고 강력한 판매활동을 전개해야 된다.

우상상한에 속하는 품목들은 'Standards'라고 명명하여 원가율은 높지만 판매가 비교적 잘되어 가중한계이익이 높다. 'Standards'에 속한 품목들은 통상 steaks, prime ribs, lobster, seafood platters 등이다. 이러한 인기품목들의 메뉴는 비록 고가이긴 하지만, 다른 레스토랑의 가격수준에 맞춰 경쟁가격으로 제공해야 한다.

(2) 비수익성 품목들(small potatoes)

좌하상한은 'sleepers'라고 명명하여 원가율도 낮고 한계이윤이 낮을 뿐만 아니라 판매율이 낮은 비 인기품목들이다 여기에 속한 품목들은 종종 최초로 개발된 신종품목들로서 시험삼아 시장에 출품하여 고객들의 반응을 타진하고 있는 것들이다. 그러므로 레스토랑의 경영진들은 'sleepers' 품목이 'primes' 품목으로 승격시키기를 희망하고, 'standards' 품목들의 고원가율을 상쇄시키려는 기대를 갖게 될 것이다.

마지막으로 좌하상한의 'problems'는 원가율이 높고 수익성이 없는 다시 말하면 가중한계이익이 낮은 품목들이 여기에 속한다. 이러한 품목들은 필요에 따라 메뉴품목에서 제거해버려야 한다. 그러나 기업에 따라서는 원가를 감소시키고 인기도를 높여 수익성(한계이익)을 증대시키려는 방안을 모색하는 것도 좋을 것이다. 한 가지 유의해야 될 사항은, 비록 'problems'라고 해도 품목에 따라서는 몇몇 고객들이 찾는 경우가 있으므로 메뉴품목에서 제외시키지는 말아야 한다.

아이들이 좋아 하는 품목을 예로 들면, 잘 팔리지 않을지 모르지만 부모와 함께 아이들이 레스토랑에 오는 경우에는 아이들은 부모들의 Primes나 Standards 품목들을 주문할 것이기 때문이다.

(3) 중간교차점(midpoint)

X축과 Y축의 교차점은 메뉴 전체품목의 가중한계이익(weighted contribution margin)총계와 원가율총계의 평균치를 의미한다. 다시 말하면, 양측이 만나는 교차점은 이미 설명한 계산수치의 $724.23은 메뉴 전체품목의 가중한계이익평균치를 의미하고, 36.15%는 원가율의 평균치를 의미한다. 이것은 또한 [표 Ⅱ-2]의 'Menu average' 항목에도 명시되어 있다.

[그림 Ⅱ－6] Menu-analysis Graph For Appetizers

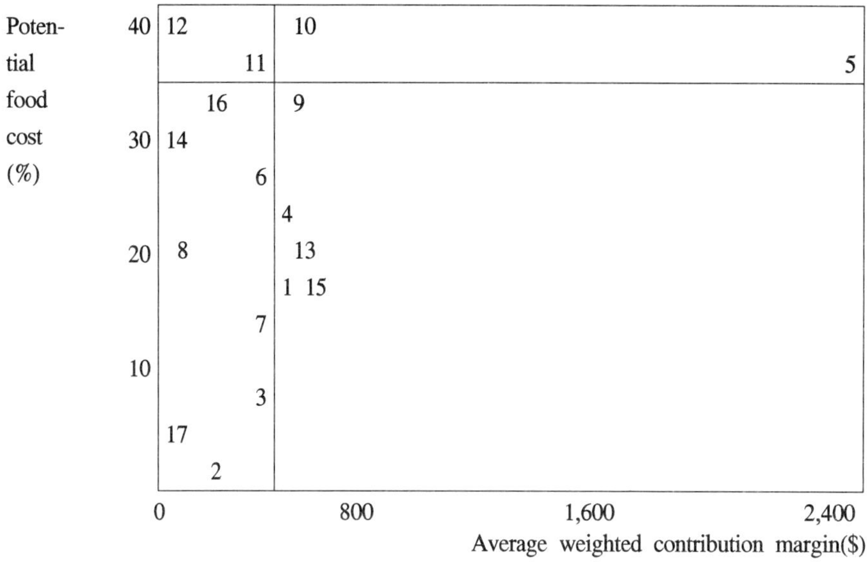

key	6 Fried mushrooms	12 Skins with chili
1 Oninon soup	7 Zucchini	13 Nachos-1
2 Bowi of soup	8 guacamole	14 Nachos-2
3 Spinach salad	9 Chicken fingers	15 Nachos-3
4 Batter-dipped vegetalbes	10 Skins	16 Nachos-4
5 Fried cheese	11 Skins combination	17 French fries

여기에서는 주로 Appetizers와 Entrees부분만 한정하여 그래프로 설명하였지만 Snacks, Desserts 그리고 Beverage도 모두 포함시켜 완전하게 분석할 수 있다. 어떠한 경우이든 X측과 Y측의 교차지점(평균치)에 가까운 품목일수록 판촉강화를 요하는 최상의 후보품목들이다. 메뉴상에서 그 품목들의 위치, 즉 부가물 · 판촉 · 분량 · 가격 등을 조정하여 변경시킴으로써 그들의 인기도와 수익성을 높일 수 있다.

[그림 Ⅱ－6]에 Appetizer 그래프가 예시되어 있다. 이 그림을 보면 대부분의 품목들이 Sleepers 상한에 집중되어 있음을 알 수 있다. 그럼에도 불구하고 그 중 몇 가지 품목들(예 : 2.3.6.7)은 Primes 상한에 접근되어 있다.

[그림 Ⅱ－7] Menu-analysis graph for entrees

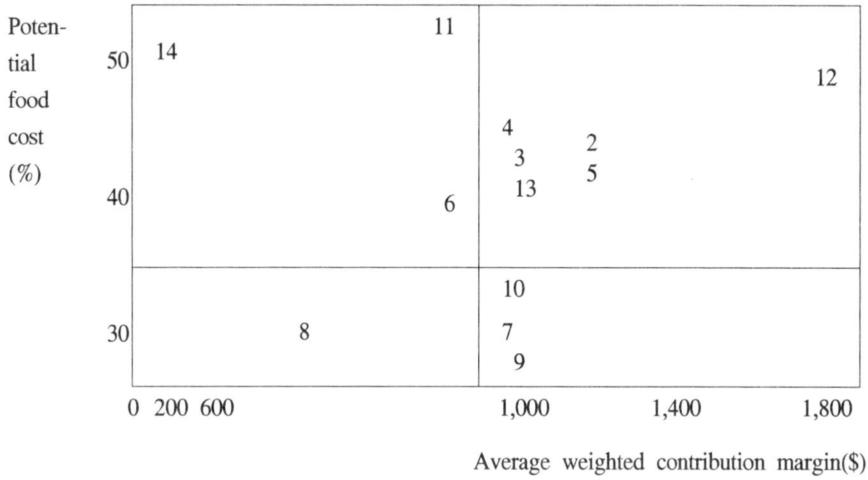

key

1 Cordon bleu
2 BBQ shrimp
3 8-oz. steak
4 10-oz. Steak
5 Smothered steak
6 Fried shrimp
7 Steak and shrimp
8 BBQ chicken
9 smothered chicken
10 Chicken-finger dinner
11 Burger
12 Burger platter
13 Eggs benedict
14 Steak and eggs

이러한 것들은 그들의 인기도를 높여 판매량을 증가시킬 수가 있다면 Primes 상한에 전입될 수 있는 것들이다. 한편 Primes상한에 소속되어 있으나 Sleepers 상한에 접근되어 있는 1번과 4번 품목들은 주의를 게을리하면 Sleepers 상한으로 전락될 위험성이 있음을 알 수 있다. 몇몇 품목들의 가격 등 조건을 조정하여 소속상한을 개선시켜 주면 평균치가 변경되면서 축의 교차점이 이동되어 상대적으로 이에 관련되는 여타 품목들이 영향을 받아 Sleepers나 Problems 상한으로 전락된다. 일반적으로 Appetizer 품목들의 원가율은 양호하지만 한계 이익은 개선할 여지가 있다.

[그림 Ⅱ－7]에 제시된 앙뜨레 그래프는 만약 당해 업소 Dinnerhouse일 경우 문제점이 존재하고 있음을 보여주고 있다. 물론 [그림 Ⅱ－7]에서도 양측이 교차하는 중앙지점은 평균치로서 이미 기술했던 바와 같이 가중한계이익 $734.23에 원가율 36.15%이다.

도표를 보면 대부분의 앙뜨레 품목들이 Standards 상한에 집중되어 있음을 알 수 있다. 이것은 앙뜨레 판매량이 증가됨에 따라 식료원가율이 전반적으로 증대됨을 의미한다. 오직 유일하게 품목 1번이 Primes 상한 경계선에 가까이 접근되어 있어 비교적 쉽게 개선할 수 있음을 보여 주고 있다. 도표에는 제시되지 않았지만 Snack부문의 품목들에 대하여 영업담당자로 하여금 재심사를 요하는 이유를 설명해 주고 있다. Snack부문의 품목으로서 Problems 상한에 속하는 것들이 몇몇 있지만, 대부분 어린이들을 위한 품목으로서 가격도 저렴하다. 이들의 판매량은 전체적으로 비교할 때 극히 미미하므로 전체판매총이윤에 별 다른 영향을 끼치지 못한다. 간단히 말해서 논의할 가치조차 없다는 것이다.

(4) 아이싱(Icing)

디저트류도 역시 도표에 예시되어 있지 않지만, Y축을 중심으로 좌측(수익성이 낮음)에 집중적으로 편재되어 있다. 이유는 비인기품목으로서 판매가 저조하기 때문이다. 대부분의 품목들이 Problems 상한경계선에 근접되어 있어서 담당자가 원가율을 조금만 하향조정한다면 손쉽게 Sleepers 상한 전환시킬 수 있는 것들이다. 그러나 그러한 노력도 쓸모없는 작업이 될 것이다. 왜냐하면 디저트류도 어린이용 메뉴품목처럼 수익성이 없이 무시해도 상관없기 때문이다. 더구나 디저트는 단순히 케이크에 Icing(케익에 설탕, 계란흰자 따위를 입힌 것)하여 이미 찾아 온 고객들에게 추가판매한 것에 불과하기 때문이다.

[표 Ⅱ-3]은 부분별 평균원가율 · 평균판매수량 · 가중한계이익평균치를 요약해 주고 있다. 또한 각 부문별 메뉴품목들이 차지하는 전체판매에 대한 구성비를 백분율의 수치로 나타내 주고 있다. 이 도표를 보면 Appetizers와 Snacks품목들은 원가율을 평균치 36.15%를 하회하므로 원가율을 감소시켜 주고 있다. 특히 Appetizer는 판매율 18%의 앙뜨레보다 도 우세하여 최대의 판매량을 보유하고 있다. 고객들은 앙뜨레보다도 Appetizers나 Snacks을 주문하는 경향이 있다. 이 2개 품목이 전체판매량의 78%를 차지하고 있다.

[표 Ⅱ－3] Summary statistics by menu category

Menu Category	Potentlal Food Cost	Avg. Number Sold	Avg. Item Contrib. Margin	Avg. Wgtd. Contrib. Margin	% of Items Sold	% of Food Cost	% of Contrib. Margin	% of Sales Dollars
Appetizers	31.14%	257.6	$2.26	$832.55	32.76%	21.68%	27.14%	25.17%
Snacks	35.35	178.11	2.90	737.81	45.3	46.46	48.11	47.51
Entrees	41.76	169.85	3.50	848.88	17.79	28.86	22.79	24.99
Desserts	46.48	79.4	1.29	145.92	4.16	3.01	1.96	2.34
Average	36.15%	185.68	$2.73	$724.23				
Total					100%	100%	100%	100%

6) 스낵 하우스(Snacks House)

당해 레스토랑은 간이 Snack이나 Appetizer류들을 판매하기에 적절한 업소이다. 그러므로 담당자는 이러한 두개 품목부문에 대한 긴밀한 주의를 기울여야 할 것이다. [표 Ⅱ－3]에 나타난 바와 같이 한계이익(수익성)이 전체 품목의 75%, 원가율이 68%, 판매수익이 72.5%를 차지하고 있다. CMA (Cost Margin Analysis)분석방법은 즉석식품(Fast-Food) 판매업소나 칵테일 · 라운지의 경우에도 적용할 수 있다. 모든 메뉴품목들은 분석하기에 여기에 맞추어 분류한 것이다.

최소한 1년을 4분기로 나누어 4회에 걸쳐 CMA분석을 토대로 함으로써 담당자는 일람표에 의한 기록을 통하여 메뉴품목들의 판매량 · 원가율 · 한계이익 등의 변천추세를 파악할 수 있다. 담당자는 가장 높은 원가율과 판매 및 한계이익이 복합되어 있는 메뉴 카테고리(Menu category)를 파악하여 당해 품목에 대한 마케팅과 원가관리노력을 집중토록 해야 한다. 메뉴구성 또는 가격변동이 생기면, 담당자는 CMA분석을 통하여 그러한 변동이 원가율 · 한계이익 · 평균치의 개선에 기여하였는지의 여부를 파악할 수 있게 된다.

CMA분석일람표에서 일정품목이 전체품목과 관련하여 그가 처하게 되는 위치에 따라 인기도(판매량)에 크게 영향을 미치고, 가격을 올려 이윤을 늘리거나 또는 하향조정할 수도 있게 한다. 담당자는 메뉴구성을 합리적으로 설계하여 Prime품목들을 특히 강조하여 판매를 촉진시켜야 한다. 이러한 전략에 실패하여 이윤을 극대화시키지 못한다면, 아무리 전문적으로 메뉴구성·설계를 잘하고, 조화를 이룬 색채에 값비싼 메뉴판을 제조해도 모두가 허사이고 낭비를 초래하게 될 것이다. 단지 메뉴판의 겉모양이 좋다고 해서 그것만으로 고객의 매력을 끌 수는 없을 것이다. 하지만 주문을 받을 때 종사원들이 고객에게 메뉴선택에 있어서 권유·제안(suggestion)을 해 주는 일이 판매촉진을 위해서 중요하다.

원가율과 한계이익에 관한 자료에 필요한 해설을 첨부하는 일이 CMA분석과정에서 필수적으로 중요하다. 메뉴를 구성·설계하고 가격을 책정하는 과정에서 수량으로 측정할 수 없는 무형적인 요인들이 반드시 고려 되어야 한다. 전통, 회사영업방침, 고객들의 선호, 그리고 경쟁여건 등은 메뉴계획에 있어서 필수적으로 고려해야 되는 무형적인 요소들이다. 가격 책정은 경영자의 직감이나 통찰력에 의해서 이루어지는 경우가 많다.

단순하고 개괄적인 수량측정방식은 금물이다. CMA분석그래프에서 우리가 추구하는 목표는 각 품목위치를 가능한 Primes 상한에 접근되도록 판매량을 늘려 인기도를 높이고, 한계이익을 늘려 수익성을 높이며, 원가를 절감하여 품목위치를 하향조절하여 우측으로의 이동을 시도해야 될 것이다.

8 메뉴 개발전략

1) 개 념

외식점포의 번성은 메뉴전략에 의해서 좌우되기 때문에 메뉴의 기획단계에부터 확실한 컨셉설정이 중요하다. 메뉴컨셉은 기본적으로 점포의 업태컨셉으로부터 결정되며, 이를 위해서는 출점입지의 물건(부동산, 점포)에 대한 입지조사와 상권분석이 선행되어야 한다. 이를 바탕으로 점포의 방향을 결정하게 되는데 이것을 업태컨셉이라고 한다. 업태컨셉을 결정하기 위해서는 어떤 상품(메뉴)에, 얼마에, 누구에게, 어떤 내점동기로, 어떤 점포분위기에서, 어떤 서비스방법으로 고객을 유치할 것인가가 필요하게 된다. 즉 업태, 타겟, 내점동기, 점포분위기, 서비스수준 및 방법 등을 결정하게 되는데, 이를 업태컨셉 또는 협의의 영업컨셉이라고 말한다. 이러한 업태컨셉 안에서 메뉴방향을 확정하는 것을 메뉴컨셉이라고 한다. 때문에 메뉴전략이 아무리 훌륭해도 메뉴자체에 경쟁력이 없으면 의미가 없고, 고객을 끌어들일 수 없게 된다. 따라서 메뉴개발에서 최우선시되는 것은 명확한 메뉴컨셉을 설정 후 전체업태컨셉과 연계성 이미지가 창출되도록 조화를 이루어야 하며, 메뉴개발시 고려해야 할 사항은 다음과 같다.

메뉴개발시 일반적인 검토사항

- 출점입지의 상권특성에 적합한 메뉴의 개발이 필수적이다.
- 출점시 주력 메뉴와 리딩메뉴, 즉 스타메뉴의 설정이 필요하다.
- 원부재(식재료)에 대한 공급용이성, 공급가, 품질, 공급처, 가격변동 여부의 검토가 요구된다.
- 주방작업과 동선의 효율성 및 경제성의 분석이 선행되어야 한다.
- 메뉴의 전문성과 독창성 · 차별성이 전제되어야 한다.

2) 메뉴개발

근래의 메뉴개발은 경쟁력 제고를 위한 차별화에 집중되고 있기 때문에 업태컨셉과 연계하여 전문성 위주로 디자인되어야 한다. 메뉴개발은 주로 자체 내의 인력에 의하거나 전문가를 활용하며, 메뉴의 수, 종류, 형태, 규격, 중량, 원가, 포장, 판매가 등 메뉴컨셉을 결정하되, 식재공급방법, 식재상호간 활용도, 주방설비 및 집기 상호간 활용도, 주방면적, 작업동선, 보관능력 및 방법, 저장수명 등을 고려해야 한다.

또 계절별, 상권특성별에 따른 기획메뉴, 평일이나 공휴일의 특별메뉴 등 메뉴개발은 상당한 전문성이 요구되고 있다. 메뉴개발을 위한 차별화기획의 핵심요소는 [그림 Ⅱ-8]과 같다(홍기운, 2006 ; 378~380).

[그림 Ⅱ－8] 메뉴개발을 위한 차별화 기획의 핵심요소

맛(품질)	신선도
신소재	영 양
희소성	식 감
색 깔	형태(모양)
양	온 도
조리법	먹는 방법
데코레이션	작업공간
저장능력	조리시간
풍미(냄새)	메뉴수
식재공급	설비활용
저장수명	투자력
중 량	원 가
포장(패키지)	판매가

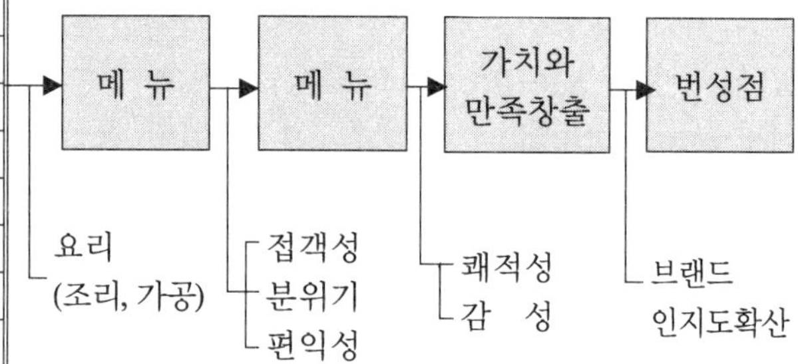

3) 메뉴개발의 인식제고

메뉴는 단순한 가격과 품명과 구매조건만의 표시에 그치는 것이 아니라 고객과 레스토랑을 연결하는 판매촉진의 모체로서 판매원의 역할을 하고 있을 뿐만 아니라 고객과 식당간에 주문한 상품의 제공을 계약하는 것이다. 그래서 상품의 생산과정에 있어서 이를 뒷받침하는 설비의 내용으로 보아 투자범위의 역할도 겸하고 있으므로 그 중 메뉴의 개발은 효율적이고도 체계적인 관리로서 일정한 기간을 정하여 주기적으로 분석, 다음 [그림 Ⅱ－9]과 같이 점검하여 메뉴를 개선 또는 보완해감으로 본래의 사명을 다하도록 유도하여야 한다.

① ㉠그룹에 해당하는 품목은 잘 팔리지도 않고 이익도 적다(판매중지).

② ㉡그룹에 해당하는 이익은 많으나, 잘 팔리지 않는다(판매가격을 내리던가 재료비를 높여야 한다.

③ ㉢그룹은 잘 팔리나 이익이 적다(판매가격을 올리던가, 재료비를 줄여야 한다).

④ ㉣그룹에 해당하는 품목은 잘 팔리며 이익도 많다(신상품을 계속 개발한다).

[그림 Ⅱ－9] 메뉴 개발전략

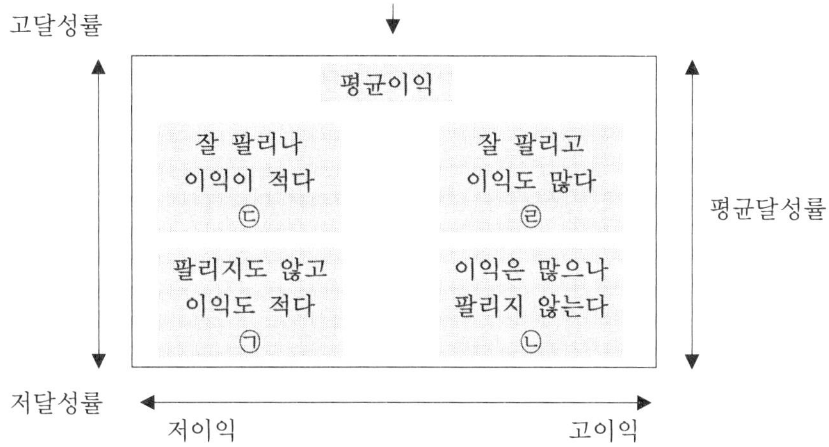

왜냐하면 단기적으로는 그 메뉴를 취급하여 매출액이 조금 늘어날지 모르나, 장기적 관점에서 업소의 경영에 도움이 되지 않는 문제메뉴로 부각될 수도 있기 때문이다. 일단 그 업소의 메뉴로 한 번 취급하여 고객에게 선을 보인 후에는 판매가 잘 안된다고 해서 당장 없애버리는 것은 여러 가지 관점에서 문제가 되기 때문이다. 따라서 메뉴개발의 기본원리 중 하나는 일시적 유행을 따라 변화하는 메뉴를 장기적 관점에서의 인기 메뉴로 잘못 판단하여 그 준비를 하는 업소운영의 허와 실에 대한 레스토랑 경영주의 판단력이 매우 중요하다고 할 것이다.

그러나 이론적으로만 생각하면 메뉴개발은 상당히 다양하게 진행될 수 있을 것 같지만 실제로는 그 지역의 다른 레스토랑에서 이미 판매되고 있는 경우가 많다. 따라서 메뉴의 변경은 신중을 기해야만 한다.

그러므로 이미 판매하고 있는 메뉴가 매출액이 떨어지는 경우는 그 메뉴와 연관하여 조금씩 조리방법을 변형시킨 음식을 개발하여 고객의 반응을 신중히 검토한 후에 본격적으로 메뉴를 개발하는 것이 실패의 확률을 줄이는 길이다. 이런 경우 이용할 수 있는 가장 좋은 시험장소가 바로 Daily Special Menu 제도의 활용이다.

인근유사업소와 비슷한 메뉴의 범주를 벗어나기가 어려운 경우에는 어떤 방법을 구사하더라도 그 경쟁 메뉴의 질을 높여야만 한다. 또한 뭔가 색달라 보인다는 느낌이 들 수 있도록 접시에 배열하는 방법을 바꾸어 보는 것도 한 방법이 될 수 있다. 물론 타경쟁점보다 어떤 형태로든 비용의 지출은 높겠지만 그 반대급부는 예상 외로 커질 수 있다는 것을 항시 명심해야만 한다.

이러한 메뉴형태변경전략은 바로 효과를 나타내기도 한다. 이용하는 고객은 일반메뉴방식에 조금만 변화를 주어도 입에서 입으로 전달이 되어 판매촉진에 기여하게 될 것이다. 원칙적으로는 그 계절에 잘 맞는 식재료를 구매하여 매출을 늘려야 하지만, 식재료의 사입가가 극히 높아지는 경향이 있는 메뉴는 신중히 취급해야 한다. 음식가격은 수요와 공급의 기본원리가 지배하지만, 높은 식재료비를 부담하고 개발되는 메뉴는 고객이 환영하지 않는다는 기본인식을 외식업 경영자는 알아야 할 것이다.

일례로 일반레스토랑의 경우 메뉴는 다양다종해서는 안되는 것이 원칙이다. 다양한 메뉴라도 자기업소가 자신있게 제공할 수 있는 메뉴는 구매시점광고(POP AD : post of purchase advertisement)를 이용해서 고객의 눈길

[그림 Ⅱ－10] 메뉴전략(Menu Strategy)(1)

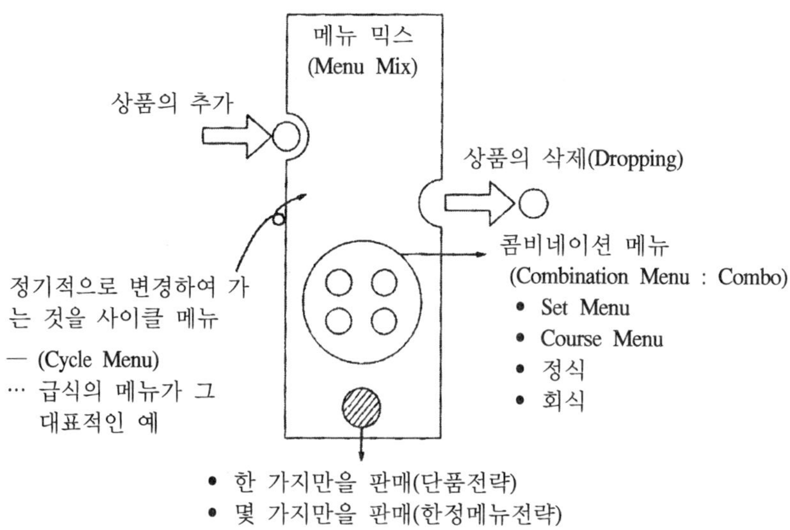

이 쏠리도록 점포 밖이나 안에 표시해야 한다. 우리의 레스토랑은 거의가 업소의 간판이 특색이 없고 획일적이고 주력상품의 메뉴(예 : 우거지탕, 설렁탕, 곰탕, 주물럭 등)를 밝히지 않고 있는 것이 문제점이라고 혹자는 지적하고 있다. 귀중한 재료를 배합해서 만든 요리를 먹어서 맛있고 건강에 유익하다는 것을 고객에게 사전에 알려서 그 요리를 들도록 하는 것이 메뉴의 역할이므로 업소가 자신하는 메뉴는 반드시 POP AD를 활용해야 하고 그 요리의 맛과 영양가치는 항상 유지되어야 하며 시대의 변화와 고객의 기호에 알맞게 새로운 메뉴개발에 힘써야 한다.

이 때 메뉴개발에 대한 체계는 메뉴의 검토, 시험적 조리, 영양가의 분석 등에 있어 숙달된 전문가의 협조를 얻어야 한다. 그러나 현실적으로 보면 이러한 과정을 거치지 않기 때문에 많은 점포에서 메뉴로 인한 운영상의 문제가 발생하고 있는 실정이다. 이같은 문제를 해결하려면 처음부터 [그림 Ⅱ－10]과 [그림 Ⅱ－11]에서 보여 주듯이 단계별로 접근해야 한다는 것이다.

[그림 Ⅱ－11] 메뉴전략(2)

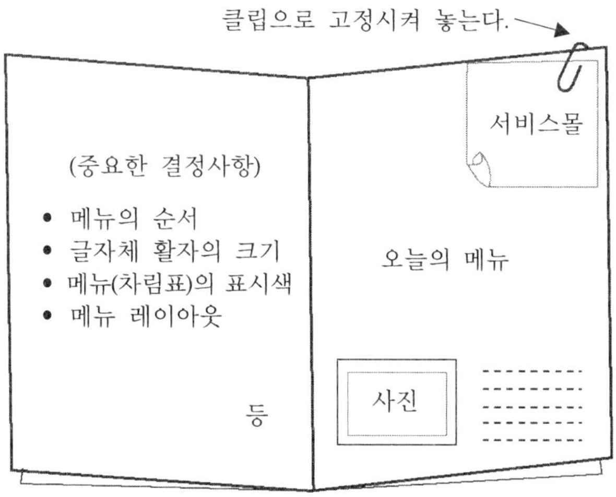

메뉴는 말없는 세일즈맨이라고 불려지고 있다.

[자료 : 미야 에이지, 전게서, p.86.]

9 메뉴개발의 시스템 구축

레스토랑의 육성발전은 개인기업의 측면에서도 중요하겠으나, 궁극적으로 국민건강의 차원에서 더욱 큰 의미를 내포하고 있다. 그 방법의 하나로써 메뉴개발이나 개선작업이 시행되게 마련인데, 이 때 시스템화되어 전개되어야 한다는 것이다. 메뉴개발을 시스템화하기 위해서는 [그림 Ⅱ－12]과 같은 플로우 차트(flow chart)가 필요하다(김헌희, 1990).

[그림 Ⅱ－12] 메뉴개발 스텝의 시스템화

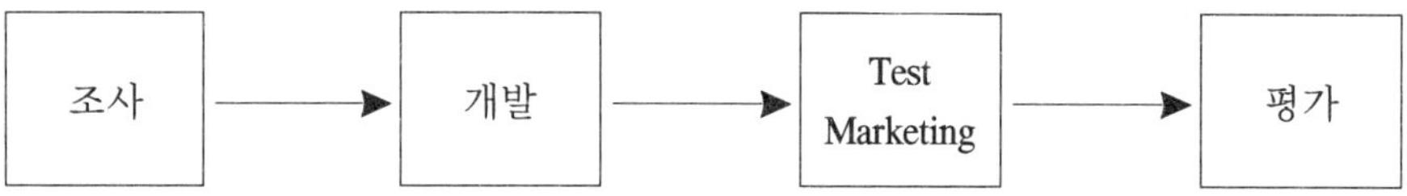

[그림 Ⅱ－13] 메뉴계획의 시스템화와 메뉴 개발방향

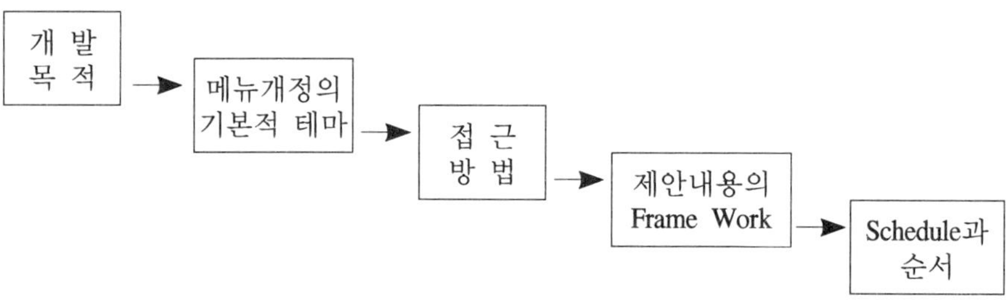

[그림 Ⅱ－13]은 시장요구에 대한 메뉴 플래닝 시스템(planning system)과 메뉴 개발방향에 대한 'frame work표'이다.

(1) 목적

구체적으로 몇 가지 목표를 설정한다.

① 고객이 희망하는 맛있는 제품을 제공한다.
② 고객이 희망하는 소재를 제공한다.
③ 고객이 희망하는 가격대의 상품을 제공한다.
④ 자기회사의 기업이미지를 연출해 낼 수 있는 메뉴나 메뉴 북을 제공한다.
⑤ 자기화사의 컨셉을 실현할 수 있는 작업효율이 높은 메뉴를 제공한다.

(2) 메뉴개선의 기본적인 테마

① **시장성** : 잘 팔리지 않는 제품은 제거시키고 팔리고 있는 제품, 잘 팔릴 가능성이 있는 신상품을 도입한다.

② **경쟁** : 경쟁상대와 경쟁상 없어서는 안될 제품, 즉 강한 맛을 잃지 않고 약한 것, 요리의 종류, 소재, 미(맛), 약한 가격대를 강화한다.

③ **고객층** : 이후 강화하려는 타겟인 고객층, 예를 들면 여성(O. L, young, young미세스, 주부) 혹은 어린이들에게 받아들여질 수 있는 제품

④ **시간대** : 저녁시간대에 일정수준으로 강화시킨 뒤 다음 단계로 런치타임을 강화하는 스타일

⑤ **지역성** : 지역특성에 맞는 상품을 개발한다.

⑥ **기존메뉴** : 현재의 메뉴를 수정해서 종류를 변경시킨다.

(3) 어프로치 방법

다음과 같은 단계로 정보 · 데이타를 수집하여 분석한다.

① 메뉴기획을 위한 고객욕구(Needs)조사

② 메뉴구성요소의 분석

- 자기회사와 경쟁사의 메뉴의 질 · 양(아이템수)과 가격대의 강 · 약을 분석한다.
- PPM(Product Photoperiodism Management)분석에 의하여 메뉴의 전략적 위치를 구축, 전략상품이나 중점상품의 육성, 성장성과 시장 점유율에 의한 메뉴의 중요성 분석

③ 고객의 제품평가, 시장에서 히트하고 있는 상품의 분석

- 모니터제도에 의해서 고객의 품평을 듣는 방법
- 점포에서 직접 고객의 반응을 듣는 방법
- 시장에서 히트상품의 수집 · 검토

(4) 메뉴제안내용의 Frame Work

[표 Ⅱ－4] 메뉴제안내용의 Frame Work

[STEP 1] 현상황의 파악	1. 시장환경동향 2. 고객동향 3. 경쟁동향 4. 품목별 동향	1. 주방기기별 품목수 2. 원자재의 수와 조립 3. 경쟁사와의 비교
[STEP 2] 현상황 파악을 기준한 기본방식의 제정과 품목수	1. 메뉴제안의 기본방식 2. 메뉴북에 대한 기본방식	1. 품목수의 설정 고객의 Need와 주방 시스템과 식재수를 감안한 가정 적합한 품목수 선정
[STEP 3] 기본방식과 품목수 제정에 기초한 메뉴	메뉴의 위치결정 기본메뉴 변동메뉴 정책메뉴	목표구성비 ( )% ( )% ( )%
[STEP 4] 카테코리별 품목수 구성비에 의해 cost설정	카테고리별 품목수 구성비에 기준한 상표 FC의 설정(FC : Food Cost)	
[STEP 5] 카테고리별로 본 메뉴의 위치와 방향	• 정책적으로 강화하려는 메뉴의 범위 • 정책적으로 판매중단하려는 메뉴의 종류 • 메뉴 믹스에 의해 객단가를 상승케 하는 메뉴	
[STEP 6] STEP 1에서 STEP 5까지 Menu에 대한 정리	고객의 Need에 맞춘 Menu의 제안	

(5) 메뉴도입 스케줄

하나의 메뉴가 결정되기까지는 체인 레스토랑의 경우 수 개월이 소요된다. 어떠한 메뉴가 많은 고객으로부터 지지를 받을 것인가 하는 문제는 간단하지는 않다. 사람들의 기호는 다양하고 생활패턴이나 유행은 항상 변하여 이 생활패턴의 변화에 따라 외식의 기호도 변하는 것이다. 여기에 대응해서 계속적으로 기존메뉴의 품질을 개선하고, 또 신제품을 개발하여 유행에 뒤떨어지는 기업은 존립할 수 없는 것이다.

- 메뉴정책의 결정
- 상품개발
- 모니터 회의
- Test marketing
- 매입선결정
- 가격의 결정
- 메뉴기준결정
- 메뉴 북 작성
- 점포교육
- 개선메뉴의 도입

III 식자재 관리

1 개 요

식자재 관리를 한 마디로 정의하면 영업활동에 필요한 식자재를 효율적으로 관리하기 위한 과학적인 관리기술이라 할 수 있으며, 식자재 관리는 영업활동에 필요한 품목을 명확히 파악하는 때부터 시작된다. 효율적인 관리란 합리적·능률적인 관리로서 식자재의 분류·소요량산정·구매·보관·공급·처분에 이르는 전과정을 합리적이며 능률적으로 수행하는 것이며, 과학적인 기술이란 전문기술과 경험을 필요로 하는 관리영역으로서 고도로 발전된 관리기술에 대한 전문지식과 경험을 갖추어야 하는 숙련된 특수업무를 뜻한다.

식음료와 관련한 식자재관리는 상품이 구입되는 과정에서 판매될 때까지 그동안에 수행되는 여러 가지 활동과 수많은 사람들의 영향을 받는다는 사실이다. 기초적인 영역 내에서 수행된다면 그 뒤의 식품가공의 여러단계에서 원가를 효율적으로 관리하기 위한 토대를 마련할 수 있을 것이다. 그러므로 본 장을 이해하기 위해서는 다음과 같은 기초적인 최저가격으로 획득하는 데 운영과정들이 지니는 근본목적을 염두에 두어야 할 것이다.

- 구매 : 기존규격명세서에 입각해서 가장 양질의 상품을 최저가격으로 획득하려는 데 그 목적이 있다.
- 수령 : 주문한 양과 질의 상품을 이미 견적된 가격으로 획득하려는 것이 그 목적이다.

- 저장 : 적당한 양의 재고상품을 유지하고 신선도 유지와 파손에 의한 손실을 막으려는 데 그 목적이 있다.
- 출고 : 상품의 방출을 허가하고 그 지급서를 매일매일 적절한 방법으로 밝혀 두려는 것이 그 목적이다.

위와 같은 목적을 달성하기 위해 입증된 여러 가지의 실용적인 원리 · 방법 및 과정을 통해 운영되고 있는 것이다.

2 식자재의 기본적인 문제

레스토랑의 영업활동에 수반되는 물자는 원 · 부자재, 소모품, 비품, 저장품, 매입상품과 기계, 장치 및 설비와 이의 보수 · 유지에 사용되는 부속품, 금형, 소모성공구 및 각종 영선자재 등이 총망라되어 완벽하게 갖추어진 가운데 효율적으로 운영되어져야 한다. 그러나 어떠한 외식업체라도 이같은 내용을 모두 갖추고 영업을 한다는 것은 대단히 어려운 실정이다.

그래서 식자재의 기본적인 문제를 살펴보면 품질의 문제, 조작성의 문제, 가격문제가 레스토랑을 운영하고 있는 경영자에게는 주된 문제점이라고 할 수 있다.

1) 품질문제

레스토랑은 최종요리를 한 메뉴를 고객에게 제공하는 업이다. 레스토랑에 있어서의 관심은 그 최종요리를 마치는 단계에서 높은 품질의 요리가 만들어지는 것이다. 레스토랑이 이용하는 식재는 원리적으로는 이 점을 기준으로 하여 선택하는 것으로, 따라서 식재에 쓰여지는 가공처리기술도 이러한 관점에서 평가되는 것이다. 한 마디로 말해서 식품가공기술에 대하여 잘못된 선입관이나 편견을 배제하고 각종 식품기술의 장점, 그 성과를 냉정히 판단하지 않으면 안된다.

예를 들어 냉동식품에 있어서 품질면에서 뛰어난 것이 제공된다고 하면 이것을 주저하지 않고 이용하는 그러한 자세이다. 식품의 품목에 따라서는 최종적인 품질추구에서 냉동식품이 더욱 뛰어난 점, 레토르트가 더욱 뛰어난 점, 캔들이가 더욱 뛰어난 점 등을 고려하게 되고 실제 품목의 선택에 있어서는 각기 식품의 품목특성과 가공기술과의 연관성에서 가장 적절한 기술이 쓰여지는 식자재를 이용하게 된다. 그리고 품질이라는 개념 속에서 안정성이라는 의미도 포함되어 있다.

향후 생채소가 아니고 동채(凍菜)가 레스토랑에서 애용될 것이라고 하는 것도 생채소로서는 품질규격이나 형상이 매일 크게 다르기 때문에 어찌할 수 없는 현실로 다가올 것이다. 결과적으로 레스토랑은 동채를 이용함으로로써 항상 안정된 품질의 요리를 고객에게 제공할 수 있다는 것이다.

2) 조작성의 문제

레스토랑을 요리의 관점에서 보면 소매하여 이것을 독특한 조리기술로 가공하여 요리를 제공하는 것을 기본으로 하는 경우와 다른 한편으로 조리부분이 가능한 기계장치로 대체, 요리과정을 시스템화시켜 요리를 만드는 경우로 크게 나눌 수 있다. 실제로는 이 양자를 대극(對極)으로 하여 이들 사이에 여러 가지 레스토랑이 존재하고 있다.

이것은 어떻든간에 식자재를 가공처리한 것으로 후자의 조리기법을 채용하고 있는 레스토랑이 많다. 그들의 경우 조리공정을 독특한 숙련노동력에 의존하는 것이 아니고 주방기기장치의 설치에 의하므로 조리노동은 극히 단순한 노동에 그치는 시스템이 대부분이다.

이와 같은 작업시스템 상황에서 식자재를 취급하기 위해서는 식자재 자체의 조작성 우열이 크게 지배하게 된다. 한 사람 한 사람 몫이 있어야 하고 식자재의 주방 내 이동·운반에 특별히 신경을 쓰지 않아도 된다는 것과 보존·보관이 쉽고 찌거기가 나오지 않는다는 것 등의 식자재 특성은 커다란 매력이 아닐 수 없다.

냉동식품 또는 레토르트식품의 레스토랑에 있어서 그간의 수요급증은 앞서 말한 조리 시스템이라는 관점에서 더욱 확대될 것으로 전망된다.

3) 가격문제

가격에는 두 가지 의미가 있다. 하나는 문자 그대로 싼 값으로 식자재를 구할 수 있느냐 이고, 또 하나는 매입가격을 장기간 고정화시킬 수 있느냐 이다. 후자의 경우 통상 메뉴가격을 연간 장기적으로 고정화시킬 수 있으며, 안정된 영업을 할 수 있기 때문에 레스토랑은 영업계획상 식자재의 매입가격이 고정화된 것이 좋다. 반대로 매입가격이 시종 변동하면 경영 자체가 안정이 되지 않는다는 어려움이 뒤따르게 된다.

이 점은 매입가격에 대한 일정한 마진 아래 매입가격을 원리로 한 소매업의 매입과 크게 다른 점이다. 레스토랑에 있어서 매입가격의 불확정요소가 배제된 냉동식품이나 레토르트토식품의 매입쪽이 가격변동을 배제할 수 없는 싱싱한 식품 · 소재식품의 매입보다도 형편이 좋기 때문에, 따라서 제조단계에서 원자재가격의 변동을 흡수해 주는 식자재는 레스토랑에 있어서 바람직하다고 보는 것이다.

예를 들어 냉동식품은 산지가공보다는 그 후의 물류코스트나 품질의 관리코스트를 감안하면 기본적으로 저비용(low cost)으로 매입하는 예가 많다. 매입가격이 싼 값으로 끝나면 그 이상 뛰어난 매력이 없으나, 이 경우 매입가격이 비교적 비싸더라도 레스토랑에 있어서는 장점이 있는 경우가 간혹 있다. 그것은 앞서 말한 두번째 내용과 관련되지만, 식자재의 매입에서부터 관리 · 조리 그리고 찌꺼기 처리까지를 포함한 종합적인 요리제조비용을 산정했을 경우 우위성이 있다고 판단되면 레스토랑은 그것을 사용하는 것이 좋을 것이다.

단적으로 말해서 감자를 조리하는 사람이 싼 매입가를 위해 스스로 벗기는 편이 좋을는지 그렇지 않으면 매입가격은 약간 비싸도 껍질이 벗겨진 감자를 매입하여 조리하는 사람의 노동력을 달리 유효하게 전용하는 경우가 좋을건지는 비교하여 보면 될 것이다. 냉동식품이나 레토르트식품은 많은 경우 후자를 선택한다.

[표 Ⅲ-1] 업종별 매입식재 구성비(일본의 예)

업종 식재명	평균	영업 급식	생선 회	일본 요리	서양 요리	중화 요리	패스트 푸드	喫 茶	주점·맥주홀	기 타	급식 회사
합 계	100.0	100.0	100.0	100.0	100.0	100.0	100.0	100.0	100.0	100.0	100.0
(N)	(58)	(28)	(2)	(3)	(7)	(1)	(5)	(1)	(4)	(5)	(30)
1. 식육류	15.2	18.0	1.5	10.7	16.6	15.0	37.4	–	14.5	18.4	12.6
2. 식육가공품	3.6	3.5	0.5	1.7	2.7	1.0	2.8	5.0	4.0	7.2	3.8
3. 어개류	10.8	11.0	34.5	28.0	9.6	13.0	3.4	–	7.3	5.7	10.6
4. 염간·어개가공류	2.4	2.2	11.5	4.3	1.1	1.0	–	–	2.6	1.2	2.6
5. 생선 야채	9.0	7.3	5.5	8.3	7.1	13.0	5.0	10.0	9.0	7.0	10.6
6. 냉동야채·야채부힐	2.2	1.7	–	2.0	2.3	–	3.6	–	0.9	0.8	2.6
7. 과물류(생어·부힐)	1.9	2.4	1.5	2.7	1.9	1.0	3.0	10.0	2.5	1.5	1.3
8. 미·가공품	13.6	6.9	8.0	5.3	11.1	10.0	0.2	–	4.5	11.0	19.9
9. 면류·파스타류	3.0	2.6	0.5	1.3	6.6	13.0	0.4	–	1.0	0.6	3.3
10. 빵류	2.1	2.6	–	0.7	1.7	1.0	6.2	20.0	0.8	38.3	1.6
11. 과자·디저트류	1.4	2.0	–	0.3	5.4	2.0	1.8	3.0	0.3	0.4	0.9
12. 레토르트식품	1.4	1.3	–	–	0.9	–	2.0	–	0.8	3.3	1.4
13. 부힐(스튜등)	1.3	1.3	–	0.7	2.3	–	1.0	5.0	0.3	1.2	1.4
14. 유제품·마가린	1.9	2.5	0.5	1.7	2.4	1.0	5.2	5.0	1.5	1.8	1.4
15. 마요네즈	1.3	1.5	1.0	1.3	1.6	2.0	2.0	5.0	0.9	0.6	1.2
16. 미증·염유	2.7	2.2	2.5	3.0	1.1	3.0	0.0	–	1.9	6.0	3.2
17. 소스·토마토가공품	1.5	1.6	0.5	1.3	1.7	1.0	1.2	5.0	1.1	2.0	1.5
18. 유지	2.6	2.7	–	1.0	2.4	2.0	4.6	2.0	2.4	4.0	2.5
19. 사탕	1.2	1.0	1.0	1.0	1.0	1.0	0.4	5.0	0.6	1.1	1.4
20. 기타조미료	2.2	2.5	4.0	1.3	1.7	5.0	1.4	–	0.9	5.8	1.9
21. 전자·지물류	1.6	1.0	3.0	1.7	0.9	2.0	0.0	–	1.1	0.8	2.2
22. 건물	1.9	0.6	1.0	1.0	0.6	1.0	0.0	–	1.0	0.5	3.2
23. 기타식품	2.8	2.4	1.0	2.7	1.9	1.0	3.6	–	1.6	3.4	3.2
24. 커피·홍차	2.5	4.0	–	0.7	5.9	3.0	5.8	20.0	1.5	2.9	1.1
25. 탄산음료	1.9	2.7	1.5	0.7	2.4	1.0	8.0	3.0	2.5	0.8	0.9
26. 기타음료	1.0	1.3	1.5	1.7	1.6	1.0	1.1	2.0	1.0	0.9	0.8
27. 주류	6.6	10.9	10.9	15.0	5.4	6.0	0.5	–	31.3	10.2	2.5

Tips 식자재(食資材)의 표준화 메리트

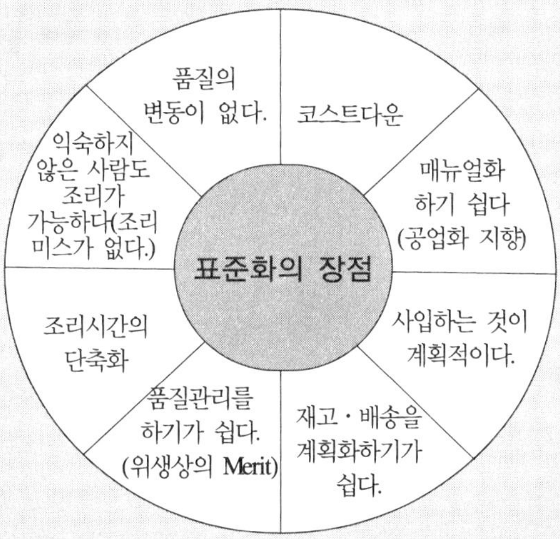

3 식자재 유통변화

일반적으로 산업의 전체규모가 2배로 성장했을 때, 그 산업구조는 크게 변혁되어 간다고 한다. 일례로 일찍이 일본의 외식산업은 1976년에 10조엔 산업으로서 고도성장의 궤도에 올라섰고, 1986년에는 20조엔에 이르렀다. 2배의 규모에 이른 시점에서 변혁의 태풍이 불어닥친 적이 있었다. 그 하나는 시장이 포화상태에 이르고 성장률이 둔화되어 1985년도의 매상고신장률은 4.4%로 3년 연속 5% 성장에 머무르고 있다. 시장의 포화상태는 성장을 존재로 한 기업간의 경합이 치열하여 영세업체들을 도산에 이르게 하였던 것이다.

[그림 Ⅲ-1]은 상업통계표의 내용으로서 닛게이유통신문(1987년 6월 4일)에 게재된 도표이다. 규모가 큰 외식점포의 숫자는 대폭 늘어난 반면, 영세 외식점포의 숫자는 대폭 줄어들었다. 보다 강한 것이 보다 성장한다는 경향에 따라 대규모로 외식체인기업의 규모가 확대되었던 점을 보여주고 있다.

[그림 Ⅲ－1] 레스토랑 증가률(일본의 예)

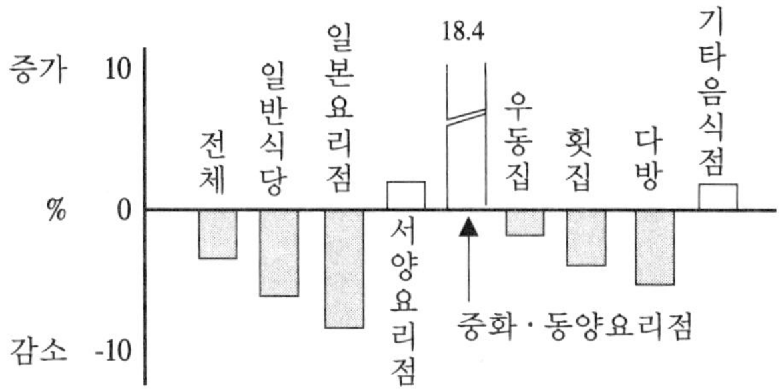

즉, 우승열패(優勝劣敗)의 경향이 강하고 다른 점포 · 체인점과의 차별화에 따라 시장을 사수하고 상대체인점을 뺏으려는 경향이 두드러지게 나타났던 것이다.

제2의 변화는 고객의 변화이다. 고도성장기 때 외식기회의 폭발적 증대와 외식경험의 축적을 통하여 가처분소득의 정체 중 점포의 선별, TPO에 따른 선택경향이 높아지고 있다. 포식시대에 넘쳐 온 구루메붐(gourmet boom)에 따라 더욱 분위기 좋은 식사를 추구하게 되고, 건강과 자연, 손으로 만드는 식사에의 요구가 점점 높아진다는 것이다.

이들 변화를 배경으로 하여 대기업군을 중심으로 한편으로는 업태 개발에 따라 시장을 개척하게 되고, 다른 한편으로는 메뉴의 개발에 따라 진부한 메뉴에서 눈을 떠 새로운 메뉴에로의 선택폭이 넓어지는 등 기존의 고객을 확보하면서 새로운 고객유치에 안간힘을 쏟을 것이다.

또한 점포를 더욱 쾌적한 분위기로 만들고 서비스를 제공하는 등 여러 가지 상술이 각 기업에서 행해지고 있다. 이를 실천하고 지속시키기 위해 투자해야 하는 비용이 방대해졌다. 실천하지 않으면 잃게 되므로 실천하기 위하여 투자되는 자금과 인재의 경합에서 외식산업이 될 것이다. 체인화된 기업도 비체인의 고급 레스토랑도 영세레스토랑도 모두 같은 경쟁대열에 놓이게 될 것이다.

그 결과 가격압력에서 외식산업은 조직강화와 더불어 식자재에 커다란 노력을 쏟지 않으면 안 되었다. 일본에서는 식자재 그 자체의 가격은 디스

인플레 상황에 처해 있어 오히려 정체기미가 있으나 전처리식품의 이용에 의한 코스트 다운(cost down), 타점포와의 차별화를 통해 여러 가지 시도와 모색이 현실화 되고 있다. 이 시도는 체인화된 외식대기업에서는 그 조직의 성립시점에서 이루어졌으나, 이것이 외식산업 전체에 확대되면서 외식산업을 에워싼 도매업자와 제조업자간의 유통혁명에까지 이르게 된 것이다.

식자재의 선택은 외식이라는 사업을 지탱하는 점포 · 조리기술과 더불어 큰 요소이며 이는 식자재의 좋고 나음이 요리의 70~80%를 결정하기 때문이다. 또 점포의 수나 인재의 양성에는 많은 자금과 시간을 필요로 한 반면 식자재의 변경은 쉽게 할 수 있기 때문에 비용면에서 볼 때 영업 중 흡수하지 않으면 안된다. 그런 의미에서 가장 손쉽게 급속한 변화를 일으키는 분야인 외식산업이라기 보다 자기 점포에서 제공하는 요리는 식자재의 원류를 거슬러 올라가 요리의 재료 및 양식용 육종의 선택에서부터 사양(飼養) · 가공처리방법에 이르기까지 적용할 수 있는 분야이다. 그러나 여기에서 말하는 유통변화란 전처리식품이라는 말로 표현할 수 있듯이 조리의 전처리를 한 식품의 이용이라는 새로운 문제로 제기되고 있다. 대기업에서부터 시골 구멍가게까지 외식업의 조리작업에 있어서 기초 부문의 외부화에 의하여 끌어내리게 된 것으로 그 변혁의 첫걸음을 내디딘 것에 불과하다.

전처리식품이란 다른 식품과 같이 상온 · 칠드 · 냉동의 세 가지 온도내의 가공식품과 싱싱하고 새로운 식품의 모든 것이 포함되어 있으나, 각기 그 취급방법이 구분지어 져야 한다. 특히 소재형의 전처리에 있어서 커트 채소 등의 유통은 신선도 · 품질면에서 극히 어려운 점이 있어 완전한 보급에는 이르지 못하고 있다.

외식용 식자재의 유통 특이성은 외식쪽의 사양성(주문품의 내용, 그림을 기록한 문서)에 기초한 발주이며, 외식쪽에서 가장 사용하기 쉬운 형태로 납품이 요구되고 있다는 사실이다. 사양서 발주를 메뉴개발이라는 면에서 그 이유를 찾는다면 '타사와의 차별화 상품이 바람직하다'가 첫째이다([그림 Ⅲ-2]).

이와 같이 개개의 주문단위는 어느 정도 준비가 되어도 가정용 식품과 같이 많은 소비자들의 최대공약수를 찾아 좋아한 것을 집약화하여 상품화한

[그림 Ⅲ－2] 사양서 발주를 하는 이유(MA)(일본의 예)

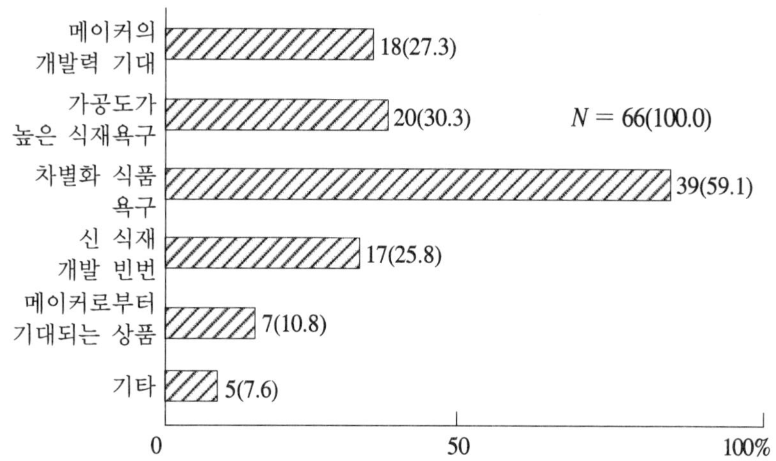

[그림 Ⅲ－3] 사양서 발주의 주의점(MA)(일본의 예)

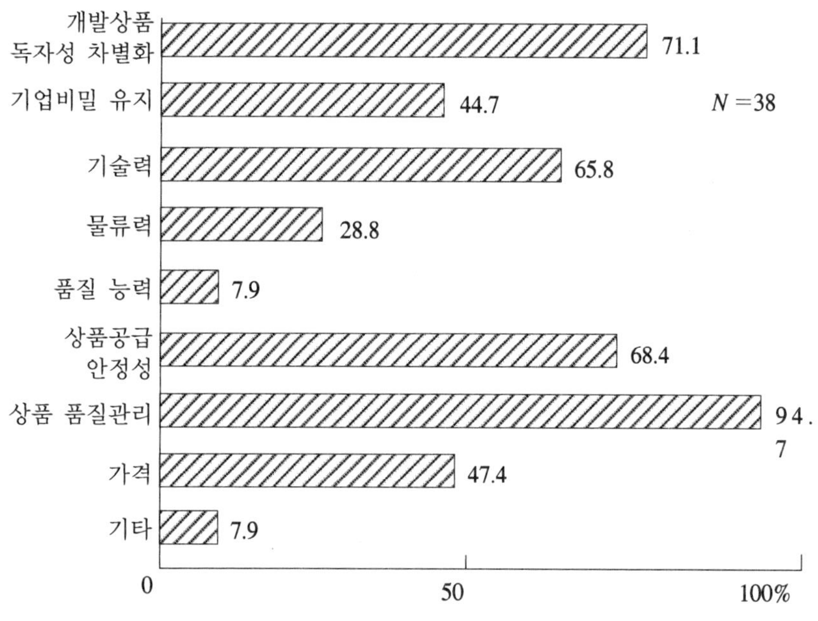

다는 것은 극히 기본적으로 간단한 식자재뿐이고, 그것들은 이미 개발이 끝나고 오히려 차별화가 요구되어 그것들에 사양서를 작성하여 새로운 개발을 제조업자측에 요구하는 형태로 되어 있다. 이와 같이 개별화가 극히 높고 사양서의 내용에 대해 극비가 요구되고 있는 것은 주문자와 납품자간의 결속이 강하고 폐쇄적이기 때문이다. 또 외식산업측은 도매상이든 제조업자든 사양서 발주를 할 때 식자재가 사양서와 같이 만들어진다는 점에서 품질관리가 가장 큰 문제로 제기되고 있다.

[그림 Ⅲ-3]에서 유명한 제조업자 등의 기업규모가 큰 기업에서 결정하는 수단이 될 수 없으며, 오히려 중소기업측이 기민하게 대응할 수 있다는 점에서 중소기업이 업무용 시장을 개발하는 데 조건이 유리하다. 제조업자의 가정용 시장에 있어서 브랜드의 힘이 통용 안되며, 유통단계에 있어서도 대기업의 지배력을 발휘할 수 없게 된다.

4 식자재 구매

1) 구매력 강화

일반적으로 좋은 품질의 물품을 염가로 구입하는 데 그 목적이 있으며, 구매요구서의 작성으로부터 시작하여 공급업자와의 계약체결과 계약물자에 대한 납품검사로서 종료되는 것을 말한다.

구매요구서는 소요부서에서 작성하여 구매부서로 제출한다. 보통의 경우 소요부서는 상품을 생산하는 곳의 자체부서가 되며, 구매부서는 경리부서나 용도조달부서 인 경우가 대부분이다.

구매관리는 식자재를 구매함에 있어 영업자와의 계약은 어떠한 방법으로 어떻게 체결하여야 하며, 납품조사는 어떻게 하여야만이 품질이 좋은 물자를 납품받을 수 있고 필요한 물자를 구매할 수 있을 것인가에 대한 하나의 관리기술이다.

양 · 질의 소재를 가능한 최저가격으로 구입하는 데 목표로 한다는 것은 주지의 사실이다. 그래서 여러 가지 구입과정을 효과적으로 수행하려면 다음과 같은 세 가지 기본적인 요건을 필요로 한다.

① 자격을 갖춘 식품구입자
② 훌륭한 표준구매규격명세서
③ 효과적인 구매방법 및 과정

변화의 시대에 이같이 식자재 구매에 따른 관리기술을 효율적으로 발휘하려면 먼저 총체적인 구매력을 강화시켜야 한다는 것이다.

보통 구매력이라고 하면 식자재를 대량매입하여 원가절감을 어느 정도할 수 있는가를 뜻하는 것으로 알고 있다. 물론 그런 의미도 있지만, 구매력에는 좀더 중요한 의미가 내포되어 있다. 그것은 구매력이라는 창구를 통해 인기있는 식당, 번성하는 식당을 만들기 위한 다양한 정보를 획득하는 능력을 의미한다. 그것은 시대의 경영, 시대의 아픔을 아는 지혜이며, 이익을 위한 아이디어를 짜내는 지혜이며, 신상품을 개발하는 지혜이기도 하다.

지금까지 구매력이라고 하면 그것은 곧 자금력을 의미한다고 잘못 생각하는 경영자가 적지 않다. 자금력으로 식자재를 대량매입하여 원가를 조금이라도 절감시키려고 노력한다. 그리고 곧 구매력의 전부라고 생각하는 경영자나 조리사가 많다. 물론 이같이 대량매입에 의한 원가절감도 또한 구매력임은 틀림없지만, 이것은 구매력의 지극히 일부분에 지나지 않는다.

구매력에는 좀더 포괄적인 의미가 포함되어 있다. 당신의 레스토랑을 번성하는 레스토랑, 인기있는 레스토랑으로 만들 수 있는 각종 지혜가 들어 있다. 구매력이 뜻하는 정확한 의미를 확실하게 이해하고 경영을 활성화시키는 데 응용하는 자세가 필요하다.

그렇다면 구매력이라는 용어 속에는 어떤 의미가, 어떤 지혜가 숨어 있을까. 레스토랑과 외부세계를 연결짓는 접점은 여러 가지가 있는데, 구매력 창구도 그러한 통로 중의 하나에 속한다. 구매창구를 통해 미리 정복할 수 있는, 각종 정보를 입수할 수 있다. 구매창구를 활짝 열어 놓으면 그만큼 풍부한 정보를 획득할 수 있다. 이 정보수집력이야말로 번성 레스토랑을 위한 중요한 포인트가 되는 것이다.

[그림 Ⅲ－4] 변화의 시대에는 구매력 강화로 승부를!

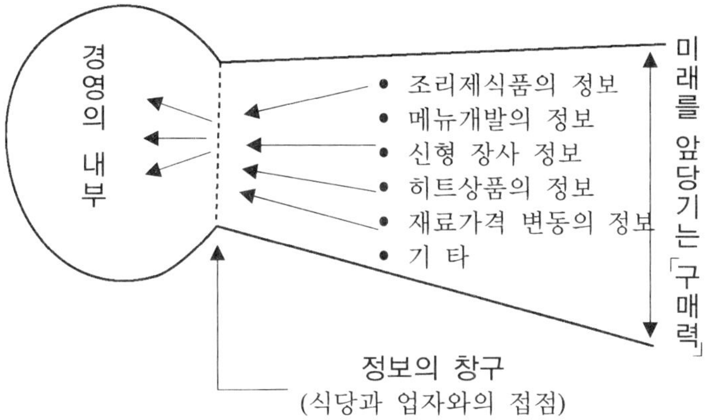

[자료 : 월간식당, 1988. 5, p.26]

구매력 창구를 통해 얻을 수 있는 정보에는 예를 들면 다음과 같은 것이 있다.

① 현재 유행 중인 장사, 잘 팔리는 상품정보를 안다.
② 최신 식재, 새로운 그릇에 대한 정보를 안다.
③ 다른 식당의 아이디어에 대한 정보를 얻는다.
④ 값싼 식자재의 정보를 얻는다.
⑤ 경쟁 레스토랑의 동향을 알 수 있다. 특히 정보화시대, 변화의 시대라고 일컫는 현대에는 정보의 수집력은 필수적이다.

2) 구매절차

구매활동은 구매요구서를 접수하면서부터 시작되어 구매요구된 물자가 납품되어 납품검토가 종료된 때에 끝난다. 따라서 구매활동의 시발점은 구매요구서이다. 구매부서를 접수하면 구매담당자는 요구된 물자의 구매를 어떠한 방법으로 하여야 할 것인가를 검토하게 된다. 계약방법이 결정되면 입찰에 의한 때는 입찰공고를 하게 되며, 신문을 이용한다든지 게시를 할 수도 있으며, 응찰을 기대하는 업체에 입찰에 관한 안내문을 보낼 수도 있다.

[그림 Ⅲ－5] 구매절차

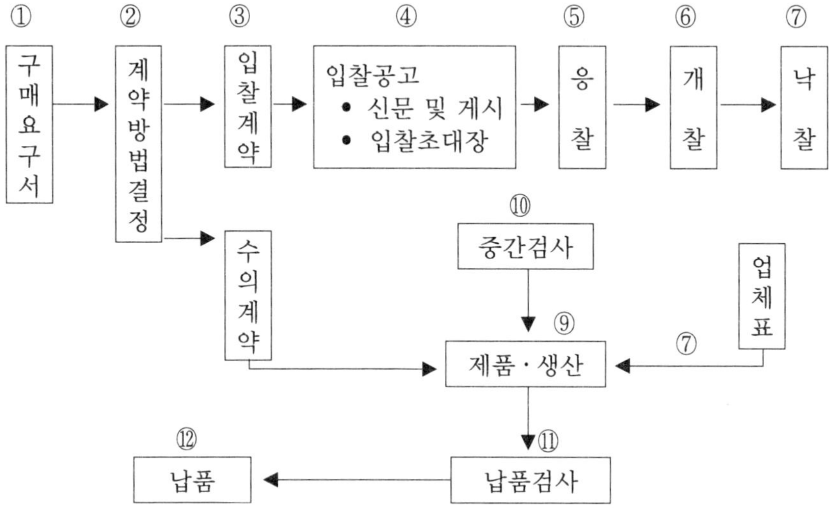

입찰공고에 의하여 업자는 공고된 내용에 의거하여 입찰서를 제출하거나 견적서를 제출한다. 업체의 입찰서 또는 견적서를 받으면 개찰을 실시한다. 개찰결과 예정가격 이하의 최저가격입찰로 선정하여 선정된 낙찰자에 대하여는 낙찰을 결정짓기 전에 계약이행능력이 있다고 판단하였을 때는 낙찰을 결정하고 계약을 체결한다. 체결된 계약에 의하여 물자가 납품된 물자의 규격과 품질이 시방서의 내용에 부합되었는가를 확인하기 위하여 납품검사를 실시하여 검사에 합격된 물자는 입고조치한다. 지금까지 설명한 내용을 근거로 도식화하면 [그림 Ⅲ－5]와 같이 표시될 수 있겠다.

5 식자재 납품

1) 납품절차

계약이 체결되고 계약내용대로 식자재가 납품되면 납품된 물품이 시방서에 따라 제품되었는가를 검사하게 된다. 검수원은 검수원판정란에 합격 · 불합격을 기재하며, 불합격품에 대한 사항은 검수원부기사항에 명시한다.

검사결과 발견된 결함은 크게 두 가지로 생각되는데, 대결함과 소결함이다. 대결함은 원래 사용목적에 적용할 수 없는 것이며, 소결함은 사용 목적에는 지장을 주지 않는 결함을 말한다. 다시 말하면 사용목적을 달성하는데 있어 주요부분의 결함은 대 결함이고, 부분품의 결함은 소결함이라 할 수 있다. 따라서 안전검사를 하면 결함된 것 이외는 입고조치하고, 결함품은 회송되면 되는데, 부분검사시는 몇 %를 합격하느냐가 결정되어야 한다. 시방서에 명시한 검사방법에 따라 판정하여 합격·불합격의 결정 혹은 몇 % 합격을 판정하게 된다.

납품시 불합격으로 인한 자료공급부족으로 생산의 중단위험성이 큰 문제이다. 이 위험을 타개하기 위하여 또는 미연에 방지하기 위하여 제품의 생산과정에 대한 중간조사가 필요하며, 구매자는 납품검사시 발견될 수 있는 결함을 사전에 예측 또는 방지할 수 있어야 한다.

2) 검수에 따른 제반관리활동

위의 내용에서와 같이 수령시의 검수과정은 구매과정 못지 않게 비중이 크다고 할 수 있다. 그래서 검수활동 자체에 대해서도 장기적인 정정이 이루어져야 할 것이다. 일단 검수를 거친 물품에 대해서도 레스토랑의 표준구매명세서에 비추어 자재를 재점검할 필요가 있다. 이러한 점검에 있어서는 모든 품질의 특성이 망라되어야 하며, 수량이나 무게의 점검과 함께 곁들여져야 할 또 하나의 검수내용은 검수를 거쳐 받아들여진 자료가 내용적으로 고르게 되어 있느냐 하는 것이다.

예컨대, 참외·수박·오렌지·감자·토마토 등의 과일이나 식료를 구매했다고 할 때, 그 수량이나 전체 무게는 물론이고, 그 하나하나의 크기가 균등한 것이어야 한다. 검수업무에 대한 관리는 첫째, 반드시 정확한 설계설비와 도구 및 척도의 사용 여부에 대한 것 둘째, 저장 및 검수공간의 확보와 그 위생적 관리여부 셋째, 검수원의 직무수행 등에 장기적인 점검을 그 내용으로 하고 있다.

이러한 관리업무의 담당자는 작은 점포에 있어서는 식음료지배인이 이것을 관장하며, 대규모의 사업체에 있어서는 식료관리자(food controller)가 이러한 관리업무를 수행한다.

검수과정에서 번번히 게제되는 일반적인 문제는 관대화의 경향이다. 그러므로 구매와 검수는 각각 다른 사람에 의해서 수행되어야 할 뿐만 아니라 이것을 방지하기 위해서는 근본적으로 인사관리기능을 강화하는 것이 좋겠다. 즉 검수원이 자질을 갖춘 사람이 될 수 있도록 인사배치에 능률을 기하여야 할 것이다. 여기에서 요구되는 자질이란 보통 '4 Is'로 표현될 수 있는데, 이는 지식(intelligence), 인품(integrety), 관심(interest) 및 식료에 대한 정보(information about food) 등을 의미한다.

그런데 레스토랑 원가 중 최대의 원가요소가 재료비라는 것을 감안할 때 미달품질의 식료를 인수함은 곧 낮은 산출고(yield)나 식료의 품질저하를 의미함으로써 레스토랑 영업의 성과에 유의적인 차질을 야기할 것은 물론 이려니와 이것을 만회하는 데는 그만큼의 식료매상증대가 전제되므로 검수 업무활동에 대한 관리는 중요한 의미를 갖고 있다.

6 식자재 저장

1) 저장의 의의와 목적

재료가 얼마만큼 필요한 것인가에 따라 구매행위가 끝나면 다음 단계로서 구매한 재료를 수요자에게 공급할 때까지 어떻게 보존해야 할 것인가 하는 것인데, 불출할 때까지 합리적인 방법으로 보존하는 것이 필요하다. 이렇게 재료를 본래의 소요에 충당키 위하여 보존하는 상태를 저장(storing)이라고 한다.

재료의 저장은 재료가 납품검사에 합격된 상태로 변질되지 않고 보존될 수 있도록 관리되어야 하며, 또한 재료를 손쉽게 식별하고 그 위치를 확인할 수 있도록 분류 · 저장되어야 한다.

재료를 구매하는 일에만 관심을 갖고 다량의 재료를 창고에 비축한다든지 창고를 2~3중으로 잠그는 것만이 저장이라는 관념은 버려야 한다. 재료를 저장한다는 것은 재료를 합리적인 방법으로 보존한다는 것을 말하며, 합리적으로 보존한다는 말은 재료를 식별하기 쉽도록 저장번호 혹은 물자번호별로 분류하여 저장하고, 재료가 변질되지 않도록 필요한 보호조치를 강구하여 저장함을 말한다. 재료를 사실상 창고나 적당한 장소에 저장한다는 일은 그리 쉬운 일이 아니다.

언제든지, 누구든지 어느 곳에 해당재료가 있음을 확인할 수 있도록 종류와 규격별로 분류 · 저장되어야 하며, 재료의 성질에 따라 변질되지 않도록 온도 · 습도 · 통풍이 마련된 보호시설에 저장되도록 해야 한다.

이상과 같은 취지를 바탕으로 저장관리에 있어서의 목적을 요약하면 다음과 같다.

① 폐난(廢難)이나 폐기(廢棄)에 의한 식음료의 손실을 최소화함으로써 식음료원재료의 적정재고를 유지하려는 데 있다.

② 식료의 출고가 올바르게 이루어지도록 하려는 데 있다. 식료에 대한 청구는 반드시 서식으로 작성되어 권한을 위양받는 자가 싸인을 함으로써 일정의 형식을 갖춘 물품이 출고될 수 있도록 관리하려는 것이다.

③ 출고된 식음료에 대해서는 매일매일 그 총계를 내어 관리하도록 한다.

④ 물품청구서에 의한 식음료재료의 출고는 특별한 사유가 없는 한 그것이 사용되는 시점에서 이루어지도록 하는 데 있다.

한 마디로 식재료를 저장하는 근본목적은 적당량의 상품을 유지 · 공급하고 절도(theft)나 부패에 의한 손실을 최소화하는 데 있는 것이다.

2) 저장의 일반원칙

우리는 전항에서 저장의 중요성에 대해서도 알 수 있었듯이 구매한 재료를 수요자에게 공급할 때까지 어떻게 합리적인 방법으로 일정한 장소에 보관할 수는 없을까? 재료를 보관할 때에는 변질되지 않고 분류 · 저장되도록 해야 한다. 따라서 재료를 효율적으로 저장하고 관리하기 위해서 다음과 같은 원칙이 있는 것이다.

(1) 저장위치표시의 원칙

재료가 옥내외의 어디에 있든간에 쉽게 위치를 확인 · 파악할 수 있도록 저장되지 않으면 재고통제분야에서 많은 혼란을 야기시킨다. 따라서 물자의 저장위치를 명확히 하기 위하여 재고위치제도를 적용하여 물품별 카드에 의거하여 물자의 소재가 언제든지 손쉽게 찾아 쓸 수 있도록 하여야 한다.

(2) 분류저장의 원칙

재료의 명칭 · 규격 · 성질 · 용도 및 기능별로 그 종류를 분류하여 저장되어야 한다. 그리하여 재료가 동종물품끼리 분류 · 저장되지 않으면 재료의 식별이 어렵고 불출할 때 많은 번잡과 착오가 있기 쉽다.

(3) 품질보존의 원칙

재료를 저장함에 있어 어떻게 하면 품질의 변화를 가져 오지 않고 사용 가능한 상태로 보존할 수 있을 것인가 하는 문제는 재료의 저장을 다루고 있는 실무자는 물론 물자관리책임자는 특히 많은 관심을 가져야 할 것이다. 따라서 물자의 성질 · 온도나 습도에 대한 적응성 등을 세밀히 연구 · 검토하여야 하며, 변질이 쉬운 재료는 필요조건에 맞는 창고시설에 저장되어야 할 것이다.

(4) 선입선출(first-in, first-out)의 원칙

재료의 저장기간이 짧으면 짧을 수록 재고자산의 회전율이 높고, 자본의 재투자가 효율적으로 이루어질 수가 있다. 따라서 재료는 먼저 저장된 순서에 따라서 분출되어야 하며, 그렇게 하기 위해서는 입고순서(入庫順序)에 따라 불출이 가능하도록 적재되어야 한다. 특히 유효년월일이 명시되어 그 가까운 순서에 의하여 우선적으로 불출되어야 한다.

(5) 공간활용의 원칙

저장시설에 있어 가장 중요한 것은 보온 및 충분한 저장공간이다. 저장공간은 저장물자의 양과 부피에 따라 결정되며, 물자 자체가 점유하는 점유공간 이외에도 물자운반구비의 이동공간이 고려되어야 한다. 즉 물자의

점유공간을 어떻게 효율적으로 활용하는가 하는 문제는 물자의 저장에 있어 대단히 중요한 비중을 차지하는 것이다.

3) 저장절차

식자재를 수령하여 수요자의 요구에 의하여 발송·불출하는 세부절차는 기업체 마다 그 요령을 달리하고 있다. 이러한 실정은 각 영업체 마다 식자재를 저장하는 데 있어 처해 있는 특수한 여건이 다르기 때문에 그런 것이 아니라 재료를 수령하여 저장하고 포장하여서 발송하는 일련의 체계적인 업무처리를 잘 알지 못하는 데 중요한 원인이 있는 것이다. 그래서 그 표준절차를 제시하면 다음과 같다.

(1) 수령

수령이라 함은 구매활동에 뒤따르는 것으로서 재료가 창고에 입고되는 단계를 말하며, 납품검사완료에서부터 물품출납카드의 수입계정이 끝날 때까지로 보고 있다. 그래서 재료를 수령하기 위해서는 우선 재료를 받아들일 계획을 세우고 창고를 관리하는 담당요원과 긴밀한 협조가 이루어져야 하며, 실제로 재료를 수령하기 전에 입고될 재료에 관한 정보를 평가하는 일은 어떠한 절차에 따라 재료를 받아들일 것인가를 결정짓는 데 매우 중요하다.

(2) 수령저장절차

일반적으로 수령에 뒤이어 저장과정에는 다음과 같이 몇 가지의 요령을 숙지하고 시행하면 차질이 없을 것이다.

① 재료에 대한 송증 또는 납품서를 접수하면 위치카드와 대조한 후 접수문서에 위치를 표시하여 수령담당자에게 보낸다. 만약 해당재료의 위치카드가 없이 위치에 대한 재료를 얻을 수 없으면 접수문서에 '위치무'라고 표시하되 해당재료와 같은 종류의 재고가 저장되어 있는 창고번호를 명시하며, 후에 위치를 부여토록 해야 한다.

② 수령담당자는 송증상의 수령과 실제수령한 수량을 점검하고, 송증상에 명시된 위치별로 해당창고에 인계하고, 입고확인을 받은 송장을 재고통제분야에 송부한다.

③ 저장창고책임자는 송증상의 수령을 인수하면 수령문서(송증)상에 창고인수확인을 하여 주고, 송증 1부를 보관하되 해당물품을 해당위치에 저장한다. 만일 수령문서상에 명시된 해당물자를 저장할 수 없을 때와 '위치 무'로 표시된 물자에 대하여는 새로운 위치를 선정하여 그 위치를 수령문서상에 표시한 후 재고위치변경보고서를 작성하여 중앙재고위치센터에 송부한다.

④ 수령문서 또는 송증없이 재료를 수령하였을 때에는 수령담당자는 기수령문서를 작성하여 위에서 기술한 절차에 따라 처리하여야 한다.

7 식자재 출고

1) 출고의 의의와 목적

자재관리의 영역에서 마지막 단계라 할 수 있는 출고관리는 첫째, 식자재를 방출할 수 있는 적정의 권한이 있어야 하며 둘째, 매일 적절한 절차에 의해 식자재출고량을 정확히 산정하는 데 그 목적이 있다.

(1) 적절한 절차에 의한 식음료의 출고관리

① 출고는 반드시 물품청구서(food requisition)의 작성 및 제출에 의하여 이루어져야 한다.

② 저장고로부터의 식료인출에 필요한 청구서(storeroom requisition)는 창고에 있는 식음료원재료의 재고와 출고된 식료의 계산에 사용될 뿐만 아니라 월중의 식음료매상에 대한 원가율(month to date cost percent to Sale)을 구하는 데 자료로서도 사용된다.

③ 식료청구서에 기재되는 내용

- 청구일(date of requisition)
- 각 청구품목에 대한 수량 및 물량내역, 합계액
- 품목별로 각기 사용되는 수량단위[파운드, 그람, 킬로그람, 다스, 깡통(can), 갤런(gallon) 등]

- 청구책임자의 싸인(signature of authorized requestion person)
- 주방장(executive chef)이나 바텐더(head bartender)또는 식음료 담당책임자(F & B director : F & B manager)의 결재 싸인
- 국산 또는 외국산의 구분 : 식음료재료는 국산품 외에도 외국으로부터의 수입품이 상당종류와 물량에 달하므로 청구하는 물품이 국내에서 생산된 것인지 혹은 수입된 품목인지의 여부에 따라 '수입품목'(imported item)과 '국내생산품'(local item)으로 구분하여 작성하게 되면 재고관리 또는 회계절차상 편리하게 된다.
- 재료사용부서의 명시 : 식음료재료를 사용하는 곳은 여러 영업장이므로 그들 중 어느 영업장에 부속된 주방(kitchen)에서 이를 필요로 하는가를 본주방(main kitchen), 커피숍(coffee shop)의 주방 등으로 구분하여 기재하게 되면, 각 영업장별 재료소비상황의 파악이 용이하므로 결국 매출현황파악에 도움이 될 뿐 아니라 재료소비에 대한 관리에도 기여하게 된다.

(2) 매일 식료창고소비량 결정

(3) 재고량 파악 및 관리

(4) 매일의 식료구매량 결정

2) 저장고로부터 출고에 따른 관리활동

① 물품청구서(storerroom requistion)에 대한 신속한 처리를 위해서는 서류접수 및 처리에 대한 시간적 한계를 일정하게 정해 두는 것이 바람직하다. 식음료원재료에 대한 청구서는 대개 식음료에 대한 매상이 확실시되었을 경우에 작성·제출하게 되므로, 그 재료의 청구와 사용의 시간과는 그다지 큰 간격을 두지 않는다. 그러므로 청구서를 접수하는 시간을 가능한 한 고정시킴으로써 물품출고에 대한 관리능력을 기할 수가 있다.

예컨대, 1일 2회로 오전과 오후에 물품청구서를 접수하는 방식으로 하면 이것은 동시에 식음료 재료를 사용하는 부서의 물품청구업무를

능률화하는 것도 된다.

그런데 이 식료청구서는 매일매일의 재고관리 및 회계처리에 있어 자료로 사용됨으로 오후 늦은 시간에 있어서의 청구는 가능한 한 억제하는 것이 좋다. 왜냐하면 그날그날의 물품재고사용량을 계산하고 자료를 집계하는 데는 상당한 시간이 소요됨으로 출고업무가 가능한 한 일찍 종료되는 것이 그 준비에 충분한 시간을 투입할 수 있게 되기 때문이다.

② 창고에서의 출고업무담당자(issuing agent)의 처리는 '수입품목'과 '국산품목'에 대한 청구서를 각각 구분한다.

③ 모든 식료청구서(food requisition)의 처리는 제출된 순서에 의하여야 하며, 따라서 물품의 출고도 또한 이에 따라 이루어져야 한다. 그러나 예측하지 못했던 식음료매상으로 인한 긴급한 소요에 따른 물품청구가 있을 때에는 예외적 조치가 가능하다.

④ 출고관리자가 물품을 취급할 때는 일의 능률을 위해서나 물품의 위생적 취급을 위해서도 손수레(hand cart) 등을 이용하는 것이 바람직하다. 청구서내용에 따라 물품을 출고시킨 뒤에는 그 내용을 장부에 기록으로 남김으로써 재고관리(Stock Control)의 목적에 이용하도록 한다.

⑤ 물품청구서에는 이를 접수한 계원의 싸인을 받아둔다.

⑥ 물품청구서는 원가관리부서에 보내는 외에도 그 사본을 창고관리 장부(storeroom file)에 보관하도록 한다.

⑦ 매일 출고업무의 종료와 함께 출고된 식료를 그 형태별 또는 품목별로 집계한다.

8 식자재 관리의 기대효과

식자재 관리는 식자재를 취급하는 담당자에게 원가의식을 높이게 하고, 합리적인 방법으로 관리하게 하여 오늘의 낭비가 내일에는 방지가 되도록 하는 데 있는 것이다. 구체적으로는 다음과 같은 효과를 기대하고자 식자재가 관리되어져야 한다.

① 낭비(loss)가 방지되어 예정된 목표이익을 확보하게 된다.
② 원가기준카드를 각 메뉴대로 만들기 때문에 식재료의 가격변동에 민감해진다.
③ 실제원가계산(생선의 경우 뼈 · 머리 · 내장을 제외한 실제요리에 사용하는 부분에 대한 원가를 계산하는)이 정확하게 계산되기 때문에 식재료처리에 있어서 낭비가 되지 않도록 주의하게 된다.
④ 식재료원가를 알게 됨으로써 식재료취급에 주의하게 된다.
⑤ 조리작업이 계획적으로 진행되며 주방에서도 영업성적에 관심을 갖게 된다.
⑥ 식재료를 가격에 맞도록 사용하게 된다.
⑦ 낭비방지와 절약의 의식이 식재료뿐만 아니라 자재, 인적 자원, 시간 등에도 낭비에 대한 의식을 가지게 된다.
⑧ 목적이 하나로 집약되어 행동하게 되고 작업의 횡적 관계가 잘 이루어지고 협조정신이 이루어져 능률의 향상을 가져온다.
⑨ 영업 · 조리 · 구매의 일이 상호이해가 되고 인간관계가 잘 이루어진다.
⑩ 재고수량에 관심을 갖게 되고, 그 보관관리에 최선을 다하게 된다.
⑪ 검품검량이 확실하게 이루어진다.
⑫ 판매가 잘 되는 메뉴와 판매가 잘 되지 않는 메뉴가 분명해지기 때문에 그 내용의 합리화가 이루어진다.
⑬ 경영층에서 주방이 특정영역시되어 오던 것이 전체적 관리체제 속으로 들어오게 된다.

지금까지는 매상관리가 컴퓨터로 관리된다고 했어도 그 집계가 정확하지 않았었다. 실제 조리된 요리의 수란 비교 · 확인될 수가 없었기 때문이다. 또한 구매관리도 구매담당자가 주문서와 식재료가 들어올 때 납품서의 수량 · 질 · 단위 등의 철저한 검수절차를 취했는지 확인하기가 상당히 어렵다. 그러므로 모든 영업기반에 있어서 낭비방지가 제일 중요한 것이다. 인력 · 시간 · 재료 · 절차 등의 낭비를 새로운 차원에서 관리하지 않으면, 그 기업은 이익을 추구할 수가 없다.

Ⅳ 위생 · 안전관리

1 개 요

위생 · 청결의 목적은 어느 점포를 막론하고 고객의 건전하고 쾌적한 식생활동간을 보장하는 데 있다. 그래서 위생 · 청결은 고객에 대한 의무이며 사회에 대한 책임이라는 것을 모든 종사원에게 주지시켜 그 중요성을 일깨워 주어야 한다.

그러면 위생과 청결은 어떤 데서 문제가 발생하는 것인지 알기 쉽게 도식화하면 [그림 Ⅳ-1]과 같다.

위생이라는 것은 레스토랑의 운영상 타 어떤 요소보다 우선하며 레스토랑으로서 번성하는 데 기분전제이다. 이것이 나쁘면 영업의 자격이 없다.

[그림 Ⅳ-1] 음식점의 위생 · 청결문제

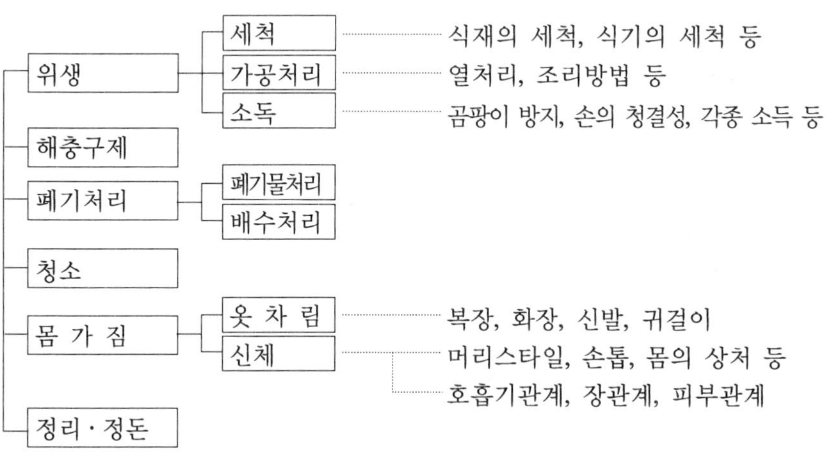

그래서 영업허가의 전제조건이 되고 있는 것이다. 특히 세균이나 해충의 방역을 잘 하지 못한 음식물을 먹게 되는 경우 인간의 생명과 직결되므로, 이것은 법령이 정한 최소한의 수칙을 철저하게 지켜야 한다. 따라서 전략적인 효과와는 큰 연관이 없다고 본다. 그러나 청결은 법령의 수칙을 이행하느냐 하지 않느냐 하는 문제 이전에 다분히 경영전략으로 보아 부가가치가 높은 요소이다. 제공되는 메뉴나 서비스질을 높이기 위한 하나의 수단이 되므로 기업의 성패에 직결되는 문제로 보아야 한다는 것이다. 레스토랑에서 흔히 사용하는 QCS로 대표되는 요소가 청결문제의 하나이다.

그 위생과 청결을 도식화하면 다음 [그림 Ⅳ－2], [그림 Ⅳ－3]과 같다(김헌희, 1990).

[그림 Ⅳ－3]에서 보여 주듯이 위생은 레스토랑운영에 있어서 기본요소이며, 청결은 촉진요소로 작용하고 있는 것이다.

[그림 Ⅳ－2] 위생 · 청결이 미치는 요인

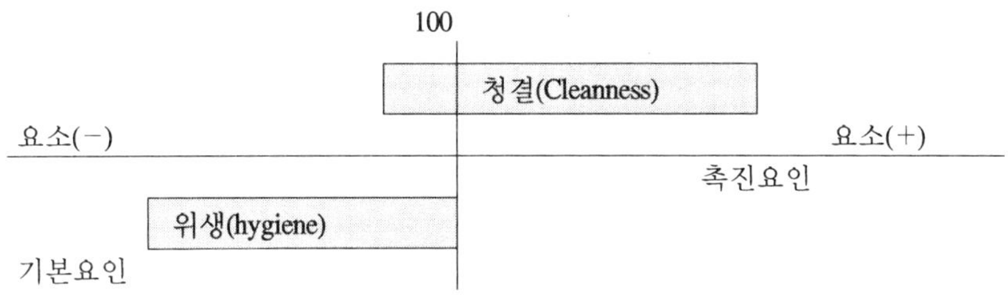

[그림 Ⅳ－3] 푸드 서비스 비즈니스 마케팅 휠

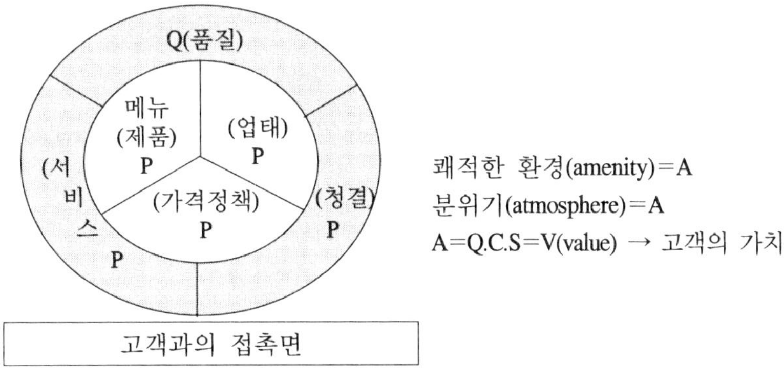

2 환경오염이 인체에 미치는 악영향

오늘날 환경오염의 증가에 따라 음식은 안전성을 더욱 필요로 하고 있다. 음식으로부터의 악영향을 예방하고 안전하고 위생적으로 섭취하기 위해서는 우선적으로 그 취급자가 식품과 건강 및 식품위해로부터의 예방법에 관한 지식을 습득하고 행동해야 한다.

오염된 음식을 인간이 이용한다는 것은 곧 바로 국민건강에 직결되기 때문에 음식을 조리 · 가공하는 불량식품을 제공하는 것은 하나의 죄악으로서 그 책임을 면치 못할 것이다. 따라서 오염물질에 대하여 지식을 가지고 될 수 있는 한 조리과정에서부터 이들을 제거하여 안전하게 만들어야 한다. 오늘의 식생활은 다음 세대의 건강에 지대한 영향을 준다고 할때, 오늘날의 오염문제는 매우 심각한 것이다.

또한 소비자로서 과학적인 근거하에서 판단하는 능력을 길러 오도되는 보도나 업자의 선전에 유혹되지 않도록 하는 것도 중요하다. 환경오염이라는 것은 단순히 공장에서 발생되는 것만이 아니라 개인이 소비하는 폐기물에서 생긴다는 것도 기억해 두어야 한다.

환경오염과 중독에 관한 내역을 살펴 보면 다음과 같다(윤서석 외 3인, 1994).

1) 공해식품

공해식품이라고 하는 말은 새로운 용어로서 일반적으로 정확한 개념으로 사용되지 않는 경우가 많다. 공해라고 하는 것은 불특정한 많은 수의 사람에게 해를 주는 것을 말한다.

예를 들어 바닷물 · 하천수 · 해산물 · 농산물이 PCB(Polychlorinated Biphenyl)에 오염되는 경우와 같이 적용되며, 무엇이 오염과 관계되는가의 원인을 알아내서 중지시키지 않으면 안된다. 어느 특정회사의 제품 중에 불순물이 포함되어 중독사건을 일으킨 경우에도 공해식품이란 말을 사용하나, 이것은 잘못된 것으로 그 회사의 제품 생산과정에서 잘못이 있는 것이므로 그 원인을 빨리 알아내어 중지시킬 수가 있다. 따라서 공해식품은 바꾸어 말해서 오염식품이라고 할 수도 있다. 오염식품에 관한 소비자의 의식수준이 높아진 것에 힘입어 최근에 자연식품 또는 천연식품이라는 말을 자주 쓰며, 이 말을 식품포장지에 인쇄하여 고가로 팔고 있다. 일부에서는 농약을 사용하지 않고 생산한 채소류 또는 식품첨가물을 사용하지 않은 가공식품에 대하여도 이 말을 사용하고 있다.

그러나 이러한 식품도 일단 시중에 나오면, 소비자는 반드시 그 내용을 자세히 알아 보아야 하고, 또 다른 환경오염물질로 오염되지 않았나 하는 것도 조사해 보아야 한다. 또 자연으로 생산된 식품에도 자연독이 함유되어 있을 수 있으므로 조리과정을 통하여 안전하게 되도록 하여야 한다.

2) 자연독

자연독으로는 식물성 자연독과 동물성 자연독이 있다. 식용되고 있는 식품들 중에 자연독이 포함된 것들은 다음과 같다.

(1) 감자

감자의 발아부분이나 껍질이 푸르게 되어 있는 부분에는 배당체인 Solanin이라고 하는 독성물질이 있다. 그러므로 감자의 껍질과 싹은 충분하게 벗기고 도려내야 할 필요가 있다. Solanin은 호흡중추를 마비시키거나 위장장해 등을 일으키며, 이것의 독성 LD50은 25mg/kg이다. 이 단위는 동물의 체중 1kg당 25mg의 독성물질을 섭취하면 동물의 반수가 사망한다는 것을 나타낸다. 또한 감자는 부패하면 유독물질을 생성하므로 감자를 넣는 샐러드 요리 또는 단체급식이나 도시락에 사용할 때는 주의해야 한다.

(2) 청매실

미숙한 청매실에는 Amygdalin이라고 하는 배당체가 있으며, 이것은 효소에 의하여 자가분해하여 청산을 생성하게 되며, 이 때 생성된 청산이 중독의 원인이 된다.

(3) 고사리

고사리에는 발암성 물질이 존재한다고 알려졌으나 물에 담그어 두면, 그 양이 매우 적어지며, 급성독성을 나타내지 않으므로 큰 문제가 되지 않는다.

(4) 기타 채소

죽순이나 시금치에는 수산이 포함되어 있으므로, 이것들을 데쳐 내는 과정에서 충분히 수산을 휘발시켜야 한다. 수산은 비 휘발성산이므로 뚜껑을 닫고 시금치를 끓이거나 가열시간을 길게 하면 시금치색인 Chorophyll이 산에 의하여 Pheophytin이 되어 누렇게 색이 변한다. 또 생 콩에는 소화장애를 일으키는 물질 Trypsin Inhibitor가 있으므로 조리시 충분히 씻고 끓여서 제거해야 한다.

(5) 복어

복어독은 동물성 독성물질인 Tetrodotoxin으로서 복어의 난소와 간장에 특히 많고, 소화관 · 피부 · 혈액에도 존재하고 있으므로 보통사람들이 조리하기에는 위험하므로 복어요리는 복어를 다룰 수 있는 면허증을 가진 사람이 담당하고 있다. 복어독의 중독증세는 피부나 혀의 앞 부분에 마비가 일어나고, 그 다음으로 운동장해가 오며 호흡마비가 일어나면서 사망하게 된다. 이들 증세는 개인적인 차이가 있으므로 한 사람의 증세를 미루어 보아 다른 사람의 정도를 파악하기란 어렵다.

3) 미생물에 의한 중독

(1) 세균성 중독

여름에서 가을에 이르기까지 식중독이나 장티푸스 · 이질 · 콜레라 등과 같은 전염병의 발생이 매우 많다. 이러한 증상은 주로 세균에 의하여 감염경로는 고등어 · 문어 · 패류 등과 같은 식품과 관계가 깊다.

세균성 식중독은 식품에 의한 식중독이 60~90%를 차지하며, 원인세균으로는 Clostridiym Botulinum, Staphylococcus, Salmonella ssp와 Escherichia coli 등이 있다. 이들 중 Staphylococcus aureus가 가장 많은 중독

을 일으키며, 증세는 주로 동물성 식품에 오염되어 중독증세를 나타낸다. 또한 Salmonella균에 의한 Salmonellosis중독은 매우 심하다. 증세는 장티푸스 · Gastroenteritis · Salmonella Septicemia 등으로 나타나며, 달걀 · 돼지고기 같은 쇠고기 · 과자 등에 오염되어 인체에 섭취되면 중독증상을 일으킨다.

(2) Mycotoxins

곰팡이류에 의하여 생성되는 독성물질을 Mycotoxins이라 하며, 약 80~90종류의 Mycotoxin이 알려져 있다. 호밀에 Claviceps Purpurea가 오염 · 번식되었을 때 Ergot, 즉 맥각알칼로이드가 생성되어 Ergotism을 일으킨다.

또한 Aspergillus Flavus 등은 Aflatoxin이라고 하는 매우 발암성이 강한 독성물질을 생성한다. Aflatoxin은 주로 땅콩 · 땅콩버터 중에 오염된 경우가 많으며, 또 곰팡이에서 동물 체내로 이동하여 유즙 중에 분비되는 경우가 있어 관심을 끌고 있다.

4) 화학중독

화학중독을 일으키는 물질은 무기물질(금속류)과 유기물질로 대별된다. 이들 물질들이 인체에 침투되는 경로로서는 직접 섭취되는 것 이외에 식기류나 포장재료에서부터 용출되는 경우, 환경오염에 의하여 식품에 오염되는 경우, 그리고 가공식품 등에 첨가되는 첨가물질에 의한 경우 등이 있다. 자연독도 일종의 화학물질이지만 식용생물에 천연적으로 존재하기 때문에 인공적인 원인에 의한 것과 구별한다. 그러나 화학중독을 일으키는 금속류 중에 인체에 해를 끼치지 않을 만큼의 양이 식용생물 중에 포함되어 있는 경우도 있다.

환경오염에서부터 식품에 오염될 때까지의 경로는 [그림 Ⅳ-4]와 같다.

[그림 Ⅳ－4] 식품의 오염경로

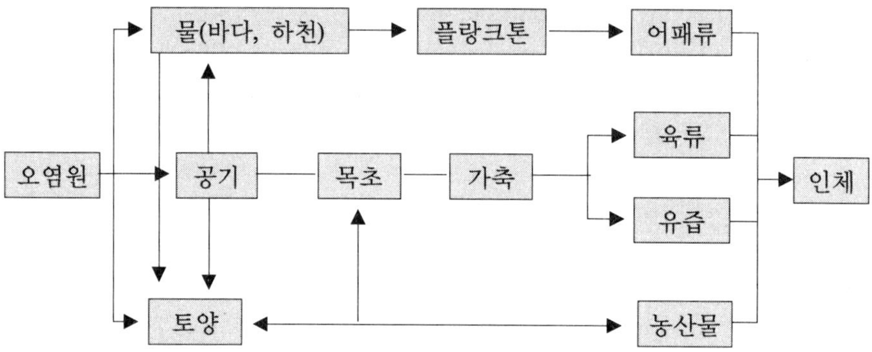

(1) 금속류

(가) 카드뮴

최근 우리나라의 공업지역 주민들 사이에서 관찰되는 카드뮴 중독은 일본에서 발생된 이따이이따이병과 동일하며, 만성중독으로 간 · 신장에 축적되며, 골절이 쉽게 일어나고, 온 몸이 아픈 증세를 보이며, 특히 여성이 잘 걸린다. 오염원은 광업소의 폐수로서 이것으로부터 음료수나 쌀이 카드뮴에 오염되는 것에 의한다.

(나) 납

과일 재배시 사용되는 농약이 과일의 외피에 잔류되는 것에 의한다. 이것에 의한 급성중독은 신장장해 등이며, 만성중독증세는 권태감 · 근육마비 등이 있다. 천연적으로 납이 비교적 많이 포함된 식품으로서는 오징어(0.48ppm) · 미역 · 바다뱀장어 · 가자미가 있다. 또 한편 납은 자동차의 배기가스 중에도 함유되어 있으므로 교통량이 많은 도시에는 공기가 납으로 오염되어 있다.

(다) 비소

이것은 무기질 중에서 가장 독성이 강한 것으로서 급성중독증상은 호흡중추신경의 마비를 일으킨다. 만성중독증상에는 영양이나 간장장해 · 흑피

증 등이 있다. 비소가 함유되어 있는 식품으로는 오징어 · 미역 등에 약 16ppm 정도 들어 있으며, 수산물 중에 비교적 많다.

(라) 수은

수은중독은 사지가 마비되어 보행이 곤란해지며, 지능이 떨어지는 등 비참한 후유증을 나타내며, 이것의 오염경로는 어패류와 쌀의 오염에 의한다. 참치에는 자체 내의 성분으로 0.5ppm 이상의 수은이 함유되어 있다. 참치를 많이 섭취하는 참치잡이배의 선원의 머리카락에서 수은이 많이 검출되는 것을 볼 수 있어 주목된다. 우리나라에서는 수은이 1.0ppm 이상 함유되어 있는 식품은 규제되나, 미국에서는 0.5ppm 이상의 수은을 함유한 식품을 규제하고 있다.

앞에서 말한 금속류들은 주로 수산물에 함유되어 있으며, 어패류에서 단백질을 섭취하고 있는 우리나라는 식단작성시 주의하여야 할 필요가 있다. 문제는 중금속에 의한 중독은 자각증상이 없는 만성적인 중독으로 체내에 서서히 축적되어 신체장해가 나타나는 것이다. 특히 어촌에서 생선을 편중되게 많이 섭취하는 경우에 문제가 가끔 발생되므로 평소에 번식을 하지 않도록 주의하여야 한다.

(마) 방사성 물질

지구상의 어느 곳에서 핵폭발이 일어나면 방사능이 함유되어 있는 재가 공기 · 비 · 구름 등을 오염시키고, 이것은 지구상의 모든 것을 오염시킨다. 이 재 중에서 가장 위험한 것은 스트론튬(Sr) 90과 세슘(Cs) 137이다. 스트론튬은 카드뮴과 같은 모양으로 뼈에 축적하여 골수암을 일으킨다.

또한 음료수를 여과하기 위하여 이온교환수지를 사용하는 방법이 있으나 수지 그 자체가 물을 오염시키는 것을 고려해야 한다. 가정에서는 비교적 간편하고 유효한 방법으로 해사(海砂)와 활성탄을 이용하여 여과하는 방법을 사용하는 것이 좋다. 과일 등은 껍질을 벗기고 먹도록 하며 채소류는 방사능을 제거한 물로 흔들면서 씻어주도록 한다. 생선에서는 방사능 물질이 아가미 · 내장 · 껍질에 있으므로 이것들을 제거한 다음 식용한다.

방사성 물질은 위험한 것은 당연하나 모든 생물은 극미량의 탄소(C) 14

라는 방사성 물질을 함유하고 있으며, 사람도 예외는 아니다. 이와 같은 현상은 고고학연구에 중요한 것으로 화석의 연대를 알아내는데 이용되고 있다.

(2) 잔류 농약

농산물의 해충구제 또는 제초를 위하여 살포한 농산물에 미량 남아 있는 것을 잔류농약이라 한다. DDT나 BHC 등이 해충구제에 사용되었으나 여러 가지의 인체장해를 일으키므로 사용이 금지되고 있다. 그러나 식량증산은 중요한 문제이므로 새롭고 독성이 적은 다른 것을 개발하여 사용하고 있다.

농약이 식품에 남게 되면 인체에 해를 주므로 잔류농약의 농도의 기준을 정하고, 그 이상이 식품에 남아 있으면 출하가 금지되고 식용되지 않아야 한다.

(3) PCB(Polychlorinated Biphenyl)

PCB는 열매체로서 뛰어난 성질을 가지고 있으며, 더욱이 식품제조과정의 열처리단계에서 사용되고 있으나, 식용유에 혼입된 사건이 일어난 후부터 식품제조에 사용되는 것이 억제되었다. 그러나 다른 사업에서는 유용하므로 제품제조에 많이 사용되고 있다.

예를 들면, 최근에도 냉장고 · 텔레비젼 등의 부품에 사용되고 있다. 이것의 급성중독증상은 지루성피부염 · 시력감퇴 구강점막 등의 장해가 있다. 주의하여야 할 것은 세계의 바다나 하천이 이 물질로 오염됨에 따라 모든 식품이 오염되고 있는 것이다.

일본의 近畿地域에서는 모유 중에서 이 물질이 검출되었다고 한다. 만성중독으로 위험한 것은 기형아 출생이다.

식품의 오염으로는 어패류의 오염이 가장 크며, 그 다음이 우유와 육류이다. 일본에서는 어패류에 대하여 잠정적으로 1ppm을 기준으로 하고 있다. 원양에서 어획한 생선의 PCB농도는 평균 0.63ppm이다. 미국에서는 어패류 · 닭고기 포장용기 5.0ppm, 유제품 2.5ppm, 달걀 0.5ppm, 유아용 식품 0.1ppm을 기준으로 하고 있다. 우리나라에서는 아직 기준량이 정해져 있지 않다.

PCB는 지용성으로 생선의 복부살 및 내장 · 등부분의 붉은색 살과 껍질에 축적되어 있다. 닭고기에서도 내장 · 껍질 · 붉은색 살에 많다. 따라서 조리 중에 될 수 있는 한 제거하여야 한다. 특히 젊은 여성과 어린아이에게 줄 때에는 주의하여야 한다. 다행히 PCB는 가열조리시 대부분이 휘발하거나 분해하는 것으로 알려져 있으나, 충분한 데이타는 아직 부족한 실정이다.

(4) 플라스틱제품에 의한 오염

탄력성이 거의 없는 식품보존용기나 그외 부엌용 플라스틱제품은 열경화성 수지로서 한번 성형되면 구부러지지 않는다. 이에 비하여 식품포장용 플라스틱 필름은 신축성이 있는 열가소성 수지로서 가온하면 부드럽게 된다. 이와 같이 탄력성을 주기 위하여 가소제를 사용한다. 이 가소제는 현재 환경을 오염시키고 나아가서는 식품까지도 오염시키는 문제가 되고 있다. 가소제는 유지류에 잘 녹으므로 유지 · 유지식품의 보존시 플라스틱용기를 사용하지 않는 것이 좋다. 그러나 물에도 미량이 녹으므로 폐기물로서 플라스틱제품 · 폴리에스틸렌 주머니 · 염화비닐포장재 등을 산이나 하천에 버리면 햇빛이나 비바람에 노출되어 가소제가 용출되어나와 땅이나 물을 오염시키게 된다.

튀김유나 간장을 담는 무가소염화비닐용기에는 가소제 문제는 없으나, 이 플라스틱 염화비닐수지가 미량 존재하는데, 이것이 강한 독성을 가지므로 문제가 되고 있다. 특히 염화비닐수지가 기름에 잘 녹는 것에 주의하여야 한다.

최근에는 합성수지의 일종인 테플론으로 가공된 조리기구가 많이 시판되고 있다. 테플론은 내약품성 · 내수성 · 내유성 및 내열성이 다른 수지에 비하여 우수하다. 테플론은 그 자체에는 독성이 없으나, 고온으로 조리하는 기구로는 문제가 있다. 공기 중에서 250~300도 이상으로 가열하면 테플론은 분해되며, 그 분해물은 비점막을 자극하던가 일시적인 흉부 등에 장애를 일으킨다. 또 300도 이상으로 가열하면 맹독가스를 발생한다. 따라서 낮은 온도에서 조리하는 데 사용되는 기구, 즉 밥솥이나 냄비 등으로는 안전하나, 구이판이나 후라이팬 등에는 문제가 되므로 사용시 온도에 유의하여야 한다.

5) 부억용 세제

현재 식품에 사용되는 세제의 사용량은 식품첨가물에 비하면 많지만, 음식에 잔류하여 인체에 들어가는 양이 적으므로 적절하게 사용하면 건강을 해치는 문제로 될 위험은 적다.

세척시간을 오래할 수록 채소 · 과일 중의 균제거율이 높으며, 또 세척액의 농도를 높이고 오랫동안 세척할 수록 회충의 제거율이 높았다. 또한 세척액을 쓸 경우 채소 · 과일 중의 잔류농약의 제거율이 높으며, 0.2%의 세척액을 쓰고 손으로 문질러 씻어 줄 때 사과에 잔류되는 균제거율이 높다.

그리고 채소와 과일을 세제로 씻은 후의 잔류된 세제의 양은 흐르는 물에 담가 두는 시간에 반비례한다. 예를 들면, 120g의 양상치를 0.2% 세제액 2.5ℓ에서 1분간 씻은 후 매초 120㎖로 흐르는 물에서 30초간 씻으면 29~30ppm이, 1~3분간 씻으면 10ppm이 남아 있다. 따라서 채소나 과일을 세제로 씻을 경우 다음과 같이 하도록 한다.

① 양배추나 양상추 등은 잎을 1장씩 떼어서 세제 액에서 흔들어 씻고, 흐르는 물에서 30초 이상 씻어 주거나 정치된 물을 2~3번 바꾸어 씻는다.
② 시금치 · 파슬리 등은 먼저 뿌리쪽을 잘 씻은 다음, 뿌리쪽을 쥐고 세제액 중에서 흔들어 씻고 ①에서와 같이 헹군다.
③ 토마토 · 오이 · 가지 · 피망 등은 스폰지나 손으로 문질러 씻어 주되, ①에서와 같이 한다.
④ 딸기나 포도 등은 자루에 넣고 세제액 중에서 아래 · 위로 흔들어 씻은 후 잘 헹구어 준다.

식기류도 채소나 과일에서처럼 충분한 물로 씻어 주어야 한다.

3 안전 사고

사고는 고객과 종사원의 부주의로 일어난 경우도 있지만, 완전한 시설과 철저한 경비, 순찰을 하는 가운데에서도 자연적으로 발생하는 경우도 있다.

발생원인이야 어떻든 고객은 점포를 원망하며 크고 작던간에 사고가 발생한 후에는 인명의 피해, 정신적인 피해, 재산상의 피해가 따르기 마련이다.

방재 · 방화에는 그 완비된 시설이 반드시 필요한 것은 절대조건이나, 그것만에 의지해서는 완벽하다고 할 수가 없다. 시설의 완비는 과감하게 실시한다고 하더라도 그 시설의 기능을 충분히 활용하고 미비점을 보완하기 위해서는 종사원이 미연 방지에 최선을 다하여야 할 것이다.

1) 화 재

점포에서 발생하는 사고 중 가장 무서운 사고는 화재이다. 화재는 그 원인이 여러 가지이다. 음식을 튀기다 기름이 튀면서 화제가 발생하기도 하고, 청소를 자주 하지 않아 기구들에 기름이 끼면서 불이 붙는 경우도 있다. 또 전기기구들의 전기줄이 불완전하거나 소켓이 불완전하여도 화재가 발생한다.

화재발생시 이를 속히 진화할 수 있는 시설이 업장 내에 항상 준비되어 있어야 한다. 화재는 재산손해뿐만이 아니라 인명의 피해까지 가져오게 된다. 화재발생시 알아두어야 할 사항과 소화전 · 소화기 사용방법 등을 열거하면 다음과 같다.

(1) 화재발생시 알아두어야 할 사항

① 119에 즉시 신고하고 상급자에게 보고한다.
② 신고할 때는 위치, 화재의 종류, 발생시간 등을 알려 준다.
③ 소화기 · 소화전의 위치의 확인과 사용법을 알아 두어야 한다.

(2) 소화전 사용방법

① 발신기에 있는 유리를 깨고 보턴을 강하게 누름으로써 전기실과 기관실 · 소방실에 즉시 연락되므로 제일 먼저 보턴을 눌러야 한다.
② 호스를 꼬이지 않게 꼬집어 내어 화원(火源)을 향하여 펼쳐 놓은 다음 핸들을 완전히 틀어 수로(水路)를 연다.
③ 소화전 좌측 빨간등이, 우측 초록 보턴을 강하게 누르면 물이 나오면서 빨간등에 불이 켜진다.

(3) 소화기 사용방법

화재는 보통화재 · 유류화재 · 전기화재 3급으로 분류한다.

보통 점포 내에 배치된 소화기는 위 세 가지 화재에 공통으로 사용이 가능하다.

① 안전핀을 빼고

② 호스를 화원으로 향한 다음(바람을 등지고)

③ 손잡이를 강하게 움켜 쥔다.

그러나 화재가 발생하면 고객이나 종사원들이 당황하는 데서 더욱 큰 사고가 발생하기 때문에 화재시에는 어떤 태도를 취할 것이며, 어떻게 고객의 안전을 도모해 줄 것인가를 종사원에게 훈련시킨다. 화재로 인한 인명피해는 화상에서가 아니라 연기로 인한 질식사가 대부분이다. 그러므로 주방에서 화재가 발생하였을 때에는 즉시 주방과 영업장 사이에 출입구를 막아 연기가 영업장에 퍼지지 않도록 차단시키고, 종사원은 일단 고객을 안심시킨 후 질서있게 대피시켜야 한다.

때로는 영업장에서 즉석 조리를 하면서 일어나는 화재도 있다. 이것은 종사원이 서투르게 불을 다루는 데서 발생한다. 훈련을 받지 못한 사람은 물컵에 담긴 물을 끼얹을지도 모른다. 그러나 이는 때로 더 큰 화상을 초래한다. 물을 끼얹는 순간 뜨거운 증기가 몸으로 스며들기 때문이다. 고객의 옷에 불이 붙으면 여러 개의 마른 식탁보 등으로 덮어 주어 공기를 차단시켜 불을 끄거나 또는 고객을 바닥에 눕히고 몸을 굴려 주어 불을 끄도록 하는 훈련을 시켜야 한다.

2) 도 난

안전사고 중 도난사고 역시 점포를 운영하는 경영주나 고객 모두에게 중요하다. 왜냐하면 점포 자체 내의 재산을 도난당했을 경우 1차적으로는 기업의 손실로 인하여 원가요인이 되는 것이며, 궁극적으로 이 손실은 상품가격에 포함된다는 사실이다.

고객의 재산을 도난당했을 경우, 고객의 기분이 상함은 물론 점포를 운영하는 측에서 현저한 잘못이 있다면 영업에 지대한 영향을 미친다는 것이다.

일반적으로 발생되는 도난사고는 두 가지 형으로 구분된다.

(1) 점포 재산의 도난

① 종사원 · 고객 · 도둑에게 도난당하는 경우가 있다.

② 고객이 점포 물품을 갖고 나가는 것을 알았을 때에는 고객의 기분을 상하지 않도록 조사하도록 한다.

(2) 고객의 재산도난

① 고객의 재산이 도둑에게 도난당하는 경우

② 일반적으로 점심시간 전후와 오후 6시 이후 9시 사이에 많이 발생한다.

③ 모든 종사원은 점포주위에서 서성거리는 사람을 발견하였을 때는 즉시 상급자에게 보고한다.

3) 인사사고처리

영업장 내에서 근무를 하다 보면 예기치 않은 인사사고를 당하게 되는 경우가 있을 것이다. 이 때 종사원은 마음을 침착하게 하고 행동을 민첩하게 한다면 피해를 최소화할 수 있을 것이다.

우리는 주위에서 행동의 지연으로 인하여 큰 피해를 입었다는 이야기를 듣고 있으면서도 실제 자기가 일을 당했을 경우를 생각해 보자. 아마 여러분은 어떻게 행동했을까? 인사사고시 처리해야 할 기본적인 내용을 열거하면 다음과 같다.

① 부상 · 발병 · 사망 등 각종 긴급사태시에는 즉시 그 내용을 상급자에게 보고 한다.

- 원인 및 긴급사태가 자연발생인지, 가해원인이 있는지 조사한다.
- 피해자 성명 등 인적 사항을 조사한다.
- 사고 발생의 정확한 일시 · 장소 등을 기록 · 보고한다.

② 사고현장에 혼자 가지 말아야 한다.

③ 사고발생시에는 신속하게 행동함으로써 고객과 점포의 안전을 도모하여야 한다.

④ 응급처치

- 사고발생시 의사가 올 때까지 응급처치를 한다.
- 환자를 안정시키고 의사가 도착하면 증상을 알려 준다.
- 의사를 부르거나 구급차를 불러 병원으로 옮긴다.
- 출혈시에는 맑은 물로 씻어내고, 중화상일 때는 손으로 문지르거나 물집을 터뜨리지 말고 의사의 지시를 받는다.
- 사지 골절일 때는 부목을 대고 안정시킨다.

4) 종사원의 안전수칙

① 근무 중 다쳤을 때에는 중경상을 불문하고 즉시 감독자에게 보고하여 응급처치를 받는다.

② 직무의 내용과 안전하게 일할 수 있는 방법을 익힌다.

③ 고장 파손된 장비와 기계 등을 신속히 보고하고, 불완전 시설, 사고의 우려성이 있는 시설 · 비품도 즉시 보고한다.

④ 높은 곳에서 일을 할 때에는 반드시 사다리를 이용하고 의자 탁자 등을 대용품으로 사용하지 않는다.

⑤ 물건을 쓰는 적절한 방법을 익히고 '힘 자랑'을 하지 않는다.

⑥ 어두운 곳에 들어갈 때는 전기불을 켜야 하며, 젖은 손으로 스위치를 만지지 않는다.

⑦ 청소용 도구를 복도 · 통로 · 계단에 방치하여 통행을 방해해서는 안된다.

⑧ 선반에 물건을 쌓을 때는 너무 높이 쌓지 말아야 한다.

⑨ 금연규칙을 잘 지키며 담배꽁초는 보는 대로 줍는다.

⑩ 안전수칙 이해에 적극 협조하여 스스로 그 내용을 파악한다.

참 고 문 헌

1) 국내문헌

- 강인희(1989), 한국식생활사, 삼영사
- 구천서(1995), 세계의 식생활문화, 향문사
- 김기홍 외 3인(2005), 외식사업창업론, 대왕사
- 김금동(1988. 12), '식당인테리어 설계요점과 계획설계', 월간식당
- 김성인(1991. 1), '서비스의 품질관리', 품질과 경영
- 김숙희 · 강병남(2007), 세계의 식생활과 음식문화, 대왕사
- 김숙희 외 5인(1998), 식생활의 문화적이해, 신광출판사
- 김용채(1987. 봄), '식품위생제도의 발전과 식품문화의 신장', 우유
- 김의근(1992), '국내외식체인 산업의 개선방안에 관한 연구', 월간식당
- 김충호(1995), 호텔경영학, 형설출판사
- 김태근(1992), 점포경영, 서일산업연구소
- 김헌희(1990), 외식서비스산업, 한국마케팅연구원
- 김혜영 외 4인(2004), 문화와 식생활, 효일문화사
- 모수미(1987. 6), '우리나라 외식산업 발전방향', 식품산업
- 미야에이지(三家英治)(1992), 외식비즈니스, 한국산업훈련연구소
- 박기용(2008), 21세기 글로벌 경쟁시대의 외식산업경영학, 대왕사
- 박정식(1983), 메뉴해설, 우신출판사
- 박춘란(2005), 식생활과 문화, 효일문화사
- 사까키 요시오(1989. 1), '서비스 매뉴얼작성법', 월간식당
- 사까키 요시오(1988. 10), '진정한 서비스력의 조건', 월간식당
- 선영희(1985), 내일의 식당경영, 매일경제신문사
- 식생활개선운동본부(1997. 6), 식생활
- 식생활개선운동본부(1998. 1), 월간식생활
- 안태호(1989), 마케팅원로, 박영사
- 양운섭(1996), 경영인사관리론, 형설출판사
- 오병수(1989), 현대인사관리, 박영사

- 오정환(1987), 호텔케이터링원론, 기문사
- 월간식당, 1988. 5월호
- 월간식당, 1991. 5
- 월간식당편(1987. 7), '개업을 위한 판촉 · 홍보작전', 월간식당
- 월간식당편(1988. 10), '돈 벌 수 있는 신입지 탐색 가이드', 월간식당
- 월간식당편(1987), '메뉴얼 OJT', 월간식당
- 월간식당편(1998. 3), '반드시 실패하는 불황기 상품전략', 월간식당
- 월간식당편(1991. 8), '신입사원부터 간부까지 경력별 매뉴얼' 월간식당
- 월간식당편(1994. 7), '외식업소 인력난 인재양성으로 대처하자', 월간식당
- 월간식당편(1988. 7), '진정한 번성점포의 조건', 월간식당
- 월간식당, 1994. 9월호
- 월간식당, 2008. 1월호
- 월간식당, 2008. 5월호
- 윤서석 외 3인(1994), 식생활 관리, 수학사
- 윤치관(1987. 8), '메뉴의 개념과 작성요령', 월간식당
- 이상엽, 패스트푸드 설비 유지관리시스템에 관한 연구, 연세대산업대학원 석사학위 논문
- 이성우(1992), 식생활과 문화, 수학사
- 이운행(2002), 외국인에게 있어서 한식의 메뉴선택요인에 관한 연구, 경희대 대학원
- 이유선(1987), 서비스분야의 마케팅믹스 4P's로는 부족하다
- 이정자(1985), 호텔식음료원가관리, 형설출판사
- 이준재(2006), 외식산업 프랜차이즈 시스템의 평가지표 개발에 관한 연구
- 차민아(1998. 12), '한국식생활문화의 구조적 특징에 관한 연구', 경기관광 연구 제2호, 경기대 소성관광종합연구소
- 차한원 외 1인(1997). 알토란창업 재테크, 더난출판사
- 淸水滋(1984), 서비스의 원리
- 최대웅(1992), 외식사업경영론, 백산출판사

- 최대웅(1990), 호텔회계론
- 최상철(2008), 외식산업개론, 대왕사
- 한국음식업중앙회(1996), 국내외식산업현황분석
- 한국음식업중앙회(1994. 5.), 뚝배기
- 한국음식업중앙회(1994. 6), 뚝배기
- 한국음식업중앙회(1996. 10), 뚝배기
- 한국음식업중앙회(1998. 5), 뚝배기
- 한국음식업중앙회(1998. 7), 뚝배기
- 한복려(1995. 12), 전통음식문화의 지구촌화, 출처미상
- 호텔신라, 식당업무지침
- 홍기운(2006), 최식외식산업개론, 대왕사

2) 국외문헌

- 土井利雄(1981), 圖說食堂の經營, 柴田書房
- ホテル(1983), 旅館經營便覧, 日本ユフサハタソトケハフ
- Czepiel John A.,(1985), Service Encounter : An Overview, Lerington Book
- Flippo Edwin B.,(1971) principle of personnel Management, 3rd, ed.,
- Kreck Lother A.,(1983) Menu Analysis a planning, Van Nostrand Reinhold Company
- Martin William B.,(1986) 'How to Guarantee Quality Service', The Cornell, H. R. A Quarterly
- Stein Bob, Marketing in Action for Hotel, Motels, Restaurants.
- Stokes John W.,(1982) How to Manage a Restaurant, wm, C, Brown Company

▌저자 약력▌

◆ 원융희

경기대학교 관광경영학과를 졸업(학사)한 뒤 경희대학교 경영대학원 관광경영학과를 수료(석사)하고, 세종대학교 대학원(경영학과)에서 관광경영 전공으로 경영학박사학위를 받았다.

2005년에는 미국 남 일리노이주립대학교 관광학과에서 교환교수로 있으면서 폭넓은 견문을 접할 수 있는 기회를 갖기도 하였다.

일찍이 서울프라자호텔과 서울밀레니엄힐튼호텔에서 현장업무를 익혔으며, 우송정보대학 관광경영학 교수를 거쳐 용인대학교 관광학과에서 교수로 강의에 임한 지 20여 년이 넘다보니 남다른 이론이 뒷받침된 가운데 실무와 강의의 감각 등이 어우러져 강의의 내용이 실용적이고 생동감이 있게 학생들에게 전해지게끔 노력하고 있다. 아울러 서비스, 호텔경영, 식음료, 실버산업 그리고 병원경영학 관련 서적에 이르기까지 더욱 품격있고 가치있는 글을 찾기 위해 다방면의 저술활동에 혼신을 다하고 있다.

■ 윤기열

용인대학교 관광경영학과 졸업한 뒤 경기대학교 대학원 관광경영학과 석사를 수료하고, 경기대학교 대학원 관광경영학과에서 호텔경영전공으로 관광학박사학위를 받았다. 또한 쉐라톤워커힐호텔 외식사업본부 운영팀장으로 현업에 근무 중에 있다. 주요 저서 및 논문으로는 실버서비스산업의 이해(공저)와 관광호텔일식당 서비스의 고객에 의한 평가에 관한 연구외에 이미지믹스를 통한 관광호텔 식음료 업장의 매출증진에 관한 연구 등이 있다.

■ 전영직

호원대학교 관광경영학과를 졸업한 뒤 배재대학교 국제통상대학원 호텔관광경영학과에서 석사학위를 취득하고, 경원대학교 대학원 관광경영학과에서 호텔·외식전공으로 경영학 박사학위를 취득하였다. 리베라호텔유성에서 마케팅과장에 이르기까지 식음연회부서의 현장경험과 외식사업 팀장으로서의 다양한 외식실무 경험을 토대로 현재 호원대학교 외래교수로 있다.

저서로는 '호텔·레스토랑 식음료 서비스 실무론'과 주요 논문은 '호텔멤버십제도에 대한 호텔직원의 인식이 태도에 미치는 영향'과 '호텔종사원의 사회적인식이 직업의식과 직무만족에 미치는 영향에 관한 연구' 이외에 다수가 있다.

인 지

최신 외식산업개론

초 판 1쇄 인쇄 —— 2009년 2월 20일
초 판 1쇄 발행 —— 2009년 2월 25일
지은이 —— 원 융 희 · 윤 기 열 · 전 영 직
펴낸이 —— 전 두 표
펴낸데 —— 도서출판 **두남**
서울시 강동구 성내 1동 455 - 12 두남빌딩
신고 : 제25100-1988-9호
(구 제2 - 624호, 1988. 7. 21)
TEL : (02) 478 - 2065~7, 478 - 2311
FAX : (02) 478 - 2068
E-mail : dunam1@unitel.co.kr
http://www.dunam.co.kr
http://두남.kr, 두남.com, 대학교재.net

정가 26,000원

ISBN 978-89-8404-799-0 93320